国家“十三五”重点图书

当代经济学系列丛书
Contemporary Economics Series
主编 陈昕

（第二版）

劳动经济学
不完全竞争市场的视角

[意] 提托·博埃里 [荷] 扬·范·乌尔斯 著
张德远 等 译

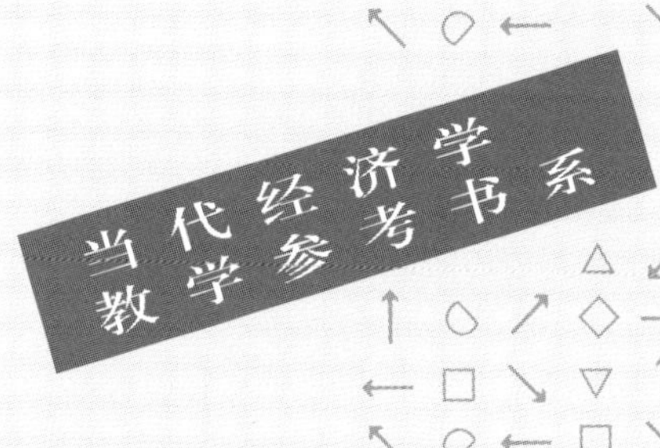

格致出版社
上海三联书店
上海人民出版社

主编的话

上世纪80年代，为了全面地、系统地反映当代经济学的全貌及其进程，总结与挖掘当代经济学已有的和潜在的成果，展示当代经济学新的发展方向，我们决定出版“当代经济学系列丛书”。

“当代经济学系列丛书”是大型的、高层次的、综合性的经济学术理论丛书。它包括三个子系列：(1)当代经济学文库；(2)当代经济学译库；(3)当代经济学教学参考书系。本丛书在学科领域方面，不仅着眼于各传统经济学科的新成果，更注重经济学前沿学科、边缘学科和综合学科的新成就；在选题的采择上，广泛联系海内外学者，努力开掘学术功力深厚、思想新颖独到、作品水平拔尖的著作。“文库”力求达到中国经济学界当前的最高水平；“译库”翻译当代经济学的名人名著；“教学参考书系”主要出版国内外著名高等院校最新的经济学通用教材。

20多年过去了，本丛书先后出版了200多种著作，在很大程度上推动了中国经济学的现代化和国际标准化。这主要体现在两个方面：一是从研究范围、研究内容、研究方法、分析技术等方面完成了中国经济学从传统向现代的转轨；二是培养了整整一代青年经济学人，如今他们大都成长为中国第一线的经济学家，活跃在国内外的学术舞台上。

为了进一步推动中国经济学的发展，我们将继续引进翻译出版国际上经济学的最新研究成果，加强中国经济学家与世界各国经济学家之间的交流；同时，我们更鼓励中国经济学家创建自己的理论体系，在自主的理论框架内消化和吸收世界上最优秀的理论成果，并把它放到中国经济改革发展的实践中进行筛选和检验，进而寻找属于中国的又面向未来世界的经济制度和经济理论，使中国经济学真正立足于世界经济学之林。

我们渴望经济学家支持我们的追求；我们和经济学家一起瞻望中国经济学的未来。

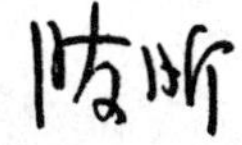

2014年1月1日

前言与致谢

在2008—2009年大衰退时期，哪种劳动力市场制度在遏制失业方面做得更好？增加累进税对就业是好事吗？比较“积极的”和“消极的”劳动力市场政策有意义吗？谁从就业立法保护上实际受益而谁实际受损？为什么最低工资往往根据年龄划分？在货币工会里实行分散议价制度更好还是集中议价制度更好？移民是否应当获得社会福利？政府是否应当管理工作时间？平等就业机会立法能否减少劳动力市场上对女性和少数群体的歧视？

当前的劳动经济学教科书忽略了这些政策问题。尽管在劳动力市场制度的成本收益分析方面取得了重要进步，但这些教科书在结构组织上把制度归入每章的最后一段或是关于制度的最后一章。通常这些书最开始描述劳动供给（包括人力资本理论）、劳动需求和两个曲线交点处的竞争均衡；随后重点讲述如工资形成和工会、补偿性工资差异和没有合适的制度框架下的失业这些专题。书里几乎没有关于劳动力市场制度和劳动力市场政策的资料。通常劳动力市场政策只是被偶尔提到，而劳动力市场制度经常没有得到系统地探讨。当考虑这些制度时，通常参考美国的制度状况和竞争性劳动力市场——这种制度下任何类型的政策措施都是扭曲的。

本书的新颖性在于从一开始就把重点放在不完全劳动力市场（即偏离完全竞争的劳动力市场）中运行的劳动力市场制度。与竞争性劳动力市场不同，不完全劳动力市场允许雇主和雇员享有租金，因此一份工作是一件非常重要的事。在这种市场上工人失去一份工作或是企业解雇一个雇员的代价很大，而在竞争性劳动力市场上涉及这类事情的雇员和雇主并不会遭受任何损失。不完全劳动力市场也以存在多种劳动力市场制度（即，影响工人和雇主个人行为的法律和程序系统）为特征。由政治程序产生的制度的目的在于（1）增加经济效率和（2）实现一些再分配目标。通过弥补市场的不完全性可以追求效率，这些不完全性除了限制市场规模的交易成本和摩擦之外，还包括过度的垄断力量,产生道德风险和逆向选择问题的信息不对称以及与社会习俗或工作匹配过程相关的外部性。再分配为这些制度提供了合理性,即使是在没有市场不完全性时也一样。在不完全市场中,有时可以在追求效率的同时实现再分配,正如存在像最低工资或就业补贴这种能抵消过度垄断力量的制度的情况。然而,在大部分情况下会出现效率和公平之间传统的取舍关系。实际上,这些制度引起的再分配可能不会促进一个更平等的社会或代表中位数选民的利益。在劳动力市场制度的设计上经常有政策失灵,这些设计给予一些追求特定利益的压力集团不成比例的代表权。

本书也考虑了一些很少孤立运作的制度。因此,从实证的角度,本书不仅通过各种制度对就业、失业和工资的直接影响,而且通过因其他制度所导致的间接影响来研究这些制度对劳动力市场的影响。例如,失业补贴制度慷慨度的变化通过减少搜寻强度和增加求职者的保留工资直接影响失业,同时通过增加工会的议价能力和效率工资水平间接影响失业。附带一句,这种相互影响为一些制度的存在提供了第三种合理性:设计它们是为了抵消或补充其他制度的影响。这种环境下也可能出现政策失灵,这是因为产生扭曲的制度很少被改革。通常政治程序创造了扭曲链条和制度集群,因而一些制度被用来抵消其他制度的不良影响。

我们把注意力主要放在精确定义制度和在相关维度上度量制度上(例如,获取失业补贴资格、补贴水平和提供补贴的最大持续期),这是因为我们认为描述制度运行方式的准确性和它所追求的目标对于刻画制度对劳动力市场的影响是至关重要的。我们也尽可能提供了所有 OECD 成员国的制度随时间演变的统计信息。与通常的看法相反,这些制度实际上随时间推移呈现显著变化。我们也讨论了政策施行的相关问题。

本书在文献中的地位

正如之前提到过的,现有的劳动经济学教科书只花一章或少数几章来讨论制度问题。Ehrenberg 和 Smith(2006)、Kaufman 和 Hotchkiss(2006)、McConnell 等人(2008)、Borjas(2009)以及 Laing(2011)就是几个例子。

这些章节只是简要介绍了与劳动力市场制度存在有关的关键扭曲,并没有试图去考察在非竞争性的劳动力市场情况下这些制度是怎样运行的。

一些专业书籍分析了劳动力市场制度。因为它们并不是教科书,所以它们并没有系统地涵盖制度的差异,也没有提供完整的框架。一个局部例外是 Layard 等人(1991),然而它局限于对失业的分析。另一个局部例外是 Manning(2003):它提供了一个买方垄断各方面的清晰的综述。然而,除了工会和最低工资,它并没有详细论及制度。最后,Cahuc 和 Zylberberg(2004)提供了对劳动力市场制度的广泛和深入的讨论,但是它没有提供统一的框架,并且无论如何这本书是为研究生准备的。

在制度对劳动力市场运行的影响方面有大量的文献。这些文献在过去 20 年里因为更广泛的微观数据的使用而变得丰富,但当前的教科书并没有提供对这些丰富的实证文献的综述。我们在每一章介绍关于该章所研究的制度对劳动力市场影响的文献的主要研究结果,力求填补这一空缺。这并不意味着我们需要介绍在该主题上写作的所有文献。

我们集中于那些在我们看来与现实世界的劳动力市场更相关的研究结果和问题。

虽然我们讨论了制度为什么存在，但是我们没有提供全面涵盖劳动力市场制度的政治经济学。这些可参考其他专业书籍，如 Saint-Paul(2000)、Persson 和 Tabellini(2000)。

读者

这本书面向多种读者，除了劳动经济学专业的研究生外还包括修读劳动经济学的本科生(对很多文科学士来说是强制要求)。国际组织和政府机构的经济学家是另一群潜在读者。

本书可以在经济学专业的计划中按照本科水平讲授。它也可以被经济学家用在商业和政治科学学院讲授的面向人力资源的课程中。制度描述和附录也可以成为劳动经济学研究生课程的有用的参考文献，书中提到的和网页提供的(参考链接 http://press.princeton.edu/titles/10142.html)数据集和应用也可以获得。最后，本书也可以成为该领域学者个人书库中有用的参考书目。

预备知识和技术水平

本书的技术水平对于我们考虑到的读者是适中的。理想地说，读者应当修过微观经济学入门课程、一学期的微积分和统计学的入门课程。实际上即使当这些预备知识部分或全部未掌握时读者也能够读这本书。后者的可行性依靠本书提供的各种数值实例和一些关键结果的图形处理。在这种简单处理下，虽然缺少使用微积分所能得到的严谨性和一般性，但主要论据和主要结果都得到了展示。专栏，尤其是附录，提供了这些严谨性和一般性特点。

第二版

第二版特别加入了新的一章(第 4 章)讨论与劳动力市场歧视相关的制度。此外，我们不再有单独一章论述制度的相互影响，因为那些相互影响太多，我们更愿意在本版的每一章之后加入关于制度相互影响的单独小节，并且在第 13 章的附录中提供对这些相互影响的形式处理。后者专注于与其他制度相互影响的工资税，因为工资税通常为各种制度提供资金。

我们也为每一章增加了新材料。特别地，第 1 章现在涉及 2008—2009 年大衰退中得到的教训和金融市场与劳动市场之间的联系。修订的第 2 章考虑了更加详细的最低工资设定机制和年轻工人的次最低工资的覆盖面。第 3 章现在包括关于罢工活动的特征事实和理论，而第 4 章是一个全新的关于反歧视立法的章节。关于工作时间规定的第 5 章现在特别讨论了有补贴的短时工作计划，这个制度在大衰退期间再次流行。关于提前退休的第 6 章现在包含了名义固定缴款制的讨论。关于家庭政策的第 7 章在第二版中特别加入了劳动力市场参与率和出生率之间相互影响的一节，并且考虑了家庭内的决策制定。关于教育的第 8 章现在加入了关于信号的新的一节,并且附录更加丰富,除此之外还解释了明瑟工资方程的原理。关于移民政策的第 9 章现在有了新的一节讲述移民子女在劳动力市场中的地位。关于就业保护法的第 10 章讨论了应对劳动市场二元性的解职费措施(如单一雇佣合同)背后的基本原理。关于失业补贴的第 11 章有了关于失业补贴慷慨度随经济周期的变化和流动性约束重要性的新的小节。关于积极的劳动力市场政策的第 12 章现在还考虑个人背景分析并且在其附录中提供了新的分析框架。最后,考虑到在税收和其他制度之间的相互影响上有更加广泛的讨论,关于工资税的一章现在大部分被重新编写并放在了本书最后(第 13 章)。

在使用之前的版本教学时,我们使用了大量的数值实例,它们对于理解一些文献结论很有帮助。现在第二版书中也包括这些数值实例。我们还在每一章最后增加了一节练习题。这些练习题的答案(还有新的练习题)可以从网页上获得(参见链接 http://press.princeton.edu/titles/10142.html)。最后,第一版几乎不可避免地存在错误、重复和不清晰的材料。多亏数百名学生和一些辛苦推敲本书译本的细心读者,我们才能够找出并处理绝大部分问题。

针对教师的计划和指南

本书第二版由13个章节组成,包括一个综述章节。除了第 1 章之外,每一章都集中讨论了一个不同的制度。综述一章陈述了本书统一的演绎思路和结构。在接下来的 12 章中分别讨论以下制度:

2. 最低工资
3. 工会和集体谈判
4. 反歧视立法
5. 工作时间管理
6. 提前退休计划
7. 家庭政策
8. 教育与培训
9. 移民政策
10. 就业保护法
11. 失业补贴
12. 积极的劳动力市场政策
13. 工资税

每一章可以分别安排。理论框架在各章的附录中正式介绍。

本书的这种组织可以让教师选择特定的制度顺序。例如,关于**基于价格的制度**的基本课程(不需要动态框架)可以包括第 2、3、4 章和第 13 章;关于**基于数量的制度**的基本课程可以使用第 5—9 章。要求一些动态建模的更加高深的课程可以集中关注第 10—12 章。短期课程也可以通过专题来组织,例如关于**灵活安全性**的课程(第 10—13 章),关于**压缩工资制度**的课程(第 2 章和第 3 章),关于**人力资本投资**的课程(第 8 章和第 9 章),或关于性别问题的课程(第 4、5 章和第 7 章)。

除了在第 7 章我们集中关注家庭劳动供给决策外,所有其他章节的分析单位都是个人。对于劳动供给决策的调整,除了在第 5 章(在某种程度上还有第 7 章和第 13 章)我们既考虑在广延边际上(参与率)的调整,也考虑在集约边际上(工作时间)的调整外,其他所有章节我们只考虑在广延边际上的调整。

分别关注各个制度的 12 个章节都是按照相同方式展开的:

(1) 制度的定义和实施方式、度量问题和关于这项制度的特征事实(跨国变化和随时间的演变);

(2) 理论(每一种制度可能有好几个理论);

(3) 经验证据(宏观和微观证据);

(4) 政策问题(相关的取舍关系和设计特点);

(5) 与其他制度的相互作用;

(6) 总体评价和制度存在的合理性;

(7) 延伸阅读建议;

(8) 复习题与练习;

(9) 附录。

显著特色

我们的方法有两个显著特色:(1)度量问题的深入讨论,在可能的情况下试图用这些规范的实际执行信息来补充制度指标和(2)试图强调每一种制度背后的基本原理、其效率和分布性质,并试图识别那些因制度的存在而受益和受损的人。

实证研究的性质在很大程度上取决于制度的性质。对很多制度来说,可以利用变化因子来确定劳动力市场结果的影响。然而,一些制度,如工会,随时间变化相对缓慢。对反歧视立法来说,实证研究不是关于立法怎样影响行为,而是关于歧视是否存在。这个基本问题需要在立法影响能够被确定之前得到解决。确定劳动力市场制度和劳动力市场功能之间的因果效应并不容易。在本书中我们喜欢研究报告使用倍差法和偶尔使用断点回归分析的研究。这些研究采用了能够使识别假设相当温和的准实验设定。在倍差法中利用了影响一些群体而没有影响其他群体的政策变化。这种政策变化考虑到了前后比较:第一重差分。然后还有受影响的实验组和不受影响的控制组之间的差别:第二重差分。这两重差分的差别产生了政策变化的处理效应。断点回归方法利用了某种劳动力市场制度和某个对个体来说外生的变量(如年龄)之间关系中的一个或数个断点。假设是断点任一侧的个体除了处在不同制度下之外差别很小。于是接近这个断点任一侧的个体行为的差别揭示了制度差别对行为的影响。

在实证研究的综述中,我们选择了一两项研究并且在每一章的专栏里更详细地讨论。在我们的网页上也提供原始研究的链接、数据和程序,这些可被用来复制研究结果,检验其稳健性,或在新的方向上潜在地扩展它们。这让学生能够加深他们关于制度数据及其度量的知识,同时也让他们能够更好地学习适合分析这些制度的影响的计量方法,与他们在微观经济学中的训练很好地互补。每章中延伸阅读的建议用一些重要的著作补充了这项浓缩。书本最后提供了详细的参考文献。

致谢

在编著第二版的过程中,我们收到了 Andrea Bassanini, Samuel Bentolila, Alison Booth, Stephane Carcillo, Magnus Carlsson, Daniela Del Boca, Christian Dustmann, Vincenzo Galasso, Dan Hamermesh, Tim Hatton, Rafael Lalive, Nicola Pavoni, Michele Pellizzari, Matteo Picchio, Dan-OlofRooth, Konstantinos Tatsiramos, John Van Reenen, 及 Rudolf Winter-Ebmer 的评论和建议。

我们特别感谢同意提供数据集的同事,这些数据集现已可以从网页上获得,同时也让学生们能够复制书中论述的结果。特别地,我们衷心感谢 Orley Ashenfelter, Andrea Bassanini, Richard Blundell, EspenBratberg, David Card, Romain Duval, Tor-Helge Holmås, Jennifer Hunt, Dean R. Hyslop, Juan Jimeno, Alan Krueger, Rafael Lalive, Ghazala Naz, David Neumark, Thomas Piketty, Cecilia Rouse, Øystein Thøgersen, Milan Vodopivec 和 William Wascher。Roberta Marcaletti 在本书的最后编纂和参考文献编辑过程中很熟练地协助了我们。她到现在还讨厌我们,但是这却使学生们更容易找到书中提到的参考文献。我们也对普林斯顿大学的经济学编辑 Seth Ditchik 在本书第二版过程中对我们工作的支持深表感激。

最后,我们感谢 Giulia Tagliaferri 和 Ali Palali,他们为我们提供了不懈的研究协助并且挑出了很多错误(也很感谢我们的学生的贡献)。剩下的所有差错都是我们自己的。

符号和缩略词

一些符号具有多种含义，但是正确的解释在上下文中应当很清楚。例如，在理论部分 β 代表工会谈判能力，而在实证部分它可能是一个参数向量。

拉丁字母表

A	生产函数参数，匹配函数参数
B	养老金福利，持有的债券
b	福利水平，就业保护法中工人的外部选择权
c	消费，招聘成本
C	总劳动成本
c_c	可变育儿成本
c_d	没有货币交易下国内生产的商品和服务的消费
c_m	市场商品的消费
C_S	受教育 S 年的相关成本
D	失业持续期
e	就业率，努力水平，提前退休日
F	工作的固定成本
F_c	育儿的固定成本
$g(w^r)$	保留工资的密度函数
$G(w)$	劳动供给
h	工作时间
h_d	家庭生产花费的时间
h_m	市场工作花费的时间
$\bar{h}$	标准工作周
i	市场利率
I_f	工人之间或消费者之间是否存在歧视的指标
J_e	工作对雇主而言的资产价值
J_v	空缺对雇主而言的资产价值
k_t	花在培训上的工作时间比例
l	闲暇

l_0	最大可用闲暇时间
L_f	雇用的女性工人数量
L^d	劳动需求
L^s	劳动供给
m	非劳动收入,失业流出
M	雇佣数量
MLC	边际劳动成本
MRS	边际替代率
$MRTS$	边际技术替代率
OV	期权价值
N	样本大小
NPV	净现值
p	概率参数,参与率,惩罚
r	额外一年受教育的回报率
R	匹配效率的阈值
s	被惩罚的概率,劳动力市场的连续统,搜寻强度,技能
S	受教育年数
t	工资税,解雇偏差的楔,日历年
t_e	工人支付的工资税
t_f	企业支付的工资税
T	测验分数
U	失业工人数量
u	失业率
U_c	消费的边际效用
U_l	闲暇的边际效用
V	空缺数量
v	空缺率,生产率,未观察到的特征
V_{un}	失业对于那些没有资格领取补贴的人的价值
V_u	失业的资产价值
V_e	就业的资产价值
V_t	在年龄 t 时的潜在收入
W	社会福利
w	工资率,边际工资成本
$\underline{w}$	最低工资
w_f	女性工人的工资
w^e	效率工资
w^r	保留工资
w^m	垄断工资

w_t　年收入
w^u　垄断工会工资,工会成员工资
w^n　非工会成员工资
y　工作的价值,产品的边际价值

希腊字母表

α　劳动力市场的状态,匹配函数参数,基准风险中的形态参数,效用函数参数,每个工人的总量税或就业补贴,回归方程中的向量参数
α^h　高天赋能力
α^l　低天赋能力
β　工会的议价能力,劳动在政府的社会福利最大化中的分布权重
β^G　政府在福利最大化中对雇员的重视程度
γ　转换(年金化)系数的倒数,未填补的空缺率,搜寻成本函数
δ　估算的指数化率,离职率
Δ　差
ε　劳动供给弹性的倒数(在 0 和无穷大之间)
η　劳动需求弹性的倒数(在 0 和 1 之间)
μ　制度对竞争工资的加成
θ　劳动市场趋紧
κ　发布一个空缺的成本
λ　工作机会到达率
$\lambda(t)$　风险函数
$\lambda_0(t)$　基准风险
μ^G　后政府立法加成
μ　工作机会率
ξ　养老金年金化的变化
π　利润
π^m　垄断利润
Π_e　从非空缺职位获得的利润的净现值
Π_u　从空缺职位获得的利润的净现值
ρ_t　培训回报
ρ　替代率,贴现率
ρ_w　雇员对雇员税款的贴现
ρ_e　由雇员进行的雇主税款相对现金收入的估值
τ　通用培训量,对劳动收入的贡献率
$\phi(x)$　风险率中的系统部分
ϕ　监管率

ω　　加班津贴,特定个人对雇主、客户或工友的歧视系数
Ω　　市场歧视系数

缩略词

AFP　挪威提前退休制度
ALMP　积极的劳动力市场政策
DB　固定收益
DC　固定缴款
ECHP　欧洲共同体家庭面板
ECI　以就业为条件的激励
EITC　所得税减免
EPL　就业保护法
EU　欧盟
FTE　全职等效
GDP　国内生产总值
IALS　国际成人文化调查
ILO　国际劳工组织
ISCED　国际教育标准分类
ISSP　国际社会调查计划
MGI　最低保障收入
NDC　名义固定缴款
NMW　全国最低工资
OECD　经济合作与发展组织
PAYG　现收现付制
PISA　国际学生评估项目
STW　短时工作
UB　失业补贴
UI　失业保险
UNESCO　联合国教科文组织
VAT　增值税
WFTC　工作家庭税收减免

目　录

▶1

概 述

到目前为止，我们从劳动力市场对2008—2009年经济大衰退的反应中学到了什么？我们是否应该根据这些新的进展来修正我们教授劳动经济学的方式？令人吃惊的是，这些问题在我们专业里很少被提及。尽管很多学者表示"时代不同了"或者"今非昔比"，但至今在教学中没有丝毫创新。一切看起来和以前一模一样。

毫无疑问，正是发端于劳动力市场外的一场危机，严重地影响了众多按劳取酬的市场。工作消亡数量超过3 000万。最近五年来，世界范围内青壮年失业率仍在升高。在美国，失业率在一年半内从经济高峰到低谷差不多翻了一倍：每季度约有100万工作消失。与此同时，失业对产出下降的反应，不同国家存在着巨大差异。在德国，尽管经历了严重的经济衰退，但失业率实际上降低了，导致GDP累计下降7%，差不多是美国的两倍。由于经济衰退是全球性的，这给了我们评估劳动力市场对外部冲击做出不同反应的机会。从中有许多值得汲取的东西：即使考虑了不同国家产出下降变异的情形下，这种差异仍非常惊人，如图1.1。相同幅度GDP的下降在某些国家伴随着巨量的失业率上升，而在另外一些国家失业率从经济高峰到低谷则几乎不变。

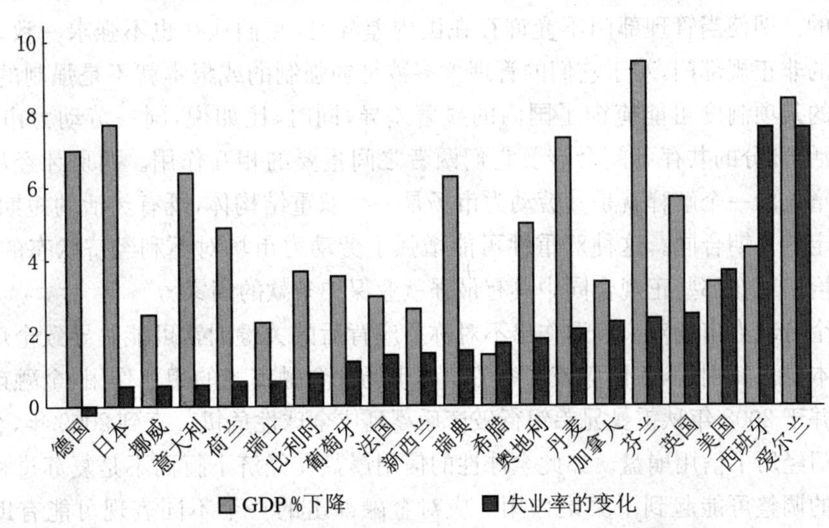

图1.1 失业率的变化和GDP的下降，2008/2009年从高峰到低谷

基于20世纪90年代中期到大衰退期间发展起来的宏观劳动力市场相关理论,考察图1.1,人们试图将不同国家失业对产出变化反应的巨大差异完全归因于劳动力市场制度。大量文献和政策报告考察了大衰退前劳动力市场制度对经济表现的影响。这部分文献在本书第一版最初的章节中总结过,针对制度与劳动力市场的关系给出了丰富的事实和深刻的理论见解,深深地影响着我们对劳动力市场制度的思考方式。该理论的灵感来自跨国界的分析。其重点放在大西洋两岸就业和失业表现的比较:其中最具影响力的政策报告——经合组织(OECD)1994年由G7国家(七个当时全球最大的经济体:加拿大、法国、德国、意大利、日本、英国和美国所组成的政府间组织)递交的报告,时间从20世纪90年代初起到1994年,该报告试图解释欧洲国家糟糕的就业/失业表现与美国"就业奇迹"之间的对比。该篇报告以及许多后续的跨国研究所提供的关键信息是欧洲存在着制度"刚性",从而阻止了劳动力市场像美国那样在私人部门中大量创造工作岗位。很多学者沿着相同路径,分析所谓的"欧洲硬化症"的不同表现,可参见Bean(1994),Alogoskoufis et al.(1995),Snower and de la Dehesa(1996),Nickell(1997),Nickell and Layard(1999),Blanchard and Wolfers(2000),Nickell et al.(2005)和Blanchard(2006)。

根据这种制度性观点,正是欧洲这种严格的劳动力保护立法提供了确凿证据解释大西洋两岸劳动力市场对2008—2009年全球性经济衰退做出的不对称的反应。高昂的解雇代价往往与较低的劳动力市场易变性相联系,这意味着在衰退期间,失业率增长会减缓。然而,在一些有着严格的就业保护法的国家,如西班牙,这期间却经历了失业最大幅度的增加。西班牙的产出下降只有"灵活安全之国"丹麦的一半,在丹麦,雇主的解雇成本相当低廉,失业补贴(UB)却相当慷慨,这两者的结合被认为是导致经济衰退时失业相对大幅增加的原因。然而,丹麦在大衰退期却经历了比西班牙低得多的失业率增加(见图1.1)。

所以人们应该超越这些跨国界劳动力市场制度分析来理解这些不对称和几乎空前的变化。首先,必须承认劳动力市场制度的非一致性。国家管理部门允许国内劳动力市场制度存在显著差异。例如,即使不考虑行业或地区间的差异,最低工资水平在不同年龄组也是不同的。即使当管理部门不允许存在国内差异时,它们往往也不强求一致。通常存在着大量的非正规部门,对于它们的管理大多数是弱强制的或根本就不是强制的。因此,国家层面的某项制度可能掩饰了国内的显著差异,同时,比如说,同一劳动力市场的"刚性"和"灵活"部分的共存可能会涉及它们两者之间重要的相互作用。西班牙经济衰退期间失业率增长的一个解释就是其劳动力市场是一个双重结构体,既有灵活的短期合同,也有大量固定的长期合同。这种双重性可能增强了劳动力市场对不利经济状态的反应,这种情况恰恰出现在那些正规合同中具有最强就业保护条款的国家。

另一个劳动力市场对大衰退作出不对称反应背后的关键因素可能是导致全球产出下降的冲击本身。特别是,人们应该探究劳动力市场和金融市场的相互作用,金融市场是危机的源头并于2008年秋雷曼兄弟银行破产后蔓延成全球性危机。直到2009年,金融市场和银行部门经历了信用崩盘。如此全球性的信用崩盘在经济下行而不是复苏过程中对劳动力市场的调整可能起到了关键作用。应对金融冲击的一个不同表现可能有助于解释2008—2009年间大西洋两岸失业上升的差异,如图1.2右边所示。在几个季度内,先前曾几乎是欧盟国家平均失业水平一半的美国失业率,上升至超过欧洲水平。其中一个最重要的差别在于大西洋两岸的金融深化程度不同。一个简单的实证计算就可以解释这种差异,即股票市场市值占 GDP 的比重。尽管这种以股票市场市值变动来衡量的金融冲击的大小看起来非常类似于按时间和规模来测定,但让人吃惊的是它反映了金融深化水平的巨大差异。当美国股市市值占 GDP 的比重达到 100%时,该比率在欧洲只有 75%左右。类似的比较可以通过考察大西洋两岸私人部门的信贷量来进行。

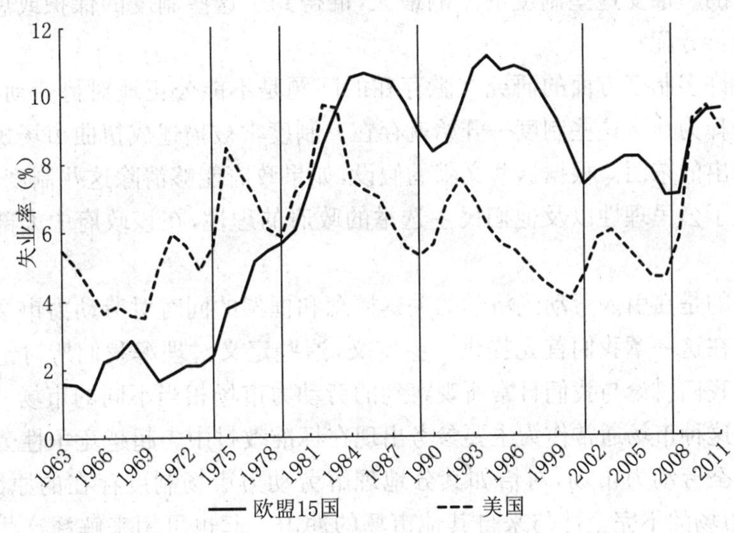

图 1.2 美国和欧盟的失业率

注:欧盟 15 国(EU-15)是指东扩前属于欧盟的成员国:奥地利、比利时、丹麦、芬兰、法国、德国、希腊、爱尔兰、意大利、卢森堡、荷兰、葡萄牙、西班牙、瑞典和英国。

也许我们并不需要一场大衰退来理解劳动力制度和宏观经济冲击间相互作用的重要性。只需稍长一点记忆就足够了。20 世纪 90 年代中期,制度方面的研究文献重点关注的是几十年来欧美劳动力市场表现的差异。然而,事实上被认为要为欧洲糟糕的就业表现负责的劳动力市场制度在大约 30—40 年前就已经存在了,而劳动力市场的命运却是另一番景象。重新审视图 1.2,沿左下角的时间轴来考察。显然,在 20 世纪 80 年代中期,经历了两次石油危机后(图中前两条垂直线),欧洲的失业率才开始超过美国,并且经历了 20 世纪 80 年代末期的另一次全球性冲击(利率高企)后,大西洋两岸的失业率才出现显著差异。互联网危机(2001 年)减小了这一差距;大衰退则消除了差距。造成 20 世纪 90 年代欧洲失业问题的同一"刚性制度"却被美国学术界奉为欧洲成功故事背后的主要因素之一。例如,1964 年美国政策制定者 Robert Myers(1964)在一篇报告中表示"他正嫉妒地关注着欧洲朋友们怎么做",并且邀请大家关注一下大西洋彼岸的制度:"忽略欧洲最近在控制失业方面的成功是短视的。"此后又过了 45 年,经历了大衰退之后美国才又有了对于欧洲制度的推崇。这一次是诺贝尔奖获得者保罗·克鲁格曼在著名的《纽约时报》上发表文章(2009 年 11 月 12 日)说道:

> 德国的"就业奇迹"在这个国家并没有得到重视——但它确实是真实而显著的……德国是带着强有力的就业保护法进入大衰退的。这种制度以"短时工作计划"

作为补充,给那些减少工人工作时间而不是将他们解雇的雇主提供补贴。这些措施虽然不能避免令人厌恶的衰退,但使德国以非常少的工作损失度过了衰退。

毕竟大衰退告诉我们劳动力市场制度非常重要,它们需要被认真对待。理解它们如何运作极其重要。我们需要了解制度的细节,并从经济学的角度识别出其最重要的部分,从而揭示它们对劳动力市场表现的影响。了解这些制度在经济衰退下如何运作也相当重要。这些制度会对称地作用于经济周期吗?它们是如何与来自产品市场或者金融市场的冲击相互作用的?谁受这些制度的影响最大,谁得到了这些制度的保护或惩罚?它们涉及哪种类型的再分配?

大衰退前许多制度方面的研究文献存在的问题是不能公正地对待劳动力市场制度。它通常不能解释为什么这些制度一开始就存在。制度常被描述成扭曲市场机制运作和阻碍获得有效产出的东西。根据这些文献的假设,如果政府能够清除这些制度,应当立即这样做。这冒犯了公民理性以及他们民主选举的政府的理性,在该政府中大部分这样的制度还存在着。

本书的目的是在引入劳动经济学的关键概念和框架的同时对劳动力市场制度提供综合性的处理。在这一章我们首先提供一些定义,这些定义对理解我们所讨论的问题至关重要。接下来我们讨论与我们日常所观察到的劳动力市场相当不同的市场——竞争性劳动力市场——这种市场通常作为主要参考出现在标准教材中。超越竞争性劳动力市场范畴去构建不完全劳动力市场,对恰如其分地理解劳动力市场制度存在的原因非常关键。同时,劳动力市场的不完全性与来自其他市场的冲击一起也可用来解释这些制度变革的压力以及为什么制度变革通常是非对称的。最好在开始就明白本书中所涵盖的制度是不断变化的。不同于我们生活的国家具有固有的特征,如泰晤士河或者阿尔卑斯山,制度的变化是相当频繁的,且往往是难以预料的频繁。我们将在第 1.4 节讨论这些内容,专门分析制度变革。

1.1 一些关键定义

以一些今后将要用到的关键定义作为开始是有用的:

• *劳动力市场*:是提供一定劳动服务数量 L——对应于由空缺分配或职位描述(空缺职位)规定的任务,以换取一定的价格或者报酬(称为工资 w)的市场。并非个体提供的所有劳动服务都是有偿的。例如,我们用来清理自己公寓的劳动时间是无偿的。只有当我们雇用清洁工时,他们的劳动才会成为市场劳动。在劳动力市场必须存在劳务与报酬的交换关系。

• 根据国际普遍接受的 OECD—国际劳工组织(ILO)的定义,全部劳动年龄(15—64岁)人口可以被分为三种主要的劳动力市场状态:就业、失业或非经济活动人口:

(1) *就业者*是指在部队服役的或者在参照期(一周或一天)内为获得报酬(现金或其他方式)而工作至少一小时的,或有正式工作但暂时不在工作(如病假、节假日或产假)的劳动者。

(2) 如果某人处在劳动年龄并愿意在现行工资下工作,则可被归类为*失业者*,被归入失业者的劳动者必须满足以下五个条件：

(a) 当前不在工作；

(b) 在接受调查前 4 周寻找过工作；

(c) 积极地寻找工作(例如：向雇主发求职信，联系私人或公共就业部门)；

(d) 有工作意愿；

(e) 可立即工作，即面试后两周内就可以开始工作。

(3) *非经济活动者*是指根据上述定义既不属于就业者也不属于失业者的人。这类剩余群体由高度异质的人口组成，包括自身不愿参加经济活动和丧失劳动能力的人。

设 U 为失业者数量，L 为就业者数量，O 为非经济活动者：

• 劳动力 LF 由就业者加上失业者组成：$LF=L+U$。

• 劳动年龄人口由三类相互排斥的就业者、失业者和非经济活动者加总获得：$N=LF+O$。

显然，由于各国劳动年龄人口规模的不同，对这些数字进行跨国比较是没有意义的。本书中我们采用了几种广泛使用的(但并不是都能完全理解的)正规化定义。其中最重要的是：

• 失业率 $u=\dfrac{U}{LF}$

• 就业率 $e=\dfrac{L}{N}$

• 劳动力参与率 $p=\dfrac{LF}{N}$

这些指标显然是相互关联的，如 $e=p(1-u)$。

• 如果劳动力是固定的，*稳态*(动态)均衡就可以根据流入和流出失业人口的等式来确定。如果 δ 是劳动者可能失去工作的比率，μ 是失业者找到工作的比率，稳态均衡就可定义为 $\delta L=\mu U$。通过这个等式，我们可以推导出失业率为 $u=\dfrac{\delta}{\mu+\delta}$。换句话说，稳态失业率可由离职率和就职率来决定。

• *一份工作的价值* y 就是企业中的单个工人参与生产而获得的劳动产品的价值。我们可以将它看作工作的收益，即这份工作生产出的产品数量与产品价格的乘积。一份工作的价值和这份工作生产的产品的价格可能都不是固定的，可能随着工作数量和产出量的变动而变动。因此我们倾向于使用边际劳动产品价值，即产品价格乘以雇用额外一单位工人可能增加的产出量。

• *劳动者剩余或租金*是指工人实际获得的工资和其*保留工资* w^r(劳动者愿意接受工作的最低工资)之差。保留工资可定义为使得工人工作和不工作无差异的工资水平。任何超过保留工资的工资都代表一种优于选择不工作的净收益，或从劳动者的角度来看的一种剩余。因此，劳动者剩余就是 $(w-w^r)$。

• 同理，企业的剩余或租金就是工作的价值(企业从一份工作中得到的收益)与其成本(付给参与这份工作的劳动者的工资)之差，即 $(y-w)$。

• 一份工作的总剩余就是企业和劳动者的剩余之和：$(y-w)+(w-w^r)=y-w^r$。

这里的工资、工作的价值和保留工资都能够用货币单位来表示,如用欧元表示。因此,给定 y、w 和 w^r,我们能很容易地得到劳动者剩余、企业剩余和总剩余。进一步可以看到总剩余计算中工资被抵消掉了。

基于上述定义,我们可以阐明完全竞争(或简称"完美")的劳动力市场和不完全竞争的劳动力市场的主要差别:

• *完全竞争的劳动力市场*是一种没有与边际工作相对应的总剩余的市场。劳动者和企业都无法通过他们的外部选择获得任何剩余。换句话说,该市场中 $y=w$ 且 $w=w^r$,使得 $y=w^r$ 同时成立;即工资在均衡时是无关紧要的:它们仅仅是把工作对雇主的价值和劳动者的保留工资联系起来。换种表达方式,雇主和劳动者对于继续还是终止任何劳动关系都是无差别的。雇主失去一名雇员或雇员失去一份工作都不是什么大事。因为企业可立即找到另一名工人或工人找到另一份工作而不会损失任何利润或福利。这个市场是透明的,工人和企业完全清楚其他企业提供的工资和劳务,劳动者与职位空缺的匹配,即劳动力供求的过程中,不存在摩擦或成本(如没有工作搜寻的时间成本和工作面试的交通费用)。

• *不完全竞争的劳动力市场*中任何给定的工作都存在租金,因此总剩余是正的。在这种情况下,工资是租金分割的手段。工资决定剩余的哪一部分归雇主(如果存在),哪一部分归劳动者(如果存在)。因此,在不完全竞争的劳动力市场中,工资的设定是最重要的。根据雇主或劳动者的市场力,工资可以使得任何一方的剩余为零,而让另一方享受租金。以上分析意味着至少对劳动关系的一方而言,解雇是一件大事——会导致损失。不完全竞争的劳动力市场充满了摩擦、信息不对称或者至少使双方中的一方具有市场力。

最后,我们有如下本书使用最频繁的定义:

• *劳动力市场制度*是由集体选择产生的并对个体改变就业和报酬选择提供约束或激励的一套法律、规则或习俗体系。单个劳动者和企业在各自做决策时把制度看作给定的。例如,当工作时间已经通过集体选择机制确定,个体对于劳动时间的选择便很有限。如第5章要讨论的,规定劳动时间,尤其是一种旨在协调工作和闲暇,或者家庭内外活动的时间分配制度。由于这些制度基于集体选择,因此它们是政治过程的副产品。通常,制度通过法律确定,但也不必总是如此。例如,集体谈判制度(第3章)通常是由社会规则和习俗而非正式立法来决定的。关键是它们约束个体选择。例如,它们使得工资对单个劳动者或雇主来说是外生的。

劳动力市场制度通过引入企业的工作价值和个体工人的保留工资之间的楔子来发挥作用。换句话说,它们能在市场中创造租金,甚至是完全劳动力市场中也是如此。同时,在不完全劳动力市场中,它们也能成为减少租金的手段。虽然租金已经存在,但能够通过恰当的制度设计来减少它们。显然,只有当劳动者和雇主都能创造出非负剩余时,工作岗位才可能被创造出来。因此制度可以创造或者减少工作岗位,这取决于它们是否能够将劳动者的保留工资提高到雇主的工作价值之上。如果所有工作都有 $y < w^r$,那么劳动力市场就无法运作。

为了阐明劳动力市场制度引入的楔子,我们需要先从劳动者的保留工资和雇主的工作价值原理进行推导。这也是下一节的任务。

1.2 保留工资和工作价值

如果人们能从工作中得到非负的剩余，他们就会参与劳动力市场并提供劳动服务。这样，他们的保留工资必须小于或者等于劳动力市场给定的工资。如何确定保留工资？设个体效用函数由消费 c 和闲暇 l 决定，假设它们都是正常商品：$U(c, l)$，其偏导数为 $U_c, U_l > 0$。个体将时间禀赋 l_0 分配给劳动时间 h，其小时工资为 w，或者分配给闲暇（显然，$h = l_0 - l$）。设非劳动收入（工作时间为零时的收入）为 m，消费品价格单位化（c 的价格为 1 欧元）。

预算约束为：

$$c \leqslant m + wh$$

在消费和闲暇空间中，预算约束线有一个拐折，这与非劳动收入水平相对应，如图 1.3 所示。当 $m = 0$ 时，预算约束线是一条直线，和水平轴交于 l_0 点，在这一点上没有劳动时间供给，因此用于购买消费品的收入也为零。在拐折点 E 的左端，收入以速度 w 增长，因为每增加一小时工作获得额外一小时工资。

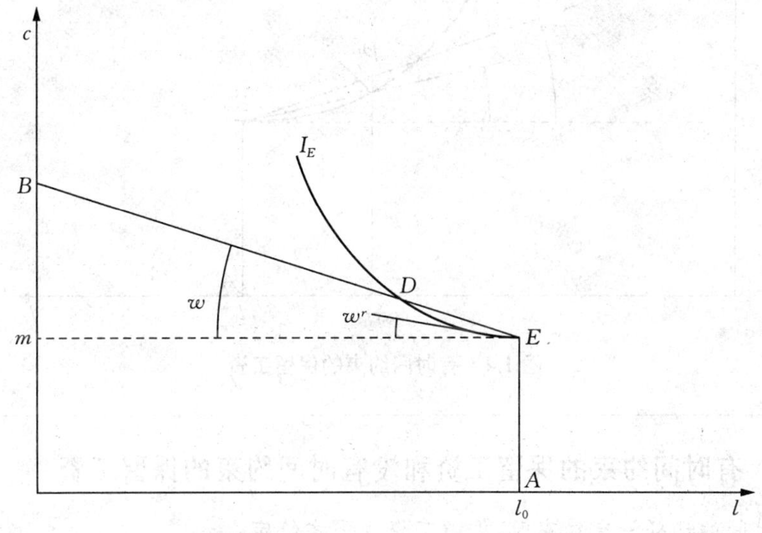

图 1.3　保留工资

效用函数可以用无差异曲线集形象地表示。每条曲线描述了劳动者取得相同效用的消费和闲暇组合。因为效用随着两个参数增加，因此曲线斜率是负的：劳动者损失一小时的闲暇需要更多的消费来补偿，反之亦然。伴随着劳动和闲暇的边际替代程度递减，这些曲线的凸度逐渐递减。基于我们的假设，无差异曲线不相交，离原点越远，效用越高。

保留工资 w^r 由经过预算约束线的拐折点 E 处无差异曲线的斜率来决定，准确地说，在该点处个体分配 m 欧元购买消费品，并且工作零小时。劳动者不可能接受任何低于保留工资的工资，因为闲暇的边际价值（保留工资）超出了它的机会成本（市场工资）。相反，当 $w > w^r$ 时，如图 1.3 中所示，最大化个人效用的劳动者会选择工作一些时间，剩下的时间用于闲暇。①

这种保留工资的定义适用于劳动者能自由选择工作时间或闲暇时间的情况。在现实生活中,个体很难无约束地选择工作时间 h。他们至多只能在可能的工作时间选择子集中做出有限的决定。例如,在全职和兼职工作中进行选择。这是因为有一个制度(规定工作时长的强制的工作时间法规或集体谈判协议)因素起着作用,它通过集体选择机制对个人决策施加约束。

这种有时间约束的保留工资不再对应于无差异曲线在预算约束线上折点处的斜率(见专栏 1.1)。有时间约束的保留工资可以由预算约束线的折点(E 点)到通过(m, l_0)的无差异曲线与垂直的时间约束线的交点处线段的斜率来表示,如图 1.4 中的 F 点所示。这种有时间约束的选择所产生的效用水平要比无约束的选择低,如果是后一种情形,在市场工资水平下会有一些正的工作时间;否则时间约束不起作用。②

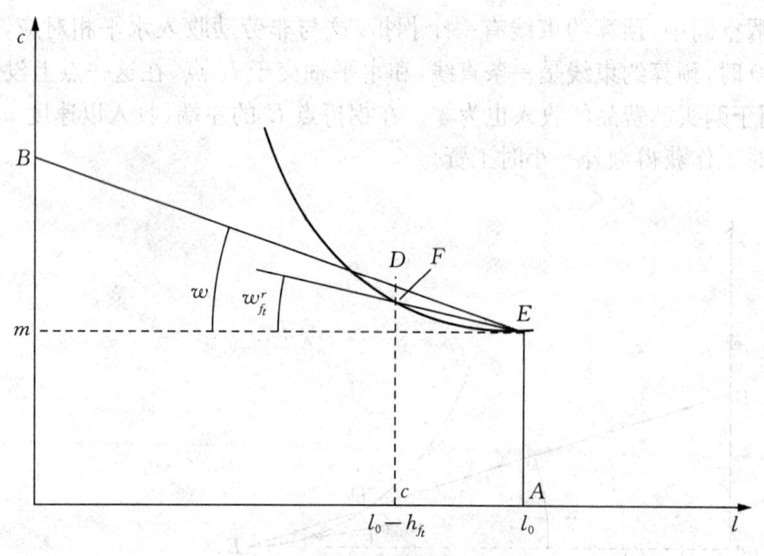

图 1.4 有时间约束的保留工资

专栏 1.1 有时间约束的保留工资和没有时间约束的保留工资

在对时间的选择没有约束时,保留工资由下式给定:

$$\left\{\frac{U_l}{U_c}\right\}_E = w^r \tag{1.1}$$

这里的 U_l 和 U_c 分别表示闲暇和消费的边际效用,它们的比值是消费和闲暇之间的边际替代率。这个比率是按照工作零小时的轨迹(图 1.3 中的 E)评估的,此时个体只能用非工作收入来购买消费品。

① 该保留工资的定义将就业与非就业做了区分。当某人的保留工资高于市场工资时,他就不工作。在第 10—13 章的动态搜索模型中,保留工资将就业与非就业做了分离:拥有比提供工作的工资更高保留工资的人将不接受这份工作,并将寻找其他的工作。换句话说,根据我们所提出的定义,他们将失业。

② 尽管这些制度明显降低了个人的幸福感,但工作时数还是有规定的,其原因将在第 5 章讨论。

个体自由选择工作时间使得其边际替代率等于市场工资。因此,当 $w^r=w$ 时,个体对于工作和不工作无差异。当 $w^r<w$ 时,时间 h^* 的最优选择大于零。当 $w^r>w$ 时,$h^*=0$。

现在考虑约束下的选择。为了简便,假设个体实际上没法选择工作时间,全职只能工作 h_{ft} 小时。此时保留工资被隐含地定义为使个体感觉工作 h_{ft} 小时与根本不工作无差异的工资水平,即

$$U[m+w^r_{ft}h_{ft},\ l_0-h_{ft}]=U(m,\ l_0) \tag{1.2}$$

该条件说明,当 $w^r=w^r_{ft}$ 时,有约束的选择将位于和零工作小时轨迹相交的同一无差异曲线上。换句话说,个体对于工作 h_{ft} 小时和根本不工作无差异。

更重要的是,劳动者个体受到劳动时间约束的保留工资(w^r_{ft})高于个体自由选择劳动时间的保留工资(w^r)。由于效用函数的凹性,当我们沿着同一无差异曲线向左上方移动时,无差异曲线的斜率逐渐增加。个体的劳动供给选择将遵循一条简单的规则:当 $w\geqslant w^r_{ft}$ 时,供给 h_{ft} 小时,否则不提供劳动服务(供给零小时)。

如果工资增加,更多的个体将被吸引进入劳动力市场。因此,就劳动者数量而言,工资增加总是会引起劳动供给增加。一旦个体进入了劳动力市场,工资增加的效应是不确定的,因为存在两种相互的补偿效应:

(1) 收入效应:如果劳动时间不变,工资增加,则收入增加。假设闲暇是正常商品,个体会购买更多闲暇,因而减少他们的劳动时间。

(2) 替代效应:如果工资升高,闲暇的价格升高,则引起闲暇的消费减少,工作时间增加。

闲暇作为正常商品,收入效应对劳动供给的影响是负向的。替代效应对劳动时间的影响总是正向的。总效应取决于收入效应和替代效应的相对大小。一般来说,低工资收入群体中替代效应占主导地位,而高工资收入群体中收入效应最为重要。只有当闲暇是低档商品时,收入效应和替代效应才会相互强化。因此,工资增加总会带来工作时间增加。在市场参与若即若离的情形下,收入效应是不相关的。由于替代效应是正的,工资增长通常会导致个体进入劳动力市场的可能性增加。

1.2.1 从个体到总体劳动供给

现在考虑多个劳动者,他们拥有不同的消费和闲暇偏好,以及不同的非劳动收入禀赋。那么,保留工资在个体之间是不同的,这取决于他们的非劳动收入,以及他们对于闲暇和工作的偏好。正如第 7 章所言,工作外的时间也可能会被奉献给一些(无酬)活动,比如产生增加家庭福利的商品和服务的家庭工作。例如,一些劳动者可能有照护孩子的责任,这会增加他们的保留工资。

设 $G(w)$ 为劳动年龄人口中拥有保留工资等于或小于 w 的人数的比例。将这一比例乘以劳动年龄人数,我们可以得到总劳动供给。由于工作需要某种激励,人们愿意工作的比例将随着他们得到的工资的增加而增加。因此,我们预计 $G(w)$ 是随 w 单调递增的。

$G(w)$仅仅在有限区间内取值,下限为0(没有人愿意从事工资比最低保留工资低的工作),上限为1(当劳动年龄人口中没有人有高于保留工资的工作)。多个人拥有相同的保留工资是完全可能的,在这种情况下,总劳动供给会包含一些水平部分。同时一些个体,比如财富继承人,不管工资给多少都不去工作也是可信的。

很多调查,如在一些OECD国家进行的劳动力调查,会问及被调查者愿意接受全职工作的最低工资。这种报告的保留工资将是我们 w^r 的经验代理变量。纵向数据(同一个体在不同时间点的观测值)表明调查对象对所问问题相当认真。例如,某些个体在某一既定时期被观测到失业并在第二次采访时有了工作,并且工作的工资一般不低于当初陈述的保留工资。(毫无疑问,人们可能会在意识到人力资本贬值或不再有家庭负担时降低他们的保留工资,但是这种情况看来并不常发生。)因此,人们倾向于按照一个稳定的保留工资策略做决策(只有 $w \geqslant w^r$ 时他们才会接受工作)。

1.2.2 工作的价值

生产是劳动和资本结合的过程。从短期来看,资本是固定的,因此无法用资本替代劳动。假设从企业的角度来看,只有一种类型的工人;也就是说,劳动力是同质的。①利润最大化的企业将会雇用工人直到边际岗位的价值 y 等于劳动的边际成本,即工资。在一个竞争市场中,所有企业都将这一工资视为给定的。因此所有企业在均衡时都将拥有相同的 y,那么,总劳动需求就等于各个企业工作岗位数的简单相加,获得相同的 y。换句话说,y 提供了企业对于劳动服务的边际支付意愿,或者说提供了它们的逆劳动需求函数 $y(L)$。为了得到劳动需求,我们只要用 w 代替 y 并且解出 L。形式上,我们设 $y(L)=w$ 并解出 L,得到 $L^d(w)$。

对劳动需求函数的斜率我们能说些什么呢?根据边际报酬递减规律,劳动的边际产出是随每个企业工作岗位的数量增加而减少的。如果劳动力市场和产品市场都是竞争的,那么,每个企业将按给定的价格出售其劳动产品,与产出水平无关。在这种情况下,劳动需求函数会有与边际劳动生产率(不断下降)相同的斜率,即,随劳动使用量 L 增加而减少。相反,如果企业在产品市场拥有某种垄断能力,劳动的边际产出价值将会包含一个额外项,它反映了追加工作所生产的额外产品的价格变化,并乘以总产出。②直观地看,当企

---

① 注意,我们也可以假定工人在生产率方面存在差异,但这些差异完全被工资差异所抵消,因此,每个雇主在雇佣高生产率或低生产率的工人之间是无差异的。

② 正式地说,对于一个完全竞争的厂商(上标为 c),劳动的边际产品价值 VMP 是

$$VMP^c = pf_L$$

其中,p 是产品能够被售出的价格(给定的),f_L 是劳动的边际产出。对于一个在不完全竞争的产品市场运作的厂商,则我们有:

$$VMP = pf_L + p_L fy$$

其中,p_L 是对厂商增加一个单位劳动所生产产品增量的边际价格效应,当 $p_L = 0$ 时,就有 $VMP = VMP^c$,也就是说,这时厂商在产品市场也是一个价格接受者。因为 p_L 是负的,所以垄断厂商的劳动需求总是在竞争厂商需求曲线的左边。进一步注意,y^c 与 y 的差异随着 f 的增加而增加,即随劳动力使用量的增加而增加。因此,垄断厂商的劳动力需求比竞争厂商的劳动力需求更为陡直。

业面临一个向下倾斜的产品需求曲线时，增加生产会降低所有出售产品的价格。产品市场竞争越不完全，工作岗位和产量的增加引起的价格下降就越大。同理，产品市场竞争越完全，劳动需求曲线就越平坦。

总之，如果不考虑产品市场结构，劳动需求函数 L^d 将随着工资上升而下降，或其反函数 $y(L)$ 随着 L 而降低。当产品市场非竞争时，劳动需求将对工资变动不太敏感（劳动需求函数更陡峭）。

1.2.3 完全劳动力市场均衡

图 1.5 描绘了一条向下倾斜的劳动需求曲线和一条向上倾斜的总劳动供给曲线。在一个完全劳动力市场中，均衡工资水平 w^* 位于两者交点处。值得注意的是，在此背景下均衡处只确定了一个工资水平。因此，保留工资低于 w^* 的劳动者参与劳动力市场得到一个正的剩余。所有这些个体剩余的总和由均衡点以下和劳动供给曲线以上的阴影部分（W_s）表示。企业也可以得到某些剩余或利润，由均衡工资以上和劳动需求线以下的阴影部分（F_s）表示。

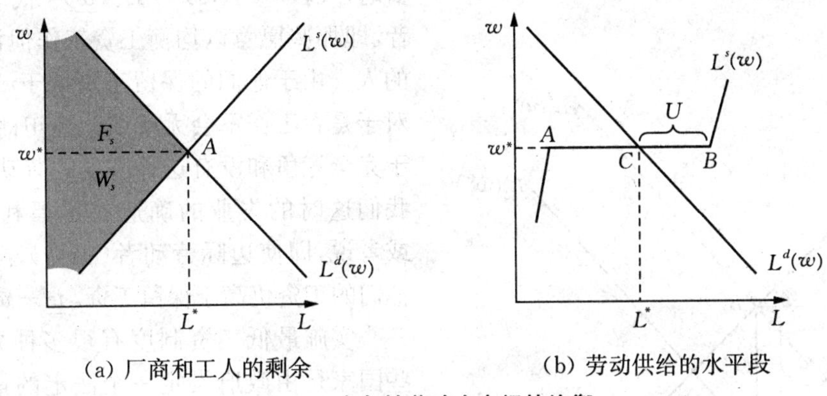

(a) 厂商和工人的剩余　　(b) 劳动供给的水平段

图 1.5 竞争性劳动力市场的均衡

保留工资高于 w^* 的劳动者会选择不工作。换句话说，$L^*=G(w^*)$决定了就业率（劳动年龄人口中有工作的比例），同时 $1-G(w^*)$为均衡时的失业率。注意均衡工资水平可能会恰好位于劳动供给曲线的水平线段上。在这种情况下，将会有那些拥有 $w^r=w^*$ 的劳动者不工作，即使他们愿意以均衡工资工作。严格意义上讲，这些人是失业者，用图 1.5 右图中的线段 U 来表示，尽管他们不工作也没有任何福利损失（$w^r=w^*$ 意味着这些人工作和不工作恰好无差异）。根据第 1.1 节中国际通行的劳动力市场状态的定义，所有其他不在就业的人都是非经济活动者。

1.3 劳动力市场制度

我们现在描述劳动力市场制度是如何运作的。根据我们的定义，制度是干预劳务与报酬交换的集体选择机制的结果。劳动力市场制度是通过在劳动者的保留工资与工作价值之间，即劳动供给与需求之间引入一个楔子来运作的。因此，甚至在完全劳动力市场中，边际工作无论对雇主或劳动者都可能涉及租金。

1.3.1 影响价格

我们先举一些例子来说明劳动力市场制度是如何运作的。正式的说明会在本章附录中给出。一种制度如最低工资制度(详见第2章)设定了一个支付给单个劳动者的工资的下限$\underline{w}$。这样，该制度就改变了劳动供给曲线的斜率，防止企业或雇主以低于最低工资的待遇雇用工人，甚至当这些提供劳动服务的工人的保留工资低于$\underline{w}$时也一样。此时雇主面对的真实劳动供给可用图1.6上图中的虚线表示。后者与保留工资相对应的部分只有$L^s(\underline{w})$的右端(图中C点)。进一步地，线段$[L^s(\underline{w})-L^d(\underline{w})]$代表了失业者，即那些愿意以均衡工资工作但没有工作的人。由于他们的保留工资低于$\underline{w}$，这些人对于是否工作不会无所谓。换句话说，不同于完全竞争和没有这种制度的劳动力市场，我们这时的失业的确造成了福利的损失。或者说，即使边际劳动者(工作)享有剩余，他们的工资仍高于保留工资，$\underline{w}-w^r>0$。

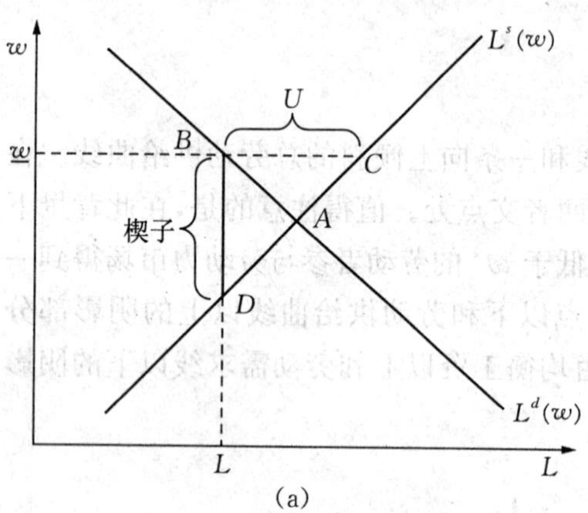

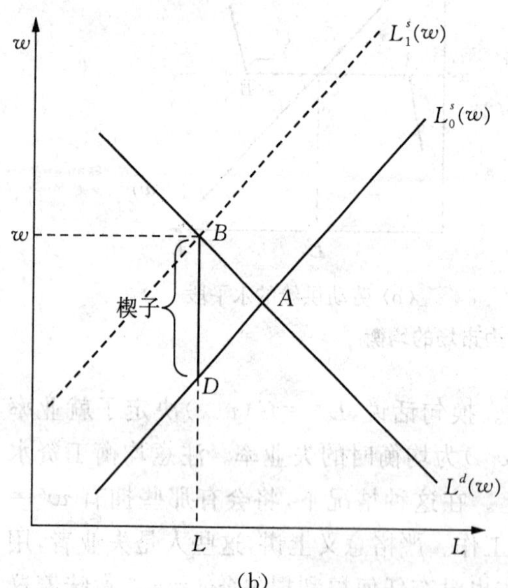

图1.6 (a)基于价格和(b)基于数量的制度与楔子

实施最低工资制度有很多种方式。有些国家是由政府设定一个法定的最低工资水平。另外一些国家，工会(见第3章)通过在具体行业中的集体谈判协议给工资设定底线。集体谈判本身就是一个制度，不仅通过设定最低报酬限度来影响工资设定，而且通过影响最低限度之上的工资来间接影响工资设定，比如通过施行平等的工资表。当工会出现时，雇主将面临一条背离了个体劳动者保留工资的劳动供给曲线。工会往往强制要求雇主支付高于保留工资的加成。因此，我们又可以得到一个包含边际劳动(工作)剩余的均衡。

对劳动收税(见第13章)是另一项在保留工资和劳动生产率价值之间引入楔子的制度。这种制度不仅降低了劳动需求，也减少了劳动供给，因为一些只愿意在无税收下工作的人将退出劳动力队伍。这意味着更低的就业率和劳动力参与度，但是在竞争的劳动力市场中将没有失业，除非净工资恰好位于劳动供给线的水平段。

劳动税收收益通常用于筹措退休金（见第6章）、家庭补贴（见第7章）和失业补贴（见第11章）。所有的非就业福利（没有工作条件下的补贴）会使劳动供给曲线上移，从而降低就业率和缩小劳动力市场规模。这部分就业的减少一部分对应于失业的增加，另一部分则转为非经济活动者。对失业和非活动的影响程度取决于制度的具体内容，尤其是这种补贴是视失业而定还是根据寻找工作的努力给付（例如，失业补贴可能与在第12章中概述的活动措施相配合，这种措施要求获得这种补贴的人完成工作考核、做出搜寻工作的努力）。

1.3.2 影响数量

最低工资、工会、税收和失业补贴主要作用于劳动价格。它们通过强迫雇主支付高于边际工作的保留工资的报酬，或者使劳动者接受低于雇主支付的劳动成本的工资，在 y 和 w^r 间直接引入楔子。其他的制度则作用于劳动供给或需求的数量，因此只能间接引入楔子，因为雇主所面临的实际或有效劳动供给偏离了劳动者保留工资的累积分布。

例如，工作时间制度（详见第5章）、移民限制（详见第9章），或者增加强制受教育年限（第8章会讨论教育制度）都会减少适龄劳动力的数量。在这些约束下，大多数不再提供劳动的个体（比如：怀孕的女性、首次求职的个体和移民）有一个相对较低的保留工资是可以理解的；也就是说，对于他们，$w^r < w^*$。因此，这些数量限制减少了 w^* 左边部分的劳动供给，引起整个曲线向左边移动，如图1.6的下图所示。新的均衡处将工资更高，就业更低，正如制度影响价格的情形一样。劳动力市场制度再一次通过在劳动的边际产出价值和保留工资之间引入（这种情况下，是间接地）一个楔子来发挥作用。通过减少 $w > w^r$ 部分的人口，缩小劳动力的规模，降低就业率，在某些情况下（如移民限制）也会减少劳动年龄人口。同时，它们创造了剩余，至少允许劳动力市场中的一方——雇主或者劳动者在均衡点处享有基于其外部选择的剩余。

在工业化国家，另一种常用的数量限制是"就业保护法"（EPL）（详见第10章）。该法律使得雇主为应对冲击而调整企业中工人数量的成本更高。和工资税不同，EPL涉及的税收和转移支付只有在工人被解雇时才有。雇主雇用劳动必须为劳动者支付社会保险税，如果劳动需求是向下倾斜的，在面临较高的工资税时他们会减少雇用量。但是在没有EPL时，他们可以通过选择一种稳定的雇佣方式（围绕一个略低于或略高于他们能够获得的平均水平的工资水平）来维持相同的工资和贡献水平，从而避免支付解雇成本。这并不意味着企业很愿意这样做：根据定义，当企业不能使其边际工作的 w 和 y 相等时，它们会减少利润。在这个意义上，把EPL看作对雇主的一种征税是合理的。而且，EPL不是通过降低平均就业水平，而是通过生产率与围绕几乎不变的平均水平的工资之间的不协调，来减少利润。

1.3.3 制度的相互作用

正如前文所言，施加解雇成本的EPL主要作用于劳动力市场流动性。它通过降低企业裁员的动机来实现。虽然不太直观，但EPL还有可能使得企业雇用工人的动机下降：如果雇主预料到裁员很困难或者成本太高,他们早就应该针对未来劳动力需求会下降或者工资会上涨而减少员工数量。这意味着一开始就少雇用一些人,因为解雇和雇用都减少的话,对就业水平和失业水平的净效应就难以判断。

EPL 还可能通过给予工会在工资谈判上更多的权利来间接影响就业,而且在这种情况下影响是很明确的。劳动者有更强的谈判力会使雇主面对的劳动供给曲线上移,增加均衡工资,减少总就业。换句话说,EPL 通过和其他制度(如集体谈判制度等)相互作用来负面地影响就业。

这些制度的相互作用会非常复杂,如果有多种可能的制度组合存在,则其相互作用也会有很多种。在每一章的结尾,我们将讨论与我们最相关的相互作用。当然,我们所讨论的内容是无法穷尽的。在这个阶段,需要记住的一件重要事情是我们不应该局限于分析单个制度对劳动力市场的简单直接影响。在现实的劳动力市场中,制度不可能单独起作用。

人们惯常用制度群来描述 OECD 国家的制度状况。例如,所谓的北欧(Nordic)模式(丹麦、芬兰、荷兰和瑞典),其特色是在失业补贴管理上给予丰厚的非就业福利,并结合相对严格的刺激政策以及工会参与失业补贴的管理。另一个例子是南方模式(包括希腊、意大利、葡萄牙和西班牙),其特色是相对传统的严格的 EPL、提前退休条款和相对强势的工会影响。

这些不同的制度群带来了相当不同的劳动力市场结果。如图 1.7 显示,OECD 国家的男女工人在就业和失业率方面均有很大差异。男女工人在失业率方面的跨国差异几乎相同,但是在就业率方面女性的差异比男性大得多。对于男性[图 1.7(a)],失业和就业之间存在明显的负相关关系。对于女性[图 1.7(b)],这种跨国间的负相关就不那么明显。土耳其是一个明显的例外,其主要就业年龄的女性的就业率非常低。此外,图 1.7(b)还显示出同样的就业率可能出现在小于 5%或者失业率高于 20%的人群中。这表明千万不能忽略劳动力参与率的影响,尤其是在女性劳动者之间。

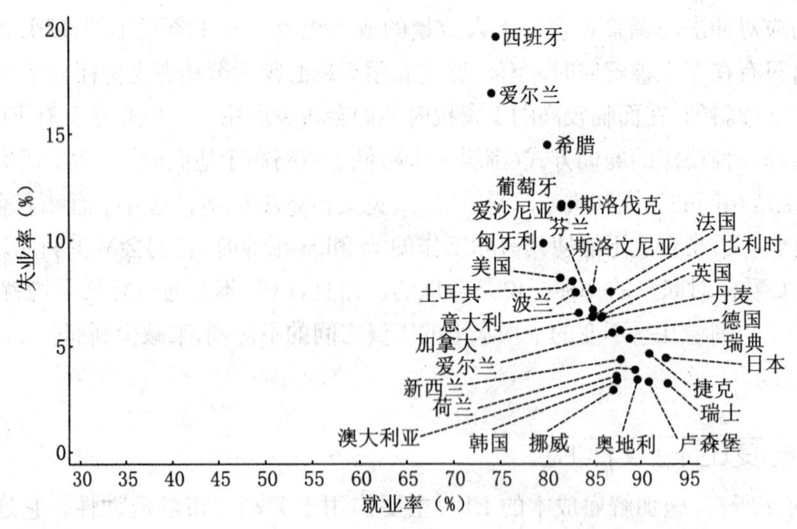

(a)

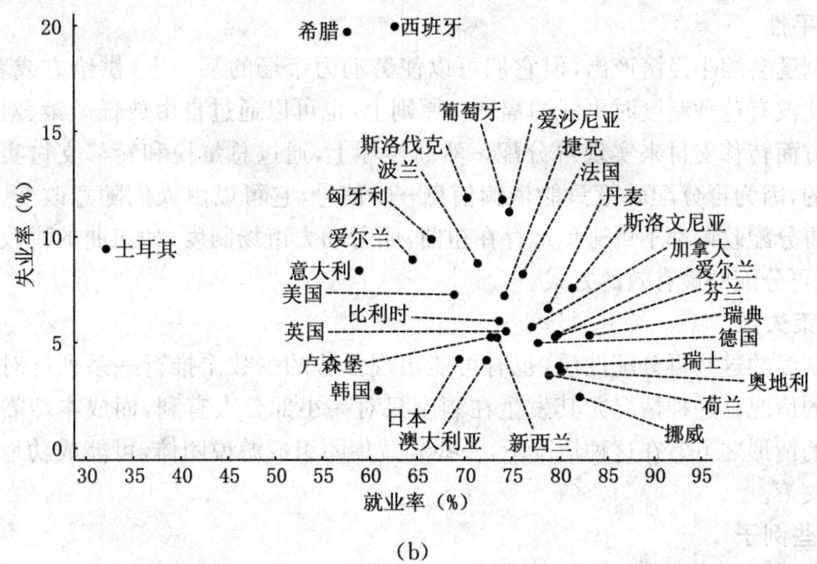

图 1.7　2011 年 OECD 国家的就业率和失业率：(a)主要劳动年龄男性，(b)主要工作年龄女性

1.3.4　为什么存在劳动力市场制度

因为所有的劳动力市场制度都在劳动需求和供给之间引入了楔子，从而缩减了劳动力市场的规模。如果劳动力市场是竞争性的，就会有效率损失，因为原则上，扩大劳动力市场规模和再分配剩余，就可能使每个人的福利得到改善。那么，明显的问题是，为什么这些制度在现代劳动力市场中如此重要。它们当然不是上帝强加的，而是由民主选举的政府制定的。如果选民不喜欢这些制度，它们迟早会被废除。如果这些制度会减小经济蛋糕，那么，取消它们应该会让每个人都更加乐意(或者至少同样开心)。

我们提供劳动力市场制度之所以存在的三条理由：

(1) 有效性。竞争性劳动力市场的最优结果是不可能实现的；次优的结果支持着这些制度的存在。

(2) 公平性。在不存在非扭曲的税收和转移支付时，这些制度是最适用于实现某些选民所支持的再分配结果的。

(3) 政策失灵。政治程序的失灵，可能使得少数利益集团成功地将他们所偏好的制度推向大多数民众，而对于大多数民众来说没有这种制度会更好。

通常这三种理由同时存在，但是为了简便，我们分别加以讨论。在这里我们仅阐述这些机制是如何运作的。随后的章节将对每种制度的合理性作更加透彻的探讨。

1. 有效性

劳动力市场制度存在是因为存在市场缺陷，这种缺陷阻碍了无制度的均衡达到完全竞争的均衡结果。实际上，完全劳动力市场并不存在。劳动力市场远不是竞争性的，因为雇佣双方存在严重的信息不对称和外部性(即，产品的生产和消费并不受制于市场的相互作用)。在这两种情况——信息不对称和外部性——下，劳动力市场违背了完全劳动力市场的透明和完备性的特点。在这种背景下，设计优良的劳动力市场制度可能修复这些市场失灵，并且增大与放任自由政策下相当的经济产出。

2. 公平性

尽管制度会缩小经济产出,但它们可以使劳动力市场的某一方(供给方或者需求方)切实得到比没有这种制度时更好的福利。原则上,也可以通过自由放任政策、对雇佣双方收税和单方面转移支付来实现再分配。然而实际上,通过总量税和转移支付实现再分配是不可能的,因为再分配政策只能依赖信息——信号,它可以由人们随意改变。因此,任何类型的再分配政策都不可避免地存在扭曲,而劳动力市场制度,如扭曲的税收和转移支付,是实现再分配的最有效的方式。

3. 政策失灵

由于制度的这些再分配性质,也有可能出现强势的少数派推行一系列针对大多数公民的制度的情况。这种情况尤其发生在制度只对一小部分人有利,而成本却需要大多数人来分担的情形之下。在这种情况下,一些利益集团组成游说团体,可能成功地影响不相称的政治决策。

4. 一些例子

实际上,劳动力市场制度同时起到几种作用:它们修复市场失灵,但同时也影响收入分配或者满足特定利益群体的需求。例如,在不完全资本市场中,规避风险的个体可以通过提供规避收入波动风险的保险来增加福利。失业是受保护的劳动者经常遇到的。然而,没有私人保险商愿意提供针对失业的保险,因为道德风险和逆向选择阻碍了这些潜在的合同安排。如果劳动者能够以一定市场价格购买保险来规避失业带来的损失,他们就没有动力去努力工作和寻找新工作(道德风险)。此外,清楚自己具有高失业风险的劳动者会导致保险商亏损,同时具有平均失业风险的劳动者对购买保险不感兴趣(逆向选择)。这就解释了为什么集体行动(制度)努力补救劳动者在劳动力市场中受到的不平等或不公平待遇,这些劳动者缺乏保险,并且他们虽然努力工作,但仍可能失业。失业补贴和劳动保护法都是针对这种市场失灵的补救措施。然而,提供保险也涉及一些取舍。例如,在不对称信息下提供保险必然会降低生产效率。相较于私人保险,拥有社会保险的劳动者寻找工作的动力更低,而且针对这种不平等的保护也必然降低劳动力市场的调整速度。

在修复市场失灵的同时,劳动保护法和失业补贴将雇主资源转移给雇员,产生了纵向的收入再分配。本书中分析的大多数制度都是通过增加劳动者或者失业个体的经济福利、削减雇主的剩余来解决分配问题的。最低工资、劳动时间限制、集体谈判制度和工会通过给予工人更大份额的福利来应对分配问题,甚至付出了整体福利缩小的代价。同时,这些制度修复了市场的某些不完美,比如工资确定过程和劳动时间谈判过程中出现的企业垄断力量和外部性干预。移民限制政策也有很强的收入分配目的:保护本国劳动者免受外国劳动者的竞争。这些情况也可以用与其他制度相互作用的市场失灵来解释。存在最低工资制度时,移民可能会挤走本国劳动者,或者不找工作的移民可能会通过分享失业补贴而不提供财政贡献,对本国居民施加负面的财政外部性。劳动税收通常是累进的,这表明它们追求的是纵向的再分配。然而,与此同时,这些税收可以通过与其他制度相互作用趋于理性化:某人必须为失业补贴、积极的劳动力市场政策、家庭政策和正规教育付出成本。

在本章附录中,我们给出了劳动力市场制度再分配效应的简化形式。我们模拟了一个竞争市场,其中包含了关注收入分配的政府或进行工资谈判的主体,我们获得了最优的制度安排。因为特殊利益群体盛行,制度安排不一定是最优的。例如,严格的就业保护涉及失业者向雇员大量的隐形转移，或者帮助部分类别的雇员避免来自外部的竞争。进一步地，常见于大量劳动力市场中的价格和数量制度相结合的方式可以成功地防止内部人(内部劳动者)遭受劳动力市场发展的负面影响：不仅是工资压缩和固化，而且常规劳动者的合同期限很明显在刚性的劳动力市场更长。并不令人吃惊的是，正是这些内部人在反对这些制度的改革，即使当他们是少数派同时最优楔子规模(纵向收到分配所要求的量)可能会更小的情形下也是如此。通常劳动力市场制度倾向于保护市场劳动力中的少数派。这种政策失灵可能会在经济遭受冲击时出现(Blanchard and Wolfers，2000)或在经济环境改变(Ljungqvist and Sargent 2003)时出现。本章附录中的模型表明制度的再分配性质应该随其所处的经济环境的变动而调整。如果产品市场变得更有竞争性，那么再分配所涉及的以效率损失来表现的成本就更高(Bertola and Boeri，2002)。这种情况下，通过在劳动供需之间引入一个更小的楔子来实现相同的分配目标更为合适。但是政策失灵可能导致这种调整很难进行，或者完全无法实现。

1.4 劳动力市场制度的改革

正如之前所强调的，至少从某个经济主体的角度出发，认识到制度能够实现某种有意义的目标是重要的。否则，我们很难明白为什么一开始就要引入制度以及为什么制度会频繁地被改革。

在过去 30 年里，劳动力市场制度一直频繁地根据政策变动而变动。这种激进主义可以通过观察制度强度的主要参数来初步了解——尤其是一些广泛应用的由 OECD 设计的指数——它们的性质和缺点将在不同的章节里面详细讨论。图 1.8—1.11 给出了 20 世纪

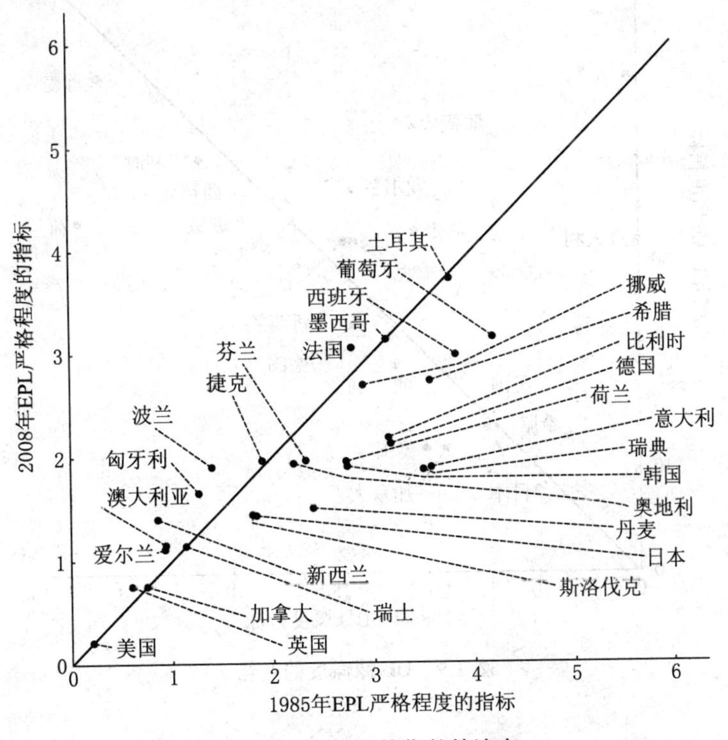

图 1.8 EPL 严格指数的演变

80 年代中期或 90 年代中期这些指标的情况(横轴)以及最近可得到的观测值(纵轴)。位于过原点 45°线以下的国家随时间推移放宽了制度约束,相反,位于其上部的国家增加了制度约束。只有位于 45°线上的国家相对于初始观测年份保持着相同的制度水平。

我们考虑下列四种制度指标:EPL 的严格程度、失业补贴的总慷慨度、积极的劳动力市场政策(ALMP)开支占 GDP 的比例以及针对低工资的总税收楔子。前两个指标被广泛应用于现有文献中:它们来源于详细的国家管控信息,同时随 EPL 的严格程度和失业补贴的慷慨程度而不断增长。关于详细的 OECD 国家"整体 EPL 严格程度"的指标将在第 10 章中介绍。慷慨程度总和被定义为失业前两年法定的总体替代率水平的简单平均数,这些信息仍然来自 OECD 数据。ALMP 预算包括一系列所谓的积极政策项目,它们提供工作咨询、安置、对短期失业者或者年轻人的雇工补助,以及通过降低福利对那些不积极寻找工作的人进行惩罚(详见第 12 章)等。最后,对低工资的总税收楔子涵盖了广泛的以就业为条件的激励(ECI),这种激励旨在增加在相对低工资的情况下工作的积极性。这依赖于收集在 OECD 税收数据库中的国家税收和福利系统的详细信息(见第 13 章)。可以以一个只能赚得平均工资水平的 2/3 的劳动者作为参照。

这些图给出的信息是许多积极政策中的一种。只有 3 个国家(28 个国家中)没有随时间改变 EPL,只有 1 个国家(21 个国家中)没有修订失业补贴慷慨程度,26 个国家中有 1 个没有调整 ALMP 项目的规模,同时,26 个国家中有 1 个国家没有改变针对低工资收入者的税收和福利(尽管在这个例子中我们得到的数据仅覆盖 10 年期)。

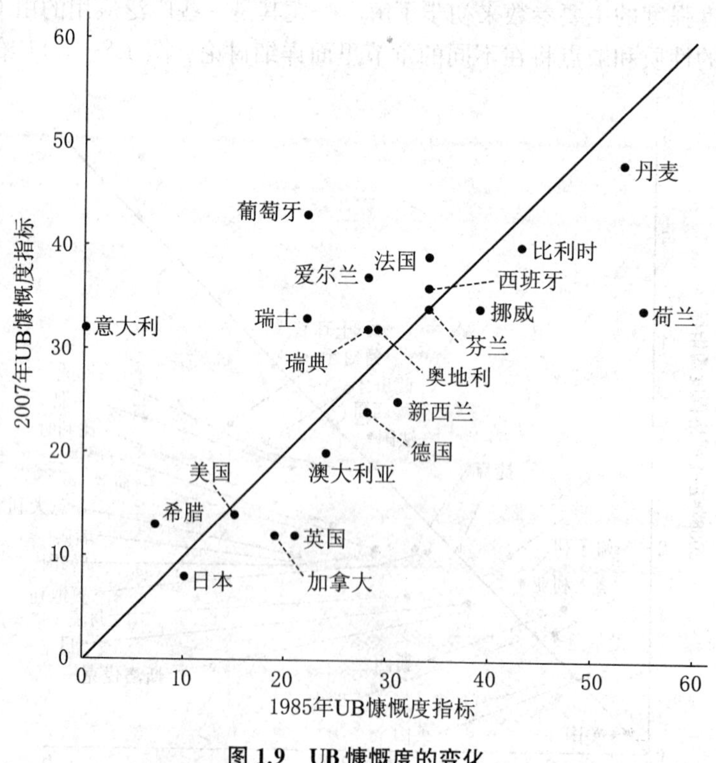

图 1.9　UB 慷慨度的变化

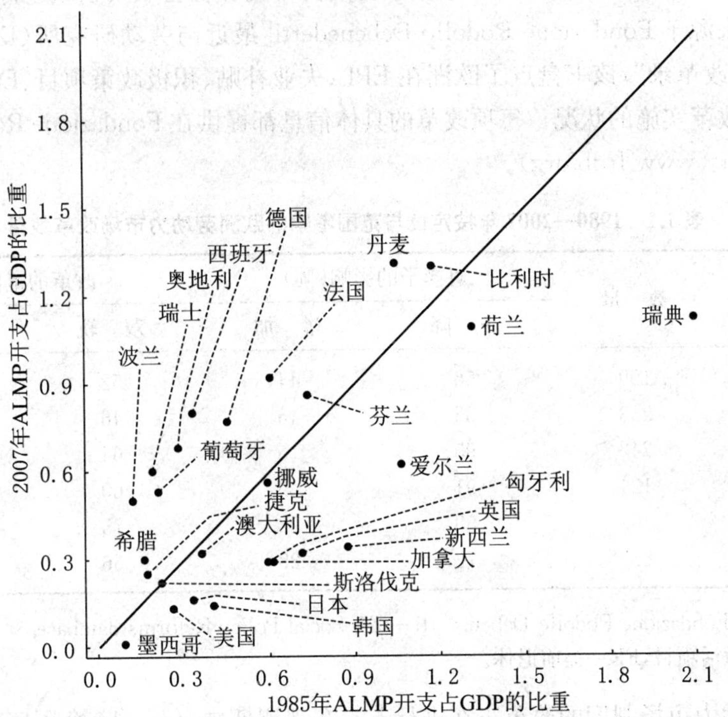

图 1.10 ALMP 开支占 GDP 比重的变化

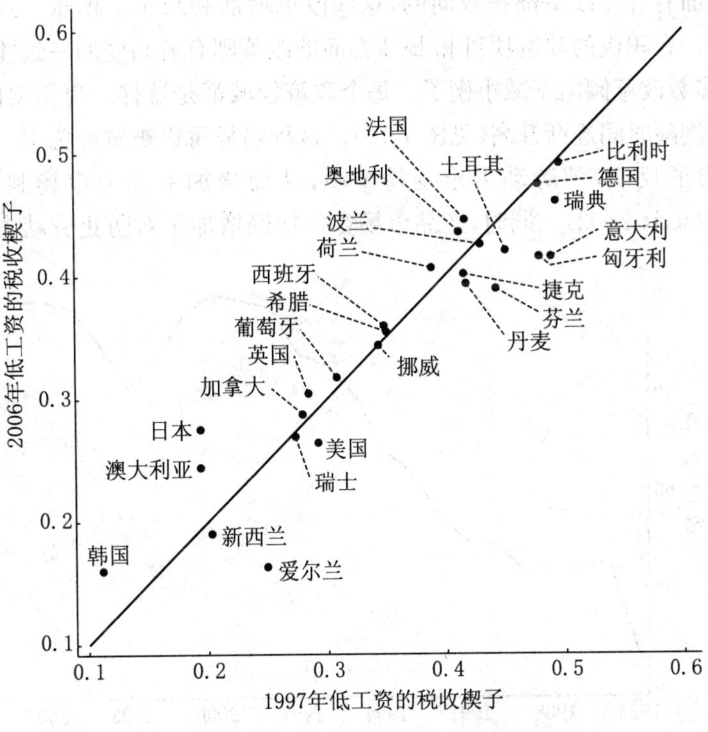

图 1.11 低工资总税收楔子的演变

表 1.1 给出了 1980—2007 年间欧盟在劳动力市场和社会政策领域进行改革的数量及其特征。它来源于 Fondazione Rodolfo Debenedetti[最近与劳动研究所(IZA)合作]编撰的"社会政策改革录",该书盘点了欧洲在 EPL、失业补贴、积极政策项目、ECI 和提前退休计划等方面改革实施的状况。每项改革的具体信息都提供在 Fondazione Rodolfo Debenedetti 的网页上(www.frdb.org)。

表 1.1 1980—2007 年按定位与范围考察的欧洲劳动力市场改革数量

改革领域	数 量	对楔子的影响(%)		改革的范围(%)	
		下 降	增 加	双 轨	全 面
EPL	199	56	44	52	48
UB	253	55	45	46	54
AP	242	95	5	64	36
ECI	124	91	9	60	40
ER	65	58	42	75	25
总	883	72	28	56	44

资料来源:Fondazione Rodolfo Debenedetti—IZA Social Policy Reforms database.
注:AP=激活项目,ER=提前退休。

许多劳动力市场制度的改革正在进行着。在观测期内,仅仅 14 个国家就发生了大约 883 次改革,也就是说,每年每个国家发生超过 2 次的改革。在失业补贴和劳动保护法以及提前退休方面有许多改革都是双向的,这些改革增加和减小了楔子。这可能与改革的政治分歧有关。在积极的政策项目和 ECI 方面的改革则有着高度的一致性。

然而,大多数改革倾向于减小楔子。每个政策领域都是这样。更重要的是,减小楔子的改革所占比例随时间逐渐升高(见图 1.12)。这种趋势可以被解释为对产品市场竞争压力加剧所做出的反应,使劳动需求变得平缓,从而增加劳动力市场制度的就业偏差(Bertola and Boeri, 2002)。同时,产品市场竞争加剧增加了对防止劳动力市场风险的制

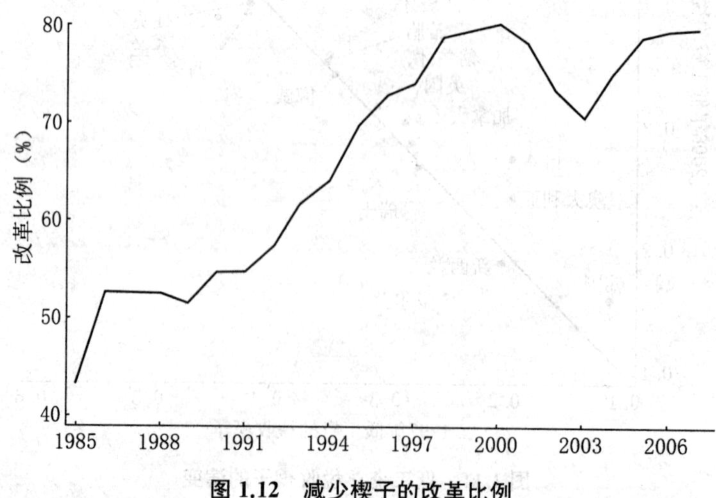

图 1.12 减少楔子的改革比例

注:5 年反向加权移动平均。

度缩减的政治抵制。支持再分配制度的社会规范或者文化因素(典型的如工资压缩)在全球化时代下可能会变得更重要(Agell, 1999)。这有助于解释为什么一些改革会走向增加产品市场竞争方向的对立面。更重要的是,一些实证研究(如 Rodrik, 1998; Wacziarg and Welch, 2003)发现产品市场竞争性加剧(用贸易开放度来衡量)和再分配制度(旨在强化竞争环境中的保护)之间存在正相关关系。

可以根据其是否是双轨的或全面的来对改革进行分类。具体来说,我们可以考察目标分享度,即潜在受到改革影响的人群中真正属于改革目标人口的比例。如果改革的目标群体低于潜在受影响人群(即,整体劳动年龄人口中的年轻人,或者全部就业人口中的临时工)的 50%,那么这种改革就属于双轨改革。如表 1.1 所示,双轨改革在除失业补贴以外的所有制度领域中都占据主要地位。并不是所有的双轨改革必然增加管理体制的二重性,因为它们也可能会减少不同体制之间预先存在的不对称性。然而,4/5 的双轨改革实际上增加了管理体制的不对称性。

不论劳动力市场制度改革的原因是什么,它们中的大多数改革每年都在发生。这为我们提供了弄清楚改革对劳动力市场影响的极好机会。本书中我们经常引用一些把改革作为政策实验的研究,这使得研究者们能够更好地将任何特定制度对劳动力市场的影响分离出来并识别其内在的因果关系。通常,不仅仅是制度影响劳动力市场结果,而且劳动力市场制度的基础条件也会影响制度。劳动力市场本身造成了引入、保留或者改革这些制度的政治压力。

与此同时,我们必须注意到大多数改革是边缘的,它们也常常引起劳动力市场改革和不改革部门同时存在的双轨体制的产生。研究这些部门间的相互作用并界定双轨改革理论为该领域的实证研究提供指导,这或许是劳动经济学中最有挑战性的研究领域之一。

复习题与练习

1. 如果失业率上升,则劳动参与率会发生什么变化?
2. 哪些人是丧失信心的劳动者?
3. 为什么对于非劳动参与群体来说,劳动供给的工资弹性总是正的?
4. 如果工资增加,且闲暇是一种次品,则劳动供给会发生什么变化?
5. 为什么劳动时间受约束时保留工资更高?
6. 双轨改革和全面改革有何区别?
7. 分别举例说明以价格为基础和以数量为基础的劳动力市场制度。
8. 在什么情况下劳动力市场制度会提高劳动力市场有效性?
9. 为什么劳动需求被称作派生需求?
10. 为什么劳动供给曲线总是向上倾斜的?
11. 假定安德莉娅的效用函数是 $U(C,l)=(C-40)\times(l-40)$,其中 C 代表消费,l 代表闲暇。安德莉娅每小时赚 10 欧元,每周最多工作 84 小时,同时没有非劳动收入。

(a) 请画出安德莉娅的预算线。如果她有一些非劳动收入,这条线将会有什么变化?

(b) 当安德莉娅处在预算线上,并且 $l=50$ 时,她的边际替代率是多少?

(c) 安德莉娅的保留工资是多少?

(d) 计算安德莉娅效用最大化时的消费量 C^* 和闲暇量 l^*。

12. 麦克对于消费 C 和闲暇 l 的偏好可以用 $U(C, l)=Cl$ 来表示。每小时赚 20 欧元,每周有 168 个小时。

(a) 写出麦克的预算约束,并作图。

(b) 麦克的最优消费量和闲暇量是多少?

(c) 如果麦克每周能得到 200 欧元的非劳动收入,则他的就业和消费会发生什么变化?

13. (进阶题)雇主的收益函数为

$$f(L)=\frac{A}{1-\eta}L^{1-\eta}$$

其中 $0\leqslant\eta<1$, L 是劳动投入, A 和 η 是常数。劳动供给函数为 $L^s=w^{\frac{1}{\varepsilon}}$,其中 ε 是常数。

(a) 说明实现总剩余最大化的政府能够取得最优的劳动力市场结果。

(b) 详细说明市场剩余的纳什谈判结果,其中 β 代表劳动者的谈判能力。

(c) 说明在什么条件下谈判结果和完美均衡结果是相同的。

(d) 假设雇主有全部谈判能力,证明他们的谈判能力取决于劳动供给曲线的斜率。

(e) 用你的直觉来说明上述结论。

附录:简单的静态框架

由 Bertola 和 Boeri(2002)最早提出的一个简单的静态模型,在描述竞争劳动力市场均衡和劳动力市场制度的作用上有很高价值。

1. 竞争劳动力市场

下面的模型中,劳动供需弹性(即工资变动 1%分别引起的劳动供给和需求变动的百分比)起着关键作用。在市场的需求方,当边际工资成本 w 等于边际产出价值 y 时,利润达到最大化。在短期内(此时资本固定),我们可以假设工作的边际价值是关于就业率 L 的减函数(弹性为常数),即 $y=AL^{-\eta}$,这里 A 是生产函数的一个指数,劳动需求弹性指数(倒数) η 取值在 0(劳动需求在 A 处是平的)和 1 之间。我们可以把劳动需求函数写成

$$L^d=\left(\frac{A}{w}\right)^{\frac{1}{\eta}} \tag{1.3}$$

劳动力市场的供给方是由保留工资的累积分布函数给定的,随着 w 而增加。我们同样假设该函数具有常弹性形式,即:

$$L^S=G(w)=w^{\frac{1}{\varepsilon}} \tag{1.4}$$

弹性参数取值可在 0(此时劳动供给曲线是平的并且标准化为单位 1)和正无穷之间:更大的 ε 值意味着随着 ε 趋向于无穷,劳动供给函数弹性不断变小,劳动供给曲线变得完全

垂直。

我们首先考虑完全竞争和没有楔子的劳动力市场均衡，此时 $y=w^r=w^*$。联立两个方程解出 L，将结果代入劳动供给函数，我们得到

$$L^*=(A)^{\frac{1}{\varepsilon+\eta}},\ w^*=A^{\frac{\varepsilon}{\varepsilon+\eta}} \tag{1.5}$$

显然这个均衡使劳动交换的总体剩余达到最大化。雇主的利润等于需求曲线和劳动成本曲线之间区域的面积：

$$\int_0^L Ax^{-\eta}dx-wL=\frac{A}{1-\eta}L^{1-\eta}-wL \tag{1.6}$$

同样，劳动者的总剩余由下式给出：

$$wL-\int_0^L x^{\varepsilon}dx=wL-\frac{L^{\varepsilon+1}}{\varepsilon+1} \tag{1.7}$$

最大化联合剩余（企业利润和劳动者剩余之和），

$$\max_L\left(\left[\frac{AL^{1-\eta}}{1-\eta}-wL\right]+\left[wL-\frac{1}{\varepsilon+1}L^{\varepsilon+1}\right]\right)=\max_L\left(\frac{AL^{1-\eta}}{1-\eta}-\frac{1}{\varepsilon+1}L^{\varepsilon+1}\right) \tag{1.8}$$

就能得到没有楔子的、完全劳动力市场的工资和就业水平[式(1.5)]。因此，竞争结果具有在就业机会成本下最大化总产出剩余的性质，或者说最大化劳动力市场带来的经济蛋糕。由于最大化要求雇主工作的边际价值等于工人的保留工资，竞争结果也就没有表现出因失业造成福利损失。然而，只要 w^* 位于函数 $G(w)$ 的水平段，在均衡处就可能存在个体失业，意味着在这种情况下他们认为是否工作是无差异的。

2. 劳动力市场制度

正如本章所讨论的，劳动力市场制度的存在可能是合理的，依照市场失灵和分配紧张，要么涉及广大劳动者的一般利益再分配，要么和特殊劳动群体的特殊利益相关。市场失灵可能产生于不完全竞争或者信息不对称，或者由于权力过度集中在雇主手中（买主垄断），这些都将使就业和工资水平低于最优水平。分配问题有些来自市场失灵，有些则不然。在非一次性总额再分配的情形下，即使是达到了最大化联合剩余的均衡（完全竞争经济的均衡）都不一定能解决经济中的分配紧张问题。

3. 楔子

所有的劳动力市场制度都是通过在劳动的供需之间引入楔子来发挥作用的。这个基本原理可以通过比较没有制度的、自由放任经济下的均衡与涉及由政府选择楔子规模来解决问题的方式来说明。如果楔子不存在，该问题的解与自由经济下的均衡恰好一致，那么劳动力市场制度没有任何作用。楔子的大小衡量了社会最优（或者说通过对剩余分配进行协商形成的均衡）与自由经济下均衡的偏差。

具体地讲，考虑某项通过对劳动收入征收比例税 t 在劳动供需之间引入了一个楔子的

制度。假设政府通过调整 t 来最大化伯努利—纳什社会福利函数:

$$w=\max_{t}\left(\left[\frac{AL^{1-\eta}}{1-\eta}-w(1+t)L\right]^{(1-\beta)}\left[w(1+t)L-\frac{1}{\varepsilon+1}L^{\varepsilon+1}\right]^{\beta}\right) \tag{1.9}$$

这里参数 β 表示劳动的分配权重,即方案设计者将经济蛋糕的多少给予劳动者。相对应地,$(1-\beta)$则是雇主的分配权重。

对式(1.9)取对数(单调变换不会改变一阶条件),同时要求雇主和劳动者选择最优的劳动和闲暇时间(雇主在劳动需求上选择,劳动者则在劳动供给上选择),我们可以重写最大化问题为

$$\max_{t}(1-\beta)\log\left(\frac{AL^{1-\eta}}{1-\eta}-(1+t)AL^{1-\eta}\right)+\beta\log\left((1+t)L^{\varepsilon+1}-\frac{L^{\varepsilon+1}}{1+\varepsilon}\right) \tag{1.10}$$

这里我们根据雇主剩余的定义代入 $w=AL^{-\eta}$,根据劳动者剩余定义代入 $w=L^{\varepsilon}$,即:

$$\max_{t}(1-\beta)\log\left(AL^{1-\eta}\left(\frac{\eta-t(1-\eta)}{1-\eta}\right)\right)+\beta\log\left(L^{\varepsilon+1}\left(\frac{\varepsilon+t(1+\varepsilon)}{1+\varepsilon}\right)\right) \tag{1.11}$$

一阶条件为

$$\frac{AL^{1-\eta}(1-\beta)}{AL^{1-\eta}\left(\frac{\eta}{1-\eta}-t\right)}=\frac{L^{\varepsilon+1}\beta}{L^{\varepsilon+1}\left(\frac{\varepsilon}{1+\varepsilon}+t\right)}$$

简化为

$$\frac{(1-\beta)}{\frac{\eta}{1-\eta}-t}=\frac{\beta}{\frac{\varepsilon}{1+\varepsilon}+t}$$

解出楔子,我们得到

$$t=\beta\frac{\eta}{1-\eta}-(1-\beta)\frac{\varepsilon}{1+\varepsilon} \tag{1.12}$$

这意味着当且仅当

$$\frac{\beta}{1-\beta}=\frac{\varepsilon}{1+\varepsilon}\frac{(1-\eta)}{\eta}$$

时,楔子为0。 (1.13)

换句话说,当政府关注收入(功能性)分配时,自由经济下的均衡要求劳动者和雇主的分配权重之比等于劳动供给与需求的弹性之积。ε 越大,劳动供给弹性就越小,自由放任经济均衡中劳动者的分配权重就越大。同理,η 越大,劳动需求的弹性就越小,自由放任经济均衡中雇佣者的分配权重就越大。这些结论背后的经济学直觉是符合最优税收理论的,即对市场中弹性小的一方多征税更好,因为这将使税收收入最大化。只有当市场中弹性小的一方非常关心收入分配时,才会导致均衡偏离这种最优税收规则。

重要的是,没有理由要求条件式(1.13)得到优先满足,因为 β 和劳动供需弹性之间不存在系统关联。换句话说,只有在偶然的情况下条件式(1.13)才会得到满足。一般情况下,当涉及收入分配问题时,最好在劳动供需之间引入楔子,尽管可能会带来偏离使联合剩余最大化的均衡的代价。再分配是本书中所讨论的劳动力市场制度的一项关键功能。

在自由经济的均衡不能最大化式(1.11)的情况下,可能会出现其他劳动力市场制度问题,因此劳动力市场制度并不总是涉及效率—公平的替代关系。

4. 产品市场竞争和制度引起的就业偏差

我们要注意,与竞争、自由经济均衡相适应的分配权重是随着供需弹性的增加而减小的。同理,在较大的需求弹性条件下,劳动力市场制度的*解雇偏差*(相对于没有制度干预的结果,引入楔子将导致就业减少)也会更大。具体来说,用上标 I 表示存在的某种制度,解雇偏差可以由楔子 t 给出,即

$$1+t=\frac{(1-\eta)+\beta(\eta+\varepsilon)}{(1-\eta)(1+\varepsilon)} \tag{1.14}$$

令 $\mu\equiv 1+t$ 表示由制度引起的对竞争工资的加成。上述结果表明,当此加成大于 1 时,相对于自由竞争均衡,有制度的均衡涉及更低的就业率。①

现在假设劳动需求更富有弹性(比如,弹性从 η_0 到 η_1, $\eta_1<\eta_0$),例如,全球化的冲击导致产品市场竞争加剧。到目前为止,劳动力市场制度不能自动适应经济环境变化,全球化冲击前后的就业水平(各自用下标 0 和 1 表示)由下式给出:

$$L_1^I=A\mu_0^{\frac{1}{\varepsilon+\eta_1}}<L_0^I=A\mu_0^{\frac{1}{\varepsilon+\eta_0}}$$

因此,如果楔子保持在全球化冲击前的理想水平(μ_0),在劳动需求弹性参数变动时没有调整,产品市场竞争加剧就会导致就业减少,而且根据式(1.8),劳动力市场制度相对于自由竞争均衡就会出现更大的就业偏差。产品市场竞争加剧也可能会导致生产技术进步(A 变大),例如由于市场扩大的外部性引起的技术进步。这可能使得自由竞争均衡下的就业水平相对于冲击前有所提高,经济冲击导致劳动需求曲线上移。但是产品市场竞争越剧烈,劳动力市场制度相对于自由竞争均衡的就业偏差就越大。换句话说,如果劳动力市场制度的作用只是调节收入(功能性)分配,那么全球化后楔子应该缩小,因为存在更陡峭的公平—效率权衡关系。

总之,产品市场竞争加剧带来了缩小与竞争结果相关的劳动力市场制度所赋予的楔子的压力。然而,与此同时,不改革劳动力市场会带来比全球化前更糟糕的就业后果。因此,产品市场更强的竞争压力也增加了失业的风险,这潜在地强化了对防止失业风险制度收缩的反对,如失业补贴、就业保护和 ALMP,这些制度的改革状况见表 1.1。

① 当加成严格小于 1 时,劳动力供给就是市场的短边。在这种情况下,就业机会比竞争均衡还少。

▶2

最低工资

最低工资是一项劳动力市场制度，它设定了一个底部工资，即支付给个体工人的工资下限。最低工资制度最初于1938年被引入美国，每小时支付25美分。2010年，联邦最低工资为每小时7.25美元，名义上大约是70前的30倍，但实际上不到70年前的两倍。英国直到1999年才引进国家最低工资。

尽管世界上的大多数国家都有某种形式的最低工资，但是其规模、适宜性和操作细节各国之间不尽相同，所以提供一个针对最低工资的跨国可比较的定义和度量并不是一项容易的工作。但是，一些统计数据，如最低工资与工资中位数的比率，通常被用来概括不同国家间最低工资影响收入分布的相关性。最低工资和接下来几章将会分析的其他以价格为基础的制度(例如，工会和集体谈判)，其关键区别是最低工资主要影响工资分布的低端。因为最低工资标准设置了工资的底限，工资分布有可能在最低工资水平处激增。这个峰值表明有多少人直接受到最低工资的影响。受影响工人的比例将会随最低工资标准约束的程度变化而变化。

大量的理论和实证研究考察了最低工资的影响。只有在完全竞争的劳动力市场条件下，理论才能提供明确的预测。实证结果指出在两个方向上——最低工资对就业有积极和消极的影响——这在买主垄断的劳动力市场上，个体厂商面临向上倾斜的劳动供给曲线的情形下是可能的。

在一些国家，最低工资是由政府单方面设定的，而在另一些国家，它是工人与厂商代表之间谈判的结果。当它是由政府立法规定时，最低工资原则上适用于所有有法律合同的工人。当它是集体谈判的结果时，在工资谈判中经所涉各方同意的最低工资标准可能也涵盖没有加入工会的工人。在这种情况下，它成为适用于集体协议所涵盖的所有工人的最低工资标准。总体来看，根据其覆盖面和基于以下三方分类的决定因素便于给应用于OECD国家的最低工资进行分类：

(1) 国家的、由政府立法的(也许经过与工会和雇主协会协商的) 最低工资标准；

(2) 经集体谈判达成协议的、覆盖所有工人的国家最低工资标准；

(3) 经行业层面集体谈判达成协议的、覆盖该行业所有工人的行业最低工资标准。

所有这些最低工资可以按小时、天、周或月为基础进行设定。除了单一的最低工资标准,通常会有一个为特定工人群体设定的次级最低工资率,例如,那些没有工作经验的工人和青年工人。通常情况下,次级最低工资率的存在并不合法,但事实上却存在,因为特殊的就业方案允许雇主向青年工人支付更低的工资。一些国家允许将超过最低工资的部分奖励给从事特定的、不定时工作的工人。例如,最低工资可能会随着工人的经验、专业资格与家庭状况而相应地增加。法定的最低工资可能随通货膨胀率而自动调整,也有可能并非如此;在后者的情形下,各国政府可能酌情调整最低工资标准。不同的行政级别也可能设定不同的最低工资标准。例如,美国有联邦最低工资标准,但一些州也有它们自己的最低工资标准。实际的最低工资标准则是两者中较高的那一个。

2.1 跨国比较

尽管我们已经指出了各种区别,人们仍可以尝试通过衡量最低工资相对于工资分布的一些中心测度的价值,进行最低工资的跨国比较。尤其是最低工资与中位数工资的比率常被用于国际比较。①原则上,使用工资中位数而不是平均工资作为分母将更可取,因为平均工资可能会受到分布上尾较大值的影响,但是可得到工资中位数的微观数据并不总是现成的。

最低工资与工资中位数之比显然受分子(最低工资)和分母(工资中位数)如何测量的影响。因为最低工资一般是豁免收入所得税的,而所得税通常是累进的,所以用净工资(税后工资中位数)作为计算这一指标的分母也可能更为可取。此外,应特别注意的是,应该使用适当的衡量收入的方法,这种方法应该排除各种加班费和奖金款项。

最低工资与工资中位数之比忽略了与最低工资标准的设置相关的潜在溢出。特别是当最低工资标准被嵌入集体谈判时,最低工资增加也可能使得支付超过最小值,使工资分布的有关部分向右移动,并因此导致工资中位数的显著上升。在这些情况下,从最低工资和工资中位数之比中几乎看不出最低工资标准的变化,因为分子和分母都朝着相同的方向变化。

这个测度的另一个缺点是并没有考虑到这样一个事实:可能存在劳动力的子集,如没有被最低工资制度覆盖的非正规经济部门的工人。在大多数发展中国家和许多 OECD 国家(包括前中东欧计划经济国家和欧洲南部国家),存在一个巨大的最低工资法并不适用的非正规劳动力市场,同时存在一个强制执行最低工资标准的正规(通常在城市)劳动力市场。世界上没有一个国家有足够的劳工视察员检查每一家工厂。由于这些执法问题,提高最低工资标准可能反而会减少那些工资最低的工人的工资:由于最低工资标准的上升,生产率较低的工人被挤出了最低工资制覆盖的部门,从而增加了未覆盖最低工资制部门的劳动供给,压低了这些部门的工资。

牢记这些警告,表 2.1 的前三列显示了由 OECD 编制的一些国家的最低工资与工资中位数的比率。如表中所示,该指数有一个较宽的变化范围。1990 年,它的范围为较低的

① 制定 Kaitz 指数(Kaitz, 1970)的想法考虑了最低工资标准的覆盖面。该指数被定义为最低工资标准与依据法律涵盖的行业层面进行调整的工资中位数的比率。虽然如此,但由于符合资格的人群并不总是很好地被定义,该指数覆盖的部分往往会被忽视。

波兰的17%到较高的澳大利亚的63%。2010年,该指数的范围为墨西哥的19%到土耳其的67%。在2010年,加拿大、日本、韩国和美国的最低工资标准低于欧洲许多国家。欧盟新成员国——匈牙利、捷克共和国、斯洛伐克共和国和爱沙尼亚——则处于欧洲最低工资标准分布的底端,同样在分布底端的还有西班牙和英国,它们在1999年推出了国家最低工资制。

表 2.1　OECD 国家的最低工资

	MW 和工资中位数的比率(%)			2010 年月 MW(欧元)	分　类		挣取 MW 的工人的百分比	年轻人的次最低工资
	1990 (1)	2010 (2)	差 (3)	(4)	体制[a] (5)	类型[b] (6)		
澳大利亚	63	54	−9	1 670	N-S	1	—	是
比利时	56	52	−4	1 388	N	2	—	是
加拿大	38	44	6	1 187	P	1	—	有限制
捷　克	—	35	—	311	N	1	2.0	是
丹　麦	—	—	—	—	S	3	—	是
爱沙尼亚	—	41	—	278	N	1	4.8	否
法　国	52	60	8	1 344	N	1	16.8	有限制
德　国	—	—	0	—	S	3	—	一部分
希　腊	57	49	−8	863	N	2	—	否
匈牙利	44	47	3	257	N	1	8.0	否
爱尔兰	—	52	—	1 462	N	1	3.3	是
意大利	—	—	—	—	S	3		一部分
日　本	30	37	7	1 069	R	1	—	有限制
韩　国	30	41	11	605	N	1	—	是
卢森堡	37	42	5	1 725	N	1	11.0	是
墨西哥[c]	31	19	−12	—	R	1	—	否
荷　兰	56	47	−9	1 416	N	1	2.2	是
新西兰	52	59	7	1 196	N	1	—	是
波　兰	17	45	28	318	N	1	2.9	否
葡萄牙	53	56	3	554	N	1	4.7	否
斯洛伐克	—	46	—	308	N	1	1.7	是
斯洛文尼亚	—	58	—	734	N	1	2.8	否
西班牙	47	44	−3	739	N	1	0.8	否
瑞　典	—	—	—	—	S	3	—	是
土耳其	46	67	21	—	N	1	—	是
英　国	—	46	—	1 169	N	1	1.8	是
美　国	36	39	3	949	N-S	1	1.3	有限制

资料来源:Dolton and Bondibene(2011); OECD Minimum Wage Database.

注:MW=最低工资,—无法获得数据。

a. 体制:N=全国;N-S=全国—州;S=部门集体协议;R=区域的;P=省级的。

b. 类型:1=全国的,政府立法的;2=全国的,谈判的;3=产业层的,谈判的(见正文)。

c. 最低工资与工资中值的比率是2005年的,不是2010年的。

表 2.1 第(3)列显示了 1990—2010 年间最低工资与工资中位数之比的变化因国而异。在澳大利亚、墨西哥、希腊和荷兰，该比率大幅下降，而在土耳其和波兰，该比率则显著上升。如图 2.1 所示，20 世纪 90 年代末以来美国的最低工资相对于工资中位数一直在下降，而到了 21 世纪头十年的后几年又呈现上升趋势。在荷兰，该比率自 20 世纪 70 年代后期以来一直在下降，而法国几乎是连续 40 年在上升。

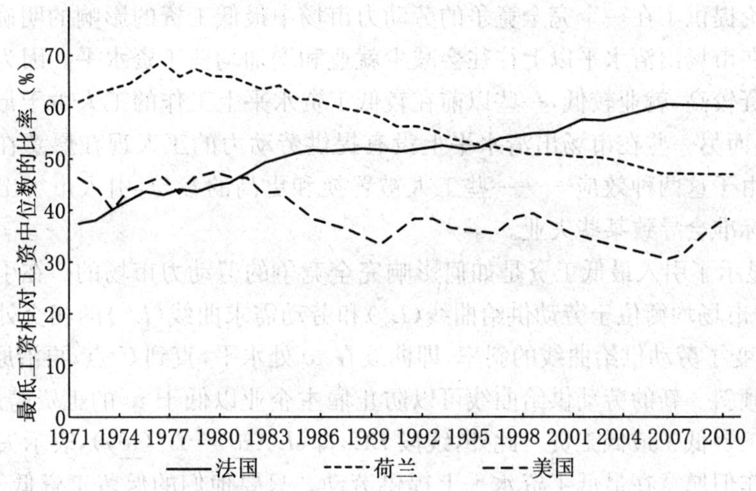

图 2.1　1971—2010 年最低工资与工资中位数的比率

资料来源：OECD minimum wage database.

表 2.1 第(4)列比较了以欧元为单位的月最低工资水平。其差异是巨大的。欧盟新成员国都以 250—350 欧元的范围位于月最低工资分布的底端。澳大利亚和卢森堡则以 1 650—1 750 欧元处于分布的最高端，而在 1 350—1 450 欧元的第二高组则有法国、爱尔兰和荷兰。

第(5)列和第(6)列提出了一种分类的最低工资标准。最低工资标准可以适用于国家、部门、区域或省级层面。第(6)列给出了本章开始时讨论的三种分类。几乎所有国家都有国家的、政府立法的最低工资标准。国家最低工资标准经集体谈判达成协议且覆盖所有工人的国家有比利时和希腊。最后，行业最低工资标准经行业层面集体谈判达成协议且覆盖该行业所有工人的国家有丹麦、德国、意大利和瑞典。

第(7)列中给出了 2005 年挣取最低工资水平的工人的百分比。到目前为止，百分比最高的是法国，将近 17%的工人挣取最低工资水平。另一个极端的例子则是西班牙，不到 1%的工人赚得最低工资水平。在收集到的信息中，除了在匈牙利和卢森堡挣取最低工资水平的百分比分别为 8%和 11%外，所有其他国家的百分比均在 1%—5%之间。

最后，表 2.1 的最后一列显示了最低工资是否适用于所有年龄段的工人或是否存在针对年轻人的次最低工资。在第 2.4.2 部分我们提供更详细的关于年轻人最低工资的信息。

2.2 理论

2.2.1 完全竞争的劳动力市场

经济理论提供了在一个完全竞争的劳动力市场中最低工资的影响的明确预测。将最低工资设置在市场出清水平以上往往会减少就业和增加均衡工资水平。因为实际上由雇主支付的工资较高,就业较低,一些以前在较低工资水平上工作的工人由于最低工资的引进而被置换,而另一些在市场出清水平上没有提供劳动力的工人现在愿意在最低工资水平上工作。由于这两种效应——一些工人被置换和更高的参与,引入市场出清水平以上的最低工资标准会导致某些失业。

图 2.2 显示了引入最低工资是如何影响完全竞争的劳动力市场的。在引入最低工资以前,劳动力市场均衡位于劳动供给曲线(L^s)和劳动需求曲线(L^d)的相交处 A。最低工资标准 $\underline{w}$ 改变了劳动供给曲线的斜率,即曲线在 $\underline{w}$ 处水平,直到 C 点,再沿原来的劳动供给曲线向上倾斜。新的劳动供给曲线可以防止雇主企业以低于 $\underline{w}$ 的工资聘用员工,即使他们的保留工资低于最低工资。此外,线段 BC,即$(L^s(\underline{w})-L^d(\underline{w}))$,表示失业人数($U$),他们没有工作但愿意在最低工资水平上提供劳动。只要他们的保留工资低于 $\underline{w}$,这些个人就不会认为工作和不工作之间无差异:因为在这种情况下,存在与失业相关的严格的福利损失。

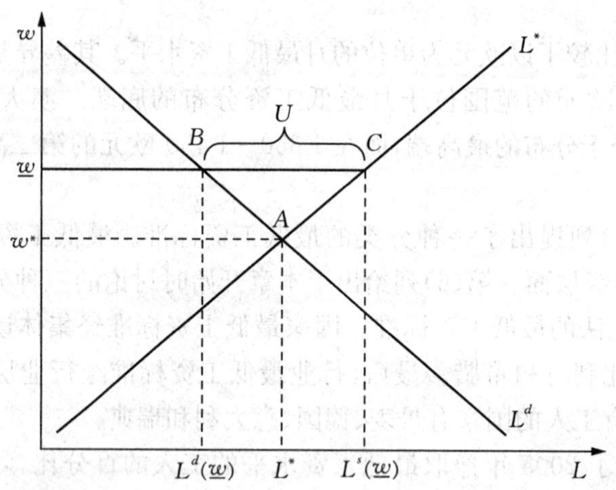

图 2.2 竞争劳动力市场的最低工资

2.2.2 不完全竞争的劳动力市场

在一个扭曲的劳动力市场引入最低工资的影响是很难预测的。在某些情况下(例如,当雇主在设定工资时有买方垄断势力,尤其是存在与求职相关联的匹配摩擦和外部性时),引进相对较低的最低工资标准实际上可能最终使得就业增加。

当雇主可以单方面设定工资时,其利润最大化的选择将使就业和工资水平比在完全竞争的劳动力市场时低。Stigler(1946)和Lester(1947)首先指出,设定高于均衡工资的最低工资标准,理论上有可能增加就业。通过对完全垄断的例子举一反三,可以很容易地掌握发生这种情况的原因。就像完全垄断者(在产品市场)面临向下倾斜的需求曲线一样,买方垄断(在劳动力市场)面临着向上倾斜的劳动供给曲线。因此,对于这个唯一的雇主来说,雇用工人的边际成本高于任何一个追加工人的保留工资,因为诱导个人提供劳动必须提高工资,而增加的工资不仅是针对边际工人,而且是对整个劳动力而言的(就像垄断者增加供给时会使正在出售的所有商品的价格下降,而不只是最后一个单位的产出)。买方垄断者的边际劳动成本(MLC)如图 2.3 所示:它位于 $L^s(w)$曲线的上方,且越来越偏离 $L^s(w)$,因为雇用额外一个工人意味着工资的增加覆盖到了更多的劳动力。买方垄断者的利润最大化雇用选择必然使边际劳动成本等于劳动的边际收益,$L^d(w)$(产品价格乘以劳动的边际产出)。从图形上看,最优选择位于 B 点,即边际劳动成本和劳动需求曲线相交处。买方垄断者雇用数量为 L^m 的工人,而在完全竞争市场则为 L^*。它支付的工资(w^m)也比完全竞争市场的均衡工资(w^*)低,因为买方垄断者在均衡时支付的工资小于劳动的边际产出。企业买方垄断势力的程度由夹在劳动需求与供给之间的差额 BC 衡量,即 $y(L^m)-w^m$。劳动供给曲线越陡,差额越大。更确切地说,它随着劳动供给对工资的响应能力的增加而减少,分析见专栏 2.1。

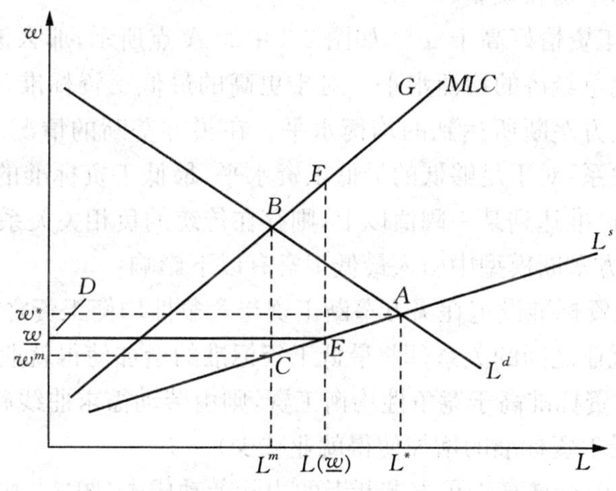

图 2.3 买主垄断和最低工资

专栏 2.1 买方垄断势力的程度

显然,图 2.3 中的结果可以作对应的分析。像往常一样,劳动的边际产品价值由 $y(L)$表示,买方垄断面临的加总劳动供给由 $L^s=G(w)$表示。总劳动成本 C 等于工资和就业的乘积:wL。对于边际劳动成本,$\frac{dC}{dL}=w+\frac{dw}{dL}L=w\left(1+\frac{dw}{w}\frac{L}{dL}\right)$ 成立。因此边际劳动成本为 $\frac{dC}{dL}=w(1+\varepsilon)$,其中 ε 是劳动供给弹性的倒数。在买方垄断均

衡处,劳动的边际产品价值必须等于边际劳动成本:

$$y(L^m)=w^m(1+\varepsilon) \tag{2.1}$$

劳动需求(企业劳动的边际产品价值)和劳动供给(劳动回报的方式)之间的楔子可以表示为后者衡量买方垄断势力程度的部分。通过重新整理这个方程很容易导出买方垄断势力程度的表达式,

$$\frac{y(L^m)-w^m}{w^m}=\varepsilon \tag{2.2}$$

随着劳动供给的工资弹性趋于无穷,ε 趋于零。因此,买方垄断势力是随劳动供给的工资弹性增加而减少的:劳动供给的工资弹性越小,买方垄断者工作的均衡价值与买方垄断者付给工人的工资之间的差异就越大。相反,当劳动供给是无限弹性时(雇主在劳动力市场中是价格接受者),ε 趋于 0,因此买方垄断势力为 0。

在买方垄断的情况下,引入略高于垄断工资的最低工资会生成一条新的边际劳动成本曲线,如图 2.3 中的线段 $DEFG$(即,曲线最初是水平的,直到它与原来的劳动供给曲线相交于 E,然后从 E 跳跃至 F,之后与原有的边际劳动成本曲线重合)。边际收益与边际劳动成本之间新的均衡为点 F。显然,将最低工资标准设定在买方垄断和完全竞争经济水平之间会同时增加工资和就业。

然而,如果最低工资恰好高于 w^*,如图 2.3 中的 A 点所示,那么该最低工资带来的就业水平将低于完全竞争经济的均衡水平。对于更高的最低工资标准(即 B 点之上),此时就业下降到低于纯买方垄断所达到的均衡水平。在买方垄断的情况下,最低工资与就业之间存在非单调的关系:对于足够低的最低工资水平,最低工资标准的增加伴随着就业的增加,而当最低工资标准达到某一阈值以上,则存在传统的负相关关系。

总体而言,在买方垄断模型中引入最低工资有以下影响:

(1) 如果最低工资标准设定在买方垄断工资与竞争性均衡工资之间,则由劳动供给曲线确定最低工资和就业之间的关系(即,最低工资标准的增加使得就业增加)。

(2) 如果最低工资标准高于竞争性均衡工资,则由劳动需求曲线确定最低工资和就业之间的关系(即,最低工资标准的增加使得就业减少)。

(3) 如果最低工资标准高于买方垄断者的边际劳动成本(图 2.3 中 B 点之上),则就业低于买方垄断时的均衡水平。

(4) 如果最低工资标准高于买方垄断工资,将导致买方垄断者的利润减少,但在 BC 段,即垄断工资与买方垄断者的边际劳动成本之间,总剩余增加。因此,在此范围内引入最低工资将提高劳动力市场效率。

(5) 如果最低工资标准高于买方垄断者的边际劳动成本,将导致总剩余减少,从而降低劳动力市场效率。

纯买方垄断的情况下,最低工资标准的问题常常被忽略,因为人们认为其实际意义有限。只有一个雇主的劳动力市场非常少见。一个标准的例子是俄罗斯的一座公司城镇,它是中央计划经济遗留下来的产物。就像山地大猩猩一样,买方垄断也是濒临灭绝的“物种”之一。然而,在有一个以上雇主的劳动力市场中也可能出现如图 2.3 所描述的那样的

情况,但这些雇主合谋确定工资。雇主之间的合谋可能深受集体谈判制度的偏爱,但集体谈判意味着工人一方也有组织,因此雇主不能单方面确定工资。还有一些例子中,双边垄断的情况削弱了雇主设定工资的能力。

尽管劳动力市场中的每个雇主相对于整个市场是无穷小的,但是市场可能会向雇主赋予某种程度的买主垄断势力。当存在搜索摩擦和流动成本时,工人换工作的成本很高,此时就会发生这种情况。通过不同的雇主为(同质的)劳务支付的方式,这些成本可防止劳动力市场通过套利消除任何差异。创造就业机会和招聘费用也会给雇主一定程度的垄断权力。当创造一个新的工作岗位成本很高或招聘受到高度管制时,职位空缺更少,因此工人申请职位更加困难。所有这些现代买方垄断的例子实际上相当频繁(Manning,2003),甚至当雇主很多但可供申请的空缺很少时也会出现。

在这些现代买方垄断的情况下,引入最低工资标准仍可以增加就业吗?答案是肯定的,前提是最低工资标准不是太高,且工人的搜寻的努力和参与决定充分响应他们找到空缺时可以挣取的工资。这是直观的。在无摩擦的劳动力市场,一方面,最低工资减少了劳动需求(在图 2.2 中,我们沿 L^d 曲线向左上移动),但是,另一方面,它增加了劳动力供给(我们沿 L^s 曲线向右上移动)。在有摩擦的劳动力市场,个人可以选择是否要搜寻以及搜寻的强度,更高的工资将被支付给那些成功找到一份工作的人,而更高的工资会诱使更多的人参与到劳动力市场中来和花费精力在寻找工作上。同时,一旦空缺被填补,最低工资会减少雇主可以获取的超过工人边际生产率的剩余。然而,更多的求职者以及他们每个人都更加密集地求职的这一事实增加了空缺被填补的可能性。在这个意义上,相对于与雇主剩余减少相关联的负的劳动需求效应,劳动力供给效应占主导地位,有最低工资时达到的均衡比没有最低工资时,将有更多的求职者和更多的职位空缺。因为劳动力市场越大,均衡就业也将更大,即使在给定寻找工作的努力程度下每个工人所面临的成功率更低也一样。当雇主不能完全地监测大型企业中工人的生产率时,最低工资也会对就业产生积极影响。在效率工资模型中,最低工资标准可能会促使公司壮大(Rebitzer and Taylor,1995)。公司支付更高的工资,但作为回报也会获得更高的生产率,因为违纪裁员带来的惩罚更大(见附录第 3 部分对效率工资模型的阐述)。

在二元劳动力市场,最低工资对就业可能没有负面影响,因为最低工资标准并不适用于二级或非正规的劳动力市场。在这些条件下,这两个部门之间有重要的溢出效应。正如 Mincer(1974)、Gramlich(1976)和 Welch(1976)指出的那样,最低工资标准的上升,使得正规部门被置换出来的工人转移到未被覆盖的部门。

如图 2.4 所示。最初,正规和非正规经济部门的均衡工资为相同的 w_0,即左图中的 A 点和右图中的 C 点。如果在正规部门引入最低工资,则劳动需求沿着劳动需求曲线从 A 点减少到 B 点。这会造成失业,因为现在劳动供给大于劳动需求。然而,本来将失业的工人从正规部门转移到了非正规经济部门。在正规部门,劳动供给曲线从 L_0^s 向上移动到 L_1^s,而非正规经济部门的劳动供给曲线则向右移动。因此,非正规经济部门的工资下降(从 w_0 到 w_1)。最低工资能在正规经济部门和非正规经济部门之间重新分配工作,这增加了正规和非正规部门的工资差异。只要在两个部门之间存在完全的劳动力流动,这种调整机制就能防止失业。

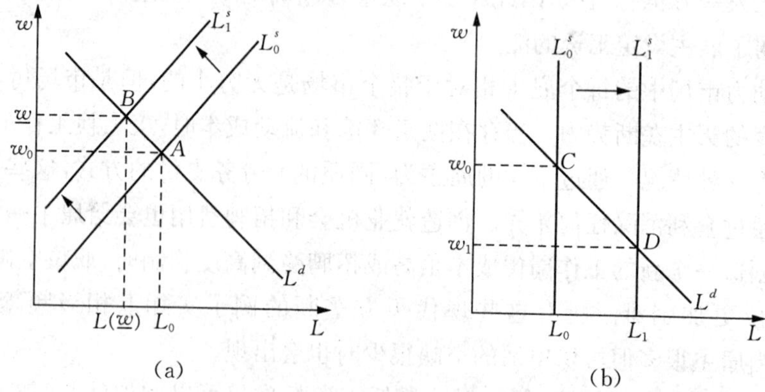

图 2.4　二元劳动力市场和最低工资:(a)正规部门;(b)非正规部门

最后,当工作的生产力取决于雇员对教育和培训的投资时,最低工资在福利方面会产生积极影响,尽管不一定是在就业方面(Cahuc and Michel, 1996; Acemoglu and Pischke, 1999)。在这些情况下,有约束力的最低工资会促使工人通过获得教育提高生产力,从而避免被最低工资挤出。因此,存在最低工资时的均衡点上有更多高效率的工作。需求方面也可能引起相同类型的效果(Acemoglu, 2001),因为最低工资会增加由雇主发布的高生产率职位的空缺数目。然而,传统的观点是,如果最低工资设定得太高,雇主可能会发觉培训低技术工人的成本太高,因为雇主不能通过较低的工资收回培训成本。工人可能会没有激励去投资于人力资本,因为他们有权获得最低工资而不论是否获得额外的技能。

总体而言,真正重要的是最低工资的高低水平,而非是否存在最低工资。尽管经济理论的标准预测是最低工资会减少就业,但是一些市场缺陷可能允许引入相对较低水平的最低工资,从而实现更高水平的就业和福利。

2.3　经验证据

2.3.1　基于企业层面数据的研究

许多关于最低工资影响的研究都基于企业层面数据,从而在劳动力需求方估计最低工资的影响。最低工资的影响显然取决于工资分配底端的特点和最低工资标准的实际执行情况。早期研究用 Kaitz 指数来控制最低工资标准有限的执行情况。更多最近的实证研究通常测量了那些工资在新旧最低工资水平之间的工人的比例(Card, 1992; Card and Krueger, 1995a; Brown, 1999),或受最低工资增加影响的那部分。执行情况的测量用得越来越多的是峰值,它被定义为收入为最低工资标准的那部分工人的比例(Dolado et al., 1996)。如果最低工资制度被合理地执行,我们一般预期最低工资标准的提高会增加峰值,因为新的最低工资标准伴随着较低的工资。

Dolado 等人(1996)概述了最低工资对一些 OECD 国家就业的影响的研究。最低工资标准对就业的影响通常都是消极的，尽管影响的程度因国而异且取决于受影响的人群类别（例如，最低工资对年轻人就业的影响一般是负面的）。OECD（2006a）最近回顾关于最低工资的影响的实证文献，发现了最低工资对就业的负面影响，特别是对年轻工人，尽管影响较小。

虽然其中大部分研究使用的数据取自正规部门，在那里最低工资法被强制执行，但是一些研究将同样的方法应用于非正式部门的数据。这些研究主要集中在发展中国家[Lemos（2004）以巴西为研究对象；Gindling 和 Terrell（2004）以哥斯达黎加为研究对象；Jones（1997）则研究了加纳]，在那里非正规经济部门更大。尽管在测量非正规经济部门就业时存在问题，但是一些研究惊奇地发现最低工资标准上调也会使非正规经济部门的工资增加。这类文献所提供的解释是正规经济部门的最低工资被视为整个经济的参考。如果公司在非正规部门有买方垄断势力，且公平报酬的考虑因素是相关的，则在正规的（被最低工资制覆盖的）部门中最低工资的变化可能会带来非正规经济部门的工资中位数也相应地上升。正规部门和非正规部门之间的溢出效应——给正规经济部门一个信号，结果非正规经济部门的工资增加——被称为灯塔效应。①

最近，研究使用了工人与企业相匹配的数据，以确定单个公司是否面临着向上倾斜的劳动供给曲线。有证据表明存在市场势力和最低工资的潜在积极影响。Staiger 等人（2010）发现美国单个医院的劳动供给相当缺乏弹性，而短期弹性约为 0.1。Falch（2010）发现挪威教师市场的劳动供给弹性范围为 1.0—1.9，而 Ransom 和 Sims（2010）在密苏里州的公立学校发现教师市场的劳动供给弹性约为 3.7。

2.3.2 基于自然实验的研究

多数过往的研究比较了那些必须提高工资（以遵守最低工资制度）的工人和工资分配更高的工人的就业与工资情况，并假设了那些工资分配更高的工人不会受最低工资标准变化的影响。这种方法的问题是，领取最低工资的人并不能代表所有人。因此，我们最终可能会把原因归于那些与工人特点（例如，劳动力市场参与较低）相关的最低工资的影响，而这些工人位于工资分布的不同部分。

经济学中自然实验的实证方法（Meyer，1995；Angrist and Krueger，1999；Blundell and Dias，2000）考虑了这些选择问题，使它能够更好地识别最低工资的影响。它利用某些代理人的经济环境的外生变化，对比了他们和那些没有经历该变化的其他（先验相同的）代理人分别对变化所作出的反应。在实践中，这意味着要找到一个与事实相反的或另一种差异，这种差异能控制那些受最低工资影响和那些不受影响的差异。为此，运用这种方法获得的估计量也被称为倍差法或双差分估计量。

在美国，研究者采用倍差法来探索高于联邦水平的最低工资标准的州际差异。特别是，Card 和 Krueger（1994，1995a）调查了 1992 年新泽西的最低工资标准从 4.25 美元增加到 5.05 美元的影响。他们将宾夕法尼亚州作为控制组，那里的最低工资在 1992 年都停留

① 关于灯塔效应的文献主要针对拉丁美洲；例如，见 Bell（1997）。也可以参见 Boeri 等人（2011）。

在4.25美元。新泽西州和宾夕法尼亚州是相邻的两个州,而且有类似的经济结构。因为这项研究已引起广泛争论,专栏2.2做了一些详细讨论。

专栏2.2 提高最低工资标准对美国快餐行业的影响

David Card和Alan Krueger收集了新泽西州和宾夕法尼亚州410家快餐店的就业数据,这两个州相邻且具有相似的经济结构。这两个州最初的最低工资标准是相同的(每小时4.25美元),而新泽西州在1992年将最低工资标准升至每小时5.05美元。收集数据的时间点是1992年2—3月(此时这两个州具有相同的最低工资标准)和1992年11—12月(新泽西州上调最低工资标准之后)。图2.5描绘了两个州的工资分布的变化:新泽西州的工资分布有一个明显的转变,并伴有一个与新的最低工资标准相适应的波峰,而宾夕法尼亚州的工资分布大致保持不变。Card和Krueger通过简单地对1992年11—12月和1992年2—3月间两个州的就业变化做差分,估计了提高最低工资标准对就业的影响。因此,Card和Krueger发现新泽西州提高最低工资标准之后,快餐行业的就业增长速度一直高于宾夕法尼亚州。他们的结论是,当初始工资足够低时,提高最低工资标准可以使得就业增加。Card和Krueger的研究中,最低工资的变化是80美分,并在下表中,他们发现就业增加了2.7个,这意味着最低工资每增加1美元,就有可能是每家企业创造3.4(2.7/0.8)个就业岗位。

	就业		价格	
	新泽西	宾夕法尼亚	新泽西	宾夕法尼亚
1992年2—3月	20.4	23.3	3.35	3.04
1992年11—12月	21.0	21.2	3.41	3.03
差	0.6	−2.1	0.06	−0.07
倍差	2.7		0.07	

注:就业=快餐企业的全职工人数;价格=一顿纯快餐的价格,以美元计算。

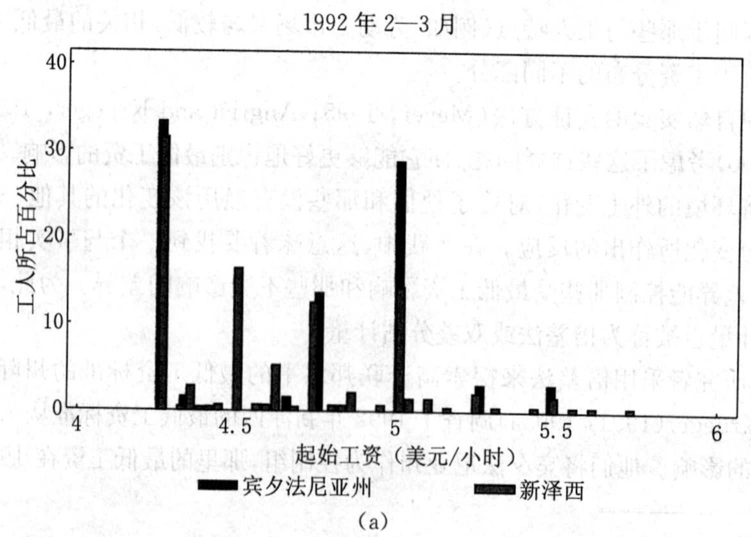

(a)

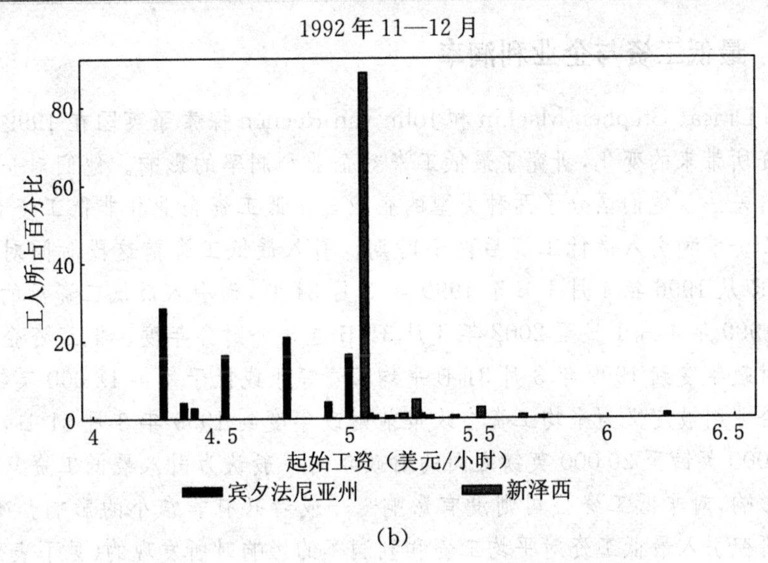

(b)

图 2.5　(a)最低工资提高前和(b)提高后的工资分布

Card 和 Krueger 的研究在三个方面引起了激烈而且非常丰富的争论。第一方面的争论重点是对结果的解释，以及快餐食品的消费者是否可以代表广大民众，因为很可能是挣取最低工资的人代表了典型的快餐食品消费者。第二方面的争论涉及的是从理论的角度来解释他们的发现。提高最低工资标准使得就业增加表明快餐企业具有买方垄断势力。然而，提高最低工资标准本应该使得产量增加，而产量增加只能通过降低产品价格实现。如上表所示，这与观察到的快餐价格上升不一致。然而，价格会上升的完全竞争市场并不能解释为什么就业会增加。第三方面的争论与数据的质量有关，因为 Card 和 Krueger 的研究是基于电话访谈的调查而不是行政数据。尽管 Card 和 Krueger(1994)与 Neumark 和 Wascher(2000)之间存在巨大的争论，但早期的研究结果似乎都得到了证实。

资料来源：Card and Krueger(1994)；Neumark and Wascher(2000).

例如，Stewart(2004)也曾用倍差法估计量调查过 1999 年英国引入全国最低工资制度(成人的最低工资为每小时 3.6 英镑)的影响，以及其后在 2000 年增加至每小时 3.7 英镑和在 2001 年增加至每个时 4.1 英镑的影响。正如表 2.1 所述，英国的最低工资标准与工资中位数之比大致位于欧洲国家的中间部分。Stewart 比较了引入最低工资标准前后工资刚好高于最低标准的工人和工资分布更高的工人的就业结果。他针对不同人口群体(不同年龄组的男性和女性)重复了这个研究，并控制了周期性条件。Stewart 发现，在英国引入最低工资标准对所研究的任何人口群体都没有不利影响。

Draca 等人(2011)还在 1999 年英国引入全国最低工资标准之际，用倍差法研究了其经济结果。他们侧重于研究最低工资对企业生产率和利润的影响。专栏 2.3 做了一些关于该研究的详细讨论。

专栏 2.3　最低工资与企业利润率

Mirko Draca、Stephen Machin 和 John van Reenen 探索了英国在 1999 年引入全国最低工资所带来的变化,研究了最低工资对企业利润率的影响。他们对企业层面的数据用了倍差法。他们区分了两种类型的企业——低工资企业和非低工资企业,以及引入最低工资前和引入最低工资后两个时期。引入最低工资前这段时间对应了 3 个财务年度,即从 1996 年 4 月 1 日至 1999 年 3 月 31 日,而引入最低工资后的这段时间则对应了 1999 年 4 月 1 日至 2002 年 3 月 31 日这 3 个财务年度。低工资企业被定义为政策前财政年度到 1999 年 3 月 31 日平均工资等于或低于每年 12 000 英镑的公司。非低工资企业则被定义为平均工资在政策前财政年度到 1999 年 3 月 31 日,平均工资为每年 12 000 英镑至 20 000 英镑之间的财政年。一般认为引入最低工资只会对低工资公司有影响,对非低工资公司则没有影响——或者只有非常小的影响。确实,这正是作者在研究引入最低工资对平均工资和利润率的影响时所发现的(见下表)。

	低(平均工资)		利　润　率	
	低工资企业	非低工资企业	低工资企业	非低工资企业
引入 NMW 前	2.149	2.775	0.128	0.070
引入 NMW 后	2.378	2.893	0.089	0.058
差	0.229	0.118	−0.039	−0.012
倍差	0.111		−0.027	

注:NMW=全国最低工资;利润率=利润与销售的比率。

Draca 等人发现,与引入最低工资前相比,非低工资企业的平均工资在引入最低工资后高了 11.8 个对数点。而低工资企业的变化则是 22.9 个对数点。他们认为引入全国最低工资使得低工资公司的工资上升了 11.1 个对数点。此外,他们发现,非低工资企业的利润空间下降了 1.2 个百分点,而低工资公司则下降了 3.9 个百分点,这表明最低工资使得低工资公司的利润空间下跌 3.9−1.2=2.7 个百分点。最低工资对平均工资和利润空间的影响在统计上均显著。对就业和生产力进行类似的分析,他们发现引入最低工资并没有带来显著的影响。他们还发现,在具有产品市场垄断势力的行业,最低工资对利润的负面影响要大得多,这是有道理的,因为那里租金将被重新分配。作者总结认为,他们的研究结果是符合"无行为反应"模型的,在这个模型中企业对就业不做调整,因此,因最低工资标准调整而导致的工资上升将映射到利润减少之中。

资料来源:Draca et al.(2011).

2.3.3　基于劳动者历史经验的研究

关于最低工资标准的实证文献的两个问题是:(1)它通常着重分析最低工资对特定行

业的影响，而标准的完全竞争模型的预测则适用于作为一个整体的劳动力市场；(2)它忽略了最低工资对工作小时数的潜在影响，而不是受雇的工人。

可以通过使用工人代表性样本的纵向数据，并跟踪那些获得最低工资标准或接近最低工资的工人的劳动力市场历史，来解决上述问题。这类的最新研究发现，最低工资的变化对这类工人的就业有着重大影响。然而，关于这些变化的方向还没有一致的意见。Abowd 等人(1999)发现，在法国，最低工资增加 1%，挣取最低工资的男性保住以前的工作的概率会降低 1.3%，而对于女性这一概率为 1%。在美国，最低工资减少 1%，会提高这一级工资水平的工人保住工作的概率，其中男性为 0.4%，女性为 1.6%。Portugal 和 Cardoso(2001)用相同类型的方法却得到了不同的结果。他们探讨了 1987 年由于葡萄牙做出有关 19 岁及以下年轻人的最低工资的立法决定而引起的改变。对于 17 岁的年轻人，最低工资提高了 50%，18 岁和 19 岁年轻人的则为 33%。他们发现这些最低工资的上调使得招聘减少，但工人也更倾向保住自己的工作。换句话说，Portugal 和 Cardoso 观察到了较少的离职，这部分地抵消了应聘者下降。请注意，这个结果与买方垄断模型的预测一致，因为它揭示了工资提高时年轻人对工作有更强的附着性。Neumark 等人(2004)发现，在美国，对于那些最初挣取最低工资或再稍高一点的工人，提高最低工资对他们的就业和工作小时数具有负面的影响；这与 Zavodny(2000)的结论相反，他发现最低工资的增加使得受影响的工人仍在职的概率降低，但是对于那些保住工作的工人，则对其工作小时数有一个正效应。

总体来看，大量实证研究表明最低工资可以显著影响找到工作和失去工作的概率。然而，最低工资并不总是对那些受影响人群失去工作的概率有正效应。此外，在最低工资标准的研究中也可能存在发表选择偏误。Doucouliagos 和 Stanley(2009)认为是存在这种偏误的(也可以参见 Card and Krueger, 1995b)。他们对 1 474 组最低工资弹性估计值进行了元分析，找到了就业弹性显著为负的发表选择的有力证据，但当考虑了选择效应时，没有证据表明存在有意义的相反的就业效应。

2.4 政策问题

如前所述，最近的经验证据未能提供关于最低工资对就业的影响的明确结果(Flinn, 2007)。尤其是，由 Neumark 和 Wascher(2007)综述的文献中只有三分之二的研究发现了最低工资对就业的负面影响，而且这些影响并不总是统计上显著的。这就解释了为什么一些研究者主张增加最低工资，而其他人则赞成显著降低最低工资。

2.4.1 应该增加还是减少最低工资?

现实条件下的最低工资模型，即允许个别企业具有一定程度的买主垄断势力，认为设定最低工资是微调的事情：如果它太低，就没有约束力；如果它太高了，它可能比应该解决的市场失灵更糟糕，在这里“更糟糕”意味着劳动力市场总剩余低于没有最低工资时的情况。

提倡降低最低工资标准的主要原因是劳动力市场运转不善,一些低生产率工人(例如年轻人和非熟练工)充斥着失业的行列。当该群体的失业率高达两位数时,这一观点更加强烈,特别是当这些失业率并不与其他工人的不利的劳动力市场条件一致时。

经常主张提高最低工资水平的理由是一些工人群体的谈判地位特别弱势,而且收入不平等的水平太大。在这种情况下最低工资被看作用来减少“穷忙族”数量的手段,所谓的“穷忙族”就是那些拥有一份全职工作,但似乎生活在贫穷线附近的工人。这一观点的天然支持者都是那些有可能在最低工资处享受加薪的工人。对于收入再分配,最低工资是一个相当笨拙的工具。那些极差的工人可能不会被雇用,所以他们将不会受到最低工资的影响,而未被覆盖的或非正规经济部门的工人在提高最低工资标准之后可能面临工资减少。

由于经济理论并没有就最低工资对贫困问题的影响给出明确的结论,因此用实证方法检验这一问题就变得很重要。应用研究往往通过分析最低工资水平邻近的工资分布,着眼于最低工资对分配的影响。如果挤出效应很重要,那么我们就应该在接近法定最低水平的工资分配中观察到一个波峰。如果没有波峰或者波峰位于最低水平的右侧,那么数据表明最低工资没有有效地发挥作用。大多数研究(包括 Card and Krueger, 1994;参见专栏 2.2 和图 2.5)实际上都在相应的最低工资标准的工资分配中发现了波峰。当焦点是非熟练工人时:在这种情况下对解雇的影响的证据特别强,此时实证文献中关于最低工资对就业的影响显得较为清晰。特别是关于最低工资对贫困的影响,Addison 和 Blackburn(1999)的研究显示,20 世纪 90 年代发生在美国的最低工资标准的增加有助于减少 24 岁及以下的年轻人和 24 岁以上辍学工人的贫困率。最后,Flinn(2007)发现 1997 年最低工资的增加(从 4.75 美元到 5.15 美元)对美国年轻人的福利有正的效应,但并没有证据表明发生在 1996 年的最低工资的增加(从 4.25 美元到 4.75 美元)对福利有正的效应,似乎最低工资对工资分配并没有明显的溢出效应。

2.4.2 年轻人的最低工资标准应该存在么?

在许多国家,最低工资并不取决于工人的年龄,但在一些国家却是这样的。图 2.6 显示了 8 个国家的年轻人最低工资与成年人最低工资的关系。很明显,不同年龄梯度的年轻人其最低工资具有很大的差异。在法国、新西兰和美国只有一个年轻人最低工资标准;在捷克和英国有两个年轻人最低工资标准;而在澳大利亚、比利时和荷兰(几乎)每个年龄段都有最低工资标准。此外,年轻人最低工资与成人最低工资之比也因国而异。在美国,16 岁的年轻工人的最低工资与成人最低工资之比是 82.5%,捷克、法国和新西兰的是 80%,澳大利亚的是 50%,而在荷兰则是 34.5%。

年轻人的失业率大大高于黄金年龄段工人的失业率。图 2.7 证实了这一情况。然而,该图还显示了这两种失业率具有高度的相关性(尽管不是完全的)。在这些国家中,西班牙的这两种失业率是最高的。2010 年,韩国和荷兰的黄金年龄段工人的失业率最低,年轻人的失业率也是最低的。很显然,一些国家非常高的年轻人失业率不一定是具体年龄政策的结果。成人失业率低的国家显然有一个合适的劳动力市场制度组合,这也保持了相对较低的年轻人失业率。

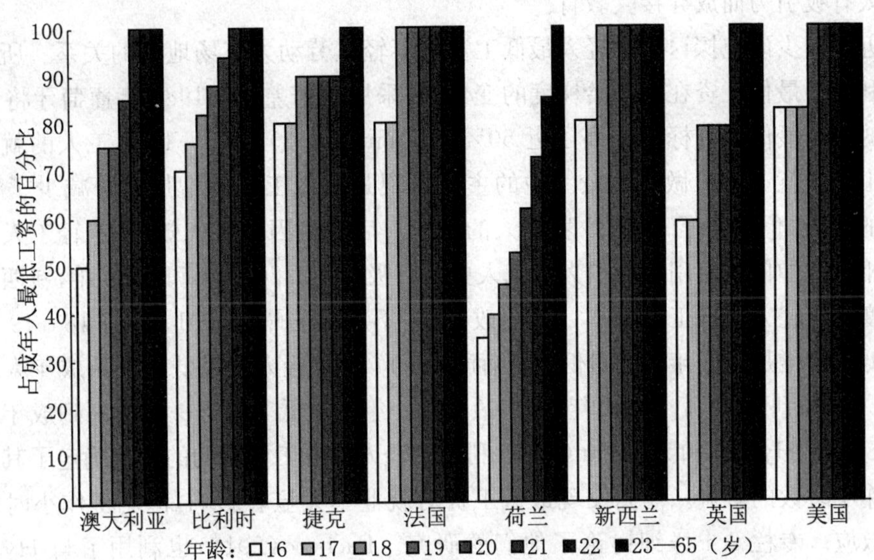

图 2.6　2010 年按年龄的年轻人最低工资占成年人最低工资的百分比

资料来源：ILO Minimum Wage Database.

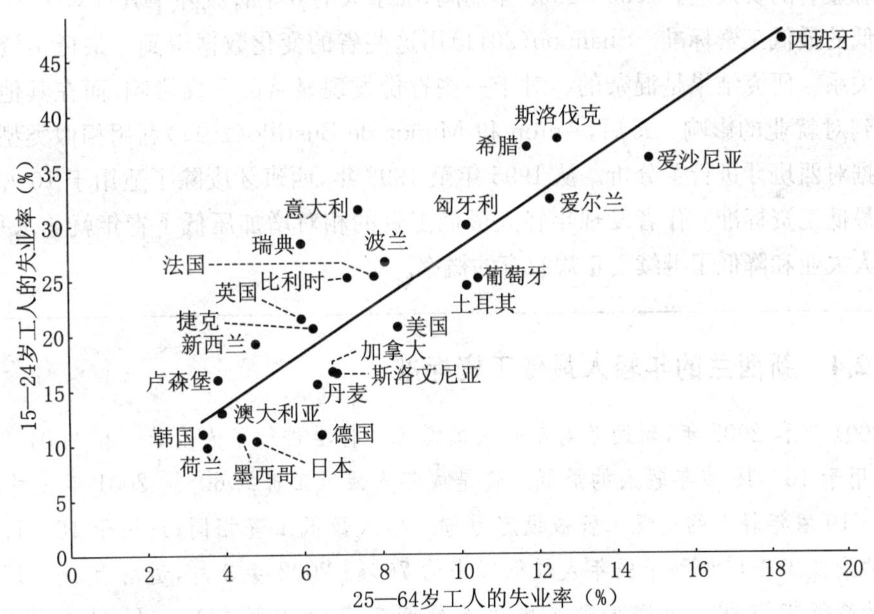

图 2.7　2010 年主要工作年龄工人与年轻工人的失业率

资料来源：OECD(2011b).

当考虑是否应该存在特定年龄的最低工资标准时，必须考虑其他的潜在影响。尤其是对培训和教育的影响可能很重要。如果没有单独的年轻人最低工资，那么对雇主来说年轻工人可能太贵了（因为缺乏工作经验，所以他们的生产力不足以支付其工资成本）。也有可能在没有年轻人最低工资的情况下，年轻工人因太昂贵而得不到一般的培训，因为公司并不能通过较低的工资抵消培训成本。最后,年轻工人可能会过早离开学校,因为最低工资太有吸引力而放弃接受教育。

最近有不少研究探讨了年轻人最低工资与年轻人劳动力市场地位的关系。所有这些研究均利用了最低工资在各年龄梯度的变化,并采用了倍差法。1987 年葡萄牙将 18—19 岁工人的法定最低工资标准提高了近 50%。Pereira(2003)将 18—19 岁工人的就业增长与成年工人的就业增长做了比较。她的主要发现是最低工资的增加显著减少了 18—19 岁工人的就业,但增加了 20—25 岁工人的就业。后者是因为替代效应:年轻工人的最低工资的相对增加使得雇用年龄稍大的工人更具有吸引力。2001 年和 2002 年,新西兰对各年龄梯度的年轻人最低工资做了一些更改,使它不那么陡峭。2001 年,将 18—19 岁年轻人的最低工资增加至成年人的最低工资,而 16—17 岁年轻人的最低工资从成年人最低工资的 60%增加到了 70%。2002 年,又将最年轻一组的最低工资进一步提高到成年人最低工资的 80%。Hyslop 和 Stillman(2007)利用年轻人最低工资结构的变化确定了其对就业率和工作小时数的影响。他们发现最低工资对就业率无显著影响,但对工作小时数有显著的正效应。专栏 2.4 详细讨论了他们的研究。Pacheco(2011)也利用了与 Hyslop 和 Stillman 相同的新西兰青年最低工资变化的数据,但得出了不同的结论。Pacheco 侧重于研究那些更有可能受最低工资增加影响的工人。她认为,对于这些工人,更高的最低工资对就业有显著的负效应。1986—1998 年期间,加拿大的 6 个省废除了其针对 15—16 岁工人的较低的最低工资标准。Shannon(2011)用这些省的变化数据得到了最低工资和就业之间的关系。研究结果是混杂的。对于一些省份发现显著的负面影响,而在其他省份则未观察到对就业的影响。最后,Antón 和 Muñoz de Bustillo(2011)利用相似类型的政策变化数据对西班牙进行了分析。从 1995 年至 1998 年,西班牙废除了适用于 16—17 岁年轻人的最低工资标准。作者发现年轻人最低工资的相对增加压低了青年就业水平,增加了年轻人失业和降低了继续受正规教育的概率。

专栏 2.4　新西兰的年轻人最低工资标准

2001 年和 2002 年,新西兰对年轻人最低工资标准进行了大改革。在 2001 年改革前,适用于 16—19 岁年轻人的最低工资是成年人最低工资的 60%。2001 年 3 月,适用于 18—19 岁年轻人的最低工资被设定为与成年人最低工资相同,适用于 16—17 岁年轻人的最低工资增加到了成年人最低工资的 70%。2002 年 3 月,适用于 16—17 岁年轻人的最低工资进一步增加到了成年人最低工资的 80%。Dean Hyslop 和 Steven Stillman 研究了年轻人最低工资的这些变化给就业和工作小时数带来的后果。他们将 20—25 岁的工人作为控制组,以区分于 16—17 岁和 18—19 岁两个明显的处理组。2000—2003 年期间,成年工人的最低工资增加了 13%,而 16—17 岁工人的最低工资增加了 50%,18—19 岁工人的最低工资增加了 87%,如下表所示。

	最低工资(成年人工资百分比)		
	对照组		控制组
	16—17岁	18—19岁	20—25岁
2001年3月5日前	60	60	100
2001年3月5日起	70	100	100
2002年3月18日起	80	100	100
2000—2003年增加(%)	50	87	13

作者将1998年第二季度至1999年第三季度作为前一期,将2002年第二季度至2003年第三季度作为后一期,并利用了这两期的信息。他们运用倍差法发现两个处理组的就业率分别增长了0.5和1.0个百分点。这两个升幅并不显著异于零。年轻人最低工资的增加导致工作小时数显著增加:16—17岁的工人每周增加了3.4小时,18—19岁的工人每周增加了1.8小时。

指　标	对照组		控制组
	16—17岁	18—19岁	20—25岁
失业率(%)			
前	41.3	53.8	64.0
后	43.2	56.2	65.4
差	1.9	2.4	1.4
倍差	0.5	1.0	
每周工作小时数			
前	16.4	27.4	34.8
后	19.0	28.2	33.8
差	2.4	0.8	−1.0
倍差	3.4	1.8	

作者还发现教育入学率下降,失业增加,闲赋增加,救济接受率上升。作者认为,尽管最低工资改革增加了青少年的劳动力供给,但这种增加并没有带来同样数量的就业增加。

资料来源:Hyslop and Stillman(2007).

总而言之,并不是所有从倍差法研究得出的结果都指向同一方向。一些研究发现年轻人最低工资的相对增加对年轻人的就业有明显的负效应,有时还伴有对成年群体就业的正的溢出效应。然而,也有研究报告没有发现年轻人最低工资与其就业率之间有显著关系。相对年轻人最低工资都向同一个方向变化:即增加,而且经常达到成人的最低工资水平。没有哪一个地方是减少年轻人最低工资的。根据现有的证据,很难得出如下问题的有力结论:是否应该有单独的年轻人最低工资标准?如果是这样,则最佳的年龄梯度是什么?

2.5 与其他制度的相互作用

最低工资制与其他作用于整个工资分配的制度有着紧密的关系。当根据集体协议设定并执行最低工资标准时,最低工资标准被纳入了工会工资平台(参见第 3 章)。Boeri(2012)发现,最低工资水平受到是否是政府立法制定最低工资或是集体协议设定最低工资标准的影响。在后者的情况下,最低工资通常较高(参见本章附录)。为了减少对解雇的潜在影响,积极的劳动力市场政策(参见第 12 章),尤其是 ECI,也会和最低工资制度产生交互作用。

有时,制度互补是因政策失灵而产生的。设定太高的最低工资标准使得低生产力的工人失业。解决这个问题的办法是降低法定的最低工资标准。然而,关于降低最低工资标准,面临着强大政治阻力的政府反而可能会决定收紧就业保障立法(参见第 10 章),降低那些仍有工作的低生产力工人失去工作的风险。因此,为了解决由坏的制度设置引起的扭曲,却产生了另一种扭曲。

当最低工资与工作福利相结合时(参见第 13 章),可以减轻最低工资对低生产力工人在失业方面的一些负面影响。事实上,最低工资和工作福利相结合常被认为是相当有效的反贫困措施(Gregg, 2000; OECD, 2006c),它给那些低收入的工人提供了工资保险。此外,很大一部分最低工资领取者可能并不穷,因为其他的家庭成员会有收入。因此,最低工资的目标效率可能很低,因为它帮助了许多非贫困家庭的工人却对那些真正有需要的工人只提供有限的收入支持。

2.6 为什么存在最低工资制?

最低工资制可以达到劳动力市场制度通常设定的两个目标:

(1) 它们可以通过弥补市场失灵,如那些源自过大的买方垄断势力的失灵,从而提高效率。

(2) 它们可以通过支持收入相对较低的工人,如低技能工人,从而降低收入不均等。

如果要实现这两个目标之一,那么设定最低工资时需要小心地微调。最低工资标准过低时,它是无效的。当它设定在一个太高的水平时,会导致福利减少,并且对收入不均具有不当影响,因为可能将低技能工人完全挤出劳动力市场。

赞成最低工资增加的最强辩词是出于公平考虑。然而,经济理论也不提供最低工资对贫穷的影响的明确指导。一个工资为最低工资的"穷忙族",如果没有丢掉工作,可能会遇到收入增加,那么贫困率(收入低于贫困线的工人的百分比)将降低,但如果最低工资增加会使工作机会消失,一些人的收入将急剧下降,那么将增加贫困的发生率(那些在贫困线上下工人的平均收入之间的差异),假设贫困率本身不增加(Brown, 1999)。在二元劳动力市场,最低工资标准的提高最终可能反而使收入更加不均。

为了提高最低工资的效率和分布特征,各国政府必须随时间进行调整,但政治上很难做到这一点。关于最低工资的政治经济学文献(Sobel, 1999; SaintPaul, 2000; Bacache-

Beauvallet and Lehmann, 2008)强调了哪些制度特征可以增加或减少对最低工资的政治支持。决定性(中位数)的选民通常是工资略高于最低工资标准的被雇用的工人。评估对最低工资的政治支持的关键维度是:(1)这一关键工人群体与那些可能被最低工资标准挤出的工人是否具有足够高的替代性;(2)引入最低工资标准对这一关键工人群体的工资是否具有正的溢出效应,或者他们与资本是否具有较高的互补性。如果最低工资的增加,淘汰了最不熟练的工人,且增加了半熟练工人的边际价值以及他们的工资,那么占主导地位的中产阶层将支持较高的最低工资。相反,占主导地位的中产阶层会反对最低工资的减少,因为他们担心公司会试图将他们替换成更廉价的劳动力。

因此,最低工资标准的未来有可能取决于这些跨技能(和资本—劳动)的互补性和最低工资标准作用在整个工资分配上的溢出效应。正如第 3 章将要讨论的那样,在有强大工会的情况下,从最低工资开始设定工资等级时,这些溢出效应可能更明显。

延伸阅读建议

一个好的起点是 David Card 和 Alan Krueger(1995a)的著作。他们的书还概述了其争议性研究,这个研究在专栏 2.2 中有详细描述,并且可以用网站(http://press.princeton.edu.titles/10142.html)上提供的数据进行复制。关于他们的开创性文章(Card and Krueger, 1994)的争论也特别有启发性:我们特别推荐 David Neumark 和 William Wascher (2000)以及 Card 和 Krueger(2000)在同一期的《美国经济评论》(*American Economic Review*)的答复。关于最低工资标准新研究的概况,请参见 Neumark 和 Wascher(2007)。早期的文献中大多数关注的都是美国,它们是由 John Kennan(1995)概述的。

在 2004 年的一期《经济学杂志》(*Economic Journal*)中,一系列论文专门研究了英国最低工资制度的引入[参见 Metcalf(2004)的介绍]。2010 年的《劳动经济学杂志》(*Journal of Labor Economics*)特刊则致力于买方垄断的实证研究[参见 Ashenfelter 等人(2010)的介绍]。Alan Manning(2003)的关于买方垄断的书提供了这种类型的劳动力市场的大量报道,包括其与最低工资的关系。最后,Juan Dolado 等人(1996)提供了一个关于最低工资的影响的跨国分析。尽管它不是很新,但是其关于最低工资影响的共识性谬误的讨论特别具有启发性。

复习题与练习

1. 什么是 Kaitz 指数?这一最低工资的度量的利弊是什么?
2. 为什么在最低工资标准的工资分布上存在波峰?
3. 年轻人最低工资的增加如何影响其在劳动力市场的位置?
4. 什么条件下最低工资会增加就业?
5. 为什么单个公司将面临向上倾斜的劳动供给曲线?
6. 最低工资是如何影响贫困的?
7. 为什么最低工资增加一定会增加完全竞争的劳动力市场的失业?

8. 买方垄断势力的程度取决于劳动供给曲线的斜率。解释这一论述。

9. 为什么 Card 和 Krueger 会研究快餐行业?

10. 为什么 Card 和 Krueger 的主要结果——最低工资标准增加使得就业增加——与买方垄断理论或完全竞争市场的理论不一致?

11. 假设工资为 w,就业为 L。低工资工人的供给曲线为 $w=10+2L$。需求曲线为 $w=70-2L$。

(a) 均衡水平的工资、就业和失业是多少?

(b) 如果引入 40 欧元的最低工资标准,此时就业和失业会发生什么变化?

(c) 如果引入 60 欧元的最低工资标准,此时就业和失业会发生什么变化?

12. 公司在产品市场上面临着完全的需求弹性,且其产品价格为每单位 10 欧元。该公司还面临着向上倾斜的劳动供给曲线 $w=10+2L$,其中 L 是每小时雇用的工人数目,w 是每小时的工资。每个小时的劳动生产 5 个单位的产品。假设该公司只用劳动来生产其产品。此外还假设公司是利润最大化的。

(a) 该公司每小时应该雇用多少工人?

(b) 公司将会支付多少工资以及它会获得多少利润?

(c) 如果引入 40 欧元的最低工资标准,此时就业和利润会发生什么变化?

(d) 引入最低工资标准后,如果该公司不对就业做出调整,此时利润会发生什么变化?

13. (进阶题)考虑纯买方垄断者选择工资水平以实现利润最大化的问题:$\pi=(p-w)G(w)$,其中 $p>w$ 表示边际产品价值(该公司在规模报酬不变的情况下经营),w 是工资,$G(w)$是加总的劳动力供给。

(a) 推导出关于工资的一阶条件,并表达成相关弹性的函数。

(b) 该工资方程如何对产出的变化做出反应?

进一步假设劳动力供给为 $G(w)=(w-b)^2$,其中 b 是闲暇的价值(包括任何 UB),很明显 $w>b$。

(c) 在这一劳动供给设定下推导出工资方程,并解释结果。

(d) 如果最低工资标准为 b,将会发生什么变化?

附录:再论最低工资

1. 最低工资与买方垄断

将劳动需求和劳动供给指定为第 1 章附录中的那样。假设劳动需求来自面临总劳动供给的唯一一名雇主。这一纯粹的买方垄断者(上标为 m)选择最大化利润 π 的就业水平 L:

$$\pi^m=\frac{AL^{1-\eta}}{1-\eta}-wL \tag{2.3}$$

受制于在劳动供给曲线 $w=L^\varepsilon$ 上,其中 η 是劳动需求弹性的倒数,ε 是劳动供给弹性的倒数。

因此，$\pi^m=\dfrac{AL^{1-\eta}}{1-\eta}-L^{1+\varepsilon}$。根据一阶条件 $\dfrac{d\pi^m}{dL}=0$，我们得到 $AL^{-\eta}-(1+\varepsilon)L^{\varepsilon}=0$。由此，我们得到了纯买方垄断下的均衡就业水平：

$$L^m=\left[\frac{A}{1+\varepsilon}\right]^{\frac{1}{\varepsilon+\eta}}<A^{\frac{1}{\varepsilon+\eta}}=L^* \tag{2.4}$$

因此，就业低于完全竞争劳动力市场的均衡就业（L^*）。将买方垄断的就业代入劳动供给，我们得到买方垄断工资

$$w^m=\left[\frac{A}{1+\varepsilon}\right]^{\frac{\varepsilon}{\varepsilon+\eta}}<A^{\frac{\varepsilon}{\varepsilon+\eta}}=w^* \tag{2.5}$$

因此，相对于完全竞争的劳动力市场中的均衡（w^*），买方垄断的均衡包括较低的工资和较低的就业。有约束力的最低工资可以减少买方垄断情况下的效率损失。特别是当最低工资水平低于或等于最大化总剩余时的工资水平，那么任何强制买方垄断者至少支付 $\underline{w}$ 的最低工资将使得就业增加：

$$\left[\frac{A}{1+\varepsilon}\right]^{\frac{\varepsilon}{\varepsilon+\eta}}<\underline{w}\leqslant A^{\frac{\varepsilon}{\varepsilon+\eta}} \tag{2.6}$$

将最低工资标准设定在这一范围内有提升效率的作用。当最低工资大于 $A^{\frac{\varepsilon}{\varepsilon+\eta}}$，它本身就是效率低下的原因之一，从而可能导致比买方垄断条件下更低的总剩余。当 $L(\underline{w})<L^m$ 时，这种情况就会发生。

换句话说，最低工资与就业之间有一种非单调的关系：随着最低工资标准的增加，就业是先增加后减少。

2. 是议价还是政府设定？

如正文所述，有两种常见的设置国家最低工资标准的方法：通过集体谈判协议或通过政府立法。让我们先考虑由议价得来的最低工资标准。从第 1 章附录可知，在议价的情况下，社会最优工资偏离了加成因子 $\mu=1+t$，其中 t 是劳动需求和供给之间的差额（它是劳动需求弹性、供给弹性以及雇主和工人的分配权重的函数）：

$$\mu=\frac{(1-\eta)+\beta(\eta+\varepsilon)}{(1-\eta)(1+\varepsilon)} \tag{2.7}$$

其中 β 代表工会的议价能力。因此，最低工资标准将随着议价能力的增加而增加。

如果最低工资标准是通过政府立法设置的，则结果将取决于政府附加在工人和雇主上的权重。假设政府最大化伯努利—纳什社会福利函数，见式(1.9)；由政府施加在保留工资上的加成可以通过类似的方式给出：

$$\mu^G=\frac{(1-\eta)+\beta^G(\eta+\varepsilon)}{(1-\eta)(1+\varepsilon)} \tag{2.8}$$

其中 β^G 代表政府附加在工薪阶层上的分配权重，$1-\beta^G$ 是对雇主和利润获得者的选举力量的度量（参见 Boeri，2012）。显然，如果利润获得者的选举力量大于其议价能力，政府所

设定的最低工资标准将低于通过集体谈判设定的最低工资标准。反过来，如果工人或工会的议价能力相对较低，他们可能发现一个支持工会的政府将会使自己的处境更好，因为此时法定的最低工资标准比通过议价实现的最低工资标准高。

3. 效率工资

在效率工资模型中，雇主有市场势力，这允许他们自行设定工资。假设雇主对员工的努力程度只有不完美信息。因此他们将工资设定在高于市场出清的水平上以避免工人消极怠工。这就是所谓的*效率工资*。推导过程如下所示。劳动力投入是工人的数量 L 和投入生产的努力程度 e 的乘积。假设努力程度是一个连续变量，它取决于工资 w，所以 $\frac{de}{dw}>0$，$\frac{d^2e}{dw^2}<0$。因此，努力程度随工资的增加而增加，但增加幅度小于线性情况。将最终商品的价格作为计价单位($p=1$)，企业的利润为

$$\pi=f(e(w)L)-wL$$

其中 $f(\cdot)$是生产函数，唯一的投入是劳动。企业有两个自由度，工资和就业，因此有两个一阶条件：

$$\frac{\partial \pi}{\partial L}=0\rightarrow f'e(w)-w=0\rightarrow \frac{f'e(w)}{w}=1 \tag{2.9}$$

$$\frac{\partial \pi}{\partial w}=0\rightarrow f'\frac{\partial e(w)}{\partial w}L-L=0\rightarrow f'\frac{\partial e(w)}{\partial w}=1 \tag{2.10}$$

由这两个一阶条件我们得到

$$\frac{\dfrac{\partial e(w)}{e(w)}}{\dfrac{\partial w}{w}}=1 \tag{2.11}$$

即所谓的索罗条件：雇主选择使得努力程度的工资弹性等于 1 的工资水平。换句话说，工资应该上升到能使他们一比一地增加努力程度的水平，而不论就业如何。雇主将支付高于市场出清水平的工资，因为这样做是有利可图的。这将产生失业，使人自律(参见专栏 11.3)。如果将最低工资水平设定在市场出清工资之上，但在效率工资之下，劳动力市场的结果将不会受到影响。

▶3

工会和集体谈判

工会(或劳工联合会)是自愿的会员组织。就像政治党派和教会,它们代表其成员的利益。它们做成员希望它们做的事。

历史上,工会作为行业联盟首次出现在18世纪的英国和美国,它是针对失业、死亡、养老向其成员提供互助保险的职业组织。后来,到19世纪,它们逐渐成为代表半专业职位上的工人的产业工会,那些工人更难被失业工人或移民所代替。在20世纪初,它们逐渐成为旨在代表所有工人和具有更大政治作用的全国性组织。体力劳动者工会的会员力量比较强大,而纯熟工却不那么热衷于加入工会,因为工会的工资平台奉行平均主义;如今,公共部门中的工会往往是最强大的。

工会的潜在成员还取决于基本的集体谈判制度。在一些国家,谈判发生在全国层面,涉及工会和雇主协会,且政府充当协调人。在其他国家,仅有部门工资协议或甚至更加分散的企业层面的工资协议。混合的或多级的谈判结构也与集中式的和企业层面的协议一道存在,尤其是在欧洲。根据谈判制度的结构,产业或行业工会在全国工会联合会内各自协调。有时工会还会进行跨国协调,其中一个例子是欧洲工会联合会。

因为会员的利益及其思想根源,工会倾向于追求平等的工资政策,通过教育和技能水平减少工资差异。同时,工会所做的也会影响其会员。在招聘高技术工人方面,工会通常不是很成功,且老龄化的速度也比总的劳动力要快,这表明让年轻人参加工会活动将越来越困难。

工会通常针对就业合同的所有方面进行谈判,包括工资、工作小时数、加班工资、福利待遇、就业保障以及健康和安全标准。它们以集体为基础与雇主谈判,最终驳回(当与集体协议不兼容时)或补充个体合同。通过协调多个工人的工资要求,工会迫使雇主为劳务支付的工资高于未经协调的工人的保留工资。工会的谈判能力与工会达到的工资协调程度和工会签订的集体合同的覆盖范围有关。

3.1 度量与跨国比较

不幸的是,迄今为止并没有花费太多的努力去开发可跨国比较的衡量工会影响的尺度。这是因为工会都不愿意提供其会员的可靠数据,而征求会员意见可能会使调查不准确,因为工人可能不希望披露这类信息。现有数据表明,在不同的国家,工会的存在和影响有很大差别,而且随着时间的推移发生了巨大的变化。最显著的变化是工会存在和工会影响之间的差距越来越大,前者由职场中活跃会员的数目来度量,后者由参与工会谈判协议的那部分工人代表来表示。随着时间的推移,工会影响和工会存在之间的差异,也就是通常所说的工会超量覆盖(excess coverage),一直在增加。

3.1.1 工会密度

工会相关性的最直观度量是工会密度(或会员)率,即登记参加工会的工人的比例。工会的会员里经常有没在工作的人。例如,在意大利三个最大的工会中,即意大利劳工总工会(CGIL)、意大利工人工会联合会(CISL)和意大利劳工联盟(UIL),领取养老金的人比工人还要多。

表 3.1 的第 2 列显示了关于工会密度率(只计数处于工作年龄的会员)的最新信息。在爱沙尼亚、法国和土耳其,2010 年的工会密度很低,均低于 10%。韩国(10%)和美国(11%)的工会密度也很低。大多数北欧国家的工会密度较高;在丹麦、芬兰和瑞典,它大概为 70%,而在冰岛甚至接近 80%。

表 3.1 2010 年覆盖范围、工会密度、超量覆盖、谈判层次与协调

国 家	覆盖范围[a] (%)	工会密度[b] (%)	超量覆盖 (%)	谈判层次[c]	协 调[d]
澳大利亚	40	19	21	2	2
奥地利	99	28	71	2	4
比利时	96	52	44	4	4
加拿大	32	30	2	1	1
捷 克	42	17	25	2	2
丹 麦	80	69	11	2	3
爱沙尼亚	19	7	12	1	1
芬 兰	90	70	20	2.5	3
法 国	90	8	82	2	2
德 国	62	19	43	3	4
希 腊	65	24	41	3	4
匈牙利	34	17	17	2	2
冰 岛	88	79	9	—	—
爱尔兰	44	37	7	1	2
意大利	80	35	45	2	4
日 本	16	18	−2	1	3
韩 国	10	10	0	1	3
卢森堡	58	37	21	2	2
荷 兰	82	19	63	2	4
新西兰	17	21	−4	1	2
挪 威	74	54	20	4	4

(续表)

国　家	覆盖范围[a] (%)	工会密度[b] (%)	超量覆盖 (%)	谈判层次[c]	协　调[d]
波　兰	38	15	23	1	1
葡萄牙	45	19	26	2	3
斯洛伐克	40	17	23	1	2
斯洛文尼亚	92	30	62	3	3
西班牙	85	16	69	3	4
瑞　典	91	69	22	3	3
瑞　士	48	18	30	2	3
土耳其	25	6	19	—	—
英　国	33	28	5	1	1
美　国	13	11	2	1	1

资料来源：Visser (2011).

注：该信息是2010年或前一年(2008年或2009年)可获得的信息。

a. 工资谈判协议所覆盖的雇员作为工资和薪金收入者的一部分拥有就业谈判的权利，以百分比表示，并按某些行业或职业被排除在谈判权利之外的可能性进行调整。

b. 工会密度＝活跃、依赖并受雇的工会会员，以工资和薪金收入雇员的一定百分比表示。

c. 工资谈判的主导层级：5＝国家或中央层级；4＝国家或中央层级，附加部门/地方或公司谈判；3＝部门或产业层级；2＝部门或产业层级，附加地方或公司谈判；1＝地方或公司谈判。

d. 工资谈判的协调：5＝整个经济范围的谈判；4＝混合行业和经济范围的谈判；3＝行业谈判；2＝混合或交替行业及公司层的谈判；1＝不属于上述的：零散的谈判，主要在公司层的谈判。

在过去的几十年里工会已经流失了大量会员。图3.1描绘了自1960年以来五个OECD国家的工会密度率。其中四个国家——法国、荷兰、英国和美国——在2010年的工会密度大大低于1960年的工会密度。去工会化特别强的是美国(工会密度减半，如今

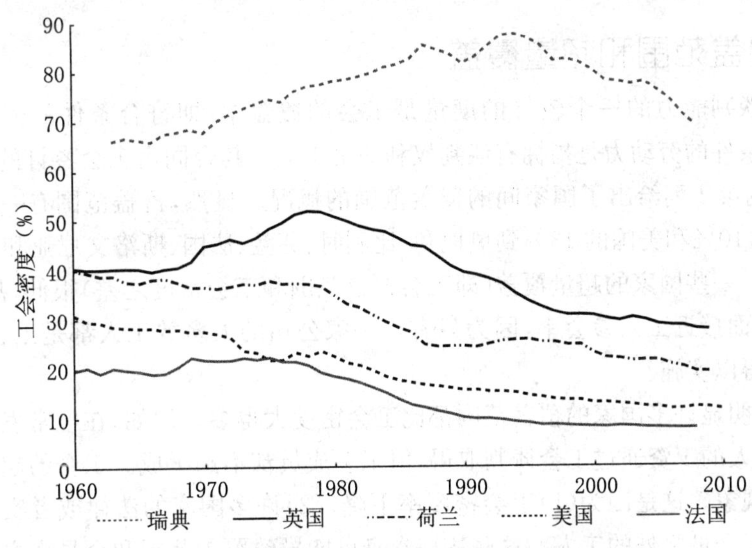

图3.1　1960—2010年五个国家的工会会员

资料来源：Visser(2011).

注：更多细节参见表3.1。

私营部门中的会员比例低于10%)和英国(最初在20世纪六七十年代有增加,但在1979—1987年期间的撒切尔时代,工会流失近400万会员)。在法国,工会密度从1960年的20%下降到2010年的8%。在荷兰,工会密度也有大幅下降,特别是从20世纪80年代后期(当时是35%左右)到2010年(17%)。瑞典的工会密度却高很多。从1960年到20世纪90年代中期,瑞典的工会密度增加至85%左右。此后几年,瑞典的工会密度下降至2008年的70%左右。

祸不单行,工会会员的减少还伴随着工会的老龄化。欧洲民意调查显示,1988—2001年间,在欧洲大陆四个最大的国家(法国、德国、意大利和西班牙),工会会员年龄的中位数增加了2岁以上,而由于青年失业的显著减少,工人年龄的中位数却在下降。

然而,不同时代的会员资格并不是同一回事。历史上,工会会员需要相互支持、出席会议,以及花费时间和精力处理工会的内部事务。如今,会员可能只需要通过互联网投票和支付较低的自愿捐款。例如,2005年10月美国劳工联合会—产业工会联合会(AFL-CIO)在其网站(www.workingamerica.org)上招收会员,并要求缴纳5美元的会费。工会会费的降低会鼓励工人参加工会。同时,工会不再(或不总是)向其会员提供专有的服务,比如更高的薪水或更好的工作条件,因为工会的谈判合同还涉及未参加工会的工人。这就减少了成为工会会员的激励,因为人们可以在组织所提供的服务上搭便车。工人加入工会的另一个历史原因与失业保险制度的组织有关。在实行失业保险时,有些国家选择由政府机构管理的强制性制度,而其他一些国家则选择自愿但由工会或工会主导的基金公开支持的计划(Calmfors, 2001)。后者的制度也叫根特体制(Ghent system),是以比利时一个小镇的名字命名的,在考虑了工会运作失业补贴的积极作用之后,在这个小镇签署了第一份协议。根特体制仍然在丹麦、芬兰、冰岛和瑞典运行。毋庸赘言,根特体制下,工人有更大的激励去参加工会。①事实上,正如表3.1所示,到目前为止工会密度最高的都是选择根特体制失业补贴的国家。

3.1.2 覆盖范围和超量覆盖

对工会谈判能力的一个较好的度量是工会的覆盖率,即符合条件的劳动力的百分比——符合条件的劳动力是指拥有谈判权利的员工——其合同由工会签订的集体协议规管。表3.1的第1列给出了国家间的覆盖范围的概况。显然,覆盖范围有一个较广的分布,从韩国的10%和美国的13%到奥地利、比利时、芬兰、法国、斯洛文尼亚和瑞典的90%或甚至更多。一些国家的超量覆盖(即工会覆盖范围和工会密度之差)很低,甚至为负数。在英国,覆盖面接近工人参会率,因为只有当一家公司的大多数工人都是工会会员时,集体协议才会得以实施。

然而,很明显许多国家的覆盖范围都比工会密度大得多。例如,在经常发生大罢工的法国,九成工人的工资通过工会谈判取得,但工会成员却不到一成。工会的超量覆盖是一个相当新的现象。这是因为(1)工会密度率下降,(2)许多国家的法律或者实践将覆盖范围扩展包括了会员之外的工人。这些法规本身可能导致覆盖范围和会员率之间差距的增

① 实际上,在根特体制下非会员也可能获得失业补贴,但相比工会会员,其替代率(福利与工资之比)更低。

加,因为在任何情况下,工人从工会的工资谈判中得到的利益(这些扩展条款加剧了所谓的搭便车问题)给定,工人参加工会的激励就更少。从某种意义上说,支持协议覆盖范围的合法延伸是工会在自取灭亡。

为了解决搭便车问题,一些国家的工会已经开始专门向其会员提供服务,例如,退休咨询和税务咨询(事实上这是政府职能的外包,如比利时和意大利)、培训和再培训(如丹麦、法国、德国和意大利),甚至是金融服务(如荷兰)。在采用了根特体制的国家,工会直接参与了失业补贴的管理(Calmfors, 2001)。①

3.1.3 集中化和协调

表 3.1 的第 4 列给出了谈判水平的信息,即合同在哪个水平进行谈判,OECD 把谈判水平分成了 5 个层级(1 代表当地或企业谈判,5 代表国家或中央一级)。尽管在一些国家(例如英国或美国)谈判主要发生在企业一级,但欧洲大陆和南部国家则更频繁地出现在行业一级,也有很多"社会公约"在国家一级实施收入政策(实行工资增长的上限)。甚至分散的谈判可以由工会在所属行业或国家一级进行协调。因此,在表 3.1 的最后一列补充报告谈判的机构级别以及集体谈判时协调程度的度量是很有用的。区分正式的集中化和整体的或隐含的协调也是很重要的,前者的实施必须具备签订工资合同的实际水平和平行的工会(或雇主)组织的存在,而后者也可能源于独立的工会和雇主之间的非正式的(心照不宣的)协调。②

图 3.2 显示了协调与工会密度之间的跨国关系。跨国间工会力量的两个指标之间有正的但不完全的关系。采用根特体制的国家——丹麦、芬兰和瑞典——存在明显异常。

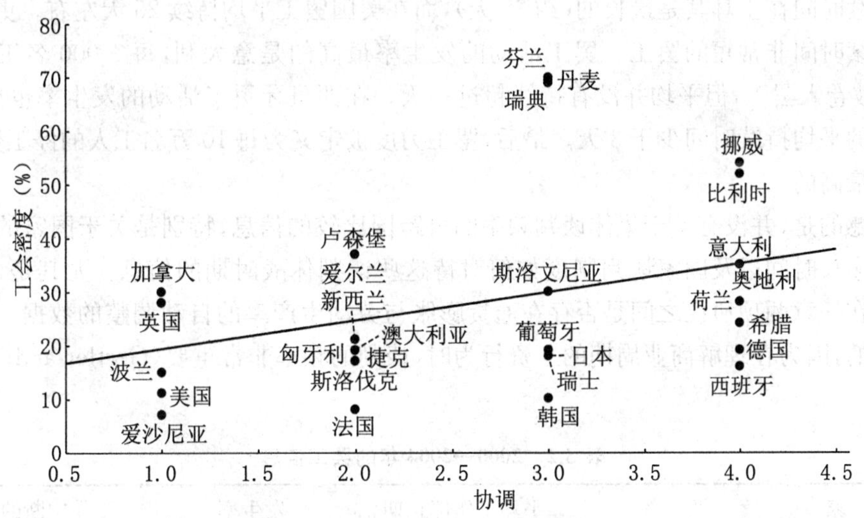

图 3.2 2010 年协调和工会密度数据

资料来源:Visser(2011).

注:协调和工会密度的定义参见表 3.1。

① Böckerman 和 Uusitalo(2006)的文章指出,失业补贴制度并不把会员资格作为领取失业收入资助的要求,芬兰引入该失业补贴制度与工会运作的制度竞争之后,工会会员下降了 10 个基点。

② 关于其他对协调的度量,可以参见 Elmeskov 等(1998)和 OECD(2004),也可以参见 Nickell 和 Layard(1999)。

协调与工会密度之间的正的关系被认为与两者之间的互动相关。在协调程度高的国家,雇主对工会的抵抗会更小,工会作为工人的代表将更容易得到认可,而同时,在工会密度高的国家,工会更容易以协调的方式组织谈判。

3.1.4 罢工活动

有时,罢工小时或所谓的工资比重(雇员工资总额占 GDP 的比重)被用作工会力量的度量。但是,强大的工会只是将罢工作为一种威慑,而工资比重是对结果的衡量,不一定对应于工会的目标,工会只是最大化会员的工资,而不是广大民众的工资。然而,欧洲的罢工小时和工资比重所显示的趋势大致类似于那些工会会员。特别是,在 EU-15,因劳资冲突而失去的工作天数从 1979 年(工会会员高峰期)的 8 500 万降至 20 世纪 90 年代末的 700 万以下(Calmfors, 2001),而在同一时间段,工资比重下降了约 10 个百分点。重要的是,在 20 世纪八九十年代,美国的工资比重并没有下降(Blanchard and Wolfers, 2000),却经历了类似于欧洲那样的工会运动的下降。

表 3.2 提供了有关罢工活动的更加详细的信息。遗憾的是这个信息不是很新,它对应于 2000—2004 年。很明显,罢工活动的跨国差异巨大。总罢工率被定义为每 1 000 名工人失去的工作天数,它在冰岛是最高的,平均每个工人因罢工失去 0.6 个工作日,而在西班牙,平均每个工人因罢工失去 0.23 个工作日。在德国、日本、波兰和瑞士这样的国家,罢工率极低。罢工率可以被分成两个部分,即罢工的平均持续时间和所涉及的工人的发生率。罢工持续时间在土耳其是最长的(约 38 天),而在美国罢工平均持续 25 天左右。更多的往往是持续时间非常短的罢工。罢工活动的发生率最高的是意大利,每 1 000 名工人中有 157 名被卷入罢工,但平均并没有持续超过一天。在西班牙罢工活动的发生率也比较高,且罢工的平均持续时间少于 3 天。最后,罢工力度被定义为每 10 万名工人的停工数,它在丹麦是最高的。

遗憾的是,并没有关于集体谈判频率的可跨国比较的信息,特别是关于国家的集体协议持续多长时间以及国家谈判制度如何对待这些谈判休战时期的信息。尤其是,并不存在关于在任意两项协议之间是否存在通货膨胀与劳动生产率的自动调整的数据。这是十分遗憾的,因为在理解商业周期的工资行为时,谈判的频率非常重要(Gertler and Trigari, 2009)。

表 3.2 2000—2004 年的罢工信息

国 家	罢工率	平均工作停止期	发生率	工作中断的强度
澳大利亚	48.6	1.7	29.6	8.7
奥地利	80.3	1.8	49.1	—
比利时	76.1	—	—	—
加拿大	171.4	14.8	12.6	2.4
丹 麦	39.4	1.3	27.9	37.6
芬 兰	49.1	1.9	28.8	4.4

(续表)

国 家	罢工率	平均工作停止期	发生率	工作中断的强度
法 国	101.0	—	—	5.9
德 国	3.5	1.4	4.0	—
冰 岛	597.5	16.7	22.6	3.4
爱尔兰	41.7	5.1	11.1	1.8
意大利	140.3	1.0	157.4	4.9
日 本	0.4	2.0	0.2	1.7
韩 国	100.6	11.1	9.7	2.2
墨西哥	21.6	15.7	1.7	0.2
荷 兰	10.7	2.5	5.5	0.2
新西兰	16.6	2.6	7.8	2.2
挪 威	75.9	13.3	10.9	0.6
波 兰	1.6	5.1	0.2	0.2
葡萄牙	15.7	1.4	11.3	5.4
西班牙	234.2	2.7	138.5	5.3
瑞 典	34.2	3.6	4.9	0.3
瑞 士	5.6	1.1	4.8	0.2
土耳其	20.2	38.1	0.8	0.3
英 国	28.7	2.7	13.4	0.6
美 国	46.8	24.5	1.4	0.0

资料来源：OECD database derived from ILO Laborsta, Eurostat New Cronos, and the National Statistics Offices websites. Paid civilian employee data are from the OECD Labor Force Statistics.

注：罢工率定义为每 1 000 名工人损失的工作日数；平均工作停止期是指每个所涉工人平均损失的工作日数；发生率是指每 1 000 名工人中涉及罢工或受罢工影响的带薪工人人数；工作中断的强度被定义为每 10 万工人的工作停工数。—＝无法获得数据。

3.2 理论

谈判模型提供了工会活动对就业和工资的影响的有用特征。这些模型的意义取决于工会的目标，当我们超越有相同偏好和生产力的工人的假设时，这些目标本身与他们的会员身份有关。因此，我们首先讨论集体谈判模型，并假设相同的工会会员，然后再考虑内生性会员的模型。

3.2.1 集体谈判

工会对工资和就业的影响可以被最优地定性为集体谈判过程的结果，该过程一方面涉及工会，另一方面则涉及雇主组织。这一过程的结果取决于两个缔约方的谈判能力和谈判范围，特别是关于它是否只涉及工资或工资和就业水平都有涉及。

集体谈判的一个标准(和现实)特征是工会和雇主组织就工资进行谈判，然后有公司管理权利的单个雇主将集体谈判的协议工资视为给定(Nickell and Andrews, 1983)，选择利润最大化的就业水平。它假设工会由同质工人组成,他们具有相同的保留工资,且对雇主来说他们具有相同的生产力。因此,当劳动力没有加入工会时,劳动力供给在保留工资上是平的。工会最大化这些同质工人的效用,而雇主最大化利润。谈判过程的结果取决于工会的谈判能力。该谈判能力通过一个参数(如专栏 3.1 中的 β)表达,取值范围从 0 至 1,前者指完全竞争均衡的情况,后者则对应于工会为垄断联盟并可单方面设定工资的情形(Dunlop, 1944)。

专栏 3.1　对工资(管理权)的谈判

与谈判理论一致(Binmore et al., 1986; Osborne and Rubinstein, 1990),对管理权的谈判过程的结果由最大化工人和雇主剩余的乘积除以以工会谈判能力加权的无协议时的结果给出(Nash, 1950, 1953)。假设工会会员都是风险中性的——即他们的效用只取决于工资,所以 $u(w)=w$ ——每个工会会员的剩余由谈判工资和无业时的效用或保留工资之差给出,即 $(w-w^r)$。对整个工会来说,该剩余必须乘以活跃的会员数量(无业的成员不能获得剩余),而给定对管理权的谈判结构,活跃会员的数量取决于劳动需求 $L^d(w)$。当没有协议达成时,该公司不会生产,则利润为零。因此雇主的剩余简单地由利润 π 给出,即收入和成本之差,$\pi(w)\equiv R[L^d(w)]-wL^d(w)$。

管理权协议的工资水平由最大化纳什乘积

$$[L^d(w)(w-w^r)]^{\beta}[R(w)-wL^d(w)]^{(1-\beta)} \tag{3.1}$$

得到,其中 β 为工会的谈判能力。此问题的工资水平由纳什乘积的一阶条件隐含给出:

$$\frac{w-w^r}{w}=\frac{\beta}{\frac{\beta}{\eta}+(1-\beta)\varepsilon_w^{\pi}} \tag{3.2}$$

其中 η 和 $\varepsilon_w^{\pi}=\left|\frac{\partial\pi}{\partial w}\frac{w}{\pi}\right|$ 分别是劳动力需求的工资弹性的倒数和利润对工资的弹性。因此,工会的谈判能力越大,工会会员相对无业者所享有的剩余越大。工会工资加成随着劳动需求弹性和利润弹性的绝对值增大而减小,随着工会谈判能力的减小后者变得越来越重要。当 β 趋于 0,加成也会趋于 0,这表明工人的工资是他们的保留工资,正如在完全竞争(和纯买方垄断)时的均衡水平一样。进一步注意,随着 β 趋于 1(工会拥有所有的谈判能力),工资加成由劳动力需求弹性的倒数简单地给出。然后由工会设定的工资是垄断联盟工资(由上标 u 表示),工资加成等于

$$\frac{w^u-w^r}{w^u}=\eta \tag{3.3}$$

上式明确指出劳动力需求弹性越大(例如,由于强大的竞争压力),工会所能获得的加成越低。

该模型预测,工会的谈判能力越强,工会施加在保留工资上的差额或加成(见专栏 3.1)也会越高,由此产生的就业水平也越低。这些预测可以用图形表示,如图 3.3 所示。管理权

意味着雇主决定就业 L；因此集体谈判的结果一定在向下倾斜的劳动需求曲线 L^d 上。也存在着可能达到的工资(和就业)水平的限制范围。工资不能低于保留工资；否则没人会工作，因为保留工资——不工作的效用——比工资高。工资谈判的下界对应完全竞争均衡水平 w^*，因为劳动需求和(未参加工会的)的劳动供给恰好相等。

工资谈判的上限是 w^u，这一工资水平在劳动需求曲线的限制下使工会会员的剩余达到最大化。在增加每个工人都享有的、超过那个工人在失业时的效用(保留工资)的剩余时，工会不得不考虑更高的工资诉求，减少就业水平，进而减少了享有此剩余的工会会员的数目。正如专栏 3.1 所示，工会施加在竞争均衡工资上的加成随着劳动需求弹性和工资的就业成本的增加而减少。在中间的情况下(即 $0<\beta<1$)，利润对工资的反应——工会给雇主施加的成本——也会对谈判结果产生影响。

总之，在对管理权类型的集体谈判中，工资将随工会谈判力的增强而增加，随劳动需求和利润对工资的响应能力的增强而减少。这两个弹性是随着产品市场竞争程度的增加而增加的。因此，与第 1 章所讨论过的结果一致，产品市场的激烈竞争会减少由劳动力市场制度引入的劳动供给和需求间的楔子。本章的附录将这一结果延伸到了劳动供给不是无限弹性的情况(向上倾斜)，以及在第 2 章中所描述的与纯买方垄断均衡相一致的工人谈判能力为零的情况。

如果在谈判过程中不涉及就业，那么针对管理权结构的集体谈判就是低效的。均衡必须在企业的需求曲线上，并且这可能排除至少改善一个谈判代理人而不削减其他代理人的福利的工资和就业结果。换句话说，可能是因为只有对工资进行谈判的假设忽视了管理权模型中更高级的帕累托均衡。从图上看，图 3.3 中所述的均衡不可能在契约曲线上，其中契约曲线表示所有的帕累托最优配置。

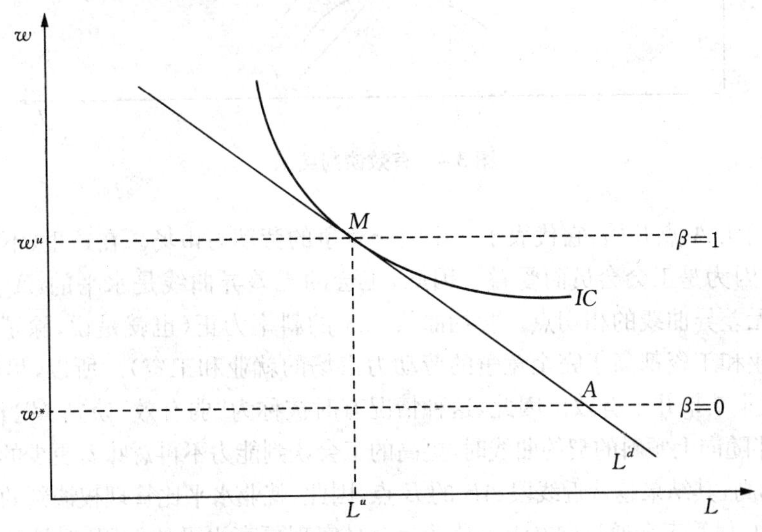

图 3.3 管理权结果和工会谈判力

有效契约(McDonald and Solow, 1981; Ashenfelter and Brown, 1986; MaCurdy and Pencavel, 1986)——即涉及工资和就业的集体谈判结果——通常有以下特点，对任何给

定的工会谈判能力,与仅针对工资进行谈判的结果相比具有更多的就业和更低的工资。① 正如图 3.4 所示,它再次给出了针对管理权进行谈判的结果(沿劳动需求曲线的 AM 部分),同样它也给出了契约曲线(线段 AB)。如图所示,在 M 点上垄断工会的结果要求劳动需求曲线的斜率等于工会无差异曲线的斜率,结果以高工资换来了低就业,但从企业的角度取舍工资和就业水平时,它不与任何等利润曲线(例如,曲线 PC)相切。请注意,劳动需求曲线是企业等利润曲线的最高点的轨迹。因此,在工会垄断点存在"从交易中获利"。在图 3.4 中,可能存在着移动,例如,从 M 到 B,在同一条等利润曲线上却使工会到了更高的无差异曲线上,并产生了与 M 点相同的利润。事实上,在图 3.4 中位于工会无差异曲线 IC_1 和等利润曲线 PC 之间的任何区域,企业和工会的谈判结果都好于 M 点的结果。不过,只有当工会无差异曲线的斜率等于企业等利润曲线的斜率时,谈判才是有效的。如果这一条件成立,就不可能从交易中获利;一方只能以牺牲另一方的利益为代价来改善自己的境况。这些相切点的轨迹,即图 3.4 中的线段 AB,就是根据这种情况定义的。

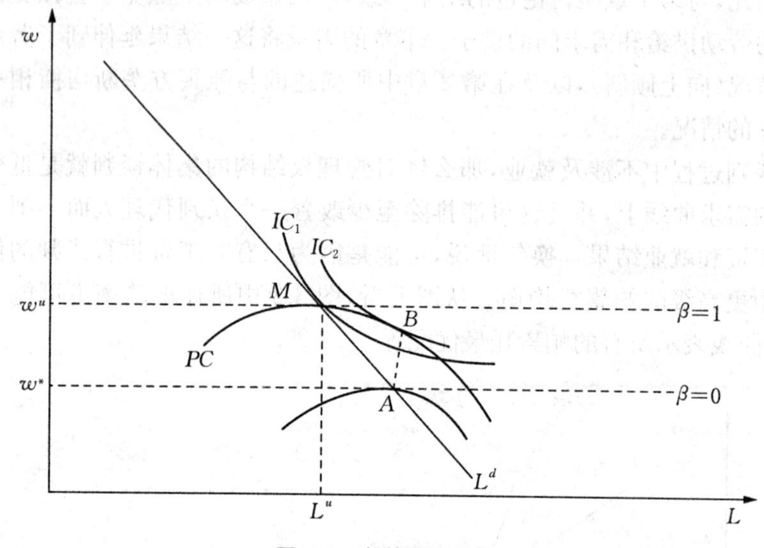

图 3.4　有效谈判结果

契约曲线从 A 点开始,它代表了一个完全竞争的劳动力市场。在这里,不考虑就业水平,工人不会因为是工会会员而受益。因此,工会的无差异曲线是水平的,A 点是等利润曲线与工会无差异曲线的相切点。契约曲线 AB 的斜率为正(也就是说,除了 A 点之外,所有点的就业和工资都高于完全竞争的劳动力市场的就业和工资)。所以,尽管谈判是有效率的,但就业结果并不有效。因此,这种情况有时被称为"弱有效"谈判。②当一个有效率的谈判制度伴随向上倾斜的契约曲线时,更高的工会谈判能力不再意味着更少的就业。如图 3.4 所示,β 越高,其结果越接近线段 AB 的 B 点;因此,就业水平比管理权谈判的任何结果都要高。在图中,尽管工会通过向右上方移动为会员实现更高水平的效用,但是利润却在更低

① 比管理权模型就业更少的有效谈判的唯一情况是当工人是风险偏好者时,这一情况的实证意义很有限。

② 企业雇用比在完全竞争的劳动力市场时更多的工人的情况也被称为"限产超雇"。

的工资水平上增长。因此，沿此契约曲线的位置取决于相对的谈判优势。此外，在管理权结构下，只有契约曲线上的 A 点可以达到，因为它对应了完全竞争的均衡结果，当工会没有谈判能力时才能达到这一结果。最后，契约曲线的长度（即线段 AB 的长度）取决于可以在雇主与工人之间分享的租金的程度。产品市场的竞争越激烈，契约曲线将会越短。

一种特殊情况是契约曲线 AB 是垂直的。谈判在这种情况下是强有效的。谈判有效的原因是它沿着契约曲线移动；同时，就业结果与在完全竞争的劳动力市场中一样。契约曲线垂直的原因是工会（即工会会员）是风险中性的。契约曲线的斜率也有可能是负的（详细内容见本章附录第 2 部分）。请注意，只有在分散的谈判水平上，谈判才可能是有效的。在国家的或集中的谈判中，是不可能实施一个工资和就业都上升的安排的。在中央一级，管理权模型可能适用。

有效谈判模型的一个有趣应用是针对工资和标准周工作时数的合同谈判（Booth and Ravallion，1993；Contensou and Vranceanu，2000）。在这种情况下，工会可以在更高的小时工资和更短的工作小时数之间进行取舍。在第 5 章的模型中，工会成员的闲暇相对于购买力的价值越高，他们的合同将越有可能涉及更少的工作时间。减少工作时数并不一定涉及工作的共享，即"工时更少—工人更多"的谈判结果。为实现工作的共享，每小时的劳动生产率必须随工作小时数大幅降低，工会应当具有相当低的谈判能力，所以他们会接受小时工资的减少，或者，至少是小时工资的增加低于每小时劳动产品价值的增加。

3.2.2　工会会员

先前所讨论的集体谈判的结果停留在假设所有工会成员具有相同偏好，且从企业的角度来看他们是相同的。当工人的偏好不同时，工会成员总剩余的最大化问题涉及人与人之间的效用比较。例如，简单地将每个工人的剩余相加意味着赋予所有工会会员相同的权重，且独立于他们的收入水平，或选择更加平等的工会目标函数（例如，最大化规则，即最大化最不富裕的工人的福利）。通过任意地定义一个将异质性偏好映射到工会目标的标量度量的函数，人们因此要做出大量的规范性假设。

对工会目标建模的一种积极的做法是要求分析工会内部决策结构。由于工会是自愿的会员协会，其目标最终取决于他们的会员，尤其是那些缴纳工会会费的会员的偏好。如果工会有一个民主决策的过程，那么其目标将是多数人投票过程的结果。假设会员真诚地投票，有一项单一决定（例如，工资平台），并且关于这个选择变量的个人偏好是单峰的。那么，工会的目标将与处于中位数的工会会员的目标相一致。因此，内生性会员模型也有助于刻画工会的目标。这些模型可以通过添加一个会员方程从而被纳入垄断联盟模型，这个方程定义了那些对于参加工会和不参加工会无差异的边际会员的身份。然后，就有可能找到处于中位数位置的工会会员，并将该会员的偏好作为垄断工会的最大化的目标函数。

内生性会员模型解释了为什么在要缴纳会费的情况下工人还愿意参加工会，即使工会活动的结果对于所有工人来说是一个公共品，独立于工会的会员身份也是如此。通过专门向工会会员提供私人品，可以解决这个工会搭便车问题，比如在职培训（Acemoglu et al.，2000）、退休和税务咨询（Booth，1995）、失业补贴或提供软着陆退休计划（Brugiavini et al., 2001)。在能提供集体协议的合法延伸的体制下，工会会员制的另一种解释依赖于社会规范(Akerlof, 1980; Naylor and Cripps, 1993; Corneo, 1997)，它给工会会员分配了一种信誉，例如，具有"良好的社会价值"的人。

关于会员制的文献也有助于解释为什么工会通常追求平等的工资政策。除了意识形态因素，这种平均主义可以作为厌恶风险的个人用来抵御工资波动的保险(Agell and Lommerud, 1992)，或者作为存在严格的就业保护法的情况下节约重新谈判的成本和改善低技能工薪阶层相对低位的一种方式(Kramarz et al., 2008)得到强化。工会也可能参与机会平等法令的执行，特别是当工会会员中女性变得越来越重要的情形下。

不仅会员会影响工会的目标，而且工会的工资平台也影响会员。这是因为，与最低工资标准不同，工会可以作用于整个工资分布，干预市场对不同生产力的工人给予不同报酬的方式。举个例子，在经历两位数通货膨胀率时期的意大利，工会发起了一个工资指数机制，它给所有工人发放相同的通货膨胀绝对调整额(即所谓的"单点应急")，这深深地压缩了工资分配。假设通货膨胀率是10%，对通货膨胀的统一调整额是100欧元。在价格变化后，对于那些最初收入少于1 000欧元的工人，自动指数机制作用的结果将使其实际工资增加或至少保持不变。而那些最初收入超过1 000欧元的工人的实际工资将下降。

通常，工会倾向于追求能压缩收入差异的平等的工资政策。这可能会挤出位于工资分布底端的最不熟练的工人，并且减少在没有工会时盛行的技能奖金。反过来，这一结果可能导致高技能的工人退出工会(在意大利，中层管理人员和高技能工人实际上以所谓的"40 000游行"继续反对工会的罢工)。由于最熟练的工人不在工会中且很多最不熟练的工人失业，会员都集中在中等技能水平。处于中位数位置的中等技能的工会会员很可能投票支持增加该成员相对于高技能工人薪酬的工资平台。到目前为止，很少有文献去研究这些工会工资和会员之间的交互作用。

3.2.3 罢工

尽管罢工是一种很少见的现象，但它们仍是有趣的研究(参见综述 Kennan, 1986)。毕竟，它们是谈判过程陷入停滞的信号，至少是一段时间的。谈判过程的第一个模型由Hicks(1932)建立，如图3.5中上面的图所示。模型假定企业和工会只针对工资进行谈判。工会希望得到比企业提供的更高的工资，所以他们罢工。在罢工开始时工会希望得到w_0，而企业提供w_e。对工会来说罢工代价高昂，因为他们放弃了收入，而对企业来说也是如此，因为它们放弃了生产。因此，持续的罢工会影响工会要求的工资与企业愿意提供的工资。罢工期间工人的收入远远低于工作时的收入。随着罢工的继续，工人会降低他们的工资要求。这个过程由工会抵制曲线UR_1说明。对企业来说，罢工也是代价昂贵的，因为在罢工期间什么也不能生产。因此，公司也是愿意让步的。这个过程由雇主让步曲线EC_1说明。抵制曲线和让步曲线相交于图3.5a中的A点。在罢工持续时间t_A之后，公司和工会在工资w_A处达成一致。有趣的是，如果谈判过程中的任一方都清楚抵制曲线和让步曲线的位置与形状，那么它们可能会预测均衡结果，因此罢工将不会发生。双方会理性地避免罢工的成本，商定工资w_A且不发生罢工。Hicks模型中的非理性罢工被称为

Hicks 悖论。然而，罢工可能会出现在信息不对称的情况下。如果工会认为 EC_2 是雇主让步曲线，则工会期望市场均衡工资水平为 w_B。如果雇主认为 UR_2 是工会抵制曲线，则雇主期望 w_c 为均衡结果。由于期望的差异，就不可能事先同意，因此将发生罢工。

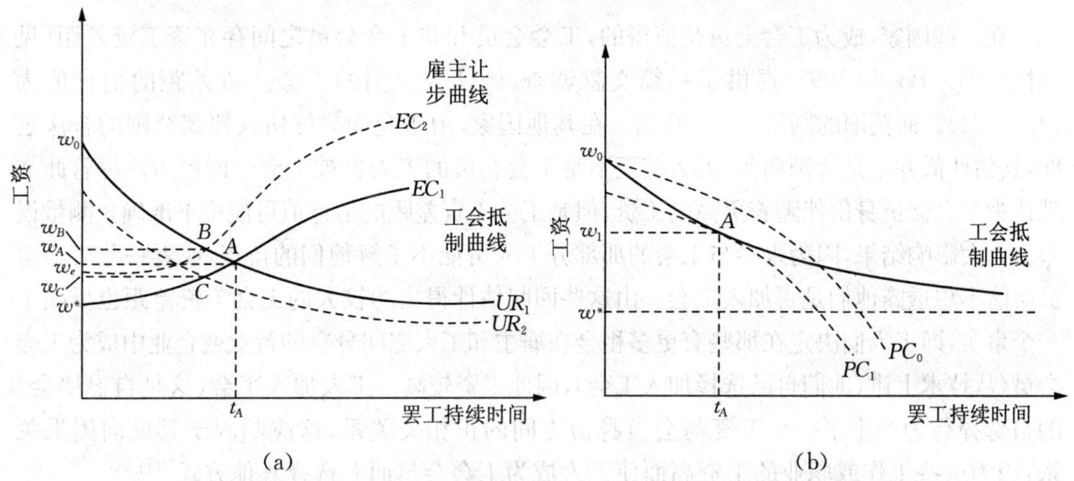

图 3.5 工会抵制曲线、雇主让步曲线和罢工：(a) Hicks 悖论；(b) 雇主利润最大化

Ashenfelter 和 Johnson(1969)认为信息不对称是指工会对公司的财务状况具有不完全信息。雇主意识到工会让步曲线，因此选择这条曲线上使利润最大化的点。这一模型如图 3.5b 所示。工会抵制曲线与上面的图一样，且增加了保留工资 w^*(工人可以在别的公司或行业中赚得的工资)。随着罢工的继续，工会抵制下降，最终渐近收敛到 w^*。如果企业愿意支付 w_0，则其利润将在等利润曲线 PC_0 上。这条利润曲线给出了所有能产生相同利润的工资和罢工持续时间的组合。等利润曲线越低，利润越高。基于工会行为的最大利润在 A 点处达到，在该点利润曲线与工会抵制曲线相切。

这个模型的结果取决于一个简单的权衡。如果该企业过快妥协，它将支付更高的工资。如果公司过晚妥协，放弃的生产将增加。在 Ashenfelter-Johnson 模型中，对工会来说，有必要用罢工来揭示企业的财务状况。请注意，较高的初始工资要求 w_0 是信息不对称的结果。如果工会知道确切的情况，它可以要求一个较低的工资，但是企业有动机不透露其真实的财务状况。如果工会永远不会罢工，那么公司就有动机声称其处于一个糟糕的财务状况。

3.3 经验证据

在关于工会对劳动力市场的影响的实证文献中，有两个主要的研究途径：①

(1) 相对于非会员，工会对会员工资的影响的估计，即工会工资差距，以及对整个工资分布的影响的估计，主要利用个体数据；

(2) 工会密度和谈判协调对就业、失业和通货膨胀的影响的估计，主要利用宏观经济

① 在过去的几十年，工会会员和罢工活动一直在减少；参见 Hirsch(2008)对美国工会减少的研究，以及 Godard(2011)对英国罢工活动减少的研究。

时间序列数据。

3.3.1 工会对工资的影响

在一些国家,成为工会会员是值得的,工会会员和非工会会员之间存在着工资差距(见专栏 3.2)。Booth(1995)提供了一篇文献调查,她认为美国的工会工资差距的估计值为 12%—20%,而英国的则是 3%—19%。在其他国家,由于允许集体协议覆盖范围的合法延伸,其估计值并不是特别翔实,因为甚至不是工会会员的工人也被工会合同覆盖。尽管此文献认为工会会员身份伴随着更高的工资,但是工会工资差距的估计值可能很不准确。测量误差会大大影响结果,因为未参与工会的那部分工人可能不了解他们的待遇,或者一些工会会员可能不想透露他们是否加入工会。由这些回归估计得出的较大的工会工资差距也反映了一个事实,即工人们决定在那些有更多租金在雇主和工人之间分享的行业或企业中成为工会会员(从技术上讲,他们自己选择加入工会),因此工资较高。工人加入工会(这是自愿协会)的自选择行为产生了一个工资与会员身份之间的正相关关系,这应归因于其反向因果关系:因为这些工作或职业的工资高而使工人成为工会会员而非选择其他方式。①

专栏 3.2 工会工资差距

经济理论认为工会将工资增加至个人保留工资以上,从雇主抽取租金,如果有的话。这一预测启发了广泛的实证研究,这类研究用微观数据估计所谓的工会工资溢价。要将这一理论应用于数据,就必须承认所有的工人和工作可能不具有同等的生产力,并且找到控制工资的异质性来源的合适变量,且这些控制变量要独立于工会的存在。

因此,工会工资差距通过对工资方程

$$\log w_i = \beta_m D_i + X_i{}'\gamma \tag{3.4}$$

做横截面回归(简单起见,我们省略了误差项和截距项),其中 D_i 是一个代表工会会员身份的虚拟变量(当个体 i 是工会会员时其取值为 1,否则为 0);X 是一个会影响工资的个人特征向量,如年龄、教育程度和工作任期;γ 是一个参数向量。如果我们分别用 w^u 和 w^n 来表示工会会员和非工会会员的平均工资,工会工资差距的估计值由参数 β_m 给出:

$$\frac{w^u - w^n}{w^n} \approx \log w^u - \log w^n = \beta_m \tag{3.5}$$

一些作者还将 D_i 与个人特征交互,允许工会不仅可以影响平均工资,而且影响雇主对年龄、性别和资历进行酬报的方式。工会工资差距确实体现了对个人特征支付报酬的方式之间的差别,还体现了工会会员和非工会会员的特征之间的差异。

---

① 这个内生性问题可以得到解决:保持其他因素不变,通过(与工资方程一起)估计内生性会员方程,该方程确定了是否参加工会的决定与许多协变量之间的关系,包括会员会费、行业层面的劳动生产率(或某种产品市场势力的度量来捕获工人和企业之间共享饼的大小)以及技能水平。这种方法考虑了工会的平等工资政策必然会吸引一些比其他人更具技术的群体。

在那些集体谈判的覆盖范围远远超出工会会员的国家，我们很难评估工会对工资的影响，因为没有反事实的工资分配（不知道没有工会时工资会是多少）。Di Nardo 等(1996)发明了一种巧妙的方法来确定工会对整个工资分布的影响，并且发现工会主要影响中等熟练工人的工资。Blau 和 Kahn(1996)、Kahn(1998，2000)以及 Card(2001)也给出了工会化（或去工会化）对整个工资分布的影响的估计值。即使是在那些工会会员身份和集体谈判的覆盖范围密切相关的国家，工会的存在仍可能对整个工资分布产生溢出效应。发生这种情况有好几个原因。工会可能增加非工会工人的谈判地位，改变劳动力的技能构成，因此也改变了劳动力对资本的替代性，或者影响了劳动力需求的部门构成。如果这些溢出效应很重要，则只能通过考虑整个工资分布评价工会活动对工资的影响。类似的问题也出现在评价工会对生产率、工作小时数和就业的影响的（很少的）文献中。评估工会对整个工资分布的影响的实证文献通常发现工会使得工资分散减少，特别是在谈判高度集中或高度协调的国家。

3.3.2 谈判协调、工会密度和失业

一些研究一方面讨论了工会密度和谈判结构之间的关系，另一方面，则讨论了实际工资和失业之间的关系。[①]这篇文献借鉴了在第 3.1.3 部分论及的极不完善的谈判结构的度量。这些度量也表现出了有限的时序变化。这是一个严重的问题，因为该估计使用了试图解释跨国变化和跨时间变化的面板数据。

牢记这些注意事项，宏观实证文献的一致发现是当使用更广义的协调度量时，能观察到协调程度和失业之间单调的负相关关系，即较高的协调程度带来较低的失业率。当使用集中度量时，能得到一个驼峰状的关系（Calmfors and Driffil，1988），即在集中程度低和高时，失业率较低，当谈判制度是混合的、中等集中程度时，失业率较高。然而，Di Tella 和 MacCulloch(2005)最近发现谈判集中程度越高，失业率越高，这一结果可以帮助我们更好地理解 OECD 地区的谈判更加分散化的趋势（也可以参见第 3.4.2 部分）。

把谈判协调的结果与将工会密度和集体协议覆盖范围作为等号右边的变量的结果进行比较会很有意思。一般情况下，与谈判协调相比，后者这些变量具有较低的解释力。大多数研究表明高密度与低密度或覆盖范围之间的差异相比于高协调与低协调之间的差异，对失业的差异具有更小的解释力。这些结果的可能解释是，对宏观经济结果来说，谈判协调的变动比工会会员身份和工会合同覆盖范围的变动更为重要。但尚不清楚是否可以将密度或覆盖范围和谈判协调视为相互独立。当工会密度和覆盖范围较高时，可能更容易在工会部门实现较高的协调，因为包括的雇员越多，协调的好处也越大（Holden and Raaum，1991）。

总体来看，这篇宏观经济文献中的（脆弱的）估计表明，其他条件不变的情况下，当谈判协调与工会化程度较高时，经济的就业表现优于谈判协调与工会化程度较低时的就业表现。同时，当缺乏协调时，在集中式或分散式的制度下能观察到更好的宏观经济结果，

① 参见 OECD(2006a)第 3 章中对覆盖范围、密度、集中度和均衡失业的协调的影响的计量证据。

而中等集中程度的制度则给出了最糟糕的表现。

3.4 政策问题

3.4.1 工会是否提高效率?

至少是从 Hirschman(1970)与 Freeman 和 Medoff(1984)的开创性著作以来,经济学家们通常将工会形容为有两张面孔的组织,好(提高效率)的一面和不好(寻租)的一面。工会好的一面通常与作为单个代理人的集体呼声相联系。如果没有这样一种声音,当生产率提高时徒然要求较高薪酬的工人只能选择辞去工作,寻找另一份薪酬更高的工作(退出选项)。工会为工人提供了继续留在岗位上的选项,并鼓吹更高的薪酬,至少与当他们选择退出时一样有效,而一旦选择退出则代价高昂,因为这种流动性伴随着生产中断。工会还可以通过传递抱怨、不满和要求来改善和矫正工作关系,从而提高企业的生产力。例如,工会可以强制雇主提供更多的在职培训。此外,通过降低由个人谈判产生的交易成本,工会可能会有助于实现更高的效率。

在不完全竞争市场有几个关于工会提高效率的作用的次优理由。例如,当存在买方垄断时,工会可以发挥与最低工资制度相同的作用(Robinson, 1989)。事实上,从历史上看,工会的创建是对买方垄断权力过大的一种反应,正如第 2 章所讨论过的和本章附录第 1 部分所正式推导的那样,在抵消雇主过大的谈判能力时,至少在一定水平上,可能存在着效率的提高。工会也可能实行事后再分配来提供保护措施,以抵御不可保险的劳动力市场风险(Jones and McKenna, 1994; Agell, 2000),为此可以通过减少工资差别(因此企业工人的收入受到了不利因素的冲击)和提供失业补贴来实现,尤其是在那些采用根特体制的国家,工会参与了失业补贴的运作。很明显,工会在提供失业保险方面比国家更高效这一说法并不是先验的。最终,工会通过压缩工资结构也可能提高经济效率。

工会不好的一面是它们的寻租行为。表 3.3 概述了美国行业的覆盖范围、工会密度和超量覆盖。在行业内,覆盖范围和工会密度之间没有多大区别,所以超量覆盖较小。然而,行业间的工会密度存在明显差异。制造业的工会密度较低(因为面临国际竞争),批发和零售业的工会密度也很低(因为有许多小企业经营)。工会密度相对较高的是教育业、公共行政部门、公用事业部门和交通运输业(即几乎没有面临任何国际竞争的行业)。表 3.3 说明在竞争较少的行业工会通常比较强大,因此有更多的租金在工人和公司之间分享。欧洲民意调查显示,在所有欧盟国家,公共部门的工会都要比私人部门的强大。在竞争会侵蚀利润的市场中,在不迫使企业退出或解雇员工的前提下,工会无法抽取边际产品以上的那部分工资。换种方式说,当竞争更加激烈时,图 3.4 中的线段 AB 变得更加短。英国是拥有工会会员和企业特征的长时序微观数据的少数国家之一,在那些产品市场竞争加剧的行业和年份中,工会会员减少得更加厉害(Pencavel, 2003)。Blanchflower (2007)还认为,在加拿大、英国和美国,去工会化主要集中在私人部门,公共部门雇员的工会密度比私人部门工人的大五倍。

表 3.3　2011 年美国不同行业的工会覆盖范围、工会密度和超量覆盖

行　业	覆盖范围(%)	工会密度(%)	就业比例(%)
公用事业	28.7	27.5	1.0
制造业	11.3	10.6	10.9
建筑业	16.1	15.2	5.3
运输业	30.5	28.8	4.3
批发和零售	5.4	4.8	14.5
教　育	37.0	33.3	10.1
健康医疗和社会救助	10.7	9.5	14.0
公共管理	36.3	32.7	5.4
其他行业	3.9	3.3	34.5
总　计	13.0	11.8	100.0

资料来源:Dataset constructed by Barry Hirsch and David Macpherson; see Hirsch and Macpherson (2003).

注:就业者=工资和薪金就业者;工会密度=在职工会会员所占百分比;覆盖范围=集体谈判协议所覆盖的在职工人的百分比。

赋予厂商垄断权力的相同的流动性成本(见第 2 章)也可能赋予工人谈判能力并允许他们能够从其雇主中抽取租金。这通常发生在当雇主必须做出不可收回的投资的时候,例如,他们需要培训员工以使他们具有生产能力。这种不可收回的投资造成了在职工作人员(对他们来说投资已经完成)和外来人员的严重不对称,因为外来人员在变得至少和在职人员有相同生产力之前需要进行培训。在职人员可以利用这种不对称性从他们的雇主那里抽取一些剩余。换句话说,在投资培训之后,工人可以对他们的工资进行重新谈判,并获得更高的薪酬。在需要大量人力资本投资的创新部门的创业之初,这个敲竹杠问题(Williamson, 1975; Grout, 1984)可能尤其严重。除非工会能够令人信服地致力于事前协商工资计划,事后的工资再谈判威胁可能阻碍创新企业的初创和就业机会的创造。

尽管对低技术工人有利的再分配从公平角度来看很合意,但是工会往往在追求其会员的利益时最终减少了那些没有被代表的人的就业机会(因为他们没有工作)。尤其是平等的工资水平可能将最不熟练的工人挤出劳动力市场。工会还普遍支持就业保护法案(见第 10 章),这一法案使得进入和再次进入劳动力市场都变得更加困难。因此,工会减小了劳动力市场的规模,排除了新的进入者和低技术工人。

最后,工会不好的一面是可以通过降低那些较少受到国外竞争的服务的租金来实现它们对重组计划或旨在提高经济效率的改革的抗议。雇主和工人组织的联盟经常反对旨在增加这些行业内竞争的监管改革。

3.4.2　集体谈判应该分散化吗?

拥有大量工人的工会可以更好地考虑谈判的宏观经济影响,而实证结果也与这个观点相一致。尤其是,集中的工资协议可以考虑对与过高工资要求相关的通货膨胀的影响(Calmfors and Driffil, 1988),内化与消费物价通胀相关的总需求的外部性(Alesina and

Perotti, 1997; Soskice and Iversen, 2000)和与支付失业补贴相关的财政外部性(Flanagan, 1999)。然而,OECD地区的谈判制度最近一直在朝着更加分散化的方向发展(OECD, 2006c),这一趋势一般不是由政府强加的,而是工会和雇主协会选择的(值得注意的例外是澳大利亚,那里的政府积极鼓励分散化)。我们该如何协调这种更加分散化的趋势与理论预测以及之前评论过的集中式工资谈判优势的实证研究结果呢?

图3.6显示了谈判协调和谈判结果(即实际工资或失业)之间的可能关系。谈判的协调从左到右依次增加。这有两方面的影响:第一,如果还有更多的协调,则谈判的负外部性被内化,这往往会减少工资压力(曲线Ⅰ);第二,如果有更多的协调,则谈判能力增大,这往往会增加工资压力。起初,谈判能力提高的影响占主导地位,而后来内化外部性变得更加重要。这造成了协调程度和实际工资(进而与失业)之间驼峰状的关系(曲线Ⅱ)。因此,在谈判协调位于中等水平时,失业是最高的(Calmfors and Driffil, 1988)。工会的势力会受到产品市场竞争的限制。因此,在更具竞争性的市场,谈判协调和谈判结果之间的关系更加平坦(曲线Ⅲ)。

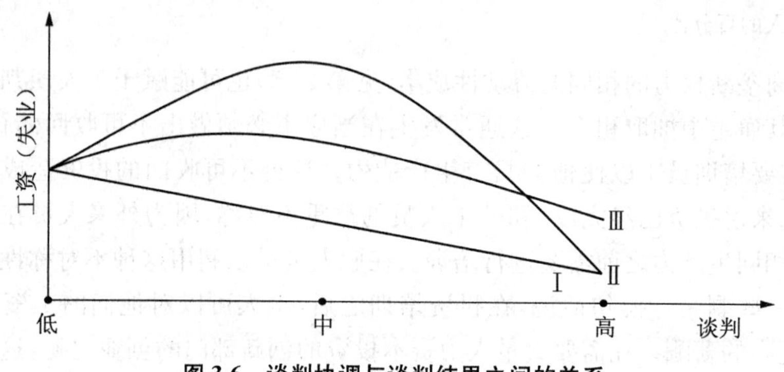

图3.6 谈判协调与谈判结果之间的关系

注:Ⅰ=负的外部性内化的效应;Ⅱ=有限竞争情况下的驼峰形关系;Ⅲ=竞争更充分的市场下的驼峰形关系。

谈判集中化和失业之间存在的驼峰形关系表明,通过追求更加分散化的工资设定,那些拥有中等集中程度(行业层面的谈判)的国家可以实现更好的就业(和通货膨胀)。当行业间和地区间存在巨大的生产率差异时,可以得出强有力的支持分散化的理论观点。集中的工资协议使得工资无法响应这些生产率的差异,这将增加生产率较低的行业或地区的失业。分散式谈判结构相对于混合式谈判结构具有更优异的宏观经济结果的另一种解释是,前者可以更好地利用激励来达到更高的效率,例如,通过支付与生产率相关的薪酬。

在国家或行业层面的谈判桌前雇主协会代表了雇主,当工会与雇主协会在总的(或者行业层面的)工资水平上达成一致,而由个别雇主决定就业时,此时集中的或行业层面的工资协议只能复制管理权成果。管理权模型提供了更加实际的关于在集中的或行业层面的谈判制度下集体谈判是如何发生的描述。这是因为,在任何情况下,对雇主协会来说保证合同中的就业水平是很困难的。此外,选择有效的就业水平需要公司技术的局部知识,而且当环境是不确定的时候,会规定待定合同。这样,有效的谈判结果,同时商定其工资和就业,只有在工厂层面才能得以复制。因此,通过分散化谈判,就有可能实现比管理权模型更有效的结果，这可能包括较高的就业和工资，正如图 3.4 所示。

关于谈判制度的决定并不是真的属于各国政府，因为它由工会和雇主协会商定。各国政府至多可以充当工资谈判时的调解人。然而，政府可能允许或不允许集体协议合法延伸至非工会会员，这间接地影响了谈判的集中程度。我们可以得出一些（相当弱的）支持这类延伸的观点，因为它能减少工资谈判成本和潜在的劳动争议。雇主有时偏好于将工会发起的平等工资水平的合法延伸作为一种手段，以创造平等的环境，降低熟练工人的工资成本。然而，延伸使得代表一部分工人利益的自愿协会影响了所有的劳动力，而工会领袖仅对工会会员负责。当生产力水平在企业间是异质的时候，集体协议的合法延伸并不合时宜。

3.5　与其他制度的相互作用

全国工会与政府就以下内容进行谈判：最低工资标准（第 2 章）；劳动法规，如就业保护立法（第 10 章）；退休年龄（第 6 章）；家庭政策（第 7 章）；失业补贴（第 11 章）；工资税（第 13 章）。从历史上看，一些国家的工会在引进失业保险时发挥了作用。在这些国家中，失业补贴作为一项自愿的计划，由工会管理，但受公共支持。目前，根特体制只在少数几个国家运行。在工会压缩收入差异方面，它们减少了教育回报，使得投资教育的利润减少（第 8 章）。

3.6　为什么存在工会？

工会有不好的一面和好的一面。一方面，工会可以增加劳动力市场的效率。如果雇主拥有的权力过大，他们不仅会减少工资收入，而且还会降低总体的经济效率。工会可以充当抵消力量以减少雇主的买方垄断势力，从而提高经济效率。另一方面，工会是寻租者：在它们追求更高工资的过程中，可能会增加失业。

尽管工会密度有所下降，但工会仍在许多国家对工资谈判（更广泛地说，还有再分配政策）施加重大影响，尤其是在欧洲，因为集体谈判的覆盖范围并没有随会员的减少而缩小。不断扩大的工会超量覆盖表明，工会强大程度的简单度量通常基于会员或工会是否存在于工作场所，这可能有误导之嫌。换句话说，工会的影响力可能明显大于它们的存在。

像任何自愿组织一样，工会的存在是因为它们在某些社会经济群体中很受欢迎。在这一章中，我们已经表明了谁得益于工会的存在。那些获益者并非一定是低技术的工人，实际上他们可能会因为工会强加的相对较高的最低工资标准而被置换。对由工会推动的平等工资政策的支持可能主要来自中等技术水平的工人，因为可以减少他们与高技术工人之间的工资差距。熟练工人的雇主也偏向于扩大工会工资的覆盖范围超出工会存在之外，特别是当工会的存在降低了谈判成本时（即当工会不仅具有再分配的功能而且还有提高效率的功能时）。在任何情况下，都有必要对在一些欧盟国家观察到的较大的超量覆盖率的原因做更多的理论研究。

尽管工会并不热衷于透露其会员的年龄分布信息,但是家庭调查显示,工会会员的年龄中位数的增长快于中位数工人的年龄增长。在一些国家中,中位数工会会员的快速老龄化表明工会可能陷入了一种会员老龄化的恶性循环,并且在年轻有活力的人群中降低了吸引力。在所有地方,工会会员中退休人员的比例都在增加;而在意大利,他们已经是大多数。因此,在代际冲突中,工会越来越偏向于年长的工人,如在设计公共养老金时。除非工会解决代际问题,否则它们可能会走向坟墓。

延伸阅读建议

Alison Booth 于 1995 年出版的关于工会经济学的著作,对早期有关工会的理论和实证文献做了深入全面的调查。2001 年,牛津大学出版社出版了 Lars Calmfors、Agar Brugiavini 和 Tito Boeri 的《21 世纪工会的作用》(*The Role of Unions in the Twenty-First Century*),该书的第一部分给出了最近的关于去工会化的文献评述。Richard Freeman 的一篇关于世界各地的工会活动的综述《工会在做些什么》(*What Do Unions Do?*)发表在了 2005 年出版的《劳动研究杂志》(*Journal of Labor Research*)的专题刊物和《2004 年经合组织就业形势》(*2004 OECD Employment Outlook*)的第 3 章(OECD, 2004)上。《劳动经济学手册》(*Handbook of Labor Economics*, Manning, 2011)中,Alan Manning 在其章节中提供了一份关于工资决定模型和估计租金分享的很好的调查。

复习题与练习

1. 文献中提及了劳动力工会强度的各种度量,它们的优缺点各是什么?
2. 什么是 Hicks 悖论?
3. 为什么在那些产品市场竞争较小的行业中工会更强大?
4. 当工人的谈判能力上升时,在管理权模型中会有什么变化?
5. 为什么管理权谈判制度不是有效率的?
6. 为什么工会追求平等的工资政策?
7. 竞争如何影响有效的谈判?
8. 在你看来,超量覆盖为什么会存在?
9. 对企业来说,为什么在达成工资协议前罢工有时是有利可图的?

10. 尽管 K 国内的经济和劳动力市场表现存在巨大的差距,但其工资是通过国家协议设定的。在 K 国东部,劳动需求为 $L_e^d=1\,000\,000-20w$,其中 w 是年度工资,而在 K 国西部,劳动需求为 $L_w^d=800\,000-20w$。各地区的劳动供给都为 $L^s=700\,000+10w$,且不存在劳动力的地区流动。假设集体谈判主要涉及东部的工人和雇主,且施加的工资使得 K 国东部的劳动力市场出清。

(a) 两个地区的就业和失业水平分别是多少?

(b) 假设存在一个劳动供给冲击,比如由向最富裕地区移民引起,因此东部的劳动供给现在为 $L_e^s=790\,000+10w$,且国家工资合同相应地进行修改。此时,两个地区的就业和失业水平分别是多少？

(c) 最后，假设工资设定是分散的，且允许西部的工人和企业可以设定能使地区性劳动力市场出清的工资。此时，这两个地区的工资差别是多少？东西部之间多少的工人流动能使工资差别回归为零？

11. 假设企业的劳动需求曲线为 $w = 120 - 0.02L$，其中 w 为小时工资，L 为就业水平。进一步假设工会的目标函数为 $U = wL$。

(a) 垄断工会将要求多少工资？

(b) 在工会合同下有多少工人被雇用？

现在考虑一个不同的工会目标函数。假设工会的效用函数为 $U = (w - w^*)L$，其中 w^* 为竞争性工资且等于每小时 50 欧元。

(c) 垄断工会需要多少工资？

(d) 在工会合同下有多少工人被雇用？

(e) 你的回答与之前的工会目标函数的设定有什么不同吗？为什么？

12. 罢工会减少企业的利润 π，$\pi = (60 - 2s)(20 - w)$，其中 s 表示罢工持续时间，w 表示工资。工会的阻力，进而罢工持续时间，是工资的递减函数：$s = 40 - w$。假设雇主准确地知道工会的阻力，则雇主应该提供多少工资？

13. (进阶题)考虑一家企业，其产品价格为每单位 1 500 欧元。该企业为了生产 q 单位产品，以日工资 w 从工会处雇用 L 名工人，其中生产函数为 $q = \sqrt{L}$，因此由该生产函数得到劳动的边际产品为 $1/\sqrt{L}$。工会中有 324 名工人。任意一名不为该公司工作的工会工人可以找到一份每天 50 欧元的非工会工作。工会想要最大化其会员的总收入。

(a) 企业的劳动需求函数是什么？

(b) 如果允许该公司设定 w，且允许工会在日工资 w 处提供它想供给的工人数量(上限为 324)，则该企业会设定多少工资？工会会提供多少工人？计算产出、公司利润和 324 名工会工人的总收入。

(c) 如果允许工会设定 w，且允许公司在日工资 w 处雇用它想要的工人数量(上限为 324)，则工会将设定多少工资以最大化 324 名工人的总收入？公司将雇用多少工人？计算产出、公司利润和 324 名工会工人的总收入。并比较其与(b)部分的结果。

附录：再论工会

1. 工会应该强大到什么地步才会有效？

将劳动需求和劳动供给指定为第 1 章附录中的那样。在管理权环境中的集体谈判涉及雇主和工人的剩余的乘积(并非总和，如完全竞争的劳动力市场的情况)的最大化，即纳什谈判准则

$$w = \arg\max\left[\left(\frac{AL^{1-\eta}}{1-\eta} - wL\right)^{1-\beta}\left(wL - \frac{1}{\varepsilon+1}L^{\varepsilon+1}\right)^{\beta}\right] \tag{3.6}$$

其中,第一项是雇主的剩余(利润),第二项是工人的剩余(工资账单和保留工资之间的差异)。与第1章附录的框架一致,雇主的备选方案是零(没有生产,因此没有利润),工人的备选方案是由弹性不变的劳动供给($w=L^{\varepsilon}$)所表示的保留工资。

两个剩余由参数 β 加权,该参数度量了工会的相对谈判能力。式(3.6)的另一种解释是仁慈的政府关心(功能性的)收入分配,且赋予工人和雇主的权重分别为 β 和 $(1-\beta)$。更一般地,在一些情形中,劳动力市场的契约和制度结构里利用非市场手段(例如,工会和雇主协会,它们向其成员提供意见)重新分配了组内的购买力,解决了两组代理人(雇主和雇员)之间的分配问题,而式(3.6)则为这些情形提供了一个恰当的定性特征。

正如本章所讨论的,一个现实的(尽管低效)谈判制度,雇主和工人只针对工资进行谈判,然后雇主从劳动需求获知与该合同工资(管理权模型)相关的就业水平。然后假设该就业水平位于劳动需求曲线上。再在约束条件 $L=(w/A)^{-\frac{1}{\eta}}$ 下对 w 最大化式(3.6),我们得到

$$w^{b}=(\mu)^{\frac{\varepsilon}{\varepsilon+\eta}}(A)^{\frac{\varepsilon}{\varepsilon+\eta}}=(\mu)^{\frac{\varepsilon}{\varepsilon+\eta}}w^{*} \tag{3.7}$$

其中,$\mu\equiv\left(\frac{1-\eta}{1+\varepsilon}+\beta\frac{\eta+\varepsilon}{1+\varepsilon}\right)\frac{1}{1-\eta}$ 是集体谈判施加在工作的机会成本上的最优加成,上标 b 代表集体谈判制度下的均衡,w^{*} 是没有工会时的均衡工资。这一问题的解包括了垄断工会(设定工资)面对拥有管理权(设定就业)的雇主的情况:当 $\beta=1$ 时,所有的权重都在工人福利上,

$$w^{b}=w^{u}=\left(\frac{1}{1-\eta}\right)^{\frac{\varepsilon}{\varepsilon+\eta}}(A)^{\frac{\varepsilon}{\varepsilon+\eta}}=\left(\frac{1}{1-\eta}\right)^{\frac{\varepsilon}{\varepsilon+\eta}}w^{*} \tag{3.8}$$

注意,只有当总的劳动需求是无限弹性的时候,垄断工会工资 w^{u} 才会收敛于竞争均衡工资(因为 η 趋向于0)。如果劳动供给是无限弹性的($\varepsilon=0$),那么垄断工会工资为

$$w^{u}=\left(\frac{1}{1-\eta}\right)w^{*} \tag{3.9}$$

另一种解释是,工会引入了劳动需求和供给之间的楔子,而这一楔子随着劳动需求的工资弹性的增加而减少。当双方(雇主和工人)均拥有市场势力时,劳动供给的弹性也很重要。这有助于解释为什么工会通常代表劳动供给缺乏弹性的工人(例如,处于黄金年龄的男性)。

当所有的谈判能力都在雇主一方($\beta=0$)且劳动需求弹性是无限($\eta=0$)的时候,我们有

$$w^{b}=w^{m}=\left(\frac{1}{1+\varepsilon}\right)w^{*} \tag{3.10}$$

即我们又回到了第2章附录所描述的纯买方垄断的情况(因此用上标 m 表示)。正如垄断工会的情况一样,只有在劳动需求弹性是无限的时候,纯买方垄断均衡才可以复制竞争均衡的工资(例如,企业在产品市场上没有垄断势力,且技术是规模报酬不变的)。

更有趣的情况是劳动需求和供给都是缺乏弹性的时候,只能通过将谈判能力的参数 β 取成中间值,才可以复制竞争均衡的结果。特别地,当

$$\beta=\frac{\varepsilon}{\varepsilon+\eta}(1-\eta),1-\beta=\frac{\eta}{\varepsilon+\eta}(1+\varepsilon) \tag{3.11}$$

纳什谈判下的均衡与竞争均衡一致，因为此时 $\mu=1$，且劳动力市场生成了竞争均衡的工资水平。实际上，只要权重组合使得利润份额与劳动力份额之比满足

$$\frac{1-\beta}{\beta}=\frac{\eta}{1-\eta}\frac{1+\varepsilon}{\varepsilon} \tag{3.12}$$

就能达到完全竞争经济中的均衡。在报酬不变的情况下，根据一种给定的匹配技术，当工人和工作随机匹配时，上述条件类似于 Hosios(1990)的效率条件。①当存在不协调的个人谈判时，没有理由期望上述条件的满足是先验的。在后者的情况下，β 可以简单地理解为一个主观贴现因子，它反映了双方在谈判桌前的相对不耐程度。然而，只要 β 是不同于完全竞争的分配机制的简化表达式，它就可能对相关弹性 ε 和 η 的变化作出反应。例如，当劳动需求弹性较大时，β 可以被解释为要求工会不要太强大，以防止劳动力市场规模大幅减小，进而防止工人和企业的福利减少。

若 β 是受政治支持的均衡的(简化)表达式，在这个意义上，此参数可能对增加再分配制度的就业成本的冲击(例如，第 1 章描述的由全球化所引起的竞争压力)作出反应。例如，包括了相当广泛的利益团体的集体谈判制度可能会根据新环境调整工资要求。除非薪酬作出了让步，否则失业将会增加，而从事全国范围内工资谈判的工会内化了这一事实。小的、分散的工会反而可能会抵制工会会员实得工资的变化。如果每个工会都遵循相同的策略，则将在宏观层面导致过高的工资，相比于只有一个全国性工会的情况，这意味着更大的就业成本。这一结果符合最初由 Calmfors 和 Driffil(1988)提出的关于在不同谈判结构下宏观经济冲击对劳动力市场的影响的观点。由环境变化所作出的工资要求的调整可能需要一些时间来实现，这取决于合同的频率，但最终一定会发生。

2. 推导契约曲线

正如正文中所表明的，契约曲线由工会的等效用曲线和企业的等利润曲线的相切点的轨迹组成。在这里我们推导出契约曲线是垂直的、向上倾斜的或向下倾斜的条件(参见 Booth, 1995; Cahuc and Zylberberg, 2004)。

工会对就业以及由工资推导出来的效用[$u(w)$]和由保留工资 w^r 推导出来的效用[$u(w^r)$]之差感兴趣。工会的效用函数可以表示为

$$U^U=L^d(w)[u(w)-u(w^r)] \tag{3.13}$$

企业的利润等于收入和成本之差

$$\pi=R(L^d(w))-wL^d(w) \tag{3.14}$$

由无差异曲线和等利润曲线的边际替代率 *MRS* 相等可以得到这两条曲线的相切点。对于工会的效用函数，*MRS* 等于两个边际效用之比

① 参见第 12 章关于匹配技术的描述。应该强调的是，在一个匹配框架中，均衡处是存在失业的，但如果满足 Hosios 条件，在一个有摩擦的劳动力市场，失业将有效地协调工人和企业的搜索决定。

$$MRS^{U}=-\frac{MU_{L}}{MU_{w}}=-\frac{\partial U/\partial L}{\partial U/\partial w}=-\frac{u(w)-u(w^{r})}{L^{d}(w)u'(w)} \tag{3.15}$$

对于雇主的利润函数,边际技术替代率 $MRTS$ 等于两个边际产出之比

$$MRTS^{\pi}=-\frac{MP_{L}}{MP_{w}}=-\frac{\partial\pi/\partial L}{\partial\pi/\partial w}=\frac{R'(L^{d}(w))-w}{L^{d}(w)} \tag{3.16}$$

切点由下式给出

$$MRS^{U}=MRTS^{\pi}\Rightarrow-\frac{u(w)-u(w^{r})}{L^{d}(w)u'(w)}=\frac{R'(L^{d}(w))-w}{L^{d}(w)} \tag{3.17}$$

简化式(3.17)得到下列关于切点的方程:

$$u(w)-u(w^{r})=u'(w)[w-R'(L^{d})] \tag{3.18}$$

由于无法从式(3.18)得出一个关于 L 的 w 的显函数形式,我们运用隐函数定理或者全微分得到契约曲线的斜率。设 $G:u(w)-u(w^{r})-u'(w)[w-R'(L^{d})]$,则有

$$\frac{\partial w}{\partial L}=-\frac{\partial G/\partial L}{\partial G/\partial w}=-\frac{u'(w)R''(L^{d})}{-u''(w)[w-R'(L^{d})]}=\frac{u'(w)R''(L^{d})}{u''(w)[w-R'(L^{d})]} \tag{3.19}$$

因为收入随 L 的增加而增加,我们有 $R'(L^{d})\geqslant 0$,又因为收入是小于成比例地递增,我们有 $R''(L^{d})<0$。由式(3.19)确定的契约曲线的斜率取决于效用函数的性质:

(1) 当工会是风险中性的:$u(\cdot)=w$,则 $u'(\cdot)=1$,$u''(\cdot)=0$。此时契约曲线是垂直的。

(2) 当工会是风险厌恶的:$u'(\cdot)>0$,$u''(\cdot)<0$。此时契约曲线的斜率是正的。

(3) 当工会是风险爱好的:$u'(\cdot)>0$,$u''(\cdot)>0$。此时契约曲线的斜率是负的。

如果工会是风险中性的,那么就业不会影响它们的偏好,它们只对工资和保留工资的区别感兴趣。就业将是完全竞争劳动力市场的有效结果。若谈判和就业结果都是有效的,这就叫做“强有效的”谈判。如果工会是风险厌恶的,那么它们想使边际效用在不同时间段都相等。因此,它们对就业和工资都感兴趣。工会想要保护其会员免于失业,同时把他们的工资增至其保留工资以上。如果工会是风险厌恶的,就业将高于竞争性水平。谈判是有效的,因为它沿着契约曲线。然而,就业水平并不是有效的。因此有“弱有效的”谈判这一表述。如果工会是风险爱好者,那么它们并不介意放弃就业以换取更高的工资。因此谈判曲线具有负的斜率,尽管该曲线仍高于劳动力需求曲线。

4

反歧视立法

个人在劳动力市场中的地位可能取决于各自的个人特征，如教育、培训和工作经验。有的人更可能获得工作，并且如果拥有工作，他们可能有更高的工资。就这些差异与生产性特征有关联这个意义上来说，其中并没有包含经济无效率。然而，有时个人在劳动力市场中地位的差异与无关特征（即不影响工人生产率的特征）有关联。于是就有了歧视。歧视被定义为"对工人无关生产率的个人特征在市场中的评价"（Arrow，1973）。歧视可能由性别、种族、族裔、性取向、年龄、相貌或之类的因素引起。

理性的工人和利润最大化的雇主并不违背边际工资成本应该等于边际产品价值的最优法则。歧视可能起源于有差异的市场支配力、偏见、缺乏信息和就业障碍。雇主们可能对不同的工人群体有不同的市场支配力。利用这种市场支配力，他们可以在不同工人群体间制造区别。有偏见的雇主可能支付给男性工人的工资比给女性工人的更多，或者可能支付给白人工人的工资比给黑人工人的更多。如果雇主观察到某个体生产率的噪声信号并因此把群组特征当作个体生产率的指标，缺乏信息的情况就会出现。有些职业对于某些工人群体可能有进入壁垒。由此，对于这些职业的劳动供给就会受到限制，这又导致受影响的工人群体去其他职业中寻求就业并且拉低这些职业的工资。

本章涉及劳动力市场歧视和（反）歧视立法（即制定法律防止歧视）。虽然歧视可能出现在个体进入劳动力市场之前，如在教育系统中，但这里我们重点讨论劳动力市场中的歧视。①本章大部分内容集中论述性别歧视。然而，这里介绍的理论可以被应用到诸如种族歧视、族裔歧视等之类的歧视之上。同样地，虽然歧视有很多种（例如雇用与解雇中的歧视、晋升中的歧视、工作环境上的歧视），但我们重点论述劳动力市场歧视中的两种表现形式：雇用歧视和收入歧视。

4.1 度量与跨国比较

所有 OECD 国家都有反对劳动力市场中的性别歧视和族裔歧视的法律和制度体系。

① 我们知道，前市场歧视和市场歧视是紧密相关的。例如，预料会被歧视对待的个体可能对人力资本投资得更少，在预期到投资回报会更低时这是理性的。

法律名称因国而异,也因歧视类型而异。例如,有性别歧视法案、种族歧视法案、平等待遇法案和同酬法案。所有法律的底线是不应该有针对工人的基于无关生产率的特征的歧视行为。关于歧视的法律体系是否有效取决于工人提出诉讼的难度和雇主违法行为受到的惩罚程度。表 4.1 概括了关于工人诉讼激励和雇主遵守反歧视政策激励方面的一些跨国差别。对于工人激励,我们区分原告举证要件和原告免受侵害保护。对于雇主激励,我们区分三种类型的处罚:公示、罚款和监狱服刑。①

表 4.1 的第 1 列展示了原告想要控诉雇主歧视所必须提供的举证要件。歧视推定指这样一种情况,雇员需要在法庭上通过提供确定差别性对待的事实来提出他们的要求,并且从这些事实中可以推断出推定的歧视。在大多数国家需要提供推定或强推定,但在其他一些国家,如澳大利亚、加拿大、日本和美国,则需要提供歧视的证据。

表 4.1 的第 2 列展示了防止原告受报复的保护。有限防止受害是指只是保护雇员申诉人(或任何提供反对歧视的诉讼证据的雇员)免受不当解雇(开除)这种情况。很明显,防止受害保护差别很大。很多国家有原告保护,但也有很多国家的这种保护是有限的。在一些国家,如芬兰、意大利和韩国,这种保护取决于歧视的类型:性别歧视或种族歧视。

表 4.1 的第 3—5 列提供了关于雇主遵守反歧视立法激励的信息。第 3 列显示了公示是否被用作制裁手段——即,法院(或其他有关部门)命令具名公示歧视案件或向当事企业之外发布通告。正如表中所显示的,在大多数国家,公示可被用作制裁手段。第 4 列显示了如果发生不遵守反歧视法律的行为,则行政、民事和刑事处罚能否被用作制裁手段。很多但不是所有国家都使用这些处罚。最后,表 4.1 第 5 列显示了如果发生不遵守反歧视法律的行为,监狱服刑能否被用作制裁手段。大约一半的国家有使用监狱服刑制裁的可能性。

表 4.1 工人上法院起诉的激励与雇主遵守反歧视法规的激励

	工人激励		雇主遵守的激励		
	举证负担	保护	公示	罚款	入狱
澳大利亚	举证	是	是	刑事	是
奥地利	强推定	是	否	刑事,极少,低	否
比利时	推定	是	是	性别:无 种族:刑事,低	性别:否 种族:是
加拿大	举证	有限	否	无	否
捷克	强推定	有限	否	行政	否
丹麦	性别:推定 种族:强推定	有限	否	刑事	否
芬兰	推定	性别:是 种族:有限制	否	刑事	是

① OECD(2008)中提到了更多工人的和雇主的激励。关于工人激励,OECD(2008)提到了给原告提供的制度支持(法律指导和咨询、调查、法律代理)、对欠薪的追究、额外补偿,以及防止证人受害。关于雇主激励,OECD(2008)提到了其他民事或行政制裁,以及肯定行动和积极行动。

（续表）

	工人激励			雇主遵守的激励	
	举证负担	保护	公示	罚款	入狱
法国	推定	有限	是	刑事	是
德国	推定	是	是	行政和刑事，低	否
希腊	推定	是	性别：是 种族：否	行政	是
意大利	性别：强推定 种族：举证	性别：否 种族：有限制	是	无	否
日本	举证	是	是	刑事	是
韩国	性别：推定 种族：举证	性别：是 种族：有限制	是	刑事	是
墨西哥	强推定	有限	是	劳动法	是
荷兰	推定	有限	是	刑事	是
挪威	推定	是	否	行政	性别：否 种族：是
波兰	推定	有限	否	无	是
葡萄牙	推定	是	是	部分	否
西班牙	强推定	是	是	部分	是
瑞典	推定	是	否	无	否
瑞士	推定	有限	是	部分	否
英国	强推定	是	是	无	否
美国	举证	是	是	部分	否

资料来源：OECD(2008).

注：工人激励＝上法院起诉的激励；举证＝由原告提供证据要件；保护＝保护原告不受侵害；公示＝对于不合法的情形将其公之于众作为惩罚；罚款＝对于不合法的情形实行征政、民事或刑事罚款；入狱＝对于违法情形而判其入狱。

4.2 理论

歧视是指看重与生产率无关的个人特征，而不是看重与生产率有关的个人特征。当男性与女性在生产性特征如教育或工作经验上有差异时，性别工资差异可能会出现。社会心理学研究指出男性与女性在社会心理特征和偏好上也可能存在差异。这些差异可能使得一些类型的工作对女性更有吸引力而另一些类型的工作对男性更有吸引力。最普遍使用的个人特征是以下五大人格特征（"Big five"）：外向性、亲和性、责任感、情绪稳定性和经验开放性。基于实验室实验的研究证实了这五种人格特征具有性别差异，但是与现实生活数据的经验相关性尚不清楚（Bertrand，2010）。①

且不说男性与女性潜在的社会心理差异，还有好几种理论分析了歧视现象（即，看重与

① Mueller 和 Plug(2006)提供了关于人格特征对不同性别收入的影响的初始分析。使用美国数据，他们发现只有 3%—4%的性别收入差距由平均人格特征上的性别差异和那些人格特征的回报的性别差异解释。

个体生产率无关的个人特征)。我们以它们基于完全竞争的劳动力市场环境还是非完全竞争的劳动力市场环境来区分这些歧视。在完全竞争的劳动力市场设定下,主要的理论是偏好为基础的歧视模型。在不完全竞争的劳动力市场设定下有三种歧视理论:买方垄断为基础的歧视、统计歧视和职业聚集导致的歧视。每一种理论都会进行详细的介绍和论述。

4.2.1 完全竞争的劳动力市场

Becker(1971)提供了一个框架,可以用来分析基于偏见的歧视(即,以偏好为基础的歧视)的性质和后果。为了论证方便,我们假定劳动力是同质的并且劳动力市场是竞争性的(即,所有工人的生产能力相同,并且企业和工人都是工资接受者)。我们还假定如果存在歧视的话,是针对女性的,并且有利于男性。这种歧视会导致女性工人的工资 w_f 低于男性工人的工资 w_m。所有的工资都根据市场水平决定。

1. 雇主偏见

有偏见的雇主偏好男性工人。雇主雇用工人产生的效用 U 取决于他们获得的利润 Π 和支付给女性工人的工资成本:

$$U=\Pi-\omega w_f L_f \tag{4.1}$$

其中 L_f 是雇用的女性工人的数量,ω 是*特定雇主的歧视系数*。这个系数因雇主而异,并分布在区间 $0\leqslant\omega\leqslant\omega^{\max}$ 上。对于无偏见的雇主,$\omega=0$;对于有最大偏见的雇主,$\omega=\omega^{\max}$。男性工人的工资成本等于 $w_m L_m$,而(感知的)女性工人的工资成本等于 $(1+\omega)w_f L_f$。由于男性和女性在生产中是完全可以替代的,雇主可以雇用任意一种性别的工人。对于效用最大化的有偏见的雇主而言,如果 $w_m\leqslant w_f(1+\omega)$,他们将只雇用男性;如果 $w_m>w_f(1+\omega)$,他们将只雇用女性。因此,劳动力将会被隔离。根据有条件的女性工人工资,歧视系数越高,被雇用的女性工人数量越低。因为存在有偏见的雇主,在均衡下女性工人的工资会比男性工人的工资低。*市场歧视系数* Ω 取决于男性工人与女性工人工资差异的比例:

$$\Omega=\frac{w_m-w_f}{w_f} \tag{4.2}$$

注意到市场歧视系数是一个市场过程的结果,而歧视系数是每个个体雇主的主观参数。显然,两者是有联系的。图 4.1 显示了劳动力市场中的均衡状态。纵轴代表相对工资 w_f/w_m,横轴是女性工人的就业数量。L_0^d 代表无偏见的企业的劳动需求。曲线 BCA 表示对女性的劳动需求曲线。如果男性工人和女性工人的工资相等,那么女性可被雇用的工作数量只有 L_0^d。只有当女性工人的相对工资降低时,被雇用的女性工人数量才会上升。A 点表示雇主的偏见足够强,甚至在女性工人工资为 0 时也不雇用她们。该图也显示了女性劳动供给曲线 L_f^s,假定该供给是完全无弹性的。均衡点在需求曲线与供给曲线的交点 E 处,在这里 $w_f^*<w_m^*$。

这个简单的模型产生了以下的预测:

(1) 所有雇用女性工人的企业,即使雇主是无偏见的企业,都会支付同样低的工资 $w_f^*<w_m^*$。工资是市场过程的结果。并不受个体雇主影响。

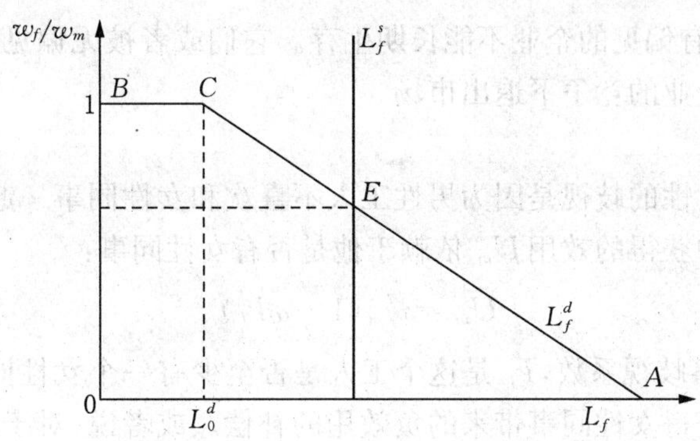

图 4.1 雇主歧视与性别工资差均衡

(2) 工资歧视的均衡水平是由边际雇主而不是平均雇主决定的。即使许多雇主是有偏见的,增加无偏见雇主的数量(点 C 右移,曲线 CA 的斜率上升,相对工资增加)也会降低性别工资差异。如果 $L_0^d > L_f^s$,尽管存在很多有偏见的雇主,但歧视不会影响工资。同时也注意到女性劳动力供给的上升,将会降低女性相对于男性的工资,进而增加劳动力市场歧视的均衡水平。

(3) 至少雇用一部分女性工人的企业的利润将会高于那些只雇用男性工人的企业的利润。图 4.2 显示了利润与歧视系数之间的关系。如果企业的歧视系数 ω 小于市场歧视系数 Ω,它将只雇用女性;如果企业的歧视系数 ω 大于市场歧视系数 Ω,它将只雇用男性。[①]利润在点 A 处达到最大值 Π_1,这里雇主是无偏见的。无偏见的企业只雇用女性来最大化它们的利润。如果歧视系数是正的,利润就会下降。雇主仍会只雇用女性,但雇用的女性工人的数量会下降。因为雇佣决定是基于(负)效用而不只是利润。在 $\omega=\Omega$ 处,利润从 B 下降到 C,并且从这以后雇主只雇用男性工人。偏见进一步增加并不降低利润,因为男性工人的雇用数量不受影响。

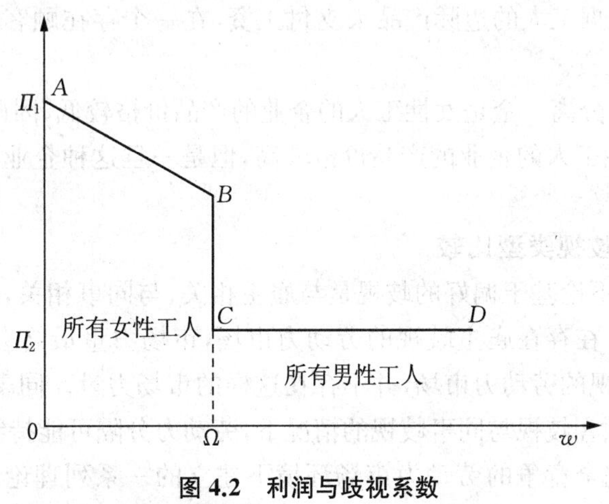

图 4.2 利润与歧视系数

(4) 有偏见的企业的利润小于无偏见的企业的利润。这是一个短期现象。在完全竞

① 当 $w_m > w_f(1+\omega)$ 时企业只雇用女性,因此 $\omega < \Omega$。类似地,当 $\omega \geqslant \Omega$ 时企业只雇用男性。

争的劳动力市场上,有偏见的企业不能长期生存。它们或者被无偏见的企业吞并,或者在进入市场的无偏见企业的竞争下退出市场。

2. 同事偏见

也有一些针对女性的歧视是因为男性工人不喜欢和女性同事一起工作。一个有偏见的男性工人从工资中获得的效用 U_m 依赖于他是否有女性同事:

$$U_m = w_m(1 - \omega I_f) \tag{4.3}$$

其中 ω 现在表示同事歧视系数,I_f 是这个工人是否至少有一个女性同事的指标。有偏见的男性工人将要求获得女性同事带来的负效用的补偿。或者说,对于给定的工资,他们更偏好在只有男性工人的企业工作。

这个模型有以下的预测:

(1) 在同时雇用男性和女性工人的企业里,男性工人必须挣得更多来克服女性同事带来的反感。因此,企业要么雇用男性要么雇用女性,劳动力将出现隔离。

(2) 如果雇主是无偏见的,即使所有男性都是有偏见的,也不会出现性别工资差异。这种情况甚至在短期也是如此。

3. 顾客偏见

如果顾客不喜欢女性工人提供的服务,那么产品或服务的感知价格将与实际价格不同。如果一种特定产品的感知价格 p_w 取决于生产过程中或交易发生时女性工人的存在,那么歧视就会发生:

$$p_w = p(1 + \omega I_f) \tag{4.4}$$

其中 p 是实际价格,这里的 ω 是顾客歧视系数。以价格为条件,有偏见的顾客只会从没有女性工人的企业购买产品。或者说,只有当有女性工人的企业的产品价格足够低时,有偏见的顾客才会从它们那里购买产品。

这个模型有以下的预测:

(1) 因为企业根据工人的边际产品来支付工资,在一个存在顾客歧视的环境下,女性工人将拥有较低的工资。

(2) 企业将会被分离。全是女性工人的企业的产品价格较低,因此这种企业雇用不起男性工人。全是男性工人的企业的产品价格较高,但是一旦这种企业雇用了女性工人,产品价格就会下降。

4. 基于偏好的歧视类型比较

在短期均衡中,不论基于偏好的歧视是与雇主相关、与同事相关,还是与顾客相关,劳动力都会出现分隔。在存在雇主歧视的劳动力市场,市场力量最终会通过竞争来消除歧视,但在存在顾客歧视的劳动力市场,并不存在这样的市场力量。同事歧视并不导致性别工资差异。在存在顾客歧视与同事歧视的情况下,劳动力分隔可能持续。

偏好歧视是在完全竞争的劳动力市场环境下建立的一系列理论。毫无疑问,偏好歧视也会发生在不完全劳动力市场中。在不完全劳动力市场中,雇主的偏好歧视可以生存。在一个具有搜寻摩擦和雇主歧视的市场中,女性找到工作更加困难,因为向一个有偏见的雇主求职可能不会成功。如果为了获得一个工作机会女性通常要比男性申请更多次,那么女性的工作搜寻花费更大并且其讨价还价能力更弱。无偏见的雇主可以利用这一点给女性提供更低的工资(Black, 1995)。注意到在这种情况下,歧视的均衡水平取决于平均雇主而不是边际雇主的主观歧视系数。

4.2.2 不完全竞争的劳动力市场

雇主可能对某些工人群体拥有市场力量,并且利用这一点来支付给他们比完全竞争的劳动市场所提供的更低的工资。对于性别工资差异的早期解释是基于雇主在女性劳动力市场上的买方垄断力量,这在下一小节会更加详细地论述。在不完全竞争的劳动力市场上,其他类型的歧视有统计歧视和与职业拥挤有关的歧视。

1. 买方垄断与性别工资差异

Joan Robinson(1933)的买方垄断理论为性别工资差异提供了一种解释。雇主可能对于女性比男性有更多的买方垄断力。为了解释其主要观点,我们假定劳动力市场对于男性是充分竞争的,而对于女性则具有买方垄断的特征,例如因为女性具有很高的流动成本,因此她们的劳动供给曲线是向上倾斜的。图 4.3 显示了这条曲线的推导。

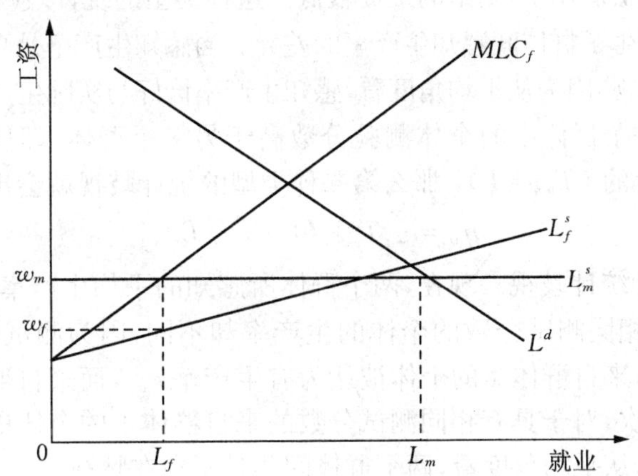

图 4.3 卖主垄断模型中的性别工资差距

被雇用的女性工人数量 L_f 是由她们向上倾斜的边际劳动成本曲线 MLC_f 和水平的男性劳动供给曲线的交点决定的。在这个交点处,男性和女性的边际雇佣成本相等。然而,为了雇用 L_f 数量的女性工人,雇主需要支付的工资 $w_f < w_m$(也可参见本章附录第 2 部分)。总的被雇用数量是由男性劳动供给曲线 L_m^s 和劳动需求曲线 L^d 的交点决定的。因此,被雇用的男性工人数量是 $L_m - L_f$。性别工资差异来源于无弹性的女性劳动供给。

实证研究通常发现女性劳动供给比男性劳动供给更有弹性。这是否让性别工资差异的买方垄断解释无效了呢?不一定。有可能是因为女性劳动供给的市场水平比个体企业水平更有弹性(见 Manning, 2003, 2011)。例如 Hirsch 等人(2010)发现德国企业的女性劳动供给比男性劳动供给更缺乏弹性。使用劳动供给弹性的估计值,他们推断至少有三分之一的性别工资差异归因于利润最大化的买方垄断雇主的工资歧视。

2. 统计歧视

统计歧视理论基于雇主具有不完全信息的假设,也就是说,雇主观察到的是个体工人真实生产率的噪声信号(Aigner and Cain,1977)。为了评估个体生产率,雇主使用个体"测验分数"。这些测验分数可能是某个测验的真实分数,但也可能是基于类似工人的过去经历,对求职信的解释或个人简历评定的分数。因为这些分数是不完善的,它们结合了求职者所属群体的信息。个体工人的感知生产率是个体测验分数和感知的群体生产率的加权平均数(即个体所属群体的平均测验分数):

$$q_{ji} = \alpha_j T_j + (1-\alpha_j) T_i \tag{4.5}$$

其中 q_{ji} 是群体 j 中的个体 i 的感知生产率,T 是测验分数,α 是关于群体生产率信息的权重。[①]有两类统计歧视。第一类起因于雇主对群体生产率有不同的感知,但是雇主对于个体测验分数的权重是一样的 ($\alpha_j = \alpha$)。那么,属于不同群体的个体可能会被区别对待,即使他们在其他方面可以观察到的特征都相同:

$$q_{ji} = \alpha T_j + (1-\alpha) T_i \tag{4.6}$$

图 4.4(a)描述了这种类型的统计歧视。直线 1 和直线 2 是平行的,表明两个群体的测验分数准确度相同。然而,平均生产率 T_1 和 T_2 是不同的。在测验分数 T_2 处,群体 2 中的个体的感知生产率是 q_2,而具有相同测验分数的群体 1 中的个体的感知生产率是 q_1,进而他们不会被雇用或者如果被雇用了,则给的工资较低。这种类型的统计歧视可能基于成规,也就是偏见或缺乏信息产生了群体间感知生产率的差异。当感知生产率是真实的情况下,大体上不会存在群体间的歧视,因为从平均角度看,感知生产率恰好与实际生产率一致。

如果雇主评估一个群体中的个体测验分数高于另一个群体,即使这两个群体的平均生产率被认为是相等的 ($T_j = T$),那么第二种类型的统计歧视就会出现:

$$q_{ji} = \alpha_j T + (1-\alpha_j) T_i \tag{4.7}$$

图 4.4(b)描述了这种统计歧视。现在,两个群体所感知的平均生产率相同,但这个平均数之外,那些希望得到相同测试分数的个体的生产率却不同,因为测试分数的精确度不同。如果测试分数是 T_a,来自群体 1 的个体被认为有生产率 q_{a1},而来自群体 2 的个体被认为有生产率 q_{a2}。再一次,对于具有相同测试分数的来自群体 1 的个体更有可能被雇用或得到更高的工资,因此,从平均角度看,两个群体间还是不存在歧视。

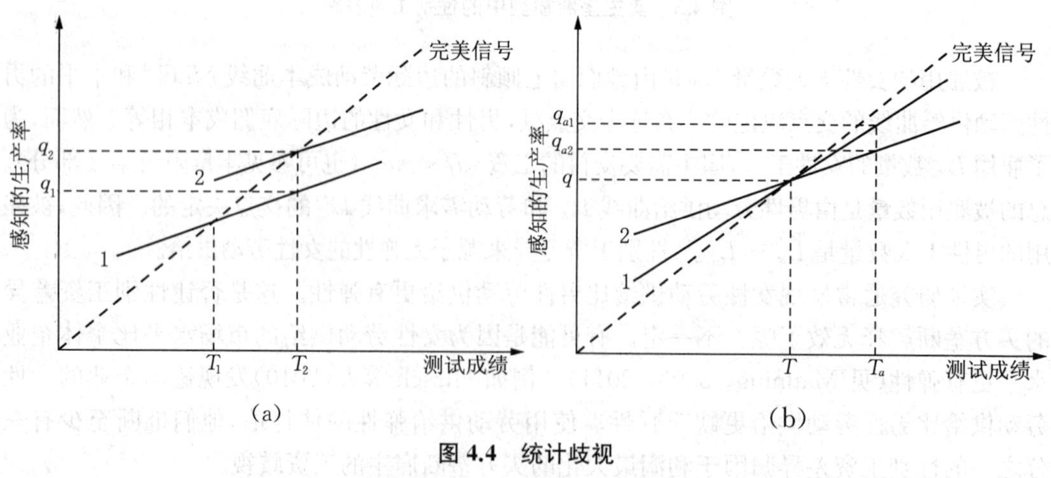

图 4.4　统计歧视

① 注意到,平均来说,测验分数等于感知生产率:$\sum_i q_{ji} = q_j = \alpha_j T_j + (1-\alpha_j) \sum_i T_i = T_j$。

3. 职业拥挤

职业拥挤理论解释了职业间的工资差异是如何出现的,因为一些工人群体被严格限制进入某些职业。工资歧视不是职业内的或产业内的,而是跨越职业和产业的。这种理论聚焦于男女收入的差异。如果女性不被允许(或不认为可以)进入某个特定职业,她们就会进入其他职业,从而迫使那些职业的工资下降。阻碍女性进入特定职业的障碍可能来自工会、习俗,或者因为自我选择。历史上,一些职业——主要是教学或教会职位——具有结婚限制,禁止雇用已婚女性。已被雇用的单身女性一旦结婚就必须放弃她们的职位。如果她们想要结婚后仍被雇用,就得在没有结婚限制的职业里寻找工作。婚姻限制导致了高技能的女性在低收入的职位上工作。美国从 19 世纪末到 20 世纪 50 年代存在结婚限制(Goldin, 1988)。荷兰在 1937 年推行了一项法律,禁止已婚妇女从事政府服务的工作,那时失业率很高。这项法律在 1957 年被废除了。尽管没有法律义务这样做,但一些大公司效仿政府部门的做法,一旦女性结婚或者怀孕就立即解雇她们(Portegijs et al., 2008)。

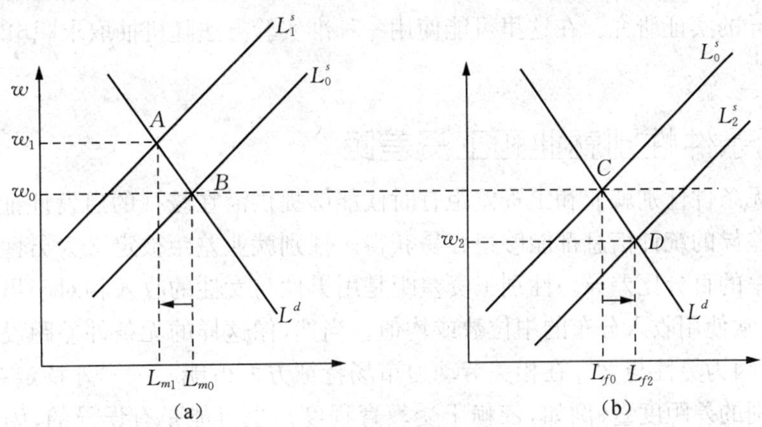

图 4.5 职业挤出:(a)男性工作;(b)女性工作

图 4.5 显示了职业障碍是如何影响劳动力市场的。没有职业拥挤时,劳动力市场在工资 w_0 处处于均衡状态,并且标签"男性职位"与"女性职位"是不相关的。这时,男性职位与女性职位的不同是虚假的,女性可以在男性职位上工作,男性也可以在女性职位上工作。如果引入了使女性不能进入男性职位的障碍,那么情况就变了。男性职位的供给曲线会向左移动,从而使就业减少并且使男性职位工资增加到 w_1[图 4.5(a)]。假定被禁止进入男性职位的女性仍然想要工作,她们就必须在女性职位上工作。因此,女性职位的供给曲线会向右移动并且工资下降到 w_2[图 4.5(b)]。注意到工资是由职位种类决定的,而不是由工人性别决定的。这就产生了职业特定的收入差异(即,在女性职位工作的男性要比在男性职位工作的男性挣得少)。因此,女性平均比男性挣得少,但是在同一产业内部,男性与女性之间并没有收入差异。

职业拥挤模型的关键假设是在女性职位工作的男性并不对工资差异做出反应并转移到男性职位上去。这可能是因为偏好或流动成本所致。

4. 歧视与经济效率

从经济的观点看,歧视是无效率的。对于职业拥挤,这点可以用图 4.5 来说明。由于职业拥挤,男性职位的市场剩余下降的面积是 $ABL_{m0}L_{m1}$,而女性职位的市场剩余上升的面积是 $CDL_{f2}L_{f0}$。很明显,男性职位的市场剩余减少要大于女性职位的市场剩余增加。而在均衡状态下男性职位的生产能力比女性职位更高。因此,男性职位生产得过少而女性职位生产得过多。这个结论并不特指工资歧视的职业拥挤解释,而是普遍成立的。例如,像之前讨论过的,有偏见的雇主雇用的女性工人数量可能低于利润最大化下的最优数量。

4.3 经验证据

首先,我们展示男性工人与女性工人在就业和收入上的非特定差距来概述实证证据。然后我们讨论对工资歧视的研究。这种类型的研究通常基于工资函数的估计。再用这些估计来区分出不同工人群体间因人力资本不同而产生的工资差异部分,而剩下的工资差异部分被认为是工资歧视存在的证据。因此,歧视通常等价于"无知的度量"。最后,我们讨论就业差异的实证研究。在这里可能使用一种准实验方法随机抽取求职申请信息。

4.3.1 无条件性别就业和工资差距

估计的无条件性别就业和工资差距有时候能够提供潜在歧视的启发性证据。男性和女性的两种差异的统计信息都能够很容易获得。性别就业差距被定义为男性和女性的就业—人口比率的百分比差异。性别工资差距是用男性与女性的收入相对于男性收入之差来计算的,通常使用收入分布的中位数或均值。当然,像这样的无条件差距没有提供性别歧视的证据,因为男性与女性在相关劳动力市场特征方面可能不一样。特定差异,也就是特定工人类别的差距度量(例如,依赖于受教育程度),也可能是有误导的,因为特征差别可能起因于前劳动力市场歧视。当前市场工资歧视重要时,绝对工资差距可能比有限制的工资差距提供更多的信息。

表 4.2 性别就业差距和性别收入差距

	就业差距 2010 年(%)	收入差距,2009 年(%)			差距的变化(%)	
		中位数	百分位		就业,1994—2010 年	工资中位数,1980—2008 年
			20 百分位	80 百分位		
澳大利亚	15	16	7	20	−6	−7
奥地利	9	19	26	22	−12	—
比利时	11	9	12	10	−15	—
加拿大	7	20	21	20	−7	—
捷克	17	18	24	23	48	—
丹麦	5	12	14	15	−5	—
芬兰	5	20	16	25	2	−5
法国	10	13	9	17	−9	−8
德国	10	22	25	22	−11	—

（续表）

	就业差距 2010年(%)	收入差距，2009年(%)			差距的变化(%)	
		中位数	百分位		就业，1994—2010年	工资中位数，1980—2008年
			20百分位	80百分位		
希 腊	24	10	9	5	−18	—
匈牙利	11	4	2	13	−2	—
冰 岛	6	14	11	20	−4	—
爱尔兰	8	10	12	16	−25	—
意大利	25	12	7	−4	−14	—
日 本	23	28	26	36	−9	−11
韩 国	26	39	29	41	−12	—
卢森堡	19	—	—	—	−20	—
墨西哥	38	—	—	—	−15	—
荷 兰	11	17	18	19	−17	—
新西兰	15	8	7	14	−4	—
挪 威	5	9	5	16	−5	—
波 兰	11	10	8	3	−2	—
葡萄牙	9	16	14	9	−11	—
斯洛伐克	11	—	—	—	−2	—
西班牙	12	12	13	5	−26	—
瑞 典	6	15	—	—	4	1
瑞 士	13	15	20	22	−11	—
土耳其	50	—	—	—	−6	—
英 国	11	20	17	21	−4	−14
美 国	12	20	14	24	−4	−16

资料来源：OECD various statistics；OECD(2008)；OECD earning database.

注：性别就业差距是指主要年龄段男性与女性就业—人口比的差异。计算所用的收入估计是指全职工资和薪金工人的总收入。—＝无法获得数据。

表4.2给出了关于两种差距的跨国差别的概览。第一列显示了2010年成年工人(25—54岁)的性别就业差距。性别就业差距在土耳其(50%)和墨西哥(38%)非常大，而在北欧国家相对较小。芬兰和挪威在2010年的性别就业差距只有5%。

表4.2的第二至四列提供了2009年全时工资和薪水工人的性别收入差距在收入分布中的中位数(第二列)以及20百分位和80百分位(分别是第三列和第四列)的信息。中位数的性别收入差距在韩国(39%)和日本(28%)特别大，而在匈牙利相对小得多(4%)。比利时、新西兰和挪威在分布中的中位数上性别工资差距低于10%。表4.2的第三、四列显示了一些国家的性别收入差距在收入分布上没有显著的变化，而在其他国家却有很大的不同。如加拿大、捷克、丹麦和荷兰等国，收入差距在20百分位和80百分位上的差别不到1%。在收入分布有差别的国家，收入差距在高收入水平上通常更大。例如，韩国在20百

分位上的收入差距是29%,而在80百分位上的收入差距是41%。葡萄牙和西班牙是例外:这两个国家在20百分位上的收入差距比在80百分位上的更大。

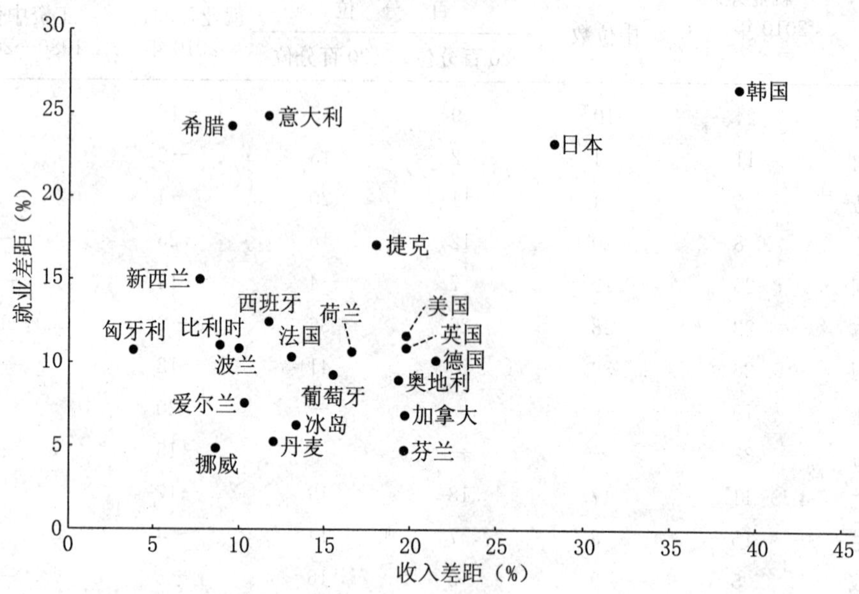

图4.6 性别收入差距和性别就业差距

资料来源:数据来自表4.2的前二列。

图4.6显示了性别就业和性别收入差距的跨国变化。在这两种差距之间有正的关联性,尽管这主要是由大多数有10%—20%类似差距的国家驱使的,同时日本和韩国既有较高的就业差距又有较高的收入差距。希腊与意大利在这种正相关中属于异类,因为它们结合了相对较高的就业差距和相对较低的收入差距。

表4.2的最后两列显示了就业差距和收入差距随时间的变化。在除了捷克、芬兰和瑞典之外的所有国家,它们的性别就业差距都有下降,爱尔兰和西班牙在1994—2010年期间下降特别大(大约25%)。关于性别收入差距的信息只有在少数几个国家可以获得。除了瑞典在1980—2008年期间中位数收入差距有轻微上升之外,其他国家在这段时间都有大幅下降。

4.3.2 劳动力市场中歧视的实证证据

使用回归分析如男性与女性工资差距,可以通过男性与女性之间所观测到的特征差别来解释,同时通过这些差距又可以反过来解释这些所观测到的特征差别。后一种类型的差别被认为是歧视的证据(更加详细的讨论,见专栏4.1和专栏4.2)。然而,这种方法既可能高估也可能低估工资歧视的程度(Altonji and Blank,1999)。一些观察特征可能会受到歧视存在的影响。女性在预期到会降低她们教育回报的工资歧视后可能对教育投资得更少。因此歧视的真实影响会被低估。然而回归分析也有可能受到遗漏变量的影响,这些遗漏变量与人力资本变量和个人偏好有关(也可参见第4.2节)。于是歧视程度就有可能被高估。

专栏 4.1 Blinder-Oaxaca 分解

确定任意两个工人群体之间(例如,男性与女性)工资歧视程度的一种流行方法是基于对工资方程的估计。男性和女性是分别进行的:

$$\log w_j = \alpha_j + x_j\beta_j,\text{其中 } j = m,\ f$$

其中 w 代表小时工资,x 是个人和工作特征向量,α 和 β 是参数向量。为了简单起见,我们忽略了统计误差项。取这两个方程之差,男性与女性工人的工资差距可以归因于特征的不同和对给定特征的回报不同:

$$\log w_m - \log w_f = \alpha_m - \alpha_f + (x_m - x_f)\beta_m + x_f(\beta_m - \beta_f) \tag{4.8}$$

直接与歧视相关的部分是 $(\beta_m - \beta_f)$,因为这项代表了对相同特征的不同回报。然而,$(x_m - x_f)$ 也有可能由歧视引起,例如,如果女性预料到自己可能会被歧视,她们对人力资本的投资就会更少。同时 $(\alpha_m - \alpha_f)$ 也有可能与歧视有关,因为没有理由相同特征并且对所观察特征有相同回报的女性应该接受较低的工资。工资差距用这种方法度量是否准确取决于是否将所有有关的个人和工作特征全部包括在内。如果有遗漏的特征,比如职业动机和职业承诺,那么这种分解将高估性别工资差距。例如,如果很少有工资极低的女性选择工作,而那些拥有最低工资报价的人没有被观测到,那么工资差距将会被低估。同时我们也注意到式(4.8)也可以用另一种方式分解,根据男性特征判定歧视的程度:

$$\log w_m - \log w_f = \alpha_m - \alpha_f + (x_m - x_f)\beta_f + x_m(\beta_m - \beta_f) \tag{4.9}$$

这一种分解会得到关于歧视程度的不同估计。

资料来源:Blinder(1973),Oaxaca(1973).

专栏 4.2 Blinder-Oaxaca 分解的敏感性

Joseph Altonji 和 Rebecca Blank 在《劳动经济学手册》关于种族和性别的概述章节中说明了 Blinder-Oaxaca 分解的敏感性:

比较的组别	1979 年的工资差距(%)		1995 年的工资差距(%)	
	模型 1	模型 2	模型 1	模型 2
男性—女性				
特 征	2.6	12.6	0.8	7.6
系 数	43.8	33.5	27.9	21.1
白人—黑人				
特 征	6.3	10.8	8.2	11.4
系 数	10.2	6.1	13.4	9.8

注:这些数据表明了男性和女性、黑人和白人之间的百分比工资差距;模型,包括教育、潜在经验和区域变量;模型 2 包括额外的职业、行业和工作特征变量。

利用当期人口普查(CPS)的数据,他们证明了如果只包含教育、潜在经验和区域变量(模型 1),那么 1979 年 2.6%的性别工资差距归因于特征差异,而 43.8%的差距归因于系数差别(即特征回报的差别)。然而,把后一种差别归结为歧视是不正确的。而模型 2 除了包含模型 1 的变量外,还包括了职业、行业和工作特征。于是特征差异对于性别工资差距的贡献上升到 12.6 个百分点,而系数差别的贡献下降到 33.5 个百分点。1995 年性别工资差距较小,它的两个组成部分也变得没那么重要了。对于黑人和白人工人之间的工资差距,加入新的解释变量也降低了系数的贡献(即,归因于歧视的部分工资)。

资料来源:Altonji and Blank(1999).

使用来自自然实验的信息很难确定歧视的程度,因为自然实验很难获得。一个不可多得的自然实验的例子是在美国管弦乐团试听中进行的。专栏 4.3 介绍了这个实验。

专栏 4.3 招聘中的性别歧视

Claudia Goldin 和 Cecilia Rouse 通过分析美国管弦乐团的试听数据研究了招聘中的性别歧视。这些管弦乐团在它们的试听过程中引入盲选方法,让申请者在屏后表演。这些求职者在演奏乐器时可以对招聘委员会隐藏自己的身份。因为不同的管弦乐团在不同的时间采用盲选程序,所以作者可以比较这种盲选程序对新招聘员工性别构成的影响,这些就好像是自然实验的结果。作者收集了从 20 世纪 50 年代晚期到 1995 年八个大型管弦乐团的试听资料作为样本。他们使用通过盲选和非盲选程序试听的音乐家为子样本发现了以下招聘概率:

组　别	选择过程	
	盲　选	非盲选
女　性	2.7	1.7
男　性	2.6	2.7
差	0.1	−1.0
倍差	1.1	

如图所示,对女性而言通过盲选被雇用的概率是 2.7%,而通过非盲选被雇用的概率只有 1.7%。对于男性音乐家而言采用何种雇用程序几乎没有影响。因为这种筛选可以被视为一种自然实验,倍差法可以被用来确定招聘程序变化的影响。很明显,女性的被雇用概率上升了 1.1 个百分点,即上升了 65%。在整个抽样期间新招聘员工中的女性比例显著上升。这可以部分地归因于女性求职总量的上升。但根据 Goldin 和 Rouse,大约三分之一新招聘女性员工比例的增加可归因于引入了盲选雇佣程序。

资料来源:Goldin and Rouse(2000).

在所谓的审核与信函(audit and correspondence)研究中,也使用了现场实验(field experiments)来研究歧视程度。在审核研究中使用了“现场”求职者,即研究角色,他们除了有可能导致歧视的特征之外,其他都相同。审核研究遭到了质疑,因为要求来自不同群体的现场求职者让雇主看起来完全相同实际上是不可能的。现场求职者知道这种求职是假的,同时他们知道申请的原因是确定雇主是否有歧视。因此,他们的行为可能与实际求职过程中的行为不一样。信函研究使用虚拟的求职信。在书面上(或者通过互联网)很容易使不同群体的求职者的个人特征和简历完全一致。比较来自不同群体在其他方面有着相同特征的个人的回复率应该有利于了解这些群体间的歧视程度。然而,信函研究也因其局限性遭到了质疑(Heckman, 1998)。如果回复率受到未被观测到的跨群体分布不同的特征的影响,那么,即使是信函研究也会产生有歧视或不存在歧视的伪证据(见本章附录第3部分为例)。此外,如果求职者能察觉到歧视行为并回避有歧视的雇主,那么随机的求职可能会高估歧视的程度。Riach 和 Rich(2002)提供了早期信函研究的综述,而 Neumark(2012)更加详细地讨论了对审核和信函研究的质疑。表4.3提供了最近一些关于在性别、种族、移民身份、性取向和相貌方面可能存在歧视的信函研究的概览:

表4.3 歧视探索:信函研究

研究	组别	回复率(%)	国家	样本大小
Booth and Leigh(2010)	男性	32	澳大利亚	3 365
	女性	25		
Bertrand and Mullainathan(2004)	白人	10	美国	2 435
	非裔美国人	6		
Carlsson and Rooth(2007)	瑞典人	29	瑞典	1 552
	中东人	20		
Ahmed et al.(2011)	男异性恋者	30	瑞典	1 978
	男同性恋者	26		
	女异性恋者	32		2 018
	女同性恋者	26		
Ruffle and Shtudiner(2010)	相貌一般的男性	9	以色列	2 656
	相貌有吸引力的男性	20		
	相貌一般的女性	14		2 656
	相貌有吸引力的女性	13		

注:信函研究是指通过电子邮件或网络递交虚假的工作申请。

● 性别。2007年 Booth 和 Leigh(2010)给澳大利亚三个最大的城市——布里斯班、墨尔本和悉尼的有职位空缺的雇主寄了求职信。他们选择了四个以女性占主导的职位类型:服务员、数据录入员、客户服务和销售员。对于每一个类型的工作他们都为其定制了四份伪造的简历。男性与女性名字被随机分配到各类简历上。典型的女性求职者在32%的时间里收到了回复,而典型的男性求职者在25%的时间里收到了回复。在这些类型的工作中求职的男性需要多申请28%才能获得与女性求职者相同数量的回复。很明显,和女性进入男性主导的工作的情况一样,男性进入女性主导的工作也是不容易的。

● 种族。2001年7月到2002年1月之间在波士顿和2001年7月到2002年5月之间在芝加哥,Bertrand 和 Mullainathan(2004)调查了《波士顿环球报》(*The Boston Globe*)和《芝加哥论坛报》(*The Chicago Tribune*)周日版上面关于销售、行政助理、办事员和客户服务部门的所有招聘广告。他们给每个广告寄出了四份简历:两份质量较高,两份质量较低。他们给这些简历随机署了听起来像非裔美国人的姓名和白人姓名。作者发现署白人姓名的简历有 10%的几率收到回复。而署非裔美国人姓名的同样的简历只有 6%的几率收到回复。因此,一个白人求职者每投 10 份求职信预期会收到一个回复,而一个非裔美国人求职需要投 15 份求职信才能预期收到一个回复。

- 移民身份。Carlsson 和 Rooth(2007)研究了瑞典本地人与移民之间在雇佣中存在歧视的情况。他们给两个城市——哥德堡和斯德哥尔摩——的 12 个空缺职位寄出了求职信。技能完全一样的求职信被随机地署上瑞典人或中东人的姓名。他们发现署瑞典人姓名的求职者中平均 29%收到了要求面试的回复,而署中东姓名的求职者中只有平均 20%收到这样的回复。作者将回复率与雇主和招聘者联系起来。例如,他们发现女性招聘人员不太歧视,而在小公司或有很多移民的职业中歧视更可能发生。

- 性取向。Ahmed 等人(2011)研究了瑞典同性恋者在招聘过程中是否经历过歧视。在伪造的求职信中他们通过显示求职者伴侣的性别间接地标出了求职者为男同性恋者、女同性恋者或异性恋者,并增加了关于自愿在同性恋组织或中性援助组织中工作的信息。平均而言,男同性恋者比男异性恋者收到的回复率低 4%,而女同性恋者收到的回复率比女异性恋者低 6%。他们还发现这种类型的歧视在不同职业间不一致,并且只出现在私人部门。男同性恋求职者在男性主导的职业里受到歧视,而女同性恋在女性主导的职业里受到歧视。

- 相貌。①Ruffle 和 Shtudiner(2010)给以色列的雇主寄出了成对的求职信:一份是没有照片的,而第二份除了含有一张要么相貌有魅力要么相貌一般的男性或女性的照片外,其他几乎完全一样。他们发现相貌有吸引力的男性比长相普通的男性更有可能收到回复,而对女性而言,长相有吸引力的与长相普通的求职者之间收到回复率的差别很小。

4.4 政策问题

历史上,女性在工作场所通常都会经历某种歧视。一些早期政策源自对女性的保护。在 20 世纪初,就有立法限制女性每天可以工作的小时数,认为女性如果过度工作会对自己生育健康有害(Hoffman and Averett, 2010)。从 20 世纪 60 年代起,立法从保护转向机会平等,并且出台了一些法律防止由性别、种族、年龄、性取向和其他可能的特征产生的歧视。我们更详细地讨论了反歧视立法的典型构件:同酬立法和平权行动(affirmative action)。在完全竞争的劳动力市场中既不需要同酬立法也不需要平权行动,因为有歧视雇主之间的竞争会消除歧视。在不完全劳动力市场中,同酬立法可能不是解决歧视问题的答案,而平权行动会很有帮助。

① 关于相貌的早期研究,可以参见 Biddle 和 Hamermesh(1994)。关于最近的概述,可以参见 Hamermesh(2011)。

4.4.1 同酬立法

同酬立法意味着拥有同样工作的男性和女性应当被支付同样的工资。不论是从理论观点还是实践观点来看,这种立法都被认为是无效的。尽管同酬向消除工资差异迈进了一步,但它也抑制了帮助女性获得更多就业机会的市场机制。如果女性的工资更低,那么她们对雇主来说就更有吸引力,并且有歧视的雇主将遭受利润损失。同酬消除了这种竞争优势。从实践观点来看,同工同酬很难实施,因为"同工"很难度量。对男性和女性区别对待的雇主不会因同酬立法受到大的损害。为了消除劳动力市场歧视,立法应当兼顾同酬与具有类似生产率的个人在雇佣和晋升上的机会均等。①

美国在 1963 年颁布《同酬法案》,规定企业对从事相同工作的男性和女性有不同支付标准的做法不合法。它只适用于在同一企业里同一工作上的工资歧视,而没有针对在雇佣、晋升和培训计划等上的歧视。1964 年通过了《民权法案》的第七条款。这项法律明确禁止了雇主、职业介绍所或工会在就业、工资执行、培训和工会会员方面的歧视。

同工同酬的目标有时是通过采用可比价值的方法实施的。可比价值政策依赖于,比如说工作评价方案,以确定或证实与不同职称有关的工资差异或晋升步骤。对每个工作的评分过程显然至关重要。可比价值的原则意味着女性应当根据其工作的内在价值来给付工资。②对可比价值方法的主要批评是它忽略了劳动力市场的状况(比如,特定工人的供给与需求)。有时特定市场的工资低是因为对工人的需求低但供给高,而不是因为歧视。

4.4.2 平权行动

平权行动政策调节的是教育、就业或商务合同中稀缺职位的配置,以增加这些职位上属于某类群体的代表(Fryer and Loury, 2005)。平权行动可以通过对其积极措施的要求区别于其他反歧视政策(Holzer and Neumark, 2000)。在平权行动计划中要求分析女性与少数族裔工人没有充分使用的程度,并制定计划去弥补这种未充分使用。这种行动可能会带来逆向歧视——或"正"歧视,例如,通过雇用一个低水平的女性或少数族裔工人来替代一个高水平的白人男性工人。逆向歧视的产生动机是主张有必要纠正过去歧视的历史。

就业配额形式的平权行动可能是有问题的。如果企业想要或者必须在如经理等这样的一般或特定职位上增加来自少数群体的工人的比例,可能并不那么容易。如果人员流动很低,那就要花很长时间去达到目标。而且在一些国家,使用配额是违法的,因为歧视就是违法的,不管它是否是正面歧视。以配额为目标可能导致针对非配额群体有意(或无意)的歧视。

平权行动不仅可能影响有歧视的企业,也可能影响非歧视的企业。图 4.7 给出了一个例子,在这个例子中,假定男性与女性工人在生产过程中是不完全替代的。曲线 $\bar{y}$ 表示等

① 女性通常被认为面临"玻璃天花板",这指代一些微妙阻碍,很多人相信其阻止女性和少数族裔进入公司、政府和学术界的上层。

② 估计女性工资实施可比价值所需的调整大小的一个步骤是,增加传统的收入方程来包含一个度量一种职业中女性比例的变量。

产量曲线,这条曲线显示了生产数量 $\bar{y}$ 所需的男性与女性工人的所有组合。对于非歧视企业而言生产 $\bar{y}$ 的最小成本由 A 点给出,在这里等成本曲线 BC 与等产量曲线相切。等成本曲线的斜率等于男性对女性的工资之比 $\frac{w_m}{w_f}$。如果女性工资下降,那么更多的女性会被雇用。平权行动将迫使企业在劳动力中雇用预先确定比例的女性,比如直线 OG 所示。那么最小产出成本就处在新的等成本曲线 EF 的 D 点。明显地,平权行动使得非歧视的企业用更高的成本生产相同的产出。

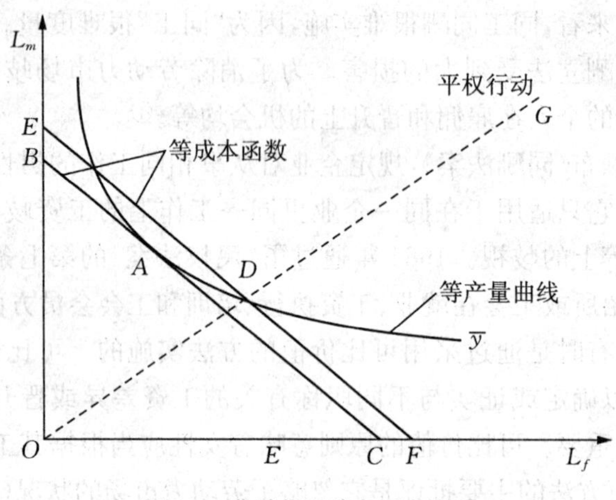

图 4.7　非歧视厂商与平权行动

4.5　与其他制度的相互作用

反歧视立法是与其他几个制度(比如教育与培训、家庭政策、工作时间立法、EPL 和工会)相互影响的制度。考虑到有前市场歧视的存在,也许在年轻时就有干预作用存在。少数族裔在年轻的时候就已经处于不利地位,这种种族歧视可能更成问题。因为预期将来会受到歧视,人们可能会对教育投资不足。较少的预期收益意味着较少的投资。就家庭政策而言,性别工资差异可能阻碍女性进入劳动力市场。反歧视政策有可能增强旨在提高女性劳动参与率的家庭政策。此外,反歧视立法与工作时间规定之间可能通过兼职劳动相互影响。阻碍人们从事兼职工作的立法尤其可能影响女性劳动参与率,并因此具有歧视影响。最后,在反歧视立法与 EPL 之间有相互影响。如果解雇看起来是歧视性的,那么工人可以复职。如果存在雇员对雇主的歧视性行为采取法律行动的风险,那么不管实际上是不是这样,裁员的成本都可能上升。工会可能反对歧视,但它们也有可能代表某些工人群体比其他群体多一些。例如工会可能会反对兼职工作,而这种反对可能不利于女性工人的利益,因为女性工人通常更有可能兼职工作。

4.6　为什么存在反歧视立法?

反歧视立法的存在有两个主要原因:公平与效率。根据《世界人权宣言》第 23 条第(2)款,人人都有同工同酬的权利,不受任何歧视。从经济的观点来看,反歧视立法通过把工人更好地分配到工作上，更一般地说，更好地利用稀缺资源，提高了劳动力市场效率。为了评估反歧视立法的重要性，有必要区分完全竞争的劳动力市场和不完全劳动力市场。在竞争性的劳动力市场中，有歧视的雇主会受到惩罚。这不同于不完全劳动力市场，因为某些市场力量可能被用来维持针对女性或少数族裔的歧视。劳动力市场的竞争性质也决定了雇主歧视的严重程度。在完全竞争的劳动力市场中，边际雇主决定歧视的相关性。根据 Heckman(1998)，"公司心底里可能潜伏着恶魔，这种恶魔从不在完善的市场交易中露面"。然而在不完全市场中，平均雇主决定了歧视的严重程度。

Blau 等人(2010)得出结论，劳动力市场歧视的直接影响可以解释 40%或者更多男性与女性之间的工资差别。然而，只要反馈效应存在，就很难确定来源于歧视的影响大小。直接歧视与经济结果的差别有关，如工资、就业岗位和晋升，这些都与生产率差别无关。当人们意识到存在针对他们群体的歧视时，他们会通过减少对人力资本投资来做出反应。这种反馈效应意味着对歧视的直接影响的估计只是整体效应的一个下界。

延伸阅读建议

OECD(2008)第三章"偏见的代价：以性别和种族为由的劳动力市场歧视"中提到了很多关于反歧视立法方面的信息。《劳动经济学手册》中有很多章节涉及劳动力市场歧视。特别地，Joseph Altonji 和 Rebecca Blank(1999)提供了关于劳动力市场中种族和性别的理论专著与实证研究的概述。Marianne Bertrand(2010)有一章是关于性别问题的新观点，并且探讨了男女心理特征差异方面的最近研究。Roland Fryer(2010)有一章关于种族不平等，讨论了美国白人与黑人工人之间歧视显著性不断下降的问题。另一份最近的关于种族歧视的理论和实证研究综述是由 Kevin Lang 和 Jee-Yeon Lehmann(2012)提供的。

复习题与练习

1. 考虑基于职业拥挤的歧视：什么是对性别工资差异最重要的经验预测？

2. 在完全竞争的劳动力市场上，基于偏好的歧视其短期影响与长期影响之间的主要区别是什么？

3. 什么是统计歧视？统计歧视对受影响工人的工资有什么影响？如果一种测试对白人工人生产率的预测比对黑人工人的更好，会出现什么情况？

4. 因为工资歧视的原因，女性可能比男性挣得少。有时差异与职位类型有关。在"女性职位"工作的男性可能比在"男性职位"工作的男性挣得少。请解释原因。

5. 解释 Becker 的偏好歧视理论。并解释在这种理论下，对企业而言歧视可能经济效率低下的原因。

6. 使用这样一种生产函数，其中黑人劳动力和白人劳动力是不完全替代的。用图来解释平权行动可能怎样增加一个不存在种族歧视企业的生产成本的。

7. 根据 Becker 的歧视理论，企业、工人或顾客可能对女性有偏见。讨论这三种歧视可能性在对性别工资差异的影响方面的主要区别。

8. 解释歧视系数与市场歧视系数的差别,并解释如果二者大小不同,会出现什么情况?

9. 在工资歧视的买方垄断模型下,驱动性别报酬差异的主要机制是什么?

10. 某企业可以使用白人工人或黑人工人来进行生产。其面临的生产函数是:$q=10L_w+10L_b$,其中 q 代表产出,L_w 是白人工人的数量,L_b 是黑人工人的数量。

(a) 假如白人工人的市场工资是 $W_w=40$,黑人工人的市场工资是 $W_b=35$,这些工人生产的产品每单位的价格是 6,如果企业计划生产 100 单位产品并且使成本最小化,那么每种类型的工人它会雇用多少?

(b) 如果企业是有歧视的,并且歧视系数等于 0.2,那么每种类型的工人它会雇用多少?

(c) 企业的歧视行为成本以美元计是多少?

11. 企业的生产函数形式是 $q=10\sqrt{L_m+L_f}$,其中 L_m 和 L_f 分别代表企业雇用的男性和女性工人的数量。假定女性工人的市场工资是 4,男性工人的市场工资是 5,每单位产出品的价格是 8。企业只需要劳动力进行生产。

(a) 一个非歧视的企业会分别雇用多少男性与女性工人?它会获得多少利润?

(b) 一个企业对女性工人的歧视系数是 0.2,它会分别雇用多少男性工人与女性工人?

(c) 在何种歧视系数下,企业会对雇用男性工人与女性工人无差异?

(d) 一个企业对女性工人的歧视系数是 0.5,它会分别雇用多少男性工人与女性工人?

12. 工资(男性为 w_m,女性为 w_f)取决于教育年限 s 和工作经历年限 e:

$$w_m=200+10s+5e,\ w_f=200+5s+3e$$

男性平均有 10 年教育年限和 14 年工作经历年限,女性平均有 9 年教育年限和 10 年工作经历年限。

(a) 性别工资差异有多大?

(b) 使用 Blinder-Oaxaca 分解来计算有多大比例的性别工资差异是因歧视产生的?

(c) 如果不看经历,那么有多大比例的性别工资差异是因歧视产生的?

13. (进阶题)假定雇主对女性有买方垄断势力而对男性没有。女性的劳动供给曲线由 $L_f=w_f^{\ 1/\eta}$ 给出。男性的劳动供给曲线在 w^* 处水平。在劳动需求$\left(L_d=\left(\dfrac{A}{w}\right)^{1/\eta}\right)$下,男性与女性是完全替代品。

(a) 分别确定男性与女性的均衡就业数量与工资。

(b) 说明如果男性工资上升,则女性的就业数量和工资都会上升。

(c) 如果雇主对女性的买方垄断势力上升,那么女性的就业数量和工资会发生什么变化?

附录:歧视

1. 完全竞争的劳动力市场中的偏见

如果雇主因为对女性工人有偏见而更喜欢雇用男性工人,那么他们最大化自己的效用而不是利润。正如正文所展示的，雇主由雇用女性工人得到的效用U依赖于其获得的利润Π和支付给女性工人的工资成本：

$$U=\Pi-\omega w_f L_f \tag{4.10}$$

其中L_f是雇用的女性工人数量，ω是特定雇主的歧视系数，满足$0\leqslant\omega\leqslant\omega^{\max}$。如果女性工人和男性工人是完全替代的，那么有歧视的雇主要么只雇用女性要么只雇用男性。如果$w_m>(1+\omega)w_f$，那么女性工人会被雇用。在这种情况下，效用最大化的雇主通过下式决定将要雇用的女性工人的最优数量：

$$\frac{\partial U}{\partial L_f}=\frac{\partial \Pi}{\partial L_f}-\omega w_f=0 \tag{4.11}$$

可以很清晰地看到，歧视系数ω越大，效用最大化与利润最大化的差异越大。因此，ω越大，效用越小。如果$w_m<(1+\omega)w_f$，有歧视的雇主将会只雇用男性工人，并且在这种情况下，

$$\frac{\partial U}{\partial L_m}=\frac{\partial \Pi}{\partial L_m}=0 \tag{4.12}$$

这种情况下，效用最大化与利润最大化是等价的，并且歧视系数的大小不影响利润。

如果$w_m=(1+\omega)w_f$，则雇用特定数量的男性工人或同样数量的女性工人对于有歧视的雇主而言是无差别的。因为雇主的效用并不依赖于劳动力的性别组成，所以雇主是不关心的。然而劳动力的性别组成对利润有影响。很明显，如果男性和女性工人的数量相同，那么雇用女性工人获得的利润大幅高于雇用男性工人获得的利润。

2. 买方垄断与性别歧视

在买方垄断模型中，如果男性和女性工人的边际雇佣成本等于边际产品价值，那么雇主能最大化利润。如果女性工人的劳动供给曲线是$w_f=L_f^{\varepsilon_f}$，那么她们的雇佣成本等于$L_f^{\varepsilon_f+1}$。因而，一个女性工人的边际雇佣成本等于$(\varepsilon_f+1)L_f^{\varepsilon_f}$。同样地，一个男性工人的边际雇佣成本等于$(\varepsilon_m+1)L_m^{\varepsilon_m}$。因此

$$(\varepsilon_f+1)w_f=(\varepsilon_m+1)w_m \tag{4.13}$$

则

$$w_f=\frac{1+\varepsilon_m}{1+\varepsilon_f}w_m \tag{4.14}$$

如果女性的劳动供给弹性较小，$\varepsilon_f>\varepsilon_m$，那么$w_f<w_m$。

3. 信函研究中未观测到的异质性

Heckman(1998)批评了审核和信函研究，因为它们可能产生歧视的伪证据或者歧视不足。信函研究能够使两个群体中个体之间所有观测到的特征相同，然后重点关注可能有歧视的特征。然而，信函研究并没有考虑不同群体间未观测到的特征可能不同。

Heckman 通过展示一个黑人与白人跳高运动员的例子来支持他的观点。这个例子中黑人与白人运动员使用同样的装备且将杆设定在同样的水平。假设运动员过杆的可能性依赖于观测到的个人身高和不能观察到的跳跃技术。黑人和白人运动员可以匹配成对以便每对运动员有相同的身高,但他们的技术不能被直接观测到。即使两个群体的平均跳跃技术相同,如果跳跃技术的分布是种族特异的,那么跳高结果仍有可能依赖于种族。为了说明论点,假设黑人跳高运动员间跳跃技术的方差更大。如果将杆设定在较低水平,那么既定身高的大部分跳高运动员都可能过杆,而白人跳高运动员更容易过杆。如果将杆设定在较高水平,那么在跳跃技术上有更大方差的黑人跳高运动员更有可能过杆。

使用一个数值例子很容易展示推理路线。假设两个群体 A 和 B 的一种未观测到的能力都是均匀分布的,但是方差不同。群体 A 的分布范围从 1.5 到 2.5,均值是 2.0。群体 B 的分布范围从 1 到 3,均值也是 2.0。假定电话回话依赖于未观测到的能力的分布并且依赖于电话回话的阈值。我们分三种情况:

(1) 没有歧视(对群体 A 和 B 同样低的阈值 1.5)。所有来自群体 A 的个人会收到电话回话,而群体 B 只有 75%的个人会收到电话回话。没有歧视发生,而信函研究将表明群体 B 受到歧视。

(2) 没有歧视(对群体 A 和 B 同样高的阈值 2.5)。没有来自群体 A 的个人会收到电话回话,而来自群体 B 的 25%的个人会收到电话回话。没有歧视发生,而信函研究将表明群体 A 受到歧视。

(3) 有歧视(对群体 A 和 B 有不同的阈值)。群体 B 受到歧视,因为对群体 B 中的个人,阈值是 2.5,而对群体 A 中的个人阈值是 2.25。然而,不管来自群体 A 还是群体 B,每个人收到电话回话的概率都是 25%。有歧视发生,而信函研究将表明没有歧视。

▶5

工作时间管理

长期以来，工作时间一直是工会和雇主激烈争论的话题。1886 年 5 月 1 日是美国为了实行 8 小时工作制而发生罢工与血腥暴动的日子。为了纪念工会与雇主之间关于工作时间的斗争，5 月 1 日被定为劳动节，现在它仍然是很多国家的一个假日。

关于最优工作日长度的讨论关系到工资、闲暇与生产率。过去几十年已经见证了工作时间的好几个明显趋势。从 1950 年到 1990 年这 40 年间每周工作小时数一直在缓慢下降，但是最近几年在很多国家保持不变。平均工作小时下降通过标准工时和兼职工作时间的减少来反映。在大多数国家，兼职工作一直在增加，特别是针对女性的。

工作时间管理有三个关键方面。第一是标准工时管理。通常有一周内最大可工作的小时数和正常工时数的限制，所以任何额外工作时间都涉及较高的(加班)报酬。第二个方面涉及工人与雇主在选择兼职工作替代全职工作时所面临的阻碍。可能存在对企业中兼职工人比例的限制(如集体谈判中规定)，也可能存在提供兼职工作的财政约束。第三个方面与短时工作有关，即当企业遭受负面的冲击时，鼓励雇主减少工作时间而不是减少员工数量的方案。这些规章制度起源于政府对私人合同安排的干涉或者通过工会与雇主的集体谈判产生。

在工作时间上有很大的跨国差别：例如，一个普通的美国雇员的工作时间比一个典型的欧洲工人要多 15%。这些时间分配上的巨大差别不仅是本章讨论的工作时间管理规定的副产品，它们也与偏好和社会习俗有关。这些非制度因素重要性的指征来自对非市场工作时间分配的深入分析，这通常借助于时间日志(time-diary)或时间利用普查(time-use surveys)来实现。Burda 等人(2008)证明美国人的工作时间比欧洲人的更多时也考虑了非市场工作时间、家庭工作时间，如园艺、照料和照看婴儿等活动的时间。我们将在第 7 章讨论家庭生产，这种时间既不是分配在工作上也不是分配在闲暇上的。

5.1 度量与跨国比较

劳动供给集约边际的惯用度量是每周平均工作小时数。这种度量可以是对全部工人的平均，也可以是分别对全职工人和兼职工人的平均。兼职工人每周工作的小时数大约等于全职工人的一半。对周工作小时数的选择是由工人的偏好决定的，但是可供选择的菜单是由立法与集体协议决定的。正如后面将详细讨论的，年工作时数也受到每年工作周数的强烈影响,因为有些国家的工人比其他国家的工人拥有多得多的假期。

表 5.1 提供了一份关于周工作时间的法律约束的概览。在很多国家,周正常工作时间的法定上限是 40 小时;在丹麦,这个上限低至 37 小时。周加班时间的上限差别很大,从西班牙的 2 小时到瑞士的 16 小时,而有几个国家对加班时数没有法律限制。每周总工作(正常+加班)时间的上限差别也很大。在一些国家,总工作时间的法定上限不是合法正常工作时间和合法加班时间之和,因为短期内周加班时间的上限有时可能会更高一些。①在加班期间雇主必须支付额外的加班费,加班费通常占正常工资的 25%—50%,但是在一些国家如果周末晚上加班,加班费可能达到 100%或更多。额外的加班费会激励雇主遵守正常工作时间,但是加班时间允许雇主应对经济活动的临时波动。表 5.1 的第四列显示了集体谈判协议确定的正常工作时间通常比正常工作时间的法定上限低得多。

表 5.1　正常周工作时间与加班时间的法律限制

国　家	法定最长工作时间			谈判正常时间	对加班时间的工资补贴(%)
	正　常	加　班	最　长		
澳大利亚	38—40	无	无	35—40	50
奥地利	40	5	50	36—40	50
比利时	40	10	50	38	50
加拿大	40—48	无	无	35—40	50
捷　克	40.5	8	51	—	25
丹　麦	37	无	48	37	50
芬　兰	40	5	45	37.5—40	50
法　国	39	9	48	39	25
德　国	48	12	60	35—39	25
希　腊	40	8	48	40	25
匈牙利	40	12	52	—	50
爱尔兰	48	12	60	38—40	25
意大利	48	12	60	36—40	10
日　本	40	无	无	40—44	25
韩　国	44	12	56	—	50
卢森堡	40	8	48	40	25—50[a]
墨西哥	48	9	57	—	100
荷　兰	45	15	60	36—40	[b]
新西兰	40	无	无	40	[b]
挪　威	40	10	50	37.5	40
葡萄牙	40	12	54	35—44	50
西班牙	40	2	47	38—40	[b]
瑞　典	40	12	52	40	[b]
瑞　士	45 或 50	16	61 或 66	40—42	25
土耳其	45	—	—	—	50
英　国	无	无	无	34—40	[c]
美　国	40	无	无	35—40	50

资料来源:OECD(1998).

注:谈判正常时间指通过集体谈判协议确定的正常周工作时间;法律对加班时间的工资补贴考虑的是周内首次加班的工作时间。—=无法获得数据。

a. 卢森堡对蓝领工人有 25%的补贴,对白领有 50%的补贴。

b. 没有加班工资补贴的法律。

c. 有集体谈判形成的工资补贴。

---

① 例如,奥地利通常每周合法加班工作时间的上限是 5 小时,但是每年有 12 周它是 10 小时。

每个雇员的平均工作时间受到兼职工作发生率(即就业依靠兼职工作的部分)变化的影响。兼职工作的跨国差别是由兼职工作的特点决定的,如工资和晋升前途或在职培训。这就导致申请非全时工作的人数不同。劳动需求对兼职发生率的决定也很重要:有些部门,特别是服务业,可能比其他部门更适应兼职工作。此外,税收和社会保障金也可能影响雇主对于公司的兼职岗位数量的选择。在像意大利这样的国家,社会保障涉及好几年的固定成本,使得每小时的兼职职位成本比全职职位成本更大。这种规定抑制了兼职工作就业的流行并被男性主导的工会支持用来反对兼职工作,认为其不如全职工作。在大多数国家关于兼职工作和全职工作选择的社会保障安排是中性的。

在2008—2009年大衰退期间,大多数国家启动了短时工作(short-time work, STW)计划,这种计划以前只在德国、意大利和日本有较大规模。STW鼓励雇主在受到负面冲击的情况下通过补贴小时工资来在集约边际调整,从而雇员减少的收益不会像工作时间减少的那么大。各国的STW在资格标准的严格程度上不尽相同,这里的资格标准是指在工作场所启动STW计划所需的分类条件或程序条件:实际上,为了降低无谓损失,企业必须证明它们正面临着不利的需求冲击。

表5.2总结了这些跨国差异。大多数国家要求社会伙伴或至少一个咨询机构与工人之间有明确的协议;在一些国家(比如德国)工人委员会可以启动STW。虽然一些国家可以给所有工人提供短时工作而不考虑他们的就业状况(丹麦、芬兰、爱尔兰、西班牙和英国),但在大多数国家只有当工人拥有最低社保缴款记录时才有资格从事短时工作。这使很多工作时间短的定期合同工人或兼职工人没有资格从事短时工作。在大衰退期间,很多国家对非典型合同工人放宽了这些资格标准。

表5.2　STW的资格和权利条件

国家	权利条件		权利条件			
	经济需要的正当理由	社会合作伙伴协议	强制培训	不得解雇	工作搜寻要求	恢复计划
奥地利	有	有	无	有	无	无
比利时	有	BC:无 WC:有 (或商业计划书)	无	无	无	BC:无 WC:有
加拿大	有	有	无	无	无	无
捷　克	有	有	有	无	无	无
丹　麦	无	有	无	无	有	无
芬　兰	有	协商	无	无	有	无
法　国	有	有	无	有	无	无
德　国	有	有	无	无	有	无
匈牙利	有	无	有	有	无	无
爱尔兰	无	无	无	无	有	无
意大利	有	CIGO:无 CIGS:协商	无	无	无	有
日　本	有	有	无	无	无	无
卢森堡	有	有	无	无		有

(续表)

国家	权利条件		权利条件			
	经济需要的正当理由	社会合作伙伴协议	强制培训	不得解雇	工作搜寻要求	恢复计划
荷兰	无	有	有	有	无	无
挪威	有	无	无	无	有	无
波兰	有	有	无	有	无	有
葡萄牙	—	—	有	无	—	无
斯洛伐克	有	有	无	无	无	无
西班牙	有	无	无	无	有	有
瑞士	有	个体协议	无	无	无	无
美国	有	有	无	无	无	无

资料来源:Hijzen and Venn(2011).

注:经济需要的正当理由=厂商必须提供证据,例如生产或商业活动的最低减少量;社会合作伙伴协议=社会合作伙伴之间必须有明确的协议;强制培训=工人必须参加的培训项目;不得解雇=在参加STW计划期间禁止解雇;工作搜寻要求=工人要求在参加STW计划的同时搜寻工作;恢复计划=厂商必须编制恢复计划;BC=蓝领工人;WC=白领工人;CIGO=普通的达尼工资补偿基金;CIGS=特殊的达尼工资补偿基金。—=无法获得数据。

除了这些资格标准,很多国家对STW使用者施加了权利条件,这对参与短时工作计划的企业和工人设置了行为要求。一些国家要求接受STW福利的工人有义务参加强制培训措施(捷克、匈牙利、荷兰、葡萄牙),而其他国家为参加培训计划的工人提供补贴(德国)。此外,大多数用社会保障缴款为STW筹措资金的国家要求工人按照为领取失业津贴的工人设计的同样的规则参与工作搜寻(丹麦、芬兰、德国、爱尔兰、挪威和西班牙)。一些国家要求参与STW计划的企业在工人接受短时工作期间不得解雇他们(奥地利、法国、匈牙利、荷兰和波兰),而其他国家要求参与企业有商业计划(比利时、意大利、卢森堡、波兰和西班牙)。

一些国家要求使用STW要得到集体协议的支持或至少在涉及白领工人时经过工会批准。在一些国家(如德国)工人委员会可以启动STW。其他国家要求只有工人否则必须具有失业保险资格的人并且只有当他们有最低社保缴款记录时才能参加。这阻止了很多有定期合同的工人和工作时间很少的兼职工人有资格使用STW。其他与要求有关的资格条件为:这种计划要求适用于至少总劳动力的大部分(它应当是一种工作分享手段),同时工作时间的减少要超过标准工时的最低部分。这些最低要求背后的基本原理是只允许面临严重需求下降的企业才可以使用STW。20个国家中有10个有STW特征的最低时间要求。正式的"经济需要理由"也通常要求提供:企业必须证明它们正面临着不利的需求冲击(例如,通过记录一些产量或销售量的减少)。这是一个旨在减少滥用和相关无谓损失的条件。不同国家STW的不同也体现在资格标准的严格程度上,即,企业或工人必须满足继续有资格使用STW的条件。这些条款可能包含雇主为短时工作工人提供培训的义务(如在捷克、匈牙利、荷兰和葡萄牙)、明确的重构计划(比利时、意大利、卢森堡、波兰和西班牙),以及企业使用STW的整个期间内不存在解雇(如在奥地利、法国、匈牙利、荷兰、新西兰和波兰)。一些条件也可能适用于雇员:例如,丹麦、芬兰、德国、挪威和西班牙包括了对工人有工作搜寻要求,这类似于让工人领取失业保险的条件,尽管这些工人仍然正式地出现在企业的工资单上。毋庸置疑,这些条件中有一些实行起来相当困难:例如很少实行工作搜寻的要求,特别是在经济下滑的时候。STW 的第三个关键特征是雇主对于启动这个制度的成本。在一些国家 STW 主要由一般税收收入提供资金,而在其他国家 STW 是由社会保障缴款提供资金。企业通过对于未工作的时间支付一部分工作成本(例如,法国、德国、匈牙利、日本、荷兰、波兰、葡萄牙和斯洛伐克)或者通过在最初阶段支付全额工资(例如,挪威和瑞典)分担 STW 补助的成本。这些情况中有一些企业对未工作的时间有义务支付全额或一部分社会保障缴款(如德国),这阻止了 STW 的滥用。其他国家(如意大利和美国)也设计了奖惩制安排,靠这个使用 STW 计划的雇主需要支付更多缴款(这种把与 STW 有关的财政外部性部分地内部化的方法也被叫做"经验费率法")。在大部分国家未工作时间的替代率(在 STW 计划下未支付的工资被补贴替代的百分比)等于失业补贴的替代率(见第 11 章)。因为工作时间的平均减少比例远低于 100%,除了仍然正式属于企业之外,参与 STW 计划的工人的境况通常比他们失业的同行的境况好得多。在一些国家,STW 减少的工作时间可以达到 100%,使工人处于类似休假或临时解雇的状态,尽管工人仍在企业的工资单上。

5.2　理论

5.2.1　完全竞争的劳动力市场

像往常一样,我们从描绘一个具有竞争性工人和企业的完全劳动力市场开始。我们将看到为什么雇主有时必须支付加班费来诱导工人提供更多劳动。这可以通过再次考虑第 1 章中分析的劳动/闲暇选择以及附加在这个选择上的约束条件来加以说明。接下来我们将考察是什么因素促使雇主做出提供固定工作小时数的职位的决定,即如何在工作小时数与工人数之间分配劳动投入的。

5.2.2　劳动供给:加班费和兼职工作的可行性

如第 1 章中讨论过的,人们基于小时工资率和对于闲暇、收入和家庭生产的偏好来选择他们想要工作的小时数。偏好的工作小时数可能和每天工作小时数、每周工作天数、每年工作周数以及整个生命周期的工作年数相关。人们提供劳动来获得收入、家庭生产的非市场的商品和服务以及闲暇的最优组合。把进行家庭生产或享受闲暇所花费的时间汇集起来作为非市场时间。人们将提供工作时间直到非市场时间的边际价值(相对于收入的边际价值)等于工资率。这种情况描绘在图 5.1 中,图中横轴从左到右给出了非市场时间,从右到左给出了工作时间。纵轴表示总收入,其构成部分是劳动收入,部分是其他来源的收入。无差异曲线与预算约束线相切处是时间的最优选择 h^*。假定雇主想让工人提供更多的工作时间,比如说达到 $\hat{h}$。这么做她应当支付给工人更多的工资,增加工人用额外一小时市场工作时间可以购买的商品数量。这由图 5.1 中的线段 AB 表示,线段 AB 明显比预算约束线更陡。即使是在被要求工作更多时间之后,在点 A 左侧支付更高的工资率 $\hat{w}$ 也可让工人保持在和初始最优选择相同的无差异曲线上。$\hat{w}$ 与 w 的比率(线段 AB 的斜率与预算约束线的斜率之比)是雇主必须支付的用来说服工人提供更多劳动时间的加班费。

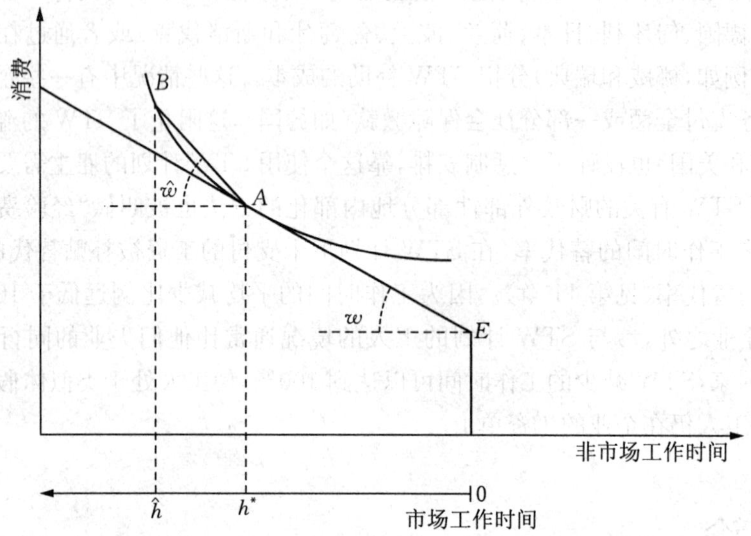

图 5.1 工资时间的选择与加班津贴

在现实中,对于工作时间的选择通常被限制在一个有限的集合里,最常见的是全职工作、兼职工作和无偿工作。在这些条件下,工人不能像图 5.1 中描绘的无约束的选择一样最大化他们的效用了。他们只在工作能使他们达到比穿过零劳动收入轨迹(预算约束的弯折点)的无差异曲线更高的无差异曲线上时才会工作。

如果一个工人只在全职工作与不工作之间做选择,那么有可能这个工人的保留工资太高以致不进入劳动力市场。这在图 5.2(a)中展示出来。一个工作零小时的有偿工人——未参与者——处于禀赋点 E,在这里效用等于 U_{np}。这个工人也可以全职工作,达到预算线 EA——其斜率表示工资率——上的点 A,在这里效用等于 U_{ft}。如果劳动力市场只提供全职工作,那么这个工人宁愿不工作,因为 $U_{ft} < U_{np}$。要使这个工人选择全职工作,工资必须增加直到预算线的斜率至少等于 EC。可是,如果一个工人可以在全职工作、兼职工作和不工作之间做选择,那么有可能这种工资已充分高可以诱使工人进入劳动力市场。图 5.2(b)就是这种情况,因为在点 B 工人从兼职工作和劳动收入的组合中得到了比在点 E 和点 A 更高的效用。一旦有机会兼职工作,这个工人就会决定进入劳动力市场。在这种情况下,工人明确寻找兼职工作,同时线段 BD 度量了工人为获得一个兼职工作而不是被迫在全职工作和不工作之间做选择,所愿意接受的小时工资的减少范围。

以上解释了为什么兼职工作的可获得性通常与更高的参与率联系在一起的原因:它允许有更高保留工资的个人获得相对适当的工作时间和不工作时间的组合。就业的女性化在很多国家都与兼职就业的扩散相关联,因为在所有国家女性都比男性更多涉及与家庭生产相关的非市场活动。

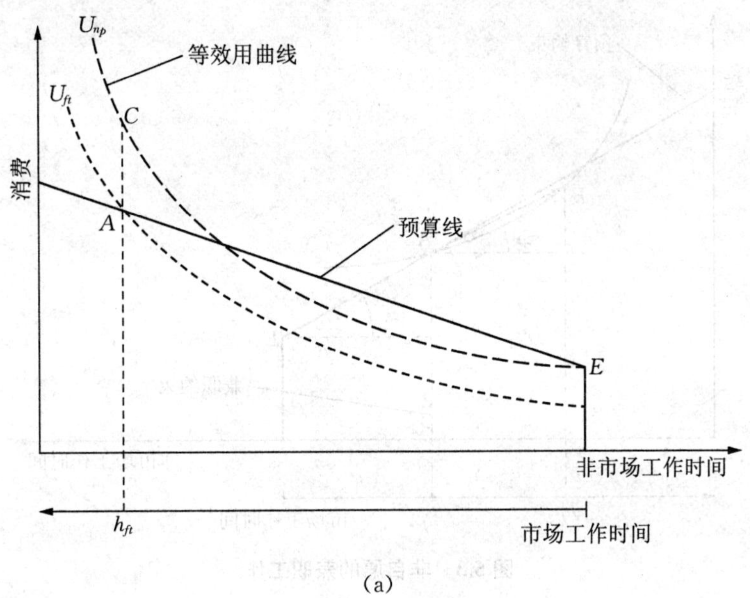

(a)

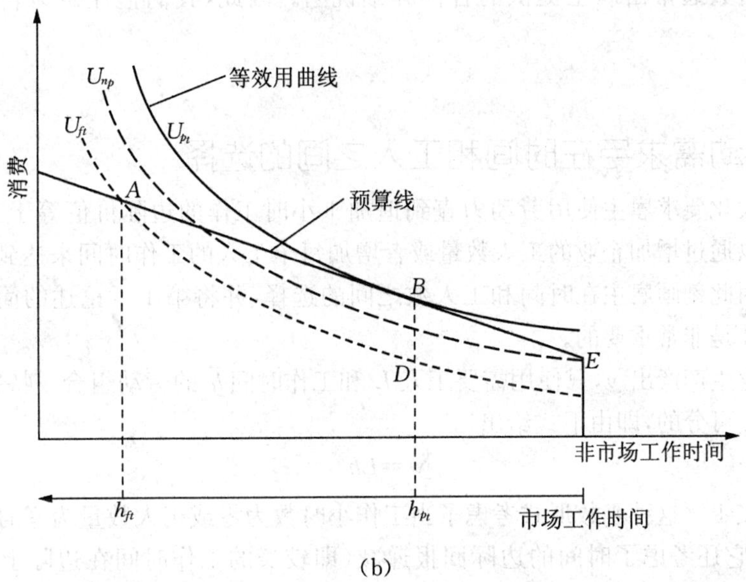

(b)

图 5.2 工作时间的选择：(a)仅有全职工作，选择不参与；(b)引入兼职工作，选择参与

正如很多在家里是经济支柱的成年男性，对于有相对较低保留工资的工人来说，兼职工作可能是非自愿的选择。例如在图 5.3 中，工人只能选择兼职工作或者无偿工作。通过改做全职工作，工人将会达到比无偿工作（在预算约束弯折点处，点 E）或兼职工作（在预算约束和兼职约束的交点处，点 A）更高的无差异曲线。注意到在这种情况下，工人甚至会接受以低于正常工资的待遇去从事全职工作。实际上，工人甚至在更低的小时工资率 $\hat{w}$（线段 AB 的斜率）下也愿意从兼职工作转入全职工作。这种情况经常被称为*不充分就业*或*非自愿兼职工作*，并且市场工资 w 和 $\hat{w}$ 之差提供了这种情况下对兼职工人福利损失的一种度量。

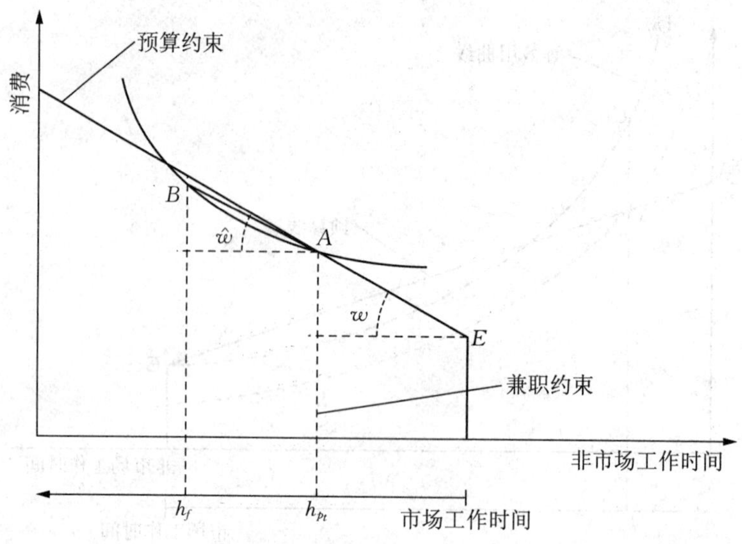

图 5.3　非自愿的兼职工作

工作小时数通常由雇主提供的合同详细说明。因此,我们把注意力转向劳动需求方面。

5.2.3　劳动需求与在时间和工人之间的选择

利润最大化要求雇主使用劳动力直到追加 1 小时工作的边际价值等于工资成本,但是他们也可以通过增加企业的工人数量或者增加每个工人的工作时间来达到这个劳动的目标水平。因此刻画雇主在时间和工人数之间的选择,并将第 1 章论述的简单劳动需求框架进行扩展是非常重要的。

假定企业生产产出 y,只使用需要工人 L 和工作时间 h 的劳动组合。特别是,假定生产函数是乘法可分的,即由下式给出

$$y = Lh^{\alpha}$$

其中 $0 < \alpha < 1$。这种函数形式考虑了当工作小时数为零或工人数量为零时产出将为零的情形,并且它还考虑了时间的边际回报递减(即较长的工作时间在边际上降低了生产率)的情形。图 5.4 描绘了表示同样水平的有效劳动投入的曲线,它也被称为*等劳动曲线*。有一种特殊情况是每个雇员的工作小时数下降与基于生产技术角度的雇员数量下降等价。这种情况会发生在当 $\alpha = 1$ 时。在这种情况下等劳动曲线是一条双曲线,并且劳动投入对于工作小时数和工人数的弹性总是 1。

等劳动曲线显示了使雇主能够达到任意目标生产水平的所有工作小时数和工人数的组合,而*劳动的等成本曲线*显示了对于雇主来说,所有工作小时数和工人数组合的成本相同。劳动成本 C 通常不仅表现为可变成本(计时工资,w 乘以工作小时数 h),也表现为每个工人的固定成本 F(例如,与医疗计划或不依赖实际工作时间的附加福利相关的成本):

$$C = L(F + wh)$$

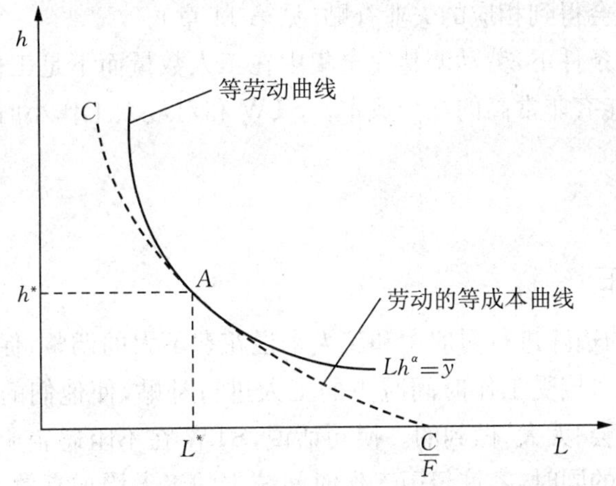

图 5.4 等劳动曲线(连续曲线)和劳动的等成本曲线(虚线)

企业的最优选择将使工作小时数与工人数量的组合以最低的成本达到其目标产出水平,即处于劳动的等成本曲线与对应目标产出水平的等劳动曲线相切的位置。

如本章附录所示,企业对于工作时间的最优选择通常不依赖目标产出规模,比如 $\overline{y}$,而工人数量的选择并不是这样。换句话说,产出规模的变化影响的是工人的数量而不是每个雇员的工作时间。这与几个行业(这些行业中的公司很可能采用同类技术)中每个雇员的工作时间所观察到的大体相同,无论其公司规模如何。出于同样的原因,要求与不利冲击相联系的目标产出水平下降相匹配的成本降低将通过减少工人数量而不是减少工作时间来消化。这个结果,源于除了每个工人都存在固定成本之外,允许工作小时数与工人数量之间可替代性的生产技术,这也在本章附录中得到正式证明。正如我们将会看到的,这个劳动调节的特性,与劳动力市场的不完全性一起,为 STW 计划和 OECD 国家实施对工作时间弹性的限制提供了理论基础。

5.2.4 不完全竞争的劳动力市场

在完全劳动力市场中,根据特定行业或特定企业的技术,不同的雇主会提供不同的时间与职位数量的组合,有完全信息的工人会根据其偏好在这个选择集(choice set)中做出选择。如果雇主提供的工作时间在工人看来是次优的,那么后者可以无成本地转去另一家工作特征能够更好地与其偏好相匹配的企业。换句话说,即使一份工作的时间要求由雇主单方面决定,工人也总是有权选择退出。在这个意义上,劳动供给与个人偏好,甚至工作时间,对均衡都是至关重要的。

然而,现实世界的劳动力市场是以工人跨工作流动具有成本为特征的。这给予雇主在工作时间设定上有某些买方垄断力量,从而减小了劳动力市场的规模,迫使很多潜在的工人置身劳动力市场之外。工会可能通过自身的垄断力量对工作时间与工人数量进行组合以优化工会工人的偏好来应对这种买方垄断力量,这可能会让那些具有不同偏好的工人付出被留在市场之外的代价。此外,在不完全劳动力市场中可能会有失业,这种失业对所涉及的个人以及那些不得不付出转移支付的纳税人而言是一种福利损失的来源,在某些情况下这些失业者会得到相应的失业补贴(见第 11 章)。

在这些不完全性条件下,劳动调整完全集中在工人数量而不是工作时间上,如果不是经济成本的话,这可能有非常高的社会成本。STW 和对最大工作小时数的限制是对付这些问题的制度。

5.2.5 短时工作

STW 通过在集约边际进行对雇主和工人来说花费不大的调整,促进了工作时间的减少。这是通过实质上对接受工作时间减少的工人进行补贴,使他们的周薪或月薪受到工作时间减少的影响不会"太大"做到的。换句话说,STW 在不阻碍企业通过减少工作时间获得可观的成本节约的同时,容许经历工作时间减少的工人增加有效小时工资。如图 5.5 描绘的那样,小时工资从 w 上升到 w_{st},原则上甚至可以补偿在工作时间减少之前达到的时间—闲暇最优化水平的工人。它无疑是一种应对针对个体企业的暂时性负面冲击或者如衰退一样的总冲击的政策工具。

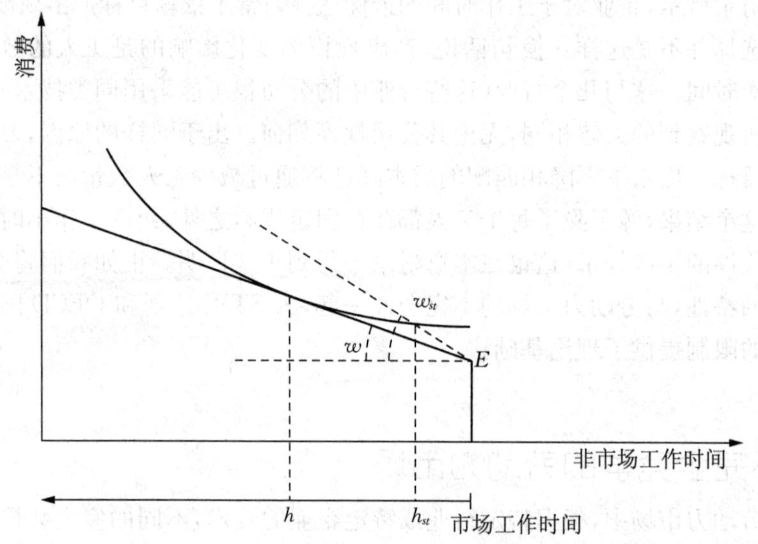

图 5.5 STW:因工作时间减少给工人以补偿

正如以上所讨论的,在相当普遍的生产技术特征和企业成本下,雇主倾向于通过解雇工人而不是减少一般雇员工作小时数来应对负面冲击。这种集中在广延边际上的就业调整会导致衰退期间"过多的"失业(Hall and Lazear, 1984; Farber, 1993; Hall, 1995)或使对特定行业和企业的需求暂时下降的冲击。如果选择降低每个工人的工作时间,反而会"更加公平和有效"(Reid, 1985)。调整广延边际雇员数量的低效率往往与工人和企业不同的风险厌恶程度有关。工人是风险规避的,在经济衰退时虽然工作更少时间(挣得工资更少)但避免失业可以使他们的境况更好。可以利用资本市场的雇主是风险中性的,在原则上可以向工人"出售"一种保险,这种保险可以整个雇佣关系期间较低的工资来换取避免失业。

工作时间在广延边际而不是集约边际上劳动调整低效的另一种来源与解雇的财政成本有关(Burdett and Wright，1989；van Audendrode，1994)：在存在失业补贴体制的情况下，解雇工人的雇主通过施加更高的失业补贴开支造成了负的财政外部性。①

5.2.6 周工作时间的管理

政府经常通过对企业决策施加约束来管理工作时间。正如第5.1节中讨论过的，通常这些约束是用周最大工作小时数来表示的。相关的规定通常也确定正常工时(normal hours)数，超过正常工时之后适用加班费。有时这些规定仅仅是对集体谈判制度已经作出的决定赋予一个法律地位(因此有更强的强制性)。工会用更高的工资换取更多的闲暇时间；在有些情况下工作时间的减少增加了劳动的边际产品(Marimon and Zilibotti，2000)，这给予了工人更强的谈判力，因此他们可能增加工资。当然，正如生产者有激励违背卡特尔协定一样，工人个人也可能想要违背协议并按更高的工资工作更长时间。有很多情况都是直接由政府设定法定最大工作时间和正常工时。例如，欧盟工时指示法对工作时间设置了包括加班工作时间在内的每周48小时的上限，这项规定也适用于一些相对来说大部分职业没有通过集体谈判设定时间限制的国家。

因为规定对工作时间设置了上限，它的影响只限于迫使雇主减少他们原本想要雇员执行的工作时间。这些工作时间的减少通常被合法化为减少雇主买方垄断力量和他们对工人的过度剥削的手段。在这些条件下，更短的工作时间可能提高工人的与其偏好一致的生活水平。正如Manning(2004)指出的，在存在买方垄断的情况下，不仅工资率低于边际产品价值，而且企业可以诱导工人工作超过在既定买方垄断工资下最优的工作时间。在买方垄断的情况下最低工资可以提高福利，在这种情况下减少工作时间也可以提高福利。

同时，工作时间的减少迫使企业让工人在他们的时间选择没有优化的条件下进行生产。这转而又导致就业减少，即使政策制定者的目的是相反的：引入工作时间减少机制的目的通常是迫使雇主用工人工作时间的减少来代替解雇工人。

这种以减少工作时间来刺激更多就业的观点的问题在于：不存在独立于政府管制和劳动供给对这些变化所作反映的，企业所需求的固定工作时间，即所谓的劳动合成(lump of labor)的这种情况(见专栏5.1)。

专栏5.1 劳动合成谬误

劳动合成理论可以追溯到Mayhew(1851)的《伦敦劳工与伦敦穷人》(*London Labour and the London Poor*)一书，在这本书里他认为减少工作小时数(每份工作)会创造更多的工作岗位并且减少失业。这个论点并没有得到经济学理论的支持，而且它被很多经济学家认为是一种谬误[所谓的劳动合成谬误(lump of labor fallacy)]。为了解释这个问题，考虑这样一种情况，工作时间和工人具有相同的生产率，同时每个工人没

① 正如在美国或丹麦，如果失业补贴是按经历评定的，那么负外部性会减轻。见第11章。

有固定成本。在这种条件下,等劳动曲线和劳动的等成本曲线都是双曲线并且会重合,正如在专栏中图(a)部分描绘的那样。在这种情况下,工人数量与每个工人工作时间的组合对雇主来说并不重要:只有这两者的乘积才重要。实际上,可能有无数种最小化雇主成本的工人数量与工作时间的组合。由于同样的原因,雇主从每个工人工作时间与工人数量的一种组合变换成另一种组合不会产生任何额外成本,也不会遭受任何生产损失。假定最初所有的工人都工作 h_1 小时,因此企业需要 L_1 数量的工人来实现目标产出水平。如果每单位工人的工作时数因为政府管制而减少到 h_2 小时,那么企业将需要 L_2 数量的工人:工作时间的减少为工人创造了新的工作。这是劳动合成论点的实质。

不幸的是,有好几种因素阻碍企业对于法定工作时数减少而进行的这种简单调整。Calmfors 和 Hoel(1989)列出了企业在受到政府管制而被迫减少工作时间时的五种阻碍它们仍处于同一条等劳动曲线上的途径。第一,小时工资可能会上升,这是因为工人想要保护他们的实际收入。正如在描述 STW 时讨论的,工人通常需要一些补偿,用小时工资的上升来接受他们工作时间的减少。第二,即使小时工资不变,每单位时间的劳动成本也可能因为每个工人固定成本的存在而上升。举一个例子,如公司汽车或手机等附加福利与工作时数无关。

第三,如果非生产时间——启动和完成工作——保持不变,那么劳动生产率实际上可能会下降。因此,从技术角度来看,工作时数和工人数量并不是完全替代的。第四,沿着集约边际和广延边际的相对调整成本可能因为管制的总体的、对整个经济的影响而变化。特别地,在标准工时减少时,雇用新的工人的成本相对于增加工作时间的成本可能会上升。最后,如果运行时间随工作时间减少,那么资本利用率会下降。资本和劳动是互补品时,通常会是这种情况。

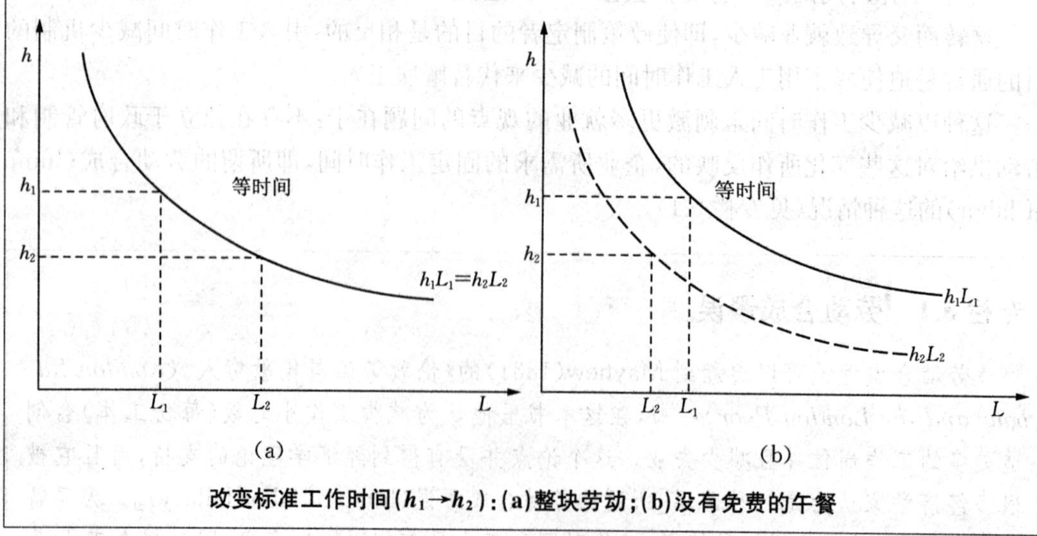

改变标准工作时间($h_1 \to h_2$):(a)整块劳动;(b)没有免费的午餐

因此,每个工人工作时数的法定减少将不可避免地涉及工作总时数的减少,引起等时间曲线移动到更低的位置。专栏 5.1 中图(b)部分描绘了这种情况。每个工人的工作时数

再次从 h_1 减少到 h_2，但是因为工作总时数从 h_1L_1 减少到 h_2L_2，所以就业从 L_1 减少到 L_2。

1. 标准工时减少的影响

到目前为止，我们忽略了加班工时通常支付更高的工资这个事实。在存在加班时，劳动的等成本曲线会有一个相对于标准工作时间的弯折点。超过这个水平之后，对于每单位额外工作时间雇主必须支付更高的工资，因此这也导致雇员数量大幅减少以保持劳动成本不变(图 5.6)。没有加班费时，劳动的等成本曲线是 ABC。假定 h_1 是标准工时并且有加班费，劳动的等成本曲线在点 B 处会有一个弯折点，并且新的劳动的等成本曲线将会是 ABD。政府管制要求的正常(或标准)工时减少会使弯折点从 B 移动到 E，新的劳动等成本曲线将变成 AEF。

正如在本章附录中所讨论的，在存在加班费的情况下，标准工时的强制减少将对企业有不同的影响，这取决于它们在劳动的等成本曲线上的初始位置。需要考虑三种情况：

(1) 如果工作时间最初处在图 5.6 中 E 点右边，那么政策变化对企业决策没有影响。实际上，等成本中没有与企业有关的需要改变的部分。

(2) 如果雇员最初处在加班状态，即工作时间在 B 点左边，那么标准工时的减少会导致工人数量减少。这是因为雇用每个工人的成本变得更加高昂，而边际时间的价格并没有变化。因此，企业将降低它们的产出水平。

(3) 如果所有的雇员最初都恰好按标准工时工作(即，我们处于劳动的等成本曲线的弯折点 B 处)，那么当政府实行管制时，企业会发现它们处于等成本曲线上的加班时间部分。因为靠后的工作时间的工资上升，企业可能减少雇佣数量或工作时间，或者二者都减少，这取决于等劳动曲线的斜率(即，依赖工作时间和工人的边际生产率)。企业可能增加也可能减少雇佣水平，这取决于企业是否把工作安排移动到新的弯折点或是否决定支付加班费。换句话说，这些影响是不确定的。因为在这种情况下并没有明确的理论预测，所以考虑关于标准工时强制性减少的影响的实证证据就显得特别重要。

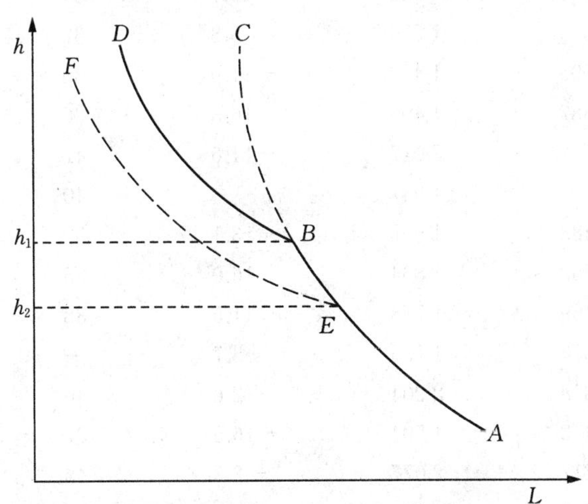

图 5.6　有加班补贴的等劳动成本曲线

5.3 经验证据

5.3.1 工作时间

表5.3提供了以长期视角考察的雇员年工作时数。对于所有列出的国家,年工作时数在1950—2010年之间都有大幅下降。1950年爱尔兰工人年工作时数最多(2 762小时),而瑞典工人最少(1 871小时)。到了2010年韩国工人每年仍然工作2 204小时,而荷兰工人每年平均只工作1 381小时。在这60年间,年工作时数下降最大的国家是卢森堡;工人平均每年的工作时间比前一年少16.5小时。年工作时数下降最小的国家是墨西哥,在那里工人平均每年的工作时间比前一年少2.3小时。

年工作时间受到每周工作时数和每年工作周数的影响。表5.3也提供了2010年雇员典型周工作时间(workweek)的分解。周工作时数的变动范围很大,从荷兰的31小时到土耳其的49小时。荷兰的低周工作时数与其高比例的兼职工作有关(后面将讨论)。类似的,年工作周数的变动范围也很大,从挪威的36周到澳大利亚的48周。

表5.3 每名工人平均年实际工作时间(1950—2010年)及雇员典型年份工作时间的剖析(2010年)

国家	平均年度工作时间		平均年度变化(小时数)	2010年年度工作时间的剖析	
	1950年	2010年		每周小时数	每年周数
澳大利亚	2 023	1 693	−5.5	36	48
奥地利	2 405	1 663	−12.4	38	41
比利时	2 337	1 546	−13.2	37	41
加拿大	2 063	1 713	−5.8	—	44
捷克	—	1 795	—	41	42
丹麦	2 145	1 536	−10.1	34	38
芬兰	2 035	1 690	−5.8	37	39
法国	2 098	1 439	−11.0	38	39
德国	2 387	1 408	−16.3	36	41
希腊	2 712	2 017	−11.6	42	45
匈牙利	—	1 947	—	40	43
冰岛	2 483	1 698	−13.1	39	40
爱尔兰	2 762	1 804	−16.0	35	43
意大利	2 469	1 778	−11.5	38	41
日本	2 076	1 735	−5.7	—	—
韩国	2 358	2 204	−2.6	46	—
卢森堡	2 492	1 504	−16.5	37	41
墨西哥	2 217	2 077	−2.3	43	—
荷兰	2 299	1 381	−15.3	31	42
新西兰	2 045	1 700	−5.8	37	—
挪威	2 136	1 424	−11.9	34	36

(续表)

国　家	平均年度工作时间		平均年度变化(小时数)	2010 年年度工作时间的剖析	
	1950 年	2010 年		每周小时数	每年周数
波　兰	—	2 050	—	41	43
葡萄牙	2 290	1 942	−5.8	39	42
斯洛伐克	—	1 749	—	41	44
西班牙	1 960	1 674	−4.8	39	41
瑞　典	1 871	1 624	−4.1	36	37
瑞　士	2 225	1 628	−10.0	—	43
土耳其	2 712	1 877	−13.9	49	—
英　国	2 201	1 650	−9.2	36	41
美　国	1 909	1 695	−3.6	—	46

资料来源：Average annual hours：Groningen Growth and Development Center and the Conference Board，Total Economy Database，2012(www.ggdc.net)；anatomy of annual hours：OECD(2010，p.35)。

注：平均年度工作时间的估算包括了已付加班，不包括因疾病、假期和节假日已付的非工作时间。年工作周数等于 52 减去节假日和假期周，再扣除由于非节假日理由缺席以及因疾病和生育缺席的周工作时间。—＝无法获得数据。

在一些国家，标准工时的减少是强制性的。在德国，通过集体协议，标准工作周在 1984—1994 年间从 40 小时减少到 36 小时(见 Hunt，1999)。1985 年西德工会开始以逐个产业为基础减少标准工时，并称这样做力图减少失业。在 20 世纪 70 年代晚期和 80 年代早期工会继续为缩短工作时间进行罢工。1984 年工会取得了成功，并且 1985 年金属加工行业的标准周工作时间从 40 小时减少到 38.5 小时。为了换取更短的工作时间，工会同意在标准工时的使用上有更大的灵活性，它可以周内天数不同，也可以周与周天数不同，或者因雇员而异。限制性条件是每周工作时间在一定时期内在工人之间平均之后达到 38.5 小时。Hunt(1999)在她关于工作分担对就业影响程度的分析中，使用了来自德国社会经济研究小组的个体层面数据和大致上覆盖 1984—1994 年的行业层面的抽样数据。关于标准周工作时间减少一小时的影响的主要结果如下。实际工作时间减少了 0.9 小时，小时工资上升了 2.2%，女性就业率上升了 2%，男性就业率下降了 1.2%。因此，实际工时相当紧密地跟随标准工时。月工资几乎不受工作时间减少的影响；工人们讨价还价达成的小时工资上升足以补偿他们工作时间的减少。最后这些结果表明标准工时的减少导致了男性工人就业的减少。

在法国，标准(法定)周工作时间在 1982 年从 40 小时减少到 39 小时[见 Crépon 和 Kramarz(2002)以及专栏 5.2]。研究表明标准工作周的减少也降低了周平均工作时数并增加了平均工资率，但是总就业下降了。换句话说，工作分担虽然使周收入保持相对不变但增加了失业。1998 年法国政府出台了关于工作时间的新的强制性约束，其目标是降低失业。这次尝试并不成功，尽管这一次对减少工作时间的企业实行大额国家转移支付部分地减少了就业成本[见 Estevão 和 Sá(2008)以及专栏 5.3]。法国有政府强制的工作时间减少，而德国的周工作时间减少的实施是由工会与企业之间的谈判结果所致。最近这些谈判呈现出更长的工作时间的可能性(见 Kramarz et al.，2008)。Andrews 等人

(2005)用基层单位数据分析了德国的劳动力市场并研究了工作时间减少的影响。他们并没有发现证据证明工作分担,即周工作时间长度的减少带来更多工作。这些发现与企业是否在工人按标准工时工作或加班工作,或者二者皆有的情况下运行无关。Kapteyn 等人(2004)分析了实际工作时间减少(水平和发展)的跨国差别。他们把这解释为工作分担,假设实际工作时间的减少是由标准工作时间变化推动的。①他们发现工作分担对于工资率有显著的正的长期影响,而对于就业有正的但不显著的长期影响。Kawaguki 等人(2012)分析了韩国标准工时减少的情况,并发现它们没有增加花费在家庭生产上的时间。

专栏 5.2　法国强制减少工作时间

1982 年初法国周工作时间从 40 小时减少到 39 小时。Bruno Crépon 和 Francis Kramarz 使用劳动力调查数据研究了这次工作时间减少的影响。确定工作时间减少影响的一种方法是比较两种工人群体的就业减少。第一种工人群体由每周工作 40 小时的工人组成,第二种工人群体由每周工作 39 小时的工人组成。第一种工人群体受到工作时间强制减少的影响,而第二种工人群体没有。累计两年的就业减少如下:

周工作时间	就业减少(%)		差(%)
	1982—1984 年	1985—1987 年	
40 小时	16.5	11.9	4.6
39 小时	12.6	12.1	0.5
差(%)	3.9	−0.2	4.1

在实行 39 小时周工作时间之后不久,第一种群体经历了 16.5%的就业减少,而第二种群体经历了 12.6%的就业减少,差别有 3.9 个百分点。两年之后,即 1985 年,两种群体的就业减少差别只有 0.2 个百分点。使用倍差法,这个结果表明工作时间的强制减少使每周工作 40 小时的工人遭受 4.1%的就业损失。总而言之,Crépon 和 Kramarz (2002)发现年就业损失的影响在 2%—4%之间。法国情况的一个特点是在周工作时间减少之前不久,小时最低工资上升了。对于已被雇用的领最低工资的工人来说,每周名义工资是固定的,而对新雇用的领最低工资的工人来说,每周工资基于新的 39 小时周工作时间,这使他们比已经雇用的工人便宜 2.5%。领最低工资的工人受到周工作时间减少的影响明显最大。Crépon 和 Kramarz 得出结论,对于低工资的工人每年失去工作的概率上升了 8.4%。

资料来源:Crépon and Kramarz(2002)。

① 实际上,有充足的实证证据证明实际工作小时遵循标准工时。Kapteyn 等人(2004)的分析是基于 16 个 OECD 国家在 1960—2001 年的数据。

专栏 5.3　35 小时周工作时间的影响

Estevão 和 Sá(2008)研究了法国政府在 1998 年实行强制每周工作 35 小时政策的影响。由劳工部部长 Martine Aubry 积极倡导的这项政策使用了制裁加激励的方式来诱导企业把工作时间减少到每周 35 小时，并带有有意降低失业的目标。这项政策允许逐渐增加新规定。特别地，1998 年 6 月所谓的 Aubry I 法令把周工作时间设定为 35 小时，对于雇员数量超过 20 人的企业于 2000 年 2 月生效，而对于雇员数量小于 20 人的小企业则于 2002 年 1 月生效。2000 年 1 月第二项法令 Aubry II 出台。与大企业相比，它降低了小企业的加班费并增加了它们加班时间的年度限制。通过这种方式小企业可以继续在每周 39 小时工作时间的基础上经营，同时对超出的时间支付已减少的加班费。社会保障缴款也得到减少以控制这些规定对劳动成本的影响。Estevão 和 Sá(2008)使用了逐步实施的限制(雇员数量超过 20 人的企业在 2000 年 2 月前遵守，而那些雇员数量少于 20 人的企业有额外两年时间来调整到每周 35 小时工作时间)来分析这项政策的影响。与之前的研究(如 Crépon et al., 2005)不同，他们可以观察政策变化超出简单的就业影响之外的好几种影响。特别地，他们还考虑了对持有两份工作、工资和从大企业跳槽到小企业的影响。他们使用了 1993—2000 年的法国劳动力调查的数据(Enquête Emploi)。有 20 个或以下数量雇员的企业被作为控制组，而中等规模的企业(有超过 20 个但少于 49 个雇员的企业)被作为实验组。下表列示了在雇员数量等于或少于 20 人和多于 20 人的企业里工作时间少于 35 小时的雇员比例。

年　份	小企业(%)	中型企业(%)	差(%)
1997	25.5	24.6	−0.9
1998	26.3	25.9	−0.4
1999	27.1	27.6	0.5
2000	31.4	43.6	11.2
2001	34.3	52.1	17.8
2002	57.3	64.4	7.1

正如预期的那样，大企业工作 35 小时的雇佣比例在 2000 年出现了上升，而小企业的这个比例在 2002 年出现了跳跃。这表明对于控制组和实验组的选择是准确的。Estevão 和 Sá(2008)研究了政策对于工资(按小时或按月)、就业(水平、流入和流出)、持有多份工作和自我报告的工作满意度的影响。他们的结果表明法规增加了持有不只一份工作的雇员的比例，也增加了从大企业跳槽到小企业的雇员比例，这些结果以与 1997 年水平比较的差的形式显示在下表中。正如 Estevão 和 Sá 所说的，他们的结果“对于工作时间减少是否让法国工人受益抱有严重的怀疑”。

年份	从就业到失业		有多份工作工人的比例		小时工资(%)		月工资(%)	
	男性	女性	男性	女性	男性	女性	男性	女性
1998	0.8	0.1	0.1	−1.1	0.9	−0.4	0.2	−0.4
1999	3.9	−0.5	−0.1	0	2.1	−1.7	0.6	0.2
2000	2.7	0.6	0.7	−0.03	3.4	1.3	0.5	−0.4
2001	1.0	2.1	−0.1	−0.2	3.7	2.0	1.1	−0.8
2002	1.4	−1.2	0.04	−0.03	3.0	0.0	0.3	0.1

注:所有值都表示为与1997年水平的差值。

资料来源:Estevão and Sá(2008).

5.3.2 兼职工作

表5.4提供了一个兼职工作的综述。2011年,男性的兼职工作在荷兰最常见,那里有17%的男性雇员从事兼职工作。在丹麦、爱尔兰和奥地利也有很多男性从事兼职工作。在捷克、斯洛伐克、匈牙利和卢森堡几乎没有男性从事兼职工作。女性从事兼职工作的差异更大。在捷克、斯洛伐克和匈牙利不到10%的女性雇员从事兼职工作,而在荷兰超过60%的女性雇员从事兼职工作。

表5.4　兼职就业(%)

国家	PT就业		非自愿兼职		偏好FT的兼职工人		偏好PT的全职工人	
	男	女	男	女	男	女	男	女
澳大利亚	12.6	37.4	37.9	26.8	—	—	—	—
奥地利	5.9	32.8	11.9	7.3	—	—	—	—
比利时	7.1	33.6	16.0	9.7	31	25	9	36
加拿大	11.9	25.6	29.4	26.1	—	—	—	—
捷克	1.6	6.1	12.4	17.6	—	—	—	—
丹麦	14.3	25.4	10.4	12.8	69	8	7	21
芬兰	8.2	15.2	19.5	30.5	—	—	—	—
法国	5.7	22.4	26.6	28.4	69	35	11	25
德国	8.1	38.3	20.8	12.9	52	12	5	10
希腊	6.8	15.1	41.7	34.9	33	25	8	9
匈牙利	3.4	6.3	35.1	31.5	—	—	—	—
爱尔兰	12.8	39.2	38.0	22.7	78	30	8	12
意大利	6.2	32.6	44.8	39.6	83	42	22	32
日本	—	—	22.0	19.2	—	—	—	—
韩国	—	—	—	—	—	—	—	—
卢森堡	4.3	29.6	8.1	8.1	—	—	—	—
荷兰	17.1	61.6	6.7	5.0	25	7	13	23
新西兰	10.6	32.6	27.2	18.7	—	—	—	—

（续表）

国家	PT 就业		非自愿兼职		偏好 FT 的兼职工人		偏好 PT 的全职工人	
	男	女	男	女	男	女	男	女
挪威	10.9	30.1	6.1	5.9	—	—	—	—
波兰	3.6	11.1	15.6	14.6	—	—	—	—
葡萄牙	3.1	9.9	22.0	39.8	100	40	7	2
斯洛伐克	3.2	6.0	68.7	53.4	—	—	—	—
西班牙	5.6	22.6	67.5	54.9	36	37	8	14
瑞典	8.6	17.8	21.0	21.9	—	—	—	—
瑞士	8.3	44.1	—	—	—	—	—	—
土耳其	2.7	8.0	—	—	—	—	—	—
英国	10.5	38.1	27.0	12.2	72	22	3	9
美国	8.4	17.1	13.7	10.3	—	—	—	—

资料来源：Online OECD database.

注：兼职就业是指工人在他们的主要工作职位上每周工作少于 30 小时的就业。它是以从属就业(2011 年)的百分比度量的；非自原兼职就业是指非全职工人因不能找到全职工作(2011 年)而从事兼职工作所占的百分比；兼职工人是指那些偏好兼职工作的人，而全职工人是那些偏好全职工作的人(1994 年)。FT＝全职；PT＝兼职；—＝无法获得数据。

理论上，兼职工作是工人和雇主之间谈判确定的。正如非标准工时给劳动力市场双方提供了灵活性那样，兼职工作使雇主能够满足人员配置和生产要求，也使雇员能够匹配家庭生活和工作时间。对雇主来说，兼职工作可能具有吸引力是因为它们通常也是临时工作，可以创造很大的灵活性来调整雇员总数。根据 Jaumotte(2003)，企业提供兼职工作至少有三个原因。第一个原因涉及最优人员配置。兼职工作使得企业更容易为工人匹配由于一天中或一周中的需求高峰导致的工作量变化。第二个原因是有廉价和灵活的工人：兼职工人通常有更低的小时工资和更少的就业保护。第三个原因与空缺有关。如果不提供兼职工作，有些空缺就不能被补足或者有些工人不能被雇用。然而，并非在每个国家情况都是这样。在有的国家兼职工作具有全职工作的所有要素，除了周工作时间。虽然如此，选择兼职工作对工人来说并不总是自愿的。如果一些工人更偏好全职工作，那么他们并不情愿兼职工作。表 5.4 提供了一个兼职工人中非自愿兼职工作的比例的概览。无论对于男性还是女性，荷兰都有低比例的非自愿兼职工作者，而西班牙和斯洛伐克则在另一个极端。美国有相对低的非自愿的兼职工作比例，或许是因为全职雇员的工作时间比大多数国家都要长。表 5.4 也显示了全职工作和兼职工作在多大程度上与个人偏好一致。就兼职工作的个人更偏好全职工作来说，存在不充分就业；就全职工作的个人更偏好兼职工作来说，存在就业过多。这个方面的跨国差别也相当大。在葡萄牙所有的兼职工作的男性都更偏好全职工作，而在荷兰只有 7%的兼职工作的女性更偏好全职工作。在全职工作的个人更偏好兼职工作的比例方面也有很大的性别差异。

在女性兼职工作的比例和女性非自愿从事兼职工作的比例之间有明显的负相关性。这在图 5.7 中得到显示。2011 年在芬兰只有 15%的女性从事兼职工作，其中 30%是非自愿的。而在荷兰 61%的女性从事兼职工作，其中 5%是非自愿的。很显然，在有很多兼职工人的情况下，兼职工作更有吸引力。这可能与工会有关，一旦兼职工人数量足够大，工会就更愿意代表他们的利益。或者也可能只有当兼职工作对工人有充分吸引力时,兼职工作的数量才会增加。

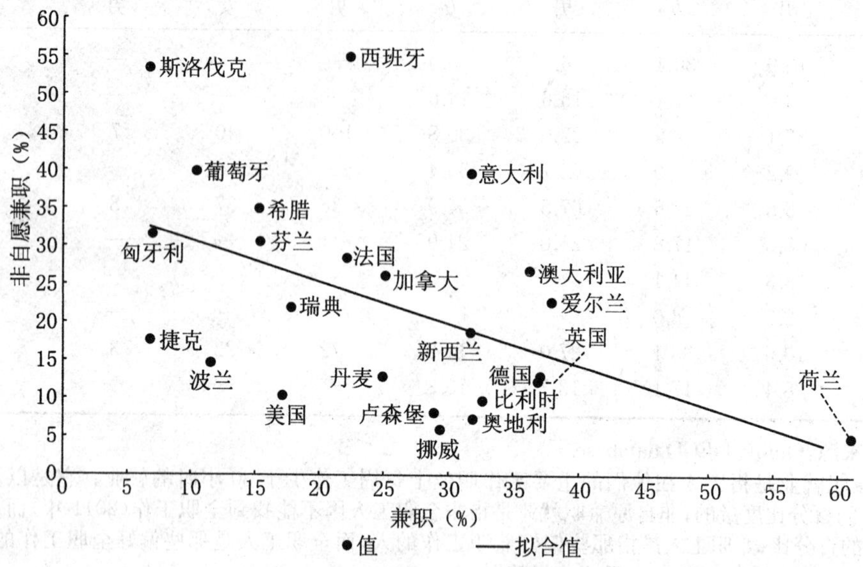

图 5.7 女性兼职和非自愿兼职工作

造成兼职工作比例高时非自愿从事兼职工作的比例低这个事实的另一个原因是,当单位劳动需求给定时,兼职工作增加了劳动供给,从而降低了均衡工资率。在这种情况下,先前全职工作的个人可能决定去从事兼职工作。然而,当兼职工作的特点是低工资和低福利、工作任期短,且缺少培训,从而降低女性的晋升前景并使她们处于退出劳动力的高风险时,那么也存在兼职工作使女性在劳动力市场中被边缘化的担忧。

基于兼职工作的国际概览,OECD(2001)得出结论:兼职工作的小时收入低于全职工作,并且在兼职工作中雇主提供的培训没有全职工作中的次数多。虽然如此,很多兼职工人,特别是女性,不愿从事全职工作。类似地,很多全职工人更偏好兼职工作,但却没有机会这样做。

Garibaldi 和 Mauro(2002)研究了 21 个 OECD 国家的就业增长。他们发现在很多国家兼职工作数量的上升并不与总工作时间的净增加有关联。荷兰是个例外,在那里强劲的就业增长在很大程度上被 25—49 岁女性从事的服务部门兼职工作的净增长所解释。荷兰的结果被 van Lomwel 和 van Ours(2005)证实。他们研究了荷兰兼职工作的增长与总就业增长之间的关系,并发现这两项增长密切相关:兼职劳动力的增长至少是"荷兰就业奇迹"的部分原因。

Manning 和 Petrongolo(2005)进行了一项与兼职工作有关的工资惩罚(pay penalty)的跨欧盟国家分析。他们发现了这项惩罚的证据,英国的兼职工作的工资惩罚最高,这使女性在不降职的情形下在全职工作和兼职工作之间转换更加困难。同时,他们也发现兼职工作在英国比在其他大部分国家有更高的工作满意津贴。显然,女性体验兼职工作是因为有补偿性工资差别。或许兼职工作允许女性把工作和照料家庭结合起来,因此兼职工作附带的较低工资并没有带来工作不满意。这与图 5.1 提出的框架一致:正因为工人工作更长时间需要得到补偿，所以他们也能够接受小时工资的下降以便更好地调和工作与非工作时间（家庭生产和闲暇）。

Buddelmeyer 等人（2005）研究了欧盟国家兼职工作的最近发展。他们发现兼职就业受到制度和政策的显著影响。影响兼职职位的法律框架和从事兼职工作的财政激励的设立都很重要。

在一系列研究中，Booth 和 van Ours 探讨了有伴侣的女性对于兼职工作的偏好。在很多国家，兼职工作在有伴侣的女性中很常见。关于这么多女性从事兼职工作的效率有两种截然不同的观点。持否定态度的观点是兼职工作意味着资源浪费和对人力资本的投资的不充分利用，因为很多兼职工作的女性是高学历者。而持肯定态度的观点是，如果不存在兼职工作，女性的劳动参与率将会低得多，因为面临在全职工作和零工作时间之间做选择的女性会选择后者。

Booth 和 van Ours（2008）研究了在英国兼职工作与工作时间满意度、工作满意度和生活满意度之间的关系。结果发现，如果男性全职工作并且不加班，那么他们有最高的工作时间满意度，但是他们的工作满意度和生活满意度都不受工作小时数的影响。女性则成了谜。工作时间满意度和工作满意度表明不管工作是常规的还是有挑战性的，女性都更偏好兼职工作，但是她们的生活满意度几乎不受工作时间的影响。Booth 和 van Ours（2009）研究了在澳大利亚兼职工作与家庭福祉之间的关系。他们发现兼职工作的女性比全职工作的女性对于工作时间更加满意，并且如果女性的配偶从事全职工作，那么她们的生活满意度会增加。男性配偶的生活满意度不受其配偶的工作时间的影响，但是如果他们自己全职工作，其生活满意度也会增加。Booth 和 van Ours（2013）研究了在大部分有配偶的职业女性都有兼职工作的荷兰，兼职工作是否可能是一个最终实现很多女性全职工作的过渡阶段。他们的结果表明从事兼职工作的有配偶的女性有很高的工作满意度、很低的改变工作时间的意愿，并且生活在家庭生产高度性别化的家庭关系中。总而言之，这些结果表明兼职工作是大部分荷兰女性想要从事的。

5.4　政策问题

5.4.1　政府应当规定工作时间吗？

工作时间的规定可能起源于工会与雇主的谈判协议理由（劳资协定/劳资契约）或通过政府的干预。[①]如果规定是通过谈判协定，那么政府通常没有干预的理由，因为工会会协调会员的异质性偏好并内化不同工作时间制度的外部性。如果这样的谈判协定不存在，那么就有政府干预并实施工作时间规定的有效理由。如果雇主具有买方垄断势力，这种情况就可能出现。正如最低工资小幅度的上升可能具有正的就业效应，但较大幅度的上

① 这里我们只讨论工作小时数的规定，而不是每天或每周中工作小时的时间设置。这种时间设置，比如对于商店营业时间和涉及个体间休闲活动（在同一家庭内部）的协调，是一个问题。政府管制面临经济效率和休闲时间的集体享受附带的福利之间的取舍关系（见 Burda and Weil，2008）。

升可能使就业下降一样,可能工作时间小幅度的减少会导致就业增加,而大幅度的减少就会以就业下降为代价。这种现象可以通过劳动力市场的非竞争性来解释。买方垄断或者谈判能力导致了劳动力市场的不完全性,这种不完全性只能通过政府干预来弥补(正如最低工资的情况;见第2章)。

然而,有些政府基于降低工作时间会增加对工人的需求从而减少失业的观点,想要影响工作时间。在某种程度上说这是驱动因素,政府没有迫切需要去干预。经济学家认同的为数不多的问题之一是就业不是一种劳动合成,可以无成本地再分配。正相反,强制的工作时间减少经常是以就业减少为代价实施的。

一个世纪以前,政府可能会有很好的理由通过采用强制减少工作时间的措施来抵消雇主的买方垄断局面,提高总体福利。现在,很难找到政府干预的有力论据。工作时间的强制减少仍被主张作为减少失业的手段,可能因为这项政策看起来是免费的午餐。假如劳动合成的故事成立,政府不需太多努力就能减少失业。因为事实上并非如此,政府干预劳动力市场和规定工作时间看来并没有重要的理由。

5.4.2 政府应当补贴短时工作吗?

在大衰退时期,很多国家引入了短时工作计划,其他一些国家扩大了现有计划的范围。表5.5提供了一些国家在大衰退前和中短时工作规模的信息,这个信息在这些国家可以获得并可以用来进行有意义的跨国比较。特别地,表里提供了三种衡量这些计划的规

表 5.5 STW 计划的规模

国家	平均季度占用率(%)					
	参与者存量与所有雇员数量的百分比		FTE 占全职员工的比例		STW 小时占总工作时间的比例	
	2007	2009	2007	2009	2007	2009
奥地利	0.0	0.7	0.0	0.2	0.0	0.2
比利时	3.2	5.6	1.8	3.0	1.4	2.4
加拿大	0.0	0.3	0.0	0.1	0.0	0.1
芬兰	0.4	1.7	0.4	2.0	0.4	1.5
法国	0.4	0.9	0.1	0.2	0.1	0.2
德国	0.1	3.2	0.2	1.8	0.0	1.1
意大利	0.7	3.3	0.7	3.2	0.4	2.0
日本[a]	0.0	2.7	0.0	1.1	0.0	0.7
挪威	0.1	0.6	0.1	0.2	0.1	0.7
瑞士	0.0	1.1	0.0	0.5	0.0	0.4

资料来源:Data on short-time workers drawn from Hijzen and Venn(2011); data on total hours worked and employment from OECD.

注:FTE 占用率=(STW 参与者存量×平均减少时数)/(全职雇员+相当于全职的 STW 工作者)。STW 工作时间与总工作时间的比率计算如下:总的 STW 工作时间/(前5年平均总经济活动时间+总 STW 工作时间),其中总 STW 工作时间=(STW 相当于全职就业者×一年中全职工人平均工作时间数)。FTE=相当于全职工作者。

a. 日本2007指的是2008年第二季度数据。

模的度量。第一种度量是参与者数量占所有雇员数量的百分比。一些短时工人减少的工作时间可能很小,但他们仍然和工作时间减少了100%的工人一样被这种方法计算在内。第二种度量涉及一些实际减少时间的调整:它基于这些计划包含的等同全职工作(FTE)的数量的估计,这个估计以全职雇员人口进行标准化。FTE的估计利用了Hijzen和Venn(2011)收集的关于不同STW计划平均减少的时间量的信息。最后,第三种度量取STW的时间与前五年总工作时间(标准工时在总水平上的代理变量)之比。

正如表中所示,在很多国家这些计划在2007年相当微不足道,而到2009年它们达到了相对高的水平。在比利时、德国、意大利和日本有2.5%—6%的劳动力在衰退的低谷期参加了STW计划。芬兰和瑞士有超过1%的劳动力参加了这些计划,在正常商业情况下,占到了总工作时间的2%。这些计划在衰退期间是否成功减少了失业?Boeri和Bruecker(2011)研究了衰退期间STW对就业的影响,尤其以德国和意大利的经历为重点。他们的结果表明,在严重的经济衰退期间,STW有助于保留工作。Cahuc和Carcillo(2011)也得到了类似的结果。然而,在温和的衰退期间,保留工作的数量通常比参加STW计划的工人数量少,而且净损失成本可能会大幅上升。因此,使STW能够对宏观经济状况的变化做出反应非常重要。在这方面,经验评估和在这一工具上承担很大费用份额的雇主共同筹资是至关重要的。与此同时,雇主的高成本减少了吸纳率,并且可能就在企业需要被鼓励雇佣更多工人时结果却增加了企业的税收负担。解决这个问题的一个可能的办法是使平均缴费率在经济上升时增加,让盈余得到积累,从而可以为经济衰退期间缴费率下降提供资金。在衰退期间鉴于大多数企业不得不减少劳动投入,道德风险问题也可能不那么重要了。STW的具体设计特点对于设定这些计划的规模也很重要。因此,相关的政策问题不是是否拥有STW,而是如果有的话应当采用哪种类型的STW。毕竟,到目前为止大多数OECD国家已经拥有了某些形式的STW计划。

5.5 与其他制度的相互作用

规定工作时间的制度和集体谈判制度有明确的关系(见第3章),因为工会通常以工作时间和工资作为谈判内容,用工资增加来交换工作时间的调整。例如,代表主要成年男性利益的工会可能反对兼职工作的发展,因为这将增加劳动供给,减少小时工资,并与工会成员的偏好不匹配。谈判水平也有可能影响工作时间的规定。在谈判结构分散的国家,集体谈判涵盖了工作时间、就业和工资(正如在有效谈判模型中一样),不像国家协议只能对薪酬进行有意义的谈判。在集体谈判分散的情形下,政府规定工作时间的范围可能缩小。

工作时间规定与家庭政策也有很强的相关性(见第7章),因为兼职工作的存在允许工作和家庭责任相结合。

在工作时间规定与EPL之间也有很明确的关系(见第10章),因为强EPL诱使企业通过集约边际而不是通过广延边际调整就业。Boeri和Bruecker(2011)发现短时工作的采纳率在解雇成本较高的国家更高,因为在此背景下雇主减少工作时间比解雇工人会更方便。

Boeri 和 Bruecker 还发现 STW 与失业补贴的慷慨程度负相关(见第 11 章)。因为后者降低了雇主使用劳动调整的广延边际成本。同时 STW 可以被作为失业补贴的延长期并因此在部分程度上是后者的一种替代。

最后需要强调的是工作时间受到除了最长工作时间、加班费和 STW 的影响之外,还受到其他很多规定的影响。例如,根据 Prescott(2004)、Ohanian 等人(2006)和 Rogerson(2009),大西洋两岸的工作时间差别在很大程度上可以由税率的差别来解释。尽管对美国人比欧洲人工作时间长这个事实的解释忽视了在广延边际的劳动调整(例如欧洲更高的青年失业率),并且意味着劳动供给的工资弹性难以置信地大(Blundell et al., 2011),但是毫无疑问工资税(第 13 章)连同文化与社会习俗(Blanchard, 2004)确实显著地影响了在集约边际上的选择。

5.6 为什么存在工作时间规定?

工作时间的确定很少是市场过程的结果。发生市场失灵有好几种原因,特别是因为工人和雇主的偏好是冲突的或因为制度限制。例如,工人对于周工作时间的偏好可能差别很大,而提供个性化的合同对雇主来说可能过于昂贵。雇主由于生产过程中的高峰时间可能更喜欢工作时间变化超过一周,而对于工人来说,接纳这种变化可能代价太大(如果仅因社会原因)。可能存在工作时间的制度限制,因为工会和雇主谈判商定了每周具体的工作时数、每年的假日数,或给工人提供了提前退休的机会。如果工会仅代表其成员的利益,则关于工作时间的谈判不能总留给工会。有时政府影响工作时间是出于社会原因(家庭生活),或者政府希望影响失业水平或构成(提前退休计划)。

延伸阅读建议

Pietro Garibaldi 和 Paolo Mauro(2002)提供了就业增长的一般分析,其中研究了兼职工作的重要性。Alan Manning 和 Barbara Petrongolo(2005)比较了 OECD 各国间的工作满意度和兼职工资。他们一个令人惊讶的发现是在英国兼职工作的女性尽管工资较低但却拥有较高的工作满意度。《欧盟和美国的工作时间和工作分担:是欧洲人懒惰?还是美国人狂热?》(*Working Hours and Job Sharing in the EU and USA: Are European Lazy? or Americans Crazy?*)一书由 Boeri 等人(2008)编著,提供了关于劳动—闲暇选择、工作时间、兼职工作和劳动力市场运行等令人感兴趣的信息。2010 年 OECD 发表《就业展望(2010)》(*Employment Out look*),其中第 4 章专门讨论兼职就业。最后,Vera Brusentsev 和 Wayne Vroman(2012)提供了一个 OECD 国家短时工作计划 STW 的综述。

复习题与练习

1. 在什么条件下工作分担会带来就业上升,这些条件的合理程度如何?
2. 公司为什么会雇用兼职工人代替全职工人?

3. 固定雇佣成本会怎样影响工人和时间之间的取舍？

4. 加班会怎样影响工人和时间之间的取舍？

5. 如果标准周工作时间的减少在工人加班工作的情况下发生会怎样？如果在工人恰好按正常时间工作的情况下发生会怎样？

6. 为什么兼职工作的小时收入通常比全职工作低？

7. 加班费为什么存在？

8. 短时工作计划"STW"怎样影响衰退时期的就业调整？

9. 解释总就业中非自愿的兼职工作份额和兼职工作岗位份额之间的跨国负相关性。

10. 阐释工作时间—工人数量的取舍关系。

(a) 如果有加班费会怎样？

现在假定没有工作小时数方面的选择。

(b) 用图表示在这种情况下单个个人的保留工资会发生什么情况？

(c) 如果引入兼职工作，保留工资会怎样变化？

(d) 这能否解释为什么工会反对引入兼职工作？

11. 假定企业里工作时间和工人数量以这样一种方式组合，使得等劳动函数是 $y=L\sqrt{h}$，其中 L 表示工人数量，h 是工作小时数。

(a) 展示等劳动曲线并计算劳动关于 L 和 h 的弹性。

进一步假定劳动成本由 $C=L(F+wh)$ 给出，其中 w 是小时工资，F 表示每个工人的固定成本。

(b) 对于给定的产出水平，比如说 $\bar{y}$，得到对于工作时间和工人数量的利润最小化选择。

(c) 解释这些结果，尤其是两种要素需求函数与生产规模之间的关系。

12. (进阶题)假定等劳动曲线是 $y=g(L,h)=Lh^{\alpha}$，其中 L 表示工人，h 是工作小时数，y 是任意一个常数。加班津贴是 ω，因此生产成本由下式给出

$$C=\begin{cases}(F+wh)L & \text{如果 } h\leqslant\bar{h}\\ [F+\omega(h-\bar{h})]L & \text{如果 } h>\bar{h}\end{cases}$$

其中 $\bar{h}$ 代表标准工时。

(a) 如果没有加班津贴，求出 h 和 L 的最优水平。

(b) 当 $\omega>0$ 时，求出 h 和 L 的最优水平。

(c) 分别用图形展示 $h^*<\bar{h}$、$h^*=\bar{h}$ 和 $h^*>\bar{h}$ 时的情况。

附录：集约边际和广延边际

分析标准工时减少的影响，劳动成本的两个组成部分很重要。第一，对每一个工人而言都有一个独立于工作时间的固定成本 $F>0$。这些主要是医疗保险成本、假日工资、有约束上限的社会保障缴款，或者还有动态环境下的雇用和解雇成本，以及培训成本。第二，超过标准工时的每个加班工时都有更高的报酬率。因此，企业的总劳动成本是：

$$C=(wh+\omega w(h-\bar{h})d+F)L \tag{5.1}$$

其中,C 是企业的总劳动成本,w 是小时工资,h 是实际周工作时数,ω 是小时加班费,$\bar{h}$ 是标准的周工作时数,d 是如果 $h \geqslant \bar{h}$ 取值为 1 否则取值为 0 的二元变量,L 是企业雇用的工人数量。

为简单起见,我们假定工资是常数,工人是完全相同的,并且产出 y 只依赖于时间和工人,

$$y = Lh^{\alpha} \tag{5.2}$$

其中 $\alpha \leqslant 1$。我们对内解感兴趣,因此最优工作小时数 h^* 超出标准工作小时数 $\bar{h}$。对于任意给定的产出水平 $\bar{y}$,企业最小化劳动成本 Λ,解

$$\min_{L,h} \Lambda = (wh + \omega w(h - \bar{h})d + F)L + \lambda(\bar{y} - Lh^{\alpha}) \tag{5.3}$$

其中 λ 是拉格朗日乘数。从一阶条件$\frac{\partial \Lambda}{\partial L}=0$,我们得到

$$wh + \omega w(h - \bar{h})d + F = \lambda h^{\alpha} \tag{5.4}$$

从$\frac{\partial \Lambda}{\partial h}=0$,我们得到

$$w(1 + \omega d)L = \lambda \alpha L h^{\alpha-1} \tag{5.5}$$

取上面两个方程之比得到

$$\frac{\alpha}{h} = \frac{w(1+\omega d)}{wh(1+\omega d) - \omega w\bar{h}d + F} \tag{5.6}$$

经过整理之后,我们得到最优工作小时数,①

$$h^* = \frac{\alpha(F - \omega w\bar{h}d)}{(1-\alpha)w(1+wd)} \tag{5.7}$$

和最优工人数量,

$$L^* = \bar{y}\left(\frac{\alpha(F - \omega w\bar{h}d)}{(1-\alpha)w(1+wd)}\right)^{-\alpha} \tag{5.8}$$

从这两个最优条件中我们可以得到以下结果:

以下参数变化的影响	对时间(h^*)	对雇员(L^*)
$\bar{y}$	0	+
F	+	−
$\bar{h}$	−	+

可以说:

(1) 如果产出规模增加,工作时间不受影响而就业上升。

(2) 如果就业的固定成本上升,每个工人的工作时间上升而工人数量下降。

(3) 如果标准的工作时数下降,每个工人的工作时间上升而就业下降。

① 注意到这个条件仅当固定成本足够大,即 $F > \omega w\bar{h}d$ 时,成立。

结果(1)对于理解 STW 计划的基本原理非常重要。如果没有 STW，面临生产规模缩减的(例如，在衰退期间)成本最小化的雇主将倾向于减少工人数量而不是工作时间。在 F 是唯一不依赖于时间的成本构成的情况下，结果(2)相当直观。结果(3)有点违背直觉。它表明减少标准工时减少了就业，并且在有加班工时的企业里，减少标准工时会增加工作时间。这种情况发生是因为起初 $h^*>\bar{h}$。

倘若 $h^*<\bar{h}_1$，如果企业最初在标准工时之下($h<\bar{h}$)经营，那么标准工时的减少，比如 $\bar{h}_1<h$，并不影响企业的选择。如果 $\bar{h}_1<h\leqslant\bar{h}$，那么企业会减少工作时间，并且有可能就业增加。①如果工作时间的减少影响生产率、工资和产出水平，那么就业影响依赖于工资成本和产出的变化大小。如果只有工资上升没有生产率上升或者更坏地，还有生产率下降，那么除了劳动需求下降之外，用工作时间替代工人的激励会进一步增加。最后，如果起初 $h^*=\bar{h}$，那么对于工作时间和工人数量的影响是不明确的。

① 注意到没有加班工作时间时，$\frac{\partial C}{\partial h}=wL$，而有加班工作时间时，$\frac{\partial C}{\partial h}=(1+\omega)wL$。如果标准工时降低到比实际工作时间低的水平，那么额外一单位工作的边际成本会上升。这会诱使企业减少工作时间。

▶6

提前退休计划

提前退休发生在退休者个人仍在工作的年龄时期。与其他从就业到不活动状态的流动不同,退休决定往往是不可逆的,会引起任何给定群体劳动力的永久性下降。从历史的角度来看,工人大规模退休是最近出现的现象。直到 20 世纪初,并没有很多工人退休。他们尽可能地工作,而如果他们停止工作,退休者在生命的最后几年里通常需要依靠其子女。在 20 世纪,所有工业化国家都实行了退休计划。现在,退休通常是自我资助的独立性和闲暇时间的延长,并且在很多国家工人甚至由于有强制退休年龄而被迫退休。许多国家提前退休计划的存在使得工人有可能在强制退休年龄之前很早就退休,因此法定退休年龄与实际退休年龄之间存在差距。这种差距出现的原因有很多:提前退休计划的存在、有的职业官方退休年龄比标准退休年龄低(比如公务员、教师、警察、军人和消防员),以及使用失业保险和残疾计划的人可能还有工作能力(Pestieau, 2003)。

很多研究表明老年工人对提前退休激励有强烈反应。Gruber 和 Wise(1997)基于对 11 个工业化国家的分析得出结论,在可以获得退休福利的年龄和退出劳动力的年龄之间有很强的关联性。退休决定是制度结构约束下个体最优化行为的典型例子。

在很多国家,老年工人的劳动力市场参与率很低。提前退休是老年工人离开工作的一种重要退出途径,但不是唯一一种。老年工人可能残疾或生病,也可能失业。有时失业补贴(芬兰和西班牙)、伤残补助(澳大利亚、奥地利、爱尔兰、荷兰、挪威和英国)和长期患病补助(捷克、挪威和瑞典)被用作提前退休的途径(OECD, 2006c)。在一些国家,老年失业工人面临并不苛刻的找工作的要求或者甚至可以无需找工作。

6.1 度量与跨国比较

提前退休通常通过现收现付制(pay-as-you-go, PAYG)提供资金,这种制度通过对现职工人征税来支付给当前的退休人员。换句话说,这些计划中包含一种代际转移——从当前的工人转移到当前的领取退休金人员。PAYG 制不能很好地适应未来的人口统计学特征,因为在很多国家,人口正在老龄化。与基金制(个人金融账户,人们为了养老而进行储蓄)不同,PAYG 制不仅在寿命增加时(因此养老金要缴纳更长时间),而且在人口出生率下降时存在压力。养老金计划既可以是固定收益(defined benefit, DB)制,也可以是固定缴款(defined contribution, DC)制。固定收益制通常把最终养老金定义为就业期限的长度和最后工资的函数。除了失业风险外,因为失业缩短了就业的长度,对于以养老金财富作为收入替代的工人来说没有风险,因为这种收入替代水平是有保证的。在DC制度下,养老基金的缴款是固定的,但是退休福利的水平取决于生命周期的缴款。DC制度通常要求退休时获得可以转变成年度支付的权利。这种年金化也包含一些风险,因为它与当期的利率水平有关。另一个影响年金化的因素是退休的年份:更晚的退休会导致更高的年金率。由于这个原因DC制度比DB制度更容易导致更高的退休年龄(也可参见专栏6.1)。

专栏6.1　DB制和DC制与退休决定

养老金财富是预期退休金福利流的现值。假设退休金福利在个人提取福利的整个期间(从退休日到死亡)保持水平 B 不变,并且用 a 表示(提前)退休日,我们可以把养老金财富 PW 定义为

$$PW(a)=\sum_{t=a}^{T}\frac{B(a)}{(1+i)^{t-a}}=B(a)+\sum_{t=a+1}^{T}\frac{B(a)}{(1+i)^{t-a+1}} \tag{6.1}$$

其中 i 是未来退休金福利的贴现率。

如果她决定再工作一年,直到 $a+1$ 岁时退休,她的养老金财富将会是

$$PW(a+1)=\sum_{t=a+1}^{T}\frac{B(a+1)}{(1+i)^{t-a+1}} \tag{6.2}$$

因此,应计福利 BA 由下式给出

$$BA(a+1)=PW(a+1)-PW(a)=-B(a)+\sum_{t=a+1}^{T}\frac{B(a+1)-B(a)}{(1+i)^{t-a}} \tag{6.3}$$

现在假设我们处于DB制度下,养老金福利以最后收入的一个固定比例确定并且个体在任期内工资不变。于是这种情况下可以得到:

$$B(a+1)=B(a)=B \tag{6.4}$$

因此

$$BA(a+1)=-B \tag{6.5}$$

换句话说,工人因为推迟退休而承受了一部分养老金财富的损失。现在考虑在DC制度下

$$B(a+1)=B(a)(1+\xi) \tag{6.6}$$

其中 ξ 是由于额外工作一年引起的年金化的变化(在年度养老金账户中)。对于充分大的 T, $BA(a+1)\simeq -B+\frac{\xi B}{i}$。因此,使 $BA(a+1)$ 大于零的一个充分条件是 $\xi>i$,即与额外工作一年相关的应计福利高于市场利率。

近几年,好几个国家(意大利、拉脱维亚、瑞典和波兰)推行了名义固定缴款(notionally

defined contribution，NDC)制。在本书写作时，挪威正制定朝这个方向的计划，而德国已经采纳了它的一些特点(见 Börsch-Supan and Jürges，2006)，甚至法国有了关于推行NDC制利弊的讨论(见 Holzmann and Palmer，2006；Legros，2006)。NDC制是关于退休计划的新传统观点并且现在被国际组织作为蓝图推荐给其他国家效仿(Holzmann and Palmer，2012；Whitehouse，2011)。NDC退休计划背后的思想是采用PAYG制模拟金融账户方案，在金融账户案中，工人在工作年限里缴款并在退休后提取(固定)养老金福利。然而与金融账户方案不同，对NDC制的缴款并不投资在金融资产上，因此这些缴款的回报不依赖于股市或者债券回报。这种制度是概念上的，因为缴款流向国家社会保障管理部门，它们用缴款来负担当前养老金福利支出：这种制度仍然是现收现付制。这些缴款的回报以一种能保证该计划偿付能力的方式决定；特别地，这些回报通常约等于GDP或工资的增长率(NDC的计税基础，因为为当前养老金提供资金的社会保障缴款是按总工资的比例缴纳的)。一旦工人退休，他/她一生缴款的总资本化价值就转变成实际年金：养老金福利。除了其他方面以外，这种年金依赖于退休时的预期寿命并且因此依赖于退休年龄。NDC制的具体特征和它与劳动力市场的关系在专栏6.2中有详细的描述。

专栏6.2　名义固定缴款与劳动力市场

NDC制是一种现收现付制养老金计划，其中在工作年限中所缴的费用被视为积累到养老基金中，被投资于资产。缴款通常与劳动收入成比例(缴款可能实行上限和下限)，但它们并不进入实际的基金或个人账户，因此没有获得市场回报。它们只是好像被存入基金中一样，在名义上记账，而这些缴款的回报是由法律决定的。法律通过使用代理来确定系统偿付能力，该偿付能力通常与经济或缴费基数的增长率相联系。在退休时，向系统缴款的个人获得在他们工作年份里累积的养老金财富的领取权。养老金财富然后根据收益计算公式转换成年金——养老金福利。下面两个等式提供了一个基本表述说明在NDC养老金制度下养老金福利是怎样计算的：

$$B=\tau\sum_{t=t_0}^{a-t_0}w_t\prod_{j=t_0+1}^{a-t_0-1}(1+r_j^w)\frac{1}{\gamma} \tag{6.7}$$

$$\gamma=\sum_{t=a}^{T}(1+\delta)^{a-t} \tag{6.8}$$

其中B是养老金福利，τ是劳动收入w_t的缴费率，$a-t_0$是缴纳年数(退休年龄a减去个人开始工作的年龄t_0)，r^w是缴款的回报率，γ是转换(年金化)系数的倒数，δ是估算的指数化率，T是生命的期望长度。

等式(6.7)说明了养老金福利取决于累积的养老金财富和转换系数。养老金财富通过每年的养老金缴款τw_t根据缴款回报率r^w累积所得到。在退休时，这些累积的缴款通过转换系数γ(的倒数)转换成收入流(养老金福利)。如等式(6.8)所示，这个系数取决于退休时的平均预期寿命和规定养老金领取权回报的指数化率δ。最后，注意到退休年龄不仅通过改变退休期的长度T，还通过改变工作年数a来影响两个方程。

工人的养老金财富是预期养老金福利流的现值。在退休年龄为 a 时与退休年龄为 $a+1$ 时的养老金财富之差是应计福利。应计福利与净工资收入之比是一种对收入的隐性税收(如果应计福利为负)或对收入的隐性补贴(如果应计福利为正)。负的应计福利促进了退休,而正的应计福利激励继续工作。

表 6.1 领取公共养老金的标准年龄和最早年龄;养老金替代率

国家	退休年龄							养老金替代率(%)	
	最早年龄(男性)			标准年龄(男性)		标准年龄(女性)			
	1969	2001	2011	1969	2011	1969	2011	男性	女性
澳大利亚	65	55	60	65	67	60	67	65.9	63.2
奥地利	65	65	62	65	65	60	65	89.9	89.9
比利时	60	60	60	65	65	60	65	66.0	66.0
加拿大	66	60	60	66	65	66	65	61.5	61.5
捷克	—	58.3	60	—	65	—	62/65	72.5	72.5
丹麦	67	65	n.a.	67	67	67	67	94.5	94.5
芬兰	65	62	62	65	65	65	65	64.8	64.8
法国	60	60	56	65	60	65	60	60.8	60.8
德国	65	63	63	65	67	65	67	58.4	58.4
希腊	60	60	60	60	65	55	65	110.3	110.3
匈牙利	—	62	63	—	65	—	65	99.5	99.5
冰岛	67	65	62	67	67	—	67	111.7	111.7
爱尔兰	70	65	n.a.	67	66	70	66	40.8	40.8
意大利	55	57	61	60	65	55	60	76.2	63.0
日本	60	60	60	65	65	65	65	41.4	41.4
韩国	—	55	60	—	65	—	65	51.8	51.8
卢森堡	62	60	57	65	65	62	65	96.2	96.2
墨西哥	—	65	60	—	65	—	65	46.9	46.9
荷兰	65	60	n.a.	65	65	65	65	103.3	103.3
新西兰	60	65	n.a.	65	65	65	65	49.6	49.6
挪威	70	67	62	70	67	70	67	62.3	62.3
波兰	—	65	n.a.	—	65	—	60	68.2	50.7
葡萄牙	65	55	55	65	65	65	65	65.5	65.5
斯洛伐克	—	60	60	—	62	—	62	72.9	72.9
西班牙	65	60	61	65	65	55	65	84.5	84.5
瑞典	63	61	61	67	65	67	65	53.3	53.3
瑞士	65	63	63	65	65	62	64	66.4	65.5
土耳其	60	60	n.a.	65	65	55	65	98.0	98.0
英国	65	65	n.a.	65	68	60	68	48.0	48.0
美国	62	62	62	65	67	65	67	53.4	53.4

资料来源:Duval(2003);OECD(2011a).

注:养老金替代率关注的是全职员工的强制性退休计划的净替代率。n.a.=养老金制度的任何一个部分都不允许提前退休。—=无法获得数据。

表 6.1 显示了截至 2001 年大多数国家有权利领取公共养老金的最早年龄(前三列)下降或者保持不变的情形。然而,最近 10 年,有几个国家提高了最早退休年龄以试图控制公共养老金支出。这种收紧在标准退休年龄(接下来四列)上更明显。最普遍的标准退休

年龄仍是 65 岁。对男性来说,变化比女性小。到 2011 年标准退休年龄在英国最高(68 岁),而在法国和波兰最低(60 岁)。不同国家之间的退休激励变化非常大。公共老年养老金(法定退休计划)对全职工人平均收入的净替代率在希腊、冰岛和荷兰超过了 100%,而在爱尔兰、日本和墨西哥只有约 40%。

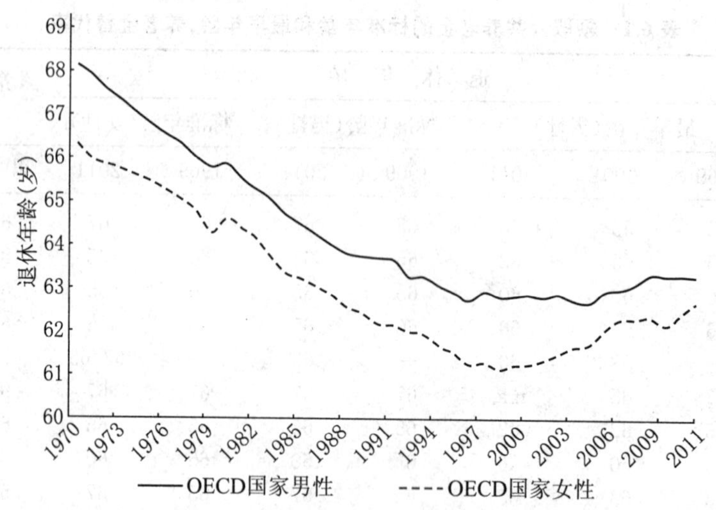

图 6.1 OECD 国家平均有效退休年龄

资料来源:OECD online statistics; estimates based on national labor force surveys; and, for earlier years in some countries, national censuses.

注:包括国家:奥地利、比利时、加拿大、丹麦、芬兰、法国、德国、希腊、冰岛、爱尔兰、意大利、日本、卢森堡、荷兰、挪威、葡萄牙、西班牙、瑞典、瑞士、土耳其、英国和美国。

图 6.1 展示了 OECD 国家的有效平均退休年龄随时间的演变。这显示了人们的实际退休决定紧密跟随提前退休规定的演变而变化。特别地,在 20 世纪七八十年代 OECD 国家最早退休年龄的降低引起了实际退休年龄的急剧下降,这个下降大约有 5 年,男性从 68 岁下降到 63 岁,女性由 66 岁下降到 61 岁。后来很多国家从 20 世纪 90 年代中期开始的法定退休年龄上升也引起了实际退休年龄的上升,尤其是对女性来说。

6.2 理论

在关于最优退休的理论文献中,期权价值(option value)的概念经常被使用。如果一个人工作到一定年龄,通常是提前退休年龄,养老金计划通常提供一笔大额的奖金。如果工人在这个年龄之前退休,以后奖金的期权就丧失了。继续工作就保留了这个期权,于是就有了术语“工作的期权价值”。期权价值模型的主要特征是如果继续工作的期望现值大于立即退休的期望现值,那么一个工人在任何年龄都会继续工作(Stock and Wise, 1990)。如果工作的期权价值大于零,那么工人会推迟退休而且一旦期权价值变为负值,工人就会退休。换句话说,当继续工作的价值低于退休的价值时,工人就会退休。随着个体的年龄接近最优退休年龄,工作的期权价值会下降。期权价值的下降不一定是平滑的。例如,如果某人在某一特定年龄有了提前退休的期权资格,那么在那个年龄工作的期权价值会有负的变化。在做退休决定时,一个人会考虑未来工作和退休的收入(关于期权价值模型详见本章附录)。

退休决定的决定因素混合了推动和拉动因素(OECD, 2006c)。推动因素限制了对老年工人有吸引力的工作机会的可获得集合,它由真实的或观察到的老年工人的工资和生产率的不平衡、企业因为 EPL 而调整其劳动力所面临的问题、缺乏投资人力资本以避免技能退化的激励、不健康,以及改变工作时间的限制组成。拉动因素主要由使退休对工人来说更有吸引力的财政激励组成。这些财政激励既考虑了老年养老金,又考虑了提前退休计划。

退休决定是在某一制度框架下个体最优化的结果。养老金类型对退休年龄的影响是相当易懂的。在 DB 制度下继续工作的个体以两种方式增加养老金福利。第一,参与劳动力市场的长度增加了。第二,如果工资随劳动力市场任期增加而增加,那么末端薪水会增加。未来养老金福利的增加诱使个体留在劳动力市场中。一旦个体达到标准或提前退休年龄,预期养老金福利通常就不再增加。而如果个体继续工作,养老金的年限就会减少。这就提供了很强的退休激励。①在 DC 制度下继续工作也会带来更高的收益,因为有额外的养老金缴款并且年金率上升。DB 制度和 DC 制度中的退休激励都取决于具体的设定特征,因为关键是在细节上(Banks and Smith, 2006)。然而,存在不变的(或者甚至下降的)工资—任期分布时(即,随着工人达到其有可能退休的年龄,工资并不增加),DC 制度比 DB 制度倾向于鼓励更高的退休年龄。专栏 6.1 解释分析了这种差别。取自 Boeri 和 Brugiavini(2008)的图 6.2 显示了意大利中等收入与职业生涯的女性在 1996 年养老金改革前后的养老金财富,这项改革涉及从 DB 制度到 DC 制度的转换。如图所示,在改革前制度下的养老金财富在所有年龄段都比改革后新制度下的要高。与此同时,DB 制度鼓励在接近 60 岁之前退休,因为在那之后养老金财富会急剧下降,而 DC 制度下的养老金财富在 60 岁之后相对平坦,意味着关于退休年龄的决策变得相当中性。

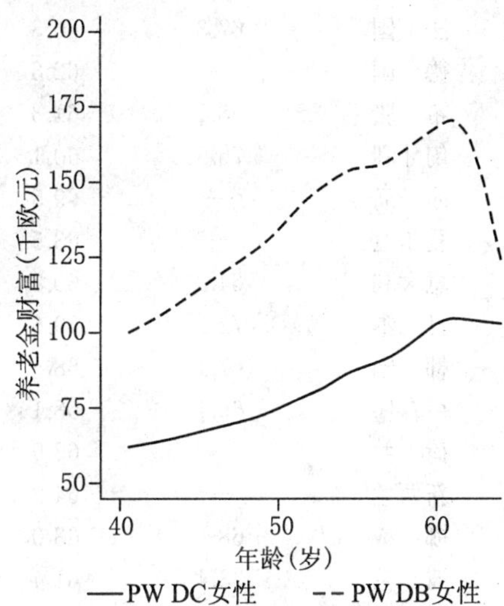

图 6.2 意大利按年龄工作女性改革前(DB,虚线)后(NDC,实线)的养老金财富

资料来源:Boeri and Brugiavini(2008).

6.3 经验证据

6.3.1 年龄与就业

表 6.2 展示了过去几十年推行提前退休计划的影响,转到经济不活跃状态的平均年龄显著下降。在 1967—2002 年间,对于土耳其男性来说这个年龄下降了多达 14.8 岁,并且

① 注意到只要养老金福利取决于离职前工资,那么工人就没有激励在退休前不久减少他们的每周工作小时数。

在匈牙利和波兰等国男性退休年龄下降幅度也很大。对女性而言,最大的下降发生在匈牙利和波兰。只有在韩国和意大利,女性转向经济不活动的平均年龄有所上升,但其起点水平很低。值得注意的是,所有这些事实是在寿命每10年大约增加2.5年的同时发生的。换句话说,随着寿命的延长,工作寿命越来越短。

表6.2 转为非经济活动的平均年龄

	男性(岁)			女性(岁)		
	1967年	2002年	变 化	1967年	2002年	变 化
澳大利亚	67.3	63.2	4.1	67.7	60.6	7.1
奥地利	—	62.6	—	—	59.4	—
比利时	64.2	61.2	3	63.5	61.9	1.6
加拿大	66	63.1	2.9	61.4	61.4	0
丹 麦	—	63.2	—	—	61.4	—
芬 兰	69.3	62.3	7	62.2	61.1	1.1
法 国	67.3	60.3	7	66.8	59.8	7
德 国	—	62.6	—	—	61.9	—
希 腊	68.1	61.3	6.8	64.5	61.6	2.9
匈牙利	70.5	60.1	10.4	69.5	58.7	10.8
冰 岛	—	69.5	—	—	67.8	—
爱尔兰	—	63.5	—	—	64.7	—
意大利	64.3	60.8	3.5	59.6	59.8	−0.2
日 本	72.2	69.6	2.6	68.9	65.7	3.2
韩 国	67.1	68	−0.9	65.5	66.7	−1.2
卢森堡	66.1	58.1	8	66.1	57	9.1
荷 兰	—	63.9	—	—	63.1	—
新西兰	—	64.2	—	—	62.2	—
挪 威	68	63.0	5	69.2	63.3	5.9
波 兰	73.4	61.4	12	72.4	57.5	14.9
葡萄牙	—	62.9	—	—	62.3	—
西班牙	—	61.2	—	—	63.4	—
瑞 典	69.3	64.7	4.6	67	64.0	3
瑞 士	72.5	64.8	7.7	73	62.2	10.8
土耳其	77.3	62.5	14.8	63.1	61.8	1.3
英 国	—	64.1	—	—	62.0	—
美 国	69.9	65	4.9	68.6	62.9	5.7

资料来源:OECD estimates derived from the European and National Labor Force Surveys. Austria, Belgium, Poland, Portugal, and Italy(women), 2007; Ireland, 2006; Luxembourg, 2003; Australia, Canada, Iceland, Japan, Korea, New Zealand, Turkey, United States, 2002.

注:退休的平均有效年龄是根据观察到的40岁及以上工人同组(按5岁年龄分组)5年内的参与率变化推导所得。—=无法获得数据。

图6.3展示了2010年主要工作年龄段(25—54岁)和老年(55—64岁)男性及女性的就业率。关于主要工作年龄段工人,从这些图中可得到两种程式化的事实。第一,男性就业率的变动范围比女性小得多。第二,在每一个国家,男性的就业率都比女性高。这些差

异在北欧国家最小，它们有更高的女性就业率，而差异最大的是在南欧国家，那里的女性就业率相对较低。对于男性而言，主要工作年龄段工人和老年工人的就业率看上去并没有很强的相关性。显然，各个国家的提前退休计划差别很大。事实上，老年男性就业率的跨国变动范围很大，从低点匈牙利的40%到高点冰岛的85%。对女性而言，提前退休计划也有差别，但是向上倾斜的回归线凸显了主要工作年龄段工人和老年工人的就业率之间也存在很明显的正相关性。

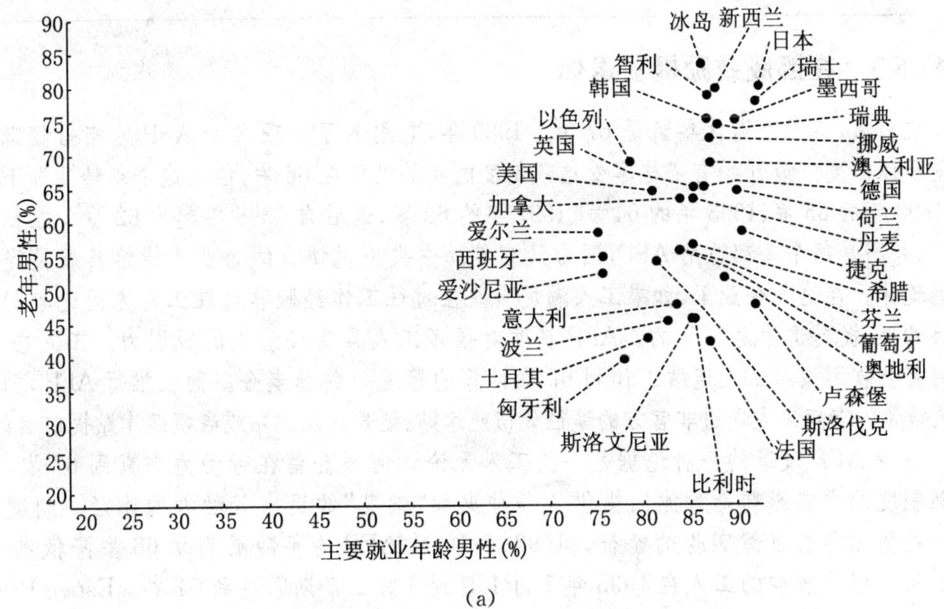

(a)

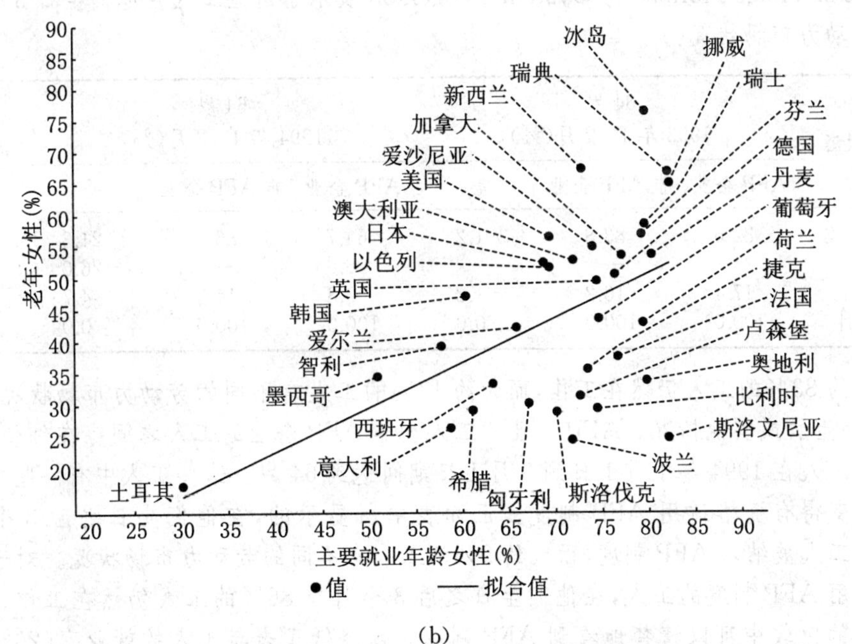

(b)

图 6.3 2010 年(a)男性和(b)女性的就业率

资料来源：OECD Labor Force Statistics.

注：主要就业年龄＝25—54 岁；老年＝55—64 岁。

想要停止工作的老年工人有多种办法来实现,他们可能残疾、生病或者将失业作为一种方法在提前退休之前离开工作。Bratberg 等人(2004)提供了不同退出工作途径重要性的一个例子,作者研究了挪威提前退休计划变动所带来的影响(详见专栏 6.3)。推行一个相当慷慨的提前退休计划时,很多有资格的挪威工人的确用它来提前退休。提前退休计划在很大程度上减少了老年工人的就业,也同时减少了从工作向其他结局的流出,如残疾、失业或者生病。

专栏 6.3 在挪威鼓励提前退休

在挪威,标准的退休年龄是 67 岁。1989 年,它引入了一项名为 AFP 的相当慷慨的提前退休制度。最开始有资格享受这项制度的年龄设置在 66 岁,但是这个年龄逐渐下降到 1990 年的 65 岁、1993 年的 64 岁、1997 年的 63 岁,最后自 1998 年起为 62 岁。在私人部门,并不是每个人都适用 AFP,因为只有参加中央关税协议的企业才能给其雇员提供提前退休。在这些企业里,如果工人满足一些在过往工作经验和过往工资方面比较弱的条件的话,提前退休是可能的。AFP 制度对很多工人具有经济上的吸引力。工人在 67 岁时将会收到按照工人连续工作到 67 岁计算的普通公共养老金。而在推行 AFP 之前,巨大数量的老年工人通过非官方的途径如伤残津贴、延长失业津贴或者疾病津贴提前退休。

支持 AFP 改革的一种论据是一些工人无论如何不会留在劳动力中直到 67 岁,并且新制度的主要影响是给他们提供了一种更加"堂皇"的退出劳动力的途径。制度上的一些变化具有自然实验的特征。1993 年 10 月 AFP 的年龄限制从 65 岁降低到 64 岁。第一组受影响的工人在 1993 年 1 月 1 日到 3 月 1 日期间达到 64 岁。Espen Bratberg、Tor Helge Holmås 和 Øystein Thøgerson 展示了这些工人在他们生日 3 个月之后的劳动力市场状况:

工人状态	64 岁 1993 年 1—2 月(%)			64 岁 1994 年 1—2 月(%)			倍　差
	AFP 企业	非 AFP 企业	差	AFP 企业	非 AFP 企业	差	
仍在工作	82.6	83.8	1.2	64.7	86.0	21.3	−20.1
AFP	—	—	—	26.0	—	−26.0	26.0
其　他	17.4	16.2	−1.2	9.3	14.0	4.7	−5.9
总　计	100.0	100.0	0.0	100.0	100.0	0.0	0.0

大约 83%的工人仍然在工作,而大约 17%的工人有不同的劳动力市场状况,即残疾、长期生病或其他情况。AFP 企业的工人和非 AFP 企业的工人之间存在细微差别。第二组工人在 1994 年 1 月 1 日到 3 月 1 日期间达到 64 岁。这些工人中有一些在他们生日时变得有资格适用 AFP 制度。正如表中所显示的,在他们生日之后 3 个月有 26%的工人被纳入 AFP 制度,而大约 9%的工人有不同的劳动力市场状况。对于没有资格适用 AFP 制度的工人,在他们生日之后 3 个月有 86%的工人仍然在工作。从两组工人的比较中可以清楚地看到 AFP 制度大幅降低了老年工人的就业率(26%),而它只是轻微地降低了其他方式退出工作的工人比例(大约 6%)。

资料来源:Bratberg et al.(2004).

老年工人的低参与率并没有一直被当作一个问题，事实上它有时是有目的的政府政策处理年轻人失业的结果或者作为一种给老年工人的服务。正如OECD(2006a)表述的："老年工人的工作越少会导致年轻工人的工作越多，尽管这毫无根据，但被证明尤为顽固。"另一种言论是"老年工人只是'太累了'以致不能继续工作"。政府支持提前退休政策以减少劳动供给，雇主把提前退休政策作为一种补贴方式以使员工年轻化或者减少其员工总数，工会也支持提前退休政策，因为它们的很多老年会员渴望离开劳动力。老年工人的劳动参与率下降是一种长期现象，这一定程度上是受到20世纪80年代很多欧洲国家出现的高失业率刺激引起的。为了减少失业并且为年轻工人创造空间，老年工人经常得到有吸引力的提前退休提议，"这些提议他们无法拒绝"。

一旦老年工人失业了，他们再找到另一份工作要花很长的时间。老年工人的长期失业率比主要工作年龄工人和年轻工人的更高。除了失业被当作提前退休的备选退出路径，这方面没有太多文献关注老年工人的失业。失去工作对很多老年工人来说是离开劳动力的单行道[见Gielen和van Ours(2006)对荷兰数据的详细分析]。延长企业和现职工人之间的关系比激励企业雇用老年工人更加容易。虽然如此，老年工人在保住他们的工作方面面临困难，这部分是因为雇主对他们适应技术与公司结构变化的能力持负面看法，部分是因为他们的工资成本可能比其生产率上升的幅度更大。健康不佳和困难的工作条件，包括长时间工作，也可能起一定的作用。或许更加重要的是失去工作的老年工人发现获得一份新工作极其困难，而且可能面临很大的潜在工资的损失。在OECD国家平均而言，50岁以上工人的雇用率不到25—49岁工人雇用率的一半。这可能不仅与雇主不愿意雇用老年工人有关，而且与微弱的搜寻激励和政府就业服务的有限支持有关(OECD, 2006c)。

Chan和Stevens(1999)研究了在美国职业生涯后期失业的经济后果，并发现其对工资、资产、就业期望和实际就业具有大且持久的影响。Chan和Stevens(2001)得出结论：在55岁失去工作两年之后，只有60%的男性和55%的女性被雇用，相比之下55岁时在工作而没有失业的男性与女性在两年之后的就业率超过80%。他们还发现甚至失去工作四年之后在失业过和未失业过的工人的就业率之间仍然有大约20%的差距。这些差距有两方面的原因。被置换的工人回到新工作岗位很缓慢，并且被置换后工作的退出率比其他工作高。

Daniel和Heywood(2007)参考了Hutchens(1986)，认为对于普遍观察到的很多企业长期雇用老年工人但很少企业短期雇用他们的现象有两种可能的解释。第一种解释与培训问题有关。老年工人拥有更多经验、特定企业的技术和知识，并且对企业内部的培训很重要。如果他们离开了企业，企业就会失去这些优势并且比新雇员更加昂贵。第二种解释考虑了生产率与工资之间的关系。如果报酬后置被用来激发整个生命期的努力，那么这只在工人呆在企业的情况下有效。新招雇的老年工人没有在他们的工作上投入大量精力的激励，这使得他们也相对昂贵。Daniel和Heywood(2007)使用英国数据研究了少招雇老年工人的这两种可能的解释。他们发现使用递延报酬和内部劳动力市场的企业不大可能招雇老年工人。他们也得出结论：适度的财政激励可能不足以改变很多雇主的雇佣政策，特别是使用报酬后置和要求特定人力资本的雇主。然而，Behaghelet等人(2004)发现了财政激励影响法国企业雇佣行为的证据。当取消了雇用大于50岁的工人的解雇税之后，老年工人的雇佣数量上升了。

Duval(2003)提供了一个老年工人劳动参与率的分析，它研究了各种各样激励的影响。他使用了22个OECD国家在1967—1999年期间不平衡的面板数据集，其中包含了

55—59 岁、60—64 岁、65 岁及以上共三个年龄群体的信息。该分析集中关注的是内含在养老金和提前退休计划中的隐性税率的影响。隐性税率和标准退休年龄的变化似乎能够解释老年工人劳动参与率下降趋势的主要部分。

Dorn 和 Sousa-Poza(2005)进行了一项跨国分析以研究自愿性和非自愿性的提前退休。他们得出结论,宽厚的提前退休条款不仅让提前退休对工人来说更有吸引力,而且给企业提供了鼓励更多工人提前退休的激励。特别地,企业被说服在衰退期间和回避 EPL 时使用提前退休计划来让工人离开工作。

取消强制退休年龄的影响的研究可能有助于理解与年龄有关的政策对总劳动力市场表现的影响。美国为了取消年龄歧视,于 1967 年禁止了 65 岁之前的强制性退休,于 1978 年禁止了 70 岁之前的强制性退休,并且于 1986 年全部废除。Adams(2004)发现强制性退休的禁止并没有影响老年工人被雇用的概率,但它确实减少了退休并因此延长了工人与企业的劳动关系。Neumark 和 Stock(1999)显示在废除强制性退休之后,工资曲线变得更加陡峭而不是更加平坦了,这表明工人与企业的长期关系被强化了。他们还发现废除强制性退休显著提高了老年工人的就业率,多达 7 个百分点。Von Wachter(2002)分析了美国废除强制性退休对劳动力市场的影响。他发现被强制性退休计划覆盖的工人在 65 岁有很高的退休率,而没有被覆盖的工人在 65 岁的退休率低得多。在取消强制性退休之后这两个群体之间的差别逐渐消失。他估计因为取消强制性退休,65 岁及以上的劳动力数量增加了 10%—20%。

Ashenfelter 和 Card(2002)发现在美国取消针对高等院校教授的强制退休规定大幅增加了他们在更高年龄上劳动力市场的参与率(详见专栏 6.4)。然而,Banks 和 Smith(2006)得出结论认为在英国取消强制退休的就业影响可能很小。主要原因是提前退休计划是比强制退休年龄更重要的就业率决定因素。他们估计在英国只有大约 1.5%的退休可归因于 65 岁以下的强制退休。

专栏 6.4　美国取消强制退休年龄

1986 年在美国高等院校教授是少数豁免一般性取消强制性退休的职业之一。高等教育机构被赋予临时的豁免权是为了强化在 70 岁时实行强制性退休。1994 年 1 月 1 日,这种豁免权终止了。Orley Ashenfelter 和 David Card 使用在 20 世纪 80 年代中期 50 岁及以上年龄的普通教员的数据集,并在接下来的 10—11 年里进行了跟踪,以研究取消强制性退休会怎样影响教员退休。数据集考虑了提供 DC 养老金的高等院校的教员。基于他们的分析,估计了以下的概率:

指　标	强制退休		差
	是	否	
工作至 70 岁的概率(%)			
从 60 岁起	26.1	25.4	0.7
从 65 岁起	39.2	38.6	0.6
如果 70 岁仍在工作的就业结果(%)			
70 岁退休	76.6	29.6	47.0
71 岁仍工作	23.4	70.4	−47.0
72 岁仍工作	8.4	51.6	−43.2
73 岁仍工作	6.3	39.4	−33.1

强制性退休的取消对于小于70岁的教员的退休率似乎没有什么影响。然而，在70岁之后仍然继续工作的教员的比例显著上升。当存在强制性退休时，70岁的教员到72岁时还在工作的比例不到10%。在取消强制性退休之后，接近50%的70岁教员到了72岁时还在工作。Ashenfelter和Card也发现有较高工资或较低养老金财富的教员在任何既定年龄都不太可能退休。

资料来源：Ashenfelter and Card(2002).

6.3.2　年龄与生产率

年龄可能因为多种原因而影响生产率。一方面，老年工人被认为更加可靠并且比中等熟练程度的工人拥有更高水平的技能。另一方面，老年工人的医疗保健费用更高，接受新任务的灵活性更低，并且他们可能不太适合培训(Barth et al., 1993)。很难证实年龄本身是如何影响劳动生产率的，这不仅因为生产率是高度个体和行业特定的，而且因为年龄、同伴和选择效果之间存在相互作用。单独考虑年龄对个人业绩不是一个好的预测工具。工作和工人之间差异巨大，但是老年工人通常被认为是更加一致、谨慎、缓慢和认真的。而且老年工人有更少的事故并且辞职可能性更小，因此减少了企业雇佣成本。

年龄/生产率曲线对于劳动力市场制度并不是外生的。在过去，劳动力市场制度的调整有利于提前离开劳动力。如果不投资人力资本使其保持更新，那么个体生产率就会下降。因此，老年工人生产率下降可能是一个自我实现的预言。如果一个工人期望提前退休，那么他就不会热衷于投资培训以防止生产率下降。如果一个雇主预期一个工人会提前退休，那么这个雇主也不会有激励投资以保持其生产率。当前世代的老年工人可能已经预计他们会提前退休，这会降低他们投资人力资本的意愿。如果是这样的话，年龄和生产率之间的凹性关系可能是由于强制退休的存在引起的，并不是因为别的。

根据Johnson(1993)，大多数雇主(以及可能有很多雇员)似乎相信一个经验法则：平均劳动生产率在40—50岁之间的某个年龄之后会下降。这种假设太常见以至于很少有人尝试去搜集证据；何苦去证明这么明显的事呢？然而，年龄组内的业绩差异通常大于年龄组之间的差异。大多数研究都是基于横向比较而不是纵向分析的。Warr(1998)提供了关于年龄和生产率之间关系的各种研究的扩展综述。Warr的综述包括了对结合财务指标的一系列工作行为的研究以确定雇用老年工人的总体后果以及比较不同年龄人群的实验行为。根据Warr的研究，没有理由认为老年工人比年轻工人不擅长自己的工作：将这些工作作为一个整体，老年工人的工作业绩与年轻工人相比并没有显著的差异。

有些关于生产率和年龄之间关系的证据是基于来自工人或企业的一般数据。Avolio等人(1990)基于包含能力、工作和工作业绩等个人特征的个体信息的美国数据发现，工作经历是一个比年龄更好的工作业绩的预测器，特别是在高度复杂的工作中。Hellerstein等人(1999)利用一个美国工人—企业匹配数据集分析了工资、生产率和工人特征之间的关系。他们发现对于主要工作年龄工人和老年工人,生产率和收入在生命周期中以同样的速度增加,并且他们得出结论他们的证据是最符合工资随生产率上升而增加的模型的,如一般的人力资本模型。Crépon 等人(2003)使用法国工人—企业匹配数据和类似 Hellerstein 等人(1999)的分析设定发现了相反的结论:老年工人的薪酬相对过高。工资的年龄曲线是凹形的,而生产率的年龄曲线在某个经验水平之后停止增长甚至会下降。Crépon 和同事得出结论:对于年龄大于 35 岁的工人,工资的增加并不是人力资本积累的反映。①Ilmakunnas 和 Maliranta(2005)使用匹配的一般工人特征的芬兰企业数据来研究工资和生产率之间的关系。他们发现工资—生产率差别随着年龄增加而增加,并且他们把这归因于工资设定上很强的资历效应。Dygalo 和 Abowd(2005)使用法国匹配的工人—企业数据来比较就业期间他们的经验/收入和经验/生产率曲线。他们也发现在就业期间收入增加甚至当生产率下降时也是如此,他们把这种情况归因于工人对收入上升分布的偏好和企业对这些偏好的匹配。然而,Aubert(2003)也使用了法国匹配的工人—企业数据,但并没有发现老年工人比年轻工人生产率低的有力证据。生产率随年龄增加而增加,并且是关于年龄凹性的。在制造业、建筑业和贸易行业,生产率的增长在 40 岁以后放缓,并且在 50 岁以后接近于 0,但是生产率并不会下降。在服务业,生产率的增长在 40 岁以后也会放缓,但是即使超过了 40 岁,生产率仍随年龄增加而增长。Dostie(2006)基于加拿大工人—企业匹配的数据分析得出结论,工资和生产率曲线都是凹形的,但是 55 岁及以上工人的生产率比工资下降得更快。②

年龄和生产率之间的客观关系可能很难证实,但是雇主仍可能对老年工人的生产率有强烈的意见。Remery 等人(2003)报告了在荷兰关于老龄化问题的雇主观点。他们发现雇主不看好老年工人——更高的工资成本,更低的生产率——企业中老年工人比例较高。大约 40%的雇主表示即使他们受到缺少员工的不利影响,也不会考虑招聘老年工人。

6.4 政策问题

6.4.1 强制退休年龄是否应该提高?

Lazear(1979)提供了强制退休年龄存在的理论动机。根据 Lazear,年龄/收入曲线是向上倾斜的,因为这会阻止工人怠工。工人和企业建立长期雇佣关系,其中工人工资最初是未足额支付的,但在工作生涯后期会超额支付。这种延期报酬合同会阻止工人怠工以保留工作,并且享受更长任期的工资回报。但与此同时,这些合同要求强制性退休以避免企业支付超过平均工作寿命(即,工人与企业的合同期限)的边际产品的价值。Lazear

① 注意到作者由此得出结论,法国的提前退休政策与这种证据相一致,并且因为老年工人在劳动力市场表现不佳的缘故,提高强制退休年龄可能是成问题的。他们没有考虑如果工人和企业间的附属关系持续更久的话,年龄/生产率分布将会变化的可能性。

② Dostie 指出只可能通过年龄、性别和教育来区分工人。因为有一项重要的遗漏变量是职位,所以不可能把管理职位上的工人与生产职位上的工人区分开来。

的理论要求工人和企业都希望建立长期劳动关系。因为工资随着任期增加，并且生产率会在达到某一年龄之后下降（或不变），收入的上升可能与下降的或不变的生产率同时存在。

以上表明使用工资作为生产率的代理变量可能会是误导性的，特别是对老年工人来说。使用年龄/工资曲线作为衡量年龄如何影响生产率的指标的另一个复杂因素是，生产率与年龄之间的当前关系至少部分地取决于来自就业的选择性摩擦。生产率最低的工人最有可能最早退休。如果不考虑这个因素，这种选择效应可能导致估计的由老龄化引起的生产率下降有向下的偏差。Von Wachter(2002)发现在美国老年工人的工作任期和工资分布都不受强制退休立法变化的影响。他从这个发现得出结论，强制性退休不是结束企业与工人之间长期关系的唯一手段。总而言之，似乎并没有理由不增加或者甚至废除强制退休年龄。但还应该注意的是增加强制退休年龄对于增加老年工人的劳动参与率来说可能既不必要也不充分。可能不必要是因为有其他障碍阻止老年工人留在劳动力市场上。可能不充分是因为工人使用除了官方退休之外的其他退出途径离开劳动力。

6.4.2 提前退休计划是否应该逐步停止实行？

基本上有三种养老金导向的政策来减少提前退休（OECD，2006c）：降低提前退休补贴的慷慨程度、提高对推迟退休的奖励和延缓退休的最小年龄。如果不是全部的话，大多数 OECD 国家使用了这些可能中的一种或数种改革了它们的养老金体制。评估这些改革效果的研究表明人们确实对激励做出了反应。因此退休年龄的提高不仅可以通过提高法定提前退休年龄来实现，也可以通过减少那些较早退休人员的养老金福利来实现。例如，Hanel(2010)发现 1997 年德国的养老金改革显著推迟了退休年龄，这次改革使在有资格领取全额养老金之前要求每个月领取的养老金降低 0.3 个百分点。除此之外，也可能存在提前退休的非养老金激励，例如，通过如长期生病、残疾或失业等其他退出途径。这些方案提供了退休的一种途径或者说是软着陆方案，被广泛地用来缓冲冗员的社会成本。举一个例子，在比利时 55—59 岁的工人可以用三种方式通过失业保险退出劳动力：第一，他们可以接受相当低的失业补贴；第二，他们可以通过提前退休计划退出，这个计划不仅提供了失业补贴，也提供了政府允许的来自原雇主的额外补偿；第三，他们可能被雇主说服接受失业并获得一种额外收入以弥补其工资和失业补贴之间的一部分差额（Pestieau，2003）。这里 OECD 国家也实施了或正在实施各种政策来减少这些激励，例如对申请残疾补贴的工人加强审查。最后，一些国家通过兼职养老金来激励灵活的退休途径。尽管老年工人可能部分程度上决定自己的退休日期，但留在劳动力中的机会，特别是在失去工作之后，主要取决于雇主。OECD 国家使用各种各样的政策来影响雇主的行为，包括大规模信息宣传活动。此外，很多国家效仿美国的例子，引入新的立法来禁止年龄歧视。这种立法在某种程度上作为 EPL 的一种形式，其影响是不明确的。如果解雇老年工人的成本上升，那么较少的老年工人会被解雇，但也会有较少的老年人会被雇用，这使得净效果不可预测。提高老年工人的解雇成本的政策如果伴随提前退休年龄的提高，则其效果似乎会更好（见专栏 6.5）。政府政策激励老年工人就业的另一种手段是把成本与生产率匹配起来。很多国家实行了工资补贴制度来雇佣或保留老年工人。与这些制度相关的重要问题是无谓损失和替代或置换效应(见第12章)。单独以年龄为目标的工资补贴有变成拙劣工具的危险,并且可能导致花费很大的代价却得到很小的净效果。这些与年龄有关的工资补贴还有可能导致对老年工人进一步的指责。

专栏6.5　解雇成本对老年工人就业的影响

提前退休决定不仅与劳动供给决定有关,而且与影响老年工人的劳动需求紧缩有关。Mario Schnalzenberger 和 Rudolf Winter-Ebmer 研究了奥地利在1996年实行一种税收然后在2000年收紧的影响,这使企业解雇超过50岁的工人的代价更加高昂。这个税收的目的是降低老年工人的失业率以及减少与之相关的为提前退休设立的高昂软着陆计划的大量流入。特别地,1996年实行的税收与工资成比例并且随着任期和直到最早可能退休的月数的增加而增加,最高可达到月收入的170%。由于2000年的法律使提前退休年龄提高了18个月,税收金额大幅增加:男性的最高税率增加了大约三分之一,而女性的税率增加了一倍。

利用社会保障记录,Schnalzenberger 和 Winter-Ebmer 分析了税收对解雇率的影响。他们把50—52.5岁的工人作为实验组,而把47.5—50岁的工人作为控制组,因此选择那些与规定相关的刚好在年龄界限以上或以下的工人。下表除了提供粗略的倍差法练习之外,还提供了关于实验组和控制组在1996年和2000年解雇率的证据。

年龄区间	解雇率(%)			
	男　性		女　性	
	2000年	1996年	2000年	1996年
50—52.5岁	0.86	0.83	1.59	1.34
47.5—50岁	0.85	1.27	1.27	1.14
差	0.02	−0.44	0.32	0.20
倍差	−0.46		−0.12	

这表明2000年的改革显著降低了老年工人中的解雇率。然而,正如 Schnalzenberger 和 Winter-Ebmer 所强调的,因为两项观测值之间很长的时间跨度,分别在1996年和2000年的每项政策干预发生的四个季度之前和四个季度之后观察解雇率会更好。通过这样做,Schnalzenberger 和 Winter-Ebmer 发现1996年的改革对解雇率并没有显著的影响,而2000年的改革提高了提前退休年龄也因此增加了税收,减少了老年工人的解雇率。他们报告没有聚众或行贿行为迫使老年工人自愿离开企业的证据。然而,短任期的老年工人与免纳税的年轻工人之间似乎存在某种替代关系,他们的解雇率在2000年改革之后上升了。

资料来源:Schnalzenberger and Winter-Ebmer(2009).

在许多国家,提前退休政策是作为短期政策措施推行的:政府希望通过减少劳动供给来对抗失业。如果经济环境发生变化,则这些政策愈发显得过时(Walker, 1998)。特别是在那些接近退休年龄的工人中,提前退休增加了失业而不是减少了失业。Hairault 等人(2010)发现提前退休对接近退休的工人的搜寻强度有负面影响从而减少了他们的就业率。更糟糕的是,提前退休计划可能影响雇主对老年工人潜在生产率的认知。只要许多老年工人在标准退休年龄之前很早就离开劳动力,那些劳动力中剩余的老年工人会被认为与离开的工人一样太老了。因此,老年工人会陷入缺乏坚实实证分析认知的恶性循环中。总而言之,不废止提前退休计划是没有理由的。

6.5 与其他制度的相互作用

正如上面讨论的,提前退休计划与 EPL 有明确的关系(见第 10 章)。提前退休使企业解雇有较长任期的工人的成本更少,把这些成本外部化在纳税人身上。因此,在有严格 EPL 的国家,雇主通常支持提前退休计划。

失业补贴(见第 11 章)也和提前退休互补,因为老年工人有时把失业补贴当作预提前退休制度。同时,如果老年工人失去工作变成失业,那么他们很难找到新工作。

提前退休计划也和教育政策密切相关(见第 8 章)。更长的工作寿命使得投资人力资本变得更加值得,因为它会在更长的时期内有回报。同时,尽管提前退休是一种相对较年轻的工人支付给相对较老工人的计划,但是免费公共教育是一种从老年人到年轻人的转移支付。因此,有严格的经济学和政治经济学理由认为提前退休与在教育上的公共支出负相关。我们在第 8 章将更加详细地分析这种相互影响。

6.6 为什么存在提前退休计划?

反对废止强制退休的一个重要理由是这会在年轻人中造成失业。过去几十年,有几个国家推行提前退休计划来减少年轻人失业。这两种情况都是基于这样一个错误的假设:存在一个劳动合成可以将老年工人的就业无成本地再分配给年轻人。Boldrin 等人(1999)表明在年轻人失业与退休年龄之间没有正相关性;即,老年工人提前退休不会导致更低的年轻人失业。类似地,图 6.4 显示了在跨国基础上,老年工人(55—64 岁)的就业率和年轻工人的失业率(20—29 岁)之间甚至有负相关性。另一个支持提前退休计划的论据是老年工人面临健康问题从而使他们不能在劳动力市场中保持活跃。这也似乎是错误的。过去几十年中,不仅预期寿命大幅增加,而且老年人的健康也大大改善。雇主可能支持提前退休计划,这是因为这可以使他们更容易解雇高薪的老年工人。特别是存在严格的 EPL 时,雇主将支持提前退休。工会也可能支持提前退休,这是因为它是一种最初由谈判获得的福利。而为这项政策不足付出代价的是年轻工人和一般纳税人。尽管寿命在增加,但年轻工人还在为越来越早退休的人们的养老金提供资金,一般纳税人也必须填补社会保障资金的缺口。

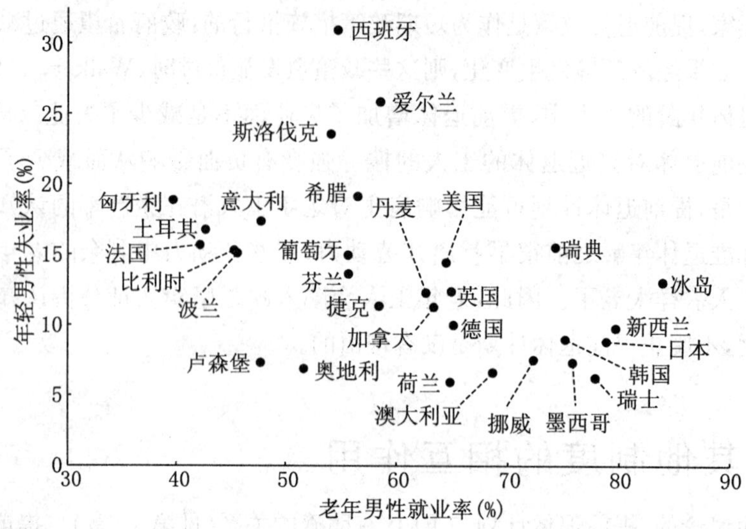

图 6.4　2010 年老年(55—64 岁)男性就业率和年轻(20—29 岁)男性失业率

资料来源:OECD Labor Force Statistics.

延伸阅读建议

关于退休计划及其对劳动供给影响的文献汗牛充栋。Gruber 和 Wise(1999)提供了关于退休激励的国际间差异的概览。一份标题为《活得更久,工作得更久》(*Live Longer, Work Longer*)的关于老龄化和就业政策的 OECD 研究(OECD, 2006c)综述了与老龄人口有关的制度特征。其讨论的主要政策问题是怎样增加老年工人的劳动力参与。关于对老年工人的劳动需求知道得更少。由 Garibaldi 等人(2008)编著的《老龄化、健康与生产率:预期寿命增加的经济学》(*Ageing, Health and Productivity: The Economics of Increased Life Expendency*)一书和 *De Economist* 关于"老龄化劳动力"的 2011 年特刊提供了关于年龄、健康与生产率之间关系的有趣的信息。最后,最近一本由 Gruber 和 Wise(2010)编著的国家经济研究局(NBER)书籍也证实了提前退休对于青年就业的负面影响。

复习题与练习

1. DB 和 DC 养老金制度之间的区别是什么?
2. 为什么人们通常在 DC 制下比在 DB 制下退休更缓慢?
3. NDC 制度的关键特征是什么?
4. 养老金缴款与税收在多大程度上不同?
5. 为什么提前退休计划对于降低青年失业不是一个好办法?
6. 为什么工资随任期增加而增加?而这又会怎样影响退休计划?
7. 标准退休年龄的增加会怎样影响雇主和工人的行为?
8. 有时通过工资在生涯周期内的演变来研究年龄与生产率的关系。为什么这是一个危险的策略?

9. 解释为什么很多企业长期雇用老年工人，而很少企业短期雇用老年工人？

10. 工作的期权价值理论的基本要素是什么？

11. Joe 一直工作到 60 岁。他现在有两种选择。第一种选择是再工作额外 5 年，每年挣 40 000 欧元，在 65 岁退休，并且在接下来的 15 年里每年领取 10 000 欧元养老金。第二种选择是立刻退休并在接下来的 20 年里每年领取 X 欧元养老金。假定今天收到的 1 欧元与下一年收到 1.05 欧元等价。

(a) X 的值是多大时工人在两种选择下的总收入(工资和退休金)的净现值相同？

(b) X 的值是多大时工人在两种选择下的养老金财富相同？

(c) 考虑一个对持续工作到 65 岁的人免费提供的国家医疗保险。那些低于 65 岁不工作的人可以每年花费 5 000 欧元购买这种保险。如果 Joe 认为在 60 岁退休的价值比在 65 岁退休的价值高 200 000 欧元，那么 X 的值是多大时他会在 60 岁退休？

12. 考虑一个当前 65 岁并且预期寿命是 85 岁的工人。她目前和未来的工资都是每年 25 000 欧元。她有权选择立即退休或者最高推迟到 70 岁退休。如果立即退休，她可以获得 10 000 欧元的年金。如果推迟到 66 岁退休，她可以获得更高的年金，比如每年 12 000 欧元。如果 67 岁退休，年金是 14 000 欧元，68 岁时是 16 000 欧元，69 岁时是 18 000 欧元，70 岁时(她在任何情况下被迫退休)是 20 000 欧元。假设退休之后养老金是唯一的收入来源，并且假设个人的效用函数是 $U = R^{\alpha}Y^{1-\alpha}$，其中 R 表示退休的总年数，Y 表示她(剩余)一生收入的净现值，并且 $0 < \alpha < 1$。为简单起见，假设市场(和主观)贴现率为 1。

(a) 列表显示不同 R 水平下这个人的收入和养老金财富的净现值。

(b) 显示这个人的闲暇(退休)收入取舍关系，把退休年龄表示在横轴上。

(c) 当 α 是多少时，这个人决定在 65 岁退休？当 α 是多少时，她决定在 70 岁退休？

(d) 假设 $\alpha = 0.9$，要使工人推迟到 70 岁退休，养老金的自然增长率(如果个人推迟一年退休的年养老金增加量)需要是多少？

13. (进阶题)1996 年意大利和瑞典都推行了 NDC 养老金制度。然而两个制度之间有重大的设计差别。所谓的转换系数在瑞典比在意大利更高。此外，在意大利养老金扣除物价因素保持不变，不依赖于工资增长，而在瑞典当工资增长下降到一定水平(目前是 1.6%)时养老金并不完全与通货膨胀挂钩。

(a) 在你看来，养老金制度设计背后的这些差异的基本原理是什么？

(b) 它们对于引致的退休年龄有什么影响？

(c) 在经济周期中，它们怎样影响养老金支出与 GDP 之比？

附录：最优退休年龄

专栏 6.1 中概述的养老金财富增量模型假设死亡年龄没有不确定性，并且个人在任何两个连续年份之间比较养老金财富而不是在比如今天和未来某时刻间比较。这有可能忽视了养老金财富在某个特定年龄的(例如，与不同提前退休计划有关的年龄)大的峰值。退休的期权价值模型(Stock and Wise, 1990)提供了一个更加通用的框架来分析退休决定。

假定退休是不可逆的,并且有一个恒定的贴现率 i。在缴纳年 t 衡量,在特定年龄 a 的退休价值由两部分组成,这两部分与随后的两个时期有关。第一,从 t_0 年(个体开始工作的那年)到 a 年,这个人都有年收入 w_t,它的净现值 NPV 可以表示为

$$NPV_{1,t}(a)=\sum_{t=t_0}^{a-1}\left(\frac{1}{1+i}\right)^{t-t_0}U(w_t) \tag{6.9}$$

其中,t 是年龄指标,U 是表示这个人从工资收入 w_t 中获得的(间接)效用的函数,$\frac{1}{1+i}$ 是贴现因子。第二,从年龄 a 直到最后给定的死亡年龄 T,这个人每年获得养老金福利 $B_t(a)$,它在第 t 年的净现值 NPV_2 可以表示为

$$NPV_{2,t}(a)=\sum_{t=a}^{T}\left(\frac{1}{1+i}\right)^{t-t_0}U[B_t(a)] \tag{6.10}$$

因此,在年龄 a 退休的总净现值可以表示为

$$NPV_t(a)=\sum_{t=t_0}^{a-1}\left(\frac{1}{1+i}\right)^{t-t_0}U(w_t)+\sum_{t=a}^{T}\left(\frac{1}{1+i}\right)^{t-t_0}U[B_t(a)] \tag{6.11}$$

推迟退休增加了第一期的长度同时减少了第二期的长度。因为收入随年龄增加而增加,并且养老金福利通常随工作年龄和退休前一年的工资的增加而增加,推迟退休增加了剩余生命期间的总收入。其他情况不变时,这对退休价值有正的影响。然而,如果一个人推迟退休,他将有更短的时间领取养老金。第二种影响会减少退休价值。在这两种影响中,最初第一种影响更重要,但最终第二种影响超过第一种影响。因此,一定存在某个年龄 a^*,在这个年龄退休价值达到最大,正如图 6.2 所示的那样。

退休的期权价值 OV 比较了现在退休的期望生命周期效用和推迟退休决定直到最优退休年龄 a^* 的期望生命周期效用,即,

$$OV_t(a^*)=E_t[NPV(a^*)]-NPV_t(a) \tag{6.12}$$

如果在年龄 a^* 退休的效用小于现在退休的效用,即如果期权价值是负的,那么工人将会被期望退休。

▶7

家庭政策

为了应对人口老龄化，很多国家面临着提高女性劳动参与率的短期挑战和提高人口生育率的长期挑战。家庭政策旨在协调双亲的工作和照顾孩子的职责。主要有两种类型的家庭政策：育婴假和儿童照护补贴。

育婴假的安排不仅为职业母亲提供了一段时间以从分娩中恢复过来并与新生儿在一起，也使母亲在抚育孩子时更容易留在劳动力市场中。实际上假期授予了父母留职休假照料孩子的权利，特别是当孩子还不到上学年龄时。在大多数国家，父母休假时期的部分或全部工资也都给付。

儿童照护补贴影响母亲抚养孩子和工作时间分配的决策，可能也影响家庭其他成员的劳动供给决策。减少抚养孩子成本的社会政策——增加儿童照护的可获得性和质量并且降低其成本——不仅影响劳动供给，也影响生育决策。这些决策既受到正式儿童照护可获得性的影响，也受到包括家庭支持的非正式儿童照护的影响。

不同国家的家庭政策差别非常大。在有的国家，政府通过补贴育婴假大力支持父母看护。而在其他国家（例如，在美国），政府主要依靠基于市场的解决方法：短期的强制性育婴假保留职位但是没有补贴，而雇主自愿提供减少工作时间的选择，并且通过市场安排提供儿童照护服务（Gornick and Meyers，2003）。不同国家的家庭假政策也至少在另外两个方面差别很大：新母亲们可获得的假期的宽松程度和鼓励男性参与看护的政策设计程度。此外，儿童早期教育和照顾能通过为全职母亲看护提供替代选择来进一步促进母亲就业，并且高质量的早期教育和照顾也能增加儿童福祉。通过工作时间规定（也可参见第 5 章）也可以进行工作与家庭责任的协调。通过限制标准工时低于每周 40 小时、保证每年最低休假天数或鼓励发展兼职工作使母亲和父亲都能释放他们照顾孩子的时间。

本章将介绍协调工作与家庭生活的各种政策类型，重点关注儿童照护设施补贴和育婴假。这一章还提供一个分析框架，强调劳动供给、闲暇和父母的儿童照护决策之间的相互作用，以及这些决策是如何不仅受到偏好和劳动力市场环境——工资和工作机会——的影响，而且受到家庭政策的影响的。

7.1 度量与跨国比较

表 7.1 提供了关于儿童照护设施和育婴假的跨国信息。各国在儿童照护支出方面有很大的差别:北欧国家在儿童照护上的支出大约占 GDP 的 1%,如果没有更多的话;而奥地利、加拿大、波兰和瑞士的支出不到上述比例的三分之一。对于小于 3 岁的儿童来说,其正式儿童照护安排的覆盖范围差异也非常大。在捷克和斯洛伐克这样的国家不到 5%的幼儿有正式儿童照护安排,而在丹麦、冰岛、荷兰和挪威超过 50%的幼儿有正式儿童照护安排。这些覆盖范围的跨国差别并不一定反映了儿童照护供给(即儿童照护设施的花费和可获得性方面)的差异。不同国家的开放时间可能差别很大,这妨碍了母亲们协调全职工作与家庭责任。例如,西班牙针对婴儿的儿童照护设施每天开放 5 小时,而丹麦是 10.5 小时(De Henau et al., 2007)。覆盖范围的差异也可能反映了对儿童照护的需求的差异。在一些国家儿童照护实际上是通过祖母和亲戚非正式安排的。例如,在意大利非正式照料的可获得性(和社会歧视母亲把 0—2 岁幼儿安置在幼儿园)是正式儿童照护设施使用少的主要原因(Boeri et al., 2005),尤其是涉及每周超过 30 小时的情形。在有的国家,如荷兰,良好的兼职工作机会的可获得性使得女性更容易协调工作和母亲职责,减少了对儿童照护的需求。对于从 3 岁到法定入学年龄的儿童,正式儿童照护安排的使用率非常高。在很多欧洲国家,这个年龄组的儿童照护使用率接近 100%,使用最低的国家希腊也接近 50%。只有土耳其的正式儿童照护使用率非常低。

表 7.1 关于正式儿童保育和产假的总结指标

国 家	儿童照护支出(占 GDP 的比重)	有正式儿童照护的儿童(%)		基本产假长度(周)	基本产假福利(占平均工资的比重)	假期总长度(基本+可选的)(周)
		<3 岁	≥3 岁			
澳大利亚	0.39	29	55	6	0	52
奥地利	0.30	12	78	16	100	112
比利时	0.80	48	99	15	77	15
保加利亚	0.76	15	71	63	90	63
加拿大	0.16	24	57	17	49	35
捷 克	0.44	2	80	28	60	164
丹 麦	1.32	66	92	18	50	46
爱沙尼亚	0.26	18	89	20	100	172
芬 兰	0.90	29	74	18	66	157
法 国	1.01	42	100	16	100	159
德 国	0.39	18	93	14	100	162
希 腊	0.12	16	47	43	59	43
匈牙利	0.63	9	87	24	70	136
冰 岛	0.85	55	96	13	80	26
爱尔兰	0.26	31	56	42	16	42
以色列	0.74	23	87	26	54	—
意大利	0.62	29	97	20	80	26

（续表）

国家	儿童照护支出（占 GDP 的比重）	有正式儿童照护的儿童（%）		基本产假长度（周）	基本产假福利（占平均工资的比重）	假期总长度（基本+可选的）（周）
		<3 岁	≥3 岁			
日本	0.33	28	90	14	60	58
韩国	0.34	38	80	13	100	46
拉脱维亚	0.63	16	81	19	100	52
立陶宛	0.60	14	65	21	100	104
卢森堡	0.36	39	86	16	100	26
马耳他	0.60	7	94	13	46	13
墨西哥	0.60	6	83	12	100	12
荷兰	0.72	56	67	16	100	26
新西兰	0.75	38	94	14	71	38
挪威	0.96	51	94	9	80	91
波兰	0.28	8	47	18	100	156
葡萄牙	0.36	47	79	17	100	17
罗马尼亚	0.76	14	73	21	75	21
斯洛伐克	0.38	3	74	28	55	156
斯洛文尼亚	0.47	34	78	15	100	37
西班牙	0.45	37	99	16	100	162
瑞典	1.09	47	91	9	80	51
瑞士	0.23	—	47	14	80	14
土耳其	—	—	24	16	70	26
英国	1.09	41	93	52	25	52
美国	0.38	31	56	12	0	12

资料来源：OECD Family Database，2011.

注：儿童保育信息（前三列）涉及 2007—2008 年；产假的信息（最后三列）依据 2008 年的数据。—=无法获得数据。

表 7.1 也显示了育婴假的跨国差别很大，不仅表现在最长期限而且表现在基本（强制）期的福利支付水平方面。一些国家，如西班牙、葡萄牙和几个东欧国家大约有持续 3 年的总（强制加上可选的）育婴假，而其他国家，如美国，没有带薪产假，只有 12 周的工作保留假。欧盟的雇主受到一项 1992 年欧盟指令的约束必须给他们的雇员提供至少 14 周的产假，这比美国多。正如美国的例子所显示的，产假未必涉及代替假期期间放弃的收入的公共转移支付。在产假带薪的国家，产妇补贴范围从爱尔兰和英国的工资的 16%—25% 到许多其他国家工资的 100%。然而在所有情况下，职位在整个休假期是受到保护的，不管产假是带薪还是不带薪、强制的还是可选的。此外，女性有推迟到孩子大一点休产假而不是分娩之后立即休产假的选择权。除了表 7.1 中描述的方案之外，雇主可能自愿地提供带薪或不带薪的产假来保护良好的雇员匹配和特定工作的人力资本。

性别平等有时也通过产假政策贯彻。例如，有的国家，如瑞典，保留双亲总育婴假的至多三分之一给父亲专用。在芬兰，如果父亲想要休假的话，总带薪育婴假可以延长至两个月。一项 2010 年的欧盟指令要求雇主给予所有工人在生育或收养一个孩子时最少四个月的育婴假,男性和女性都一样。所有这些做法都是为了推进夫妻间家庭责任更平等的分担,减少在雇主看来的劳动成本上的性别不对称,并且避免母亲们技能下降及失去晋升和培训的机会。

总的来说,所有国家通过使父母可以照顾小孩的带薪假或资助非父母照护儿童的补贴为儿童照护提供了某种支持,但是各国不仅在儿童照护和育婴假计划的具体设计特点方面不同,而且在结合这两种类型的支持方式上也各不相同。一些国家,如德国,通过更侧重带薪育婴假而对非父母照护儿童支持较少来鼓励母亲们亲自照顾她们的孩子(参见Gregg and Waldfogel, 2005)。美国给育婴假较少而给儿童照护更多的支持,旨在鼓励母亲们把工作和照顾幼儿结合起来。其他(北欧)国家通过既支持父母照护儿童也支持非父母照护儿童,将儿童照护的选择问题留给父母。

7.2 理论

7.2.1 儿童照护补贴

儿童照护补贴的可获得性对女性劳动供给的影响可以使用一个简单的静态框架来分析,在这个框架中母亲最大化自己的效用。母亲获得的效用来自消费和陪伴孩子。换句话说,如果母亲照顾孩子,那么这就假设像闲暇一样增加其效用,是一种正常品。存在与儿童照护相关的固定成本(例如,必须支付给幼儿园固定的入托费,这种费用与实际使用与否无关)。这种收入效应对于工作时间和劳动参与有不对称的影响。根据成本和非劳动收入,有的母亲会继续工作并增加工作时间来补偿收入损失,而其他母亲会决定辞去工作,因而省去入托费。能够减少这些固定成本的儿童照护补贴将明显地起相反的作用,它会引起更多的母亲继续工作,但是会减少工作时间。也可能有儿童照护的可变成本,所以母亲的每小时工作是以每小时育儿为代价的,而且对于每个工作小时,需要提供正式儿童照护。[①]这就减少了母亲们的净工资,也在工作时间的集约边际上对女性的劳动供给产生了负的替代效应。在这种情况下,儿童照护补贴也可能增加劳动时间。

这些影响在图7.1中得到了图形说明,而正式的阐述在本章附录第1部分中详细阐述。

图7.1用图形说明了儿童和儿童照护设施补贴的存在是怎样影响女性个人劳动供给行为的。最开始考虑一个没有小孩的女性,她把时间分配在市场时间和非市场时间(假定是一种正常品)上以最大化她的效用。就像在第1章提出的劳动—闲暇选择的框架中,这个女性会选择一种能够最大化其效用的时间配置(例如,点A),工作h_A小时。现在假定这个女性有了一个小孩,并且这只涉及一些固定成本$F_{c_{low}}$,这种固定成本的产生不依赖于母亲提供的工作小时数。这将明显减少通过工作实现的消费水平集。在图形上,预算约束线会向下移动,并且在工作时间为零处有一个峰值,这是因为母亲不工作时不会支付儿

① 为简便起见排除了非正式儿童照护(例如,由其他家庭成员进行的)。

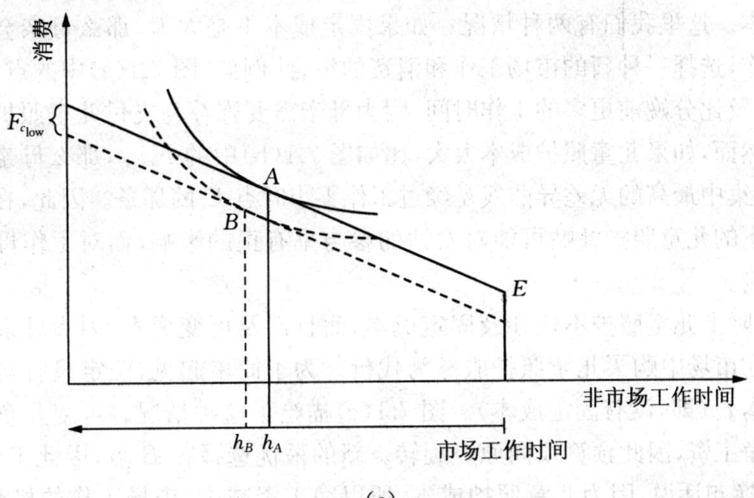

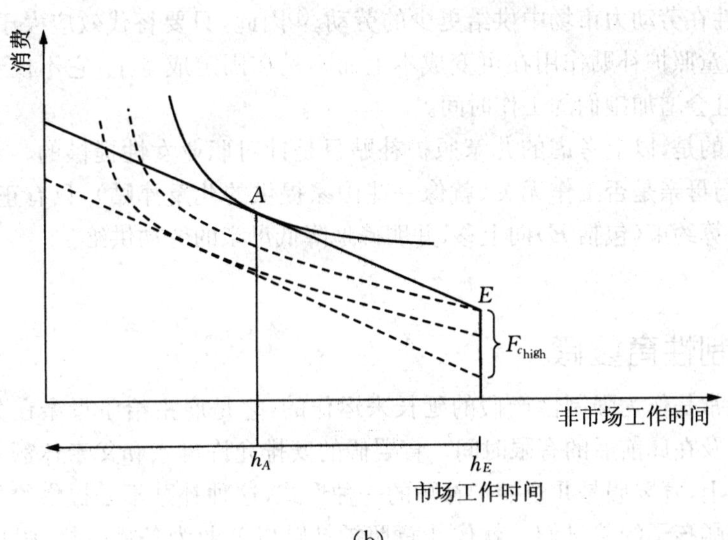

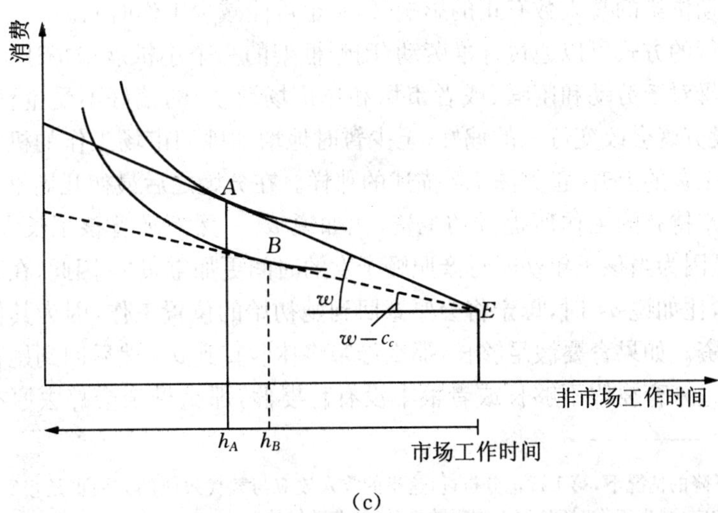

图 7.1　女性劳动供给与孩子的(a，b)固定成本和(c)可变成本

童的照护成本。这里我们有两种情况。如果固定成本不是太大,那么母亲会在孩子出生之后继续工作,选择一种新的市场工作和消费的组合[例如,图 7.1(a)中的点 B]。值得注意的是,这涉及比分娩前更多的工作时间,因为母亲需要弥补与支付儿童照护成本相关的收入损失。然而,如果儿童照护成本太大,比如图 7.1(b)中的 $F_{c_{high}}$,那么母亲会选择完全不工作:可行集中最高的无差异曲线是经过工作零小时点 E 的那条。因此,在存在儿童照护固定成本下的儿童照护补贴可能对女性的参与率有正的影响,而对工作母亲的工作时间有负的影响。

然而,实际上儿童照护不仅涉及固定成本,而且涉及可变成本,因为母亲的每个工作小时通常以在市场中购买儿童照护服务为代价。为了简单起见,假定只有与儿童照护相关的可变成本 c_c(即,没有固定成本)。图 7.1(c)描绘了这种情况。可变儿童照护成本减少了母亲的净工资,因此预算线向原点旋转。新的最优选择在 B 点,因此工作时间从 h_A 减少到 h_B。换句话说,因为儿童照护成本,所以净工资减少(市场工作的机会成本上升)了,并导致女性在劳动力市场中供给更少的劳动。①因此,只要替代效应大于收入效应,对工作母亲的儿童照护补贴作用在可变成本上而不是在固定成本上,它不仅会增加工作母亲的数量,而且会增加她们的工作时间。

值得注意的是,以上考虑的儿童照护补贴只是针对职业女性提供的。无条件提供的儿童补贴,即与母亲是否工作无关(就像一些国家提供的儿童津贴),只有正的收入效应,它会将整个预算约束(包括 E)向上移,并明确地降低母亲的劳动供给。

7.2.2 强制性育婴假

育婴假通常是作为强制性产假的延长来运作的,它是雇主给予母亲在分娩期后用于恢复的时间以及在此前后的有限时间。育婴假的安排允许母亲和父亲休额外的假来照顾婴幼儿。基本上,育婴假是儿童照护补贴的一种形式,这种补贴不是提供给外部服务而是提供给亲自照顾孩子的父母们。就像儿童照护补贴以就业为条件一样,强制性育婴假将会对母亲的劳动供给的总人数有正的影响,但它也可能减少工作时间。

育婴假实行的方式可以通过标准劳动/闲暇框架的一个小扩展来描述。到目前为止,我们假设过父母对于劳动和闲暇(或者市场和非市场活动)的偏好不受生育孩子的影响。然而,现在假设分娩会改变母亲的偏好,至少暂时地增加她们市场工作的机会成本。这会导致女性保留工资的上升,正如图 7.2 描述的那样。在分娩之后最初几周里,保留工资 w^r 可能会高于母亲持有的工作所提供的工资,比如说 w_0。然而随着孩子长大,保留工资一定会下降,这是因为当孩子年幼时母亲照顾子女的时间更加宝贵。②因此,在某个时刻或孩子的某个年龄,比如说 a_1 时,母亲将会愿意回到她初始的位置工作,因为其保留工资下降到低于市场工资。如果育婴假足够长,那么母亲将休假直到 a_1,然后回到她初始的工作岗位上。如果反过来育婴假不够长或者根本没有育婴假,那么母亲会辞去原有的工作。在

① 在工资下降的情况下,第 1 章也分析过,这里的收入效应与替代效应的方向也是相反的。图 7.1(c)描绘的情况中替代效应(减少工作时间)大于收入效应(增加劳动供给)。

② Lalive 等人(2011)提供了家庭生产的价值随着孩子年龄增加而减少的直接证据。

产假之后马上找到的新工作通常比原有工作的工资低。假设新的工作只支付工资 $w_n < w_0$，正如图 7.2 中所示。那么如果没有强制性育婴假，母亲会晚一些恢复工作。因此，相当自相矛盾的是，母亲在没有育婴假时不工作的时间可能比有育婴假时更多。这种更长时间的不工作也有可能阻碍女性的职业发展并导致她们的技能在回到工作之前退化(Rønsen and Sundström，2002)。这就解释了为什么雇主通常会提供育婴假，即使没有法律强迫他们这么做。然而雇主提供的假期对那些有很强的与孩子在一起的偏好的母亲们来说可能太短了。政府干预可以延长假期，防止这些女性的人力资本损失。实际上政府面临的取舍关系与个别雇主不同。育婴假的私人收益通常比社会收益低。对政府来说，与不充足的育婴假相关的人力资本损失比对相关企业来说更加重要。

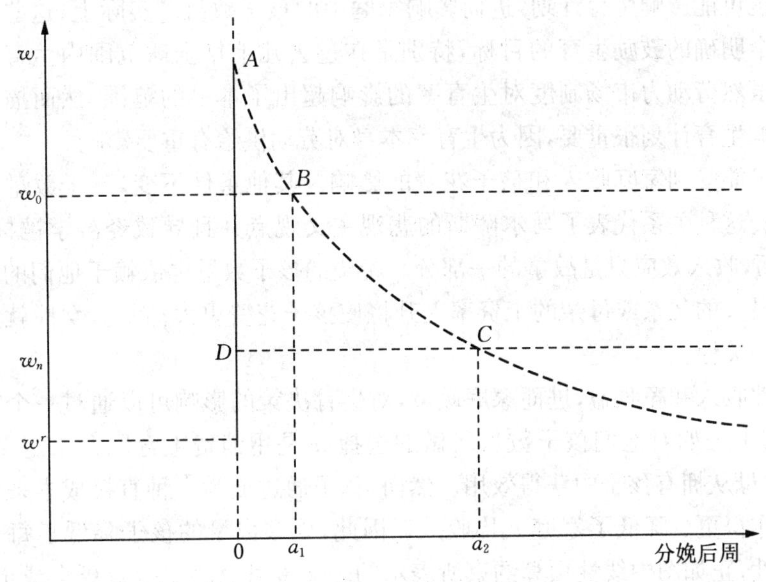

图 7.2 育婴假和分娩后返回工作

以上内容假设每天早上母亲都会把市场工资与自己的保留工资作比较，就像在现货市场上一样(Blau and Ehrenberg，1997)。然而，在某一阶段女性考虑在实际生育孩子之前选择休育婴假也似乎是合理的。这创造了额外的劳动供给的提升机制：强制性育婴假增加了工作对于女性的价值，因为在接受工作时，女性会预期到分娩之后会获得更高的效用。因此，至少在总人数方面而不是每个工人的工作时间方面，女性的劳动供给因为强制性育婴假而提高。

上面的分析框架也可以用来理解为什么鼓励正式儿童照护的家庭政策相较于非正式儿童照护的家庭政策在增加女性劳动供给方面可能是相当无效率的。父母通常信任他们的亲戚(比如，他们自己的父母)比信任外面的儿童照护提供者更多，特别是当孩子非常小的时候。如果不仅正式的儿童照护受到补贴，非正式的儿童照护也受到补贴，那么更低的转移支付就足够说服女性在分娩之后不久就恢复工作。如果按较低价格提供的儿童照护类型并不是父母最喜欢的类型，那么在儿童照护补贴下工作的市场价值的增加可以部分地被女性保留工资的上升所抵消。

男性也可以像女性一样休育婴假。然而，女性工人在这种政策下比男性工人更容易寻求休假。因为强制性育婴假对雇主来说代价非常高,所以它有可能对女性工人的需求有负面影响(Ruhm, 1998)。越来越多的国家正在推行强制性的或者有物质激励的男产假,这正是为了避免强制性育婴假对女性就业和工资的负面影响。这些计划的目的是减少男性与女性在雇主对劳动成本的看法方面的不对称性,避免在雇佣政策方面对男性的优惠待遇。

7.2.3 对生育率的影响

到目前为止,我们已经考虑了给定孩子数目下家庭政策对母亲劳动供给的影响。然而生育政策也可能影响生育计划,进而影响家庭中的孩子数目。实际上,这些政策经常在推行时有一个明确的鼓励生育的目标,特别是在过去几十年全球范围内生育率下降之后更是如此。虽然劳动力市场制度对生育率的影响超出了本书的范围,然而描述家庭政策可能怎样影响生育计划很重要,因为生育率本身对劳动供给有重要影响。

生育率可能受到家庭收入和孩子花费的影响。其他条件不变,孩子数量随家庭收入增加而增加。这种关系代表了马尔萨斯的悲观主义观点并且导致经济学被标示为"悲观科学"。[①]然而,收入效应只是故事的一部分。希望的孩子数量也依赖于他们的花费。对儿童照护责任最大的父亲或母亲的工资率上升将使孩子花费更大;因此,女性就业和生育率之间有负的相关性。

以上女性收入和净收益,进而家庭政策,对生育决策的影响可以通过一个简单模型作图来说明,其中夫妇对他们孩子数量所做的选择 n 是用消费生育取舍来定义的,正如图 7.3 所示。父母从拥有孩子中获得效用。然而,孩子通过成为一种直接成本来源或者间接迫使父母工作得更少降低了家庭人均收入。因此,更多数量的孩子降低了每个家庭成员的消费可能性,正如图中线性预算约束所表示的。父母可以决定生育更多或更少的孩子,这取决于他们对孩子和消费(依赖于无差异曲线的斜率)的偏好以及消费生育取舍的陡峭程度。父母也可以决定一个孩子都不要。在家庭政策容许抚养孩子与工作挣钱相协调的范围内,他们有可能改善消费—生育取舍关系,使其平坦一些(即,在消费可能性不变的情况下允许父母生育更多的孩子)。这必然会增加生育率,使父母的决策从图中的点 A 移动到点 B。在这种情况下政策的影响不存在模糊性,因为收入效应(把预算约束向外移)和替代效应(减少预算约束的斜率)在同一方向上起作用。而女性收入能力的提升包含对生育率的正的收入效应的影响和负的替代效应的影响,正如图 7.3(b)所描绘的。这种影响对于评估生育率和女性就业之间的跨国相关性方面的实证证据很重要,这在下一节会介绍。

家庭政策对生育的影响将明显地依赖于这些计划具体的设计特点和政府承诺在将来维持这些计划不变(即,当生育计划导致儿童数量实际增加时)的可信度。生育孩子的决

① 人们常说 Thomas Carlyle 给经济学起绰号为"悲观科学"是对马尔萨斯著作的响应,他预测随着预期人口增长率超过食物供给增长率,人类终将饿死。然而,其他人声称"悲观科学"这个措辞最早出现在 Carlyle 于 1849 年发表的题为《在黑人问题上的偶然演说》的论文。在文中,他主张在西印度群岛重新采用奴隶制度作为调节劳动力市场的手段。Carlyle 认为奴隶制度实际上在道义上优于经济学家提出的供给和需求的市场力量,因为在他看来,通过奴隶解放开放的劳动力市场实际上会导致以前是奴隶的人本身的道德和经济地位下降。

策实际上就像投资决策，因为从生育决策中获得的收益只有随着时间推移才能实现。有时政策的目的在于预测生育率，这是通过延长育婴假并因此允许母亲离开工作以防自前一个孩子出生之后在有限的时间里又怀上另一个孩子。

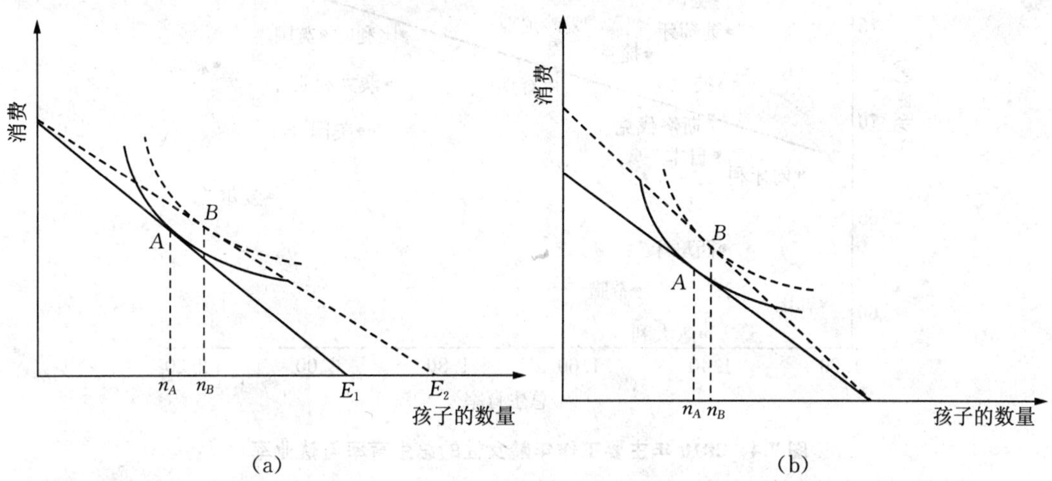

图 7.3 生育和家庭政策：(a)产假和儿童照护补贴对生育的影响；(b)提高女性收入能力对生育的影响

7.3 经验证据

如果有一个典型事实来描绘战后 OECD 国家劳动力市场的特征，那就是劳动力的女性化。性别就业差距——男性和女性之间的就业率差异——到现在为止在任何地方都没有被消除，尽管在一些国家（尤其是北欧国家），男女就业率之比接近于 1。在其他国家，女性就业率仍旧比男性低得多。这些差别与对工作和家庭护理的偏好有关，但它们也受家庭政策或劳动力市场歧视的影响（见第 4 章）。

一些关于家庭政策在协调女性就业和家庭责任方面扮演的角色的指标，来自对生育率和女性就业率之间的跨国相关性的分析。过去几十年中一个值得关注的现象是女性参与率和生育率之间的跨国相关性的变化（Boeri et al.，2005）。直到 20 世纪 80 年代早期这种相关性都是负的，表明有偿工作和儿童照护之间在时间上有取舍关系。从 20 世纪 80 年代晚期开始，正的跨国相关性被注意到：有较高女性参与率的国家也有较高的生育率。这种相关性的变化被认为与更加宽松的育婴假、儿童照护更大的可获得性以及更大的弹性工时和兼职工作机会有关。

像图 7.4 展示的那样，实际上，在总生育率和成年女性就业率之间有一种正的相关性。在慷慨提供儿童照护设施和产假的北欧国家，较高的生育率与较高的女性就业率相一致。在南欧国家，这些安排没那么慷慨，较低的生育率与较低的女性就业率相一致。在某种程度上，正的相关性是由意大利、希腊、韩国和西班牙这几个结合了主要工作年龄女性低就业率和低生育率的国家推动的。然而，即使忽略这几个国家，在生育率和女性就业率之间仍然有微弱的正相关性。

也有可能有较高女性就业率的国家有更大的计税基数为社会政策服务，能够承担得起更加慷慨的家庭政策。对于女性高失业率和高生育率在有大规模儿童照护补贴和育婴

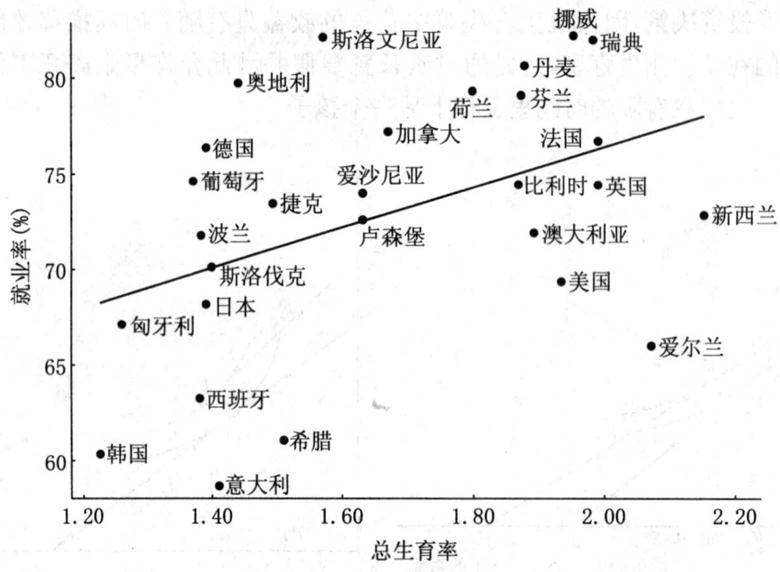

图 7.4　2010 年主要工作年龄女性的总生育率与就业率

资料来源:OECD(2012b)。

注:总生育率指的是女性活到生育年龄结束时平均生育孩子的数量和按照当前特定年龄生育率养育孩子的数量。

假政策的国家共同存在的另一个解释是,政策和劳动力市场表现都受到或多或少支持母亲工作的社会习俗的影响。要做出关于家庭政策的影响的因果推断,超越跨国相关性非常重要。

表 7.2 根据孩子的存在和数量提供了各国的女性就业信息。特别地,该表显示了没有孩子的女性和那些有一个、两个或更多孩子的女性之间的就业率差别。在一些但不是所有国家,孩子存在与否强烈地影响着(女性)就业率。而在很多国家,没有孩子的女性和有一个孩子的女性之间的就业率基本上没有什么差别。只有在有两个或更多孩子的情况下,(女性)就业率下降得非常大。

表 7.2　女性就业和孕育孩子

国　家	女性就业率,兼职和全职(%)							女性就业率,兼职(%)				
	孩子数量				总计	女性状态		孩子数量				总计
	0	1	2	3+		单身	有伴侣	0	1	2	3+	
澳大利亚	68.4	55.3	—	43.2[a]	66.8	63.0	60	40.8	54.1	—	63.1[a]	41.8
奥地利	82.8	81.8	76.3	59.9	79.7	80.2	76.2	30.3	54.7	65.8	66.6	45.4
比利时	74.1	76.1	78.6	62.1	74.4	63.7	78.4	32.9	40.2	49.5	54.1	41.3
保加利亚	75.5	76.1	70.1	34.8	73.6	—	—	1.6	—	—	—	1.6
加拿大	76.5	74.9	—	68.2[a]	74.0	73.2	64.9	17.0	22.9	—	30.7[a]	21.4
丹　麦	79.8	85.2	84.3	88.1	83.0	—	—	24.4	23.0	24.7	26.6	24.3
芬　兰	82.2	79.2	81.0	67.5	79.6	73.7	77.1	10.3	11.5	11.9	18.1	11.7
法　国	80.0	78.5	78.4	58.2	76.7	73.2	76.1	20.9	26.7	36.9	47.5	29.0
德　国	82.9	74.7	69.1	50.1	76.3	68.6	69.3	31.8	59.5	74.3	78.3	47.6

（续表）

国家	女性就业率，兼职和全职（%）							女性就业率，兼职（%）				
	孩子数量				总计	女性状态		孩子数量				总计
	0	1	2	3+		单身	有伴侣	0	1	2	3+	
希腊	63.0	59.8	60.9	52.1	61.1	71.5	59.8	8.6	9.1	10.1	13.3	9.3
匈牙利	75.3	66.0	65.5	39.4	67.1	71.1	59.7	5.0	6.5	6.9	15.3	6.4
冰岛	89.1	89.3	—	80.8[a]	87.4	—	—	—	—	—	—	28.4
爱尔兰	77.5	66.7	60.4	47.6	65.7	48.9	61.3	15.5	34.5	43.2	51.4	30.5
意大利	63.2	58.8	54.3	40.4	58.7	74.1	56.5	22.6	32.7	37.1	40.2	29.4
日本	—	—	—	—	62.7	—	85	—	—	—	—	8.7
卢森堡	77.5	74.5	70.5	57.9	72.4	88.7	68.0	18.2	37.2	54.1	57.8	36.1
荷兰	81.4	78.4	81.6	69.7	79.5	69.3	79.7	55.3	82.4	89.2	91.1	74.0
新西兰	80.7	66.9	—	58.9[a]	70.6	—	—	20.6	37.6	—	50.8[a]	32.4
波兰	74.3	73.2	70.4	62.4	71.7	71.6	71.2	6.8	7.7	8.9	14.0	8.3
葡萄牙	74.4	76.2	74.7	62.5	74.6	77.5	76.6	11.6	8.6	7.6	11.3	9.6
斯洛伐克	76.4	68.8	68.5	51.1	70.1	77.0	65.8	4.5	3.9	4.0	7.9	4.4
西班牙	67.6	63.3	60.1	47.8	63.2	72.1	60.4	17.1	24.2	29.7	30.2	22.9
瑞典	81.2	80.9	86.8	74.5	82.0	—	—	25.4	35.6	40.5	45.0	33.7
瑞士	84.3	75.5	—	65.5[a]	76.8	—	—	34.2	58.0	—	66.5[a]	47.1
土耳其	37.0	32.5	26.9	22.9	30.1	33.4	25.2	16.3	17.7	26.6	40.0	23.0
英国	81.7	75.4	71.1	49.2	74.3	58.8	72.2	21.5	45.4	60.1	65.6	39.0
美国	78.6	75.6	—	64.7[a]	74.1	73.0	72	10.1	15.8	—	23.6[a]	14.6

资料来源：OECD(2002)；Eurostat(2010)。

注：25—54岁女性。第一至五和第八至十二列：除了澳大利亚、加拿大、冰岛、日本、新西兰、美国(2000)和瑞士(2001)外，其余为2010年数据。第六和七列：除了加拿大、丹麦、日本、瑞典和瑞士(2005)、澳大利亚和新西兰(2006)、日本(2007)外，其余为2008年数据。

a. 有两个或两个以上孩子妇女的估计数。

表7.2也提供了关于儿童照护责任的信息。表中提供了有至少一个6岁以下孩子的母亲的就业率，这里区分了双亲母亲和单亲母亲。在很多国家单亲母亲的就业率比双亲母亲更高。而在其他国家，单亲母亲的就业率要低得多。单亲母亲与已婚或同居的母亲之间的劳动力市场地位差异，归因于谋生的需要与配偶分担一部分儿童照护责任的可能性之间的取舍关系。最后，表7.2显示了在大多数国家兼职工作在女性雇员中的比例随着孩子数目的增加而增加，至少直到第二个孩子。

在家庭政策对就业和生育决策的影响方面有丰富的微观经济学文献。它们普遍能更好地识别育婴假和儿童照护补贴对劳动供给决策的影响，考虑了家庭政策受到社会和文化习俗的影响。

Piketty(1998)展示了一个研究儿童照护对劳动力市场行为影响的自然实验的例子。他发现在法国出台儿童照护津贴之后大幅地降低了母亲的就业率（更多详情见专栏7.1）。Naz(2004)描述了在挪威一个类型相似的自然实验。在这个实验里，政府对有幼儿但没有使用国家补助的儿童照护设施的父母们出台了现金福利。这项政策变化使得儿童照护设施使用起来更加昂贵并且降低了有幼儿的母亲们的劳动供给（更多详情见专栏7.1）。

专栏 7.1 法国有幼儿的母亲

1986 年法国出台了《家长育儿补助法》(the Allocation Parentale d'Éducation, APE)来帮助父母(主要是母亲)养育孩子。有至少 3 个孩子且其中一个孩子小于 3 岁的母亲会得到大约等于中位数工资 40%(净最低工资的 60%)的补贴。1994 年,这项补贴的适用范围扩大到有两个孩子且其中一个孩子小于 3 岁的家庭。如果第二个小孩出生在 1994 年 7 月 1 日及之后,那么母亲有权享有这项补贴。由于这项要求,随着时间的推移,越来越多的有两个孩子且其中一个小于 3 岁的母亲们有权享有 APE 补贴。到 1997 年这个群体里的每个人都有权享有这个补贴。Thomas Piketty 像自然实验一样用有两个孩子的家庭作为实验组,无权或一直有权(即,要么在政策变化之前,要么在政策变化之后)享受 APE 的家庭作为控制组,研究了实行父母教育补贴的影响。不同组内有幼儿的——和配偶生活在一起并且年龄小于 55 岁的——母亲的就业率在 1994—1997 年间的变化如下:

孩子数量	有一个小于3岁的孩子	享有 APE		1994 年3月	1997 年3月	差	倍差
		1994 年前	1994 年后				
2个	是	否	是	59	47	−12	
1个	是	否	否	62	64	+2	−14
3个	是	是	是	31	34	+3	−15
2个	否	否	否	68	69	+1	−13

表格数据显示有权享有 APE 的母亲的就业率从 59%下降到 47%。这样的就业率下降并没有发生在无权享有 APE 的母亲身上,也就是那些有一个小孩且小孩小于 3 岁的母亲和有两个小孩但没有小孩小于 3 岁的母亲。同样地,对于有三个小孩且至少有一个小孩小于 3 岁的母亲——她们在 1994 年以前就有权享有 APE——来说,也没有发生就业率下降。这些母亲的就业率在 1994 年只有 31%,但到了 1997 年它已经增加到 34%。如果我们使用倍差法,有可能得到这样的结论:APE 扩大到涵盖有两个孩子的母亲导致这个群体的就业率下降了 13%—15%。

资料来源:Piketty(1998).

专栏 7.2 挪威的儿童照护与工作时间

北欧国家的女性劳动参与率与大多数其他欧洲国家相比很高。在挪威,最小的孩子小于 3 岁的已婚和同居母亲的劳动参与率是 75%,最小的孩子在 3—6 岁之间的劳动参与率是 83%。有学龄前儿童的女性其劳动参与率高的一个原因是高质量的公共儿童照护。公共和私人日托中心的成本由国家、市政府和父母们共同分摊。父母对托儿所的支付根据地方的规则或经济调查(即以收入和低于某一给定门槛的资产为条件)有所不同。1998 年挪威政府对那些有 1—3 岁的小孩但没有使用国家补贴的日托设施的父母实行现金补贴。提供的数量大约等于给日托中心的每个孩子的国家补贴。只使用有限时间日托设施的父母有权接受较低的现金补贴。实行现金补贴改革的主要原因是通过给予父母在抚养孩子上选择的自由来提供有补贴的日托的替代选择。幼儿的存在增加了女性在家时间的价值,这降低了她们在劳动力市场的活跃度。现金补贴改革增加了母亲在家时间的价值,因此增加了儿童照护设施对父母的相对成本并且使市场工作不那么有吸引力。为了研究对母亲和父亲工作时间的影响,Ghazala Naz 比较了有1—3岁小孩的父母的劳动供给(实验组)与小孩年龄在3—6岁之间的父母的劳动供给(控制组)。在改革之前,两组父母都没有权利享受现金补贴;在改革之后第一组父母有权享有现金补贴而第二组则无权享有。下表显示了平均工作小时数(每周)的变化情况:

工作时间	1—3岁的孩子			3—6岁的孩子			倍差
	前	后	差	前	后	差	
母亲	24.4	23.7	−0.7	24.5	26.5	2.0	−2.7
父亲	40.9	41.3	+0.4	40.8	40.8	0.0	+0.4
总计	65.3	65.0	−0.3	65.3	67.3	2.0	−2.3

因此,如果母亲有1—3岁的小孩,那么她们的工作时间平均每周减少0.7个小时;而如果母亲有3—6岁的小孩,那么她们的工作时间平均每周增加2个小时,扣除现金补贴影响的2.7个小时。父亲的劳动供给几乎没有变化。

资料来源:Naz(2004).

Ruhm(1998)提供了关于九个欧洲国家从20世纪70年代到90年代早期带薪育婴假权利的经济影响的实证分析。他认为强制育婴假会使女性的劳动供给曲线向右移的同时使需求曲线向左移。如果假期福利主要由国家筹资,那么对需求曲线的影响会比较小。这会对女性的就业有正的影响而对她们的工资有负的影响。Ruhm 的实证分析利用了被研究国家的带薪育婴假政策的变化。他发现短期带薪育婴假的权利使女性就业率增加了3%—4%而对工资没什么影响。他还发现延长育婴假的时间使女性就业率增加了同样的数量,但同时也使小时工资减少了约3%。

Tanaka(2005)提供了研究育婴假(带薪和不带薪)与儿童健康之间关系的跨国时间序列分析。这项研究的主要结论是保留职位的带薪育婴假减少了婴儿的死亡率,而不带薪育婴假和不保留职位的带薪育婴假则不然。Dustmann 和 Schönberg(2011)评估了母亲从延长的产假中受益的孩子们的长期表现。他们发现几乎没有证据支持假期覆盖范围的扩大能够提高孩子表现这一假说。它对受教育程度和工资的影响很小,但在学校为孩子准备上大学的情况下,有轻微的负影响。

Baker 和 Milligan(2010)集中关注女性在分娩期之后几个月的劳动力市场行为。他们利用了加拿大产假政策的巨大差异来识别家庭政策的影响。专栏7.3详细讲述了这项研究的方法与结果。

专栏 7.3 加拿大的产假期限和工作任期

评估育婴假对劳动供给影响的研究所面临的一个关键问题是母亲决定是否休育婴假,并且这项决定会受到母亲自身、家庭、工作等特征的影响。这些特征在自然实验的情况下常常不能被度量和控制。换句话说,即使控制了两组母亲的可观测特征之后,休产假也不能被认为是一种外生的处置,对此某些有代表性的母亲被观察到了,而另外的却没有。

Michael Baker 和 Kevin Milligan 一直在研究加拿大育婴假对母亲产后离开工作的时间和她们回到产前的雇主那里的可能性的影响。使用加拿大数据的一个优势在于,因为加拿大各省在强制育婴假和这些规定的改革的程度上有差别,母亲的休假资格随时间和地点变化,而不是由她们对共事的特定雇主的选择决定,因此她们的选择不太可能与其未被观测到的特征相关。Baker 和 Milligan 考虑了两种政策变化。第一种是在一些省实行的相对短的强制性育婴假(最多持续 17—18 周)。第二种是这些假期更长时间的延长,范围从 29 周到 70 周。Baker 和 Milligan 比较了在有这些规定和没有这些规定的省以及政策变化前后母亲在家照顾婴儿花费的时间。他们也观察了返回工作的母亲是否换了雇主并且失去了其特定工作的人力资本。图 7.5 给出了他们的方法:它比较了安大略与魁北克这两个经济结构比较类似的省,在 1978 年魁北克省(实验组)实行 18 周的强制性产假前后(垂直的线标示了改革的时间),有工作并且在分娩之前一个月休产假的已婚母亲的比例。在观测期间,安大略省的产假政策保持不变。集中关注点是分娩前的一个月,因为很少有私营部门的安排覆盖分娩前的这一个月。相比之下,新的产假权利允许在分娩前一个月休假。因此,考虑分娩前的一个月不太可能显示"挤出"现有私营企业安排。该图展示了两个省在改革后扩大的差距,这表明产假的实行确实增加了女性休假的比例。Baker 和 Milligan 发现产假的延长成功地增加了母亲在家照顾婴儿的时间。这种影响在实行欧洲式的育婴假期(持续范围从 29 周到 79 周)之后更强。重要的是,他们发现所有长度的强制性产假都增加了回到工作的女性保持她们产前的雇主不变的概率。这与第 7.2.2 部分概述的育婴假模型的结果相一致。

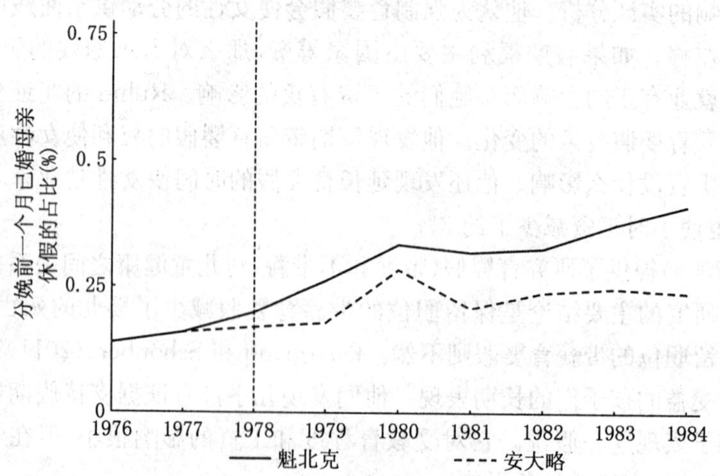

图 7.5 有工作的已婚母亲与分娩前休假(安大略和魁北克对比)

资料来源:Panel-based sample from the Labour Force Survey.

注:样本包括孩子出生前一个月内 20—39 岁的已婚母亲。只有安大略省和魁北克省被包括在内。

资料来源:Baker and Milligan(2010).

Lalive 和 Zweimüller(2009)研究了产假对于生育决定的影响。他们发现在两个或更多相对较近的分娩期之间实行休单独长假的可能性之后,这些政策对生育额外至少一个孩子的女性比例有正的显著影响。专栏 7.4 概述了他们的研究方法和结果。

专栏 7.4 奥地利育婴假对其生育率的影响

Rafael Lalive 和 Josef Zweimüller 研究了育婴假持续时间对于生育第一胎之后不久想生第二胎的决定的影响。这对于评估家庭政策在提高生育率至每个妇女生育 2.1 个孩子的替代水平上的有效性很重要。为了识别政策的影响,作者使用了 1990 年的改革作为自然实验。这项改革把第一个孩子出生之后的育婴假期(从 15.5 个月)增加到 27.5 个月,在这个期间的新婴儿应该被认为从延长的产假假期中受益,两次分娩之

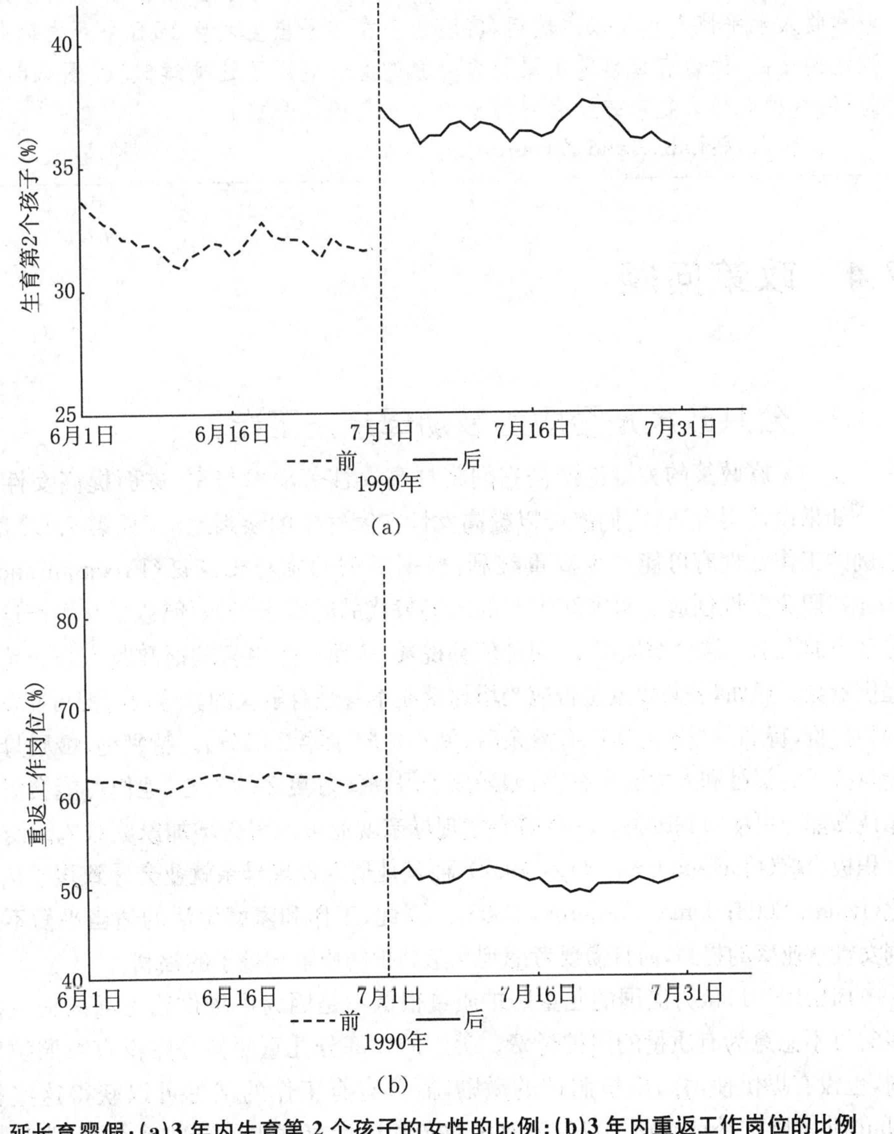

图 7.6 延长育婴假:(a)3 年内生育第 2 个孩子的女性的比例;(b)3 年内重返工作岗位的比例

间不需要回到原来的雇主处工作。他们所利用的数据来自奥地利社会保障记录。他们将恰好在1990年6月政策变化之后生育第一个孩子的母亲作为实验组,而没有资格使用新规定的母亲(因为她们在1990年6月之前生育)作为控制组。图7.6(a)概述了研究的一个关键发现。纵轴度量了1990年6月或7月生育之后36个月以内生育第二个孩子的女性的百分比。图形表明控制组中生育第一个孩子之后36个月内生育第二个孩子的女性比例少于1/3,相比之下实验组有大约36.7%。因此,这个影响是相当大的:实验组中倾向生育第二个孩子的女性比例比控制组多了几乎5%。Lalive和Zweimüller也发现对于生育率的影响是持续的:在生育第一个孩子之后10年之内生育第二个孩子的女性中,有资格适用更长育婴假规定的女性比没有资格的假期较短的女性多了3%。作者也研究了这项政策对于短期内和长期内回归工作的概率的影响。他们发现受益于延长的育婴假的母亲与控制组中的母亲在生育孩子9个月之后的就业和收入水平惊人的相似。然而,实验组中在孩子出生之后15.5个月内回归工作的女性比例更低,因为有资格适用更长育婴假的女性利用了这项续假权[图7.6(b)]。不管怎样,这种选择看起来并没有对就业和收入有持续影响。

资料来源:Lalive and Zweimüller(2009).

7.4 政策问题

7.4.1 公共政策是否应当鼓励母亲去工作?

支持家庭政策的关键论据是它们将提高女性劳动参与率,进而提高女性在职场的地位。如果设计得合适,它们也可以提高女性在家庭中的谈判地位(见第7.4.2部分)。更大比例的工作女性有可能产生双重红利:根据所谓的*市场化假说*(Freeman and Schettkat, 2005),职业女性创造了对家庭生产的市场替代品的需求,进而创造了对生产这些替代品的劳动力的需求。这会增加就业、附加值和税基,从而产生更多的财政收入来为儿童照护服务提供资金。然而,公共政策是否应当增加就业本身是有争议的。这种情况可能以减少个人福利为代价,特别是当家庭生产有盈余时(见本章附录第2部分)。特别地,鼓励母亲去工作可能对孩子的福祉和人力资本有害:如果孩子得到父母更多的关心,他们可能会更健康并且其非认知能力可能得到改善。一些研究发现母亲就业可能因为增加家庭收入而对孩子的成就有积极影响(Blau and Grossberg, 1992),而其他研究发现母亲就业会导致孩子认知能力的退化(Baum, 2003; James-Burdumy, 2005)。因此,工作和家庭生活的适当平衡不仅需要考虑到女性就业率的提高,而且需要考虑到儿童照护的质量和孩子的福利。

Blau(2001)认为美国的儿童照护质量很低不是因为市场供给方面的失灵而且因为很多父母不愿意为有质量的照护付费。美国的大部分儿童照护补贴没有对照护质量施加限制,也没有提供使用高质量照护的激励,而只有有工作的父母可以获得这些补贴。根据Blau,儿童照护补贴鼓励了双亲家庭中双亲和单亲家庭中单亲的就业,但为什么社会应该希望提供这种鼓励尚不清楚。儿童照护补贴制度增加了双亲都有工作的家庭的福祉,但它没有为双亲之一在家照料孩子的家庭带来好处。实际上,正如专栏 7.2 展示的挪威的儿童照护补贴,如果不管儿童照护是否实际上被使用都提供补贴,那么很多父母,主要是母亲,会选择自己提供抚育。如果只在父母就业的条件下提供儿童照护补贴,那么对于更大数量但不一定更高质量的儿童照护的需求会增加。

Blau(2001)认为没有令人信服的经济或道德理由去鼓励中产阶层双亲家庭中的双亲都去就业。对于单亲家庭可能有儿童照护补贴的理由,但是在最好的情况下这是一种实现目标的间接方法,而在最坏的情况下它是一种无效的政策工具。如果政府补贴照护孩子的成本,那么它们可以在不鼓励市场照护成本超过父母其中一个在家照护孩子所放弃的收入的情形下这样做。

政策还应该考虑文化和社会习俗。在一些国家,对外部儿童照护设施的使用很少,这是因为把孩子送到这些机构去会受到社会歧视。从经济学角度讲,这表明有与使用儿童照护设施相关的固定成本——主要是心理上的。在这种情况下,促进女性就业的政策可能与社会规范不一致。

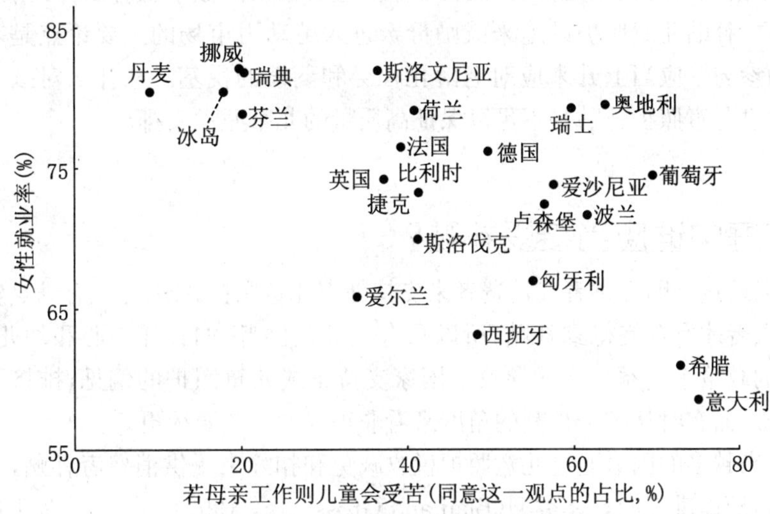

图 7.7　1990 年主要工作年龄女性工作标准与就业率之间的跨国关系

资料来源:World Values Survey(www.worldvaluessurvey.org); OECD(2001).

图 7.7 显示了对母亲就业的看法和主要工作年龄女性就业率之间存在负的跨国相关性。在很多人同意若母亲工作则学龄前儿童会受苦这种说法的国家,主要工作年龄女性的就业率更低。例如,在丹麦很多人不同意这种看法,女性的就业率相当高。在意大利很多人同意这种看法,女性的就业率相当低。然而,也有明显的例外。在奥地利很多人认为若母亲工作则学龄前儿童会受苦,但女性的就业率仍然很高;在爱尔兰和西班牙很多人并不担心这一点,但女性的就业率也不高。明显地,在社会和文化规范与女性就业之间并没有一对一的关系。虽然如此,如果在一些国家女性低就业率反映了社会和文化偏好,那么从福利的角度来看促进女性就业可能不是最优的。①也可能文化规范只是支持现状。在那

① 详见 Algan and Cahuc(2005)。

种情况下,不断增加的女性就业率可能改变关于母亲劳动参与率的看法。[①]Fernandez(2004)发现母亲工作的男性的妻子更有可能去工作。与有孩子的工作女性地理邻近对于形成母亲身份和工作相协调的偏好也很重要(Fogli, 2011)。除了改变偏好之外,更多的工作母亲可能与家庭内女性的讨价还价能力的提高有关联,而且女性对于协调母亲就业与孩子福祉的可能性通常没有男性那么消极。

在所有的OECD国家,生育率低于更替水平,并且在一些国家生育率勉强达到其更替水平的一半(OECD, 2001)。几乎所有OECD国家的女性就业率和生育率都有类似的趋势。在过去几十年,年轻女性的连续同生群有更高的就业率但更低的生育率。而且,看起来似乎就业率更大的增加与生育率更大的减少相联系。在未来几十年中,很多OECD国家的劳动年龄人口有可能减少。提高女性劳动参与率可以抵消这种劳动年龄人口的下降。然而,如果提高女性劳动参与率导致了更低的生育率,那么未来的劳动年龄人口也将会下降。尽管如此,女性高水平的就业率与相对高的生育率并不是不相容。实际上,正如图7.4所展示的,现在在生育率与成年女性就业率之间甚至有正的跨国相关性。因此,对于未来劳动年龄人口的大小而言,女性就业率与生育率之间似乎没有取舍关系。

总而言之,补贴儿童照护设施来鼓励母亲进入劳动力市场的主要论点是基于这样一个观点:劳动参与率应当上升来应对老龄化社会和萎缩的税基。从什么对孩子最有利的角度来讲,提供儿童照护补贴并不足以保证高质量的儿童照护安排。

7.4.2 家庭中谁应当接受补贴?

政府可以通过补贴提供者或消费者来支持外部儿童照护。[②]因为只有满足特定条件的儿童照护提供者才有资格得到补贴,所以只有正式提供者,如日托中心和幼儿园,才能从补贴提供者的政策中受益。这就导致了国家支持正式儿童照护的偏见,排挤了非正式的儿童照护安排,而有时从孩子福利的角度来看非正式的儿童照护更好。

因此,越来越多的国家通过儿童照护税收减免和扣除来提供消费者补贴,这些补贴不局限于儿童照护提供者的具体类型(Blau and Grossberg, 1992)。另一种对于选择正式和非正式儿童照护提供者保持中立的做法是给有孩子的家庭提供可以支持任意一种类型的照护的优惠券。

在这种情况下产生的一个关键问题是家庭中谁应当接受补贴。本章介绍的简单的理论模型在这种情况下用处不大,因为它们是把家庭当作一个整体来考虑的:家庭中每一个人都有同样的偏好,并且做出的选择如同单个的决策者代表着每个人的利益。收入是所有家庭成员汇集起来的,而不是基于某种分配规则分配的。在这种情况下,即所谓的家庭行为的单一模型,家庭中哪一方接受补贴不重要。重要的是转移支付的数量和特点,而不是家庭中作为公共项目目标的个人的身份。这种方法的一个问题是它不能解释家庭内部收入和劳动/闲

① 例如,在1965年的荷兰,17—20岁的调查对象中84%的人表示反对有学龄儿童的已婚女性去工作。这个比例在1970年是44%,1980年是36%,1991年是20%,到了1997年是18%。舆论的变化与女性劳动参与率的强劲上升相一致(Sociaal en Cultureel Planbureau, 1998)。

② 除了补贴之外,政府还可能通过儿童—看护员之比和对提供者资质的规定来影响儿童抚育设施。

暇时间的分配差别。它把这种差别当作由所有家庭成员表现出的一种行为意愿。

家庭行为的集体模型(Chiappori and Bourguignon, 1992)允许家庭内存在异质性偏好,因此允许家庭内讨价还价以确定收入、消费和任务的分配。这些集体决策一定是帕累托有效的——也就是说,不可能在不使同一家庭中其他成员的状况变得更差的前提下提高家庭中某个成员的状况(见本章附录第3部分)。有很多时间和消费的可行配置是帕累托有效的。契约曲线上的所有点都满足这个性质。均衡解依赖于非劳动收入在家庭成员间的分配。Browning 等人(1994)指出,这种分配规则与家庭中财富和非劳动收入的初始分配高度相关。

这种方法的一个优势是可以理解为什么政策制定者关心转移支付在家庭内部的分配。例如,英国政府在20世纪70年代中期做出只有母亲可以获得儿童津贴的决定,期望在女性中受欢迎,在男性中不受欢迎(Lundberg et al., 1997)。很多实证研究,特别是对发展中国家的研究,证明了提供给母亲的转移支付有可能引起对她们的孩子更有利的行为。[①]而且,对家庭单一模型与集体模型的影响的实证检验通常支持后者(Fortin and Lacroix, 1997),除了在特殊环境下和对特殊类型的个人(包括有学龄前儿童的双亲)之外。因此,在制定政策时考虑到家庭中劳动供给决策是互相依赖的,以及个人的收入波动不仅影响自身的劳动供给而且影响配偶或其他家庭成员的劳动供给会更加稳妥。在制定政策时忽视了这些相互依赖性是相当有误导性的,这在第13章会更广泛地讨论。

7.5 与其他制度的相互作用

平等机会法案(见第4章)对于减少因家庭政策增加劳动成本的性别不对称导致雇主优先雇用男性的风险很重要。家庭政策制度还与工作时间有明确的关系(见第5章),因为工作时间规定,尤其是兼职就业的发展,也使双亲能将工作与照料结合起来。实际上,在各国女性参与兼职工作的比例与婴儿抚育补贴的覆盖范围之间有负的相关性(图7.8)。

家庭政策与ALMP相互影响,尤其是那些以生育后回到工作岗位的女性为目标的制度(见第12章)。最后,工资税制度(见第13章)也涉及一些家庭政策,特别是对家庭的转移支付和劳动供给决策之间的相互依赖性。Del Boca 和 Wetzels(2008)提供了欧盟家庭政策和其他制度相互影响的讨论。

7.6 为什么存在家庭政策?

政府推行强制性育婴假是因为父母照护的社会净福利一般比私人净福利高。如果双亲都有工作,那么一个重要的问题就是谁将照顾孩子,而谁将负担照顾的费用。很多欧洲国家提供了巨额补贴的公共儿童照护。少数国家有儿童照护的市场。只有美国的儿童照护政策主要是私人的。Blau(2001)区分了组织儿童照护计划的两种情形。第一种情形是

① 可参见 Alderman 等人(1994)。

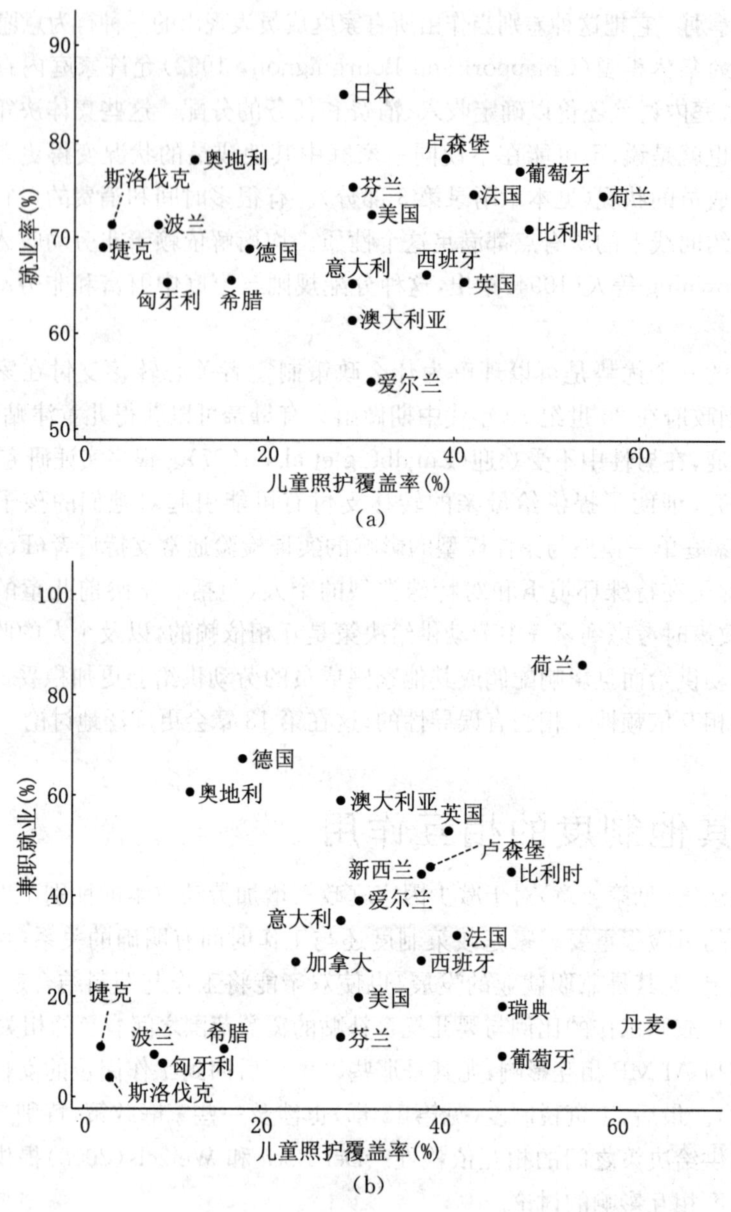

图 7.8 2010 年 3 岁以下儿童照护覆盖率以及至少有一个孩子的女性的就业率(a)和至少有一个孩子的女性兼职就业占女性总就业的比例(b)

资料来源:OECD Family Database, 2011; Eurostat.

计划的就业要求,一种极端情形是没有就业要求,而另一种极端情形是父母全职就业。第二种情形是有资格得到补贴所要求的儿童照护的质量。根据 Blau, 1999 年在美国只有 1/3 的计划主要关注质量,而其他 2/3 的计划没有强调质量但是很强调父母就业。在欧洲国家,儿童照护通常是由公共提供的,它们有着比较慷慨的资金和更广泛的覆盖面,并且非常强调质量。提供儿童照护补贴可能是因为儿童照护的市场存在不完全性:父母对儿童照护的质量只有不完全的信息。这可能导致道德风险和逆向选择。道德风险可能出现是因为父母对于质量知道的比提供者少,并且监控质量的代价很高。提供者的逆向选择可能出现在非正式儿童照护部门。因为家庭日托是一种低薪职业，在其他职业有更高工资的女性不太可能选择日托部门。以高质量儿童照护为目标的补贴可能诱导父母选择更高质量的照护。尽管这并没有解决信息不对称问题，但它可能诱导父母选择从社会观点来看并不是次优质量水平的儿童照护。这种外部性论点与教育补贴的一系列论证有关(见第8章)。高质量的儿童照护增加了孩子参加高等教育的可能性，这种可能性降低了与受教育程度低有关的社会成本：低工资、不稳定的就业、长期失业、依赖社会转移支付等。因为父母有可能没有充分意识到这些好处，所以在个人和社会贴现率之间会有差别。

延伸阅读建议

OECD(2001)中"平衡工作与家庭生活：帮助父母获得有偿工作"一章有丰富的内容关于家庭政策的跨国差别。Francine Blau 和 Adam Grossberg(1992)与 David Blau(2000)以美国为重点探讨了儿童照护补贴计划。

复习题与练习

1. 为什么单亲家庭面临超过平均水平的贫困风险？

2. 为什么有些国家只给那些不工作的家庭提供家庭津贴？

3. 为什么有些国家推行了强制性育婴假？

4. 为什么政府补贴儿童福利机构可能改善福利？

5. 为什么 OECD 国家的女性参与率和生育率之间的跨国相关性从负变成了正？

6. 儿童照护会怎样影响女性的保留工资？

7. 育婴假怎样影响就业和工资？

8. 因为 Malthus 的观点，经济学在很长一段时间内被称为"悲观科学"。他的观点有什么不对的地方？

9. 政府能够怎样影响儿童照护的市场？这些政策的利弊是什么？

10. 家庭内部的政策目标在设计家庭政策上有多重要？

11. 用图表示儿童照护设施的成本会怎样影响女性的个人劳动供给，区分固定成本与可变成本。什么类型的政策可能提高女性的劳动参与率？

12. 考虑这样一对夫妇，他们把购买的商品和服务 C 以及家庭生产的商品和服务 D 的效用排序如下：

$$U = CD \tag{7.1}$$

其中 D 由规模报酬递减的技术 $f(h_d)=\sqrt{h_d}$ 生产，将用于家庭生产的时间 h_d 而不是用于市场工作的时间 h 作为投入。进一步假定每个人每周可以分配100小时到市场工作或家庭生产中。

(a) 当工资是每小时10欧元时，在市场工作和家庭生产之间的最优时间配置是怎样的？

(b) 假定这对夫妇现在有了一个小孩，给定和孩子在一起的额外时间价值，联合效用

变成:

$$U=CD^2 \tag{7.2}$$

与此同时,任何离开孩子的每一小时都涉及支付给保姆的成本5欧元。这会怎样影响家庭的时间配置?

(c) 如果家庭生产技术提高了(例如,使用一次性尿布和微波炉),使得家庭生产函数变成 $f(h_D)=h_D^{0.8}$,那么你的答案会有所不同吗?

13. (进阶题)考虑这样一个家庭,丈夫每小时可以挣25欧元市场工资或者在家生产价值10欧元的同样的东西,而妻子每小时可以挣20欧元或者在家生产15欧元的同样的东西。这个家庭里的两个成员每周都有50小时的总时间来分配到市场工作或者家庭生产中。

(a) 这对夫妇中的每个人都去工作合理吗?

(b) 妻子工资的上升影响她的决策吗?它会影响丈夫的决策吗?

假定现在丈夫和妻子的生产率取决于另一方在家庭生产中花费的时间多少。在以下三种情况中,这会怎样影响他们的时间分配:

(a) 丈夫和妻子在家庭生产中是替代的?

(b) 丈夫和妻子在家庭生产中是互补的?

(c) 他们的决策以家庭内部谈判为基础?

附录:家庭政策

1. 儿童照护设施

我们假定母亲从消费 c 和闲暇 l 中得到效用 U:$U=U(c, l)$。就像正文中指出的,如果母亲照顾孩子,这就被假定为一种闲暇活动,它是一种正常商品。每个工作小时以一个闲暇小时为代价,并且对于每一个工作小时,必须提供正式的儿童照护。非正式的儿童照护被排除。

首先,我们考虑固定成本的情况。如果儿童照护设施收取入场费,这个费用与使用量无关。如果 w 是净小时工资,h 是(周)工作小时数,m 是非劳动收入,F_c 是儿童照护的固定成本,那么母亲可以在两个周预算约束之间选择:

$$c_1=m \tag{7.3}$$

此时,母亲决定不工作,和

$$c_2=m-F_c+wh \tag{7.4}$$

此时,母亲进入劳动力市场并且工作 h 小时,其中 $h=l_0-l$, l_0 是总时间分配。母亲会决定进入劳动力市场并工作 h 小时,如果 $U(c_1, l_0)<U(c_2, l_0-h)$。即使收入超过了儿童照护的固定成本,母亲也可能因为闲暇时间的减少而不会进入劳动力市场。如果有儿童照护补贴,它会增加工作的潜在收入,同时增加工作的可能性。与此同时,补贴会降低工

作母亲的工作时间，这是因为与转移支付有关的(负的)收入效应。

第二种情况是儿童照护成本是可变的；换言之，每小时儿童照护花费 c_c。现在预算约束是：

$$c_3 = m + (w - c_c)h \tag{7.5}$$

换句话说，预算约束旋转，因为减去儿童照护成本的实际工资减少。在替代效应比收入效应占优势的情况下，工作时间会减少，这甚至会导致母亲退出劳动力。相对称地，儿童照护补贴会增加净工资，同时对工作时间有不明确的影响。如果我们假定闲暇是正常品，那么实际上补贴有正的替代效应和负的收入效应。

形式上，用 h^* 表示工作时间的最优选择，那么可变儿童照护成本的增加的比较静态分析由下式给出

$$\frac{\partial h^*}{\partial c_c} = \frac{\partial l}{\partial w} + \frac{\partial l}{\partial m} l_0 \tag{7.6}$$

其中右边第一项(替代效应)是负的，第二项(收入效应)是正的。注意到儿童照护补贴的上升等同于 c_c 的下降。

2. 从家庭生产中获得的剩余

总消费记为 c，对国内生产的、没有货币性经济业务的商品和服务的消费记为 c_d。进一步假定家庭产出使用技术 $c_d = f(h_d)$，其中 h_d 是投入家庭生产的时间量。因此总时间分配约束是

$$l_0 = l + h_m + h_d \tag{7.7}$$

其中 h_m 表示市场工作的时间，预算约束是

$$c_m \leqslant w h_m + m \tag{7.8}$$

其中 $c_m = c - c_d$ 是对市场商品的消费。把式(7.7)代入式(7.8)并运用家庭生产的定义，我们得到

$$c + wl \leqslant m + wl_0 + [f(h_d) - wh_d] \tag{7.9}$$

不等号右边最后一项表示从家庭生产中获得的剩余。

3. 家庭的单一模型和集体模型

考虑一个由两个个体 1 和个体 2 组成的家庭。劳动供给的单一模型假设关于劳动—闲暇取舍关系的决策是最大化下面这种类型的联合效用函数做出的

$$U(c, l_1, l_2)$$

须满足

$$c + w_1 l_1 + w_2 l_2 \leqslant m_1 + m_2 + (w_1 + w_2) l_0 \tag{7.10}$$

这种形式表明家庭内部非劳动收入的分配是不重要的。重要的只有一项 $m_1 + m_2$，因为在

家庭内部有收入合并。这种关于家庭决策制定的描述表明政策制定者不应关注家庭政策在家庭内部的目标选择。

而家庭的集体模型假设决策在满足约束的条件下最大化单个家庭成员(比如成员 1)的效用，这里的约束是其他家庭成员的效用大于可能与个人非劳动收入和工资相关的给定的效用水平。形式上，该模型解决下面的问题：

$$\max U(c_1, l_1)$$

须满足
$$U(c_2, l_2) \geqslant \bar{U}_2$$

$$c_1 + c_2 + w_1 l_1 + w_2 l_2 \leqslant m_1 + m_2 + (w_1 + w_2) l_0 \tag{7.11}$$

其中 $\bar{U}_2$ 是一个给定的效用水平。

两个家庭成员的效用水平取决于家庭禀赋在家庭内的某种分配。在这些条件下，假如更能代表家庭成员偏好的成员收到转移支付，那么政策对具体家庭成员的目标选择就有可能影响家庭中资源的最初分配。为了阐明与分配规则的关系，上述问题可以具体化为

$$\max U(c_1, l_1)$$

须满足
$$c_1 + w_1 l_1 \leqslant \phi_1 + w_1 l_0 \tag{7.12}$$

其中 ϕ_1 是一种分配规则满足 $\phi_1 + \phi_2 = m_1 + m_2$。

▶8

教育与培训

政府通常会在教育领域投入大量的资源，而且经常会不断增加。例如，1880 年，美国政府将全国 GDP 的 1%花费在中小学公共教育支出上。到了 1920 年，这个数值翻了一番，到 1980 年时这一比值更是达到了 4.1%。从 1870 年到 1970 年，学生每年在校时间延长了一倍，与此同时，10—19 岁年龄段青少年的入学率从 40%增加到了 90%(Rangazas，2002)。

政府在教育上的支出通常被看作对人力资本禀赋的一种投资。人力资本(human capital)这一概念，最早出自《国富论》。[①]一个国家劳动力的平均受教育程度是这个国家经济发展水平的重要预测指标。在一些实证研究中，跨国数据的回归分析结果表明，那些劳动者平均受教育年限达到 12 年的国家，其人均收入水平要比劳动者平均只有 6 年受教育水平的国家高出整整 8 倍。然而，根据 Bils 和 Klenow(2000)的研究，上述跨国数据回归结果中，只有不到 1/3 的部分能被教育对经济增长的因果效应所解释。此外，以考试成绩衡量的教育质量，比教育数量(即平均受教育年限)更为重要。Hanushek 和 Woessmann (2011)的文章，依据增长回归模型得到的测算结果说明，如果所有 OECD 国家的学生在国际学校成绩测验中的平均成绩，都能够上升到和排在第一名的国家中的学生一样的水平，那么长期来看这些国家的 GDP 总和能够增长约 14%。

受教育情况同样也是劳动力市场在微观层面表现的重要预测指标。受教育程度更高的劳动者通常比受教育程度低的收入更高，并且找工作时更容易被雇用。因此，无论从个体还是整个国家层面来看，对于获得能力所需付出的努力和实际花费(real expenses)(用亚当·斯密的话)都有可观的货币回报。

然而，当 Gary Becker(1964)提出人力资本投资理论时，他的想法曾被认为是低俗可笑的，甚至还受到很多同事的怀疑。“你想把所有东西的度量，甚至某些无形东西的度量都归结为一种钱的计算！”这已经是许多社会学家和政治家对他最宽容的回应，更不用说

① 获得这种才能，通常通过所学知识的更新、学习或者做学徒，总要花费真正的代价，而这种代价就像实现和固定在人身上的资本一样。这些才能，当它们变成人们个人财富一部分的同时，也同样成为他们所属社会财富的一部分。工人熟练程度的提升也可以同样看作便利或节约劳动的机器或工具的改进，尽管要花费某些费用，但它们在偿还这些费用的同时还带来了利润(Adam Smith，1776)。

一些很守旧的经济学家了。其他一些人把他的理论称为“人牛”理论:“你把对人类的投资当作对奶牛的投资一样;你饲养奶牛并不是因为你想得到更好的奶牛,而是因为你想获得更好或更多的牛奶来赚钱。”但是,当这些对 Becker 的理论提出质疑的同事们要决定送他们的孩子去美国哪所大学的时候,他们却在焦急地搜寻着这些大学的毕业生的收入信息并与他们的学费进行比较。尽管在公开场合,他们否定这些行为与人力资本理论有任何联系,但私下里他们恰恰在进行着人力资本投资理论所设想的那种计算。

个人与企业对学校教育和培训的投资支出是为了在未来获得预期利润。人们的人力资本是受他们先天的能力、对学校教育的投资,以及对在职培训投资共同影响的。人力资本与物质资本的主要区别在于产权。物质资本可以被出售,但人力资本因隐含在个人内则不能被任意买卖。因而,对于要使用人力资本的企业而言,工人与企业必须对使用的条件达成一致才行。

上学是一种生产性的投资,因为增加受教育年限会带来更高的工资和更好的就业前景。在职培训也是一种生产性的投资,因为它能提高工人的一般性生产技能或企业特定的生产技能。人们通常在进入劳动力市场之前接受正规的学校教育。人们根据自身能力的大小,通过权衡成本与预期收益来选择想要获得的教育程度,例如,较高的工资和较高的就业率源自因教育程度而带来的生产率的提高。

培训通常是进入劳动力市场之后发生的。学校教育与在职培训通常是互补的:之所以需要在职培训是因为技术变化和知识更新的需要。有时培训是通用的,即,所学知识技能适用于很多企业;而在另一些时候,培训则是企业特定的,仅仅对某企业内生产率有提高作用,不适用于其他企业。有关学校教育的文献重点研究的是人们关于接受教育的选择的决策行为。而关于在职培训的文献,重点关注的是谁——工人还是雇主——来支付培训费用的问题。标准的人力资本理论认为通用的在职培训费用必须由工人支付,而企业特定的在职培训花费则必须由雇主支付。上述讨论中有一个重要的要素是劳动力市场性质的影响,即劳动力市场是否是完全竞争的。

导致教育和培训市场失灵的原因主要有四个。首先,个体处在不完全竞争的资本市场中,所以每个人的最优决策受到限制,因此他们的投资决策可能是次优的。其次,教育和培训的个人回报率可能与社会回报率不同。再次,教育决策与教育回报之间存在很长的时滞。第四,现实中存在着一个套牢问题(holdup problem):一方面,当雇主投资开展在职培训后,享受培训的工人可能会离开这个企业而找到一份待遇更好的工作;另一方面,当工人自费进行了人力资本投资后,他可能会被企业解雇从而不能实现其投资的回报。正因为这些可能导致市场失灵的情况,政府通常采用降低个人投资人力资本的成本,进而提高其生产力的方式来干预教育和培训。

8.1 度量与跨国比较

每个国家劳动力的正规教育情况是明显不同的。从个体来看,每个人都会根据成本收益的权衡来选择自己受教育的种类和年限,也就是说,接受正规学校教育是一种基于回报率的投资决策。与此类似,提供给劳动者的在职培训的情况在各国之间也存在着非常大的差异。

表 8.1 展示了不同国家对所有阶段教育机构的投入占 GDP 比重的情况。可以看到,各国教育支出水平呈现显著的差异,从水平最低的土耳其、斯洛伐克、希腊,其教育支出占 GDP 比重在 3.8%—4.1%之间,到水平最高的丹麦、美国、挪威、韩国、冰岛,这些国家的这一支出比例均超过了 7%。另外,表 8.1 中还列出了各国人均受正规教育年限的情况。从统计情况看,人均受教育年限存在着性别差异,但一国内部男女间的差别比起跨国间的差别来说要小很多。葡萄牙的人均受教育年限最低,男性平均只有 8.3 年的受正规教育经历,女性略高,为平均 8.7 年。这些国家中,挪威人均受教育水平最高,成年男性和女性的平均受正规教育年限都达到了 13.9 年。从总体来看,似乎存在着一种国家教育投入和其国内人均受教育程度之间的轻度的正相关性,但这种关系在各国中并不完全成立,例如葡萄牙和墨西哥就是两个典型的高教育投入、低人均受教育程度的国家。①

表 8.1 教育支出和受教育程度

国 家	教育支出占 GDP 的比重 (%)	正规教育年限数		受教育程度		PISA 数学分数
		男	女	ISCED 3	ISCED 5	
澳大利亚	5.2	12.8	12.5	30	37	514
奥地利	5.4	12.3	11.7	54	19	496
比利时	6.6	11.4	11.4	34	33	515
加拿大	6.0	13.2	13.3	26	49	527
捷 克	4.5	12.6	12.4	76	16	493
丹 麦	7.1	13.5	13.3	42	33	503
芬 兰	5.9	10.9	11.4	44	38	—
法 国	6.0	11.7	11.4	31	30	497
德 国	4.8	13.7	13.2	52	26	513
希 腊	4.1	11.0	10.7	33	24	466
匈牙利	4.8	11.8	11.6	59	19	490
冰 岛	7.9	9.7	11.4	30	33	507
爱尔兰	5.6	12.9	13.1	23	36	487
意大利	4.8	10.2	10.0	40	14	483
日 本	4.9	12.6	12.1	56	44	529
韩 国	7.6	12.5	11.4	41	39	—
卢森堡	—	13.6	13.0	45	35	489
墨西哥	5.8	9.1	8.6	19	16	419
荷 兰	5.6	11.4	11.1	37	33	526
新西兰	6.6	12.6	12.6	28	40	519
挪 威	7.3	13.9	13.9	41	37	498
波 兰	5.7	11.6	11.9	63	21	495

① 当然,这里关于教育投入和人均受教育程度的数值比较远不够完美,因为教育支出用的是 2011 年的统计数据,而人均受教育情况针对的是所有在 25—64 岁之间的人群,事实上他们中很大一部分接受学校教育已是好几十年以前的事情。虽然如此,但葡萄牙年轻人受教育程度相对而言仍是比较低的。

(续表)

国　家	教育支出占GDP的比重(%)	正规教育年限		受教育程度		PISA数学分数
		男	女	IACED 3	ISCED 5	
葡萄牙	5.2	8.3	8.7	15	14	487
斯洛伐克	4.0	12.5	12.4	75	16	497
西班牙	5.1	10.6	10.6	22	31	483
瑞　典	6.3	12.4	12.8	46	33	494
瑞　士	5.7	13.5	12.5	50	35	534
土耳其	3.8	9.9	9.2	18	13	445
英　国	5.7	12.7	12.4	52	37	492
美　国	7.2	13.2	13.4	47	41	487

资料来源:OECD online statistics, 2011; OECD(2012a)。

注:2011年对教育机构的支出是以各类教育水平支出占GDP的百分比表示的;希腊和土耳其的数据是2005年的。25—64岁者的平均正规教育年限数是2011年的数据。2011年,受教育程度在这里表示为对应人群占成年人口的百分比。2009年的PISA常模得分在这里指的是15岁青少年的数学成绩。PISA=国际学生评估计划;—=无法获得数据。

考虑到各国教育体系的不同,学校教育课程和教学质量存在着明显的差异性,因而不能仅仅根据教育年限来判断不同国家的人均受教育水平(Freeman, 1999)。国际教育标准分类(ISCED)由联合国教科文组织(UNESCO)于1997年引入,以更好地实现各国间教育统计指标的比较。它基于教育的程度和涉及的领域将教育依次分为六个由低到高的层次。表8.1给出了各国人口中拥有层次3及以上(中学第二阶段及以上)和层次5(高等教育第一阶段)教育水平的百分比。表8.1最后一列统计的是各国的教育质量,这里选取的指标是从国际学生评估计划(PISA)的调研数据得到的各国学生的平均数学成绩。①我们仍然可以看到各国间非常明显的差距。具体地,瑞士学生人均数学成绩最高,墨西哥学生成绩最低。同样地,我们可以发现国家教育投入和其国内学生人均数学成绩之间存在轻度的正相关性,但依然可以找到不符合这一关系的反例,比如瑞士学生的数学分数最高,但该国教育投入并不是这些国家中最高的;相反,美国作为教育投入力度最大的国家之一,但其15岁青少年的平均数学成绩差不多在这些国家中排名垫底。②PISA测试成绩反映了学校的教学质量。对于那些没有PISA测试的国家,学校的投入,比如师生比、教师平均工资占人均GDP的比重、学年的长短等,可以作为评价教育质量的指标。

① PISA是每3年一次的关于主要工业化国家中15岁青少年知识和技能的调查。这项调查评估学生对进入社会所必需的认知能力的掌握程度,主要从阅读能力、数学和科学知识角度进行考察。

② 注意到,这也有可能是因为国家的教育投入很大一部分流向了高等教育层次,而大多数15岁的青少年还没开始这一阶段的教育。

表 8.2 雇主赞助的继续职业培训课程的跨国差异

国家	IALS 数据		ECVTS 数据	
	参与率(%)	每年参与培训时间(小时数/工人)	参与率(%)	每年参与培训时间(小时数/工人)
澳大利亚	24	15	—	—
奥地利	—	—	31	9
比利时	13	10	41	13
加拿大	28	17	—	—
捷克	16	13	42	10
丹麦	45	36	53	22
芬兰	42	23	50	18
法国	—	—	46	17
德国	—	—	31	9
希腊	—	—	15	6
匈牙利	14	13	12	5
爱尔兰	10	9	41	17
意大利	14	8	26	8
卢森堡	—	—	36	14
荷兰	24	21	41	15
新西兰	34	23	—	—
挪威	45	35	—	16
波兰	11	8	16	4
葡萄牙	—	—	17	7
西班牙	—	—	25	11
瑞典	—	—	61	18
瑞士	14	9	—	—
英国	44	22	49	13
美国	33	18	—	—

资料来源:OECD(2013).

注:第一、二列数据来自国际成人读写能力调查(IALS),这里选取的是雇主提供给(或者负担部分费用)年龄在26—65岁之间雇员的与工作相关的教育和培训的情况,其中加拿大、爱尔兰、荷兰、波兰、瑞士(其中的德语和法语区)和美国的数据是1994年的调查数据,澳大利亚、比利时(只包含佛兰德斯)、新西兰和英国的是1996年的数据,捷克、丹麦、芬兰、匈牙利、意大利、挪威、瑞士(意大利语区)则是1998年的数据;第三、四列数据来自1999年欧洲继续职业培训调查(ECVTS),样本为至少有10个雇员的企业。参与率是指参加培训的雇员占雇员总数的比例。每年参与培训时间为每个雇员在一年中参与职业培训的小时数。—=无法获得数据。

表8.2给出了不同国家雇主提供的培训项目的统计情况,其中有很多国家这方面的信息是缺失的。此外,从雇员那里得到的信息(第一、二列)和从至少有10个雇员的企业那里获取的信息(第三、四列)是不一致的。①举个例子,在比利时,根据雇员提供的信息,雇主提供的培训项目的参与率为13%,而企业给出的数据则是41%。这种差异可能来自认知

① 除了上述差异之外,特定企业的培训还可能被低估,因为调查没有把学徒这一情况纳入在内,而事实上例如在德国,学徒是特定企业的培训中很重要的一个组成部分。

差异或者是因为很小的企业被剔除在企业调查样本之外了。①在这些能够获得调研数据信息的国家中,雇员培训参与率存在着显著的国别差异。从雇员提供的信息看,在爱尔兰雇主提供的培训项目参与率仅为10%,而在挪威这一数值达到了45%。相似地,平均每个雇员每年参与培训的时间在各个国家也大不相同,从意大利、波兰平均每年只有8个小时,到丹麦平均每年36个小时。从企业提供的信息看,雇主提供的培训项目参与率不同,最低为匈牙利的12%,最高为瑞典的61%。平均每个雇员每年参与培训的时间,从波兰的4小时到丹麦的22小时,差别也很大。

8.2 理论

8.2.1 完全竞争的劳动力市场

在一个完全竞争的劳动力市场,雇主知晓每一个员工的生产力情况,所以给予他们的工资能够根据其劳动生产力的不同而进行自由的调整。在这样的情况下,每个个体会在他们的生命周期中投资于自身能力的积累,即他们的人力资本。当然,这样的投资花费不菲,不仅包括正规教育的入学费用、交通住宿费、购买书籍和其他学习资料的费用等(受教育的直接费用),而且还包括因为上学而不能从事有报酬的工作的机会成本。在职培训从花费的精力的角度讲代价也很昂贵,虽然它不存在受教育和取得报酬之间的权衡。不管哪种方式,投资人力资本能够带来的回报是未来自身生产力的提高和收入的提高。所以,每个劳动者决定花费多少投资人力资本时会比较教育的成本和收益。

在一个完全竞争的劳动力市场中,教育的人力资本模型(Becker, 1964)需要满足三条基本假设:

(1) 接受更多的教育能够提高生产力。

(2) 拥有更高的生产力就能够获得更高的工资。

(3) 个人在选择其受教育水平时是基于成本收益的经济分析。

1. 学校教育投资

根据这个模型,最优受教育水平是由教育成本和预期收益决定的。其中影响预期收益的决定因素包括接受更多的教育带来的更高的工资收入和就业机会,以及教育回报能够得以实现的预期时间长度(完成受教育与退休之间的这段时期)。

从图8.1中我们可以看到个人选择教育的成本收益分析。在初始状态下,个人可能只拥有高中或者小学的教育水平,我们统一将这一时间点标准化为0。现在个人将面临两个选择。第一种选择是即刻参加工作并且开始获得年均为 w_0 的收入,我们假设这一工资收入水平恒定,且一直持续到退休年龄 T 。②第二种选择是先接受 s 年的教育,在这期间需要支付一定的直接教育成本,之后再参加工作,其工资将变为 $w_s > w_0$。那么接受 s 年教

① 企业规模和雇主提供的培训项目的参与率之间存在着正相关关系。在比利时,拥有10—50名员工的企业其雇主提供的培训项目的平均参与率为22%,而对于拥有超过1 000名员工的企业这一数字则为66%。

② 注意到我们同样忽略了失业的时期。

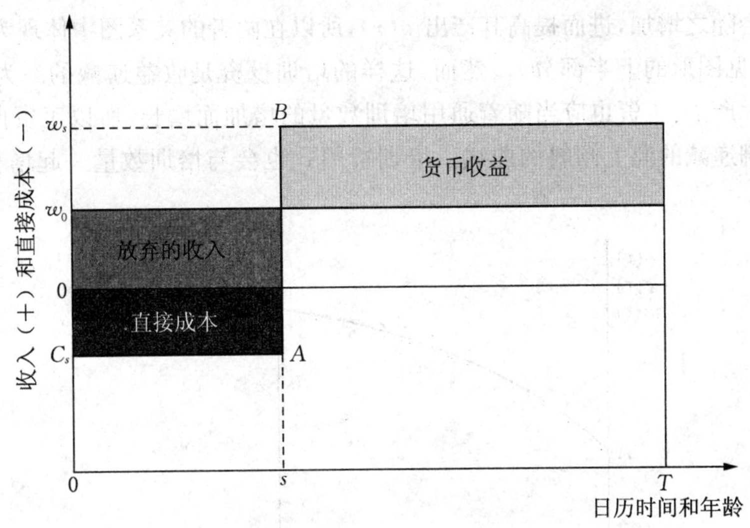

图 8.1　教育的成本和收益

育的总成本就是教育的直接成本 C_s 加上从时期 0 到 s 放弃的工资收入(机会成本);接受 s 年教育获得的现金收益是从时期 s 到 T 获得的更高的工资收入。而当接受更多年教育的收益现值超过不这么做的收益现值时,个人会选择接受超过 s 年的更多的教育(具体详见本章附录第 1 部分中的推导)。

收获教育回报的时期越长,选择接受一定程度教育的吸引力就越大。这也是为什么主要都是年轻人去学校接受教育。通过比较接受和不接受特定年限学校教育带来的未来现金流的现值,个人就可以计算出其受教育的回报率。所以一旦投资其他物品的市场回报率(外部回报率)比接受教育的回报率(内部回报率)要高,个人就会减少接受教育的年限;反之,如果投资其他物品的市场回报率更低,那么个人就会增加其接受教育的年限。

每个人在接受教育之前已有的人力资本水平可能是不同的。换句话说,每个人天生的能力禀赋,或者初始的劳动生产力,可能是不一样的。此外,不同的人投入学习的金钱成本、心理成本、求学动机、追求成功的动力等都可能是截然不同的。所以,每个人会有不同的教育回报率,并由此选择各自的受教育水平。这一异质性问题是实证研究所面临的最大挑战之一。

2. 通用的和企业特定的培训

在完成正规学校教育之后,个人还可能通过在职培训来增加人力资本和提高自己的生产力[参见 Leuven(2005)的综述]。在研究个人选择投资于人力资本积累的数量之前,我们首先有必要确定到底由谁来支付这笔投资,因为无论雇主或雇员自己都可能来支付在职培训的费用。Becker(1964)区分了通用的培训和只适用于企业特定的培训。他认为通用的培训尽管能够提高员工的劳动生产力,但由于这样的生产力同样适用于其他企业,这就给雇主提出了一个关于产权的问题。因为员工有自由选择离开企业的权利,所以企业给他们提供的通用的在职培训可能会永远得不到投资回报。因此,员工本身需要支付这样通用的在职培训费用,例如以接受培训期间低于其相应生产力的工资的方式。

选择最优通用培训量的问题在图 8.2 中作了分析。随着通用培训的数量 τ 的增加,员工的生产力会随之增加,进而提高其产出 $v(\tau)$,所以在两者的关系图中体现为一条向上倾斜的曲线(参见图形的上半部分)。然而,这样的培训投资是收益递减的。为了奖励员工增加的劳动生产力,工资也应当随着通用培训数量的增加而增长,所以工资曲线 $w(\tau)$ 同样也是随报酬递减的向上倾斜的曲线。培训费用 c 也会与培训数量一起增长,不过它是递增的。

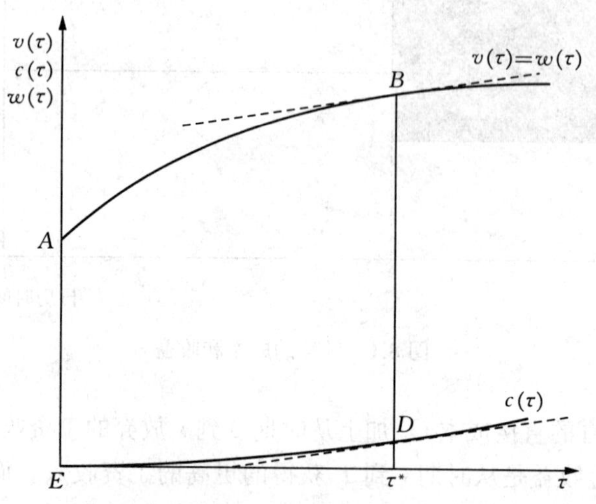

图 8.2　培训:完全竞争的劳动力市场——员工的选择

在完全竞争的市场中,企业间在员工的劳动力服务上存在竞争,因此最终给予劳动者的工资将等于其生产力,即 $w(\tau)=v(\tau)$,这就表明企业并不能从通用培训中获利。在这种情况下,企业显然并不愿意为员工的通用在职培训支付费用,因此员工本身需要承担这笔费用。我们对员工的选择在图 8.2 中进行了描述。一个想要最优化该问题的员工,在选择接受的培训水平时会最大化收益和成本之间的差值,即当培训的边际成本等于边际收益时。这种情况在成本和收益函数的斜率相等时出现,此时有 $\tau=\tau^*$。在这种情形下,员工可以从培训中获益,所以对员工来说支付如此数量的培训费是最优的。然而员工的选择可能会受到一些约束。投资于培训的资金数额需要是在其能力范围之内的。如果没有这样的信用约束,在完全竞争的劳动力市场中,劳动者会不断增加在培训上的投资,直到最大化个人(和社会)净收益。换言之,在培训问题上不会发生市场失灵(Acemoglu and Pischke, 1999)。

但现实中没有约束的情况是很少见的。有信贷市场的限制存在时,员工很可能无法做出原有的培训投资。雇主也不可能做出投资,这就导致了市场失灵的出现。这种情况下,即使劳动力市场是完全竞争的,但政府可能希望干预市场,并为给通用培训提供补助。这种类型的市场失灵通常出现在金融市场而非劳动力市场上。然而,刚性工资会使这一问题更加严重,因为这将使得通过员工接受较低工资,从而负担部分培训费用的方式不再可行。

对于企业特定的培训,不存在产权问题。因此,企业会从预期得到的净收益中取出一部分,进而愿意支付企业特定的培训的费用。此外,相较于员工,对企业而言信用约束并非是一个严重的问题。所以通常地,如果站在社会整体角度考虑,一个完全的劳动力市场也就意味着投资于企业特定的培训的水平达到了最优化。这种情况下,本章开头提到的套牢问题就不会出现。

8.2.2 不完全竞争的劳动力市场

1. 学校教育作为一种信号装置

在信息不对称的劳动力市场中,潜在的雇主们可能并不能观察到员工们的实际能力以及他们在今后的职业生涯中能够达到的生产效率。在这样的情况下,雇主可以通过每个员工在自身教育上的投资,来推测其被雇用后能发挥出的生产力水平。换句话说,教育被当成了员工实际能力的一种信号(signal)(Spence, 1973)。这进而造就了员工达到的受教育水平和最后获得的工资之间的正相关关系,尽管有时候人力资本投资并不能增加生产力。

为了说明信号在人力资本投资中的重要性,我们来考虑人力资本模型三条基本假设中的第一条假设不成立时的情形。此时,我们假设教育并不会影响劳动者的生产力。生产效率只依赖于劳动者天生的能力,寻找工作的劳动者知道自身的能力大小,但雇主却不能观测到他们的能力。我们进一步假设,先天能力禀赋较高的劳动者,其接受任何特定水平教育所付出的成本要低于那些先天能力禀赋较低的劳动者。在这样的假设前提下,受教育程度可能会被生产力最高的劳动者当成一种信号装置(signaling device),即向雇主展示自身的能力水平的方式。因而劳动力市场会出现生产力最高的劳动者其投资于教育的水平也较高的分离均衡(separating equilibrium)(见专栏 8.1 和本章附录第 2 部分)。鉴于雇主根据受教育程度来筛选劳动者,教育这一信号的回报最终能够得到实现,因此对于高能力的劳动者而言,去获得高的受教育水平是值得的。因而,学校教育的个人回报和完全的劳动力市场中的情况一样,是存在的,但教育的社会回报率却远低于完全竞争劳动力市场的情况。如果教育并不能增加劳动者的生产力,那么教育机制中就会存在资源浪费的情形。此时,教育投资的作用仅仅体现在作为信号便于雇主找到合适的雇员,使得经济中的资源配置得到一定程度的优化,然而这样的教育其成本将远大于能带来的社会效益。所以,当劳动者的能力处于信息不对称的情况时,从社会效益角度看,劳动者的教育投资往往会过度。这时候可以通过给予高学历和低学历者不同的补贴的方式来限制劳动者无谓而过量的教育投资。

专栏 8.1 分离均衡

信号模型背后的直觉,基于 Spence(1973)的想法,可以通过这样一个简单的例子来说明:假设市场中只有一个雇主,但有两个生产力不同的劳动力组。第一组中的劳动者一生的生产力价值为 100 欧元,第二组的生产力价值为 240 欧元。每一个劳动力个体的生产力水平都是私人信息,劳动者了解其对应的生产力,而雇主却无法观测。雇主只了解两个劳动力组各自的生产力以及两组劳动力人数各自所占的比例。假设第一组劳动者在所有劳动力中的占比为 q,第二组为 $(1-q)$。雇主明白那些低生产力的劳动者总会在生产力水平上撒谎,要辨别出每个劳动者的真实生产力要花费很长时间,所以雇主只能根据两类劳动力的人数比例给定权重,提供介于两组生产力的加权平均:

$$\bar{w}=100q+240(1-q)=240-140q$$

很明显,这样的工资会低于高生产力水平劳动者的实际劳动价值,这部分扣去的工资与低生产力组的占比 q 相关。不过,高生产力的劳动者能够通过投资自身的教育水平将其实际能力展示给雇主。当高生产力组接受教育的成本要远小于低生产力组时(例如,低生产力组中的工人为了学习需要支付额外的费用去请家教),学校教育能够成为这样一种反映劳动者真实生产力的信号。满足这样的条件后,就存在教育投资引致的分离均衡。考虑这样的一个例子:第一组中的劳动者每年学习的成本为 25 欧元,第二组则为 20 欧元。这时,雇主可以在招聘时提出职位所需的最低受教育水平 s,并规定满足上述要求者入职后薪水为 240 欧元,而没有达到该要求者入职后薪水为 100 欧元。这样的招工做法就能将高生产力的劳动者和低生产力者相区别开来。那么究竟是为什么设置这样的教育门槛水平就能区分两类劳动者?我们可以先从高生产力的劳动者角度来考虑这个问题。如果不选择接受高的教育水平,那么他们去求职就只能得到 100 欧元的工资水平,而如果他们愿意投资 $\bar{s}$ 单位的教育水平,则求职可得的收益就能达到 240 欧元减去接受教育的成本,即 $20\bar{s}$。求解上述问题,我们不难得到他们为反映自身能力所愿意取得的最高受教育水平:

$$100=240-20\bar{s}$$

也就是说,高生产力的劳动者愿意花 7 年时间在学校教育上。如果这是一个分离均衡,那么低生产力的劳动者必定不愿意投入同样的年数 $\bar{s}$ 在教育上。我们再反过来考虑低生产力的劳动者所面临的问题。他们愿意取得的最高受教育水平可以通过下式求解得到:

$$100=240-25\bar{s}$$

可以解得 $\bar{s}=5.6$。

换句话说,受教育年数要求不低于 6 年且不高于 7 年的工作,能够为高生产力的劳动者提供良好的激励,使其通过取得符合要求的学校教育水平来应聘高薪水的工作,

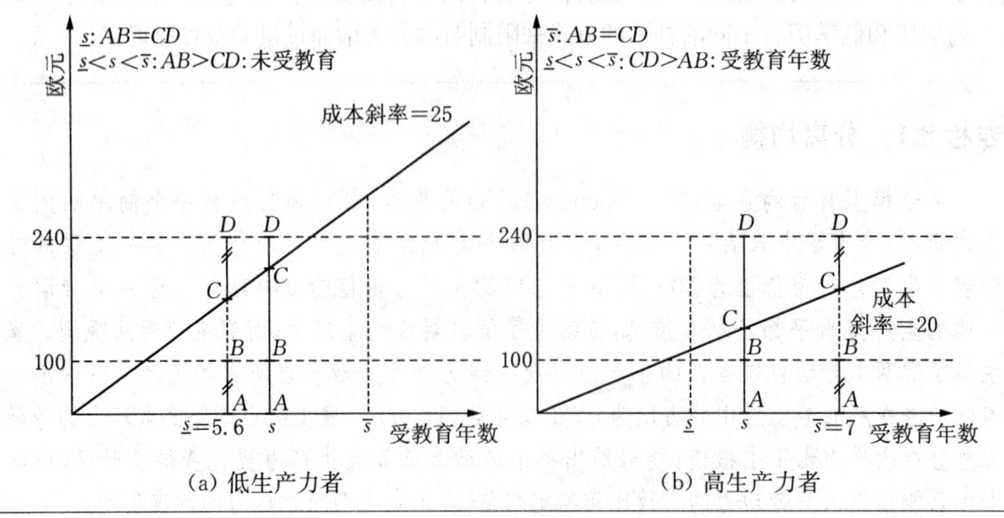

(a) 低生产力者　　(b) 高生产力者

而低生产力的劳动者则不会花钱投资于自身教育,径直去应聘低薪水的工作。

能够区分高生产力和低生产力劳动者的最低和最高的学历要求已在本专栏的图表中展示。从图形上看,求解的关键就在于线段 AB(低薪水工作的工资)和 CD(高薪水工作的工资减去接受教育的成本)长短的比较。

如果我们进一步允许雇主之间的竞争,那么均衡会变成 $\bar{s}=6$,这就处在分离均衡中受教育年数的最低水平上,此刻高生产力的劳动者总会选择应聘那些学历要求低的工作。

资料来源:Spence(1973).

只有当假设雇主不能在劳动者完成学习之前进行招聘时,过度教育(overeducation)才会是不对称信息模型的一个结果。如果学生在注册了课时长、难度大的课程但还未开始学习时就能去应聘,那么教育就不再能作为一种信号装置(Weiss and Ching-to, 1993; Swinkels, 1999)。另一个关于信号理论及其推断的问题在于,它仅仅考虑了能力禀赋这一生产效率的一个维度,而且认为这能够通过教育投资得到显示。然而,逐渐兴起的、介于经济学和心理学之间的一种研究指出,在任何教育程度下影响生产力和工资的因素不仅包含认知能力,而且还包括很多非认知能力(Borghans et al., 2009)。这样的非认知能力可能并不能从个人受教育程度上表现出来,而我们知道受教育程度往往与认知能力测试的表现紧密相连。在这些非认知能力中,积极性、毅力、自尊心在个人成长的早期,即进入劳动力市场之前,就对能力的形成产生重要作用。家庭和社会环境,而不仅仅是学校教育(根据信号理论,尤其是高等教育),对塑造这些非认知能力尤为关键。

2. 套牢问题和企业特定的培训的投资不足问题

如前文所述,过度教育的情况相当少见。在一般的市场中,市场的不完全性会导致人力资本投资的不足(而并非过度投资)。这是因为对于那些投资于人力资本的劳动者而言,他们很难获得投资带来的全部收益。为了解释这一现象,我们考虑市场中的雇主愿意投资企业特定的培训的例子。根据 Becker 的理论,在完全劳动力市场下企业愿意投资于特定企业的员工培训,详见第 8.2.1 部分。当处于不完全的劳动力市场时,根据工资合同规定,在雇主和员工之间会存在一笔需要分摊的交易成本。假设这个合同因为不能阻止工资在事后(即培训投资之后)可能需重新谈判的情况的出现,因而是不完善的。在这些条件下,一旦这样的合同被签订,员工就会有动机申请提高其工资水平,从而占得投资收益中的一大块。这是因为企业支付的投资成本会保护已在企业中的员工——所谓的内部人(insiders)——免受那些未被雇用者企图以低工资来应聘的所谓外部人(outsiders)的竞争。事实上,如果雇主想要雇用外部人,那势必要再花费一笔投资来培训他们,使其达到与内部人同样的生产力水平。换句话说,昂贵而不可逆的培训投资像是在内部人和外部人之间嵌入了一个分割两者的楔子(Lindbeck and Snower, 1988)。所有的这些可能带来的后果减少了雇主投资于企业特定的培训的动力,进而导致人力资本的投资不足。同样的问题在员工作为培训投资主体时也会发生。当知道雇主在事后会从培训投资收益中攫取一大块利益时,员工就会缺少动机进行人力资本投资。

上述这些例子表明,当人力资本投资的回报被没有参与投资的一方通过议价减少时，就会产生套牢问题（Williamson，1975；Grout，1984；Malcomson，1999）。没有参与投资的一方议价能力越强，不完全劳动力市场因为人力资本投资不足导致的效率损失就越大。

3. 为什么雇主愿意投资于通用培训？

Becker的人力资本理论的另一项重要预测在于雇主只愿意支付企业特定培训的费用，因为他们并不能受益于通用培训的投入。这一推论和实证研究中观测到的情况存在矛盾，现实中只有极少数的技能为特定企业专用的，而绝大部分技能都具有行业专业性。① 进一步讲，有证据表明，尽管很多培训都是通用性质的，但企业仍会为这些项目支付大部分的费用。Acemoglu(1997)认为由于市场的不完全性，雇主们往往存在着买主独家垄断权（参见第2章），他们能据此攫取通用培训中的部分收益，从而导致了工资结构的扁平化。上述观点的理由在下文中展开（Acemoglu and Pischke，1998；同时参见本章附录第4部分）。

根据Becker(1964)的文章，假设通用培训τ能够增加员工的生产力，所以员工的产出$v(\tau)$是向上倾斜的曲线，同时我们考虑到培训收益的边际递减性。我们不考虑由于投资通用培训，员工生产力提升从而工资也相应提升的情形，而是考虑一个买主垄断市场的情况。在这样的市场中，企业可以支付给员工低于其实际生产力水平的工资，所以存在培训收益的一个缺口：$\Delta(\tau)=v(\tau)-w(\tau)$。特别是，假设这一劳动力生产效率的实际价值和工资之间的缺口随着培训水平的提高而增加。因此，在这样的市场中员工得到的培训收益要低于完全竞争劳动力市场的情况；工资结构也随之扁平化了。图8.3描述了这一情形。现在企业就有了动机进行培训投资。生产力和工资之间的缺口随着培训水平的增加而增大，培训成本也相应增加。实行最优化管理的企业会选择等于边际成本或边际收益时的最优培训水平，即$\tau=\tau^f$。因此，不完全劳动力市场中的企业由于有利益驱动，会愿意投资于通用培训。在非竞争性市场中，劳动者的边际生产力并没有得到相应的全部薪酬，尽管他们掌握的技能是在企业间通用的；即，这种情况下通用技能就像特定企业技能一样，掌握技能的劳动者只能得到低于其生产力水平的报酬。

正如第2章中讨论到的，企业可能由于各种原因拥有买主垄断权。其中一种可能性在于匹配和搜索过程中的摩擦会使得劳动力市场存在交易成本，这会导致员工很难通过离开原先的工作岗位、进而寻找新的雇主来取得通用培训所能带来的全部回报。另一种可能性在于当前的雇主和其他企业之间存在着信息不对称，员工的现任雇主了解培训包含的具体内容，而其他企业却无法获得完全信息，这就造成其他企业不愿根据员工的边际生产力支付工资。与之相类似的逻辑可以用来解释，为什么临时工中介通常为员工的通用培训付费（Autor，2001）。这就表明在图8.3中，向上倾斜的$w(\tau)$只代表在现任雇主下工作的工资，而放在整个劳动力市场上，工资水平$w(\tau)$会是一条水平线。总而言之，买主

① Loewenstein和Spletzer(1999)的研究指出，根据NLSY数据，大约有63%的接受了企业提供的培训的员工认为，他们在培训课程中学习到的技能绝大部分甚至全部都适用于其他企业的工作。

垄断权会使得企业投资于通用培训是有利可图的。

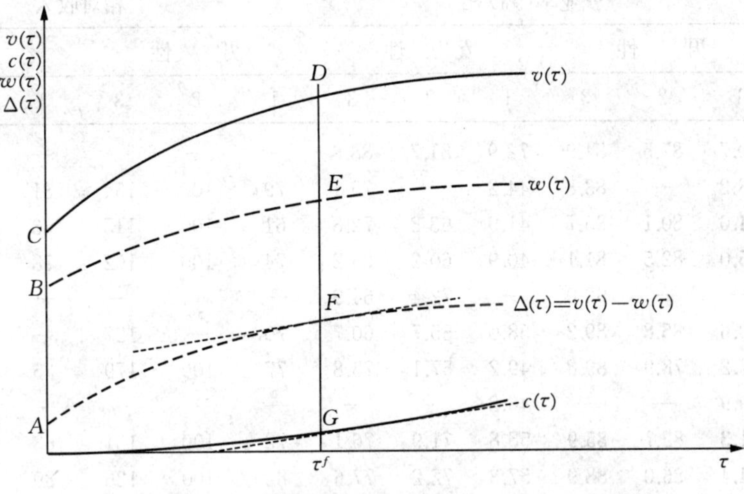

图 8.3 培训:不完全竞争的劳动力市场——厂商的选择

8.3 经验证据

8.3.1 教育的回报

表 8.3 的结果显示,受教育水平和劳动力市场状态之间存在显著的关系。受过高等教育的劳动者的就业率要明显高于低教育程度劳动者的比率。

表 8.3 25—64 岁男性和女性与教育程度相关的就业率与总收入

国家	就业率(%)						相对收入					
	男性			女性			男性			女性		
	1	2	3	1	2	3	1	2	3	1	2	3
澳大利亚	80.6	89.6	88.1	62.5	72.3	77.1	81	100	134	84	100	147
奥地利	64.1	80.7	86.6	50.0	70.9	84.5	48	100	106	54	100	134
比利时	66.4	79.4	87.3	46.4	63.7	81.4	91	100	133	76	100	126
加拿大	67.3	—	84.1	50.1	—	79.0	72	100	132	75	100	151
智利	83.2	88.4	86.5	36.6	57.6	67.9	—	—	—	—	—	—
捷克	55.4	81.5	—	39.6	60.9	—	—	—	—	—	—	—
丹麦	70.7	82.7	87.1	58.8	76.9	82.6	94	100	155	96	100	148
爱沙尼亚	55.1	65.8	82.1	42.8	55.9	77.0	—	—	—	—	—	—
芬兰	71.6	76.3	82.2	61.2	72.4	82.6	92	100	163	98	100	146
法国	73.8	83.4	89.5	57.7	69.0	81.8	88	100	159	81	100	146
德国	67.9	80.7	88.3	51.5	70.1	82.2	79	100	130	63	100	128
希腊	83.3	86.8	83.9	46.7	59.7	75.1	71	100	140	42	100	109
匈牙利	47.7	70.5	85.2	34.0	54.9	76.1	59	100	193	59	100	161

(续表)

国家	就业率(%)						相对收入					
	男性			女性			男性			女性		
	1	2	3	1	2	3	1	2	3	1	2	3
冰岛	80.7	87.5	84.9	72.9	81.7	88.6	—	—	—	—	—	—
爱尔兰	68.2	—	83.8	44.2	—	75.1	79	100	154	81	100	180
以色列	64.0	80.1	85.7	41.9	63.2	72.8	61	100	115	63	100	141
意大利	75.0	82.5	81.1	40.9	60.2	65.2	74	100	162	78	100	147
日本	—	—	92.0	—	72.4	64.9	—	—	—	—	—	—
韩国	79.6	85.8	89.2	58.0	55.7	60.7	70	—	127	—	100	176
卢森堡	77.2	78.9	89.8	49.2	57.1	75.8	77	100	179	35	100	93
墨西哥	89.9	—	—	46.2	—	—	—	—	—	—	—	—
荷兰	81.3	82.7	85.9	55.8	71.9	76.1	72	100	131	63	100	137
新西兰	74.4	86.0	88.9	57.3	72.2	77.6	82	100	126	89	100	136
挪威	70.6	86.0	88.1	62.3	79.8	93.9	65	100	109	66	100	113
波兰	53.4	78.1	—	31.0	59.1	—	75	100	168	62	100	139
葡萄牙	83.2	83.8	—	71.8	76.8	—	76	100	200	59	100	163
斯洛伐克	42.0	84.5	88.7	27.1	67.8	67.0	—	—	—	—	—	—
斯洛文尼亚	66.8	80.1	86.2	48.8	73.1	82.8	—	—	—	—	—	—
西班牙	72.0	76.3	83.1	49.3	65.3	72.5	68	100	115	62	100	145
瑞典	77.7	83.9	85.4	63.0	77.9	83.4	74	100	119	76	100	123
瑞士	78.8	84.6	93.8	61.3	73.0	87.2	74	100	131	58	100	119
土耳其	74.2	76.1	—	19.1	26.0	—	—	—	—	—	—	—
英国	56.2	83.9	86.3	34.2	71.2	78.7	73	100	151	70	100	180
美国	59.6	72.9	80.5	42.8	64.8	75.2	67	100	189	70	100	177

资料来源:Educational attainment and relative earnings: OECD(2011a).

注:受教育程度是指已经完成的最高教育水平,根据国际教育标准分类(ISCED)来定义;1=低于高中教育;2=高中教育;3=高等教育;2011年数据。相对收入被定义为拥有某一特定教育程度的工人的平均年收入除以教育程度最高为高中的工人的平均年收入;信息来源于2009年;芬兰、法国、希腊、意大利、英国和美国为2005年的数据;韩国为2003年的数据。—=无法获得数据。

从不同国家来看,低教育程度的劳动者的就业率在各国间存在着显著的差异。受过较低程度教育的女性,其就业率的变化范围从土耳其的19.1%到冰岛的72.9%不等,与此同时,低教育程度的男性在斯洛伐克共和国的就业率最低,仅为42%,而在墨西哥这一比例最高,达到89.9%。对于高学历人群,这种就业率的国别差异就要小得多。其中男性就业率中最低的80.5%出现在美国,瑞士的93.8%则为最高;受教育程度高的女性的就业率在韩国的60.7%到挪威的93.9%之间变动。

表8.3的数据还显示,高学历者不仅就业率高,他们的收入水平也显著高于低学历者。在美国,不同教育水平的男性之间收入差距最大。那些受教育水平在高中以下的男性,其收入要低约33%。而在匈牙利,受过高等教育的男性的收入比只有高中学历的男性要高出93%。在其他国家,这种收入差距则要小一些。例如在丹麦,受教育程度低的男性只比平均教育水平下的男性收入低6%。奥地利高等学历的男性也只比平均教育水平下的男

性收入高 6%。女性也存在收入水平随受教育程度明显变化的情况，不过和男性一样，这种收入差距在不同的国家间存在巨大差异。

当劳动力平均受教育水平在战后时期随着学术水平的普遍提高而上升时，高学历和低学历者之间的收入、就业率差距出现了明显的拉大。很显然，高学历的劳动者数量的增加并不能完全满足市场对该类劳动者的需求，而这种需求的增加主要来源于技能偏向(skill-biased)的技术进步，它一方面使用机器替代了程序化的人力工作，另一方面也增加了要求高学历的抽象性工作的需求(Krueger, 1993)。近来越来越多的关于职位技能要求(而不是受教育程度本身)的实证研究表明，劳动力市场上对程式化、重复性工作的需求在减少(Autor et al., 2006)。与此同时，不少国家都开始观察到工作两极分化(job polarization)的情况，由于高技术要求工作的增加、中等技术要求工作的大量减少和低技术要求工作的小幅减少，导致职位技术要求处于分布两端极值部分的工作明显增加了(Goos et al., 2009)。

8.3.2 教育回报的估计

尽管受教育水平和收入及就业情况之间存在正相关关系(如表 8.3 中所示)，但并不能由此断定它们存在因果联系。也许教育确实提高了劳动者的生产力，从而提高了其工资和就业水平。这种因果关系也可能是颠倒过来的：由于一些对教育水平要求不高的工作存在资本替代劳动力的情况，因而显现出教育程度高的高技术工人在劳动力市场绩效更好的状态。当然也可能存在一个第三要素，比如天生的能力，会影响受教育程度和收入的同方向变化。

仅仅依靠宏观数据来确立教育和生产率之间的因果关系是不够的，这需要进一步分析有关收入和受教育程度的微观个体数据。通常来说，关于人力资本投资回报率的实证证据，是通过解释变量为学校教育和工作培训的工资方程的回归得到的。其中较为典型的做法是，把工资对劳动者的受教育水平和工作经验做回归，过去 30 年来有大量的文献就是这样基于明瑟工资方程来估计教育回报的。特别地，标准的明瑟工资方程可以写成这样的形式：

$$\log(w) = \alpha + \beta s + \gamma_0 x + \gamma_1 x^2 + \epsilon \qquad (8.1)$$

式中 s 表示受教育年数，x 表示工龄，ϵ 表示误差项。上式也可以由一个会计方程式推导得到，即观测到的实际收入等于潜在收入减去投资于学校教育和在职培训的人力资本投资成本(详见本章附录第 3 部分)。式子中的关键变量是 β，它表示了教育回报的大小。

该研究方法的一个问题在于，每个个体在投资于自身人力资本之前都不可能如假设所言是完全相同的，事实上那些高的受教育水平往往和高的先天能力禀赋联系在一起。这种能力和教育水平之间的关系，不仅和信号理论的描述相一致(参见第 8.2.2 部分)，同时也和完全竞争劳动力市场下的人力资本投资模型所揭示的结果相吻合(参见第 8.2.1 部分)。

考虑如下的情形：存在不同能力禀赋的两个个体，先天能力高的劳动者在任意给定的教育水平下都能得到比低能力者更高的工资。形象化地来看，两个个体的教育回报正如图 8.4(a)中描绘的那样：劳动者 A 的教育收入图形在劳动者 B 的下方。注意两个劳动者的工资—教育图形都不是线性的。

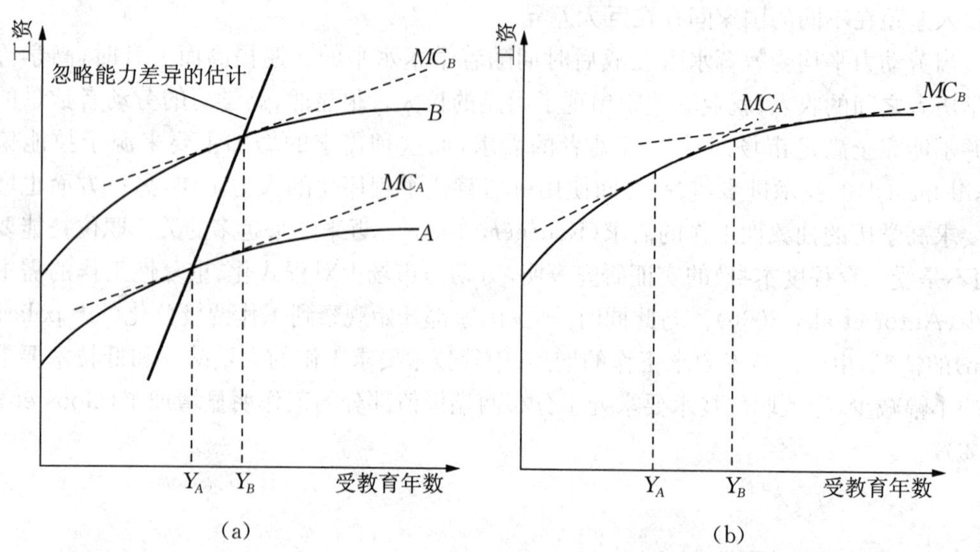

图 8.4 (a)*A* 和 *B* 面临不同的收入—教育轨迹;(b)*A* 和 *B* 面临不同的教育成本

我们从人力资本投资理论得知,两个个体在决定他们的受教育水平时,会选择再接受额外一年教育的边际收益等于其边际成本时的教育年限。如果接受教育的边际成本独立于受教育年限,且对于两个劳动者都是相同的(由图中直线 MC 给出),劳动者 A 会选择接受 Y_A 年的学校教育,而劳动者 B 则会放弃 Y_B 年的工作收入而选择用这些年来投资于教育。因而工资差异 $w_a - w_b$ 并不能完全归结于教育效果,还应当看到是能力更高者选择了更高的受教育年限这一事实。所以如果忽略能力差异来估计收入和教育之间的关系,就会拟合得到如图 8.4(a)中粗线所示的回归直线。与此同时,能力的不同也可能会影响接受教育的成本。假如劳动者 A 比劳动者 B 面临更高的边际成本(例如,如果接受教育对第一个劳动者而言只需付出较少的努力,那这同样会影响到教育投资的不同选择),如图 8.4(b)中所示。如果能力偏差既包含回报的差异,也包含接受教育的成本差异,则收入差异中源于先天能力差异的部分就占比更大,造成估计教育回报时明显的向上偏误。这种能力偏差(ability bias)来自这样的事实,即能力高者可以从额外一年的教育中获得更高的回报,同时需要为此付出的却是更少的努力,所以他们愿意在学校教育上投资更多,而不是说受教育程度的不同才导致了工资差异。

为了正确地估计教育回报,这种潜在选择性(selectivity)——个体的不同(不可观测的)特征,可能会影响他们最终的工资水平,但事实上不同个体在选择受教育水平时也会表现出不同——需要加以考虑。识别教育对工资影响的常见做法是,选择使用一些代表个体受教育程度,且不受个体选择影响的(外生)变量。任何与个人选择行为之外的因素相关的教育程度上的变动,都是这种识别策略下好的候选变量。尤其是一些导致教育年限发生外生变化的自然实验,常常被选作这样的外生变量,例如法定义务教育年龄段的增长或者强制抽签使得部分人辍学参军等。此外,到学校距离的不同(造成接受教育的成本不同,但独立于个人能力)也会被选择使用。

另一类研究会通过尝试捕捉教育投资之前个体间在能力水平上不可观测的异质性,来识别教育回报。一些研究使用双胞胎数据来控制个体间先天能力的差异。同卵双胞胎拥有相同的家庭和社会背景，而这些因素常被认为会影响个人的选择和表现，因此他们被假设认为具有相同的能力禀赋。那么一对双胞胎之间的工资差异就可完全归结于受教育程度上的差异了。这种研究方式最早源于 Ashenfelter 和 Rouse(1998)，他们研究了美国双胞胎的工资差别。根据他们的研究结果，能力偏差是很小的，不考虑能力偏差的横截面数据估计，只存在少量的向上偏误(详见专栏 8.2)。这同 Isacsson(1999)的发现非常相似，后者比较了瑞典同卵双胞胎间的个体特征和教育回报。在他的比较中，使用了两个生理学标准(身高和体重)和两个心理学标准(内向性和情感性的程度)。他发现使用双胞胎数据估计出的教育回报是 4.6%，这和使用瑞典总体人口样本估计得到的平均 4.5%的教育回报水平几乎相等。很显然地，在瑞典，教育选择性的效应同样也不明显。

专栏 8.2　教育回报:运用同卵双胞胎数据的研究

为准确估计教育回报率，必须将教育年限中潜在的选择性问题考虑在内。如果说能力相对较高者可能会选择比能力较低者接受更多的教育，那么直接通过简单的工资回归方程来估计教育回报，其估计结果其实是教育和能力两种因素的共同影响效果。为了修正这种偏误，一些研究采用了同卵双胞胎的信息。研究的基础假设是，同卵双胞胎拥有相同的能力禀赋。所以根据假设，双胞胎之间的收入差异可能和教育差异有关，但和能力差异无关。这样一来，工资回归方程就能使用同卵双胞胎数据来估计真实的教育回报了。Orley Ashenfelter 和 Cecilia Rouse 依此使用美国的 340 对双胞胎样本来展开研究。他们忽略个体为双胞胎样本这一事实时估计得到的教育回报率为 10.2%，而当估计基于双胞胎们之间的差异比较时，平均每年的教育回报率为 8.8%，所以在他们的研究中，能力偏差只有 1.4 个百分点。显然，忽略能力差异的横截面估计只存在一些微不足道的向上偏误。双胞胎研究潜在的问题在于，同卵双胞胎的先天能力完全相同这一基本假设可能并不一定成立。不过，Ashenfelter 和 Rouse 并没有发现这样的证据。所以他们得出结论，基因基本相同的个体其教育投资的回报是相等的，而其中的随机扰动正好可以用来估计教育回报率。

资料来源:Ashenfelter and Rouse(1998).

Angrist(1990)研究了美国政府在越南战争期间决定潜在应征入伍者先后次序的抽签征兵法。根据该法，抽签拿到数值较小的成年男性会优先被征召入伍，而那些抽到数值大的则可以摆脱被征召的命运。对于那些抽到的数值较小但不愿前往越南的人，则可以用上大学作为替代选择。由于这两组人群是通过随机抽签来决定的，因此从平均意义上来看两组中个体的能力可以认为是相当的。所以，可以通过比较抽签数小但学历高的人群和抽签数大但学历低的人群，来揭示真实的教育回报率。Angrist 和 Krueger(1991)则选用了曾经在某段时间规定低于某个特定年龄的小孩必须留在学校学习的义务教育法来进行研究。在该教育法未实施和实施后的不同体制下的个体，会表现为选择不同数量的受教育年限，但根据观察他们的能力是基本相等的。所以只要比较法律实施前后人群的信息，就能得到教育回报率的无偏估计。Card(1995)使用距离学校的远近来修正教育决策中的选择性问题。他的基本假设是，孩子的家长在选择家庭住址时并不考虑与学校的距离。在这样的假设下，距离学校的远近和他们孩子的能力是无关的。不过距离学校近的孩子会更倾向于呆在学校里。所以,比较距离学校不同远近的个体,就能够无偏地得到教育回报率的估计。

文献中关于教育回报率β的估计,随着时间和国别的变化有很大的不同。主要的变化范围在0.05—0.15之间,也就是说,多接受一年的学校教育能带来工资5%—15%的上升。这和通常的金融投资回报率相比,是相对比较高的。

重要之处在于,不控制能力偏差的教育回报估计往往低于考虑了选择性的估计值。比如,Angrist(1991)在不控制能力偏差时得到的β的估计范围为5%—7%,而在有控制时则为6%—10%。类似的,Card和Krueger(1995a)发现不控制能力偏差时得到的回报率估计为7%,而使用距离学校的远近来识别教育回报率时数值变为13%。如果能力会引导人们花更多的时间在学校学习,那么我们应当可以预期控制能力偏差时得到的估计会小于不控制时的数值。然而一些文献发现了恰恰相反的结论,即正确识别教育回报时得到的数值更大。这可能是因为这种矫正不是对平均意义下的教育回报的修正,而仅仅是对受到自然实验影响的那部分人(往往就是那些受教育程度低的、由于政策被迫继续待在学校的人群)的教育回报的修正,但这些人的教育回报随着教育年限的变长而递减(也可参见图8.4)。另一种解释是,也可能存在负选择的问题:那些最聪明的人(典型的例子是Bill Gates在卖掉他的第一个程序包后从哈佛大学辍学、Mick Jagger在"滚石"成立后离开了伦敦政治经济学院)一定年纪之后继续在校学习会存在很高的成本,因为这会浪费掉很好的致富机会。一种可能的更可信的解释是,受教育年限的数据中存在相当一部分比例的测量误差,它没有使用受教育年限的外生变量,会导致估计向下偏误。针对上述教育回报在控制和不控制能力偏差时存在差异的不同解释,Oreopoulos(2006)最近的研究提供了一些新的实证证据,主要内容已在专栏8.3中总结。相对于已有文献,这项研究的优势在于作者使用的工具变量影响到的人群比例很大。所以,他在控制能力偏差情形下得到的教育回报的估计,可以说不只是对人口中较小比例的一部分人的修正。

专栏8.3　英国教育回报的估计

英国于1944年通过的一项教育法案规定,从1947年开始英格兰、苏格兰和威尔士地区将学生的最低离校年龄由14岁提高到15岁。这项改革使得20世纪50年代有接近一半的14岁青少年不得不改变人生轨迹,在学校多学习一年,同时也带来了教师、校舍和课桌椅等数量的扩增。Philip Oreopoulos就是根据这个自然实验来估计教育回报率,并对能力偏差进行修正的。他的这项工作优于已有研究的地方在于,这项改革影响到的人口比例是非常巨大的。而之前的相关研究使用造成教育年限整体改变的外生因素,受影响的人群往往较小。Oreopoulos用北爱尔兰地区的数据作为控制组,因为在那里直到1957年才有义务教育年龄规定的变化。这项研究使用的数据来源于在大不列颠和北爱尔兰地区展开的几次综合住户统计调查(General Household Survey)。图8.5展示了教育法案变化前后(用直线进行划分)在大不列颠和北爱尔兰地区分别的平均受教育情况。平均离校年龄(纵轴)根据教育组别或者代际组别(横轴)来刻画。可以清晰地看到在1947年政策实施前后,大不列颠和北爱尔兰的平均离校年龄上的差异存在显著的不同,而这种差异在1957年北爱尔兰也开始实施这项政策后明显缩小。这一结果使得作者的识别策略有了合理的数据支撑。图 8.5(b)展示的是 Oreopoulos 得到的重要结果,即在相应年份刚刚达到 14 岁的北爱尔兰和大不列颠地区样本,在 1983—1988 年的平均年收入的对数值。从这幅图中可以清晰地看到,随着义务教育最低离校年龄提高到 15 岁,人群的平均收入有了显著的提高。平均来看,提高比例大约有 5.5%—7.0%。作者还比较了英国数据的估计和使用美国和加拿大(这两个国家义务教育离校年龄的增加,影响的人群比例非常小)数据的估计,来判断工具(政策变化)影响范围的大小是否会对教育回报的估计产生影响。令人鼓舞的是,他发现"无论这类法案影响的是大多数人还是少数人,义务教育年限的增长都会带来人均收入的巨大提高"。这一结论对于解释文献中关于教育回报的更早结果,是非常重要的。

资料来源:Oreopoulos(2006).

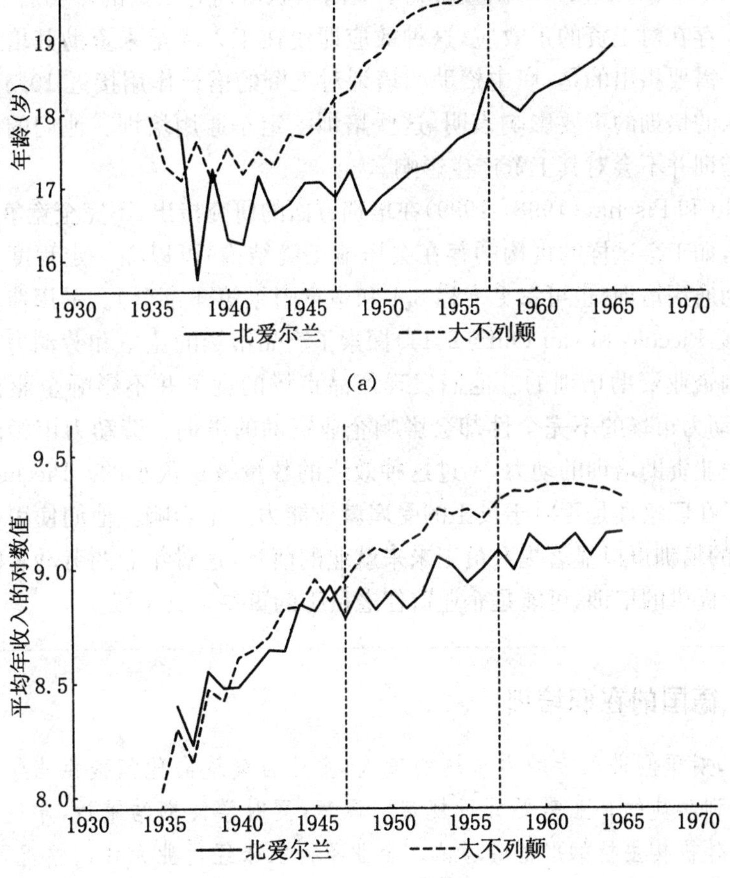

图 8.5 (a)离开全日制教育的平均年龄;(b)相应年份刚好 14 岁的大不列颠和北爱尔兰人平均年收入的对数值

资料来源:General Household Surveys,1983—1998.

注:样本是 32—64 岁之间的成年人。图中垂直竖线标记了大不列颠(1947)和北爱尔兰(1957)的教育改革时间。

8.3.3 在职培训

和人力资本理论的预测一致的是，工人的工资和他过去在培训上的投入是正相关的。然而，尽管绝大多数培训都属于通用培训，但这些培训的成本常常是由雇主来提供的(Loewenstein and Spletzer，1998)。除了对于教育回报的实证分析以外，还有极少一部分研究估计了在职培训的回报率。Frazis 和 Loewenstein(2005)运用美国的数据获得了正规培训回报率的估计。他们发现 60 个小时的正规培训，即培训数量的中位数，能够提高 34%的工资水平。因而，在中位数水平上的 60 个小时的培训，其回报率在 150%—175%之间；修正职位晋升效应、培训的直接费用，以及工资增长率和工资水平的异质性后，估计出的回报率显著下降至 30%—40%范围。

不同的职位之间也存在很强的异质性，管理人员和专业人才的回报率要显著高于蓝领工人。Booth 和 Bryan(2005)调查研究了英国在职培训对工资的影响后发现，只有雇主资助的培训才存在对工资的正效应，这种效应即使在工人换至未资助其培训的企业工作后仍然存在。需要指出的是，雇主资助的培训对工资的增长作用接近 10%之多。注意到前任雇主投入的培训的重要影响表明，这些培训一定是通用培训。他们的研究同时发现员工自筹的培训并不会对其工资产生影响。

Acemoglu 和 Pischke(1998，1999)在培训方面的研究指出，不完全竞争劳动力市场的存在(特别地，如工会这样的机构的存在会压缩工资结构)可以在一定程度上解释为什么企业愿意资助通用培训(也可参见专栏 8.4 和本章附录第 4 部分)。采用荷兰制造业企业和工人的数据，Picchio 和 van Ours(2011)探索了产品市场的竞争和劳动力市场的不完全性是如何影响企业资助培训的。他们发现产品市场的竞争并不影响企业在培训上的支出。相反，劳动力市场的不完全性却会影响企业资助的培训。劳动力市场流动性的增加会显著降低企业资助培训的动力，不过这种效应的数量级是很小的。Picchio 和 van Ours(2013)研究了在职培训是否对于员工的受雇就业能力产生影响。他们使用荷兰的数据发现，企业提供的培训可以显著提升员工未来就业的前景，这对年老的劳动者同样适用。这就意味着企业提供的培训，可能是企业留住老员工的重要工具手段。

专栏 8.4　德国的在职培训

在德国，对于刚进入劳动力市场的工人，企业自发地向他们提供当学徒的培训机会。那些培训学徒的企业需要开设规定的课程，同时学徒期结束后，学徒们需要参加一项由企业外机构主持的严格的考试。企业不得在未经行业允许的情况下培训学徒。整个培训过程由企业内部的工人委员会进行监督。总而言之，企业对培训内容的影响是受到严格限制的。因此，可以认为学徒期间学习到的大多数技能都是通用培训技能。虽然如此，和人力资本理论的基本推断相反的是，学徒制的经济负担几乎都是由企业来承担的。Daron Acemoglu 和 Steve Pischke 用劳动力市场的不完全性来解释这一现象：工人的流动性是受到限制的，所以雇主可以从培训后的员工身上赚得租金。

只要当企业可以获得员工的部分边际产出,它们就有动机通过投资于员工的人力资本来增加这部分产出。由于企业存在买主垄断权,企业员工不愿意支付通用培训的费用,这是因为他们意识到培训回报中的很大一部分都会被企业占有。Acemoglu 和 Pischke 比较了约 5 000 名德国学徒留在原先企业的和因外部原因(参军)而离开企业的工资情况。他们的模型预测,因参军而离开的学徒,可以拿到比留在企业者更高的薪水,因为使他们离开的外部原因将他们从企业的买主垄断权中释放了出来。由于军队在决定入伍合格性时,只采用体检而没有其他测验形式,所以这里不存在选择偏差问题。进一步地,服兵役也不会带来入伍者以劳动力市场来衡量的人力资本上的提升。Acemoglu 和 Pischke 比较了两组整体的月收入,结果发现培训使得留在企业者在工资上有 1.2%的增加,而那些离开者(参军)能够得到 4.5%的工资提升。他们的模型允许了多重均衡的存在。第一个均衡是那些离开的员工收入更低。这种情况下企业就会有相当的买主垄断权,所以会支持较高水平的培训。另一个均衡是离开的员工收入更高。这时企业的买主垄断权就会受到限制,所以企业对于培训的投入就会较小。有些自相矛盾的是,员工在职位上更好的分配——辞职比例高的均衡状态——可能反而是低效率的,因为此时培训的水平会较低。

资料来源:Acemoglu and Pischke(1998).

8.4 政策问题

8.4.1 应该有一个强制入学年龄吗?

所有的 OECD 成员国家都有一个强制入学年龄,以保证每个人在这个最小年龄入学。问题是,这样的一个强制入学年龄是否能够提升社会福利。毕竟,如果一个人很早辍学的话,他也许是有一定原因的,即,他面对的上学净回报是负的。然而,强制入学年龄可能是可以提升福利的,如果个人是短视的且没有意识到上学带来的未来收益。他们可能会有一个过大的折扣率,例如,因为他们忽略了受教育程度与终身失业率之间的负相关关系。一个强制入学年龄可以防止个人辍学。也有可能出现这样的情况,学生因为资金的限制而辍学。这也可能是因为学校教育的社会收益大于私人收益。一个受过更高教育的人群具有正的外部性。例如,有证据表明,教育对政治参与、公民态度和更广泛的社会资本、贸易、犯罪率等产生积极的影响(Lochner, 2004)。在这种情况下,设置一个强制入学年龄是有道理的。义务教育的持续时间同样受到入学年龄的影响。虽然实证文献对于推迟正规教育的评估还远未定论,但一些国家已经在提高入学年龄了。在这种情况下,提高强制入学年龄不一定会涉及增加教育的持续时间,但会显著地影响教育质量。

正如第 8.1 节中所讨论的,学校的质量发生了巨大的变化,无论是在国家间,还是在一个国家内部。因此,提高受教育水平会对一个国家的人力资本禀赋产生影响,这取决于学生在学校间是如何分布的。原则上,择校应该是对最好的学校的回馈。然而,父母选择让他们的孩子到哪里上学,会受到行政规划(根据其居住区域分配学生到公立学校)以及信息和财政的严格约束。此外,求学的轨迹会限制择校。一些教育体制迫使学生很早就进行专业学习,这可能会使学生因学习轨迹的专业性而形成择校的障碍。

教育券(school vouchers)①在原则上应该鼓励父母对于学校的选择,增加学校之间的竞争,为改善学校的质量创造激励。大量的文献已经在评估竞争是否会影响学校的质量,通过将给定城市的学校数量作为代理变量。“围绕河流的争论”(专栏 8.5),说明了估计竞争对学校质量的影响时使用的方法和测量项目。

专栏 8.5 “围绕河流的争论”

实证文献在研究竞争与学校质量的关系时,一直使用给定市区的学区数量作为竞争的测度。当一个城市有更多的学区时,父母为其子女择校就有了更多的选择。在美国的城市间,学区的数量有着相当大的差异。例如,一些大都市区域,如波士顿,有几十个学区,而其他一些区域,如拉斯维加斯,则由一个学区主导。这种学校竞争测度的一个问题就是,一个城市学区的数量本身就是内生的,而且很可能取决于学校的质量。因为拥有低质量学校的学区不容易与其他学区合并,所以学校的质量会影响其数量。

这个问题的一个解决方法是由 Caroline Hoxby(2000)提出的,她使用任一给定美国城市的河流数量作为划分学区的工具,用地理特征创造的自然界限划分区域。她发现那些有更多河流的城市相对于其他城市,确实有着更多的学区。同时,河流的数量也不会直接影响学校的质量。比较河流的数量与学区的数量后,她宣称找到了一种方法可以恢复竞争与学校质量间的因果关系。她的结论指出了学区的数量对于学校的质量有着积极的作用,学校的质量通过标准化的学生测试表现来衡量。

Rothstein(2007)对这个结论提出了挑战,他同时质疑划分工具的选择和测度的方法。在他看来,河流不仅影响学区的数量也会影响当地经济的发展和学校的质量。大的、通航的河流很可能影响一个地区的商业和财富,并会吸引特定的人群。而小河流就不存在这个问题,之后 Hoxby 将她的研究分为较大的河流与较小的河流,把它们分别放入方程中以区分清楚。她研究了美国地质调查局公布的详细地图,测量了数百个大都会地区的水体的尺寸,她用的这些方法也受到了 Rothstein 的挑战。因此,关于竞争和学校质量之间关系的学术辩论,变成了一场关于从大型河流中分离出小河流标准的地质学争论,这对于经济学家来说是不寻常的。正如一位政治学家所指出的那样,这场辩论演变成了一场关于如何用最好的方法计算溪流和测量它们宽度的矛盾观点的“溪流之战”。这一争论为必须对经济学假设进行验证的假定提供了一个例证。尽管没有太多像 Rothstein 这样的学者,也没有几本学术期刊愿意主持这种类型的争论,但是仔细地审查那些需要做出因果推断的识别假设始终是很重要的。

资料来源:Hoxby(2000); Rothstein(2007).

---

① 教育券由政府发行,家长可以在选择私立学校时进行申请(或者,推广开来,报销家庭教育支出),而不是任由他们的孩子被分配到公立学校。

8.4.2 政府应该补贴公司内部的培训吗?

政府可以通过直接补贴或者税收信贷的方式鼓励公司内部的培训。这能让公司更便宜地提供培训。主要的问题是,这种支持从福利的观点看是否是最优的。如果不论如何多数公司都会提供培训,那么补贴的无谓损失将会是巨大的,社会回报将会是低的。这个问题的答案取决于公司的市场力量。在不完全竞争的劳动力市场上,公司可能有足够的市场力量在没有政府支持下对他们的员工进行培训。处于一个更具竞争力的市场,雇主可能不愿意在培训上投资,因为同行业中的其他公司可能会从这一投资中获得相同的或者部分的利益。如果公司的内部培训提高了生产率,培训就产生了社会收益。因此,如果社会收益比私人收益大,政府可能会介入并对培训进行补贴。

8.5 与其他制度的相互作用

学校和培训相关的法律规定了强制受教育年限和强制入学年龄、公立教育的范围、学费的上限,以及对培训的补贴(如果有的话),这与劳动力市场上的其他制度产生了相应的交互作用。最明显的相互作用的表现是工资税(见第 13 章),即公立教育的提供必须部分由税收资助。进一步来说,教育和培训的决定受到潜在净税收收益的影响,那么累进税制可能会减少接受高等教育的激励。

还有就是与工会的相互作用(见第 3 章),因为工会引起的工资压缩(wage compression)使得对于教育和培训投资是少有利可图的,这还可以通过 Acemoglu 和 Pischke(1998)收集的证据证实。

就业保护法(EPL,见第 10 章)可能对在职培训的投资有所激励,因为雇主希望使用内部劳动力市场将工人的工作重新分配而不是裁掉他们。在没有就业保障时,工人们也许也不愿意促进这种投资,特别是当培训涉及公司特需的技能时,因为他们预计到其工作是短暂的。

其他相关的相互作用与退休计划有关。较长的工作生涯增加了教育的终身受益,使个人能够享受更长时间跨度的教育红利。人力资本理论的这一预测得到了实证研究数据的证实(见专栏 8.6)。同时,在职培训可能会降低与老龄化有关的生产率的损失,从而增加了对年长工人的需求。

专栏 8.6 养老金与培训

2006 年,荷兰公共部门进行了一项重大的养老金改革,将两个高度相似的雇员群体分别对待。对于在 1949 年 12 月 31 日以后出生的每个人,改革先前的养老金计划。如果雇员在 1950 年以前出生并且在 1997 年 4 月 1 日以后在公共部门持续地工作,他们仍然可以在 62 岁零 3 个月的时候退休,并且提供一个 70%的养老金比例。而在 1950 年以后出生的员工则要受制于新的、不那么慷慨的养老金制度了,这大大降低了养老金的收益,要想获得先前的养老金比例如今雇员最少要多工作一年(退休年龄为63岁零4个月)。这项改革使得平均的退休年龄延迟了一年。Raymond Montizaan、Frank Cörvers 和 Andries De Grip 匹配了公共部门中男性雇主(调查数据)和雇员(养老基金管理信息系统)的数据。数据的收集是在推出了新养老保险制度的一年之后,包括老员工个人养老金的详细信息、退休后的预期收入以及参与培训的情况。专栏中的表格比较了实验组阈值以后出生的员工(即出生于1949年)与符合先前养老金制度的员工参与培训的情况。

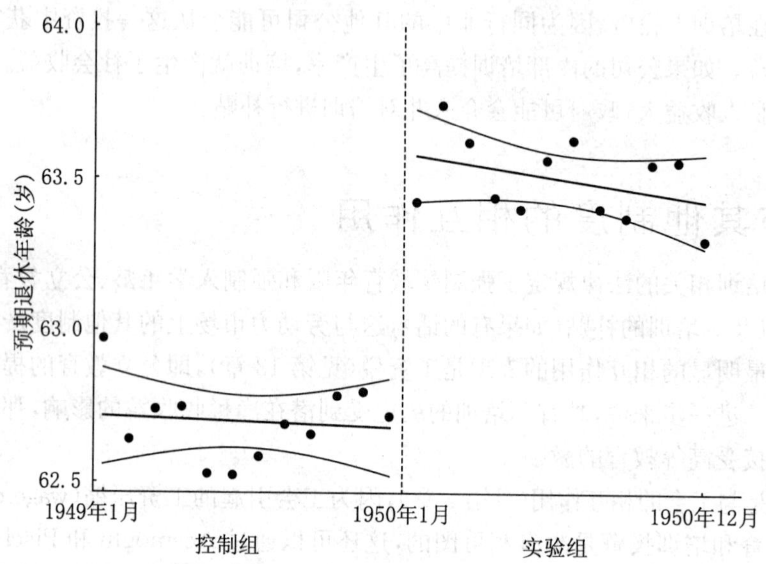

图 8.6　随时间推移的预期退休年龄(荷兰)

资料来源:Montizaan et al.(2010).

注:这张图给出了从1949年1月至1950年12月,每个月出生的员工的平均预期退休年龄。样本由两个出生年份构成;出生在1949年的员工实行旧的养老金制度,而出生于1950年的员工遵守新的养老金制度。垂直线标记实验组和控制组的分割阈值。

倍差法估计的结果显示如下:

参与培训	生于1949年 (控制组)	生于1950年 (实验组)	差(%)
2006年	0.54	0.57	3
2005年	0.50	0.50	0

表格中的结果显示了延迟退休年龄对培训参与度的正效应(不控制雇员与公司特点时约为3%)。这种效应在多变量分析中被证实。据作者认为,"实验组中的雇员比控制组中的雇员参与长期培训的可能性高出7.3%"。

教育与退休政策之间的相关性也可以在政治经济学的论证中发现。这两项制度都会产生代际再分配,尽管是在不同的方向上。教育政策,不论是提高教育的质量还是可获得性,都必然提高年轻一代的福利,通常通过向目前的雇员征税来实现。通过教育的公共财政,年轻人通过向中年人借贷投资人力资本。慷慨的现收现付制的退休计划,反而倾向于以年轻一代的福利为代价提高老年工人的福利,这些年轻人必须为年长一代支付养老金。

一般情况下,老龄化的社会会经历一个从倾向慷慨的退休制度(Galasso, 2006)到反对大型公共教育项目的政策组合的转变。图 8.7 的纵轴表示公共教育经费占 GDP 的比重,横轴表示几个 OECD 国家的有效退休年龄。两者之间存在着正相关关系。北欧国家通常表现出相对较长的工作生涯和高教育支出,而南欧国家则是较短的工作生涯和低教育支出。不过,也有如日本这样的国家,表现出较长的工作生涯但教育支出较低。

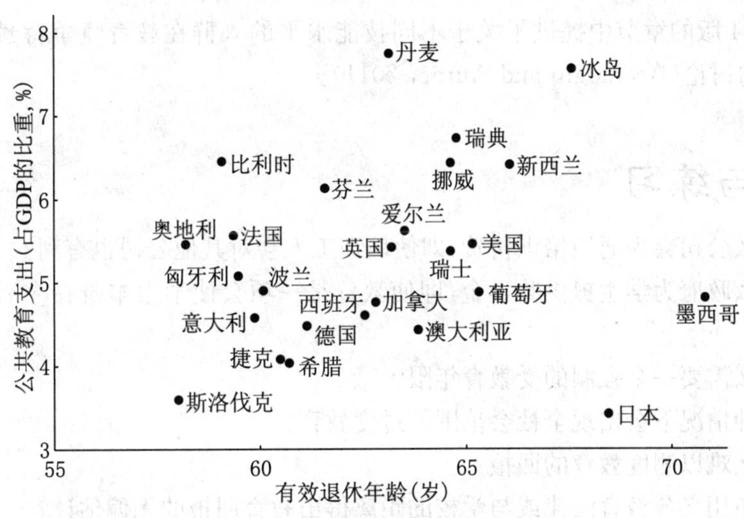

图 8.7 公共教育与提前退休

资料来源:OECD online statistics, 2011; World Bank(2011).

注:纵轴表示公共教育支出占 GDP 的比例(2009 年);横轴衡量的是如第 6 章讨论的有效退休年龄(2011 年)。

8.6 为什么政府会补贴教育和培训?

教育和培训能提高劳动生产率。教育会产生私人收益,因为投资于教育的人相对于不这样做的人能提高他们的工作效率,而且可以收获更高的终身收入。由于生产率的提升,教育也会产生社会收益。通过对教育的投资,国民收入会上升。拥有一支受过良好教育并且训练有素的员工队伍是一项重要的竞争资产。政府介入教育和培训的主要原因是,市场缺陷的存在以及受过良好教育的劳动力与强烈的公民意识有着正外部性;更高的政治参与;低犯罪率;更大的信任从而降低交易成本,这意味着从贸易中获得更多的收益。想要继续学习的人们并不总能负担得起这样的支出。不完善的资本市场可能无法进行借贷或者成本很高。这可能导致在人力资本投资上的次优选择。当人们面对信用约束时,政府有强烈的需要去补贴规范的教育体系。没有补贴会使得在教育上投资不足。

正外部性也为政府支持培训提供了理由。公司也许不愿意投资于培训,如果这项培训对其他公司也会产生效用。一家公司只会在它拥有足够的市场力量以谋取一部分利益的时候才会投资于培训。

延伸阅读建议

《经合组织教育一览》(*Education at a Glance*)(OECD, 2005a)提供了一份教育制度跨国差异的有趣概述。Card(1999)调查了教育与收入的因果关系。《教育经济学手册》(*Handbook of the Economics of Education*, Hanushek et al., 2011)提供了领域内顶尖学者对教育和劳动力市场结果之间的关系的丰富调查和见解。Brunello 等人(2007)提供了欧洲教育和培训的理论与实证分析。最后,Daron Acemoglu 和 David Autor 在《劳动经济学手册》第 4 版的章节中提供了关于不同技能水平的人群在教育竞争背景下的实际工资水平走势的讨论(Acemoglu and Autor, 2011)。

复习题与练习

1. 为什么公司会为通用培训付费,即使培训工人会对其他公司也有利?

2. 为什么政府为学生提供奖学金,即使教育是一项会使学生本身在今后生活中获益的投资?

3. 为什么需要一个强制的受教育年限?

4. 在哪种情况下会出现全社会范围的过度教育?

5. 为什么难以测度教育的回报?

6. 如何使用义务教育法律或与学校的距离得出教育回报的无偏估计?

7. 为什么不是所有的学生都努力去拿到学位?

8. 受教育程度是内在生产率的一种标志,这对于个人受教育决定是否重要?

9. 国家是否应该补贴在职培训?

10. 假设 Andrea 的工资—受教育程度轨迹如下:

受教育年限	收入(欧元)
6	12 000
7	15 360
8	19 200
9	22 200
10	24 420
11	26 400
12	27 720
13	28 680
14	28 800

(a) 推导出计划的边际回报率。如果其折现率为 5%,Andrea 将在什么时候退学?如果贴现率变为 15%呢?

(b) 假设政府现在对于劳动收入和利息收入征收 25%的所得税?这对于 Andrea 的

受教育程度会产生什么影响呢？

11. Tom 是一个 18 岁的男孩，他必须决定再学习多少年。他知道如果现在停止学习，那么他将得到工资 $w_0 = 1\,200$ 欧元。相反，如果他决定再学习几年，其工资则会变为 $w^n = w_0 + 600\log(1+s)$ 欧元。然而，如果 Tom 决定继续学习，他每年将支付 120 欧元的学费。

(a) 给定以上数据，Tom 还会在学校学习几年？此时，他的期望工资是多少？

假设 Tom 的国家实行了教育制度的改革：学费被固定到每年 75 欧元这一较低的水平，教育质量也会相应降低，所以他对学习 n 年后的期望工资变为 $w^n = w_0 + 300\log(1+s)$。

(b) 改革将会如何影响 Tom 对受教育年限的最佳投资决定？

(c) 他将在学校再度过多少年？

(d) 现在他的期望工资是多少？

12. 假设经济中有两种类型的工人：低生产率的工人（人口的 75%）和高生产率的工人（人口的 25%）。低生产率工人的终身生产率为 300 欧元，而高生产率工人的终身生产率为 500 欧元。雇主知道两种工人所占的比例以及相应的生产率，但是在雇佣的时候无法分辨出低生产率的工人。

(a) 在这种情况下有竞争力的雇主会支付多少工资？

现在考虑上学问题。对于低生产率工人而言，一年的教育费用为 25 欧元，而对于高生产率的工人为 16 欧元。教育对生产率没有影响。

(b) 雇主设置怎么样的最低受教育程度（以上学年数计）可以确保只有高生产率的工人会申请这些工作？

(c) 假设同时提供那些不需要任何教育程度的工作。对于雇主这样的措施谁会得利而谁会受损？

13. （进阶题）John 是一个 16 岁的学生，他必须决定是离开学校开始工作还是继续学习。如果他离开学校，他在以后的工作中平均一年能收入 45 000 欧元。如果他多学习一年提升自己的受教育水平，那么在以后的工作中平均一年能收入 50 000 欧元。多学习一年将会花费 30 000 欧元。John 计划工作到 70 岁。假设他的贴现率为每年 5%。

(a) 证明多接受一年教育对 John 是有利的。

(b) 假设平均多接受一年教育将提高 John 的年收入 5 000 欧元。然而，再读书的成本的提高为 $15\,000s^2$，其中 s 为额外的受教育年数。John 会再接受多少年的教育呢？

附录：教育与培训

1. 最优受教育年数

在图 8.1 中，个人在初始上学年数（将小学的上学年数记为 0）与特定上学年数 s 之间选择。或者，我们可以考虑这样一个决定，一个上学 s 年的人会选择是否再多上学一年。如果这个人不多上一年学，剩余劳动力市场上的年收入在 T 岁前将会是 w_s。如果这个人上学的年数为 $s+1$，他从 $s+1$ 岁到 T 岁时的年收入将变为 w_{s+1}。每年的入学成本为 c_s。

个人的决定将同时基于收入和成本的现值比较。如果 i 代表市场利率,上学 s 年的净现值 NPV 表示为:

$$NPV_s=\sum_{t=0}^{T}\left(\frac{1}{1+i}\right)^t w_s=w_s+\sum_{t=1}^{T}\left(\frac{1}{1+i}\right)^t w_s \tag{8.2}$$

上学 $s+1$ 年的现值表示为:

$$NPV_{s+1}=-c_s+\sum_{t=1}^{T}\left(\frac{1}{1+i}\right)^t w_{s+1} \tag{8.3}$$

类似于第 6 章附录中的最优退休计划,如果个人多上学一年的现值比不这么做的现值要大,即 $NPV_{s+1}>NPV_s$,则个体选择继续上学。可以重新表示为:

$$\sum_{t=1}^{T}\left(\frac{1}{1+i}\right)^t (w_{s+1}-w_s)>w_s+c_s \tag{8.4}$$

如果上学的成本很小,$c_s\approx 0$,可以重新表示为:①

$$w_{s+1}-w_s=w_s i \tag{8.5}$$

从中可以得出 $w_{s+1}>w_s(1+i)$。所以,

$$\ln(w_{s+1})>\ln(w_s)+\ln(1+i)\approx\ln(w_s)+i \tag{8.6}$$

也因此:

$$\ln(w_{s+1})-\ln(w_s)>i \tag{8.7}$$

条件式(8.7)是容易理解的,式子左边表示多上一年学的额外收益率:$\ln(w_{s+1})-\ln(w_s)=r$。也就是说,如果 $r>i$(即,如果上学 s 年的回报率大于市场利率),个人将会选择继续上学。换句话说,如果这比投资资本市场更加有利可图,个人将会选择投资上学。上学的回报可能随受教育程度的提高会减少。由于市场利率与受教育程度是独立的,个人将不得不做出最优上学年数的选择 s^*。最优行为意味着个人将会选择使得 $r=i$ 的 s^*。个人将会投资于教育直到上学的边际收益等于市场利率。

2. 信号理论

假设我们有两类个体,他们的先天能力/生产率水平或高或低,表示为 α^l 和 α^h,且 $0<\alpha^l<\alpha^h$。工人能通过花费 $\frac{s}{\alpha}$ 达到 $s\geqslant 0$ 的教育水平,所以高先天能力能降低获得教育的成本。然而,教育不会影响生产率:

$$U(w,s,\alpha)=w-\frac{s}{\alpha}$$

在这样的设置下,劳动力市场缺陷(表现为信息不对称)成为教育需求的唯一诱因。我们假设,事实上,这种能力是雇主可观察到的且产品市场是完全竞争的,所以公司的进入是自由的。零利润的假设意味着工资与工人的生产率是相等的。因此,雇主对高能力的工

① 当 T 很大的时候,使用几何级数逼近 $\sum_{t=1}^{T}\left(\frac{1}{1+i}\right)^t\approx\frac{1}{i}$。

人将支付 α^h，对低能力的工人将支付独立于教育水平 s 的 α^l。因此，对于任意 α，$s=0$ 是 $\arg\max_s U(w, s, \alpha)$。

考虑相反的情况，雇主无法观察到这种能力，只有工人自己知道。工人选择接受什么程度的教育，雇主只能通过观察 s 知道。在此背景下，α^h 类型的工人会选择教育水平 s，即 s^*，α^l 类型工人获得这一教育程度的成本太高了。在这种情况下，低能力的工人无法在给定高能力工人的信号下提高，她没有获取教育的激励。可知 s^* 是由假设 $U(w^h, s^*, \alpha^l) < U(w^l, 0, \alpha^l)$ 隐含的，或者

$$\alpha^h - \frac{s^*}{\alpha^l} < \alpha^l$$

这意味着

$$s^* > \alpha^l(\alpha^h - \alpha^l)$$

对于这样的均衡，我们必须检查这一教育水平是否为高能力工人的最优选择。这意味着

$$U(w^h, s^*, \alpha^h) > U(w^l, 0, \alpha^h)$$

也就是说，高能力的工人在分离均衡时的情况比在混合均衡时好，在混合均衡时雇主对所有工人支付相同的工资且没有人会对教育进行投资。假设50%的工人有高能力，剩下的50%是低能力的，混合均衡的工资由 $w=1/2(\alpha^h+\alpha^l)$ 给定。对于高能力工人的最大化效用选择 s^*，必须有一个允许分离均衡存在的可能的最低教育水平，即 $s^*_{}=\alpha^l(\alpha^h-\alpha^l)$。将 w 与 s^* 代入上述假设，我们可以得到

$$\alpha^h > 2\alpha^l$$

换句话说，能力的差别应该足够大使得分离均衡存在。

3. 明瑟方程的推导

明瑟方程(Mincer, 1974)可以从 Ben-Porath(1967)的生命周期人力资本投资模型得到。个人会同时投资于教育和在职培训。让我们先从第二类投资——在职培训开始。定义年龄 t 时的潜在收入为 V_t，用于培训的工作时间占比为 k_t。这表明培训的成本由机会收入 k_tV_t 给定。个人可以通过投资于培训变得更有生产力。定义培训的收益为 ρ_t。潜在收入可被表示成最初工作的收入 V_0 的函数：

$$V_t = V_{t-1}(1+k_{t-1}\rho_{t-1}) = \prod_{j=0}^{t-1}(1+k_j\rho_j)V_0 \tag{8.8}$$

让我们现在考虑上学的投资。当接受正规教育的时候，个人的投资是全日制的，即 $k=1$。假设上学投资的收益固定于 ρ，定义 s 为上学的年数。上学时期末(进入劳动力市场时)的潜在收入可以因此写为：

$$V_{s+1} = V_0(1+\rho)^s \tag{8.9}$$

现在考虑终身投资的决定(同时涉及上学和培训)。进行对数处理并假设 ρ_t 是不随时间变化的，我们有：

$$\log V_t = \log V_0 + s\log(1+\rho) + \sum_{j=s}^{t-1}\log(1+k_j\rho) \approx \log V_0 + \rho s + \sum_{j=s}^{t-1}k_j \tag{8.10}$$

如果毕业后投资率随着时间线性下降,那么

$$k_{T+x_t}=k\left(1-\frac{x_t}{T}\right) \tag{8.11}$$

其中,x 是时间 t 时的工作经验,T 是工作生涯的长度。可以给出式(8.10)的一阶泰勒近似:

$$\log V_t \approx \log V_0+\rho s+\left(\rho k+\frac{\rho k}{2T}\right)x-\frac{\rho k}{2T}x_t^2 \tag{8.12}$$

根据经验,这可以通过在明瑟方程中固定 $\log V_0-k$ 进行横截面的估计得到,上学年数以线性形式、工作经验以线性和二次项的形式进入回归方程。

$$\log(w_i)=\alpha+\beta s_i+\gamma_0 x_i+\gamma_1 x_i^2+\epsilon_i \tag{8.13}$$

4. 谁为通用培训买单?

谁为通用培训买单这个问题的答案取决于劳动力市场是否是竞争性的。假设一个工人的生产率取决于通用培训的数量 τ:

$$v(\tau)=\bar{v}+v_0(\tau) \tag{8.14}$$

其中 $\bar{v}$ 表示没有接受通用培训时的生产率,且 $\frac{\partial v}{\partial \tau}>0$,$\frac{\partial^2 v}{\partial \tau^2}<0$。假设工资也取决于通用培训的数量:

$$w(\tau)=\bar{w}+w_0(\tau) \tag{8.15}$$

其中 $\bar{w}$ 表示没有接受通用培训时的工资且 $\frac{\partial w}{\partial \tau}>0$,$\frac{\partial^2 w}{\partial \tau^2}<0$。因此,工人个体的工资缺口 Δ 取决于通用培训的数量:

$$\Delta(\tau)=v(\tau)-w(\tau)=\bar{v}-\bar{w}+v_0(\tau)-w_0(\tau) \tag{8.16}$$

而培训的数量对于公司利润的影响由下式给定:

$$\frac{\partial \Delta}{\partial \tau}=\Delta'(\tau)=v'(\tau)-w'(\tau) \tag{8.17}$$

现在处在一个没有通用培训的情况下($\tau=0$),两种可能性可以被区分:

(1) 劳动力市场是竞争性的,所以 $\Delta'(0)=0$ 且公司不能从通用培训中受益,但是工人有投资于培训的激励,因为工资会随着通用培训的数量的增加而增加。工人选择最优化的投资加总 τ^*,可以通过最大化工资与通用培训成本间的差异 $c(\tau)$ 实现,且 $\frac{\partial c}{\partial \tau}>0$,$\frac{\partial^2 c}{\partial \tau^2}>0$。这使得 $w'(\tau^*)=c'(\tau^*)$,即图 8.2 中描述的情形。

(2) 劳动力市场是存在缺陷的且有工资压缩的情况存在,从而使 $\Delta'(\tau)>0$,那么生产率会比工资增长得更快。现在公司有投资于通用培训的激励,因为这增加了公司的利润。公司选择最优的投资培训的加总 τ^f 通过最大化利润与通用培训成本间的差异来选择投资数量的最优化 τ^f,这使得 $\Delta'(\tau^f)=c'(\tau^f)$,即图 8.3 中描述的情形。

▶9

移民政策

国际移民在这个全球化的时代却大大地缺少。当国际贸易和资本流动的壁垒已经在很大程度上被消除的时候，劳动力的跨境流动却受到严格的限制。直到几十年以前，许多欧洲国家成为了疯狂向外移民的国家。据历史学家考证，约 6 000 万欧洲人在 1820—1940 年间离开了被誉为“古老大陆”的欧洲。他们中 2/3 的人去了美国(可以在以下网站找到他们的名字：http://www.ellisislandrecords.org)。而如今，欧洲相对于美国正在吸引更多比例的移民。如意大利这样的国家在 20 世纪开始的时候每年向美国输送 10 万—20 万人，现在每年却接受年均 35 万的向内移民。欧洲的移民政策变得越来越严格。同时，这些移民政策的执行不力导致了大量的非法移民流。据估计，多达 40%的移向欧洲的移民是非法的。

移民政策对于人们跨司法管辖区的移动引进了一套复杂的限制系统。移民限制的直接形式是配额(quotas)，建立给定年份外国人最大的工作和居住许可数量，或者间接的进入许可标准来限制进入。配额的分配一般基于先到先得的模式，不过越来越多的国家采用评分制度(points system)，对每一份申请给予一个基于明确标准的分数，通常包括教育程度、经验和语言能力。对于工人短缺的领域和地区有奖励加分。移民也被加在移民及其雇主身上的行政负担所阻碍。管理程序中涉及的官僚机构数量也因此成为反映移民政策立场的一个指标。移民政策的一个重要特征涉及停留时间的长短，即居住或工作许可的最长期限。相关的移民同化政策也或多或少视为移民政策的限制性立场。在这方面一个好的指标是申请公民身份需要的年数。最后，还有一些针对寻求庇护者的临时规则。虽然庇护政策主要受非经济方面考虑的影响，但实际上大多数寻求庇护者会对经济激励做出回应，与其他的移民类似。因此包含庇护政策是很重要的，特别是当分析任何给定国家对于国际移民或多或少的限制性立场的时候。

经济学理论认为移民通过从生产率和失业率的跨国差异中(甚至也包括跨区域，当本地人不移动的时候)套利从而增加了效率。这种效率提升的套利的范围是很大的：在大宗商品和金融资产的国际市场上，差价很少有超过 2/1 的比例的，而相似能力的合格个人的工资在发达国家和低收入国家相差 10 倍或者更大。这表明劳动力在跨国间的移动带来的收益是巨大的，而且比开放传统领域的货物和资本的流动的收益更大。那么为什么移民会受到如此严格的限制呢?答案是,移民政策基本上是再分配的工具,旨在减少移民对工资和本地人失业的负效应。此外,移民往往是一波一波的。通过对移民流动施加一些渐进性措施,移民限制可以减缓对收入或特殊工作群体造成负面影响的供给冲击。

专栏 9.1　美国之旅

《美国之旅》(*Coming to America*)这本书的作者 Roger Daniels(2002)归结了去往美国的移民的特点以及受移民政策影响的移民数量及其构成。据他考证,1820—1940年期间这一时期是“移民的世纪”。美国人口普查显示,1820 年在册的居民不到 1 000 万。在本世纪约有过 3 600 万移民进入美国,其中超过 3 000 万来自欧洲;主要来自德国(500 万)、爱尔兰(450 万)、意大利(450 万)、波兰(250 万)、英格兰(250 万)和北欧(200 万)。在“移民世纪”的大多数时间里,移民基本不受政府监督的管束,但也有反移民运动。Daniels 将其分为三个阶段:反天主教、反亚裔和反所有移民。第二阶段导致了 1882 年的排华法案,该法案拒绝了大多数中国移民的进入。第三阶段首先导致在 1921 年产生了一个配额制度,每个国家的配额基于 1910 年时该国人民在美国人口中的比例,然后是 1924 年的移民法案,使得意大利和东欧的配额减少,对英国、德国和爱尔兰的配额增加。1924 年法案使得移民大幅减少并一直使用至 1965 年,美国《移民和国籍法案》的修订废除了关注原始国籍的配额。替代分配方法为每年东半球总数 17 万和西半球 12 万的移民签证。大多数的进入签证被分配给那些有家庭成员已经在美国的人。有些签证被分给拥有一套能满足美国需求的技能的移民。1978 年的修订案废除了对东西半球的分离配额并建立起一个每年 29 万且每个国家不超过 2 万的移民配额。1990 年的移民法案提高了年度的移民配额上限至每年 67.5 万人。图 9.1 显示了美国移民规模变化的情况,其中通过规模水平和波动清楚地表示了政策的变化。

资料来源:Daniels(2002); Clark et al.(2007)。Laing(2011)提供了对美国移民政策的一个很好的综述。

除了为了控制移民流的规模,移民政策还可以影响他们的构成,例如通过鼓励或多或少有技术的移民。出于这个原因,移民政策在大多数国家是一个极具争议的话题。一方面,有些国家热衷于承载更多的移民,他们极度需要移民来弥补职位空缺或者寻找移民来支付他们的养老金,另一方面,有些国家害怕移民最终将窃取他们的就业机会、增加犯罪率以及滥用他们的社会转移支付。同样的人在同一时间可能会支持也可能会反对移民政策,而且力度很大。雇主在早上 7 点到晚上 5 点欢迎移民,因为是在工作时间,然后当时间转到其私人生活的时候,他们宁愿再也看不到移民。就像 Max Frisch 对瑞士移民的著名谚语所言,“我们想要手臂,结果我们收到了人”。

9.1　度量与跨国比较

使用历史背景下的数字也许是有用的。图 9.1 显示了美国移民在 1820—2010 年间的变化过程,同时使用绝对指标和相对指标(也可以参见专栏 9.1)。在 20 世纪的第一个十年里，880 万移民来到了美国。在 21 世纪的第一个十年里这个数字是 1 050 万。然而，与常识性认识相反，移民流在全球化的时代并没有增加。从外来人口的比例来看，相对于 20 世纪初，美国正经历着更低规模的移民流。1900 年美国的人口约为 7 500 万；在 2010 年约为 3.1 亿。以美国人口的百分比计算，在 20 世纪的第一个十年美国每年接受的移民比率为 1%，而在 21 世纪的第一个十年这一比率为 0.4%。

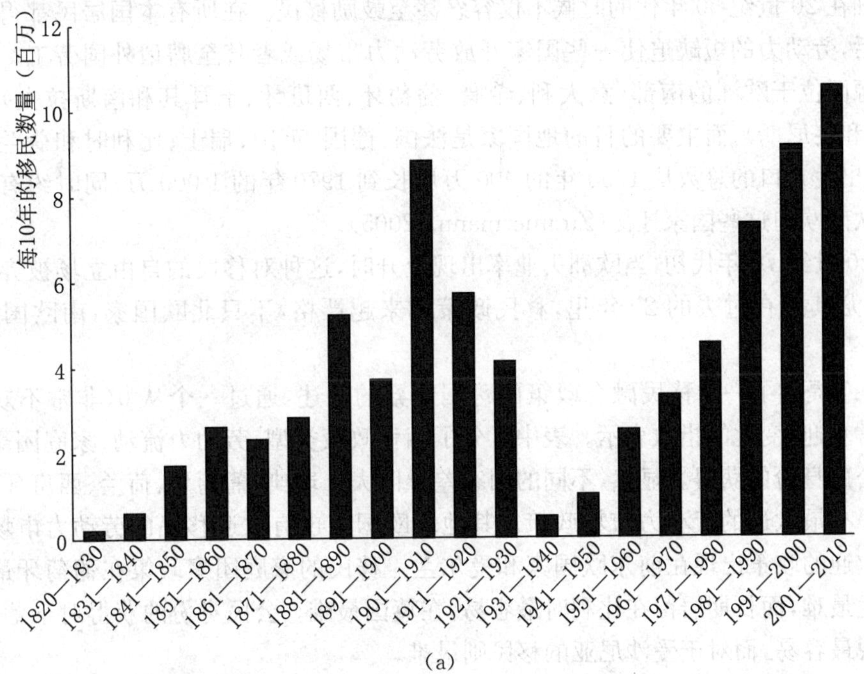

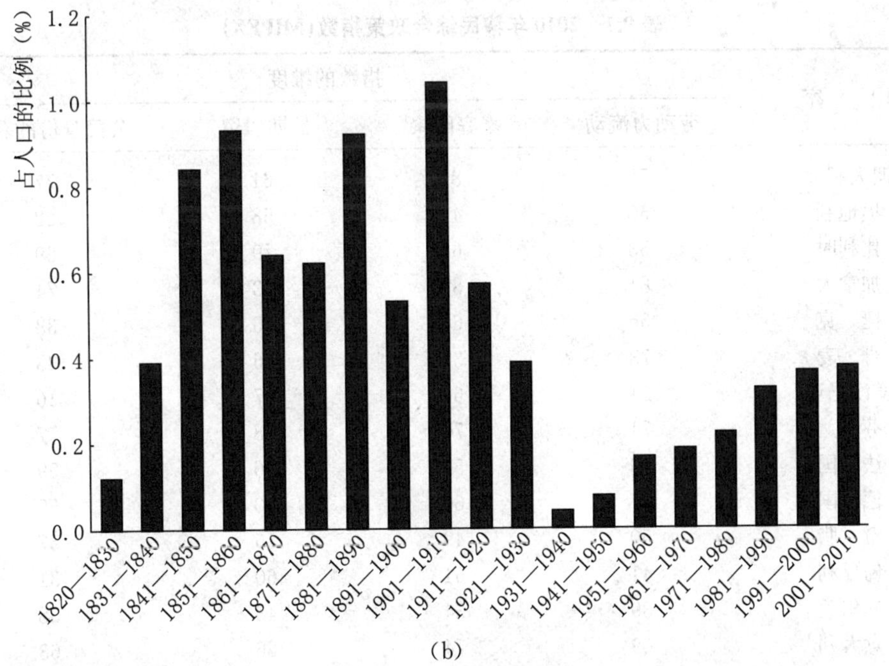

图 9.1　1820—2010 年间美国移民的变化：(a)每 10 年的移民数量；(b)占人口的比例(每年百分比)

资料来源：US Office of Immigration Statistics(2011).

欧洲在经历了第二次世界大战引起的大规模政治动乱以及非殖民化后,较前20年有较大的移民流。因为二战中流离失所的人数估计为3 000万,还不包括1 300万离开捷克斯洛伐克、波兰和苏联的德国人。英国在战后出现了来自"新联邦"的移民的增长,从加勒比地区开始,然后到印度次大陆。在法国,超过100万的法国裔阿尔及利亚人在阿尔及利亚独立后被遣返。类似的过程发生在比利时、荷兰,以及后来殖民地解体的葡萄牙。

欧洲在20世纪50年代的时候不仅容忍甚至鼓励移民。在所有本国居民都得到充分就业以后,劳动力的短缺迫使一些国家开放劳动力市场或者甚至聘请外国劳工。主要的劳工来源国位于欧洲的南部(意大利、希腊、葡萄牙、西班牙、土耳其和南斯拉夫)和北非(摩洛哥和突尼斯),而主要的目的地国家是法国、德国、英国、瑞士、比利时和荷兰。在欧洲,外国出生人口的总数从1950年的400万增长到1970年的1 000万,同时约有500万名工人从南欧向这些国家迁徙(Zimmermann, 2005)。

在20世纪70年代初,当欧洲失业率出现上升时,这种对移民的自由立场被弃置。自那时起,尤其是在过去的20年里,移民政策越来越严格,不只北欧国家,南欧国家也是这样。

表9.1提供了一个移民融合政策的跨国差异的综述,通过一个从0(非常不欢迎)到100(非常欢迎)变化的指数表示。表中区分了四种政策类型:劳动力流动、家庭团聚、长期居留和公民身份的获得。显然,不同的国家差异巨大。瑞典、葡萄牙、荷兰、西班牙和加拿大对移民有最欢迎的劳动力市场政策。其他北欧国家也有欢迎移民的劳动力市场政策。相对不欢迎的政策出现在前东欧国家和爱尔兰。移民的家庭团聚政策在葡萄牙最容易,在爱尔兰最难,而长期居留在比利时最容易,在英国最难。公民身份的获得对于葡萄牙的移民来说最容易,而对于爱沙尼亚的移民则最难。

表9.1 2010年移民综合政策指数(MIPEX)

国家	指数的维度			
	劳动力流动[a]	家庭团聚[b]	长期居留[c]	公民身份的获得[d]
澳大利亚	58	81	61	77
奥地利	56	41	58	22
比利时	53	68	79	69
加拿大	81	89	63	74
捷克	55	66	65	33
丹麦	73	37	66	33
罗沙尼亚	51	65	67	16
芬兰	71	70	58	57
法国	49	52	46	59
德国	77	60	50	59
希腊	50	49	56	57
匈牙利	41	61	60	31
爱尔兰	39	34	43	58
意大利	69	74	66	63
日本	62	51	58	33

(续表)

国家	指数的维度			
	劳动力流动[a]	家庭团聚[b]	长期房留[c]	公民身份的获得[d]
卢森堡	48	67	56	66
荷　兰	85	58	68	66
挪　威	73	68	61	41
波　兰	48	67	65	35
葡萄牙	94	91	69	82
斯洛伐克	21	53	50	27
斯洛文尼亚	44	75	69	33
西班牙	84	85	78	39
瑞　典	100	84	78	79
瑞　士	53	40	41	36
英　国	55	54	31	59
美　国	68	67	50	61

资料来源:MIPEX:www.mipex.eu.

注:所有的 MIPEX 得分都基于四个维度:资格、准入条件、国家保障和相关权利。分数:不欢迎为 0—20;稍不欢迎为 21—40;中间态度为 41—59;稍欢迎为 60—79;欢迎为 80—100。

a. 移民是否被排除在某些工作之外?国家是如何帮助移民适应劳动力市场需求的?移民是否会轻易失去工作许可?移民作为工人有哪些权利?

b. 哪一类移民可以为亲戚提供担保?他们可以为哪些亲戚提供担保?移民是否有权生活在一个家庭中而没有要求、考试或课程方面的条件?国家是否保护移民与其家庭生活在一起的权利?家庭成员与他们的担保人是否有相同的权利?

c. 移民多久才能取得长期居留权的资格?合格的移民是否被强迫符合限制性要求?移民失去他们的长期居留权许可有多容易?长期居留权获得者与本地人在生活的许多领域是否享有平等的机会?

d. 移民多久才能取得公民身份?他们的孩子和孙子是否出生就享有公民身份?合格的移民是否被强迫符合限制性要求?已取得身份的移民有多容易失去他们的公民身份?谁可以获得豁免权?已取得身份的公民或者在这个国家出生在移民国家的孩子能否拥有双重国籍?

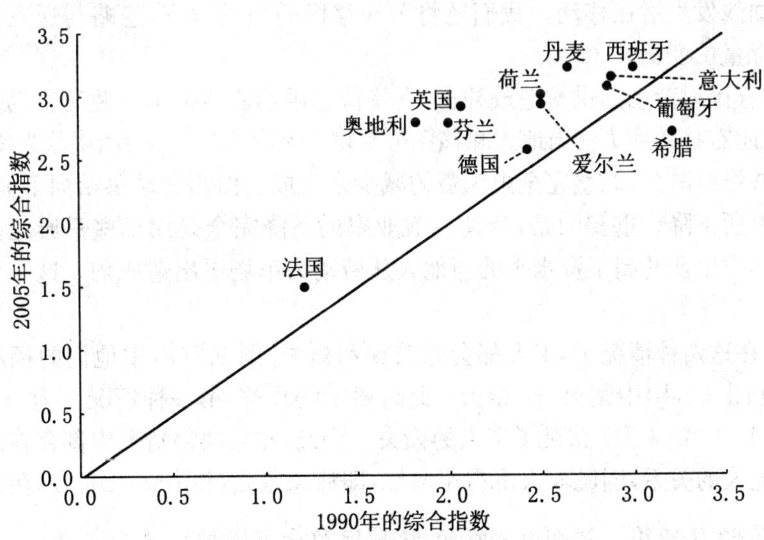

图 9.2　欧盟 15 国移民政策的严格程度指标的演变

资料来源:www.frdb.org.

注:线上的点意味着 1990 年和 2005 年的政策没有变化。

图 9.2 显示,对于有着最多移民的欧洲国家,一些有关政策的信息会影响移民的进入(严格来讲,即移民政策)。国与国之间的法规差异很大。有着大量准入要求的国家通常是那些延长获得永久居留权期限的国家。小部分国家采用一个明确的配额制度。这些主要是那些面对北非移民的南欧国家。移民政策严格指数,是通过标准化国家在每个移民政策领域的分数得到的,这个分数从 0 至 6 变化,然后对这些参数进行简单平均。丹麦和西班牙拥有最严格的移民政策,而法国的最不严格。图 9.2 追踪了这一移民政策的综合指标随时间的变化,显示大多数的国家是位于过原点的平分线以上的,这就指出随着时间推移移民政策的限制不断加紧。

9.2 理论

在竞争性的劳动力市场,移民会对当地人的工资水平产生负面影响。这种效应源于存在一条向下倾斜的需求曲线。当劳动供给不是刚性时,移民也会减少本地人的就业。这些影响的大小以及这些移民在多大程度上可以被工资或就业的减少所接纳,取决于一定范围内劳动供给的弹性。那些干扰就业与工资调整的劳动力市场制度在这种背景下同样重要。如往常一样,我们首先描述一个竞争性的劳动力市场,在这个市场中没有其他制度(除移民限制外)干扰劳动力市场调整,然后再讨论更现实的制度结构。

9.2.1 完全竞争的劳动力市场

图 9.3 描述了当劳动供给曲线是垂直的[图 9.3(a)]或向上倾斜时[图 9.3(b)],移民对一个竞争性劳动力市场的影响。目前,我们假定当地人和移民是完全替代的;即,它们是可以互换的。稍后我们考虑移民和本地劳动力之间的技能差异以及由此造成的互补性使得劳动需求曲线发生潜在移动。我们还将关注移民的短期效应,忽略与迁入国工资下降有关的资本存量的变化。

在这里,移民对劳动的供给造成冲击,它使得总供给曲线从 L_0(此时劳动供给市场只有本国工人)向右移动到 L_1(当地人和移民劳动供给都存在)。当劳动供给为刚性时,当地人的就业率并没有减少,调整完全由工资的减少来完成。而当劳动供给向上倾斜时,当地人的就业率有所下降。重要的是,当地人就业率的下降完全是由那些只愿意接受移民—劳动供给冲击发生前的高工资水平的当地人从劳动力市场退出造成的。这个调整没有导致失业。

请注意,在这两种情况下,工人都会遭受福利损失[图 9.3(a)中他们的福利损失由区域 A 给出;在图 9.3(b)中则由 A_1 给出],此时雇主的收益(第一种情况下为 $A+B$,第二种情况下为 A_1+A_2+B)超过了工人的损失。因此,在这两种情况中都存在总福利的增加。由于当地人的关系,国民收入也有所增加,即移民盈余(Borjas, 2003),在这两种情况下它都由三角形 B 给出。如图 9.3 所示,该移民盈余可以被估计为 $\frac{1}{2}(w_0-w_1)(L_1-L_0)$ 的积,这表明它是随着移民流动规模的扩大以及由移民引起的本地人工资的变化而增加的。与此同时,在移民政策上,本地工人与本地雇主之间有着利益冲突。由于移民不会携带任何资本而来，接受国的劳动生产率和单位资本劳动收入都会下降。此外，在劳动供给缺乏弹性时，本地工人的就业不受移民的影响，而在劳动供给具有弹性时，当地工人的就业下降[如图 9.3(b)从 L_0 移动到了 L_2]。然而，这纯粹是劳动供给的影响。工资的减少使得对本地工人就业的吸引力下降；在工资下降的劳动力市场上，只要愿意就业的本地工人都能找到工作。劳动供给具有弹性时，移民工人的就业等于 $L_1 - L_2$。

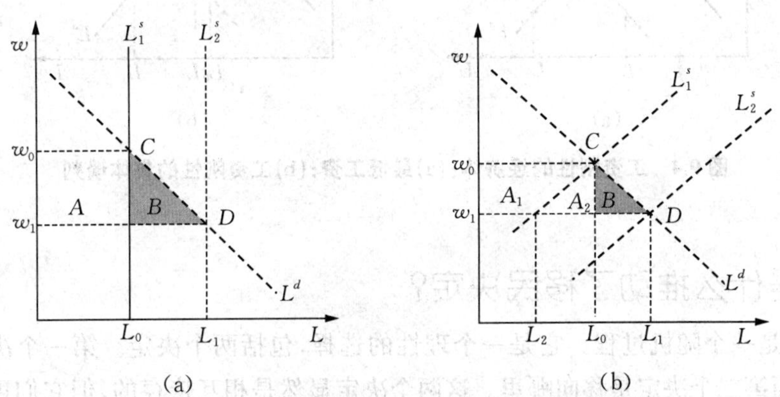

图 9.3 竞争性劳动力市场:(a)缺乏弹性的劳动供给;(b)富有弹性的劳动供给

9.2.2 工资刚性的经济

移民通常发生在以某种形式表现出工资刚性的国家。图 9.4 中反映了在一个经济体中，向下调整工资受制定工资的制度限制的情况。图 9.4(a)描述了一个经济体的最低工资设定在市场出清水平的情形。因此，一开始没有失业问题。在这种情况下，与移民相关的供给冲击需要通过裁员完全消化。本地工人的失业程度将取决于移民工人的市场渗透情况。在最低工资起作用时，该经济体中实际上存在一个固定的工作岗位数量，而在移民进入后，将会经历 $L_1 - L_0$ 的失业率。在这种情况下，尚不清楚失业率的哪一部分是由本地工人构成，哪一部分又是由移民工人构成。移入并找到工作的移民越多，本地人的失业率就越高。如果没有与失业相关的外部性(例如，与失业补偿支付相关的财政外部性)，那么在有移民和没有移民的情况下，雇主可以实现同样的利润，但本地工人却遭受损失。其结果是移民移入国家当地人的总收入下降，且会导致当地工人的失业。

图 9.4(b)描述了一个更现实的部分工资刚性的情景(在移民出现后调整工资，但还不足以使得市场出清)。在这种情况下，移民和失业之间不再有一对一的关系，本地雇主也确实能从移民流入中得利。初始情况下，劳动力市场处于一个工资为 w_0、就业为 L_0 的均衡状态。移民进入后，工资下降到不足以使市场出清的 w_1。就业率增加到 L_2，此时的总劳动供给等于 L_1，使劳动需求和供给之间出现 $L_1 - L_2$ 的失业间隙。因此，在这种情况下，移民移入的国家从移民中实现净收益是可能的，因为雇主雇用移民的累计盈余超过本地工人工资减少带来的福利损失。然而，此时的净收益将低于竞争性的劳动力市场中的净收益。

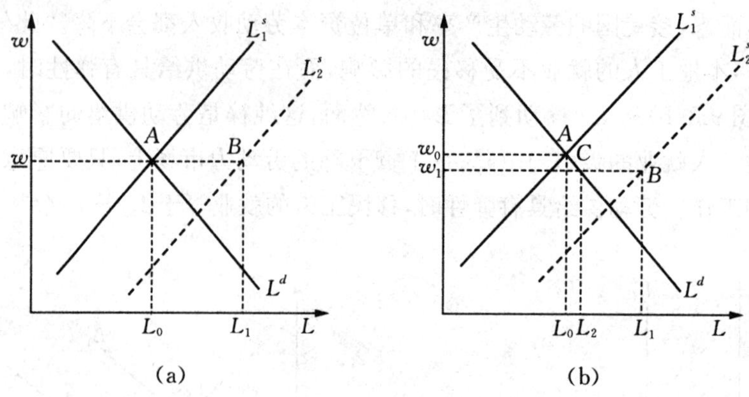

图 9.4 工资刚性的经济体:(a)最低工资;(b)工资刚性的集体谈判

9.2.3 是什么推动了移民决定?

移民不是一个随机过程。它是一个理性的选择,包括两个决定。第一个决定关于是否要移民,而第二个决定是移向哪里。这两个决定显然是相互依存的,但它们可以被方便地看作有序的选择。

让我们首先考虑是否要移到另一个国家的决定。这个决定基于成本—收益分析,权衡移民的利弊。通常,迁移的成本集中在前期;它们全都发生在改变居住地的时候。这些迁移的成本是非常大的,因为它们不仅包括交通和搬迁费用,也涉及离开原来的社交网络所引起的巨大的心理成本。与移民相关的利益流来自迁入国和母国之间的收入差距。如果收入差异的现值超过了初期的迁移成本(正式阐述参见本章附录),移民就会发生。因此,以下几种情况下,更可能发生移民:

(1) 迁入国和母国之间的收入差异越大(即移民带来的整个生命周期的收入越大);

(2) 迁移成本越小;

(3) 预期的工作寿命越长(即个人从收入差异中获得利益的周期越长);

(4) 较低的贴现率(即个人更看重移民所实现的未来收益)。

条件(3)和(4)暗示越年轻的个体更有可能移民,因为他们的初始投资可以在一个更长的时间跨度中提供差额收入的回报;年轻人通常比年长的人具有更低的贴现率。

第二个决定涉及的是移到哪里。如果为简单起见,我们假设,初始的移动成本独立于最终目的地(例如,个人在美国的不同州或欧盟不同国家间选择)时,选择向哪里移动将完全取决于不同目的地的潜在收入。假设移民有两种可供选择的目的地,例如,A 国和 B 国,影响移民潜在收入的唯一相关因素是技能,如在 Roy(1951)的模型中的情形。图 9.5 中阐述了移民面临的选择,其中水平轴上表示一个给定个体的技术水平,纵轴上则表示给定个体的收入,扣除移民成本。如图 9.5(a)所示,最熟练的工人(那些技能比 s^* 高的)将前往 A 国,在那儿他们的技能会得到更好的报酬,而最不熟练的工人将前往 B 国,因为在那儿他们可以得到高一些的酬劳。

现在假设 A 国引入了一种以最低收入形式呈现的福利系统(例如,最低收入保障计划)，以防止本地人和移民跌破一个给定的贫困线，如 b[见图 9.5(b)]。①现在一些不熟练的工人(那些技能比 s^{**} 更低的工人)也将迁移到 A 国。因此，福利国家的存在会影响移民的技能构成，并可能造成一些工人不去那些能使得他们的技能最有效地发挥作用的地方。

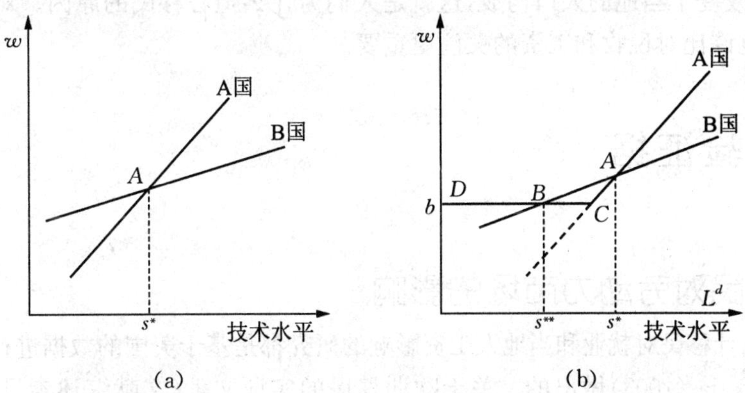

图 9.5　选择移民的地点：(a)熟练工人去 A 国，非熟练工人去 B 国；(b)A 国设有安全保障时，最不熟练的劳动力也去 A 国

9.2.4　对技能型移民的收入分配的影响

一个国家实行安全保障可能会改变其移民的技能构成，增加低技能移民迁入的比例。其移民技能构成的变化不仅对迁入国的财政状况，也对其收入分配有重要影响。

为了说明这一点，我们假设只有两个类型的劳动者，即熟练的和非熟练的，并且当地工人和移民工人仅在每个技能组中可完全替代。进一步假设只生产一种产品，并以一个固定的比例使用熟练的和非熟练的劳动力。因此，熟练劳动力和非熟练劳动力是互补品。

如果移民完美复制了本地人口的技能构成(移民与本地人口在熟练和非熟练工人的比例上完全相同)，那么我们就不用期待移民会对相对工资，进而对迁入国的收入分配有影响了。假设所有的迁入移民都是非熟练工人，而在目的地国家有一些熟练工人。对当地非熟练工人工资水平的影响将只是如前所述：非熟练工人的工资会下降，并且根据工资刚性的类型和程度，非熟练工人的失业率可能会增加。同时，在一个经济体中，非熟练工人的人数越多，对熟练工人的劳动需求将会向外移动，进而当地熟练工人的工资将增加。因此，由于非熟练工人的迁入，迁入国熟练工人和非熟练工人之间的工资差距将增加，显然，当迁入移民只包含熟练工人时相反的结果会发生：在这种情况下，迁入国的收入不平等程度因为移民而减少。

这个结果是相当稳健的。相对工资中会向这里列出的方向变化，即使允许熟练工人与非熟练工人的(不完全)替代存在时也一样(Dustmann and Glitz，2005)。如果我们允许生产两种商品，两者都能用于国际贸易，且都能以不同的比例使用熟练工人和非熟练工人，跨技能的可替代性将从长期上减少技能偏好型移民对收入分配的影响。出现这种趋势，是因为这个国家正在增加其禀赋，比如说非熟练工人逐步扩大其在非熟练劳动力密集

① 请注意，最低工资不一定会阻止移民的收入跌破 b，因为它会造成移民和当地人之间的失业问题。

型产业生产的禀赋(Leamer and Levinsohn,1995)。但关键的影响依然存在,至少在短期内:非技能型移民增加了迁入国收入的不平等,而熟练的移民将减少其收入不平等。移民后数量相对减少的劳动力类型会从移民中获益,而另一种类型则受损。根据 Card 等人(2012),移民改变了当地的人口构成,这就是人们为什么担心移民的原因。对技能偏向型移民的关注也许比对税收和工资的关注更重要。

9.3 经验证据

9.3.1 移民对劳动力市场的影响

大多数估计移民对就业和当地人工资影响的研究都是基于美国的数据进行的。这个文献综述是由 Borjas(2003)做出的。关于欧洲移民的实证文献(文献综述参见 McCormick,2002)比较新,因为关于流向欧盟的移民,尤其是非法移民的数据还比较少。更多的在美国以外进行的实证研究被认为更好地描述了在不同的体制结构下移民的影响。

表 9.2 比较了 OECD 国家中本土出生的和在国外出生的男性和女性的就业率和失业率。该表还显示了外国出生的劳动力占劳动力的份额存在着巨大的跨国差异。在卢森堡,近一半的劳动力是外国出生的,而在澳大利亚、加拿大、新西兰和瑞士,20%以上的劳动力是外国出生的。在分布的另一端,外国出生的劳动力参与者的比例非常低;东欧国家和大多数北欧国家(除瑞典外)低于 10%。

表 9.2 2010 年和 2009 年本国和外国出生居民的就业率和失业率以及外国出生劳动力占比

国 家	就业率(%)				失业率(%)				劳动力,外国出生(%)
	男		女		男		女		
	本国出生	外国出生	本国出生	外国出生	本国出生	外国出生	本国出生	外国出生	
澳大利亚	79.2	77.0	68.5	60.3	5.3	5.1	5.2	6.1	26.9
奥地利	77.9	73.5	67.9	59.8	3.8	8.8	3.6	7.6	16.3
比利时	68.4	60.8	58.4	44.6	6.7	17.5	7.3	17.7	13.8
加拿大	74.3	74.5	70.5	63.3	8.6	10.0	6.6	9.9	21.2
捷 克	73.2	78.7	56.1	55.5	6.7	5.7	8.6	9.9	—
丹 麦	76.6	67.6	72.6	60.0	7.7	15.1	6.0	12.1	6.9
爱沙尼亚	60.2	57.5	60.8	57.9	21.1	26.5	13.8	23.3	13.8
芬 兰	69.6	66.7	67.6	55.6	9.2	18.9	7.6	16.3	4.6
法 国	68.5	66.4	61.5	49.7	8.4	13.6	8.7	15.8	11.6
德 国	76.4	72.7	68.0	55.8	7.0	12.6	6.0	10.7	—
希 腊	70.8	77.2	48.0	51.7	8.8	14.7	15.6	16.9	11.8
匈牙利	60.1	68.8	50.3	63.6	11.9	19.2	10.9	7.9	2.3

(续表)

国家	就业率(%)				失业率(%)				劳动力,外国出生(%)
	男		女		男		女		
	本国出生	外国出生	本国出生	外国出生	本国出生	外国出生	本国出生	外国出生	
爱尔兰	63.9	65.4	56.5	54.4	16.5	19.2	8.8	12.6	19.0
意大利	66.7	76.3	45.6	49.8	7.3	9.7	9.1	13.2	11.3
卢森堡	68.6	78.5	53.2	62.0	2.4	5.3	3.0	6.8	48.6
荷　兰	81.9	72.0	72.6	58.8	3.8	8.5	3.8	7.7	11.5
新西兰	79.1	75.8	68.6	61.1	6.2	7.2	6.8	7.7	23.8
挪　威	77.8	72.7	74.3	64.8	3.5	9.8	2.5	7.0	9.5
波　兰	65.4	59.0	53.1	42.8	9.6	—	10.1	—	0.3
葡萄牙	69.7	74.3	60.8	64.5	10.2	12.7	12.0	17.2	9.4
斯洛伐克	65.0	74.7	52.2	38.7	14.4		14.8	—	—
斯洛文尼亚	69.7	70.5	63.0	60.4	7.3	9.3	6.7	9.5	8.7
西班牙	65.6	60.0	52.0	53.8	17.3	31.1	19.1	26.7	18.5
瑞　典	76.6	67.3	73.5	56.0	7.4	15.9	6.8	16.7	11.2
瑞　士	84.5	84.1	75.0	66.5	3.0	6.2	3.7	9.1	26.3
土耳其	79.0	75.4	68.5	45.2	2.8	7.9	4.0	14.7	—
英　国	74.4	74.4	65.7	58.0	8.8	9.2	6.6	9.0	12.9
美　国	68.2	77.4	62.2	57.4	10.9	10.0	8.7	9.5	16.2

资料来源:OECD(2011a).

注:统计的是15—64岁的劳动力。就业率和失业率是2010年的数据。表中外国出生的劳动力占比,瑞士是2000年的数据;加拿大、新西兰和瑞典是2006年的数据;芬兰是2008年的数据;其余国家都是2009年的数据。—=无法获得数据。

图9.6和图9.7说明了外国出生的工人和劳动力市场表现之间的一些跨国关系。图9.6显示外国出生的工人在劳动力市场所占份额与本土出生的工人的失业率之间存在负的跨国关系。然而,这种负相关关系主要是由卢森堡造成的,它同时具有相当高的外国出生的工人的比例和一个非常低的本地工人的失业率。忽略卢森堡,这两个变量之间似乎不存在任何相关性。例如,西班牙和爱尔兰本土出生的人的失业率非常高,但加拿大——外国出生的劳动力比例大致相同——但其当地人的失业率相当低。图9.7显示了本土出生和外国出生工人的失业率之间的跨国关系。在美国和澳大利亚这两个群体的失业率差不多。而在大多数欧洲国家(除捷克共和国之外,该国只有极少数外国出生的劳动力)外国出生的劳动力失业率都比本土出生的工人高。同时,这两者之间有很强的跨国正相关性。这种趋势表明,宏观经济条件和劳动力市场制度对所有工人都很重要,不论其国籍如何。所有的工人都面临着这些条件,但对外国出生的人的失业率有着更大的影响。可假定外国出生的人通常比本地人有更多不利的劳动力市场特征,例如较低的教育程度。

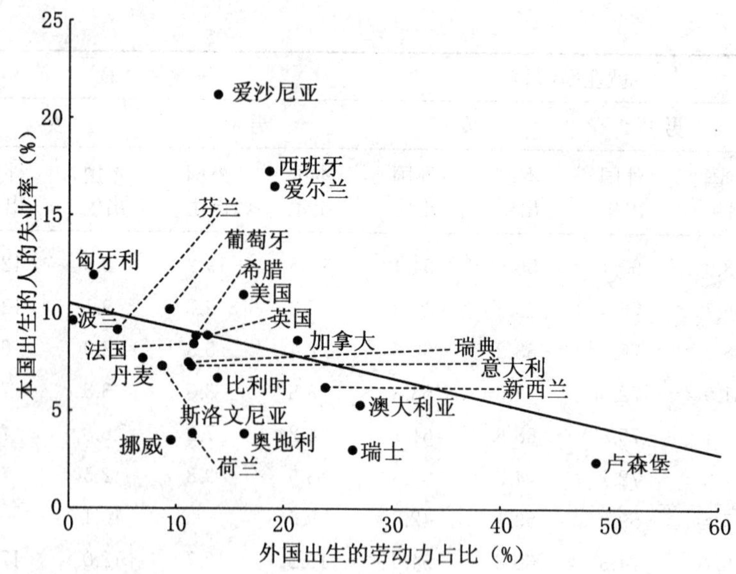

图 9.6 外国出生的劳动力占比和本地出生的人的失业率

资料来源:OECD(2011a).

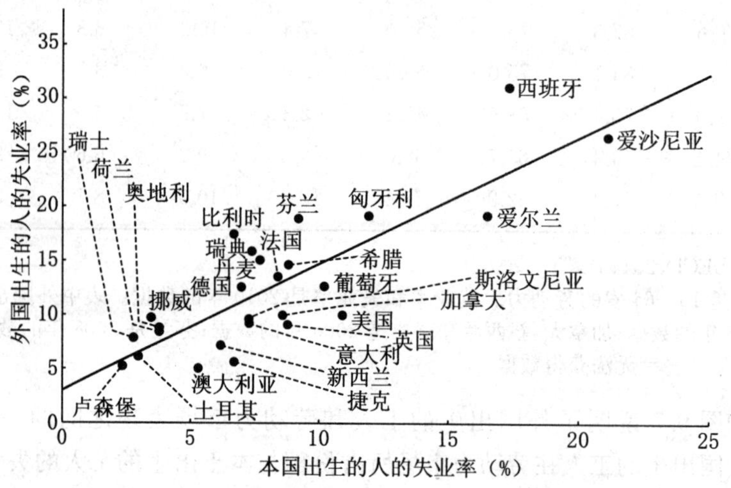

图 9.7 本国出生和外国出生的人的失业率

资料来源:OECD(2011a).

Okkerse(2008)提供了一篇关于移民对劳动力市场的影响的近期综述,从中她得出了两个主要结论。第一,入境移民会对那些技术不那么熟练的工人以及更早期移民的工资带来消极影响。第二,移民流入引起失业率增加的可能性短期来看很低,长期来看为零。这些结论在最近的研究中被证实。例如,Bauer 等人(2011)发现进入德国的移民对德国本地人的劳动力市场表现影响极小甚至几乎没有。D'Amuri 等人(2010)则认为进入德国的移民对本地人的工资和就业水平几乎没有不利影响,但是它对更早期移民的就业有相当大的不利影响,对其工资也有一些不利影响。

对于美国和欧洲的研究重点有所不同。美国的文献主要着眼于移民对工资的影响,而欧洲的研究则主要分析移民对就业的影响(Kerr and Kerr, 2011)。即便如此,跨大西洋的比较可以在相当程度上反映出移民流入对劳动力市场的影响。在这些研究中使用的典型结构,通常按技能类别将一个给定地区中本地人的工资或失业率与移民渗透的某些度量相关联。这种地区分析的结构被移民在一些门户地区集中的证据所证实,在这些地区,由移民引起的劳动力市场调整能够被更好地观察到。

如前所述,经济理论认为,我们应该观察移民流入与本地人的工资或就业之间的负相关性。不过,截至最近,实证文献并没有发现移民对当地人的劳动力市场有什么太大影响,如果有的话。一般的估计是,一个地区的移民比例增加10%,当地人的工资下降不到1%(通常在统计上不会显著异于0)。这些发现在一些有影响力的调查中得到很好的总结,得出的结论是"移民流入对当地人的劳动力市场结果的影响很小"(Friedberg and Hunt, 1995),或"主要的经验证据表明,移民对与之相竞争的本地工人的工资影响很小"(Smith and Edmonston, 1997)。来自欧盟国家的经验证据也指出移民对工资和本地人的就业机会的影响可以忽略不计。Dustmann等人(2013)发现,移民对当地工资分布有影响。进入英国的移民将压低在收入分配20百分位以下的工人的工资水平。然而,他们发现移民流入对本地工资总体上来说有一些正面的影响。移民往往接受一些让他们大材小用的工作。就拿着相同工资的本地人和移民而言,(受教育程度较高的)移民比(受教育程度较低的)当地人更有效率,这样就产生了一个盈余。这个盈余可能会导致就业增加。Ottaviano和Peri(2012)发现,移民流入美国对美国本地工人的工资影响很小,但对更早期的移民却有相当大的负面影响。Manacorda等人(2012)就移民流入英国对劳动力市场的影响得出了类似的结论。Card(2012)认为,移民流入美国对美国当地工资的总体影响很小,远远小于其他因素的影响,如新技术、制度变迁和衰退的宏观经济环境等。

如果考虑以下三个因素,这些实证结果至少可以部分符合经济理论:

(1) 移民会自我选择到高工资的地区;

(2) 当地工人的再配置;

(3) 区域输出组合的改变。

第一个因素源于移民跨劳动力市场的非随机分布。如前所述,它们根据一个给定区域所提供的收入和就业机会来决定移民的目的地。因此,有着较高工资或较低失业率的区域将有可能吸引更多的移民,这使得移民和本地的工资之间存在正相关关系。在这样的背景下因果关系倒过来了:当地人的工资将影响移民的层次和构成,而不是反过来。因此,应该找到适当的计量经济学方法来解决这个(移民的)内生性问题。

第二个因素涉及当地工人的反应。随着越来越多的移民迁移到一个给定的区域,当地人可以通过将自己的劳动或资本转移到其他地区或城市作为回应。这种效果在美国很可能是重要的,这里区域间劳动力的流动性比较大(Topel, 1986; Blanchard and Katz, 1992),而且会对经济激励积极响应。相比之下,欧洲地区间劳动力的流动似乎要低得多(McCormick, 2002),并且,如果有的话,国外移民将弥补当地居民的流动性不足问题。图9.8表明了这一事实:在意大利,从高失业率地区到低失业率地区的流动性几乎完全由外国工人相对于本地工人的净移民造成。尽管如此,Hatton和Tani(2005)发现存在本地居民的外流以回应移民流入的一些证据。

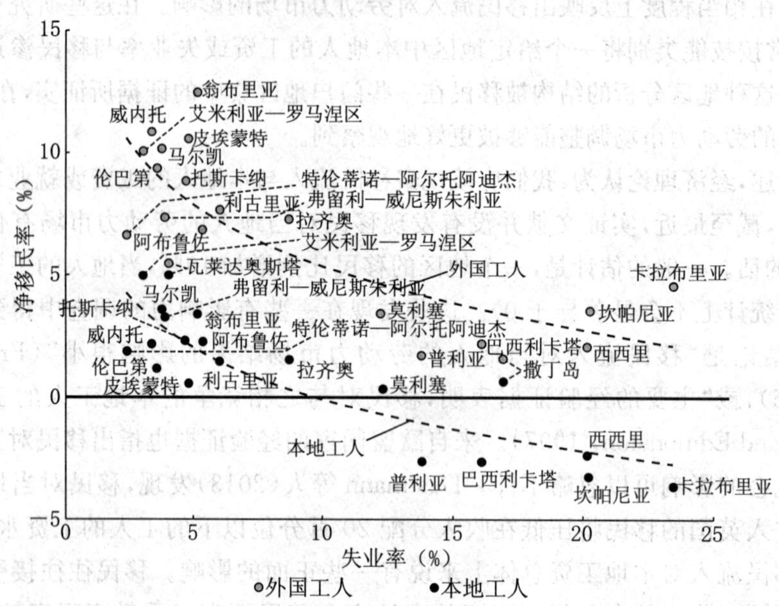

图 9.8　2003 年意大利国内和国际净移民

最后,第三个因素解释了移民对当地人工资的有限影响来自开放经济体通过改变产出组合的构成或生产技术来调节移民的能力(Lewis, 2005; González and Ortega, 2011),以这样一种方式来获得劳动供给增加的好处,而不是通过调整工资或就业来应对增加的劳动供给。这种在产品专业化上的调整需要时间,因而可以在一定程度上解释低频数据中移民对当地人的工资和就业有轻微影响。

对于这三个理由,移民对当地人劳动力市场结果的影响在国家层面上可通过按技能群体将当地人的工资(或失业)与移民的份额相关联得到更好的识别(Borjas, 2003)。来自美国、加拿大和墨西哥(它们采用了这种实证框架)的结果(Borjas, 2009)似乎表明,移民对当地人的工资具有显著的负影响,当资本保持不变时,这与劳动力市场的竞争性模型的预测相符合。然而,这些国家中有一些劳动力市场研究的重点放在总人口,而不是不同技能群体的相对大小,而且他们使用的是来自人口普查的低频数据(通常每 10 年一次)。Card(2005)基于美国辍学的人(那些没有拿到一个高中文凭的人)的工资的高频数据,发现相对于其他受教育群体而言,尽管有大量不熟练的移民的流入,但他们的工资差距一直保持在相当稳定的状态。

遗憾的是,只有少数研究使用倍差法的技术将移民对当地人工资和就业的影响分离出来。在这些少数特例中,Card(1990)分析了沿着开放边界从古巴到美国佛罗里达州的移民,Hunt(1992)研究了阿尔及利亚独立后迁移到法国的移民,以及 Carrington 和 de Lima(1996)研究了在失去非洲安哥拉和莫桑比克的殖民地后,60 万归国葡萄牙人回流的影响。特别是,据 Card 记载,虽然 1980 年马里埃尔偷渡事件使得迈阿密地区的劳动力市场在 4 个月内本地劳动供给意外增加 7%,但这次冲击并未对该地区当地人的工资或失业产生明显的影响(见专栏 9.2)。Bodvarsson 等人(2008)表明,Card 之所以得出对工资没有影响的结论，可能是由于新的古巴移民引发了对劳动力的本地需求的强劲增长。显然这种效果的强度足以补偿由于劳动供给增加对工资造成的下行压力。

专栏 9.2　马里埃尔偷渡事件

1980 年 4 月 20 日，Fidel Castro 宣布，想要移民去美国的古巴国民可以从马里埃尔港自由离开。到 1980 年 9 月为止，约 125 000 名多数为非熟练劳动力的古巴人离开——主要是去向迈阿密。迈阿密的劳动力数量几乎在一夜之间增长了 7%。在 1980 年 4—7 月之间，迈阿密的失业率从 5.0%上升到 7.1%。为调查这一增长是否与“马里埃尔”(马里埃尔移民)的流入相关，David Card(1990)将迈阿密的劳动力市场与其他四个城市进行比较：亚特兰大、洛杉矶、休斯敦和坦帕—圣彼得斯堡。这四个城市之所以被选中是因为它们的人口中黑人的比重相对较大，而且在 20 世纪 70 年代末、80 年代初它们表现出与迈阿密相似的经济增长模式。通过比较 1979 年(马里埃尔事件前)和 1981 年(马里埃尔事件之后)迈阿密和其他城市的失业率，Card 能够进行倍差法分析。对于黑人工人而言，其失业率在迈阿密上升了 1.3 个百分点，而在其他对照城市上升了 2.3 个百分点。根据倍差法，这表明马里埃尔偷渡事件对于黑人工人的失业率有负影响。

组别	失业率			
	黑人		白人	
	前	后	前	后
迈阿密	8.3	9.6	5.1	3.9
对照城市	10.3	12.6	4.4	4.3
差	−2.0	−3.0	+0.7	−0.4
倍差	−1.0		−1.1	

按照同样的方法，白人工人的失业率下降了 1.1 个百分点。Card 还发现，低技能的非古巴工人的工资并没有受到影响。根据 Card 的结论，关于为什么迈阿密的劳动力市场能够吸收 7%的劳动力增长且未导致不良影响，有几种解释。这可能是由于马里埃尔移民替代了那些如果不发生马里埃尔偷渡事件就会在 20 世纪 80 年代初搬到迈阿密的移民和美国人。也可能是由于使用相对不熟练的劳动力的工业的发展吸纳了大量马里埃尔移民。

资料来源：Card(1990).

De Silva 等人(2010)分析了由于 2005 年底卡特里娜飓风而从新奥尔良迁到休斯顿的移民对工资的影响。卡特里娜飓风导致休斯敦城区人口增加 3%。这些留在休斯敦的撤离人员比现有居民年轻且受教育程度低，造成非熟练劳动供给的相对增加。运用倍差法，作者将休斯顿劳动力市场作为实验组，达拉斯劳动力市场作为对照组。结果显示，休斯顿地区低技能工作的工资相对于高技能工作降低，而在达拉斯没有出现这样的情况。

倍差法技术在移民研究中的应用引发了一些问题,因为在移民问题中,如何确定实验组和对照组并不是一件显而易见的事情(见专栏 9.3)。

专栏 9.3　没有发生的马里埃尔偷渡事件

在 1994 年的夏天,成千上万的古巴人登上以迈阿密为目的地的船,企图进行第二次马里埃尔偷渡事件移民到美国,几乎与 1980 年那次规模一样大。美国政府下令海军将那些想成为移民的人转移到关塔那摩湾的基地。只有一小部分的古巴人抵达了迈阿密。Joshua Angrist 和 Alan Krueger(1999)称这一事件为"没有发生的马里埃尔偷渡事件"。他们使用与 David Card(见专栏 9.2)相同的研究设计来研究这个"未发生事件"的影响。现在,1993 年代表了事件发生之前的情况,而 1995 年代表之后的情况。迈阿密劳动力市场为实验组,以及由四个对照城市——亚特兰大、洛杉矶、休斯敦和坦帕—圣彼得斯堡——组成对照组。黑人工人 1993 年在迈阿密的失业率比在其他对照城市要低 1.4 个百分点。而在 1995 年,迈阿密黑人工人的失业率比在其他对照城市高 4.9 个百分点。因此,这个未发生事件对黑人工人失业率的影响是 +6.3 个百分点:

组　别	失业率			
	黑人		白人	
	前	后	前	后
迈阿密	10.1	13.7	4.9	3.9
对照城市	11.5	8.8	5.4	4.1
差	−1.4	+4.9	−0.5	−0.2
倍差	+6.3		+0.3	

对于白人工人而言,这个未发生事件对其失业率的影响等于 0.3 个百分点。Angrist 和 Krueger 的分析不一定就证明 Card 的结果无效,但它确实强调了我们在通过非实验数据的关联来证明因果关系时一定要小心。

资料来源:Angrist and Krueger(1999).

9.3.2　移民的财政影响

一些研究最近尝试评估移民对目的地国家财政收支平衡的净贡献。这些文献涉及通过劳工税评估移民对劳动力市场的影响。

这些文献主要局限在美国。移民流入究竟是增加还是减少本地纳税人的财政成本这一问题在国家科学院向美国国会做的一份报告中做了分析。这项研究的结论由 Smith 和 Edmonston(1997)总结,并以新泽西州和加利福尼亚州的案例作为参考。尽管有不少概念和数据上的问题，他们却提供了一份关于当地人和移民之间转移支付的相当全面的综述。考虑所有在地方和国家层面的转移支付，1996 年移民的每年净财政负担，被估计介于每个本土家庭 166—226 美元之间。导致当地人对移民可观的转移支付的主要原因是他们在家庭结构和收入水平上的差异：移民家庭有更多未成年子女需要就读公立学校，以及移民家庭很穷，因此在得到更多的转移支付的同时缴纳更少的税款。Smith 和 Edmonston (1997)也记录了整个美国各个州之间在转移支付上的巨大差异，这可以通过各个州之间人口结构和福利制度的差异来解释。年龄结构和移民的种族构成对移民的财政影响也非常重要。如果其成员来自拉丁美洲的话，一个普通移民家庭在美国加利福尼亚州将得到 4 977美元的净收益，而如果其成员来自欧洲和加拿大，将贡献 1 308 美元。

关于欧洲的可得信息比较少。Boeri(2010)和 Zimmermann(2005)记录，一些国家有过多的移民获得社会救助、住房福利和失业补贴，而他们在养老和疾病津贴受助方面不如当地人。这种过多获得在很大程度上可以通过移民的个人特征来解释，这种特征使得他们比当地人更可能有资格获得社会转移支付。事实上，(对涵盖了 1994—2001 年欧洲共同体家庭面板 ECHP 数据的)回归很少发现非欧盟国家公民“对社会转移支付的剩余依赖”的存在(Boeri, 2010)。换句话说，一旦考虑到个体的个人特征(如抚养子女的数目)，作为一个移民与确定收到多少好处不相关。

9.3.3 移民的劳动力市场表现

表 9.2 表明整个 OECD 国家的外国出生的男性和女性的就业率和失业率。在大多数但不是所有国家，本土出生的男性的就业率比国外出生的男性高。值得注意的例外是希腊、意大利、卢森堡、葡萄牙、一些东欧国家和美国。仅就女性而言，少数国家外国出生的女性就业率较本土出生的高。而在就业率方面，外国出生的人在劳动力市场上的地位相比本土出生的人有时好、有时坏，在失业率方面的形势则较为明朗。除了澳大利亚、捷克共和国和美国的男性，以及匈牙利的女性以外，外国出生的人的失业率总是比那些土生土长的高。

一些研究分析了移民的劳动力市场表现，特别是其与当地人的工资的收敛度(Borjas, 1999)。这些文献也关于评估移民对国家经济的贡献。尽管这些文献中大部分是基于截面数据，但是在评估收敛性方面，描述一个个体随时间变化的时间序列数据将是更优的选择。普遍意义上的发现是，在任何情况下，收入收敛性很大程度上由移民的人力资本特征决定。相对较高的技能水平转化为移民在劳动力市场上比较有利的结果，而低技能移民的劳动力市场表现持续落后于当地人。不幸的是，这些文献主要局限于美国，因为欧洲国家很少有关于移民的长时间的时间序列数据。

美国文献也为移民在目的地国不同区域的非随机分布提供了支持。正如 Borjas (2001)所说，移民为劳动力市场的车轮润滑：他们迁移到最有生产力的区域，使劳动生产率的差异缩小。Hunt(2006)在她关于德国统一背景下东西迁移的研究中也指出，按年龄和技能的移民非随机分布，与前文所述的罗伊模型的预测非常吻合。特别是，她发现，年轻人移民的决定受到迁出国和迁入国之间工资差距的强烈影响，而年纪较大的工人则对失业率之间的差异有更大的反应。

最近的研究表明,移民的位置很重要。Edin 等人(2003)分析了瑞典难民移民在劳动力市场上的地位。这些移民不能自由选择自己的位置,只能在可获得住房的基础上决定位置。因此,关系到移民内生性排序的常见问题在这里是不存在的。研究人员发现,与居住在聚居地之外的移民相比,生活在聚居地将提高低技能移民的劳动力市场收益。① Damm(2009)发现,在丹麦,拥有不可观测的不利特征的难民将自我选择生活在移民聚居地。她还发现,生活在移民聚居地对移民的工资是有益的。

9.3.4 移民子女的劳动力市场表现

表 9.3 通过比较 20—29 岁的本地人子女和在当地出生的移民子女的失业率和就业率,提供了对移民子女的劳动力市场地位的跨国概述。如前四列所示,在不同国家,失业率变化较大。然而,就本地人子女和在当地出生的移民子女的差异而言,这些国家分为两种类型。在一些国家,如比利时、法国、德国和英国,失业率存在巨大差异,在当地出生的移民子女的失业率有时甚至能达到本地人子女的两倍。在其他国家,包括澳大利亚、加拿大、挪威和美国,失业率差异很小甚至不存在。就平均就业率而言也有同样的区分。在一些国家,如美国、瑞士和澳大利亚,几乎没有任何差别,而在其他国家差异巨大。表 9.3 的右侧显示,就业率上的差异主要在受教育程度较低的个体上显现。例如,对于教育程度低的人,只有新西兰、挪威和西班牙在当地出生的移民子女和本地人子女的就业率差异很小。而对于受过高等教育的人,只有在比利时、德国、挪威和瑞典存在巨大差异;对于其他国家,差异很小甚至不存在。

9.4 政策问题

前面的讨论表明,移民,尤其是非熟练劳动力的移民,潜在可能会增加当地人之间工资与收入的不平等以及成为不可流动的本地劳动力负担的财政费用的来源。这些外部性可能会减少移民的经济收益,并带来政治上的反对。如第 9.1 节中所述,通常政府通过收紧移民限制来对此作出回应。然而,移民限制很少能有效地杜绝移民。它们最后往往导致简单地增加非法移民,其中主要包括非技术工人,加上又阻碍这些工人找到一份稳定的工作,从而不缴纳社会保险费。在这样的背景下,高风险的恶性循环被启动,不切实际的移民限制将导致更多的非法和非技术移民,这使得舆论反对移民的声音更大,从而又推动政府采取更严格的(和不可执行)的移民限制。有两种策略可尝试解决这种潜在的恶性循环:

(1) 对移民关上社会福利的大门;

(2) 引入激励技术移民的评分机制。

---

① 对于每个移民群体来说,聚居地被定义为,在这个区域这些移民所占的份额至少是这些移民在整个人口中所占份额的两倍。

表 9.3　2007 年前后本地人的子女和本地出生的移民子女的失业率和就业率

国家	失业率				就业率				依教育水平分的就业率											
									男						女					
	男		女		男		女		低		中		高		低		中		高	
	(1)	(2)	(1)	(2)	(1)	(2)	(1)	(2)	(1)	(2)	(1)	(2)	(1)	(2)	(1)	(2)	(1)	(2)	(1)	(2)
澳大利亚	6	8	5	5	88	86	76	79	71	65	91	88	96	98	43	42	77	77	92	92
奥地利	6	—	5	—	90	81	79	66	87	71	92	90	96	—	56	—	80	74	88	—
比利时	11	28	12	27	81	61	77	54	68	47	82	69	88	79	49	32	71	57	89	82
加拿大	8	7	7	8	85	85	78	83	70	67	86	84	92	90	50	56	76	75	88	88
丹　麦	2	6	3	8	85	75	81	72	76	69	88	79	88	86	63	61	85	76	89	84
法　国	12	21	13	21	83	72	75	62	68	55	86	78	88	85	46	43	73	60	87	80
德　国	18	27	13	20	79	69	73	62	58	54	82	76	90	81	44	43	77	73	86	64
卢森堡	6	11	11	22	92	86	83	75	90	85	92	—	96	—	70	67	87	—	92	—
荷　兰	5	—	4	—	91	70	87	67	81	53	94	80	96	93	66	48	90	75	94	—
新西兰	5	—	7	10	92	89	78	80	88	85	95	90	97	94	65	65	83	80	94	93
挪　威	3	4	3	3	86	77	82	72	75	72	91	86	92	86	67	62	86	80	92	83
西班牙	13	—	13	—	80	76	75	57	76	73	83	92	88	—	62	60	78	—	84	85
瑞　典	—	—	—	—	85	73	82	71	63	53	88	79	92	87	53	45	83	75	92	87
瑞　士	4	—	4	—	90	89	90	91	69	—	90	91	94	96	65	—	90	93	94	92
英　国	9	15	7	10	82	79	75	66	71	61	89	80	92	90	44	28	77	66	92	86
美　国	9	9	7	—	81	80	73	74	60	57	80	80	91	89	43	—	68	70	87	86

资料来源:OECD(2009).

注:年龄在 20—29 岁间,且不在校或培训的人口。(1)=本地人的子女;(2)=本地出生的移民子女;—=无法获得数据。

9.4.1 关上社会福利的大门?

在欧洲,人们对移民越来越担忧。市民担心移民会对当地人施加负的财政和收益外部性。一种正在逐步被采用的使移民与福利制度的财政压力相脱钩的策略是严格限制移民获得社会福利的机会(Boeri, 2010)。关上社会福利的大门将减少流入的移民中非熟练工人的比例,从而增加熟练工人移民的流入比例(不是绝对数)。然而,关上社会福利的大门会使得已经在该国或在任何情况下都会移民进来的人融入当地社会的时间推迟。因此,它可能会为严格控制劳动力市场而迫使许多移民从事非法活动,由此反而增加了移民对当地人的负外部性。

另一种相当微妙的说法是出于政治经济方面的考虑关闭社会福利的大门。一项政策明确防止移民滥用福利,在个别欧盟国家被认为是为获取民众支持的一种更现实的移民政策。研究民意调查(Boeri and Bruecker, 2005; Dustmann and Gliz, 2005)显示,很多市民的确关注移民滥用福利。然而,这并不意味着当移民在目的地国家被禁止获得某些公民权利时,选民会支持更宽松的政策(例如,获得社会福利的机会)。

关闭福利之门对于拥有大量移民的国家来说是一个难以置信的政策。美国的经验揭示了这一观点。1996 年福利政策部分下放到各个州,并实行了对于合法移民获得福利的限制。例如,在 1996 年 8 月之后到达美国的法定非庇护移民被禁止获得食品券或在 5 年内不得享有医疗补助。这项改革的支持者希望一项更加分散的政策能够使得政府对移民提供昂贵的福利时更加谨慎。这项改革最终失败(McCormick, 2002)。自从 1996 年以来在某些福利服务中排除移民的规定一直在法庭上受到挑战。1997 年美国国会开始撤回那些更加严厉的规定。最后,政府迫于政治压力维持了联邦政府先前的福利水平。这种压力在高移民比例的州(如加州)表现得尤为明显,在那里移民总计拥有超过 15%的选票。因此,一个分散的强烈歧视移民的政策可能面临政治阻力,会轻易地在法庭上受到挑战,并且可能最终恢复到先前的政策。

9.4.2 采用计分制?

正如在这一章的介绍中讨论的,计分制是一种对居留和工作许可申请者排名的方法。该方法已经被澳大利亚、加拿大、新西兰和瑞士采用,而且正在被引入英国和其他欧洲国家。每个申请者都被分配到一个基于明确标准的分数,通常重视教育程度、经验和语言能力。奖励积分通常会被给予工人紧缺的特定职业和地区。一个设计良好的计分制度可以包含和简化整个移民法规,例如,去除对高技能移民特殊政策的需求以及也可能将庇护政策纳入一个更广泛的框架。例如,Hatton(2004)建议将人道主义引入计分。

计分政策在选择移民上看来是相当有效的。这可以通过比较 2004 年国际成人阅读能力调查(International Adult Literacy Survey, IALS)中移民相对于本地人分数的分布看出,比较不使用计分政策的国家(德国)和使用计分政策的国家,如加拿大(图 9.9)。无论是在绝对技术水平(移民的平均 IALS 分数,加拿大大致是 300 而德国大致是 250)还是在相对于本地人的技术水平方面，这个差异都是相当惊人的。移民的技术分布在德国明显左移，而在加拿大则几乎与本地人的分布重叠。对加拿大引入计分政策后的移民技能结构变化进行倍差法分析，以及与美国的趋势进行比较都证实了计分制度的有效性。在加拿大受过高等教育的移民比例从 1987 年到 2002 年上升了 5%，同一时期美国则是下降的。然而，计分政策相比于简单基于技能水平的政策也存在对某些来源国家的歧视(Antecol et al., 2003)。

如前所述，技术工人的移民可能会降低迁入国的收入不平等，并帮助控制与福利获得相关的财政压力。因此，它可以兼顾移民政策的效率和公平目标。此外，有证据证明技能具有互补性；因此技术移民的流入甚至可能会增加当地非熟练工人的就业机会。

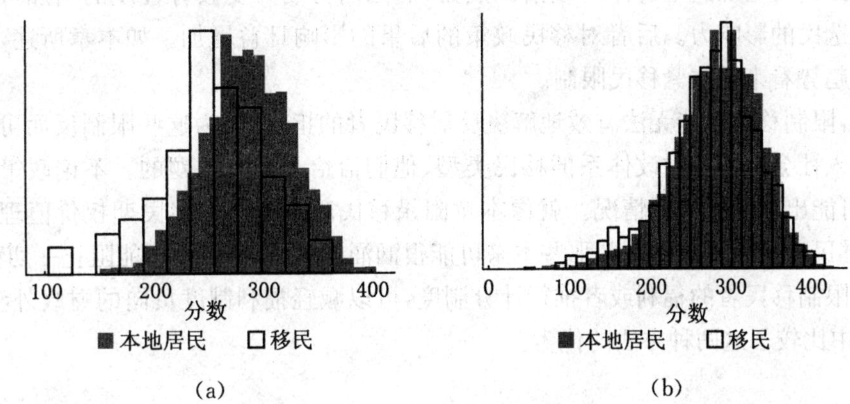

图 9.9　2001 年德国(a)和加拿大(b)的本地居民与移民 IALS 测验结果的分布

但是计分制度有一个重要缺陷：由此造成的人才流失会对移出国的发展产生负面影响。顾名思义，人才流失就是认为移民会导致移出国失去所有最好的工人。但是，有关移出国人才流失效应的证据远没有给出定论(Docquier and Rapoport, 2012)。因为选择性移民政策会激励移出国的人对人力资本进行投资，所以移民对移出国人力资本结构的影响是不确定的。另外，移民通常是暂时性的，移入国获得的人力资本很可能转移到移出国，从而促进移出国的发展。最后，他们的技能可以获得更高的回报，这使得移民可以更加慷慨地汇款回家，从而促进家乡的发展。

9.5　与其他制度的相互作用

不管是移民规模还是技能构成都会受到工资压缩和收入下限的影响。如果一个国家没有工资压缩，则高技能的移民可能会被吸引进入该国。如果有巨大的工资压缩，这种情况则不一定发生。而收入下限会引发更多的移民进入，尤其是低技能的移民。因此，那些影响工资压缩和收入下限的制度与移民政策可能会相互影响。特别是，移民流入可能会受到最低工资立法(第 2 章)、工会(第 3 章)、家庭政策(第 7 章)和失业补贴(第 11 章)的影响。因此在某些劳动力市场制度下，移民政策是必要的。劳动力市场制度会影响移民规模和技能构成，而移民政策不会对其他劳动力市场制度的后果产生影响。极少数的观点是关闭社会福利的大门(第 9.4.1 部分),并建议禁止移民享有某些公民权利,尤其是社会福利方面的权利。

9.6 为什么存在移民政策?

移民政策实质上是一种再分配政策。移民政策通常通过保护本地低技能劳动者避免与外国工人竞争来防止收入分布底部收入不平等的加剧。因此移民政策通常会得到技能分布底端工人的支持。不流动的纳税人同样可以从严厉的移民政策中获益,因为移入者从社会福利系统中分得一杯羹,不流动的纳税人首当其冲地受到由此产生的财政外溢的影响。老龄化会增加这一群体的政治影响力,而国内劳动力受教育程度的增加可能会减弱反移民选民的影响力。后者对移民政策的后果的影响日益增加。如本章所述,移民政策的未来趋势看来是收紧移民限制。

但是,限制移民可能无法有效地解决反对移民者的担忧,因为这些限制反而可能筛选出那些融入社会和纳入财政体系的移民类型,他们恰恰是更有问题的。不论政策多么严格,都不可能出现零移民的情况。就像本章附录移民政策介绍的移民期权价值理论预期的一样,移民政策至多能够缓和那些本来可能很汹涌的移民潮,但不可能阻止一切移民。

通过限制移民者的福利或者推行计分制度,可以减轻福利制度负向的财政外溢压力。第 9.4 节中比较了这两种方法的优劣。

延伸阅读建议

Tim Hatton 和 Jeffrey Williamson(1998)讲述了一段精彩的移民发展历史。Tito Boeri、Gordon Hanson 和 Barry McCormick(2002)所编的书籍展示了关于移民对美国和欧洲劳动力市场影响的调查。Borjas(2001)则给出了移民对工资和就业的影响不大的解释,因为存在移民的自我选择和所谓的润滑效应。Burda 和 Hunt(2001)认为德国的统一表明了移民潮是整合劳动力市场的决定性因素。Dustmann 和 Gitz(2005)分析了本地人对移民的态度的调查数据。Boeri 和 Bruecker(2005)阐述了欧洲劳动力市场中东部移民增加给我们的启示。关于移民对美国的低技能本地人的工资的影响,Card(2005)给出了最新的分析。最后,Docquier 和 Rapoport(2012)讨论了移民带来的潜在的人才流失效应。

复习题与练习

1. 为什么雇主一般都支持移民,而工会不支持移民?
2. 移民对移出国的收入分配有什么影响?
3. 国内和跨国移民有怎样的关系?
4. 不管经济理论的预测,为什么实证研究常常没有发现本地人工资受到移民的强烈影响?
5. 罗伊模型对移民的技能构成的预测是什么?

6. 劳动需求和供给的弹性是如何影响移民的经济效应的？

7. 什么是移民剩余？移民剩余是在什么条件下产生的？

8. 计分制有何优缺点？

9. 对移民者关闭社会福利大门的政策有何优缺点？

10. 对马里埃尔偷渡事件的分析底线是什么？研究标题"没有发生的马里埃尔偷渡事件"的含义是什么？

11. 一个生活在意大利南部的四口之家，即丈夫、妻子和两个孩子：丈夫目前每年收入30 000 欧元，妻子不工作。他们考虑搬到意大利北部，丈夫可以在那儿找到年薪 35 000 欧元的新工作，妻子可以找到年薪 15 000 欧元的工作。但是，这家人更喜欢南方：住在南方的经济效用的现值是 35 000 欧元。另外，如果妻子开始工作，则需要每年支出 10 000 欧元雇人照看孩子。

(a) 如果这家人从现在开始的之后 3 年住在北方，贴现率是 12%，那这家人(立即)搬去北方是方便的吗？

(b) 照看孩子的费用如果有所下降(如降低为每年 9 000 欧元)，决策会有变化吗？

(c) 多大的贴现率水平会改变这家人迁到北方的决策？

12. 假设一个工作者居住在荷兰，每年的贴现率是 10%，他在考虑是否移民到意大利。他还剩下 3 个工作周期，并且退休金与收入无关。如果这个工作者继续在荷兰，3 个工作周期中将每年赚 40 000 欧元。如果他移民到意大利，3 个工作周期都是每期赚 44 000 欧元。要使这个工作者移民并且一直留在意大利，移民成本最大为多少？

13. (进阶题)John 是一个年轻的工作者，他面临着是否从荷兰移民到意大利的抉择。如果他留在荷兰，则今后每年的收入为 45 000 欧元。如果他去意大利，则今后每年的收入为 50 000 欧元。但是从荷兰移民到意大利会花费 50 000 欧元。

(a) 如果 John 每年的贴现率是 5%，证明移民意大利是划算的。

(b) 对 John 来说，贴现率为多少时，留在荷兰和移民意大利是无差异的？

(c) 对 John 来说，移民费用为多少时，留在荷兰和移民意大利是无差异的？

(d) 假设在荷兰每年有 4%的概率会失业，失业后，每年可领取社会救助 10 000 欧元；在意大利每年有 2%的概率会失业，失业后，每年可领取社会救助 5 000 欧元。在此假设下，John 会选择留在荷兰还是移民意大利？

(e) 在这些条件下，意大利的失业概率为多少时，留在荷兰和移民意大利是无差异的？

附录：移民的净收益

我们可以将移民决策归结为人力资本投资决策模型(见第 8 章)。假设一个人在职业生涯的起始点 ($t=0$) 要做出留在原本国家(H)还是移民到外国(F)的决策。在剩余的劳动周期中——从 $t=1$ 到年龄 T，如果选择留在本国，年收入为 $w_H(t)$。如果从 H 移民到 F，从第 1 年开始年收入为 $w_F(t)$。移民的花费全部发生在移民的时刻，记为 C_0。移民决策基于收入和成本的现金流现值的比较。如果 i 为市场利率，移民的净现值 NPV_M 如下：

$$NPV_M = \sum_{t=1}^{T} \frac{w_F(t) - w_H(t)}{(1+i)^t} - C_0 \tag{9.1}$$

由公式看出,移民的花费越少可推知工作者越年轻(即时间跨度 T^e 越长,在这个时间段中初始投资以收入差异的形式取得回报)。另外,本国和外国的工资差异越大,工作者移民的可能性就越大。

假设本国 H 和外国 F 的工资在工作者的一生中是不变的。那么当 T 值很大时,移民的净现值约为:

$$NPV_M \approx \frac{w_F - w_H}{i} - C_0 \tag{9.2}$$

在此使用了几何级数的性质。

这表明即使移民成本相对于本国工资非常大,比如是本国年化工资的 6 倍,贴现率 5%,那么要移民的话,外国工资只要比本国工资高出 30%即可。换句话说,移民的成本必须非常大,否则即使存在相对温和的工资差异,也会出现大的移民潮。①另一种解释是,外国的收入现金流有不确定性,这种不确定性反映了延迟移民是有期权价值的。后一种解释与我们观察到的移民潮是一致的。

当外国的收入现金流没有不确定性时,为了更好地利用工资差异,在职业生涯的起始点移民无疑是更好的。假设外国的收入现金流有一定程度的不确定性,并且个人可以决定移民的日期。正如在第 6 章附录中提到的退休决策一样,延迟移民也应该有期权价值(Burda, 1995)。延迟移民意味着个人能利用收入差异的时间更少。但是个人会获得更多的信息以作出更好的移民决策。假设额外信息是在 $0 < \tau < T^e$ 之间的某个时间点获得。比如,本国人带着关于外国劳动力市场的信息返回本国。

在时间 τ 之前,延迟移民的期权价值 OV 为:

$$OV(\tau) = NPV_M(\tau) - E_0 NPV_M(0) \tag{9.3}$$

E_0 表示期望。如果一个人等待的期权价值为正,他就会延迟移民;期权价值为负时,他就会立刻移民。当大批移民者的期权价值变为负时,这个效应将会导致大的移民潮,比如移民来自同一个国家。

① Gibson 和 McKenzie(2011)发现即使是高技能的工作者,从移民行为中获得的期望收入对于其移民决策是无足轻重的。McIntosh(2008)发现一些移民者会低估移民行为的效益。

▶10

就业保护法

就业保护法(Employment Protection Legislation, EPL)是由解雇冗余员工时必须遵循的一系列规范和程序所组成。EPL对于雇主解雇和提前终止永久劳动合同(即无固定期限合同)作出了法律限制并设定了雇主支付给员工的补偿。EPL还对签订临时合同(即固定期限合同)的员工的雇用作出了限制。个别裁员和集体裁员都必须遵循EPL规定的程序。法院对裁员的合法性拥有最终裁决权。从经济分析的角度看,裁员决策不仅涉及雇主和雇员,还涉及法院——可以裁定裁员法律效力的第三方,认识到这点非常重要。

EPL是一项多维度的法律制度,而从经济理论的角度来看,可以将其简化为两个关键组成部分:转移和税收。转移部分(transfer component)是从雇主到雇员的货币转移,本质上类似于工资。而税收部分(tax component)是支付给雇主、雇员之外的第三方的。概念上,EPL的转移部分由解职费(severance payments)和强制的预先通知期限(advance notice period)组成。税收部分由审判成本(trial cost,支付给律师的费用及其他)和其他与行政程序相关的费用组成。解职费是公司发起解除合同时,从公司到员工的货币转移。预先通知期限是实际执行解雇之前员工享有的一段特定时间。解职费和预先通知期限是EPL的法律最低构件,即不管具体的劳动合同如何规定,法定报酬和强制性的规定对所有雇佣关系都适用。除了强制支付的费用,集体协议可能对公司发起的解雇规定更高额的解职费。在解雇实际发生之前必须要执行行政程序。大多数国家要求雇主与员工代表协商解雇决议。而且法律规定会因商业性质——比如公司(或工厂)规模和行业类型——的不同而不同。

大多数国家的法律区分了个别裁员(individual dismissals)和集体裁员(collective dismissals)。个别裁员进一步分为经济性裁员和违纪开除,绝大多数的EPL条文只适用于前者。典型的违纪开除(即员工过错开除)不涉及货币转移。集体裁员的程序适用于公司进行大规模重组并要求解雇一定比例劳动力的情况。相关机构批准集体裁员后,公司就能对所有员工以低于个别裁员补偿的货币转移来执行大规模裁员。但是集体裁员程序要求公司与员工代表进行持续协商,这使得集体裁员程序有严格得多的行政负担和程序成本。

10.1　度量与跨国比较

放眼各国,通过估算不同就业保护体制下一次裁员的平均成本来比较 EPL 是很有趣的。不幸的是,与平均工资相关的这些成本的一致度量几乎是不存在的。为了进行就业保护体制的国际比较,经济学家设计了综合衡量法来评价 EPL 的严格程度,评分从 0 分到 6 分,分数越高表示制度越严格。OECD 使用的三个主要指标如下:

(1) 永久性合同制度下个体员工解雇规定的严格程度,包括告知程序、告知前可允许的延迟、告知时间段的长度、解职费、公正或不公正解雇的界定、试用期的长度、不公正解雇的补偿、不公正解雇后复职的可能性和提出不公正解雇申诉的最长时间。

(2) 集体裁员的严格程度,指集体裁员的界定、额外告知要求、告知前额外的延迟和雇主实施集体裁员造成的其他额外花费——相对个别裁员来说。

(3) 临时合同雇用员工的规定,包括使用固定期限合同的有效案例、固定期限合同的最多续签次数、固定合同累计续约的最长期限、合法的临时劳务中介就业的工作种类、续签数量的限制、代理合同的最大累计期限、临时劳务中介的成立是否需要授权或者是否有报告义务、规定是否能保证普通员工和中介员工(外包员工)在用人单位受到平等的待遇。

要获得一个国家的综合强度指标,必须要把永久性合同的严格程度、临时合同的规定和集体裁员的严格程度放在一起考虑。对三项指标加权平均就得到了 OECD 使用的综合 EPL 指数。理解 OECD 的 EPL 指数时需要注意以下几点:

(1) OECD 综合指数是几种子指标的平均数,包括普通雇佣合同、临时合同和集体裁员。因此其中一项或多项子指标的变化都会引起综合指数的变化。

(2) EPL 子指标的变化不是相互独立的。例如,固定期限合同的比例增加,也可能是对正式员工实施严格就业保护的结果(因为更多的投资可能会投向这些条款所豁免的活动)而不是劳动力市场本身更具灵活性的表现(Bertola et al., 2000)。换句话说,EPL 对正式员工的覆盖是内生的。下文将会提及,这些规定所豁免的就业份额(例如,临时雇佣合同的比例、非正式部门的大小、小企业工人的占比)在永久性合同有极其严格的 EPL 制度的国家中比例更大。这表明根据适用这些规定的员工比例来对普通员工的 OECD 指数进行加权的效果会更好。

(3) 理想状况下,根据经济分析的观点,人们应该能够获得 EPL 两个关键组成部分的指标。但是,将税收从转移部分中分离出来并非易事,因为度量解雇的法律成本是极其困难的,它取决于员工向法庭提起诉讼的概率和法庭判决公司的解雇无效的概率。例如,在意大利的案例中,如果解雇决定被法官否决,则可以强制公司复聘工资单所列的员工。Garibaldi 和 Violante(2005)估计,一个雇员数量超过 15 人的意大利雇主解雇 1 名工人,其决定被法院否决,雇主从裁员一年后可能不得不承担相当于 15 个月工资的成本。这大概是解雇总成本的 20%。

考虑了上述三个注意事项,表 10.1 的前四列显示了 2008 年的综合 EPL 指数和其三个子要素指标,这是最近的可获得数据的年份。有两个事实值得注意:第一,不同国家的 EPL 严格程度有明显的差异;第二,EPL 指数的主要成分之间的差异也不同。在美国对正式员工防止个体解雇的就业保护非常低，仅为0.6，而葡萄牙为最高，为4.0。对临时雇佣的规定在加拿大、英国和美国最不严格，爱尔兰和瑞典也不是非常严格。土耳其对临时雇佣的规定是最严格的，法国、卢森堡和墨西哥也比较严格。新西兰对集体解雇的具体要求最不严格，此指标值为0.4。这些要求在意大利和比利时非常严格；即使在英国和美国对正式员工和临时就业的保护力度非常低，它们对集体解雇的要求相对严格，其值为2.9。

表10.1　2008年就业保护的严格程度和2012年临时工所占份额

国　家	OECD就业保护指数				临时工所占份额(%)	
	正　式	临　时	集　体	综　合	男	女
澳大利亚	1.4	0.8	2.9	1.4	—	—
奥地利	2.2	2.3	3.3	2.4	9.3	9.7
比利时	1.9	2.7	4.1	2.6	6.6	9.7
加拿大	1.2	0.2	2.6	1.0	—	—
捷　克	3.0	1.7	2.1	2.3	6.0	9.0
丹　麦	1.5	1.8	3.1	1.9	7.8	9.7
爱沙尼亚	2.3	2.2	3.3	2.4	3.3	2.8
芬　兰	2.4	2.2	2.4	2.3	10.3	16.3
法　国	2.6	3.8	2.1	3.0	13.8	15.2
德　国	2.9	2.0	3.8	2.6	13.8	13.9
希　腊	2.3	3.5	3.3	3.0	8.5	11.1
匈牙利	1.8	2.1	2.9	2.1	8.7	7.3
冰　岛	2.1	1.5	3.5	2.1	9.0	9.9
爱尔兰	1.7	0.7	2.4	1.4	9.5	10.7
意大利	1.7	2.5	4.9	2.6	12.8	14.2
日　本	2.1	1.5	1.5	1.7	—	—
韩　国	2.3	2.1	1.9	2.1	—	—
卢森堡	2.7	3.9	3.9	3.4	5.9	6.6
墨西哥	2.3	4.0	3.8	3.2	—	—
荷　兰	2.7	1.4	3.0	2.2	17.5	20.2
新西兰	1.5	1.1	0.4	1.2	—	—
挪　威	2.2	3.0	2.9	2.7	5.9	9.8
波　兰	2.0	2.3	3.6	2.4	27.1	26.0
葡萄牙	4.0	2.5	1.9	3.2	19.9	20.2
斯洛伐克	2.5	1.2	3.8	2.1	6.5	7.2
斯洛文尼亚	3.0	2.5	2.9	2.8	16.4	19.5
西班牙	2.4	3.8	3.1	3.1	22.3	25.4
瑞　典	2.7	0.7	3.8	2.1	12.1	16.3
瑞　士	1.2	1.5	3.9	1.8	12.9	13.0
土耳其	2.5	4.9	2.4	3.5	8.9	8.2
英　国	1.2	0.3	2.9	1.1	5.4	6.4
美　国	0.6	0.3	2.9	0.9	—	—

资料来源：EPL：OECD；share of temporary workers：Eurostat.

注：OECD指数的取值范围是0—6。要了解更多计算OECD就业保护指标(第三版)的方法请查看www.oecd.org/employment/protection。正式＝保护永久员工的不受(个别)解雇；临时＝临时雇佣的规定；集体＝对集体解雇的具体规定；综合＝(5/12)×正式＋(5/12)×临时＋(2/12)×集体；—＝无法获得数据。临时工的占比是2012年第一季度临时员工数占15—64岁员工总数的比例。

图10.1是1998—2008年的EPL指数和其组成要素的变化图。[①]OECD国家正式员工

① 1985—2008年综合EPL指数的变化在第1章中已给出；见图1.8。

的(签订永久合同的员工)EPL在数据所在时间段中几乎没有变化。与此形成鲜明对比的是,大多数欧洲国家放松了对临时合同的规定。尤其是固定期限合同的范围明显地扩大了,并引入了临时劳务中介,这使得公司在面临暂时的需求高峰时不用雇用新的正式员工。这与双轨(dual-track)改革战略是一致的。双规改革是基于流动的、着眼于边际的、仅仅针对新员工的改革,而在职员工的就业保险津贴保持不变。虽然这看起来是对集体EPL的放松,但是在过去10年中对集体裁员的要求并没有太多改变。总的来说,综合EPL指数在1998—2008年间没有太多变化。

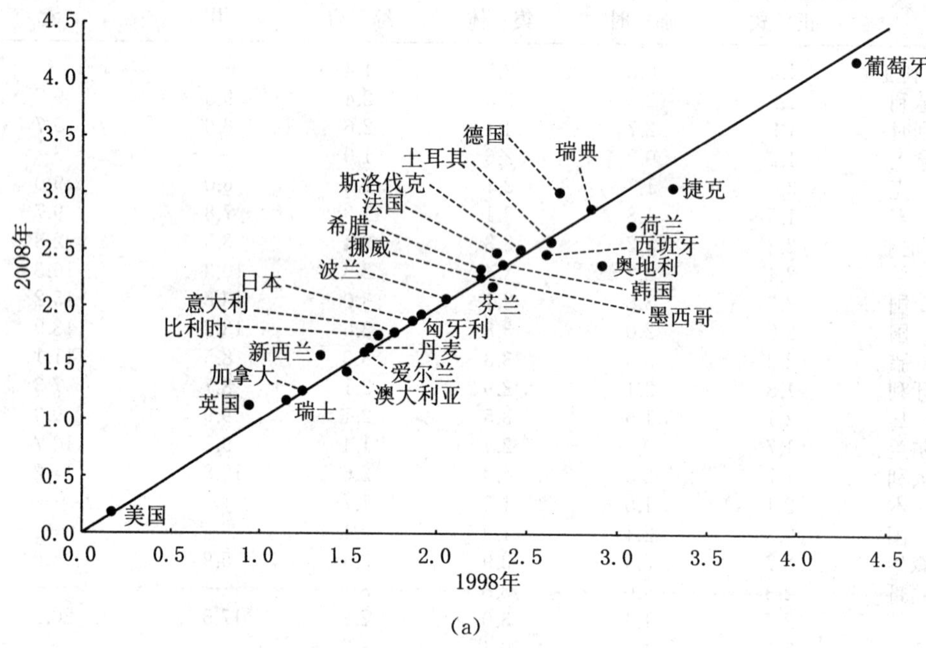

(a)

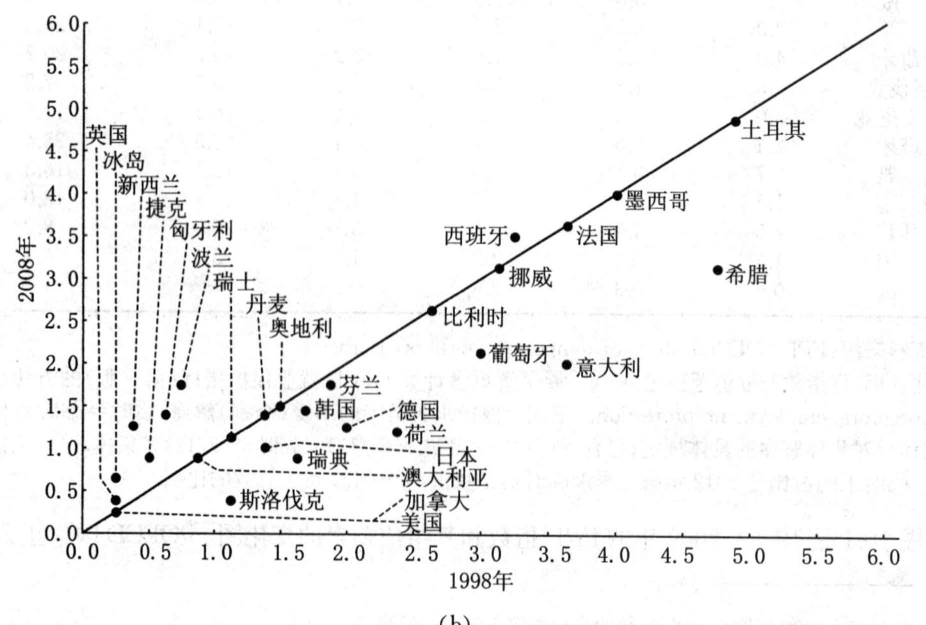

(b)

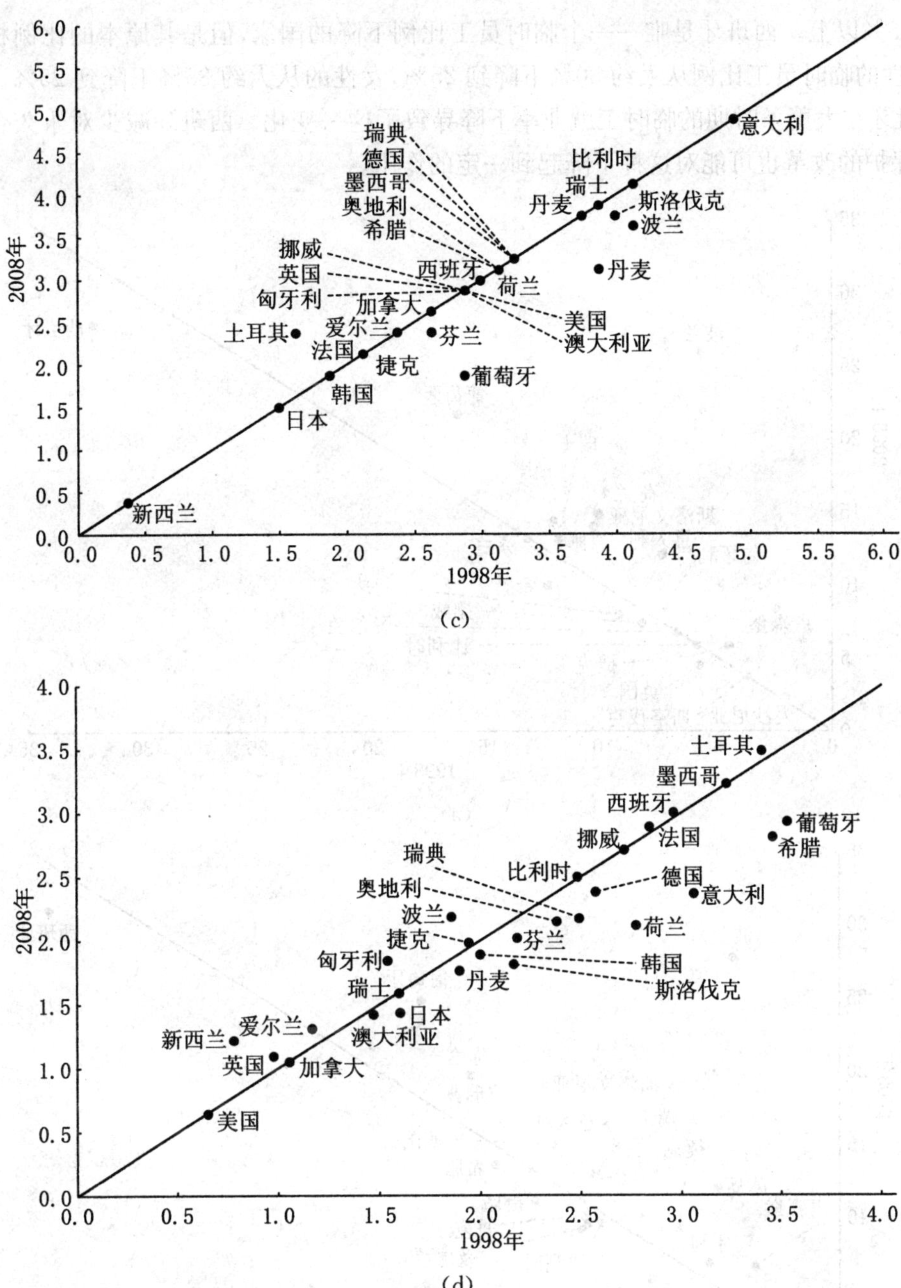

图 10.1　1998—2008 年 EPL 构成的变化:(a)正式;(b)临时;(c)集体解雇;(d)综合

资料来源:OECD EPL database.

注:指数要素的定义见表 10.1。

表 10.1 中的第五列和第六列是欧洲国家在 2012 年第一季度临时员工的比例。爱沙尼亚只有约 3%的工作者从事临时工作,而西班牙和波兰的这一比例约为 25%。临时员工比例相对较高的国家还有荷兰、葡萄牙和斯洛文尼亚。

图 10.2 是 1998—2008 年各国临时员工比例的变化。在这段时间,大多数国家中签订临时合同的员工比例都有所增加,不管是男性还是女性。波兰的增长非常显著,从 5%增

加到25%以上。西班牙是唯一一个临时员工比例下降的国家,但是其原本的比例相对较高:男性的临时员工比例从大约30%下降到25%,女性的从大约35%下降到25%。大概是西班牙在大萧条时期的临时工就业率下降导致了这一变化。西班牙减少对永久合同工EPL保护的改革也可能对这种下降起到一定的作用。

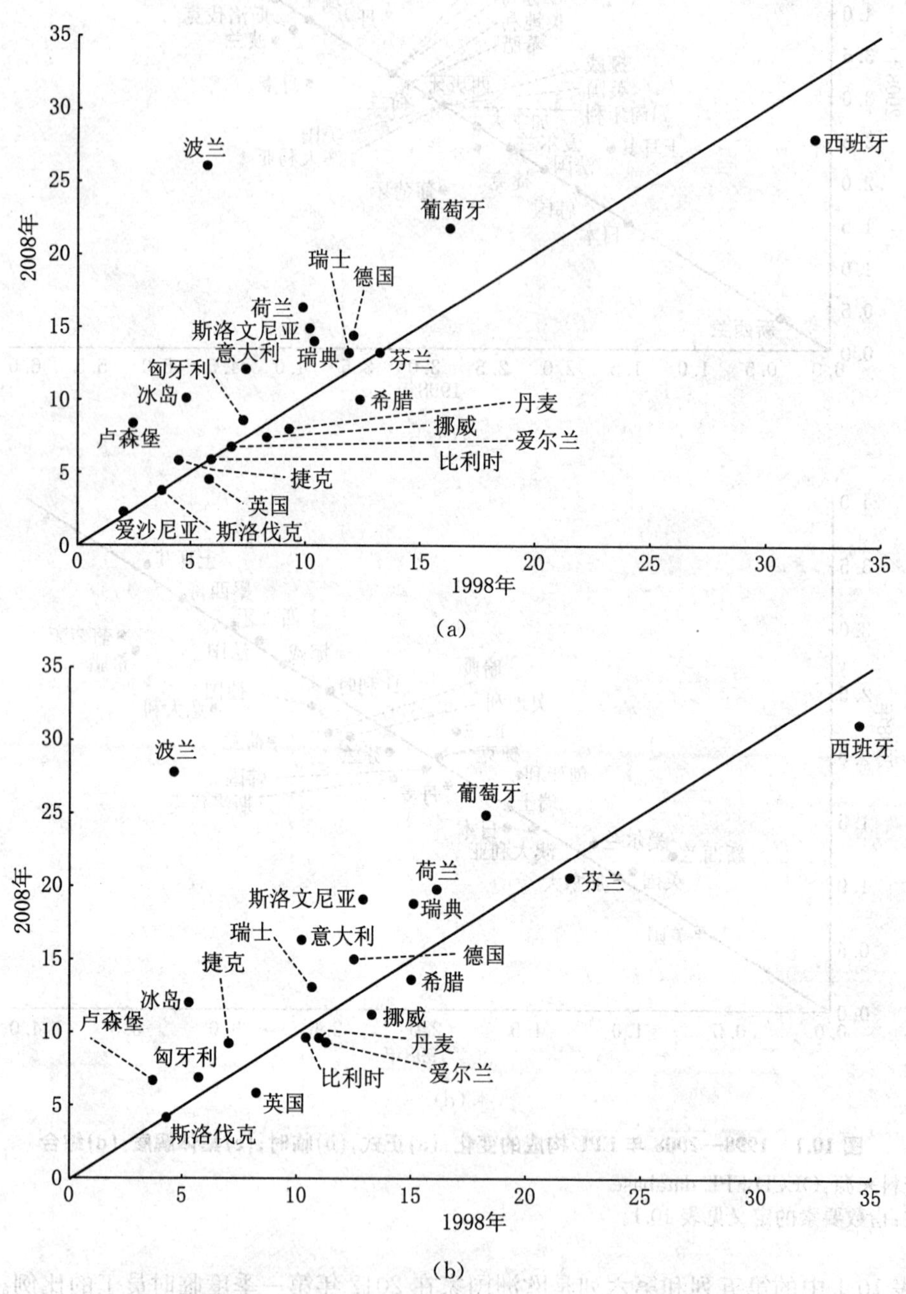

图10.2 1998—2008年临时员工百分比的变化:(a)男性;(b)女性

资料来源:Eurostat.

除临时合同外,EPL规则应用于永久合同时有很多其他特例。比如,小企业通常是免除复聘义务和其他程序要求的,因为这些义务是固定成本的来源,从而特别影响到小企业。欧洲南部相对小规模的工厂和大量非正式部门可能是这些国家严格的正式合同制度的副产品。

最后,图 10.3 是各国正式工作和临时员工比例的 EPL 指数散点图,以及临时工作和临时员工的 EPL 指数的散点图。可以看到对正式工作的解雇限制和临时员工比例之间有很强的正相关关系,但是对临时工作的解雇限制和临时员工比例的 EPL 指标之间却没有强正相关关系。正式合同就业保护的严格程度可能就是临时就业发展背后的驱动力。

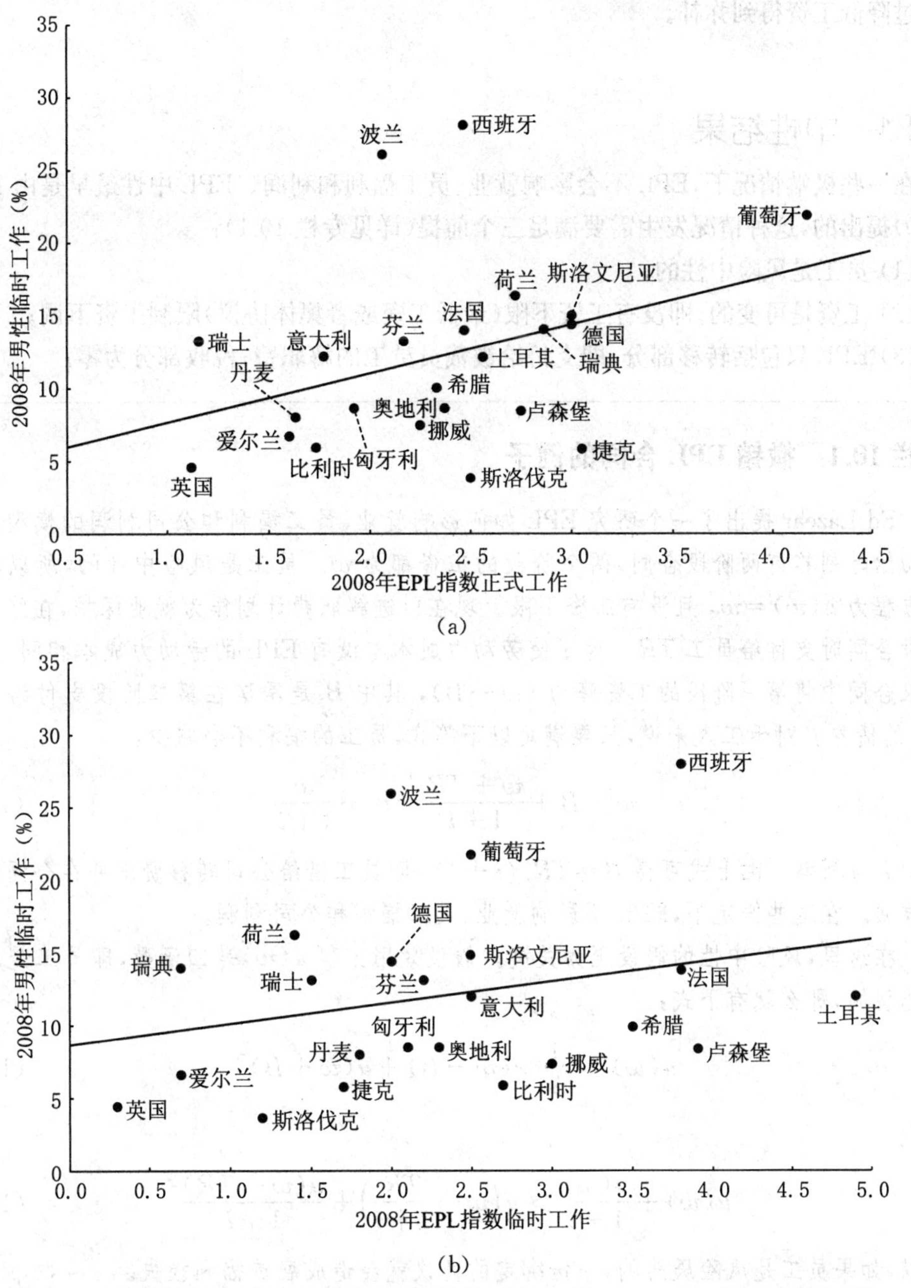

图 10.3 2008 年 EPL 指数构成成份与男性临时就业(%):(a)正式工作;(b)临时工作

资料来源:Eurostat and OECD EPL database.

注:指数要素的定义见表 10.1。

10.2 理论

EPL增加了厂商对劳动力调整的费用。换句话说,雇主在应对冲击时可以通过不改变雇佣水平来避免支付解职费和程序成本。对冲击不做出反应可能会减少厂商的利润,但是如果雇主成功地将EPL转移费用作为自愿保险方案转嫁到员工身上,这一损失就可能通过降低工资得到弥补。

10.2.1 中性结果

在一些极端情况下,EPL不会影响就业、员工福利和利润。EPL中性最早是由Lazear(1990)提出的,这种情况发生需要满足三个前提(详见专栏10.1):

(1) 员工是风险中性的;

(2) 工资是可变的;即没有工资下限(最低工资或者集体协议)限制工资下调;

(3) EPL只包括转移部分,即支付给被裁员员工的解职费;税收部分为零。

专栏10.1 撤销EPL合同的例子

Ed Lazear提出了一个研究EPL如何影响就业、员工福利和公司利润的模型。假设初始时刻签订两阶段合同,两个阶段的工资都为w。员工是风险中性的,所以其效用方程为$u(w)=w$,且没有工资下限。现在引进解职费计划作为就业保护,在终止两阶段合同时支付给员工TR。为了使劳动力成本与没有EPL的劳动力成本相同,雇主要求合同中将第一阶段的工资降为$(w-B)$,其中B是承诺在第二阶段支付给员工TR的债券。对于工人来说,只要满足以下等式,员工的福利不会减少:

$$w-B+\frac{w+TR}{1+i}=w+\frac{w}{1+i} \tag{10.1}$$

其中i为利率。由上式可得$B=TR/(i+1)$,即员工借给公司转移费用并在合同结束时收回。在这些假定下,EPL不影响就业、员工福利和公司利润。

在这里,风险中性的假设至为关键。假设效用方程$u(w)$是凹函数,即员工是风险厌恶型的,那么就有下式:

$$u(w)>\frac{1}{2}[u(w-B)+u(w+B)] \tag{10.2}$$

因此,

$$u(w)+\frac{u(w)}{1+i}>u\left(w-\frac{TR}{1+i}\right)+\frac{u(w+TR)}{1+i} \tag{10.3}$$

所以,如果员工是风险厌恶的,一份绑定的协议就会造成雇员福利损失。

资料来源:Lazear(1990).

在这些条件下出现 EPL 中性的情况，是因为 EPL 只影响工资的跨期结构，对员工和雇主来说，工作的净贴现值不会改变。其本质是考虑了工资合同中解职费的存在，即将未来裁员费用内部化。换句话说，雇主在开始时支付较低的工资，迫使他们的雇员向他们购买一种债券或保险，这赋予雇员有权在合同解除时能够获得一种延期补偿——解职费。

中性结果的关键是无论有无 EPL，员工获得的报酬的贴现值都是一样的。一个风险中性的员工只关心工作的贴现值，不关心工资的时间框架，面临是否增加工作岗位的决策时，对雇主来说有无 EPL 是没有差别的，因为工作成本的净贴现值是不随有无 EPL 而改变的。这种合同成功消除了 EPL 的影响。

Boeri 和 Jimeno(2005)提出就业保护可能对经济性(外生性)裁员和违纪开除都有负面影响。这是因为实施裁员是有司法成本的。EPL 一般规定雇主有义务提供裁员的经济性原因或违纪证据。在大多数国家中，如果没有主观(不当行为)或客观(经济)理由终止雇佣关系，那么裁员就是不公正的。对雇主实施不公正裁员的处罚并不因为两种理由(经济和违纪)而有区别，当雇主认为不当行为举证有困难时，可以以经济性理由进行裁员。因此，违纪裁员的成本不可避免地与经济性裁员的成本相互影响。EPL 对违纪裁员有负面影响时会增加效率工资(见专栏 10.2)。而当 EPL 主要作用于经济性裁员时，会降低效率工资。因此 EPL 的影响会随着公司监管技术的变化而变化。技术越高，EPL 对违纪性解雇——相对于经济性裁员来说——的影响就越大。由于小公司比大公司可以更有效地监管员工的生产率，这为小企业免除最严格的 EPL 规定提供了支持。

专栏 10.2　效率工资和就业保护

效率工资模型(静态模型见第 2 章附录第 3 部分)对于归纳 EPL 对工资的影响非常有用。假设雇主只掌握关于员工努力程度的不完全信息。因此他们会支付高于市场出清水平的效率工资以防止员工怠工。

员工面临权衡取舍。要么努力工作，但带给自己的是负效用，要么冒着被发现并被解雇的风险去偷懒。我们使用一种动态框架来更详细地解释效率工资模型。对于不偷懒的员工，其工作的现金流值为：

$$\rho V_e^N = w - e + \delta(V_u - V_e^N) \tag{10.4}$$

式中的 w 表示工资，e 表示努力，δ 表示外生的失业率(独立于员工行为)，V_u 是失业的资产价值。对于偷懒员工，工作的现金流值为：

$$\rho V_e^S = w + (\delta + \phi)(V_u - V_e^S) \tag{10.5}$$

式中 ϕ 表示员工被发现偷懒并被解雇的概率，即违纪开除的概率。无偷懒条件意味着偷懒的资产价值低于或等于不偷懒的资产价值，即 $V_e^S \leqslant V_e^N$。结合式(10.4)和式(10.5)，可以得到效率工资：

$$w^e \geqslant \rho V_u + e\left(\frac{\phi + \rho + \delta}{\phi}\right) \tag{10.6}$$

效率工资随着工作所需的努力、贴现率和外生失业率的增加而增加,随着违纪开除概率的增加而减少。这些影响非常直观。高度努力、高贴现率和高外生失业率都会降低工作的价值,这意味着对偷懒的惩罚(被发现并且被雇主解雇)较轻。因此有需要支付更高的工资来防止偷懒。较高的违纪开除的可能性,会减少偷懒相对于不偷懒的价值,那么这使得雇主不需要支付较高的工资来防止投机行为。

效率工资模型中失业的产生是因为雇主认为支付高于市场出清的工资水平和利用非自愿失业作为惩罚工具来引导员工努力工作是最佳的。更严格的 EPL 使得裁员更加昂贵,因而降低了违纪开除的概率(ϕ)。因此,更严格的 EPL 增加了效率工资,并由此增加了失业。然而,考虑到 EPL 不仅会减少违纪性开除,还会减少经济性裁员(δ),它对工资和失业的影响会有所缓和。

资料来源:Shapiro and Stiglitz(1984)。

10.2.2 去除风险中性的假设

现在我们可以放宽上述三个假设(风险中性、工资可变和 EPL 只包括转移)中的任意一个来看 EPL 对劳动力配置的影响。首先考虑员工风险规避的情形。即使工作的净贴现值相对于没有 EPL 的情况并无不同,员工收入的波动也会造成他们福利的损失(见专栏 10.1)。

员工可能会要求提高工资来补偿由绑定协议①所带来的收入波动。由于劳动供给曲线上移,对于雇主来说绑定协议也就不是中性的了:引入 EPL 势必会影响劳动力市场的均衡。

10.2.3 有刚性工资的 EPL

现在假设放宽第二个条件,因此工资是刚性的,不会因为引入 EPL 而改变。因为引入解职费不会伴随工资减少,所以劳动供给不会受到影响,我们只需关注劳动需求即可,如专栏 10.3 所述。概括专栏 10.3 的结果,我们得出关于固定工资情形下 EPL 的结论如下:

(1) 不影响平均就业或失业;

(2) 降低经济周期中就业的波动;

(3) 减少利润。

专栏 10.3 “灵活国”和“刚性国”

为了突出工资刚性情形下 EPL 的影响,考虑一个只有两种状态的经济体——好与坏的状态,比如繁荣和衰退。特别是,我们使用简单对数生产函数(劳动力是唯一的生产要素),因此,灵活体制(以上标 F 表示)下公司的利润由下式给出:

$$\pi^F = A^i \log L - wL \tag{10.7}$$

① 此处指专栏 10.1 中的绑定协议。本段下同。——译者注

其中 L 表示就业，A^i 表示公司售出的商品价格，A^i 在不同的经济状态中是不同的：经济好时为 A^h，经济坏时为 A^l，并且 $A^h > A^l$。每一个时期中，价格等于 A^h 的概率为 p，等于 A^l 的概率为 $(1-p)$。工资是固定的且等于 w，不受循环周期的影响。

雇主需要决定雇员的数量。在没有 EPL 的情况下，雇用和解雇可以在无成本的情况下进行，公司可以在任何经济状态下自由选择利润最大化的就业水平（使得劳动力的边际产出价值等于其边际成本或工资水平）。在这种情况下，最佳就业量使得边际产出价值 $\frac{A^i}{L}$ 等于工资，所以就业量为，

$$L^F = \begin{cases} \frac{A^h}{w}, \text{发生概率为 } p \\ \frac{A^l}{w}, \text{发生概率为 } 1-p \end{cases}$$

因为平均来看经济会经历 (p) 时期的繁荣和 $(1-p)$ 时期的衰退，所以长期的平均就业量将是：

$$\overline{L^F} = \frac{(1-p)A^l + pA^h}{w} \tag{10.8}$$

现在考虑有 EPL 时公司的行为。假设有 EPL 的情况下，在经济衰退时裁员的成本非常高，公司只能选择使得期望利润 π 最大的就业水平，以保持雇佣水平不随时间改变。那么在刚性体制 R 的情况下，雇主要解决的期望利润最大化问题是：

$$\pi^R = \max_L \{[(1-p)A^l + pA^h]\log L - wL\} \tag{10.9}$$

该问题的一阶条件给出了在刚性制度下的就业水平为：

$$L^R = \frac{(1-p)A^l + pA^h}{w} \tag{10.10}$$

刚性体制下的最佳就业水平 L^R 是无 EPL 情形下繁荣时期和衰退时期各自就业水平的加权平均，其权重分别是繁荣和衰退发生的概率。注意到 L^R 恰好与灵活体制下的长期就业水平 $\overline{L^F}$ 相等。因此，长期的就业水平在两种体制下是相同的。但是，在经济周期中，刚性体制下的就业水平不可能和灵活体制下的就业水平一样：在经济上升期，前者低于后者；在经济下降期，反之。最后，我们发现即使在长期中依然为 $\pi^R < \pi^F$，这是因为无论经济繁荣还是衰退，刚性体制的公司只能实现较低的利润（使用次优的就业水平）。

在上述的讨论中，前两个结论是直观的，第三个结论也不难理解，因为在没有 EPL 的情形下选定的就业水平只能是每一个时期利润最大化的水平。因此，没有 EPL 时每个时期的利润都要高于有 EPL 的情形。一般来说，在相同的就业水平下，没有 EPL 的公司可以获得更高的利润。换句话说，没有 EPL 的公司是更有效率的。

10.2.4 作为一种税收的 EPL

最后,可以放宽中性模型(参见第 10.2.1 部分)中的条件(3),这样 EPL 不再被视作转移支付,而被视作一种税收——尤其是对第三方(如律师)的一种支付。现在,即使工资灵活可变、雇员是风险中性的,就业保护法也不能再通过新的弥补雇主税收的劳动合同来撤销。

当把 EPL 看成一项税收时,就业保护对就业和工资水平的影响只能用动态框架来刻画。需要用动态框架是因为,EPL 税收对雇主来说是一种特殊类型的税收,也就是说,如果企业在很长一段时间内不降低就业水平,则可以避免缴纳此税。因此,当雇主打算发布职位空缺信息或者雇用员工时,他会将 EPL 税收这个因素加以考虑,因为一旦雇用,就意味着未来某个时点他有支付 EPL 税收的风险。换一种说法,EPL 税主要通过影响劳动力市场流动(即雇用和解雇)来发挥作用。

和不存在 EPL 时相比,存在 EPL 时工作的净贴现值较低,所以雇主更不情愿发布职位空缺信息,进而 EPL 税减少了工作机会。然而,同不存在 EPL 相比,当存在 EPL 时解雇的几率也会减小,因为公司解雇员工的成本变大。鉴于此,EPL 对就业和失业的影响是模棱两可的,它既可能增加也可能减少就业,这取决于对边际职位增加和减少影响的相对强度。然而,一个确定的理论预测是就业保护减少了劳动力市场流动:当存在 EPL 税时,新增工作机会、解雇、因失业流入以及因失业流出都将减少,因此它将带来更长的失业期限(Bentolila and Bertola, 1990)。

只要工资是灵活可变的,它也会对 EPL 的引入做出反应。如之前讨论的那样,EPL 税不能通过雇主和雇员之间的合约协议来消弭。既然如此,工资就必然会受到就业保护法的影响。假设,例如,如第 3 章的模型所述,工资的设定是雇主和工人谈判过程的结果。这些模型预测到工资会随着工人谈判能力的提高和他们退而求其次的选择(即失业的净贴现值)而提高。在这个意义上,EPL 对工资设定有两方面的影响。一方面,它提高了那些局内人(insiders)——已经有工作的人的谈判能力,他们现在更受到保护而避免失业的求职者或局外人(outsiders)竞低工资。这一影响增加了相对于没有 EPL 情况下的均衡工资。另一方面,EPL 减少了工人的后备选择,因为在严格的 EPL 下,失业工人面临着更低的重新就业的概率。该第二种影响降低了在 EPL 税收体制下的工资水平。因为这两种相互抵消的影响,EPL 和工资水平之间的关系可能呈驼峰形:在 EPL 值较小时,由于局内人谈判能力增强,工资水平必然升高;而在 EPL 值较高时,由于与失业相关的福利损失变得非常大,工资可能会大幅降低。

即便 EPL 没有提高工资水平,局内人也会因 EPL 的存在而得到好处,因为丢失工作的风险降低了。在收入分配方面,EPL 降低了公司的利润,并降低了失业者的福利,因为他们现在经历了更长的失业期限,但是对于那些已经有工作的人,福利得到了提升,尤其是那些更关心未来(有更小的贴现因子)的个人。

10.2.5 双层体制

上述关于 EPL 影响的理论研究结果与涉及所有工人在不同严格程度的就业保护环境

下预测劳动力市场调整是相关的。然而，正如前面所述，许多 EPL 的改革是不对称的，因为这些改革仅仅为符合标准的人群中的一部分而改变规则。这种改革的设计，仅仅降低了 EPL 对新雇用的那部分人的影响，当遇到强大的政治阻力时，它似乎是一种可行的政治经济学策略(Saint-Paul，1997)。

正如 Boeri 和 Garibaldi(2006)提出的那样，双层改革涉及重要的短暂就业创造蜜月效应和生产率的下降。图 10.4 阐明了这种直觉，其运作机理如下。在刚性的环境下，雇主并不会根据周期状况调整就业量(如专栏 10.3 中刚性情形)，就业量固定在繁荣时期就业水平 L_g 和萧条时期就业水平 L_b 之间的某处。从 T_0 时间以后，企业被允许在边际采用灵活性，即企业可以暂时雇用或者解雇工人，但同时，企业不能随意削减永久性合同的存量。因此，在繁荣时期，企业可以无摩擦地雇用临时工直至最优的就业水平 L_g，就业量从 A 增加至 B。由于存在自然损耗(退休和辞职)，永久性合同工人的存量下降，同样萧条时期就业量从 B 下降至 C。在下一个经济周期中，就业量会从 C 增加到 D，再从 D 下降到 E。所有这一切表明，同双层改革之前相比，改革之后经济上行阶段会增加更多的就业量，而经济下行阶段就业量会比灵活的劳动力市场要高。这一直持续到永久合同工人存量达到 L_b 为止。这也印证了双轨改革可以临时性地提高平均就业水平。

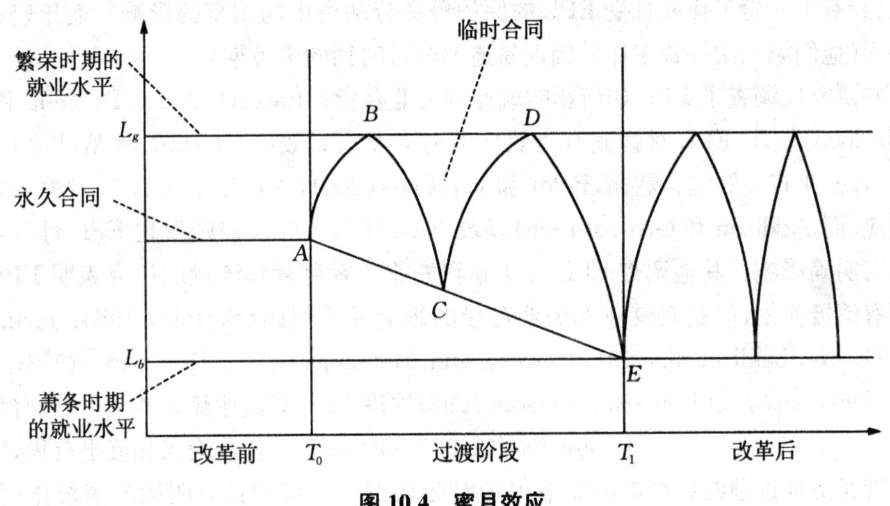

图 10.4 蜜月效应

资料来源：Boeri and Garibaldi(2006).

当永久合同工人的存量逐渐被灵活合同的工人代替，短暂蜜月效应会逐渐消失。因此，企业可以雇用灵活合同工人作为缓冲储备(Bentolila and Dolado，1994)，从 T_1 时期开始企业可以根据经济状况调整雇佣水平。当所有永久合同的工人都被灵活合同工人取代，经济在完全灵活的体制下运行，之前所讨论的理论结果便可适用。

在整个蜜月效应期间，企业享有较高的利润和较低的生产率，因为总产出与在刚性环境下一致，而雇佣水平却更高。利润在改革过渡时期始终增加直到同灵活制度下一致。双层体制对就业水平的正向影响和对劳动生产率的负向影响都是短暂的，它们随着蜜月期的结束而逐渐消失。

10.3 经验证据

10.3.1 跨国分析

大多数对 EPL 影响的研究都采用跨国方法,也就是说,它们根据某种 EPL 的刚性测度展示不同的就业保护程度来比较不同国家的就业动态。一些研究发现了就业保护对就业和失业存量的巨大影响(一般利用 OECD 跨国排名测量得到)。这一发现与经济理论一致:作为对于劳动力调整(或者对于企业资本化价值)的税收,EPL 应该影响雇用和解雇,从而对失业流入和流出产生影响,但与就业或失业存量不应该有相关关系。与经济理论相一致,这类文献的一个稳健结果表明 EPL 对失业的流入和流出有负向影响:施行最严格就业保护法的国家具有更加呆滞的失业群体。EPL 似乎也影响就业和失业的构成(OECD, 2004):施行较严格就业保护法的国家展现出较高的年轻人失业率和较低的黄金年龄段群体的失业率。这一发现也与经济理论相一致,因为黄金年龄群体主要是局内人(他们已经有了一份工作并且受 EPL 的保护免受劳动力市场调整的影响),而年轻人主要是局外人(他们第一次寻找工作并因此易遭遇较长时间的失业期)。

一些研究仅调查了 EPL 如何影响就业和失业存量。Lazear(1990)、Di Tella 和 MacCulloch(2005)发现,EPL 对就业有负效应而对失业有正效应。Grubb 和 Wells(1997)发现 EPL 对就业有负效应。然而,Belot 和 van Ours(2001, 2004)发现 EPL 对失业存量具有负效应,而 Addison 和 Grosso(1996)以及 Nickell 等人(2005)则发现 EPL 对就业和失业皆没有明确影响。其他调查 EPL 对就业和失业二者存量和流量的研究表明 EPL 对失业流量有消极作用,但是对就业和失业存量的影响并不明确(Bertola, 1990; Jackman et al., 1996; Garibaldi et al., 1997; Gregg and Manning, 1997; Emerson, 1998; Boeri, 1999)。Jackman 等人(1996)和 Emerson(1998)发现 EPL 对就业流入和流出有消极作用,然而,Boeri(1999)、Kugler 和 Saint-Paul(2000)发现 EPL 对就业流入和流出有积极作用。

尽管经济理论预测到严格的就业保护对劳动力市场流动具有明确的消极作用,关于 EPL 对劳动转换率(labor turnover,雇用率和离职率之和)和工作转换率(job turnover,工作创造率和工作消失率之和)影响的研究却并没有得出明确结果。对这种理论与实际之间矛盾的解释——例如 Boeri(1996)以及 Bertola 和 Rogerson(1997)——通常归结为 EPL 和其他劳动力市场制度的相互作用。例如,压缩工资结构的制度倾向于抵消 EPL 对劳动力市场流动的负影响,因为它减小了价格驱动调整机制的范围。当面对产品需求的变化时,如果雇主不能调整工资水平,他们就不得不调整就业。

10.3.2 基于企业和工人数据的研究

现在有越来越多的利用一国内部 EPL 实施强度和政策改变的实证研究。美国的一项研究着眼于针对不遵守雇佣原则随意地不正当解雇的保护条例在各州之间不同的实施情况。在欧洲进行的一项研究采用了一国范围内另一个维度的变化量,即不对小厂商适用最严格的EPL。将这些被豁免的案例和双轨改革战略结合起来,倍差法政策评价研究就变得可行。例如,Boeri和Jimeno(2005)探索了意大利施行EPL的不同,在意大利,大多数限制性法律并未适用于小企业(参见专栏10.4)。他们还研究了1990年的一项改革:为了防止不正当解雇,员工规模少于15人的小公司须强制支付遣散费。在此之前,小公司并不需要执行这一法规。作者利用倍差法,将员工人数少于15人的企业设为实验组,将员工人数在15—30人之间的企业设为控制组。另外,1986—1990年为改革前,1991—1995年为改革后。Boeri和Jimeno发现EPL提高了就业规模的持久性(即公司两年之间不改变员工数量的可能性)。

专栏10.4 EPL条款和临时工人

Tito Boeri和Juan Jimeno采用1993—1995年意大利劳动力调查数据分析不同规模的企业临时工人和永久工人的解雇率。在意大利限制性最多的EPL条款与规模超过15人的企业的永久员工相关。下表采用两种差异来展示EPL的影响:企业员工不足15人与超过15人的差别、临时工人和永久工人的差别:

公司规模	被解雇的概率(%)	
	永久工人	临时工人
<15人	1.7	0.8
>15人	0.9	2.2
差	0.8	−1.4
倍差	2.2	

因为在合同终止时EPL条款的保护对象并没有涵盖临时员工,所以在针对永久员工的最严格EPL存续期间,临时工人比永久工人面临着更高的解雇率。这一点在表格中得到了证实:在少于临界值15人的企业中,永久工人比临时工人面临着更高的解雇率;而大于临界值15人的企业中,情况正好相反。这种EPL的倍差影响在样本的不同划分中也存在,例如,按行业、区域、性别、年龄、技能或者把所有个人特征都同时考虑进来。通过比较1990年改革前后规模大于和小于15人的企业的增长率,1990年的改革增加了小企业(少于15人)的解雇成本,Boeri和Jimeno进行了另外一项倍差法估计。他们发现改革之后少于15人的企业的规模变得更加稳定,这印证了EPL在减少企业雇佣水平调整方面发挥的作用。

资料来源:Boeri and Jimeno(2005).

一些研究关注与年龄有关的EPL。例如,当老员工比年轻员工受到更多的保护时,我们可以采用EPL中的不同年龄阶段来研究EPL对劳动力市场的影响。Behaghel等人(2008)研究所谓的德拉兰德税(Delalande Tax)的影响,即迫使法国企业在辞退50岁及以上的员工时要向失业保险机构缴纳税金。专栏10.5提供了他们对德拉兰德税的反向雇佣影响研究的细节，他们发现这种影响很大。作者还调查了这种税收对老员工解雇率的影响，但他们发现这种影响难以确定。Schnalzenberger 和 Winter-Ebmer(2009)研究了 1996 年在奥地利开始施行对老员工的解雇税的影响(参见专栏 10.5)。当雇主解雇 50 岁及以上的员工时，雇主必须缴纳高达月总收入 170%的税费。利用年龄接近 50 岁的工人的资料，他们发现解雇税的存在在很大程度上降低了老年人的解雇率。Boockmann 等人(2012)调查了德国对雇用老年人进行补贴的影响。为了识别这些影响，他们利用了关于企业领取补贴资格调整的两项政策。第一项政策变化是在 2002 年，企业可以领取补贴的资格从雇用 50 岁以上长期失业的老人扩大到雇用 50 岁以上的所有老人。第二项政策变化是在 2004 年，政策范围变化正好与 2002 年那次相反。对于 50 岁以上老人的特殊优待没有了，在雇用年轻人和老人方面，企业拥有相同的补贴。作者得出结论，企业在做出雇佣决策时基本上不会受补贴影响，这种补贴的影响主要是导致无谓的损失，除非雇佣对象是东德女性。

专栏 10.5　老年工人的解雇税

法国公司解雇 50 岁及以上的工人需要向失业保险体系缴纳税费，这种税被称作德拉兰德税。设立此税种的目的是将解雇老年工人的成本内化，这种成本可能会很高，因为老年人一旦被解雇会面临长期的失业持续期。然而，由于解雇老年人的成本增加，企业也会尽量避免雇用老年人。因为这些税费必须交给失业保险基金，所以这种缴税不能通过私人转移支付抵消，这就意味着这些工人的工资减少。1992 年 7 月，雇用 50 岁以上老年人的企业可被免除支付这项税费。通过使用倍差法，Behaghel、Crépon 和 Sédillot 分析了 1992 年政策变化是如何影响特定年龄劳动力从失业流向就业的。如果德拉兰德税对雇佣产生反向影响，那么 1992 年 7 月政策改变，消除了对雇佣的反向激励之后，这种影响应该会变得很明显。作者比较了永久合同下 49 岁和 50 岁工人在 1992 年 7 月前后从失业到就业的月度转化率百分比：

从失业到就业的月度转化率

工人年龄	男(%)		女(%)	
	50	49	50	49
1992 年 7 月前	1.21	1.43	0.88	1.13
1992 年 7 月后	1.25	0.93	0.99	0.93
差	0.04	−0.50	0.11	−0.20
倍差	+0.54		+0.31	

他们发现 49 岁男性劳动力从失业转成就业的转化率降低了 0.5 个百分点，而 50 岁男性劳动力的这一比率提高了 0.04 个百分点。所以改变法律带来的影响是 0.54 个百分点，虽然绝对增加值看上去很小，但从失业到就业的转化率相对增加值来看高达 45 个百分点。对于女性来说，这种影响的绝对增加值是 0.31 个百分点，相对增加值大约为 35 个百分点。总之，1992 年政策改变之前德拉兰德税的负就业效应确实是存在的。

资料来源：Behaghel et al.(2008).

就业保护可能影响获得保护的工人的行为。这些工人倾向于在工作中投入较少的精力,因而降低了他们的劳动生产率(参见专栏 10.2)。现阶段还没有有关 EPL 和单个工人生产率二者直接关系的实证研究,其中一个原因是难以衡量个体劳动生产率。然而,也有一些研究将缺勤率视作投机行为的衡量指标。尽管缺勤与劳动生产率之间没有一对一的直接联系,但是降低缺勤率可导致劳动生产率提高是显而易见的。Ichino 和 Riphahn(2005)针对意大利公司就业保护的不连续性进行了研究,这种不连续性是因为就业保护法保护试用期满 12 周的劳动力。企业解雇试用期已满 12 周的员工代价很大。如果不是因为正当理由解雇员工,企业须让员工重回工作岗位并且支付法律诉讼期间的所有工资损失。此外,企业必须支付原有工资额 2 倍的罚款。在最初的 12 周内,即试用期期间,企业可以随意解雇工人。作者发现,当员工试用期满获得法律保障之后,缺勤率显著提高。Olsson(2009)通过调查一项改革研究了 EPL 和缺勤之间的关系,这项改革使得瑞典小企业的年资条例得到了放松。Olsson 发现政策的改变降低了小企业工人的缺勤率(专栏 10.6 对此进行了详细讨论)。Von Below 和 Thoursie(2010)利用同样的政策变动研究了改革对就业和人员流动的影响。他们发现和大公司相比,小公司的雇佣率和解雇率都比大公司高出 5 个百分点。这印证了 EPL 和人员流动呈负相关,同时表明就业不受影响。

专栏 10.6 EPL 和病假

2001 年 1 月,瑞典就业保障法中去除年资条例的决议正式实施。这种免除使得雇主在人员冗余时最多可以裁员 20%。因此,之前在年资条例保护下的员工当企业决定裁员时就具有被公司裁员的风险。尤其是对于经常请病假的人而言,就业保护的弱化导致了人员冗余风险的增加。员工担心被解雇,这样反而导致员工在生病时不请病假。Olsson 通过倍差法利用政策的变化考察了 EPL 和缺勤之间的关系,研究结果表明 EPL 的弱化确实会导致缺勤率的降低。

公司规模	缺勤的概率(%)	
	公司规模	
	实验组(2—9 名员工)	控制组(12—50 名员工)
2000 年	2.8	3.6
2001 年	2.4	3.6
差	−0.4	0.0
倍差	−0.4	

Olsson 比较了 2000 年和 2001 年政策实施前后给定周三请假的可能性。他比较了 2—9 人(受政策变化影响的)的公司和 12—50 人(政策变化对其就业保护没影响)的公司。控制组的缺勤在政策变化前后没有变化,而实验组缺勤的可能下降了 0.4 个百分点,下降了约 15%。Olsson 指出 EPL 对病假的影响表明 EPL 会降低劳动生产率。因为缺勤和生产率之间不存在一对一的关系,EPL 对生产率影响的大小程度依旧不明晰。缺勤率的降低是否带来劳动生产率的提高也取决于缺勤的性质。如果工人病得很重仍然工作,可能会传染给同事,这会给劳动生产率带来负影响。然而,Olsson 也得出结论,缺勤率的下降,特别是对那些持有永久合同的工人来说是短暂的,表明 EPL 对于缺勤的影响不应该被低估。

资料来源:Olsson(2009).

同 Boeri 和 Jimeno(2005)一样,Kugler 和 Pica(2008)也借助于 1990 年意大利的改革来研究 EPL 对工人和工作岗位流动的影响。他们发现这项改革降低了相对较小的公司员工的就职和解雇率,尤其是在就业波动较大的部门,这些部门的潜在解雇率在很大程度上受解雇成本的影响。作者发现改革变动对净就业的影响几乎为零。最后,Schivardi 和 Torrini(2008)研究了 EPL 中 15 名工人不连续性对公司增长和就业政策的影响。他们发现这对公司发展的影响较小,因为一旦公司规模超过 15 人门槛时,公司就会调整其雇佣政策,雇用更多临时合同工人。

Van der Wiel(2010)利用 1999 年荷兰新法律的引入导致通知期限的变动来做研究。在旧的法律条款下通知期限取决于员工的任职期限,员工被解雇最长可以提前 3 个月得知消息。对于 45 岁或以上的老员工来说,最长的通知期限是 6 个月。在新法律环境下,通知期限不再由年龄决定,而且最长的通知期限是 4 个月。Van der Wiel 发现较长的通知期限引起较高的工资水平。

国家内部的研究通常发现 EPL 对离职率有某些负影响(Miles, 2000; Boeri and Jimeno, 2005; Autor et al., 2006)。Garibaldi 等人(2003)也发现企业规模门槛的存在(如,意大利为 15 名员工)可以增强企业的持续性,低于门槛的企业就不再适用 EPL。也就是说,企业年复一年不改变雇员的人数并保持雇员的数量恰好低于这个门槛的可能性增加。这些影响一般很小,但与经济理论预测高度一致。

10.3.3 EPL 的内生性

对 EPL 的影响进行实证评价时一个重要的问题是在施行 EPL 时法院扮演的角色是否让这些规则与潜在的劳动力市场条件相互依赖。法官们可能认为在劳动力市场状况不景气或者经济下行时,为了避免被辞退,相比于经济上行时,劳动力需要更多的法律保护。

Bertola 等人(1990)研究的关于 EPL 施行的信息表明,EPL 施行的性质和严格程度在不同国家有所不同且随时间的变化而改变,在很大程度上受潜在的劳动力市场状况的影响。特别是,OECD 成员国在施行 EPL 方面的数据显示,长期失业与法庭上有关 EPL 的案件数量呈正相关。不同国家和不同时期,法律体系中与劳动力市场状况有关的另外一个维度是判决有利于工人的案件数量:在合同终止时法院介入劳动纠纷的国家在案件裁决时会更多地支持工人一方。在西班牙,1995 年大约 72%的劳务案件是工人胜诉,与此相比,一些国家法院在终止合同产生的劳动纠纷中介入较少,北美相关案件工人胜诉的占比低于 50%,爱尔兰是 16%。在法国,劳务法律纠纷的发生率很高,这可以部分地归因于法院判决支持工人的案件比例较高(达 74%)。法院裁决支持工人的可能性对于工人是否将纠纷诉诸法律影响很大,尽管法院对于工人的支持会促使雇主与雇员达成庭外协议。

Bertola 等人(1999)利用德国施行 EPL 的时间序列变量发现司法审判的发生率(劳动力将案件诉诸法庭的比率)与失业之间存在显著协变异。在西班牙也可以观察到司法审判与失业指标的联动性,特别是当我们关注判决支持工人的案件时,在意大利也是一样,其判例法有力地表明法律实施和地区劳动力市场状况之间有强相关关系。

10.4 政策问题

10.4.1 EPL 应该提供什么程度的保护?

工人一般而言是风险规避的,即使有,也是很有限地进入资本市场。他们的(间接)效用函数是工资的凹函数。因此,当工人们比较具有相同平均工资的两份工作时,他们通常选择收入变动较小的那份工作。而雇主一般是风险中性的:与员工相比,企业拥有更好的进入资本市场的途径。因此,它们可以通过投资资本市场和分散风险来抵挡经营上的负面冲击。

在这些条件下,让企业为它们的员工提供某种保险使其消除收入的波动是再理想不过的事了。正如本章前面所谈到的,EPL 是雇主提供这种保险的最常见的方式。下一章将会讨论的失业补贴也是一种选择。但是,假使我们没有失业补贴制度,那么雇主应该提供什么程度的保险呢? 提供这种保险能否少带来一些扭曲?

Blanchard 和 Tirole(2003)考察了一个简单案例,其中工资不受就业保护的影响,不存在信息不对称(雇主可以察觉出员工所做的所有努力),EPL 仅由转移支付构成:这是一个纯粹的解职计划。他们发现,在上述条件满足的情况下,通过 EPL 提供的最优保险可能是一种全额保险,它可以避免工人的任何收入波动,只要劳动生产率超过工人的保留工资。

然而,工资确实会对这种保险的条款做出反应。EPL 对工资有两种相互抵消的影响。一方面,EPL 增强了局内人的谈判力,对工资施加上涨的压力。另一方面,EPL 减少了工人的回旋余地,对工资产生缓冲效应。当工人获得完全保险而避免失业风险的时候(例如,雇主提供的解职费能够补偿整个失业期间费用时),第二种与工人外部选择权有关的对工资的缓冲效应就不复存在。因此,施行 EPL 一定会导致工资的增加。由此,为员工提供全额保险的企业不能通过降低员工工资来收回部分保险费用。如果通过法规迫使雇主为员工提供这种全额保险,就业量就会下降。

道德风险的存在也阻止了提供全额保险。正如专栏 10.2 总结的效率工资模型所强调的那样,员工需要激励——与因不当行为而可能被开除相联系的惩罚——避免消极怠工。如果因为 EPL 的存在使违纪开除不易实施,这会滋长员工的投机行为。

因此,在一般情况下,存在一个就业保护的最优水平,这种最优水平低于全额保险。应该提供什么程度的保险取决于多种因素:包括员工风险厌恶程度、资本市场的深化程度和基本工资设定机制。很显然,与其他制度相互作用,特别是失业补贴(参见第 11 章),在此背景下也非常重要。

EPL 其他重要的设计特点是,并非只为了保护就业,更考虑了不可预测性和第三方的介入。包含税收的 EPL 总比只包含纯粹转移支付的 EPL 更有扭曲性。然而,给第三方的某些支付是不可避免的,因为法官需要介入评估裁员的性质(经济性裁员、违纪开除、正当裁员或非正当裁员)。因为司法体系的介入不可避免,所以对雇主和工人来说解雇的成本是高度不确定的。降低法院裁决不确定性的一个方法是对法律裁决的随意性和期限加以限制,进而限制解雇成本。例如,荷兰的二元结构允许解雇工人获得更快、更可预测和更多的解职费。相比于等待相关当局(工作和收入中心)认定解雇的正当性从而不需支付解职费,越来越多(从 20 世纪 80 年代后期少于 10%到如今大于 50%)的雇主倾向于选择更加快捷的解雇流程,尽管成本代价比较大。

自 1994 年,欧盟 15 个成员国进行了国际社会调查项目(ISSP),这是一项关于家庭的调查项目,尤其突出了实施 EPL 的覆盖面和保护程度。要求永久合同工人基于工作安全感对现在所从事工作的满意程度给出答复。正如 Postel-Vinay 和 Clark 指出的那样,从受访者的视角出发收集的工作安全感至少包含两个不同组成部分:(1)失业的可能性和(2)失业的代价。通过比较不同受访者的年龄和职业档案,可以得知,第一个因素更为重要一些:确实是受到较少就业保护、面临失业风险的人(如小公司的员工或者年轻人)对现有工作的满意程度更低。带着这样的想法,图 10.5(a)的纵轴展示了 2005 年 ISSP 中在不同国家报告对自己工作有安全感的员工的比例,横轴是 OECD 衡量 EPL 严格程度的指数。令人惊奇的是,在施行最严格的 EPL 的国家(至少从尚未经过覆盖而调整的 OECD 的指数看是这样的),特别是在欧洲南部国家,很大比例的员工对自己的工作没有安全感。对这种现象一个可能的解释是在保护相关工人使其免受失业风险时,EPL 对适用对象具有高度选择性:仅仅为有限的一部分劳动力提供保护,而风险却集中在剩余的不受保护的劳动者身上。换句话说,很强的危机感可能是 EPL 仅保护永久合同员工而将所有风险集中于其他员工的一种副产品,这一事实是本章前面讨论过的双轨改革战略的结果。这可能是因为在 EPL 保护范围里的那部分工人比较重要。然而,即使当 EPL 测度指标经过覆盖面调整,感知到的安全感和 EPL 指标的相关性依旧为负[参见图 10.5(b)]。对此,另一个解释是尽管员工知道失业的可能性很小,但他们意识到,在严格的 EPL 制度下失业的成本会更高,因为他们将面临更长的失业期。Wasmer(2006)最近还提出了另一种解释是,在严格的 EPL 制度下,雇主使用排挤作为手段迫使员工“自愿”离职。

10.4.2 应该有单一劳动合同吗?

在所有国家,永久性合同和临时合同是共存的。因此在二元劳动力市场中,有些工人受到法律高度保护以防止失业,而另一些工人却几乎得不到任何保护。在某种程度上有大量的临时合同工转向正式合同工,二元劳动力市场并不会使工人长期稳定地处在临时合同工的状态。然而,也有可能二元性与市场分割同时存在。从永久合同工转变为临时合同工的几率很小就是这种例证。具有临时合同的工人通常都是在失业和找到临时工作二者之间转变。大衰退时期,在那些永久合同工和临时合同工待遇差别很大的国家里,失业率比别的国家的失业率更高。Bentolila 等人(2012)将西班牙和法国在大衰退时期失业率的增长同两个国家的就业保护联系起来。正是由于西班牙永久合同和临时合同的解雇成本有巨大差异,才导致大量工人由临时合同工转为失业。

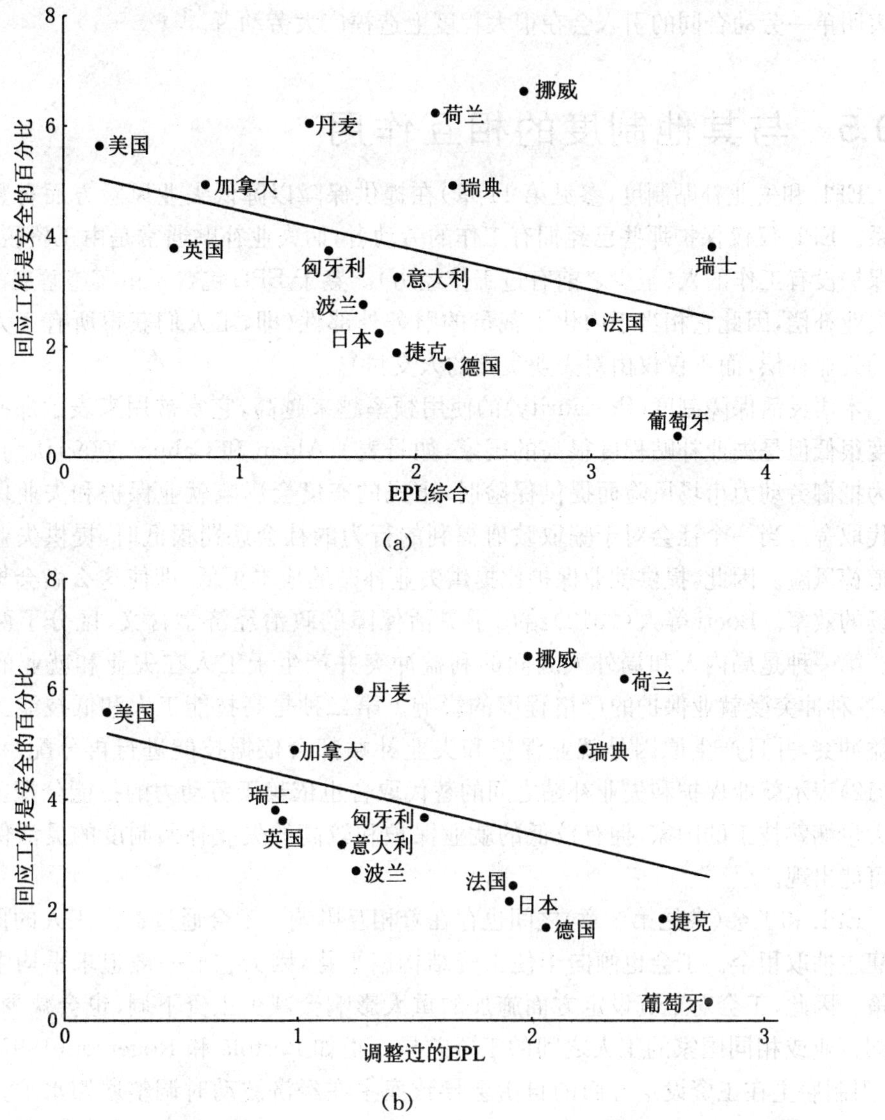

图 10.5　工作安全感和 EPL 的严格程度:(a)综合指标;(b)经过覆盖面调整后的指标

资料来源:ISSPC(2005).

注:纵轴衡量了 ISSP 调查项目中对于工作有安全感的受访者比例。

为了减小劳动力市场的这种分割性,人们开始推崇将就业保护与任职时间挂钩的单一劳动合同(Kramarz et al., 2008; Bentolila et al., 2012; Boeri et al., 2013)。在一些国家,当解职费随着任职年龄逐渐增加时,就业保护随着任职时间而增加(参见本章附录)。然而,这仅仅是永久性合同的例子。对于临时合同,当合同终止时,几乎没有或者只有有限的解职费。单一劳动合同的理念是消除临时合同和永久性合同之间的差异。所有的工作都是开放的,就业保护随着任职期限的延长逐步且平稳地增加。那么,很明显,先前受永久性合同保护的工人如果他们的任职时间缩短则更可能失去工作。然而,之前是临时合同的工人会随着任职时间的延长得到更多的就业保护。García Pérez 和 Osuna(2012)调整西班牙经济的搜寻匹配模型来模拟在西班牙引入单一劳动合同的潜在影响。模拟结果表明单一劳动合同的引入会在很大程度上造福广大劳动者。①

10.5 与其他制度的相互作用

EPL 和失业补贴制度(参见第 11 章)在提供保障以降低失业风险方面有紧密的内在联系。EPL 仅仅保护那些已经拥有工作的劳动者,而失业补贴通常是由工资税筹建而成,也保护没有工作的人(至少之前有过工作经历)。鉴于 EPL 包含了由实施解雇的雇主支付的失业补偿,因此它相当于内化了裁员的财务外部性(即,工人们获得所有工人和雇主支付的失业补偿,而不仅仅由对失业负责的人支付)。

术语灵活保障制度(flexicurity)的使用频率越来越高,它常被用来表示那些就业保护程度很低但是失业补贴程度很高的国家,如丹麦。Algan 和 Cahuc(2009)认为,当一种制度为抵御劳动力市场风险而提供保险时,市民的态度会影响就业保护和失业保险之间的替代取舍。当一个社会对于骗取政府福利的行为的社会惩罚很低时,提供失业保险会增加道德风险。因此,提供就业保护比提供失业补贴的成本更低,即使这么做会损害劳动力市场的效率。Boeri 等人(2012)给出了灵活保障的政治经济学含义,区分了两类利益冲突。第一种是局内人和局外人之间的利益冲突并产生于工人在失业和就业的转换过程中,这种冲突受就业保护的严格程度的影响。第二种是高技能工人和低技能工人之间的利益冲突,并且产生原因是就业保护和失业补贴都会依据技能进行再分配。Boeri 等人(2012)表示就业保护和失业补贴之间的替代取舍也依赖于劳动力的技能分配。在一些拥有大量娴熟技工的国家,拥有较低的就业保护和较高的失业补贴制度的灵活保障制度更有可能出现。

EPL 和工会(参见第 3 章)之间也存在着相互影响。工会通过提高工人的保留工资来向雇主抽取租金。工会也倾向于使工资结构扁平化,因为它们一般追求平均主义的工资政策。因此,工会对工资设定方面施加的重大影响会减少工资下调,也会减少相同企业、相同行业或相同国家的工人之间的工资差异。正如 Bertola 和 Rogerson(1997)指出的那样,限制雇主在工资设定方面的自由会导致雇主在经济波动时调整雇佣水平。在扁平化的工资结构下,我们可以观察到劳动力市场上更高的流动率。同理,如果随着时间的推移特定个体的工资完全无约束,就业保护就很难拥有真正的约束力。EPL 本来就是为了在劳动力需求波动时保护工人的,为了对劳动力需求波动做出反应,工资会下降使得稳定的就业有利可得或者引致劳动力自动退出劳动力市场。因此,出于政治经济方面的考量,EPL 和工会制度是相辅相成的。

最后,EPL 和退休计划(参见第 6 章)也是相互影响的。在许多国家,EPL 与特定年龄有关。年长的工人在劳动力市场上拥有坚实的地位,从某种意义上来说他们不太可能会失业。虽然如此,如果年长的工人失业了,他们在劳动力市场上的地位会很薄弱,因为他们很难再找到一份新的工作,将面临长时间的失业。提前退休计划的提出旨在帮助年长工人避免长期失业。同时,为了避免年长工人长期失业,就要使雇主解雇他们变得困难。

① 注意到蜜月效应是在严格就业保护缺失的经济中,由于永久合同和临时合同之间的区别消失,因而随着灵活合同的出现而产生的。

然而,正如专栏10.5所述,反过来,雇主在聘用员工时就会尽量避免雇用年长工人,从某种意义上来说,旨在避免年长工人面临长期失业的保护措施最终恶化了这个问题。保护年长工人最好的做法就是将就业保护力度与任职期限挂钩。

10.6 为什么存在EPL?

EPL是保护部分劳动力抵御失业风险的一种制度。因为EPL对保护对象范围具有选择性,所以最好将规定的严格程度的度量与这些规范基准实际覆盖的信息配合使用。在一些国家,对正式合同实行非常严格的EPL,与之伴随的是大量非正规部门免于这些规范基准的企业或自我雇佣企业的就业,许多工人是在临时合同下就业的。

因为这些原因,EPL是个强有力的再分配制度。它保护那些已经有工作的工人(尤其是在正式部门签订永久合同的)。失业个体或者临时合同工通常会因为存在与永久合同有关的严格的EPL而受到损害。前者可能会面临更长的失业期,后者会陷入临时合同的二级劳动力市场并且不太可能进入永久合同的一级劳动力市场。雇主也由于就业保护的存在而损失一部分利润,当雇主没能成功让员工为这种保险支付成本(通过降低工资水平)时更是如此。

从政治经济学角度出发,根据(1)永久合同工人、(2)失业者、(3)临时合同工人、(4)雇主的相对数量或政治势力,我们或多或少应当看到不太严格的EPL的存在。另一个影响EPL政治支持的重要因素是其他制度的存在,如失业补贴制度,它在提供保障抵御失业风险方面可以替代EPL。在产品市场更为激烈的竞争中,提供保障抵御失业的一个可行方法是鼓励更多的流动性。失业补贴制度就是其一。因此,随着失业补贴制度的覆盖面扩大,我们有理由相信EPL会随着时间推移变得不再那么重要。

延伸阅读建议

在OECD(1999, 2013)中EPL的相关章节为我们提供了这种制度测度问题的概述。Venn(2009)对OECD怎么构建最近的EPL指数的方法进行了概述。Bertola等人(2000)对于强制实施(和政策内生性)问题作了详细讨论。Boeri和Garibaldi(2006)分析了蜜月效应并展示了双轨劳动力市场制度研究的成果。最后,Saint-Paul(1993)对于就业保障方面的政治经济学提供了很好的参考。

复习题与练习

1. 可获得的衡量EPL严格程度的指标有什么主要缺点?
2. 为什么EPL与失业二者呈非单调关系?
3. 为什么EPL双层改革之初会增加就业?
4. 支持就业保护的有力论据是什么?
5. 什么时候EPL关于劳动力市场表现中性?

6. 站在经济学立场上看,为什么将转移支付从 EPL 税收构成中分离很重要?

7. 经济理论预测 EPL 与工作转换率呈负相关,为什么实证研究没有观察到?

8. 在灵活劳动力市场中,施行严格 EPL 的国家的工人为什么有较低的安全感?

9. 为什么第三方(如法官)总是介入 EPL 的实施中?

10. 为什么临时合同比永久性合同更容易落实 EPL 的改变?

11. 某国企业仅用一种生产要素 L 进行生产(假定产品是基准货物),技术函数为 $Y=f(A^i, L)$,其中 A^i 是随经济波动的参数。在经济不景气时,$A^b=100$,不景气出现的概率是 $\frac{2}{3}$,经济繁荣时,$A^g=300$,经济景气出现的概率是 $\frac{1}{3}$。劳动力市场上工资刚性并且 $w=10$。假设这个国家没有任何就业保护,所以企业可以通过随时随意雇用或者解雇员工来调整劳动力存量。分别计算经济景气和不景气情况下达到均衡时的就业水平、工资和利润以及它们的均值,有以下生产函数:

(a) $Y=A^i\log L$

假设引入就业保护:对企业而言,现在调整劳动力存量的成本无限大。

(b) 就业和工资会如何变化?

(c) 下列哪种情况(无 EPL 和有 EPL)对企业而言更有利可得?

(d) 会多多少?

(e) 解释这些结果。

12. (进阶题)某企业在一个不完全劳动力市场中运营,这个市场上任何工作都可以带来剩余 $\sigma=y-w^r$,所以风险中性的员工可以获得超过其保留工资 w^r 的收入,企业也可以实现一些利润 $(y-w)$,其中 y 是边际产品价值,甚至产品市场是完全竞争市场时也是如此。工资被设定为有租金分享的方案,假设员工分享到的盈利比例为 β。

(a) 写出雇主和工人外部选择的加权平均工资来表示均衡工资。

假设,当雇主辞退员工时,雇主必须向被辞退员工支付解职费 S。

(b) 写出这些情况下的两项外部选择。

(c) 均衡工资 w 会不会受到解职费计划的影响? 剔除掉解职费的净工资呢?

(d) 如果在模型中不引入解职费,而引入由雇主向第三方(如律师)支付解雇税会怎么样? 均衡工资 w 会受到解雇税的影响么? 剔除掉解雇税的净工资呢?

解释这些结果。

13. (进阶题)被雇用的工人有两时期工作。工人未来的贴现因子是 $\delta<1$。在第一时期,工资水平 $w_1=w(1-\gamma)$,在第二时期,工资水平 $w_2=w(1+\gamma)$,其中 $0<\gamma<1$。也就是说,水平 γ 是工资剖面曲线的一个参数。第一时期结束,员工被迫离职的概率是水平为 λ。如果此时被解雇,员工得不到第二阶段的工资,他立即又找到一份工作的概率是 α,同时获得第二份工作第一阶段工资 $w(1-\gamma)$,第二阶段的外部选择是失业补贴 b。

(a) 写下工资的贴现值。

(b) 劳动力市场若想运作需要哪种限制条件?

假设员工面临更大的流动性,即 α 变大或者 λ 变大。

(c) λ 变大时,工作价值发生了什么改变?

(d) α 变大时,工作价值发生了什么改变?

(e) 如果流动性的增加与 γ 的增加相关,前两问的答案怎么变化?

附录:EPL 何时有效?

Boeri 等人(2013)简单分析了工资拖延情形下正确设计的 EPL 的有效性。在此背景下,即使 EPL 仅包括由雇主给工人的转移支付且工人是风险中性,EPL 不再是中性的。

考虑一个包含年轻员工和年老员工的两期模型,在这个模型中,由于一些原因(如,激励员工投资与工作有关的劳动生产率)工资拖延发放并且年长员工的生产率具有不确定性。简单假设,员工两期的外部选择恒为 b(闲暇的价值或者失业补贴)且不考虑贴现。

令 $w_1 < b$ 和 $w_2 > b$ 表示两期工资,令 y_1 和 y_2 表示每一阶段工作的价值。如前所述,第二阶段的生产率是随机变量。年长员工的生产率有以下两种实现可能:

- y_2^h,且发生概率为 p;
- y_2^l,且发生概率为 $1-p$,其中 $y_2^h > y_2^l$。

进一步假设第二阶段的生产率不能低于员工的外部选择,但是可以低于第二阶段的(固定)工资:

$$y_2^h > w_2 > y_2^l > b \tag{10.11}$$

因为 $y_2^l > b$,联合剩余在第二阶段总是正的,因此进行生产是有效率的。然而,在第二阶段,利润最大化的雇主总会解雇一个员工以防发生生产率的下降,因为:

$$y_2^l - w_2 < 0 \tag{10.12}$$

EPL 采用强制让雇主支付给企业的形式可以有效防止这种无效率裁员。确实是,为了防止解雇,雇主向雇员支付解职费 $TR \geqslant 0$。在这些情况下,企业的利润如下所示:

$$\pi = y_1 - w_1 + p[y_2^h - w_2] + [1-p]\max[y_2^l - w_2, -TR] \tag{10.13}$$

很明显,如果 $TR = 0$,企业以生产率是负的为条件辞退员工。当下式成立时,他们会过度裁员:

$$y_2^l - w_2 > -TR \tag{10.14}$$

然而,解职费 $TR^* \geqslant w_2 - y_2^l$ 会防止对年长员工的无效率辞退。

▶11

失业补贴

失业补贴(unemployment benefit，UB)保护了人们免受不保险的劳动力市场风险。与就业保护法(EPL 参见第 10 章)通过增大雇主解雇员工的难度来保护工人的方法不同，失业补贴为那些丢失工作后在失业期间的工人提供一种替代收入。

第一个失业补贴体系于 1911 年在英国实施。当时许多人不支持那些不工作的人也可以获得国家转移支付的观点，而受益人也被讽刺地称为"靠补贴生活"的人，这一词来自慈善组织分发少量食物赠品及金钱。现在，所有的 OECD 成员国、大多数中等收入国家和一些发展中国家都有失业补贴制度。

失业补贴常常被视为一种单维的制度。然而，有几个关键的维度可用来鉴别这些制度：资格(eligibility，决定有权获取补贴的标准)和权利(entitlement，享受补贴的期限规则)条件以及支付水平。通常，失去工作后短期失业的人可以进入类似于保险计划的收入替代系统：他们获取与其过去的缴费成比例(至少高于某一收入下限并低于给定的上限)的补助金。这些缴费通常进入一项预算外的失业保险基金，这项基金汇集强制性的工资税专门用于失业补贴计划。失业补贴计划中的失业保险(unemployment insurance，UI)提供与最近所获工资(由此与过去的缴费)成比例的转移支付，并且其享受期限随缴费记录的长度而提高。失业补贴与过去的缴费、应享权利、工作期间缴纳的保险费之间的紧密联系降低了逃避或回避缴纳社会保险基金的动机。

支付给失业持续时间较长的求职者的转移支付通常独立于其过去的贡献，并且与其他支付给不工作的人的现金转移一起提供，很显然这种现金转移是作为最后手段的社会救助。失业补贴的第二个组成部分——失业救助(unemployment assistance)的获取资格可以独立于其之前工作期间所做的给付。失业救助通常以统一费率支付(独立于先前的工资)，并且其最长的享受期限也不以其缴费期的长度为条件。失业补贴也可以和一般社会救助结合，在这种情况下它无期限限制但是受制于家计调查：即失业补贴仅仅提供给收入和家庭财产低于给定(贫困)门槛的失业者。将转移支付和家庭财产关联涉及个体和家庭劳动供给的联合决策。为此，我们将在第 13 章另行讨论家计调查对家庭劳动供给的影响。

11.1 度量与跨国比较

失业补贴的不同表现在多个方面。表 11.1 给出了不同国家失业补贴的主要特点。表格中的数据参考的是一名 40 岁工人在经历了长时间不间断的工作经历后失业。之后我们将讨论以前的收入水平、家庭特征和失业期限是如何影响失业补贴的。

有时候会有一段等待期(即失业者失去工作的那一天到有资格获得补贴的第一天之间的一段时间)。这一等待期旨在抑制工人在失业期可能很短的情况下申请补贴的动机,同时也作为节约成本的手段。在这段时间里,管理成本相对较高。表 11.1 中的第一列显示一些国家有等待期,而另一些国家没有。最长的等待期在加拿大,有 14 天。最长的失业补贴持续时间在不同国家区别很大,如表第二列所示。在比利时失业补贴是无限期的,而在瑞典、冰岛和荷兰最长失业补贴持续时间大约为 3 年。而诸如捷克共和国、斯洛伐克共和国和英国等国家其最长失业补贴持续时间相对较短,大约为半年。

以替代率(即失业补贴与之前收入的比例)表示的失业补贴水平在不同国家也有着很大的区别。如表 11.1 第三列中所示,在失业补贴与以前收入缺少联系的国家,该替代率较低。如果失业补贴是以统一比率或者固定金额发放的,该替代率可能会低至 10%(英国)或者 17%(芬兰)。然而,也有一些国家其补贴是以前收入基数的一定份额,它们的替代率可以高达 90%(丹麦)或 80%(失业初期阶段的卢森堡和瑞士)。最后,在一些国家如比利时、捷克共和国、爱沙尼亚、意大利、荷兰、波兰、斯洛文尼亚、西班牙和瑞典,其替代率随失业持续期不断下降,以至于在享受补贴的最后阶段其替代率有时比开始时低 10 个百分点。

表 11.1 2010 年失业保险福利

国家	等待期(天)	最长持续期(月)	替代率(%)		注
			初期	结束	
奥地利	0	9	55	55	
比利时	0	无限	60	53.8	
加拿大	14	11	55	55	
捷克	—	5	65	50—45	
丹麦	0	24	90	90	
爱沙尼亚	7	12	50	40	
芬兰	7	23	17	17	Bb
法国	7	24	57—75	57—75	
德国	0	12	60	60	
希腊	6	12	27	27	Fr
匈牙利	0	9	60	60	MW
冰岛	0	36	34	34	Fr
爱尔兰	3	12	32	32	FA
意大利	7	8	60	50	
日本	7	9	50—80	50—80	
韩国	7	7	50	50	
卢森堡	0	12	80	80	

(续表)

国　家	等待期(天)	最长持续期(月)	替代率(%)		注
			初　期	结　束	
荷　兰	0	38	75	70	
挪　威	—	24	62	62	
波　兰	7	12	30	23	FA
葡萄牙	0	24	65	65	
斯洛伐克	0	6	50	50	
斯洛文尼亚	—	9	70	60	
西班牙	0	24	70	60	
瑞　典	7	35	80	70	
瑞　士	5	18	70	70	
土耳其	0	10	40	40	
英　国	3	6	10	10	FA
美　国	0	23	53	53	

资料来源:www.oecd.org/els/social/workincentives.

注:失业保险福利是为40岁的人提供的(该福利是以工作历史为条件的,表格假设有长期且不间断的就业记录)。替代率指的是总收益,而奥地利、捷克和德国指的是净收益。结束=福利期限结束;AW=普通工人,定义为私人部门的全职成年工人,其工资收入等于这些工人的平均工资收入(OECD统计专业术语);Bb=以AW百分比表示的基本福利;Fr=以AW百分比表示的统一费率;FA=以AW百分比表示的固定量;MW=强制性最低工资的百分比;—=无法获得数据。

a. 失业保险的持续时间取决于相关保险地区的失业率。这一长达47周的持续时间与安大略省的9%的失业率有关。

b. AW 17%的基本福利加上收益超过基本福利的45%达到AW的81%,其余为20%。

c. 前10天固定费率为AW的34%,接下来的65天为之前收入的70%,然后再回到固定费率。

d. 如果每周的收入低于一定数额,就会降低支付的费率。如果有一个依赖的成年人被雇佣,则根据收入水平的不同减少或压缩补补贴。

e. 这些信息反映的是密歇根州失业福利计划的情况,由于高失业率,该计划的支付期限被延长了。紧急失业补偿和延长的福利是在常规的失业保险(26周)用完之后以较低的费率支付的。

表11.1展示了特定工人群体——长期不间断就业的40岁的群体——的失业补贴的复杂性。而对其他工人群体,其补贴系统的慷慨程度可能不同。表11.2列出了净替代率(即失业补贴与之前不同收入水平收入的比率,都以税后收入衡量)。替代率扣除税收后往往比总替代率要高,因为所得税是累进的,而失业补贴在一些国家是免税的。表11.2展示了之前的收入水平、家庭状况、就业持续期和社会救助的"补充"或者现金住房福利的影响。第一列显示了一对仅有一人工作的已婚夫妇,且收入是平均水平,有两个孩子并有资格获得失业补贴和住房补贴,这样一个基本家庭在失业初期阶段的净替代率。这种基本家庭的净替代率在韩国(43%)和土耳其(45%)都低于50%,而在卢森堡(93%)和丹麦(94%)都高于90%。而表11.2的其他列则显示了当基本家庭中的其他特征不变时,净替代率是如何随着基本家庭某一个特征的改变而变化的。

表 11.2 2010 年不同收入水平的净替代率、家庭类型、失业的持续时间和住房福利资格

国家	(1)	(2)	(3)	(4)	(5)	(6)	(7)	(8)
澳大利亚	58	69	47	51	61	45	58	56
奥地利	69	82	54	68	81	56	65	69
比利时	60	77	47	69	75	57	58	60
加拿大	83	77	63	81	80	64	60	82
捷克	70	79	51	73	88	69	57	69
丹麦	94	95	76	75	77	75	64	64
爱沙尼亚	59	57	57	60	74	56	41	59
芬兰	74	93	57	74	77	61	74	61
法国	70	73	67	71	81	67	52	67
德国	75	77	70	72	88	61	62	72
希腊	61	75	44	58	71	50	4	43
匈牙利	64	81	51	66	76	57	34	64
冰岛	75	81	59	74	82	69	67	72
爱尔兰	85	94	67	80	71	78	85	70
意大利	68	73	53	70	77	62	0	69
日本	81	90	57	79	76	61	81	56
韩国	43	55	30	45	67	44	50	43
卢森堡	93	100	70	91	92	82	72	88
荷兰	85	84	62	76	80	76	72	80
新西兰	58	74	47	54	55	53	58	52
挪威	71	98	53	86	81	66	71	69
波兰	57	72	41	74	67	53	45	44
葡萄牙	76	77	75	77	92	75	50	76
斯洛伐克	57	59	61	92	82	58	42	57
斯洛文尼亚	89	84	71	89	86	74	72	77
西班牙	75	75	53	74	84	60	33	75
瑞典	63	86	48	64	70	53	63	52
瑞士	90	85	82	88	89	74	68	90
土耳其	45	52	32	46	71	46	0	45
英国	71	78	51	64	58	45	71	44
美国	52	61	38	50	72	48	37	45

资料来源:www.oecd.org/els/social/workincentives.

注:列(1)基线家庭:挣 100%的平均工资,有两个孩子,单职工夫妻,处于初始阶段的失业,但在任何等待期之后,有资格获得"补充"的社会援助和现金住房补助。失业补贴应缴纳的任何所得税,都是根据年化收益值确定的(即:每月的价值乘以 12),即使最大的获益持续时间小于 12 个月。平均工资的百分比只与失业配偶的前期收入有关;另一个配偶被假定为没有收入,没有近期的就业历史。接受社会援助或其他最低收入补贴必须以经济活动测试(如:积极寻找工作或随时准备工作)为依据,假定满足了这些要求。孩子们分别是 4 岁和 6 岁,没有考虑孩子的照护福利和照护费用。税后并包括失业补贴和家庭福利。列(2)—(8)仅在某一个维度上与基线家庭不同:

(2)—(3):挣得平均工资 67%和 150%的收入;

(4)—(5):单亲父母和双职工夫妇;

(6):没有孩子;

(7):失业 5 年后;

(8):在工作或失业的情况下,没有社会援助的"补充"或现金住房福利。

第二列和第三列给出了之前收入的影响的相关信息。因为失业补贴通常具有上下限,平均替代率随之前收入的下降而下降。这种情况在各个国家区别很大。比如,在爱沙尼亚、法国、德国、葡萄牙和瑞士差别很小,而在挪威和芬兰与之前收入相关的净替代率差异显著。在挪威,一个之前工资为平均工资水平 2/3 的失业工人具有 98%的净替代率,而具有平均工资水平 50%的工人其净替代率为 53%,这两者之间差了 45 个百分点。在芬兰,这两者的差距为 36 个百分点。

第四列和第五列显示了如果家庭类型变化,净替代率会有什么样的变化。第四列给出了单亲家庭而不再是一对已婚夫妇的数据,第五列显示了一个双薪而非单薪的已婚夫妇家庭的数据。对于某些国家来说,家庭类型并不是很重要,而对另外一些国家来说则很重要。比如,在丹麦有权获得补贴的基本家庭具有 94%的净替代率,而单亲家庭的净替代率则为 75%。在美国,基本家庭的净替代率为 52%,而双薪家庭的为 72%。以收入为条件,一些国家的双薪家庭具有较高的净替代率,而另外的国家该替代率则较低。

在表 11.2 中几乎所有的国家,没有孩子的家庭其净替代率都会下降。韩国、斯洛伐克共和国和土耳其是例外,但是这里的差异非常小(第六列中给出)。失业持续期有时会影响净替代率,但是也有一些国家其净替代率并不因失业持续期的变化而变化(第七列)。失业补贴的极端下降出现在意大利和土耳其,在这些国家工人失业五年后就不再有权利享有失业补贴资格。

表 11.2 的第八列显示在一些国家社会救助“补充”或现金住房补贴是失业补贴非常重要的部分。比如,在丹麦,这些补助占全部补贴的 30 个百分点,在英国占 27 个百分点。然而,在其他国家,这些福利仅仅起着边际作用或者根本不起作用。

把失业补贴的各种特征通过一个维度表现出来并非易事。如表 11.2 所示,进行替代率的跨国比较很困难,因为收入水平不同和失业期限不同其差异很大。应当使用何种替代率作为失业补贴慷慨程度国际比较的参考?OECD 国家用表格列出了受益慷慨综合衡量指标,该指标被定义为一名中等熟练程度的员工在失业期前五年的替代率的平均值(表 11.3)。这 60 个月的划分是任意的。我们需要考虑在大部分的 OECD 国家平均失业期低于两年,而失业四年后的失业者将失去与工作的纽带。这一概括性度量对不同失业期限的替代率给予同样的重视,并忽略了替代率的时间分布。举个例子,一个在整个失业期间给付之前工资 50%的系统,与一个在失业第一年给出之前工资的 65%、第二年 55%、第三年为 45%、第四年为 35%的系统同样慷慨。

OECD 的概括性度量的另一个严重问题是它忽略了资格(决定获得补贴资格的规范)和权利(享受补贴的时间规则)条件。因为严格的资格条件和与通常的失业期限相比较短的享受权限时间,失业补贴的覆盖范围(获得补贴的失业工人比例)有时候会很低。不幸的是,很难获得比较不同国家覆盖率的度量资料。对于欧盟国家,失业补贴覆盖率可以通过欧盟收入和生活条件数据的统计报告推算。

表 11.3 第一列给出了 OECD 失业补贴慷慨度的概括性度量(基于替代率的法律规范),第二列显示依据 OECD-ILO 定义的失业个体和在 2010 年欧盟收入和生活条件统计数据中报告为受益人的个人比例。第三列展示了一个调整后的概括性度量,通过覆盖范围修正了 OECD 度量。调整后的度量是通过把 OECD 慷慨程度的度量乘以覆盖率而获

得的。表 11.3 显示诸如意大利、葡萄牙和西班牙等国家提供的失业补贴系统相对吝啬，它不仅要考虑替代率，还要考虑资格和权利条件。

表 11.3　净替代率：2010 年 OECD 失业补贴资格汇总指标

	OECD 的汇总指标 (1)	UB 的覆盖面 (2)	调整后的汇总指标 (3)＝(1)×(2)
澳大利亚	41.2	0.56	23.3
奥地利	51.9	0.86	44.8
捷　克	20.5	0.25	5.2
丹　麦	40.1	1.00	40.1
芬　兰	44.1	1.00	44.1
德　国	43.9	0.74	32.7
希　腊	23.1	0.10	2.4
匈牙利	21.8	1.00	21.8
爱尔兰	56.0	0.67	37.4
意大利	23.4	0.25	5.8
卢森堡	29.4	0.35	10.2
挪　威	38.4	1.00	38.4
波　兰	21.9	0.13	2.8
葡萄牙	52.0	0.30	15.3
斯洛伐克	21.1	1.00	21.1
西班牙	42.9	0.35	14.9
英　国	29.3	1.00	29.3

资料来源：www.oecd.org/els/social/workincentives；EU Statistics on Income and Living Conditions data.

注：净替代率的汇总指标被定义为两种收入水平、三种家庭情况和 60 个月失业期的净失业补贴（不包括社会援助和现金住房援助）替代率的平均值。覆盖面是指声称获得失业补贴的失业者占劳动力的比例。

之前的讨论表明没有经过覆盖面调整的失业补贴慷慨程度的度量可能具有一定误导性。同时，应该牢记法定替代率和失业补贴的覆盖率并非是相互独立的。覆盖率通过使用激励（失业补贴系统越慷慨，使用失业补贴的激励程度越高）和财政约束（法定替代率越慷慨，政府收紧资格标准的动机越强，从而减少失业补贴的覆盖率）内生于替代率。问题是第一种相关关系是正的（补贴越慷慨越是鼓励更多的人去申请失业补贴），而第二种相关关系的来源——财政和政治经济约束的结合——引起了替代率和补贴覆盖范围的负相关。政府可能会追寻一个低覆盖率但慷慨的软着陆政策，为少数失业者提供补贴，留下更多的其他下岗职工，特别是政治上缺之代表性的员工，接受很低（如果有的话）的收入补助。这一组合看起来在中等收入国家盛行，在这些国家失业补贴的名义替代率相对较高（比如阿根廷为去年最高收入的 60%），但是仅在短时间内提供给小部分的劳动力（不能覆盖小型企业和农村地区的工人）。在 OECD 国家，替代率和补贴持续期间的不对称性不大明显，但仍然存在。例如在西班牙和葡萄牙，从替代率来看失业补贴相对慷慨，但是正如表

11.3 所示,其仅仅覆盖失业人员的小部分。相反,在英国,低替代率与几乎覆盖全部失业者密切相关,在美国更加如此,并且依据个人经济状况的社会救助通常无限期提供。

之前的讨论强烈反对把失业补贴描绘成简单的慷慨程度的度量。用不同的度量来描绘失业补贴总是更好的。因为这是个多维的制度,失业补贴可以沿着不同维度进行改革。麻烦的是细节,对任何一个方面的忽略都可能导致对失业补贴系统相对慷慨程度(和随着时间的变化)的误解。

11.2 理论

11.2.1 完全竞争的劳动力市场

通常失业补贴的效果仅在完全竞争的劳动力市场的情形下进行讨论。正如此处所讨论的,这个讨论并不怎么具有指导性,因为失业(以及失业补贴制度)在这个背景下并不以均衡现象出现。然而从竞争市场开始讨论似乎是有利的,因为它能够帮助理解失业补贴可以缓解其在更现实的环境中对劳动供给负面效应的某些设计特征。

在竞争的劳动力市场中,失业补贴通过两种渠道影响劳动力市场的结果。

(1) 失业补贴提高了人们的(静态)保留工资,导致更多的人在给定的市场工资下不提供劳动(参与效应)。

(2) 通过为失业补贴筹措资金而提高税收(一般是工资税)来影响劳动力市场的结果(税收效应)。

第二个传导机制不在本章讨论,因为在第 13 章我们将详细讨论这一点。然而我们需要牢记任何失业补贴慷慨度的提高都需要筹措资金,而失业补贴通常是通过法定工资税收募集的。因此,更加慷慨的失业补贴涉及所得税按比例提高。当失业补贴通过一般收入的税收来募集时,失业补贴系统就更加累进了。

为了描述参与效应,我们需要参照在第 1 章提出的保留工资的概念。每个人都有一个由消费 c 和闲暇 l 定义的效用函数,并且假定这两者都是正常商品。这个效用函数是关于 c 的凹函数,这意味着人们是风险规避的。因此,为他们提供购买一些(经过精算的)公平保险计划的机会来减少其获得的收入/闲暇的不确定性可以提高其福利。这就是失业补贴制度的保险(或收入平滑)作用。

然而,为了简便,我们考虑潜在收入和劳动/闲暇水平不存在不确定性的环境。于是个体需要分配时间禀赋,比如 l_0,其中一部分用于工作,赚取小时工资 w 乘以工作时数 h,另一部分用于闲暇(明显,$h=l_0-l$)。定义个体的非劳动收入(当工作 0 小时时的收入)为 m。只要 m 严格为正,个体的预算约束就会有个折点:在工作 0 小时(当 $l=l_0$)时,个体收入为 m。收入以 w 速率一直增加到 l_0 的左边(对于任意给定正的工作量),如图 11.1(a) 所示。个体通过选择给定预算约束内最高可能的无差异曲线来最大化其福利,即,无差异曲线 $U(c,\ l)=k_1$ 与预算约束相切的轨迹 A。(静态)保留工资 w^r,由无差异曲线 $U(c,l)=k_2$ 穿过预算约束拐折处的点 E 的斜率表示,在这点上个体把非劳动收入 m 全用于消费且工作 0 小时,如专栏 11.1 给出的正式描述。

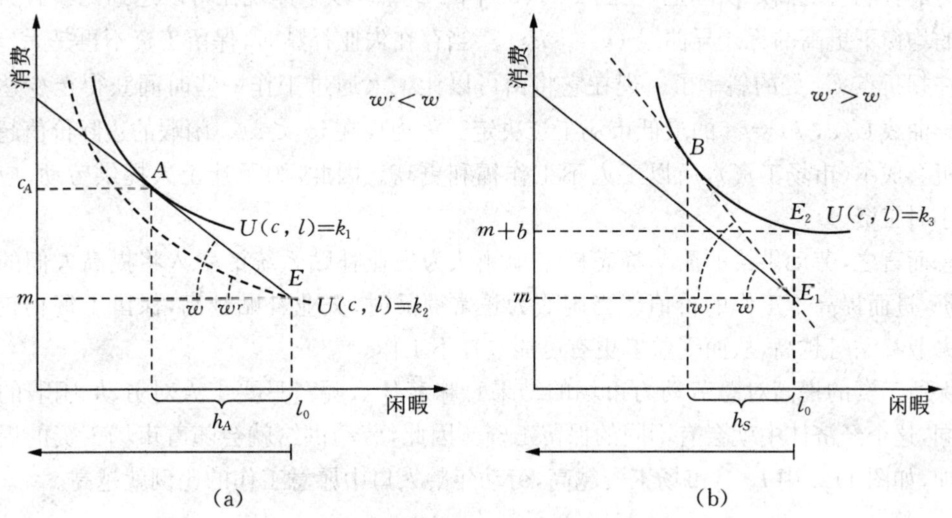

图 11.1　保留工资:(a)没有失业补贴;(b)有失业补贴

专栏 11.1　静态保留工资和失业补贴

如第 1 章讨论的,保留工资被正式定义为闲暇与消费在预算约束线拐折处的边际替代率,或:

$$\frac{U_l(m,\ l_0)}{U_c(m,\ l_0)}=w^r \tag{11.1}$$

通常而言,无差异曲线在拐折处的斜率不同于由市场工资 w 决定的预算约束线的斜率。对于任意 $w>w^r$,即,任意超出保留工资的市场工资,人们会提供正的工作时间。这正是图 11.1(a)中所描绘的情形,个人在 A 点最大化其福利,其中提供的工作时间 $h_A>0$。如果 $w<w^r$,那么这个工人将不会供给任何正的工作时间,因为该工人把全部时间用于闲暇和消费 m 会获得更高的福利。

现在假设引入失业补贴 b,非劳动收入将变成 $m+b$。注意这种补贴是以不工作为条件的。因此,失业补贴出现后,保留工资可以简化为

$$U(m+b,\ l_0)=U(m+w^r h_B,\ l_0-h_B) \tag{11.2}$$

因为效用是关于这两个参数严格递增的,因此保留工资将随着失业补贴水平而递增:b 越大,引入失业补贴制度后 w^r 的增加幅度就越大。这正如图 11.1(b)中所描绘的。注意在 B 点,闲暇和消费之间的边际替代率等于保留工资同样成立。通过允许人们将失业补贴和工作收入相结合可以部分地缓解负面的参与效应,至少部分地使获得这种补贴收益也以低工资水平下就业为条件,如第 13 章所讨论的。

现在假设引入失业补贴制度,向不工作的人提供除了 m 以外的正的收入 b,该额外收入的提供是以不工作为条件的。新的预算约束线如图 11.1(b)所示:它在 0 小时轨迹处会

出现尖峰,因为转移收入 b 仅仅向不工作的人提供。假设该转移支付足够大,该工人在不工作时的福利会更高。实际上,在图 11.1(b)中的 E_2 点,该个体现在可以达到比没有失业补贴的均衡下更高的无差异曲线 ($k_3 > k_1$)。当存在失业补贴时,保留工资不再是无差异曲线在拐折点 E_2 处的斜率了。现在它将由可以让工人通过工作一些时间获得至少达到无差异曲线 $U(c, l)=k_3$ 的最低市场工资决定。因为现在 $w < w^r$,闲暇的边际价值超过了其机会成本(市场工资),所以工人不工作福利更高。因此,为了让工人提供劳动,应该提高小时工资。

总而言之,劳动供给的简单静态模型预测认为失业补贴系统的引入将提高人们的保留工资,进而提高不工作的价值。当闲暇为正常商品时,失业补贴越高,保留工资相较于没有失业补贴时越高,从而受益者更有可能选择不工作。

保留工资的提高对总劳动力市场的结果意味着什么呢?只要工人对劳动/闲暇的偏好不同,这个经济体中就会有不同的保留工资。因此,劳动供给就会随着市场工资的提高而增加,如图 11.2 中 L_0^s。市场工资越高,劳动年龄人口中愿意工作的比例就越高。

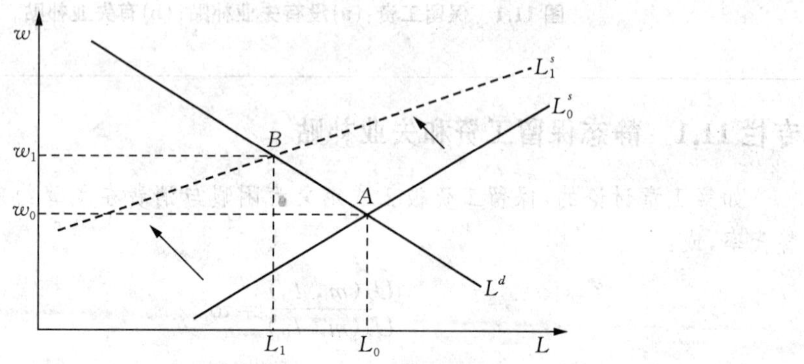

图 11.2 有(虚线)与没有(实线)失业补贴的劳动总供给

现在假设引入失业补贴制度。从前面的讨论中我们知道这会使所有的保留工资都有所提高,从而劳动供给曲线上移至 L_1^s,如图 11.2 中虚线所示。拥有较低保留工资的人这一效应可能更为强烈,因此当靠近原点时,有与没有失业补贴的劳动供给曲线之间的距离更大。这表明,有失业补贴的劳动力市场均衡与没有失业补贴的劳动力市场(无楔子)均衡相比工资更高 ($w_1 > w_0$),就业更低 ($L_1 < L_0$)。

值得注意的是,在这个简单的分析框架中失业补贴制度减小了劳动力市场的规模,但没有引起失业的增加。换句话说,失业补贴制度的作用就像增加了义务教育,减少了劳动供给。在均衡时失业不增加使得该竞争模型对分析失业补贴制度的效果没有什么特别的意义。如果根本就不存在失业,那么为什么要有失业补贴制度?

11.2.2 不完全竞争的劳动力市场

在劳动力市场存在某些不完全的情形下,比如,工作创造过程中的摩擦、工资议价或者信息不完备,失业补贴制度是通过三渠道影响劳动力市场后果的:

(1) 提高失业补贴接受者的(动态)保留工资,因为这让工人在决定接受工作时更加挑剔。因此工人降低了他们的搜寻强度从而延长了其失业期限以及寻找更好工作的过程(工作搜寻效应)。由此,更长的寻职期可能会带来更好的失业后工作的质量。

(2) 改善了工人的后备选择,设定更高的工资底线并提高谈判工资或在任何情况下防止怠工所要求的工资水平(工资效应)。

(3) 吸引更多的人加入劳动力市场,在一定程度上增加了就业和不工作时失业的价值(权利效应),至少对于没有接受失业补贴的人来说如此。

除此之外,竞争的劳动力市场也存在税收效应。这些效应可以用一个动态框架描述,如本章附录中模型正式描绘的那样。在这里我们只局限于给出的这三种传导机制背后的直觉。

1. 工作搜寻效应

在劳动供给的静态模型中,个人在预算约束下选择最优的工作时间和闲暇。这不适用于分析失业补贴制度对失业期限的影响,因为作为均衡现象不允许失业上升。为了充分描述失业补贴的影响,我们需要一个更加现实、但可能有些复杂的模型。工作搜寻理论(由 Lippman 和 McCall 于 1979 年首先提出)给出了这样一个模型。它关注的是寻找工作的时间和成本。这一过程与寻找公寓相似:一个人调查市场且并不一定接受第一个出价,而是继续寻找直到找到符合其期望的公寓。为了让这个理论更加接近劳动力市场,这些模型还允许人们决定投入工作搜寻的努力程度,比如,为了寻找一个好的工作所牺牲的闲暇时数。一个决定完全不找工作的人就是非经济活动的人。那些积极寻找工作的人就是失业者。也有可能建立一个有效劳动供给的度量指标,不仅仅简单计算寻找工作的人数,同时考虑不同个体搜寻工作的强度。

寻找工作时,在收入相关的失业补贴制度下人们获得的补贴与工资成比例。在这个框架中,失业补贴慷慨度的增加提高了(动态)保留工资并降低了搜寻强度(见专栏 11.2 和本章附录)。这是因为拥有一份工作的机会成本提高了。由于保留工资的提高和搜寻强度的下降,找到工作的概率也随之下降,从而增加了失业持续时间。然而,保留工资的提高也意味着失业工人一旦接受工作将可以获得更高的工资。所以,搜寻工作的时间越长,失业后获得的工作的质量越好。

专栏 11.2 动态保留工资和失业补贴制度

除了决定个体是否应该进入劳动力市场和接受一份工作的静态保留工资外,还有决定求职者是否应该接受特定工资分布中某工资出价的动态保留工资。在某些标准的假设下(求职者形成他们可能接受的工资期望,因为他们知道随机接受工作的工资分布,每份工作支付一份固定工资,并且不存在在职寻职,所以人们不能接受一份工作并且继续求职),结果是最优的求职策略涉及一个停止规则,即设立一个门槛工资水平,仅有工资超过该水平的工作才被接受。这个门槛工资水平是该人的(动态)保留工资并且与失业的价值相等,因为它使得这个人在这个工资水平上工作与继续寻找工作

间无差异。其图示如下:

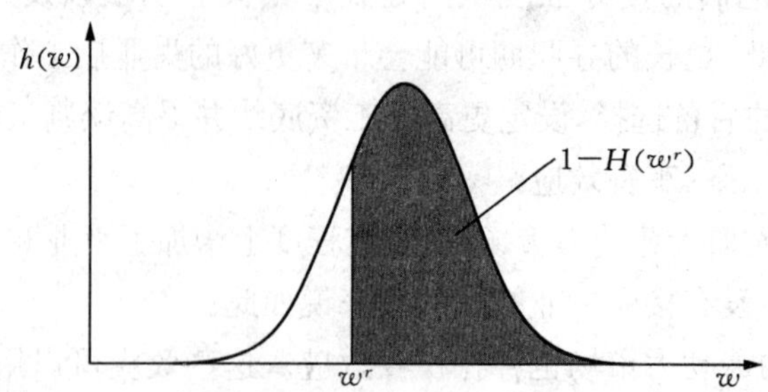

以工资的分布 $H(w)$ 为条件,保留工资会决定随机提供的工资将被接受的可能性:$1-H(w^r)$(阴影部分)。如果提高保留工资,阴影区域会变得更小。因此,随机提供的工资被接受的可能性会降低,因而失业持续的时间会延长。

动态保留工资的概念明显不同于静态保留工资(参见专栏 11.1)。静态保留工资在就业和不参与之间存在区别,然而按照工作搜寻理论,即便提供的工资低于保留工资,人们还会继续参与劳动力市场。人们会持续不断地找工作。因此,工作搜寻理论中动态保留工资在就业与失业之间进行区别。

失业补贴制度会影响动态保留工资,因为它会降低工作搜寻的代价。更高的失业补贴制度会带来更高的保留工资,从而降低了随机工资出价被接受的可能性。因此,找到一个可以接受的工资出价,需要花费更长的时间,同时失业期限会延长(可参见本章附录第 1 部分)。实证研究通常会发现保留工资与失业补贴水平之间存在正向弹性。例如,Lynch(1983)报告指出英国年轻人该弹性系数为 0.08—0.11,Holzer(1986)发现美国该弹性系数是 0.02—0.05,van den Berg(1990b)发现荷兰该弹性系数为 0.04—0.09。

不仅是工人,企业也在搜寻。雇主会公布被逐渐填满或与求职者相匹配的职位空缺。雇主的搜寻也同样是昂贵的。而且,工作并不是永远存在,而是会以一个给定的速率消失。当求职者与某一职位空缺相匹配或某一工作消失时模型就产生了就业与失业之间的劳动力市场流动。均衡通常涉及某种正的失业水平。事实上,存在某些失业是有效的,因为这会使雇主更容易填补他们的职位空缺。在空缺职位和求职者的匹配上存在着外部性,周围的职位空缺越多,就越容易找到工作。同样,找工作的失业工人越多,填补职位空缺就越容易。

2. 工资效应

由于搜寻工作和发布职位空缺均有成本,即便产品市场是竞争性的,求职者与空缺职位的匹配也是非常耗时的(因而发布职位空缺的预期利润在均衡时为 0),对涉及的雇主和工人来说,填补职位空缺会产生正的租金。这些租金在雇主和求职者之间分摊。特别是,工资(剩余中给予工人的那部分)是按照类似于第 3 章考虑的纳什谈判规则设定的。在这种情况下,工资也会随着工人的后备选择增强,进而随着失业收入和在任何给定搜寻强度水平上发现工作的可能性增加而增长。

因此,除了降低工作搜寻强度之外,失业补贴通过纳什谈判规则还提高了均衡市场工资。失业补贴对工人后备选择(即失业的价值)影响越强,这种效应就会越大。正如我们所见到的，失业价值会随着失业补贴的慷慨而提高，因为求职者在任何给定搜寻努力程度上都会获得一个更高的收入。然而，更加慷慨的失业补贴会减少职位空缺率，因为当人们搜寻强度减弱时，填补职位空缺会变得更难。工资增长本身降低了在任何给定搜寻强度下找到工作的可能性。

失业补贴的工资效应因为其筹资的税收而被放大。因为这些补贴的费用是由工资税提供的，运转失业补贴所需预算的款项，应该等于失业补贴乘上失业工人总人数再除以工资总额：$t=\frac{bU}{wL}$。

工资谈判并不是失业补贴可能影响工资的唯一途径。失业补贴也可能提高均衡市场工资，因为这些补贴制度会迫使雇主支付雇员更高的工资，以防止他们偷懒，如在效率工资文献中提到的一样。失业补贴制度和效率工资之间的关系在专栏 11.3 中讨论。

专栏 11.3　效率工资和失业补贴

效率工资模型使非自愿失业成为一种均衡现象。正如在专栏 10.2 讨论的那样，效率工资使得怠工的价值低于或等于不怠工的价值。因此，效率工资 w^e 满足：

$$w^e \geqslant \rho V_u + e\left(\frac{\phi+\rho+\delta}{\phi}\right) \tag{11.3}$$

其中 ρ 指贴现率，e 代表努力程度，ϕ 指怠工者被发现并被解雇的比率，δ 指外生离职率（独立于雇员的行为），V_u 指的是失业的资产价值。这个关系式表明失业的流动价值越高，效率工资也就越高，因此失去工作带来的伤害会减少。如果找到工作的比率 μ 是常数，并且 V_e 代表被雇用的价值，则失业的流动价值由下式给出：

$$\rho V_u = b + \mu(V_e - V_u) \tag{11.4}$$

它会随着失业补贴水平 b 的增加而增加。在均衡状态下，失业流入量等于失业流出量；也就是说，$\mu U=\delta L$，这里 U 表示失业工人的数量，L 表示就业工人的数量。从这个等式中可以得出 $\mu+\delta=\delta\frac{(U+L)}{U}$，或 $\mu+\delta=\frac{\delta}{u}$，其中 u 指失业率。而且，在边际上，努力的代价等于怠工的预期代价：

$$e=\phi(V_e - V_u) \tag{11.5}$$

利用这些条件，我们可以将效率工资重写为，

$$w^e \geqslant b + e\left(\frac{\rho+\delta/u+\phi}{\phi}\right) \tag{11.6}$$

因此，效率工资会随着失业补贴水平的提高而增加，随着失业率的上升而下降。如果失业率较高，所需效率工资就较低。在这种意义下，失业就是监督工人纪律的手段。较高的失业率使得失去工作的代价变得更高，因此鼓励工人们不要偷懒。失业补贴制度具有相反的作用：它们会降低与被发现怠工并被解雇相关的惩罚。

来源：Shapiro and Stiglitz (1984).

3. 权利效应

劳动供给也会随失业补贴慷慨程度的变化而变化。除了失业或就业外,人们可能决定根本就不参与劳动力市场。这种选择也具有保留性质:如果市场工资低于保留工资,人们就会决定不参与劳动力市场。

当失业补贴只支付给积极的求职者(即不参与经济活动的人得不到补贴)时,失业补贴慷慨度的提高会增加保留工资,同时使得非经济活动的价值不变。这样,一些人会从非经济活动状态转变为失业状态,这在总体上提高了劳动力参与程度。直觉告诉我们因求职而获得较高收入的权利诱使更多的人从事积极的工作搜寻。因此,失业补贴制度可能真的会提高求职参与度,这与完全的劳动力市场模型的预测相反。这未必意味着有效劳动供给会增加,因为当失业补贴水平较高时,那些获得补贴的求职者会降低其求职的努力程度。

如果失业补贴仅仅提供给以前有工作经历的人,在求职者中也会产生权利效应,也就是说,不光在非经济活动人口中有这样的效应。当获得补贴的资格要求有以前的工作经历时,存在两类失业者:一类是第一次找工作的人,他们不能获得补贴;另一类是以前有工作经历的人,他们有资格获得补贴。前者在引入失业补贴后的确会增加他们搜寻的力度,因为拥有一份工作的价值增加了(因为它还涉及万一失去工作还能拥有获得补贴的资格)。然而,第二类人会经历通常对工作搜寻的负效应。

11.3 经验证据

11.3.1 失业补贴对失业期限的影响

有几个实证研究利用综合数据研究了失业补贴的慷慨程度与失业水平之间的联系。利用 20 个 OECD 国家的横截面数据,Layard 等人(1991)发现,失业补贴替代率较高和享受补贴期限较长的国家失业率较高。尤其是,他们还估计到这种替代率每提升 10%大约会引起失业率上升 1.7%。对相同工业化程度国家的最新研究提供了一些可比较的结果:Scarpetta(1996)估计失业对失业补贴的弹性约为 0.13,Nickell(1997)得出约为 0.11,Bassanini(2006)得出为 0.12。

有大量的实证文献使用微观经济数据确定失业保险(UI)是如何影响失业退出率的。早期文献综述由 Atkinson 和 Micklewright(1991)、Pedersen 和 Westergård Nielsen(1993)先后发表。这些文献大部分聚焦于利用个人层面的截面差异来研究补贴水平的影响。美国和英国的研究普遍发现补贴水平有显著影响,然而多数欧洲大陆的研究却发现影响并不是那么显著或者说是微弱的。大部分的美国研究发现,失业期限对补贴水平的弹性在 0.3—0.9 的范围内(Holmlund, 1998)。补贴水平对失业退出率的抑制性影响也依赖于失业期限,对短期失业来说这种影响会更大(Nickell, 1979; Fallick, 1991)。补贴期限对失业退出率影响的研究,无论在美国还是欧洲都很广泛。①大部分研究的一个共同发现就是,失业退出率的急剧增长出现在补贴终止时间附近(见专栏 11.4)。

① 对美国和加拿大早期的研究有 Ham 和 Rea(1987)、Meyer(1990)以及 Katz 和 Meyer(1990)。对欧洲早期的研究有 Hunt(1995)、Carling 等人(1996)和 Winter-Ebmer(1998)。

专栏 11.4 补贴结束点的峰值

一项典型的实证研究发现,求职率的增长出现在失业补贴终止前不久。继而出现了一些关于补贴结束时的峰值是真实现象还是一种人为统计结果的争论。在近来专门关注补贴结束点的峰值现象的研究中,Card 等人(2007b)发现失业退出率的增加远远超过再就业的尝试率。他们的主要结论是失业退出率的峰值在很大程度上是由于测量误差造成的:研究者错误地将失业记录的消失看作找到工作。

通常,补贴结束点的峰值被认为是 UI 潜在收益持续时间与失业退出率之间关系研究的副产品。Katz 和 Meyer(1990)表明,对失业保险受益人来说,补贴到期的前一周,找到工作的比率会比之前高出 80%,然而这个峰值在非失业保险受益人身上并不会出现。利用不应该有人为统计偏差的管理数据,Røed 和 Zhang(2003)对挪威、Lalive 等人(2006)对奥地利、van Ours 和 Vodopivec(2006)对斯洛文尼亚以及 Caliendo 等人(2013)对德国的研究也都发现了补贴终止时存在峰值的证据。

补贴终止点的峰值可以通过静态劳动供给模型和动态工作搜寻模型来解释。静态劳动供给理论认为,可以在任何时刻找到新工作(Moffitt and Nicholson 1982; Meyer 1990)。当一个人丢掉工作的时候,他会根据预算约束来决定自己的消费和失业期限。在终止时间 T 处预算线是弯折的,因此在折点有许多无差异曲线相切。这在图 11.3(a)中说明。终止提供补贴后,失业期间收入的降低由直线 AB 给出,其斜率为 w。如果提供补贴但没有最长的补贴时间,在失业期间收入的降低会由直线 AC 给出,该工人会在 D 点获得最大效用。在补贴终止的时刻 T,该人会在预算约束的折点 E 处获得最大效用。许多过去常常在 EC 部分获得最大效用的人,现在在 E 点获得最大效用。因此,很多人选择在补贴终止时刻 T 退出失业,这就解释了在 T 点的退出率峰值。

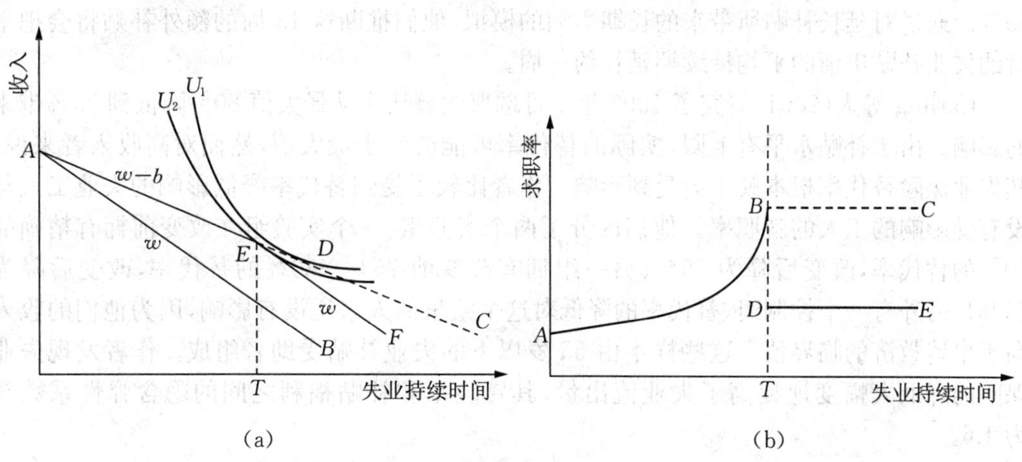

图 11.3 救济终止峰值(见专栏 11.6)

Mortensen(1977)和 van den Berg(1990a)建立了一种模型,解释了工作搜寻中的不稳定现象。他们都表明这样一种观点:如果失业保险补贴减少(到 0),失业的价值就会变得很低,以至于几乎任何工作都可以被求职者接受。这会减少保留工资,并因此提高工作接受比率。如图 11.3(b)中所示,这种不稳定的工作搜寻解释了在失业持续期间曲线 AB 阶段求职率的升高以及 BC 阶段较高的常量,而不是补贴终止后的下降(BD 所示)。

Boone 和 van Ours(2012)提出,求职率中出现的补贴终止时刻的峰值与失业工人的行为优化有关,他们理性地认为,当一份新工作刚开始的时候,雇主们会接受他们的延迟,尤其是当这些工作是长期的情形下更是如此。这就促使工人们找到工作后不会立即开始工作,相反他们会等到补贴终止之时。

近来,一些美国和欧洲的研究提出了政策驱动引起的补贴水平的变化。通过设计准实验对处理效应进行识别,研究者考察了失业保险获得者是如何对激励措施作出反应的,这种处理效应允许研究者采用倍差法。这种政策改变考虑了前后对比分析——一重差分,然后会有一个受到影响的实验组和一个不受影响的控制组——二重差分。这种倍差法给出了政策改变的处理效应。其他近期的研究使用了断点回归方法,利用了补贴水平或补贴持续期间与其他因素之间关系的一个或多个断点,这里的其他因素是指,比如失业者进入失业状态时的年龄或者失业之前的工作经历。这个假定是,除了受到不同的失业保险水平或者补贴持续期间的影响之外,在断点两侧的人们只有很小的差别。人们在断点两侧行为的差别揭示了失业保险的差异是如何影响人们的行为的。关于失业保险对失业人口流出量影响的近期研究的概述参见表 11.4 的上面部分。①这些研究通过国家、日历期、样本规模、处理人口、识别策略、失业保险对失业持续期间的影响以及能够使得研究具有可比性的两个剂量效应指标来描述。

Card 和 Levine(2000)研究了 1996 年新泽西州失业保险福利的延长问题。由于一些与州劳动力市场无关的政治原因,失业保险福利临时延长至 25 周,比先前延长了 13 周。②作者比较了福利延长期引入之前、之中、之后的失业退出率,他们发现退出率下降了大约 15%。通过对延长补贴所带来的长期影响的模拟,他们推断这 13 周的额外补贴将会把平时的失业补贴申请的平均持续期延长约一周。

Carling 等人(2001)研究了 1996 年 1 月瑞典的替代率从最大值 80%降低到 75%带来的影响。由于补贴水平有上限,实际的替代率可能会低于最大值,然而对高收入者来说,其失业保险替代率根本就不会受到影响。作者比较了受到替代率降低影响的失业工人与没有受影响的工人的就职率。他们区分了两个实验组,一个实验组在改变前拥有精确的 80%的替代率,改变后降为 75%;另一组拥有改变前 75%—80%的替代率,改变后降为 75%。另外有一个控制组,替代率的降低对这个组里的人来说没有影响,因为他们的收入高于申请救济的临界值。这些样本由 55 岁以下的失业补贴受助者组成。作者发现失业保险的降低大幅度地提高了失业流出量,其冒险率和补贴福利之间的隐含弹性系数约为 1.6。

① 该表及相关讨论利用了 Tatsiramos 和 van Ours(2013)的研究成果。

② 在美国,一旦失业率高于某一特定门槛,失业保险福利的期限在州层面上会自动延长。这可能会导致难以估算福利持续时间对失业的影响。由于这种政策的内生性或反向因果关系,较高的失业率会促使政府采取更慷慨的福利制度,而不是相反的方式(Holmlund, 1998)。Card 和 Levine(2000)的研究没有受到这种偏差的影响。

表 11.4　失业保险对失业持续时间和失业后结果影响的最近实证研究概览

参考文献	失业持续时间						
	国家	时间	样本大小	实验对象	实验方法	对 PBD[a] 的影响	福利弹性[b](%)
Card and Krueger(2000)	美国	1995—1997	56 262	新泽西	PBD↑(延长)13 周(按日历时间变动)	0.08	
Carling et al.(2001)	瑞典	1994—1996	18 429	<55 岁	收入 RR 从 80%下降至 75%		1.6
Røed and Zhang(2003)	挪威	1990s	100 499	<55 岁	RR 外生变动		男性:0.95 女性:0.35
Van Ours and Vodopivec(2006)	斯洛文尼亚	1997—1999	20 049	19—43 岁	与经验有关的 PBD↓(减少)3—9 个月	男性: 0.18[c] 女性: 0.58[c]	
Lalive et al.(2006)	奥地利	1987—1991	225 821	35—54 岁	与年龄有关的 PBD↑(延长)9(22)周,同时 RR↑(上升)	0.04—0.10	0.2
Card et al.(2007a)	奥地利	1981—2001	650 922	20—50 岁	与经验有关的 PBD 延长 20—30 周	0.10—0.18[d]	
Lalive(2008)	奥地利	1986—1998	27 555	46—53 岁	与年龄有关的 PBD 从 30 周延长至 209 周	男性:0.08 女性: 0.42	
Uusitalo and Verho(2010)	芬兰	2002—2004	17 783	<55 岁	与经验有关的 RR 下降 15%[e]		0.8
Schmieder et al.(2012a)	德国	1987—1999	329 680	40—49 岁	与年龄有关的 PBD 延长,期限变化不一	0.10—0.13	

（续表）

参考文献	失业后结果					PBD对以下因素的影响	
	国家	时间	样本大小	实验对象	PBD延长的基数	收入	工作稳定性
Card et al.(2007a)	奥地利	1981—2001	650 922	20—50岁	经验:20—30个月	无	无
Centeno and Novo(2007)	葡萄牙	1998—2004	9 675	30—39岁	年龄:15—18个月	小	—
Van Ours and Vodopivec(2008)	斯洛文尼亚	1997—1999	17 701[f]	19—43岁	经验:变化不一	无	无
Caliendo et al.(2013)	德国	2001—2006	7 216	男44—46岁 女43.5—46.5岁	年龄:12—18个月	无[g]	无[g]

注：PBD＝潜在的受益期限；RR＝替换率；—＝无法获得数据。

a. 边际效应：实际失业持续时间的变化或PBD的变化。

b. 福利弹性＝应对福利替代率（绝对值）增加1个百分点的失业持续时间增加的百分比。

c. 基于对一个30岁健康的中等工作人员，有职业教育经历，10—15年的工作经验，没有面临PBD从12个月降至6个月的要依赖的家庭成员的模拟。

d. 前20周；根据已报PBD增加50%导致5%—9%的就业机会增加率计算。

e. 在失业最初150天与经验相关的替代率提升以补偿被取消的解职费结束。

f. 为估计工资水平，使用了8 393个观测数据。

g. 失业人员在领取失业补贴的时间接近或结束后更有可能退出随后的就业，并获得相比享受延长福利的人较低的工资。

Røed和Zhang(2003)对挪威60岁以下工人的失业期限进行了分析,这些工人于20世纪90年代失业,并且有资格申请失业补贴。研究利用了挪威失业补贴系统的两个独有特征。首先,失业补贴取决于进入失业的月份,因为它们是依据前一日历年的收入为基础计算的。其次,补贴是依据进入月编制指数的。而且,由于存在工资上限,对于那些收入超过工资上限的工人来说,替代率是随着收入而降低的。作者就是用这些替代率的独立变异作为来源估计补贴弹性的,他们发现该弹性系数男性为0.95、女性为0.35。这意味着补贴降低10%可能会使10个月的失业期限对男性来说大约减少1个月,而对于女性来说减少1—2周。

Van Ours和Vodopivec(2006)(见专栏11.5)研究了斯洛文尼亚的一项政策变动,这项变化涉及四组工人潜在失业补贴期限(PBD)的大幅缩短,而另一组工人的补贴福利没有变化,这一组工人作为自然对照组。这四组工人之间的区别基于失业前的工作经历。根据这些经历,PBD可能由6个月减少到3个月、由9个月减少到6个月、由12个月减少到6个月,或者说从18个月减少到9个月。最大补贴期间的缩短带来的影响取决于减少的规模,也取决于工人的年龄和性别。依据参数估计他们得出了一个仿真结果。从这个结果来看,对一个身体健康的30岁男性来说,PBD从12个月降到6个月,失业期限的中位数减少了1.1个月;对于同样特征的女性来说,这个中位数减少了3.5个月。

专栏11.5 缩短补贴期限

面对不断增长的失业率,1998年10月斯洛文尼亚大幅度地减少了失业保险潜在补贴期限(PBD)。这种变化取决于工作经验:

组别	工作经验(年)	PBD(月)		差(月)
		前	后	
1	1—2.5	3	3	0
2	2.5—5	6	3	−3
3	5—10	9	6	−3
4	10—15	12	6	−6
5	15—20	18	9	−9

比如,在改革之前,有10—15年工作经验的工人有资格获得多达12个月的补贴(第4组),而在改革之后变成了6个月。如下表所示,对于这个组的男性工人,其失业期限的中位数下降了2.1个月。由于对照组1的失业期限减少了0.3个月,于是这6个月PBD缩短的处理效应就是使失业期限中位数降低了1.8个月。

Jan van Ours和Milan Vodopivec分析了缩短PBD带来的影响。他们发现求职率的急剧上升,使不同失业期限的失业长度都缩短了。他们还发现在失业补贴终止当月求职率出现了明显的峰值。如下面所示,求职率(左半边)峰值和失业生存率(右半边)的确伴随着PBD的缩短而变化的。

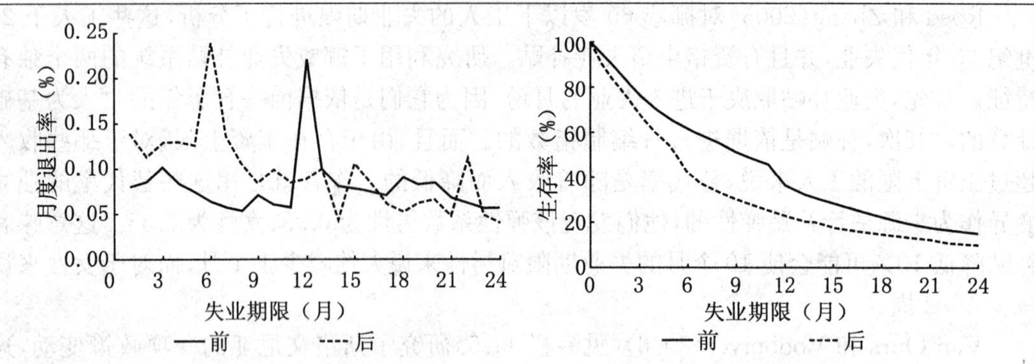

然而这种求职率的大幅度增加,是对那些补贴期限缩短的大部分受助者来说的,事实上,对那些补贴期限没有发生改变的受助者来说,这个概率并没有发生改变。这表明求职率的改变主要是因为失业工人加强了工作搜寻的努力。van Ours 和 Vodopivec(2008)在一项追踪调查中研究了 PBD 的缩短对失业后工作质量的影响。对每组男性的平均影响显示如下:

组别	持续时间(月)				一年内的失业(%)				工资变化(%)			
	B	A	Δ	ΔΔ	B	A	Δ	ΔΔ	B	A	Δ	ΔΔ
1	3.8	3.5	−0.3		51.2	48.8	−2.4		12.5	9.0	−3.5	
2	4.2	3.7	−0.5	−0.2	47.2	46.1	−1.1	1.3	17.2	11.4	−5.8	−2.3
3	5.8	4.2	−1.6	−1.3	43.2	44.4	1.2	3.6	16.3	12.8	−3.5	0.0
4	7.0	4.9	−2.1	−1.8	46.6	43.0	−3.6	−1.2	16.1	12.7	−3.4	0.1
5	9.2	5.6	−3.6	−3.3	42.1	43.0	0.9	3.3	16.6	13.6	−3.0	0.5
2—5	6.0	4.5	−1.5	−1.2	44.8	44.1	−0.7	1.7	16.5	12.6	−3.9	−0.4

注:B=政策变化前;A=政策变化后;Δ=差;ΔΔ=倍差。

评价失业之后工作的质量使用了两个指标:一年内失去工作的百分比和失业前后工资的变化。他们发现较快地找到工作并不会影响失业后工作的质量;也就是说,工人们不会为了尽快找到一份工作,而接受在稳定性和工资方面质量较低的工作。总之,这些发现意味着较长的 PBD 导致了补贴受助者失业期限变得更长,而没有提高失业后工作的质量。这些发现表明,追加工作搜寻的边际生产率为 0——或者那些补贴受助者都是机会主义者,他们根本不会在工作搜寻上花费额外时间,就好像是和未来的雇主商量好的一样。

资料来源:Van Ours and Vodopivec(2006, 2008).

Lalive 等人(2006)(参见专栏 11.6)研究了奥地利失业保险金结构方面的政策改变,这种变化给各种失业者带来了不同程度的影响。第一组经历了替代率的提高,第二组经历了 PBD 的延长,第三组既有了更高的替代率也经历了更长的 PBD,第四组在政策参数方面没有变化。作者估计了风险率(hazard rate)模型,在参数估计的基础上,给出了模拟结果。当 PBD 从 30 周增长到 39 周时,失业期限延长了 0.4 周;然而当 PBD 从 30 周增长到

52 周时，失业期限延长了 2.3 周。替代率由 41%增长了 4.6 个百分点，由此导致失业期限由 18 周延长了 0.4 周。所以，替代率每增长 11.2% (100×4.6/41)，会引起失业期限增长 2.2% (100×0.4/18)，这意味着补贴弹性大约是 0.2。

专栏 11.6 奥地利的替代率和最长补贴期限

1989 年奥地利改革了失业补贴制度，这在不同程度上影响了各类失业工人：第一组替代率提升了，第二组的最长补贴期限得到了延长，第三组既经历了替代率的提升也经历了补贴期限的延长，第四组的政策参数没有变化：

每月收入	<40 岁工作经验		≥40 岁工作经验	
	少	多	少	多
低	RR↑	RR↑	RR↑	PBD+RR↑
高	控制	控制	控制	PBD↑

注：RR=替代率。

最长补贴期限取决于年龄和经验：对那些小于 40 岁以及几乎没有工作经验的人来说，补贴期限保持不变；对于有长期工作经验的人来说，补贴期限延长。年龄在 40—49 岁的这一组从 30 周延长到 39 周，年龄大于或等于 50 岁的人从 30 周延长到 52 周。Rafael Lalive、Jan van Ours 和 Josef Zweimüller 利用这种自然实验以了解失业补贴制度的变化是如何沿着这些不同角度影响失业期限的。

数据分析了政策改变前两年到政策改变后两年这一段时间相关工人的失业历史。作者估计了有资格获得不同失业补贴期限和替代率的工人在不同失业期限退出失业的条件概率。下表对简单倍差法的结果做了总结，比较了涉及不同政策变化的组（实验组）在失业的前 104 周的失业长度（以周为单位测量），与不涉及这种变化的组（控制组）的这种失业长度：

	失业周数		差	倍差
	前	后		
PBD	16.3	18.7	2.4	1.1
RR	17.8	20.0	2.2	0.9
PBD 和 RR	19.0	23.5	4.6	3.3
控制组	15.2	16.5	1.3	

注：前=1989 年 8 月前；后=1989 年 8 月后；RR=替代率。

替代率的增加和补贴期限的延长都在很大程度上增大了失业期长度。当最大补贴期限延长而不是替代率增加时，或者替代率和补贴期限同时增加时，这种影响更大。图 11.4 提供了更详细的关于政策影响的信息，图 11.4(a)提供了失业退出率，图 11.4(b)提供了失业生存率。

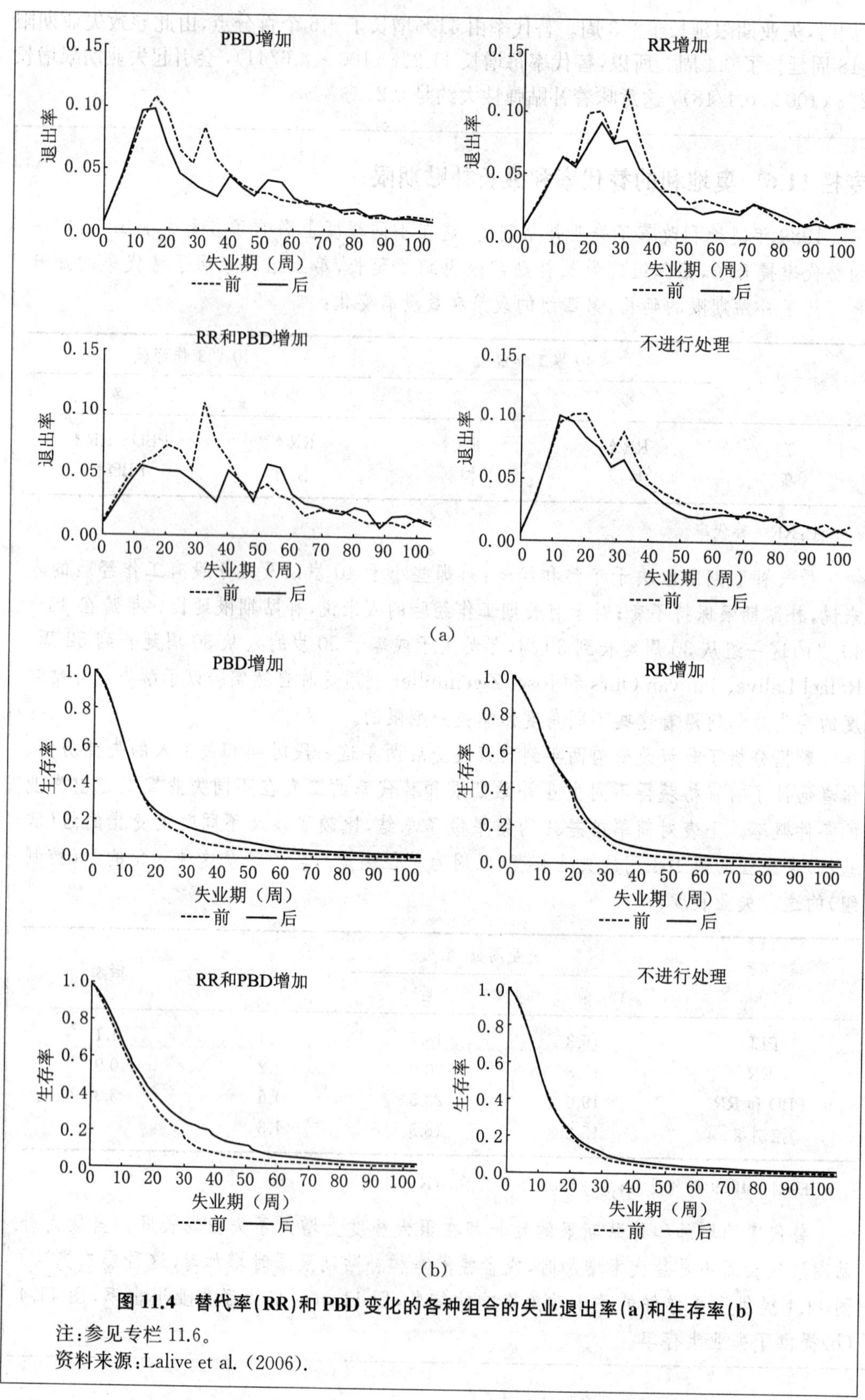

图 11.4 替代率(RR)和 PBD 变化的各种组合的失业退出率(a)和生存率(b)

注:参见专栏 11.6。

资料来源:Lalive et al. (2006).

Card 等人(2007a)研究了奥地利工人的工作经验和失业保险权利之间关系的不连续性。过去 5 年中就业少于 36 个月的人得到 20 周的补贴,而工作大于或等于 36 个月的人得到 30 周的补贴。利用年龄在 20—50 岁的工人作为样本,作者发现,有资格获得 30 周补贴的受助者在前 20 周所表现出的求职率要比仅仅有资格获得 20 周补贴的人低 5%—9%。

Lalive(2008)研究了 1988 年 6 月奥地利特定年龄群体最大补贴期限的变化,对于一些地区 50 岁及以上年龄的工人其 PBD 从 30 周延长到 209 周,而其他人则不变。他利用这种失业保险权利方面年龄的不连续性来确定 PBD 的延长对失业期限的影响。这些数据适用于 46—53 岁的工人。从估计值来看,男性的求职期限会被延长 14.8 周,而女性的求职期限会被延长 74.8 周。这种性别差异可归因于提前退休年龄要求的差异,女性提前退休的年龄是 54 岁,而男性则是 59 岁。很明显,对于年长的奥地利女性来说失业保险在数量上提供了提前退休的重要途径。

2003 年 1 月 1 日,芬兰对那些有长期就业历史的工人增加了失业补贴。平均补贴水平在失业期间的前 150 天增加了 15%。与此同时,废除了解职费制度。补贴增长的计算以对预期不产生行为后果为目的,失业补贴基金的成本不会改变。Uusitalo 和 Verho(2010)利用这种政策变化来分析失业保险替代率对失业期限的影响,发现再就业退出率平均降低了 17%。这个影响在失业期刚开始时最大,而在提高补贴的资格终止时消失。根据他们的估计,Uusitalo 和 Verho 得出结论:补贴的增加使再就业的时间延长了 33 天或 11.9%。假定补贴增长 15%,这个结果意味着与替代率有关的至再就业的时间弹性大约是 0.8。

最后,Schmieder 等人(2012a)用 40—49 岁德国工人的数据进行了一个断点回归设计,这些工人是在 1987 年 7 月—1999 年 3 月失业补贴系统稳定期间失业的。在这段时间里 PBD 有三个突出的年龄阈值:42 岁(12—18 个月)、44 岁(18—22 个月)、49 岁(22—26 个月)。作者发现失业保险期限每增加一个月,失业期限平均延长 0.10—0.13 个月。①

根据表 11.4 研究综述所得出的主要结论为:替代率或 PBD 改变会对失业期限带来实质性的影响。这种影响的大小在不同的国家和不同的政策变动下是不同的,但是这种差异并不那么大。PBD 的延长会导致真正的失业期限增大 PBD 延长期的 20%。一个例外是斯洛文尼亚的女性,另一个例外是奥地利的女性。前者可能与对劳动力市场的附属有关,后者和与提早退休的福利的接近度有关,这个福利弹性的范围为 0.4—1.0,Carling 等人(2001)在瑞典的调查结果是个例外。虽然被调查的这些工人年龄不同,但是并没有证据表明有特定年龄段的处理效果,除了奥地利的女性。激励明显起了作用。失业工人的求职行为不仅受到失业补贴水平的影响,也受到其时间长度的影响。

失业保险优化设计中的一个重要方面是了解补贴制度的两个主要组成成分——补贴水平和补贴期限中哪一个对失业工人的行为影响更大。现有的证据表明失业保险制度的这两种类型的慷慨度提升都会导致更长的失业期限。和理论一致,补贴水平提升的主要影响发生在失业阶段的早期;而补贴期限延长所带来的主要影响则出现在补贴终止时间的附近。Lalive 等人(2006)做了一个操作,他们通过调查 PBD 和替代率的增长对增加总

① 在 Schmieder 等人(2012b)的研究中,作者仅使用 42 岁年龄阈值来复制他们的结果,发现边际影响为 0.20,如果最初的失业期限考虑在内,在开始后的 5 年时间里不就业,则会下降到 0.15。

补贴支付的影响,比较了PBD和替代率的抑制效应。替代率的提高会增加补贴支付,即便人们不改变他们的行为,这仅仅因为在同样的失业期间不得不支付更高的补贴。而且,替代率的提高会引发人们保持更长时间的失业,这进一步增加了补贴支付。比较PBD和替代率的直观方式是把补贴成本的总增长分成直接成本(没有行为改变)和由于行为改变导致的间接成本。作者发现增加PBD引发的行为成本的增加远远大于替代率的增加。换句话说,人们对补贴期限延长的反应相对强烈,这些行为变化是促使政策成本或补贴改变的主要因素。改变替代率对行为的影响相对较小,因为这会影响到每一名失业工人,而不只是那些补贴快要终止的人。

与改变补贴水平相比,补贴期限的改变会产生更大的影响,这意味着补贴期限是影响激励的更有效的工具。其中一个问题是失业后工作的质量同样会受到影响。较高的失业退出率可能与较低的工作质量以及再次失业的较大概率有关。下一部分我们将讨论PBD和失业后工作质量之间关系的实证研究结果。

11.3.2 失业补贴对失业后结果的影响

失业补贴制度对失业后结果(工资和工资稳定性)影响的研究结论是模糊的。在较早的研究中,失业补贴制度对工资的影响是弱正向的。然而,现有的研究证据存在差异,一些研究发现没有影响而另一些则发现有正向影响。①

最近的研究,包括Addison和Blackburn(2000),他们发现更慷慨的失业保险(无论是依据补贴水平还是享有的补贴期限)几乎不会增加再就业的工资。失业保险制度对就业期限影响的证据是相当模糊的。来自加拿大(Belzil, 2001)和美国(Centeno, 2004)的证据表明在补贴终止时间附近被接受的工作有更高的解除率,较高的补贴水平会提升以就业期限衡量的工作匹配质量。②表11.4后面部分给出了用倍差法或断点回归方法研究失业保险对失业后结果影响的近期研究概况。

Card等人(2007a)表明补贴的延长并不会影响以平均工资或后继工作长度衡量的后继工作的匹配度,他们的研究结论在之前讨论过。Centeno和Novo(2007)研究了1999年7月葡萄牙引入的针对特定年龄群的补贴权利的变化。对于30—34岁年龄组来说,最大补贴期限从15个月延长到18个月;然而对于35—39岁年龄组来说,最大补贴期限依然保持18个月。新的法律好像已经对再就业的工资产生了积极影响,3个月的补贴延长使得工资增长了2.8%。在再就业分布的底端增长更多一些。van Ours和Vodopivec(2008)利用斯洛文尼亚的政策改变——大幅度缩短许多工人的PBD,研究了失业后工作的质量(见专栏11.5)。他们发现PBD的减少不会影响工人接受临时工作而非长期工作的可能性,对离职率几乎没有任何影响,并且不会影响再就业的工资。

最后,Caliendo等人(2013)聚焦了德国失业保险制度的不连续性,其中45岁工人的最长

---

① 参见Burgess和Kingston(1976)、Ehrenberg和Oaxaca(1976)、Hoelen(1977)及Blau和Robins(1986)。Classen(1997)发现失业保险福利水平与再就业工资之间没有关系。

② Tatsiramos(2009)利用ECHP数据研究了8个欧洲国家的失业保险对失业期限的影响以及后续就业的稳定性。他发现,领取补贴金的人会经历更长的失业期,但失业保险也会对随后的就业稳定产生积极影响。失业保险对就业稳定性的影响在那些失业保险制度更加慷慨的国家更为显著,如丹麦、德国、法国和西班牙,与这些国家相比,希腊和意大利等国家的失业保险制度不太发达。

补贴期限延长了6个月,从12个月变为18个月。他们以2001—2003年间的德国失业流入量为样本做了调查,这个样本涉及的男性年龄段为44—46岁,女性年龄段为43.5—46.5岁。作者发现由于补贴期限的延长(14%)失业退出率下降了。补贴期限的延长对后继就业退出率的总体影响是负的,但很小,几乎接近于0。然而,这种处理效应是异质的。上述结果同样适用于失业后工作的工资。那些在补贴期终止前后找到工作的失业工人比补贴期延长的失业者有更大可能放弃后来的工作,并获得更低的工资。

尽管在每一个研究中都能找到替代率和PBD会影响求职率的证据,但是关于其对失业后影响的研究结论却多种多样。许多研究发现其对失业后找到的工作质量没有影响,然而有几个研究则发现有某些影响。

11.4 政策问题

11.4.1 失业补贴的慷慨度应该随着经济周期变化吗?

失业保险的抑制效应可能对经济周期是敏感的,在衰退期变低(由于较高的求职成本和较弱的劳动需求),在繁荣期升高(由于较低的求职成本和较强的劳动需求)。经济衰退期更长失业期限的出现可能要求更多的补贴,因为这时保持消费平稳与道德风险之间的权衡是和低失业的繁荣期劳动力市场不同的。

这就是为什么美国在经济周期低迷阶段组织扩大补贴制度的原因。通常的方案是提供长达26周的补贴。然而,在失业率非常高的那些州,联邦州立补贴扩展计划(Federal-State Extended Benefits Program)提供了最多额外13周的补贴。而且,在过去的几个萧条期还有过进一步的"紧急"扩展(Kiley, 2003)。作为对2008—2009年大衰退的回应,美国最长失业补贴期限延长到了99周。①美国补贴制度失业保险慷慨度的周期性变化对其他OECD国家来说是相当不平常的。

近来有一些实证研究证据支持失业保险慷慨度的周期性变化。Kroft和Notowidigdo(2010)指出,美国的失业期限与其失业保险水平的弹性是随失业率的变化而变化的。理论上来说,这个弹性取决于工作搜寻努力和保留工资的相对重要性。通过保留工资,失业期限弹性与失业率之间存在着正相关关系,然而按照求职努力程度,二者之间存在负相关关系。从经验上看,失业期限弹性与失业率之间存在负相关。因此,当失业率很高时道德风险较低。Schmieder等人(2012a)在德国发现类似的结论。这些发现表明萧条期失业保险期限的延长能够提高福利。

从理论的角度看,近期几乎没有关于经济周期最佳失业保险的研究。Andersen和Svarer(2010)以及Landais等人(2010)发现了反经济周期的最佳失业补贴。在Andersen和Svarer(2010)看来,政府用失业保险来平衡经济周期中面临着跨期预算约束的消费。Landais等人(2010)区分了两种失业来源:一种是源于匹配摩擦(出现在繁荣期),另一种是源于工作限额配给(出现在衰退期)。道德风险问题在衰退期比在繁荣期要小,因为只

① Rothstein(2011)在分析当前人口调查数据的基础上得出结论,失业补贴期限的延长对失业减少的影响是相当有限的。他将失业率的0.1—0.5个百分点归因于最高补贴期限的延长。

有有限的工作可以提供,而消费平滑的值在这个周期中保持不变。由于工作定量配给,个人求职的努力对其他求职者会产生负的外部性。在这种背景下,最优的失业保险规则意味着失业保险在衰退期比高涨期更慷慨,通过降低工作搜寻努力来修正负的外部性。Mitman 和 Rabinovich(2011)通过一般均衡搜索模型也研究了经济周期失业保险的最优供给,在这个模型中允许总生产率剧烈变动。他们还考虑了失业补贴水平和补贴期限的最优设计。他们发现补贴的最优路径是顺周期。与以前研究的主要不同在于他们允许工资议价,这意味着失业保险补贴的变化的确影响工资,而不是假设工资刚性。

支持失业补贴周期性调整的主要论点是道德风险在衰退期比繁荣期带来的问题更少。因此,在经济衰退期间更慷慨的补贴——尤其是延长 PBD——应该不会损害劳动力市场的运作功能。反对者的主要观点是在萧条期由于更慷慨的失业补贴工人们更可能陷入失业。

11.4.2 道德风险那么重要吗?

当工人得到更多的补贴时,就会保持更长时间的失业,这可能是由于道德风险的影响。一个替代性的解释是由于流动性约束。失业补贴在一定程度上导致了道德风险,有一个福利性质的理由支持失业补贴不该那么慷慨,因为它们在失业的私人成本和社会成本之间加入了一个楔子。然而,如果失业期限因流动性约束而延长,这倒不是大问题,因为更长的补贴期限不仅不会扭曲激励,实际上反而能够弥补其他市场缺陷。当不完善的信用和保险市场使人们不能够平滑消费的时候,就会出现流动性约束。在这种情况下,失业补贴可帮助纠正市场缺陷。

为了说明流动性约束的重要性,研究者利用了这样一个事实,那就是工人们有权获得解职费,且在离职的时候一次付清。①Chetty(2008)利用美国不同企业间解职费政策的差异鉴别了流动性约束的影响。解职费是离职时(见第 10 章)一次性支付的,它不会影响工作—闲暇的决策,因此对就业行为不会产生影响,除非通过流动性约束。Chetty 的分析基于 2 441 个人,其中有 471(18%)人报告获得了解职费。没有关于支付金额大小的信息。Chetty 从分析中得出结论,60%因失业保险引起的失业期限的延长是由于流动性约束,而不是求职边际激励的扭曲——道德风险带来的影响。Chetty 发现了两点证据。一是相对于没有流动性约束的家庭,失业补贴的增加对有流动性约束的家庭的失业期限影响要大得多。第二,一次付清的解职费大幅度地延长了流动性约束家庭的失业期限。

Uusitalo 和 Verho(2010)利用芬兰失业保险制度的变化来研究,发现替代率对失业期限的影响不是一一对应的。旧制度中获得解职费的资格标准与新制度中较高的日补贴资格标准稍有不同,只有很少一部分失业工人(1 420 人)在失去获得解职费资格后没有获得更高的日津贴,或者在改革前没有资格获得解职费的也获得了更高的津贴(681 人)。这一小部分人被用来解决失业早期去除解职费的影响和较高替代率的影响。作者发现失去解职费的影响几乎为 0。

Chetty(2008)与 Uusitalo 和 Verho(2010)都只拥有相对少量的观测数据,而 Card 等人(2007a)拥有更多的观测数据来估计解职费的影响(参见表 11.4)。Card 等人比较了那

① 对此类研究的一个明显的批评是,解职费的可获得性是有选择性的。

些刚好在解职费资格被削减 36 个月前后失业的工人的工作搜寻行为。他们发现一次性解职费对失业期限有显著影响。对那些勉强有资格申请解职费的人来说,失业前 20 周的求职率比那些刚好没有资格的人低 8%—12%。对较长的失业补贴期限做出的主要行为反应被归因于流动性效应而不是道德风险。总之,流动性约束的重要性仍没有被完全证实。

11.5 与其他制度的相互作用

失业补贴制度通过与其他制度相互作用的各种渠道影响劳动力参与、就业和失业,比如集体谈判制度(见第 3 章)和积极的劳动力市场政策(见第 12 章)。由于不得不征收工资税来为失业补贴制度筹资,所以将其对劳动力市场均衡的影响考虑为税收对劳动力的影响更容易理解失业补贴制度(见第 13 章)。

失业补贴制度和就业保护应该会有相似作用:保护工人免受没有保障的劳动力市场风险。这两种制度存在两个关键的区别:

(1) 就业保护法仅仅保障那些已经有工作的人,防止其被裁员;而失业补贴制度保障大部分劳动年龄人口(尽管获得失业补贴会要求一些工作经历)。

(2) 就业保护法不会对工人征收任何税赋,而失业补贴制度是通过对有工作的工人征收工资税来提供资金的。

这些关键区别可以通过对失业补贴制度或就业保护法的设计作适当调整来缩小。例如,失业补贴可以像美国那样依据工作经验决定,或者像意大利和德国那样限于短时工作(见第 5 章)。在这种情况下,对解雇负有责任的雇主必须支付更高的工资税。

然而,即便是要求工作经验的失业补贴制度也对其他雇主和工人强加了一些财政外部性。为了防止仅涉及高跳槽雇主的逆向选择,失业补贴制度强制要求所有雇主付款。因此,就出现了裁员成本的部分分摊。就业保护法和失业补贴制度不能够完全替代的另外一个原因是,就业保护法在实施中始终要求向对解雇负责的雇主征税。为了使他们的工人更努力工作,雇主们会设定比经济解雇更严厉的纪律处分。用法理学的语言就是,他们应当把解雇的主观正当理由和客观正当理由区别对待。但是这种不同的对待在没有法官干预的情况下一般不会被执行。因此,就业保护法不像失业补贴制度,它时常涉及一些向第三方(如律师)支付的无谓成本。

因此,失业补贴制度与就业保护法之间的某些差异是难以避免的,这些差异可以被失业者感觉到。正如第 10 章讲到的,就业保护法减少了劳工的转换率,使得退出失业变得更难。失业补贴制度反而更具流动性并利于雇佣,不像就业保护法,失业补贴制度是在失业期间提供收入维持。因此,失业者总是会倾向于失业补贴而不是就业保护,而雇员则更倾向于就业保护,尤其是当他们拥有较高贴现率的情形下。劳动力市场制度的政治经济模型(比如 Wright, 1986)预测,如果中间选民是局内人(即有定期合同的人),严格的就业保护政策就会出现。由于失业补贴制度与就业保护法之间的这种不完全替代性,我们不太可能观察到只采用一种或另一种制度的国家。拥有这两种制度的另一个政治经济原因就是道德风险问题,不论是就业保护法还是失业补贴制度都不能提供抵制失业的完全保障。因此,在失业补贴制度占主导地位的国家,总会存在增加就业保护的政治压力,反过来也一样。然而也有可能,在拥有较多其他制度的国家一种制度的压力会小一些。

灵活安全性一词越来越多地被用来表示拥有较低的就业保护和慷慨失业补贴制度的国家,如丹麦。在这种权衡中不同国家的选择可能会很好地反映局内人(支持就业保护法)和局外人(支持失业补贴制度)相对的政治力量。西班牙可以作为一个例子来说明这两组群体力量对比的改变是如何影响这方面的制度混合的,西班牙是少数几个为定期合同减少就业保护的国家之一。值得注意的是,这项改革是在 1994 年颁布实施的,恰好在失业工人和只有临时合同的工人数量超过定期合同的雇员数量之后。图 11.5 提供了各国的概况。很明显,失业补贴慷慨度和就业保护的严格程度是负相关的。

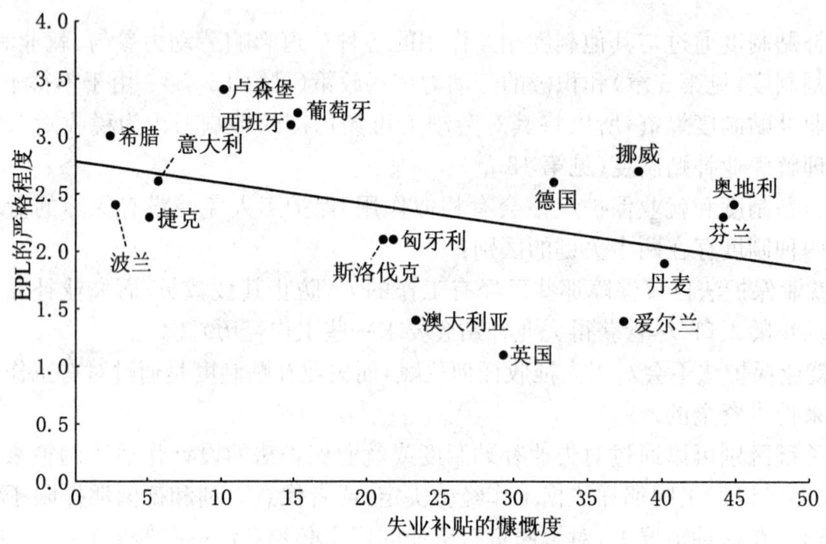

图 11.5 失业补贴的慷慨度和 EPL 的严格程度

注:所用指标的定义见表 10.1 和表 11.3。

失业补贴制度和 ALMP 之间也有重叠。与提供失业补贴相关的一个关键问题是不利于工作搜寻,因为对失业补贴受助者求职的努力程度监管不完善。第 12 章讲到的政策部分地降低了这种信息的不对称。最后,失业补贴和税收之间存在一种交互作用。征收劳动税的目的是为各种社会项目筹资,包括失业补贴。

11.6 为什么存在失业补贴?

本章对理论和经验性证据的概述表明,失业补贴增加了工人的保留工资并延长了失业期限。失业补贴也需要通过征收工资税筹资,这是一种扭曲的税收,因为它减少了劳动力市场的规模,这部分将在第 13 章讨论。很明显的问题是为什么要向公众提供失业保险。答案是失业补贴制度提供了抵制失业风险不确定性的保障。世界上没有哪一家私人公司提供预防变为失业或者持续失业这种风险的保障,因为道德风险和逆向选择阻碍了这种潜在合同安排。道德风险的出现是因为如果工人通过按市场价格购买保险来为那些消极后果投保,他们就不会那样努力地去避免失业和寻找新的工作。逆向选择出现在失业工人的非均质池中,在这里面一些工人具有更可能经历失业的(不可观测)特征。在这些情况下,知道自己的失业风险非常高的那些工人,会使得私人保险供应商提供的保险方案无利可图,并迫使他们提高价格,这使得该保险方案对那些具有平均风险水平的工人失去吸引力。

因此失业补贴的公共供给就成为工人在劳动力市场遭遇不公平和不公正待遇的修正,这些工人缺乏保险,尽管努力工作却仍然沦为失业者或保持失业。失业补贴的公共供给解决了逆向选择问题,因为参与这种保险系统对每个人来说都是强制性的。然而,这并不能解决道德风险问题,因为工人的保险由公共而不是由私人提供时他们并没有降低求职强度的动机。如果失业者工作与否对他们的效用没有太大差别的话,他们是不会积极地寻找其他工作的。本章讨论过的证据表明失业补贴供给对求职带来的抑制的确会是巨大的。而且,防止不公平的发展不可避免地会通过延长失业期限降低劳动力市场的调整速度。更广泛地,保护工人免受不公平市场发展的劳动力市场制度不可避免地降低了竞争强度,因为它们以较低的生产效率去交换事先的分配均等。从事先的观点来看,在避免私人保险商从事这项工作的信息不对称存在的情形下,这种交换是需要的,但事后,这不可避免地降低了生产效率。

按照最优保险理论,本章开头描述的失业补贴制度可以合理化。当求职努力程度无法被核实时,委托人(国家)必须给予代理人(失业者)作出这种努力的激励,最佳失业保险模型(Hopenhayn and Nicolini, 1997; Pavoni, 2007, 2009)要求与收入相关的失业补贴制度的替代率随时间而下降。这种补贴系统的另一个特征——对较长失业期的失业者提供平稳且开放式的补贴——与经济理论给出的方案是一致的。由于失业期间的人力资本折旧,对较长失业期的失业者,激发他们求职努力的成本相对于给不就业的人提供支持可能更高(Pavoni and Violante, 2007)。最后,将被动的收入转移和 ALMP(见第 12 章)结合起来的福利工作计划在不同失业期间都涉及一系列的行动和处罚。

另外一个与最近文献中一直强调的失业补贴供给相关的权衡涉及工作质量和失业补贴制度对结构变化的影响。Acemoglu 和 Pischke(1999)、Acemoglu 等人(2000)、Marimon 和 Zilibotti(1999)考虑了存在异质工人与工作的双边求职模型,提出需要一个积极的失业补贴水平使得产量最大化,否则,那些求职者尤其是较穷困的求职者将不被鼓励申请更难获得的高生产率的工作,并且企业不会创造这样的工作。在这些模型中由于失业补贴产生的失业有一个效率提升的功能,因为它允许经济体生成更好的匹配进而产生更高生产率的工作。有些证据(Boeri and Macis, 2010)从历史的观点表明失业补贴制度的引入的确增加了工作再分配和结构的改变。从中央计划经济过渡的国家经验也与失业补贴制度会增加工作再分配和结构的改变是一致的(Boeri and Terrell, 2002)。同时,当失业补贴制度过于慷慨时,提高效率的工作再分配可能会减少,因为失业期限延长并且产生停滞的失业池。并且,正如前面讨论的,实证研究经常发现失业补贴慷慨度与失业后工作质量之间没有关系。

延伸阅读建议

尽管一些调查研究有点过时了,但是依然很有启发性。我们特别推荐以下文章:Atkinson 和 Micklewright(1991)刊于《经济文献期刊》(*Journal of Economic Literature*)的研究,Devine 和 Kiefer(1991)、Kiefer(1988)提供的失业期限分析调查结果,近期由 Meyer(1995)、Krueger 和 Meyer(2002)所做的调查(然而这主要涉及美国经历)。Tatsiramos 和 van Ours(2013)提供的失业保险设计的潜在劳动力市场后果的综述。

复习题与练习

1. 为什么替代率只提供了失业补贴慷慨度的不完全度量?

2. 失业补贴制度的再分配有利于低技术工人吗?

3. 当失业补贴以以前的工作经历为条件时,我们预期失业补贴制度会对第一次求职的人带来什么影响?

4. 失业补贴制度的引入是如何影响劳动力参与的?

5. 你认为失业补贴慷慨度与结构改变之间会有什么样的关系?

6. 为什么失业保险不是由私人保险公司提供的?

7. 为什么存在社会最优替代率?

8. 静态和动态保留工资之间有什么主要区别?

9. 如果失业保险提高,则静态保留工资如何变化?请解释主要机理。

10. 如果失业保险提高,则动态保留工资如何变化?请解释主要机理。

11. 假设一个工人正在寻找工作,他的求职边际收益是 $MR=50-1.5w$,其中 w 指未来的工资,然而他求职的边际成本(存在失业补贴情况下)是 $MC=5+w$。

(a) 请解释 MR 和 MC 曲线:为什么 MR 是未来工资的减函数?MC 的截距代表什么意义?斜率呢?

(b) 这个工人的保留工资是多少?

(c) 假定失业补贴减少,以至于求职的边际成本增加为 $MC=20+w$,那么新的保留工资是多少?如果一份工作工资是 15 欧元,这个工人会接受这个工作吗?

12. Mike 对于消费 C 和闲暇时间 I 的效用函数为 $U(c, l)=cl$。每周有 168 个小时,他每小时的工资是 15 欧元。

(a) 写出 Mike 的预算约束,并作图表示。

(b) Mike 的消费和闲暇时间的最优选择是多少?

(c) 如果 Mike 每周获得 320 欧元的失业补贴,那么他的就业和消费会如何?

(d) 什么程度的失业补贴会使得 Mike 在工作和不工作之间无差异?

13. (进阶题)在求职模型中就业流量能够表示为

$$\rho V_e(w)=w+q(V_u-V_e(w))$$

其中,ρ 表示贴现因子,w 表示工资,q 指离职率,V_e 和 V_u 分别指就业和失业的价值。失业的流动值是

$$\rho V_e=z+\lambda\int_x^{\infty}[V_e(w)-V_u]dH(w)$$

其中 z 指闲暇时间的流量值,λ 指工作机会到达率,$H(w)$指工资分布,x 指保留工资。

(a) 解释这些价值方程背后的直观意义。

(b) 推导保留工资等式。

(c) 求出平均失业期间。

(d) 请说明保留工资会随工作机会到达率的增加而增长。

(e) 请讨论说明为什么理论中工作机会到达率和失业持续期间的关系是不明确的。

附录:搜寻理论和期限模型

1. 搜寻理论

正如在这一章讨论的,失业补贴慷慨度的改变必然会影响求职强度、工资议价和劳动力参与率。在这个附录中,基于 Tatsiramos 和 van Ours(2012)的理论,我们正式描述这些影响。

失业补贴的目的是保护工人免受不确定的劳动力市场风险的冲击。失业补贴的慷慨度是由这个制度所有的不同特征决定的,例如,资格条件、补贴持续期间和转移的数量。然而,在这个简化的求职模型中我们起初将失业补贴看作一维的制度,只有补贴水平 b 起作用,并且补贴可以无限期持续。

在研究补贴对从失业到就业的退出率方面,基本搜索模型是极为重要的。假定所有的失业工人都获得同样的失业补贴,这些补贴在整个失业期间都会被支付,我们开始考虑局部均衡模型。工人们以他们的(动态)保留工资作为求职的唯一工具来影响他们的失业持续期间。在一个静态环境中,有一份工作的流量值等于

$$\rho V_e = w + \delta(V_u - V_e) \tag{11.7}$$

其中 ρ 代表贴现率,V_e 代表获得一份工作的资产价值,w 指工资率(在失业持续期间是一个常数),δ 指外生离职率,V_u 指失业的资产价值。就业价值函数等于目前的工资 w 加去未来失业价值,这的确是一种损失,因为$(V_u - V_e)$是负的。

同样地,失业的流动值等于

$$\rho V_u = b + \mu\int_{w^r}^{\infty} [V_e - V_u] dH(w) \tag{11.8}$$

其中 b 代表补贴水平,μ 代表外生的工作机会到达率,$H(w)$代表工资分布。①此外,这个价值函数等于目前的效用(也就是失业赔偿金 b)加上未来找到工作的价值(在比率 μ 处发生)。

失业工人通过选择保留工资(即,他们接受的最小工资)影响从失业到就业的退出率。从式(11.7)可以得到从就业中获得的利益能够写成

$$V_e - V_u = \frac{w - \rho V_u}{\rho + \delta} \tag{11.9}$$

这意味着当 $V_e > V_u$ 或 $w > \rho V_u$ 时求职者会接受工作。在静态环境中,δ、μ 和 w 是

① 因此,工资提供 w,与工作机会有关,是一个随机变量,且具有分布函数

$$H(w) = \int_o^w h(w)dw$$

常数。在那种环境中，保留工资 w^r 等于失业的流动值：$w^r=\rho V_u$。

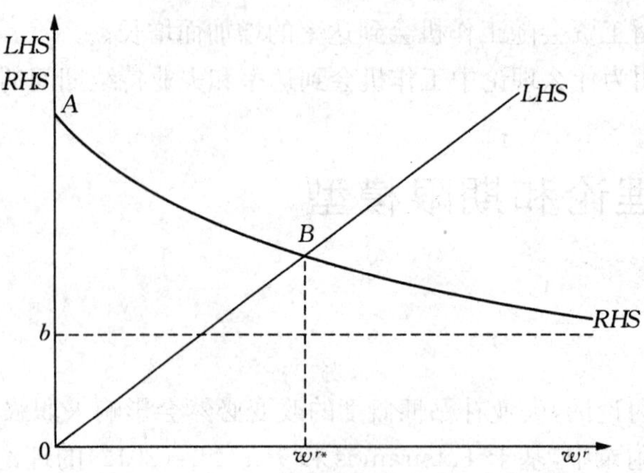

图 11.6　公式(11.11)的左边(*LHS*)和右边(*RHS*)

将式(11.9)和 $w^r=\rho V_u$ 代入式(11.8)中，保留工资可以表示为

$$w^r=b+\frac{\mu}{\rho+\delta}\int_{w^r}^{\infty}[w-w^r]dH(w) \tag{11.10}$$

运用分部积分法，可将其写成以下形式：

$$w^r=b+\frac{\mu}{\rho+\delta}\int_{w^r}^{\infty}[1-H(w)]dw \tag{11.11}$$

这是 w^r 的唯一解，正如在图 11.6 中所示。①根据隐函数定理，从式(11.11)中我们可以推导出下面的比较静态分析：

		w^r	D
1	$b\uparrow$	$\uparrow$	$\uparrow$
2	$\mu\uparrow$	$\uparrow$	两可的
3	$\rho\uparrow$	$\downarrow$	$\downarrow$
4	$\delta\uparrow$	$\downarrow$	$\downarrow$

如果失业补贴(1)或者工作机会到达率(2)增加，则保留工资增加。如果贴现率(3)或离职率(4)增大，则保留工资减少。在静态劳动力市场，求职率定义为 $\lambda=\mu[1-H(w^r)]$，在这个求职率下工人们可以获得工作机会，并且获得工作机会的可能性是可以被接受的。使得保留工资增加的那些变量降低了求职率 λ 并且延长了失业平均持续期间：

$$D=\frac{1}{\mu[1-H(x)]}=\frac{1}{\lambda}$$

---

① 注意：对于 $w^r=0$，式(11.11)的左边等于 0，而其右边等于 $b+\frac{\mu}{\rho+\delta}E(w)>0$(图 11.6 中的 A 点)。此外，$\frac{\partial LHS}{\partial w^r}=1$，因此，左边对于 w^r 是向上倾斜的，而 $\frac{\partial RHS}{\partial w^r}=-\frac{\mu}{\rho+\delta}(1-H(w^r))<0$，因此，右边是向下倾斜的。$LHS$ 与 RHS 相交于图 11.6 中的 B 点。

从这个式子中我们可以推导出失业持续期间 D 的比较静态分析，如之前的表格所示。工作到达率的影响是不明确的，因为一方面增加了保留工资进而对持续期间间接产生积极效应；但是从另一个方面讲，它也增加了失业退出率进而缩短了失业持续期间。对大部分工资分布来说，第二个方面的影响占支配地位。

(1) 引入搜索强度

对于失业者来说，把求职努力看作一种额外选择并不会改变补贴的主要效应。补贴水平 b 的增长不仅会提高保留工资 w^r，而且会导致更低的求职努力，这进一步降低了退出率。用 s 来表示求职强度，工作机会到达率是 $\mu=\alpha\mu(s)$，其中 $\mu'>0$ 且 $\mu''<0$。求职成本以求职努力的函数表示为 $c(s)(c'>0,\ c''>0)$，这意味着失业者的即时效用变为 $b-c(s)$。而且，α 表示劳动力市场状态的指标，这也会影响工作机会到达率。失业工人不仅能选择保留工资而且可以决定求职努力程度，这会影响失业退出率。通过式(11.10)可得，求职努力的最优值满足条件$\partial w^r/\partial e=0$，或者

$$c'(s)=\frac{\alpha\mu'(s)}{\rho+\delta}\int_{w^r}^{\infty}[w-w^r]dH(w) \tag{11.12}$$

因此，最优努力程度是使得边际努力成本与边际效益相等的值。

(2) 非平稳搜索模型

我们现在考虑非平稳的情况，这种情况下补贴水平会在失业期间发生变化，并且补贴持续时间是有限的(参见 Mortensen，1977；van den Berg，1990a)。当失业保险系统呈现补贴支付减少或者终止的态势，主要的理论预测就是已投保失业期间求职率的增长。当失业瞬时收入随着时间流逝而减少，我们可以得到 $b(t')\leqslant b(t)$ 对所有 $t'\geqslant t$ 都成立，这会引起失业价值降低，即 $V_u(t')\leqslant V_u(t)$，失业时间价值的降低和补贴的濒临终止会导致保留工资的下降，且 $w^r(t')\leqslant w^r(t)$，或者说导致更高的求职密度 $s(t')\geqslant s(t)$，这都会导致更高的退出率。

(3) 权利效应

在大部分失业保险系统中，补贴权利依赖于先前的工作经历，这和基本模型中失业者都可以获得补贴的假设形成对比。一般情况下，劳动力市场新进入者和长期失业者没有权利获得失业补贴。对这些人来说一旦未来他们失去工作，找到工作的同时意味着有了获得补贴的权利。这种情况下的行为效应和前面讲到的非平稳情形有相似之处，和那些刚刚开始失业的人相比，补贴快要终止的人失业价值更低。通常我们可以考虑两组求职者，第一组由有权利获得补贴或者刚刚开始失业的人组成，他们在失业价值 V_u 下获得 b 的补贴；第二组包括补贴快要终止或者没有权利获得补贴的人，他们的即时收入为 $b_n<b$，失业价值为 V_{un}。无权利的失业工人再就业流量等于

$$\rho V_e=w+\delta(V_u-V_e) \tag{11.13}$$

这表明无权利的失业工人一旦找到工作就有权利获得全部的失业补贴，并且未来会以 δ 的概率再次失业。类似地，这些无权利的失业者失业的流量值为

$$\rho V_{un}=b_n+\mu\int_{w_n^r}^{\infty}[V_e(w)-V_{un}]dH(w) \tag{11.14}$$

其中 b_n 代表了所得收入而不是失业补贴，并且 $b_n<b$。对于有权利的工人来说，他们的保

留工资满足 $w^r=\rho V_u$。第二组的保留工资 w_n^r 满足 $V_e(w_n^r)=v_{un}$。通过这些关系式以及式(11.13),我们可以用以下方式将无权利工人的失业值表示成两组保留工资的函数:

$$\rho V_{un}=\frac{\rho w_n^r+\delta w^r}{\rho+\delta} \tag{11.15}$$

通过式(11.13)、式(11.14)和式(11.15),我们可以将无权利的失业工人的保留工资表示成有权利者保留工资的函数

$$\rho w_n^r=(\rho+\delta)b_n-\delta w^r+\mu\int_{w_n^r}^{\infty}[w-w_n^r]dH(w) \tag{11.16}$$

这种特性表明这两种保留工资呈负相关。有权利工人的补贴水平 b 的增长(这会导致其保留工资 w^r 的增长)是和无权利工人保留工资的下降相关的。这种现象的出现是因为当补贴快要终止的时候无权利的工人从补贴水平增长中获得的即时收益是 0 或者非常小,然而未来有资格获得补贴的价值增加。对那些接近补贴终止的人以及没有权利获得补贴的人来说,这种权利效应提高了大家接受工作的动机。

(4) PBD 和补贴水平的改变

求职者在失业期间行为的变化和权利效应意味着有不同补贴权利长度的人会有不同的表现。给定失业长度和补贴水平,PBD 的增加会导致保留工资的增加,并因此导致平均失业期间的延长。PBD 的增长仅仅会带来短暂的即时抑制效应(在失业期间刚开始的时候)。补贴期间延长带来的最大效应是在系统改变之前预计失业期间接近补贴终止期。这是因为在那个时间有较长补贴延长期的新系统的保留工资明显更高,而没有补贴延长的系统保留工资处于最低水平。

补贴水平的增长也会不同程度地影响失业工人,这取决于他们已过去的失业期间。和补贴期间的延长相反,替代率的上升带来的最大影响发生在失业期间刚开始时。对一个刚刚失业的工人来说,由于有了更高的失业价值,补贴水平的上升会降低失业退出率。求职者接受工作前会要求更高的工资。对一个补贴终止期的工人来说,更高的补贴水平会导致更高的退出率,这是由于权利效应。

理论上来说,补贴慷慨度对平均失业持续期间的整体效应取决于两种反向作用的平衡。首先,更高的补贴水平和更长的补贴期间将会降低失业退出率。第二,对那些没有补贴资格或者接近补贴终止的人来说,按照权利效应,更慷慨的补贴会产生一种激励使得他们更快地找到工作。然而,由于权利效应发生时间晚,很可能抑制效应会占据主导,以至于补贴慷慨度的增加会导致更长的失业期间。

(5) 双边求职与匹配模型

和单边求职模型形成对照,通过规模效益不变匹配函数 $M=M(U, V)$(参见第 12 章)可以将匹配模型中存在的摩擦简化形式,其中 M 代表雇用流量,U 代表失业工人的数量,V 代表空缺职位数量。填补空缺的概率是 $m(\theta)=M(U, V)/V$,它是劳动力市场密度 $\theta=V/U$ 的增函数。求职者找到工作的概率为 $\theta m(\theta)=M(U, V)/U$,这也是劳动力市场密度的增函数。公司公布的空缺职位会以 $m(\theta)$ 的速率被填补。在一个被填补的工作中期望收益量为

$$\rho \Pi_e = y - w + \delta(\Pi_v - \Pi_e) \tag{11.17}$$

其中 y 指产量，w 指劳动力成本，δ 指外生的离职率，Π_v 指从空缺职位中获得的收益。空缺职位获得的期望收益流量表示为

$$\rho \Pi_v = -\kappa + m(\theta)(\Pi_e - \Pi_v) \tag{11.18}$$

其中 κ 指公布空缺职位的成本。根据自由进入的假设，$\Pi_v = 0$，在均衡点空缺职位的平均成本必须等于填补空缺职位的期望收益。通过式(11.17)、式(11.18)以及均衡条件，我们可以得到

$$\frac{\kappa}{m(\theta)} = \frac{y - w}{\rho + \delta} \tag{11.19}$$

这意味着劳动力市场密度和工资之间存在负相关。工人的行为与基本搜索模型相似，其中失业流量被定义为

$$\rho V_u = b + \theta m(\theta)(V_e - V_u) \tag{11.20}$$

工资是通过工资议价外生决定的，用这种机制分配工人和公司之间由于摩擦带来的租金。对于公司和工人二者来说，形成一种匹配所获得的和外部工作机会之间的差就是租金。租金的总和创造了共享的剩余，也就是 $S = V_e - V_u + \Pi_e - \Pi_v$。如果 β 代表工人的议价能力，$(1-\beta)$ 代表雇主的议价能力，那么商议的工资会是

$$w = \rho V_u + \beta(y - \rho V_u) \tag{11.21}$$

可以写成

$$w = b + \Gamma(\theta)(y - b) \tag{11.22}$$

其中 $\Gamma(\theta) = \dfrac{\beta[\rho + \delta + \theta m(\theta)]}{\rho + \delta + \beta\theta m(\theta)}$ 代表了工人在议价中的总权重，这不仅取决于“直接”议价权重 β，而且随着劳动力市场密度 θ 增加，同时也取决于贴现率 ρ 和离职率 δ。

失业补贴 b 的增加提高了求职者的失业价值，这导致了议价过程中工资的增长。因为更高的工资减少了公司的期望收益——式(11.19)的右边部分——为了保持均衡，公司通过减少空缺职位来降低空缺职位的平均成本，使得 θ 减少。为了推导出失业补贴增加对失业的影响，我们考虑了稳定状态的均衡，此时失业流入量等于失业流出量：

$$\delta L = \theta m(\theta) U \tag{11.23}$$

其中 U 代表了失业工人的数量，L 代表了就业工人的数量。失业率的平稳值由下式给出

$$u = \frac{\delta}{\delta + \theta m(\theta)} \tag{11.24}$$

这个式子给出了失业和空缺职位之间的关系——贝弗里奇曲线，同时也说明补贴的增加和劳动力市场密度 θ 的下降导致失业率的增加。

2. 期间模型

来自搜索和匹配理论中的求职率 λ 有一个明显的经验等式。在静态劳动力市场中，求职率

是一个常数,平均失业期间是 $D=1/\lambda$。因此,失业期间的个人数据可以用来推导求职率。

风险率模型是关于给定状态转变为另外状态之前的时间长度模型。如果 T 表示某状态的持续期间,密度函数是 $f(t)=dF(t)/dt$,失业期间或者时间长度小于 t 的概率是 $F(t)=\Pr[T\leqslant t]=\int_0^t f(s)ds$,并且期间大于或等于 t(称之为生存函数)的概率为 $S(t)=\Pr[T>t]=1-F(t)$。

风险函数指的是在生存时间 t 的时刻状态改变的概率,定义为

$$\lambda(t)=\lim_{\Delta t\to 0}\frac{\Pr[t\leqslant T<t+\Delta t \mid T\geqslant t]}{\Delta t}=\frac{f(t)}{S(t)} \tag{11.25}$$

对 $\lambda(t)$ 进行积分并通过 $S(0)=1$,我们可以得到

$$S(t)=\exp(-\int_0^t \lambda(u)du) \tag{11.26}$$

以及

$$f(t)=\lambda(t)\ \exp(-\int_0^t \lambda(u)du) \tag{11.27}$$

若出于叙述性目的,非参数法是有用的。如果完整持续期间的样本是可以得到的,那么生存函数的显著估计量就是1减去样本的累计分布函数。进而 $\hat{S}(t)$ 等于大于 t 的样本持续期间除以样本量 N。用 $t_1<t_2<\cdots<t_j<\cdots<t_k$ 代表样本量为 N 的样本持续期间离散生效时刻的观测值,其中 $N\geqslant k$。定义以下变量为

- d_j:在时刻 t_j 时的持续时间长度。
- m_j:在$[t_j,\ t_j+1)$期间右方设限的时间长度。
- r_j:在时刻 t_j 处于风险的时间长度。

风险函数的估计量等于在时刻 t_j 时终止的时间长度除以失败风险率,或者说 $\hat{\lambda}_j=\frac{d_j}{r_j}$,卡普兰—迈耶估计量是生存函数的样本近似。

$$\hat{S}(t)=\prod_{j|t_j\leqslant t}(1-\hat{\lambda}_j)=\prod_{j|t_j\leqslant t}\frac{r_j-d_j}{r_j} \tag{11.28}$$

这是一个递减的阶梯函数,间断点在每一个离散的故障时间。下表给了一个如何估计风险率和生存函数的例子(参见 Cameron and Trivedi, 2005):

j	r_j	d_j	m_j	$\hat{\lambda}_j=d_j/r_j$	$\hat{S}(t_j)$
1	80	6	4	6/80	(1−6/80)
2	70	5	3	5/70	(1−6/80)×(1−5/70)
3	62	2	1	2/62	$\hat{S}(t_2)$×(1−2/62)

注:在时间 t_j,r_j 是风险观察数量,d_j 是失败数量,m_j 是缺失期限数量(删失过的),$\hat{\lambda}_j$ 是估计的风险率,$\hat{S}(t_j)$是估计的生存函数。

如果可以得到很小的数据期间,风险率可以更具体地表示为可观测的个人特征 x 的函数。在比例风险模型中,条件风险率 $\lambda(t|x)$可以表示成

$$\lambda(t\mid x)=\lambda_0(t)\phi(x) \tag{11.29}$$

其中，$\lambda_0(t)$被称为基线风险，只有 t 这一个变量。而且，$\phi(x)=\exp(x'\beta)$ 只有一个变量 x 且是一个比例因子。有很多方式可以说明基线风险：

- 指数分布：$\lambda_0(t)=\lambda_0$。
- 威布尔分布：$\lambda_0(t)=\alpha t^{\alpha-1}$，其中 $\alpha>0$。如果 $\alpha=1$，便是指数分布；如果 $\alpha>1$，风险是单调增加的；如果 $\alpha<1$，风险是单调递减的。
- k 段阶梯函数：$\lambda_0(t, \alpha)=e^{\alpha j}$，$c_{j-1}\leqslant t<c_j$，$j=1,\cdots,k$，其中 $c_0=0$，$c_k=\infty$，并且参数$\alpha_1,\cdots,\alpha_k$ 是可估的。

也可能研究者并未观察到所有的相关特征，进而风险率可以被具体表示成可观测特征 x 和不可观测特征 v 的函数。在混合比例风险模型中，条件风险率可写成

$$\lambda(t \mid x, v)=\lambda_0(t)\phi(x)\exp(v) \tag{11.30}$$

这种情况下密度函数为

$$f(t \mid x, v)=\lambda(t \mid x, v)\exp(-\int_0^t \lambda(u \mid x, v)du) \tag{11.31}$$

不可观测因素通过积分可以消除掉：

$$f(t \mid x)=\int_v f(t \mid x, v)dG(v) \tag{11.32}$$

其中 $G(v)$表示不可观测异质性的分布函数。

▶12

积极的劳动力市场政策

积极的劳动力市场政策在很多国家都有着悠久的历史传统。20 世纪初期，很多职业介绍所建立起来。在两次世界大战之间的大萧条时期，政府制定了促进失业者就业的计划。随后，政府组织了劳动力市场再培训以刺激职业性的和区域性的人口流动从而促进结构调整。最近，一些激励计划已开始试运行，给那些失业补贴的受助者施加压力，避免他们陷入长期依赖公共转移的救济的困境。

目前，在 OECD 国家中实施积极的劳动力市场政策(active labor market policies, ALMP)的主要目的是通过加强劳动力市场的流动和调节来改善劳动力市场功能，促进劳动者转岗，提高在人力资本上的投资。同样也是为了通过缓解失业保险的道德风险问题来克服慷慨的失业补贴和福利计划带来的市场失灵问题。所有这些政策的目的都有助于维持有效的劳动力规模，保持有效的工作竞争力(Calmfors, 1995)。

积极的劳动力市场政策主要有四种:(1)培训，(2)就业补助，(3)公共就业服务和(4)激活。劳动力市场培训涉及对成年失业者、存在失业风险的人和在职成人的培训。就业补助由以促进失业者和重点人群就业或向他们提供就业机会的针对性措施组成，还包括对一些私营公司的工资补助，鼓励它们招收定向工人或者继续雇用那些面临失业的工人，支持失业人群创业，以及社会或者维护失业者利益的非营利性组织直接提供就业机会。公共就业服务涉及人员配置、咨询服务、就业指导、求职课程和给予失业补贴。激活措施直接通过补贴处罚、强制参加培训或者就业补助刺激失业者找工作。激活项目的关键实例是要求失业个人参加有职业顾问参与的集中面试，根据职业顾问的建议申请职位，独立寻找空缺职位、申请工作，接受合适的工作机会，参加个人行动规划，参加培训或提供就业机会的项目。如果失业者不愿参加激活项目，可能会(在补贴处罚的情况下)永久或暂时地失去补贴。一些激活项目就工作福利的意义而言，除了会使失业者保持有事可做之外不会提供更进一步的服务。工作福利计划的主要动机是区别非自愿失业和自愿失业。换句话说，工作福利计划可以使行政机构强制进行工作测试来评估个人真实的工作意愿。大多数 OECD 成员国的激活策略在原则上主要目的不是使用工作福利:所有项目都是为了起到就业服务的作用(OECD, 2005b)。

因为积极的劳动力市场政策代替固定的工作经验，帮助减少雇主对工作申请者的工作能力的不确定性，因此它可能会降低劳动力市场的错误匹配，促进求职者采取更多积极的寻职行为，并且起到筛选的作用。劳动力市场的人员配置项目可能会提供一种工作测试来取代失业补贴资格，因为那些并非真正对工作感兴趣的人宁愿不登记也不会参加该项目。积极的劳动力市场政策的一个副作用是工人被禁锢于培训和提供就业机会的项目，因为他们一旦参加，就会降低寻找工作的强度。

12.1 度量与跨国比较

积极的劳动力市场政策通常成本高昂，但并非总是如此。从总金额来看，也许只有一小部分工人参加了高成本的项目，而许多工人参加了价格低廉的项目。因此，为了说明积极的劳动力市场政策对于一个国家的重要性可以使用两种方法：一是把参与积极的劳动力市场政策的工人数量作为劳动力的一部分；二是把在积极的劳动力市场政策上的支出总数作为国内生产总值的百分比。

在劳动力参加积极的劳动力市场政策的数量上，国家间的差异很大，在2001年差异范围从最低点——英国0.2%，到最高点——西班牙12.8%。如表12.1所示，看作国内生产总值一部分的积极的劳动力市场政策上的开支在国家间有很大不同。

但是，墨西哥在劳动力市场培训上的花费只占国内生产总值的0.01%，芬兰则用了0.53%。韩国在公共就业服务上的花费占国内生产总值的0.01%，而意大利、卢森堡和美国等国家在公共就业服务上的支出稍多，丹麦和荷兰在这些服务上的花费高于0.4%。至于在就业补助上的花费，不同国家间的差异也十分大。意大利、墨西哥、新西兰、美国和英国在就业补助上的支出占国内生产总值的0.01或更少，而比利时和匈牙利在这一政策上的支出超过国内生产总值的0.30%。

最后，表12.1提供了一些OECD国家处罚率的概况（表示为失业补贴申请者数量的百分数）。处罚涉及接受补贴期间的行为。①处罚率从比利时、日本、瑞典、新西兰的非常低到荷兰和瑞士的相当高。有时，瑞士的制度被认为是对失业者施加压力——包括可能拒绝发放补贴——使失业者去求职并接受适当的工作机会。然而，Björklund和Holmlund(1991)的报告指出每年被拒绝发放的补贴总数仅仅相当于一年中所有申领到失业补贴人数的1%—2%，而且这个比率最近正在下降。因此，虽然瑞士的制度因其积极的劳动力市场政策而闻名，但它仍是表12.1所示OCED国家中补贴制裁最宽松的国家。一般而言，说一个国家处罚率低有两种原因：第一，可能是因为制度宽松或不可信，所以极少实施处罚；第二，处罚率低是由于工人遵守求职指南而产生反馈（平衡）的结果：因为处罚可以威慑投机取巧行为，最佳处罚是不处罚，这符合著名的贝克最佳威慑论(Becker theory of optimal deterrence, Becker, 1968)。瑞典的情况是第一个原因引起的。因为处罚会造成失业补贴100%下降，监管者不愿强制执行这种处罚（详情见Björklund and Holmlund, 1991）。

---

① 其他处罚可能涉及缺乏防止失业的努力（自愿失业）。根据初领失业补贴的人数，处罚范围从芬兰的3.4%到美国的13.5%。根据Grubb(2000)可以看到各国救济金处罚的详情。

表 12.1 ALMP 参与、公共支出和制裁率

国家	ALMP						制裁率(%)
	涉及的劳动力(%)	公共支出(GDP 的占比)					
		总计	培训	PES	创造工作	其他	
澳大利亚	1.7	0.32	0.03	0.17	0.03	0.09	3.30
奥地利	3.9	0.84	0.52	0.18	0.04	0.10	—
比利时	11.9	1.47	0.16	0.22	0.36	0.73	0.80
加拿大	1.3	0.31	0.13	0.14	0.02	0.02	6.10
捷克	1.1	0.32	0.04	0.11	0.04	0.13	—
丹麦	6.5	1.91	0.42	0.51	0.00	0.98	2.10
芬兰	4.0	1.05	0.53	0.18	0.09	0.25	10.20
法国	5.8	1.13	0.38	0.30	0.22	0.23	—
德国	3.6	0.95	0.31	0.38	0.05	0.21	1.10
希腊	1.8	0.23	0.02	—	0.00	0.21	—
匈牙利	4.0	0.62	0.05	0.09	0.39	0.09	—
爱尔兰	4.9	0.97	0.46	0.18	0.26	0.07	—
意大利	5.1	0.46	0.18	0.11	0.01	0.16	—
日本	—	0.27	0.07	0.05	0.05	0.10	0.02
韩国	—	0.41	0.07	0.01	0.28	0.05	—
卢森堡	8.0	0.55	0.04	0.05	0.13	0.33	—
墨西哥	—	0.02	0.01	0.00	0.00	0.01	—
荷兰	4.5	1.22	0.13	0.43	0.17	0.49	36.00
新西兰	2.1	0.34	0.14	0.12	0.01	0.07	0.40
挪威	2.4	0.50	0.22	—	0.04	0.24	7.30
波兰	4.0	0.69	0.04	0.09	0.04	0.52	—
葡萄牙	3.6	0.72	0.40	0.14	0.05	0.13	—
斯洛伐克	3.8	0.33	0.01	0.10	0.01	0.21	—
西班牙	12.8	0.90	0.20	0.17	0.10	0.43	—
瑞典	3.1	1.14	0.09	0.34	0.00	0.71	0.60
瑞士	1.5	0.44	0.22	0.13	0.00	0.09	38.50
英国	0.2	—	—	—	—	0.00	5.50
美国	—	0.13	0.04	0.04	0.01	0.04	35.40

资料来源:OECD Online Statistics, 2012, for data on ALMP participants and expenditure; Boone and van Ours (2009), Grubb(2000) for data on sanction rates.

注:积极的劳动力市场支出为 2010 年的支出(英国为 2009 年);在福利期间对行为的制裁和利益的拒绝是以 1997—1998 年福利申领者平均存量的百分比表示的。这些数字指的是对劳动力市场行为条件的制裁(不是针对行政违法行为的处罚)。—=无法获得数据;PES=公共就业服务。

12.2 理论

图 12.1 使用著名的贝弗里奇曲线说明积极的劳动力市场政策可能是如何影响劳动力市场运作的(见专栏 12.1),失业率和职位空缺率的经验关系(空缺职位作为劳动力的百分

比)。图 12.1 中曲线 BC_1 向下倾斜,因为在经济繁荣期,空缺职位多而失业工人少,但在经济衰退期,失业工人多而空缺职位少。因为经济经历周期性波动,失业和空缺职位结合使曲线 BC_1 上下移动。在特定时期,劳动力市场中可能存在失业率 u_1 和职位空缺率 v_1。贝弗里奇曲线的准确位置取决于劳动力市场效率。积极的劳动力市场政策可能提高劳动力市场效率,使贝弗里奇曲线向内变化,例如,从 BC_1 至 BC_2。如果情况属实,在有职位空缺率 v_1 的条件下,失业率将从 u_1 下降到 u_2。

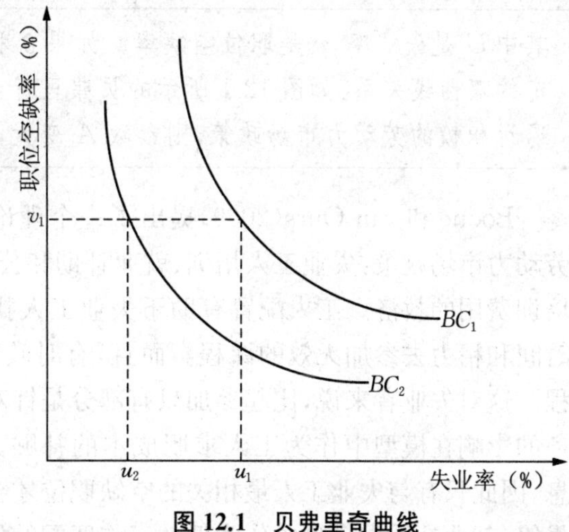

图 12.1 贝弗里奇曲线

专栏 12.1 贝弗里奇曲线和匹配函数

在许多劳动力市场中,失业率和职位空缺率呈反相关关系。表示这种关系的图被称为贝弗里奇曲线,以英国经济学家 William Beveridge(1879—1963 年)命名,他是第一位指出这种经验规律性的人(1944 年)。他把这种关系解释为由于空缺职位和失业者之间不匹配、各行业工人不间断再分配、周期性影响和测量误差所造成。后来,劳动力市场具有摩擦延迟的特点使得求职者和空缺职位之间的匹配代价高昂,这为贝弗里奇曲线提供了理论基础。通过匹配过程,空缺职位被填充,失业工人找到工作。这个过程可以用总匹配函数描述(Pissarides, 1979; Blanchard and Diamond, 1994):

$$m = A(U)^{1-\alpha} V^{\alpha} \tag{12.1}$$

其中 m 是每段时期的匹配数量,$\hat{U}(V)$ 是失业工人(空缺职位)在每段时期初期的数量,A 代表匹配过程的有效性,α 通常被设为 0.5。匹配函数的统计基础在本章附录第 1 部分中讨论。显然,如果失业数量或者空缺职位数量为 0,则 $m=0$。此外,尽管失业流出随 U 和 V 增长,但是呈递减率。在动态的劳动力市场中,劳动个体会频繁调换职位。由于公司暂时或永久缩减工人数量,不仅失业工人需要找工作,而且许多在岗工人失去工作。不同公司之间的劳动力再分配引起工人有规律的失业和就业。通常,假设工人由在职到失业的流量是就业总人数的常数分数:

$$F_{in}^{u} = \delta L \tag{12.2}$$

其中 F_{in}^{u} 是失业流入数,δ 是离职率,L 是在职工人数。在稳定状态下的劳动力市场,失业工人和职位空缺数为常数;失业流入数 F_{in}^{u} 等于失业流出数 m。因此

$$\delta L = AU^{1-\alpha} V^{\alpha} \tag{12.3}$$

或

$$\frac{\delta}{A} = \left(\frac{U}{L}\right)^{1-\alpha} \left(\frac{V}{L}\right)^{\alpha} \approx u^{1-\alpha} v^{\alpha} \tag{12.4}$$

其中 U 是失业率,v 是职位空缺率。如果 δ 和 A 为常数,则失业率和职位空缺率呈稳定的双曲线关系:如图 12.1 所示的贝弗里奇曲线。如果匹配过程变得更有效率,例如,通过积极的劳动力市场政策,则参数 A 变大,贝弗里奇曲线向原点移动。

Boone 和 van Ours(2009)提出了一个理论上的求职—匹配模型,区别出三种积极的劳动力市场政策:失业工人培训、就业补助和公共就业服务。他们把培训看作对失业工人培训费用的救济。工人配置有助于失业工人找到更适合的培训项目,因此他们不必浪费时间和精力去参加无效的课程。而且,有时政府会有一些直接提供给目标失业人群的课程。这对失业者来说,比起参加只有部分是针对他们的不同课程来说,花费要少。就业服务的影响在模型中作为工人求职成本的补贴。工人配置有助于过滤出所有职位空缺信息,因此只有与失业工人最相关的空缺职位才会被考虑。这就降低了失业者的求职成本。最终,就业补助在模型中作为低效工作匹配的价值补贴。在 Boone 和 van Ours 的模型中,积极的劳动力市场政策可以通过两种渠道潜在地降低失业率。第一种渠道是就业率增长。第二种渠道是通过培训使失业者得到更好的工作(工资更高,岗位损失率更低)。如果积极的劳动力市场政策使更多失业工人得到高技能工作,它就会通过降低就业向失业的流动来降低失业率。结果从理论上模糊了积极的劳动力市场政策对就业率的影响。然而,把工作质量同在职人口向失业人口的流向联系起来的机制可以区分不同的积极的劳动力市场政策。Boone 和 van Ours(2009)指出,培训对降低失业率影响很大,而就业补助和公共就业服务可能在降低失业率上影响不大。他们也指出失业补贴和培训之间可能互相影响:如果失业补贴更慷慨的话,培训就会更有效,因此这两种政策在帮助失业者获取更高质量的工作中自我强化。①

Boone 和 van Ours(2006)提出了一个理论框架来分析补贴处罚的影响,它是一种提高补贴受益者就业率的激励措施。他们提出了求职—匹配模型,在这个模型中补贴处罚影响失业者找工作的强度。补贴处罚可能通过两种渠道影响失业持续时间:第一个是采取事后措施,第二个是采取事前措施,因为失业的价值降低,补贴处罚将提高受处罚者找工作的强度。这个机制是事后效应机制:补贴下降刺激失业者努力找工作。而且,因为求职要求更加严格执行,那些没有受到处罚的人也可能会提高求职的强度。这是第二个事后效应机制:被处罚的风险也会影响那些还未受到处罚的失业者的求职行为。这两种效应在本章附录第 2 部分正式推导给出。

12.3 经验证据

图 12.2 提供了德国、挪威、瑞典和英国的贝弗里奇曲线的实证案例。②其中每个国家的失业率与空缺职位的关系都呈双曲线关系,并向曲线外波动变化。

---

① 类似结论见 Bassanini(2006)。

② 许多 OECD 国家没有长期的职位空缺的数据,这对生成更多国家的贝弗里奇曲线造成困难。

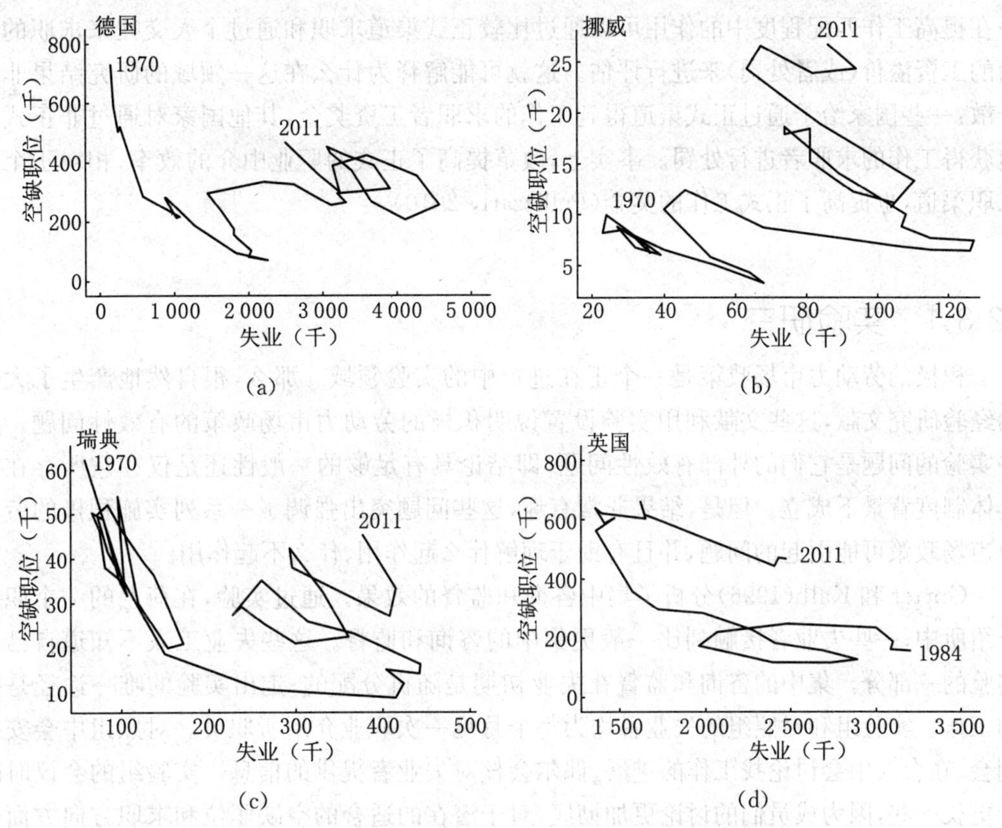

图 12.2 4个国家的贝弗里奇曲线：(a)德国；(b)挪威；(c)瑞典；(d)英国

资料来源：OECD Labor Force Statistics.

大量经验文献对两方面关系进行了估计，一方面是失业率和空缺职位的关系，另一方面是失业率和失业人口就业率的关系。这个关系支持贝弗里奇曲线，即总匹配函数（参见Petrongolo and Pissarides，2001）。该文献确认了失业人口就业率在职位空缺总数和失业人口总数中都呈现出增长的趋势，且都以递减率影响失业率下降。然而，研究发现这个关系并不总是稳定的，正如专栏 12.1 中的技术参数 A 总是随时间在匹配函数上上下波动。Boeri 和 Burda（1996）在观察影响匹配函数移动的决定因素时发现该决定因素的确与积极的劳动力市场政策的规模有关。

然而，在贝弗里奇曲线的变化的基础上，很难对积极的劳动力市场政策的影响得出结论，毕竟，在均衡的条件下，贝弗里奇曲线潜在地捕捉到了空缺职位信息和求职的变化、劳动需求和劳动供给的变化。而且，并非只有积极的劳动力市场政策的直接影响，其间接影响也十分重要（Calmfors，1994）。首先是置换效应，因为由某个项目创造的工作能够取代其他工作。其次是无谓效应，因为劳动力市场计划会补贴不需要这种计划也会出现的雇佣行为。第三，替代效应，因为工资相关性改变时，某一行业工人创造的工作会取代其他行业的工作。最后是社会中每个人行为的财政替代效应（税收要为项目提供资金）。因此，即使发现积极的劳动力市场政策会增加失业者再就业，但这并不一定意味着劳动力市场条件得到了改进。

有效的公共就业服务不仅可以提高就业率，而且会提高就业的匹配度。公共就业服务在提高工作匹配程度中的作用可以通过比较正式渠道求职和通过个人交往来求职的行为的工资溢价(或者处罚)来进行评估。这就可能解释为什么在这一领域的研究结果非常分散:一些国家给予通过正式渠道得到工作的求职者工资奖金,其他国家对通过非正式渠道获得工作的求职者进行处罚。事实上,改革提高了正式的职业中介的效率,相对于个人求职渠道,也提高了正式工作的奖金(Pellizzari, 2010)。

12.3.1 实验研究

积极的劳动力市场政策是一个正在进行中的实验领域。那么,很自然地产生了大量的经验研究文献,这些文献利用实验设置说明积极的劳动力市场政策的有效性问题。这些实验的问题是它们的外部有效性问题,即结论具有足够的一般性还是仅在它所存在的具体制度背景下成立。但是,结果非常有趣,这些问题突出强调了一系列实施积极的劳动力市场政策可能引起的问题,并且有助于理解什么起作用、什么不起作用。

Gorter 和 Kalb(1996)分析了集中咨询和监督的效果。通过实验,在荷兰的 7 个职业介绍所中,一些失业者接触到比一般更集中的咨询和监督。这些失业工人不知道自己是实验的一部分。集中的咨询和监督在失业初期是随机分配的;走出实验的唯一途径是找到工作。实验组和对照组的失业者均为每个月见一次职业介绍所职员。对照组中会安排例会,在会议中会讨论找工作的进展,偶尔会核对失业者提供的信息。实验组的会议时间会更长一些,因为成员们的讨论更加彻底,对于潜在的适合的空缺职位和求职方向方面会得到更多建议。而且,职业介绍所职员会花更多时间去查看失业者提供的信息。那些没有进行足够申请的人或者被列为虚假申请的人会掩饰自己没有努力找工作,这些人会更有可能受到检查,并得到相应的处罚。Gorter 和 Kalb 发现实验组的人申请率更高,求职成功率更高,但匹配概率稍低——对那些曾经有长期工作的人来说,申请率上升了 20%,求职成功率上升了 15%。因此,集中的咨询和监督刺激失业工人去更积极地申请工作。所以,求职成功率上升,这就表明额外的申请并不是虚假申请。

Dolton 和 O'Neill(1996)对英国的"重启项目"进行了分析,该项目包括从失业者注册登记后的 6 个月开始,每 6 个月对失业者进行一系列的强制面谈。在强制面谈中,职业顾问对失业工人最近的失业记录进行评估,对求职行为和培训课程提供建议,有时也会让失业者与雇主直接联系。失业工人被随机分配到实验组或对照组,这些成员符合领取补贴的资格,但是不必参加第一次的面试。被分到实验组的人如果没有参加"重启面试"或者被认定为没有为求职付出足够努力的话将面临降低补贴的风险。Dolton 和 O'Neill 发现"重启面试"明显缩短了失业工人的失业期。一些人还没找到工作就放弃了失业登记;这在女性失业者和那些并不是真正想获得工作的人中很普遍。这种失业外流在第一次"重启面试"期间数量很大,这体现"威慑效应"。但是,在实验的 18 个月期间,实验组和对照组重新找到工作的情况有显著差异。在 Dolton 和 O'Neill(2002)后续的文章中,他们研究了"重启项目"的长期影响,发现与 6 个月后参加第一次面试的对照组的人比较,"重启面试"的 5 年后男性失业率降低了 6 个百分点。Klepinger 等人(2002)对美国马里兰州选择性求职要求的影响进行研究,发现施加附加的求职要求会加速求职的进程(详情见专栏 12.2)。

专栏 12.2 美国的积极的劳动力市场政策

Daniel Klepinger、Terry Johnson 和 Jutta Joesch 提出了影响美国马里兰州失业补贴接受者可选择性求职要求实验的评估结果。根据社会保险号码随机分配对照组和实验组人员。失业工人对照组按照规定必须每周联系两个雇主,并报告联系情况来维持领取失业补贴的资格。马里兰州的实验分成了四个实验组,实验组成员在登记失业补贴申请后的一周之内会被告知他们的责任。第一组成员必须每周联系四个雇主,第二组成员没有具体数量上的要求但是必须积极寻找工作,第三组成员必须在失业初期参加 16 个小时为期 4 天的求职研讨会,第四组成员则被告知会核实他们是否联系了所要求联系的雇主。正如正文讨论的,提高求职要求带来两种效应。第一,实验效应:失业者可能联系更多工作,这样可能提高求职成功率。第二,威慑效应:附加要求使维持失业的非货币成本上升,这样会提高求职强度,或者降低保留工资(或者两者都会实现)。对四组人进行比较可以区分这两种效应。失业期开始之后第一年出现的各种结果如下:

观测结果	控制组	实验组效果			
		额外联系	无联系报告	研讨会	核实联系
支付的失业补贴总额($)	2 085	−116*	34	−75*	−113*
领补贴周数	11.9	−0.7*	0.4*	−0.6*	−0.9*
补贴消耗(%)	28.3	−2.5*	1.5*	−1.1	−2.8*
有效百分比	80.0	1.1	0.8	−0.8	1.3
收入($)	8 407	54	347*	−163	124

注:* 表示与实验对照组的差异在 5%的水平上显著。

施加附加求职要求所产生的非货币成本对于补贴申请持续时间来说很重要。每星期所要求联系的数量从 2 个增加到 4 个并表明核实联络情况,会减少失业者接受补贴周期几乎一周的时间,这是一个巨大的影响,因为一般失业补贴周期约为 12 周。不设置具体要求的联络数量延长了失业补贴领取周期。最后,要求参加求职研讨会也会减少领取失业补贴的周期。至少有一部分原因是许多失业工人在被计划参加求职研讨会之前尽快走出失业期。而对失业后的工作质量的影响在就业和工资方面来说很小或者几乎没有影响。

资料来源:Klepinger et al.(2002).

大量文献对这一分析进行了发展,涉及预计失业期较长的申请者的就业和培训服务,或者那些预计失业补贴有可能在失业期初期就会用尽的申请者。分析似乎对一些具体类型的工人来说相当有效,如重返职场的女性,但是对于其他类型的工人来说效果较小。专栏 12.3 对肯塔基州进行的分析和再就业服务实验的主要结果进行了论述。

专栏 12.3 美国的分析和再就业

Dan Black、Jeffrey Smith、Marsh Berger 和 Brett Noel 对失业保险申领者的自然实验进行了分析,目的是在肯塔基州提供强制性再就业服务。根据预期失业持续时间而得出的分析分数,将失业工人分为 20 类。估算预期失业持续时间的基础不仅包括个人特征还包括各种吸引本地劳动力市场的条件。再就业服务可获得的本地预算根据分析分数分配给失业者,从最高分开始分配,即从预期失业时间最长的人开始分配。如果对所有失业者来说资金不足的话,边际组成员无法被完全覆盖时,在边际组中,再就业服务是随机分配的。以下图形是实验组的时间轴。

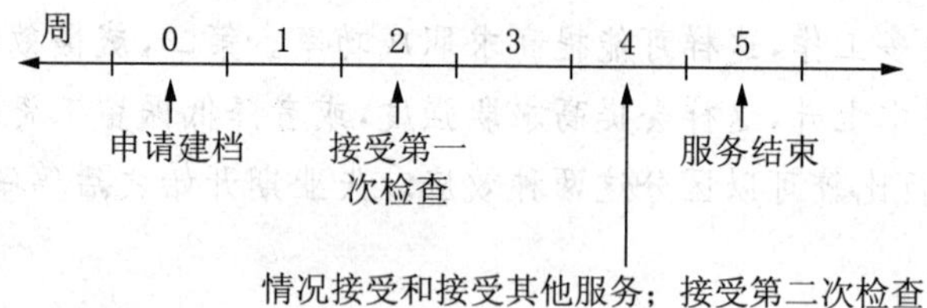

第二个星期期间可以领到第一笔失业补贴。在第一次核查之后到第二次核查之前,即在第三个星期或第四个星期期间,实验组成员会收到一封信,内容如下:

> 你已被确认为失业工人,并且被失业保险申请分析项目选中接受求职援助服务。根据法律,你有义务参与该项目。如果没有合理原因导致没有报告或者没有参加再就业服务,将会被拒绝申领失业保险补贴。

收到该项目通知的 10 个工作日之内,被实验组选中的申请者应将情况简介报告给当地办公室,在那里申请者会了解该项目,并完成一个调查问卷。有了这些信息,就业服务职员可以对申请者进行评估,然后提供给他们具体服务,如求职援助、就业咨询、求职研讨会和再培训项目。申请者需要在第三个星期或者第四个星期时联系失业保险办公室,以确认继续进行的资格,然后接受第二次复核。这样,信件和强制性再就业服务的威慑效果就可以在 2—4 个星期内观察出来。通过把实验者和非实验者进行比较,研究者们发现,再就业服务可以更快减少失业人数。那些很快再就业的人并没有得到更低的工资,这表明,“项目提供的待遇长期来看没有什么坏处”。强制性再就业服务的主要活动都在失业初期。那些被告知有义务参与再就业服务项目的失业者很快再次就业,避免了进入再就业服务项目。换句话说,威慑效应控制了其结果。显然,许多失业者将接受再就业项目视为惩罚,因而更乐于避开它。通过评估分析的目标是否是那些产生最大影响的实验者,作者们还把分析作为分配机制进行了评估。结论在这一方面并不那么鼓舞人心,正如他们所说:“证据对运用预期的失业保险持续时间作为分配处理的手段是否明智提出了质疑。”

资料来源:Black et al.(2003).

Van den Berg 和 van der Klaauw(2006)分析了荷兰关于咨询和监督的一个小规模实验的结果。他们把求职分为两种类型:正式的和非正式的。正式的求职通过人事广告和公共职业介绍所进行。非正式的求职涉及与雇主直接签合同,通过朋友、亲人或者在职员工找工作。他们认为咨询和监督只影响正式的求职者。监督导致非正式求职代替了正式求职,这样就降低了监督的效果。在荷兰的实验中,依据客观特征和主观评价把失业初期的失业者分为四种类型的其中一类。第 1 类失业者拥有足够的技能可以在没有帮助的情况下找到工作,而第 2、3、4 类求职者在援助下找工作。实验仅局限于第 1 类失业者,他们被随机分配到实验组或者对照组。对照组的成员必须每周汇报求职情况。另外,实验组的人被要求经常参加有职业顾问参与的会议,在这个会议上检查求职信和简历质量并做一个计划,在后续会议中会对上一次会议的计划进行评估,并为下一阶段做出计划。没有遵守规定的失业工人会受到惩罚,即失业补贴惩罚——两个月内的失业补贴减少 10%。在基准线评估方面,Van den Berg 和 van der Klaauw 没有发现明显的实验效果,咨询和监督不能帮助失业者快速找到工作。但是,他们也发现咨询和监督会影响四种求职类型:受制于咨询和监督的失业者的求职方式会从非正式的向正式的转变。Van den Berg 和 van der Klaauw 得出结论:对缺少有利特征的失业工人进行集中监督可能更有意义,因为这类人从非正式的求职转向正式求职的途径更少。最后,Graversen 和 van Ours(2008)表明强制性项目帮助丹麦的失业工人更快找到工作(详情见专栏 12.4)。

专栏 12.4 丹麦的积极的劳动力市场政策

Brian Graversen 和 Jan van Ours 对丹麦实验中得出的数据进行分析,该实验根据出生日期把失业工人随机分配到实验组和对照组。实验组的人要面对一些强制性活动,而对照组的人不需要。实验组中的失业者在失业后的一星期或两星期内会被通过信件告知他们的义务。信件中会对项目中所涉及的活动进行一个简要说明。失业的第五个星期或第六个星期之后,失业者必须参加一个持续两星期的求职项目。在此项目之后,失业者必须每星期参加一次或者每两星期参加一次会议。这些会议的目的是在失业者的求职中给予帮助,监督求职力度。失业者也可以接受公共就业服务提供的工作机会。在失业时间达到 4 个月之前,失业者必须接受参加一个持续时间至少为 3 个月的激励项目的建议。而在该阶段,不会再提供时间更长(时间超过 3 个月)的课堂培训课程。失业个人在 6 个月或者 7 个月后还没有找到工作的话就必须参加有个案工作者参与的会议,并且做出新的求职计划。求职计划包括对求职活动的说明以提高求职机会。在失业初期阶段提供给对照组失业者的服务密集程度不如提供给实验组的服务高。对照组的失业工人可以自愿参加这些活动中的一些,但是这种情况不会经常出现。通常对照组中的个人在失业一年后必须参加一个激活项目。Graversen 和 van Ours 发现即使是在求职项目开始前,实验组中的就业率也高于对照组。下表表明两组各自的生存函数。

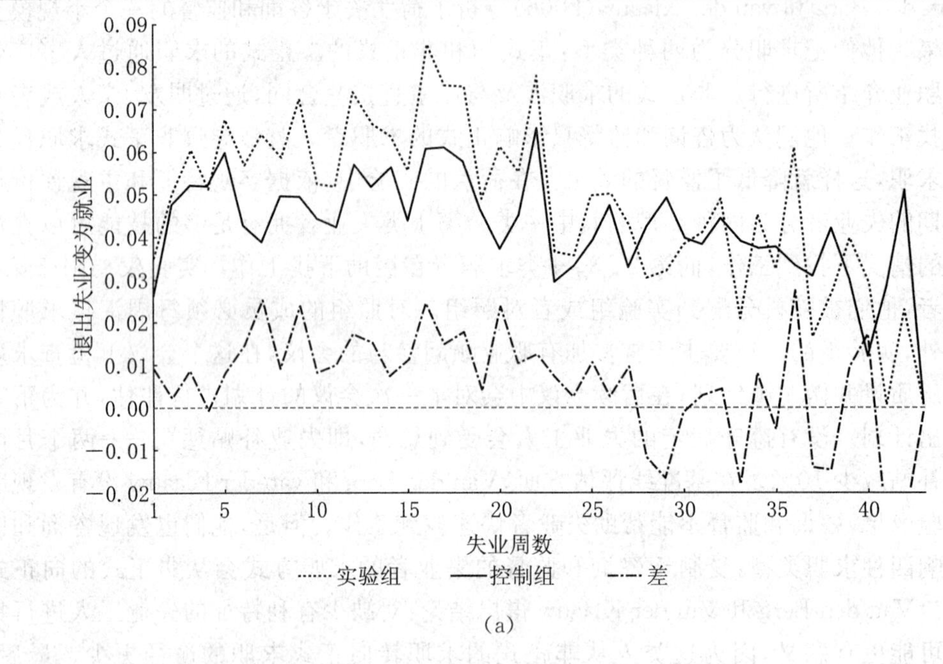

(a)

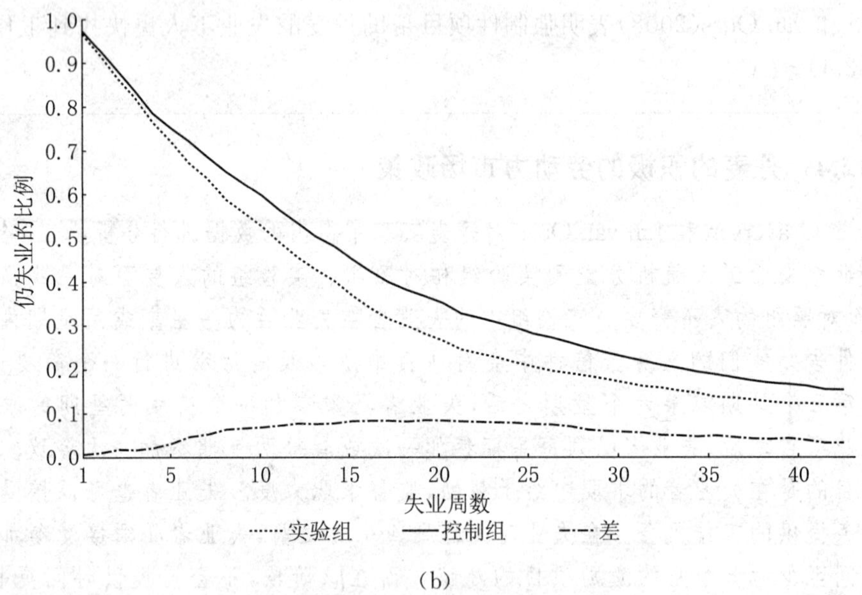

(b)

如上所示,实验组的失业者比对照组的失业者更快找到工作。3个月后,对照组中47%的人走出失业,而实验组中54%的人走出失业。6个月后,对照组中28%的人仍然失业,而实验组中只有21%。生存函数的差异一直上升到失业的13周,之后到26周一直保持不变,26周之后下降。该图也表明对于对照组来说失业持续期间的中位数约为14周,而实验组则为11.5周。显然,存在明显的处理效应。

资料来源:Graversen and van Ours(2008).

12.3.2 非实验研究

非实验研究是在跨国比较研究或者微观导向评估研究基础上进行的。在一个实验性和非实验性研究综述的基础上,Card 等人(2010)得出结论:"相对于实验设计的基准来说,非实验评估结果没有太大偏差。"

最新的关于一些失业补贴项目的评估研究并不那么乐观。Heckman 等人(1999)给出了一个微观经济学评估研究的详细综述。结论是积极的劳动力市场政策对于参与者的劳动力市场前景影响较小。而且,这些项目的影响差异很大,所以对于一些工人群体来说要比其他工人群体更有效。Card 等人(2010)分析了 1995—2007 年间进行的 97 个实验中得出的 199 份项目评估,发现长期评估比短期评估更有利。正如表 12.2 表明的,很多项目一年中显示出的影响无足轻重,或者甚至表现出消极影响,而 2—3 年则表现出积极的影响。最后,当失业补贴项目大规模实施时,替代效应和一般均衡效应可能会相当大。因此,如果这些项目没有被纳入宏观框架,微观处理效应评估对于公共政策的指导将会不理想。Calmfors 等人(2001)做出结论:关于瑞典的积极的劳动力市场政策的影响的证据令人十分沮丧。例如,劳动力市场再培训对于就业没有影响或者存在消极影响。Martin 和 Grubb(2001)在 OECD 国家的积极的劳动力市场政策中哪些起作用、哪些不起作用的综述中也得出了相似的结论:就业补助和直接提供工作在帮助失业者获得长期工作方面没有效果。

表 12.2 ALMP 的估计影响概要

影响估计	样本大小	估计影响的百分比		
		显著的积极影响	无足轻重	显著的消极影响
短 期	183	39.3	32.8	27.9
中 期	108	50.0	39.8	10.2
长 期	50	54.0	40.0	6.0

资料来源:Card et al.(2010).
注:短期=12 个月;中期=24 个月;长期=36+个月。

如果可以从基于微观数据的实证研究中得出一般结论,那么这个结论就是积极的劳动力市场政策对于就业率的影响相当小。①许多积极的劳动力市场政策的重要弊端是它们鼓励工人减少求职努力而不是促使其更加努力,其中包括所谓的锁定效应(locking-in effect)(van Ours, 2004)。其他影响也很重要。对于一个失业工人有效不一定在失业总水平上有效。其中的一个原因可能是挤出效应。如果培训项目使一个失业工人更快回归工作的代价是其他失业工人找到工作的速度放慢,那么这个培训项目是非常没有效率的。个人影响和集体影响出现差异的另一个原因是培训项目可能会使工人对企业来说更有吸

① Kluvea 和 Schmidt (2002)以及 Kluve(2010)对关于欧洲积极的劳动力市场政策的很多评估研究做了概述:他们认为提供求助援助、咨询和监督加上适当的违约处罚非常有效,这些方法的成本效益通常相当好,因为它们非常廉价。

引力,这刺激了岗位的创造。也可能是培训项目带来了工人和工作之间更好的匹配。如果那样的话,工作任期将会延长,这就会通过减少失业流入降低失业率。

激活措施似乎比那些培训项目或者就业补助更有效。从最近关于荷兰劳动力市场中失业补贴惩罚效果的微观研究中,我们知道降低失业补贴可能会对失业者再就业有相当大的影响。Abbring 等人(2005)通过对那些面对失业金下降的个人与还没有受到处罚的类似失业者的失业持续时间进行比较研究了财政激励的影响。在荷兰,领取失业补贴的人如果没有遵守补贴的相关规定,他们的补贴就会减少。根据失业补贴法,一个失业工人必须承担三重义务才有资格领取失业补贴。第一,工人必须避免不必要的失业。第二,工人必须采取行动以避免持续失业,他们可以寻找一份工作并接受适当的工作机会、作为求职者去公共职业介绍所进行注册登记、参加教育和培训等。第三,失业工人必须把与领取失业补贴相关的一切告知管理机构。与这些义务相关的四类违反情况会受到惩罚:(1)因应受谴责的行为被解雇的失业;(2)不努力找工作,例如求职强度过低、拒绝工作机会;(3)违反管理规定,如延迟报告;(4)其他违反行为,如欺诈、信息不真实。处罚是暂时性或者是永久地(全部或部分)降低补贴水平。事实上,失业补贴暂时的部分下降范围从 4 周的 5%到 13 周的 25%—30%。Abbring 等人(2005)分析了补贴惩罚怎样影响摆脱失业的过渡期,发现实施惩罚带来再就业率明显的大幅上升,从 58%上升至 67%。

Van den Berg 等人(2004)进行了一个类似的分析,即分析在荷兰鹿特丹,处罚对接受失业援助者的行为的影响。补贴处罚大幅提高了从接受补贴到工作的转换率:求职率超过两倍。简单地把那些受到强制补贴处罚的人和没有受到处罚的人进行比较是不恰当的。如果这样做,就无法考虑惩罚实施的选择性(不管怎样,那些求职率低、缺乏求职积极性的失业者更应该受到惩罚)。那么惩罚效果就会被严重低估。虽然补贴处罚本身是暂时性的,但是其影响却会长期存在。即使是处罚期满后,接受补贴到工作的转换率仍比实施惩罚前高。

在瑞士的劳动力市场上也可以发现补贴惩罚的类似影响。从关于瑞士补贴惩罚数据的一个分析中,Lalive 等人(2005)得出如下结论:实施补贴惩罚可以缩短失业周期约 3 个星期。他们也发现了采取事前措施影响存在的证据。Arni 等人(2013)评估了惩罚对失业后结果的影响。他们发现对 PBD 发出警告不影响此后工作的稳定性,却会减少失业后收入。

12.4 政策问题

1994 年 OECD 的《工作研究》(*Job Study*)建议政府要加强重视积极的劳动力市场政策,巩固其影响。OECD(2006b)在其工作策略重新评估中得出结论,“精心设计的项目应产生积极的影响……但是许多现存项目没有做到这一点”(OECD, 2006b, p.72)。不过,OECD 的相同报告也得出结论:“足够成功的项目已记录在案以证实恰当设计的 ALMP 的适当组合能通过改善工作匹配过程的有效性、增加工作经验、提高所参与工人的工作所需技能来降低失业率。”(OECD, 2006b, p.74)本节讨论关于就业服务和积极政策的主要政策问题。

12.4.1 我们需要公共就业服务吗?

虽然也存在私有的就业服务机构,但是就业服务通常由政府机构提供。向失业工人提供公共服务,帮助他们找工作。服务范围从帮助查找相关空缺职位、帮助失业工人找工作到提供可以提高失业工人技能的培训项目。为了受益于市场机制,一些国家为公共就业服务供给和其他积极的劳动力市场政策建立了准市场安排。OECD(2005b)认为要落实准市场安排,公共就业服务必须使公共机关和多种就业服务提供者相分离。公共机关负责判断个人是否有资格接受失业补贴和服务、把失业者分配给特定服务提供者、衡量服务提供结果。地方就业服务提供者可以选择自己的策略,目的是使失业的委托方重返工作。主旨是通过适者生存的原则,成功的策略将持续下去,即使是在很难鉴定为什么这些策略是成功的情况下也是如此。在公共就业服务中,对失业工人进行分析的问题很重要。为了资源的最优配置,那些预计接受补贴持续时间更长的人应该接受更多或者不同的就业服务。公共就业服务的功能在分析失业工人方面还有改进的余地。结果敏感地依赖于个案工作者的素质。例如,Lechner 和 Smith(2007)说明:瑞士的个案工作者在分析方面不如随机分配做得好,而瑞典的个案工作对积极的劳动力市场政策的成功做出了大量贡献。

12.4.2 我们需要激活政策吗?

激活政策对失业补贴接受者提出要求和义务,如有义务参加有职业咨询顾问参与的集中面试、积极寻找新工作、接受工作机会。激活政策与公共就业服务不同,因为对于那些想保留失业补贴权利的失业工人来说是必须参加的。因此,激活政策使补贴对失业者的吸引力减弱。结果可能会影响补贴接受者人数流入(一些失业工人将不再申请补贴)和补贴接受者人数的流出(或者因为失业者找到工作,或者因为他们放弃领取补贴的权利)。工作福利项目提供给失业工人临时工作以代替补贴支付,但是这些项目不提供额外服务。工作福利项目可能会作为一种筛选工具,但是并不会鼓励失业工人更加积极地求职。补贴处罚意味着失业补贴临时或者永久下降,结果加大了补贴和失业后工资的差异。这样将会刺激求职。不用大棒(例如,补贴惩罚),而用胡萝卜(例如,工资补贴或者提供有条件的就业刺激使失业者接受工资相对较低的工作)可能会使找工作对失业工人来说更有吸引力。激活和有条件的就业刺激扩大了工资和保留工资的差距。前者提高了净工资,后者降低了保留工资。

总的来说,对激活项目有利的证据相当强大。有人也许会质疑在经济衰退期间这些政策所起到的作用,正如与失业补贴接受者有关的道德风险问题在就业短缺时期可能不是那么严重。

12.5 与其他制度的相互作用

以上讨论表明:积极的劳动力市场政策是综合性策略的一部分,用来帮助失业人口或者非经济活动人口转向工作,实现工作与工作间的平稳过渡。这一角色为积极的劳动力市场政策、工资税计划和在职福利(见第 13 章)之间创造了一种牢固的联系。

对失业者来说,积极的劳动力市场政策很久以来被定义为与"消极的"收入补助金政策相反。但是,正如本章和第 11 章所讨论的那样,因为对失业补贴接受者求职努力程度监督不完善,所以与提供失业补贴相关的一个关键问题是不利于找工作。在一定程度上,积极的劳动力市场政策减少了信息的不对称。特别是一些积极的劳动力市场政策(补贴工作、培训计划或者公共工作)提供的一些职位能够用来作为一种实施工作测试的手段,刺激失业补贴领取者真正愿意去工作、积极地寻找工作。补贴处罚也可以作为一种威慑物被用来防止补贴领取者的投机行为(Pavoni and Violante, 2007)。

在这个意义上,积极的劳动力市场政策减少了与补贴供给相关的道德风险,帮助降低失业保险的有效成本,改善保险和失业持续时间的权衡关系(在第 11 章中讨论)。因此,其他条件不变,人们期望在失业补贴的慷慨性与个别国家对鼓励补贴接受者重返工作的基础设施建设(如,公共就业服务)的政策和投资之间观察到一种积极的截面关系。

图 12.3 显示积极的劳动力市场政策的支出作为国内生产总值的一部分对比失业补贴慷慨度的综合度量(失业补贴慷慨度随接受补贴的失业工人的比例调整)。这两种制度似乎在各国中都是一种正相关关系,与前述的理论思考相符。

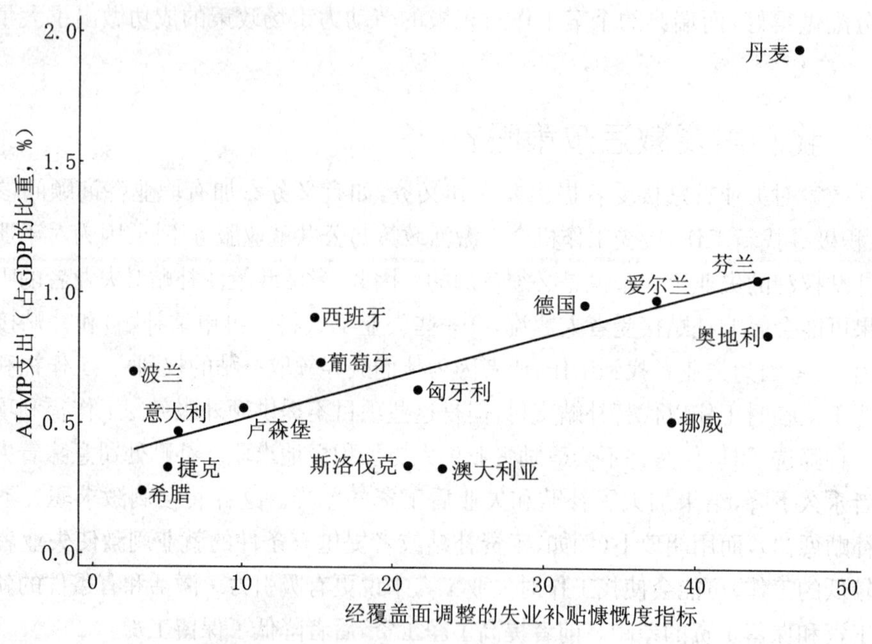

图 12.3 积极的劳动力市场政策和失业补贴

资料来源:OECD for the indicators and ECHP for the coverage.

注:纵轴表示作为国内生产总值一部分的积极的劳动力市场政策的支出;横轴表示第 11 章所讨论的 OECD 国家失业补贴慷慨度乘以领取补贴的失业工人比重的综合度量。见表 12.1 和表 11.3。

12.6 为什么存在积极的劳动力市场政策?

积极的劳动力市场政策的存在是因为失业补贴不利于失业工人找工作。这些不利因素可能会导致大量陷阱的出现(OECD, 2005b)。这种失业陷阱的出现是因为支付给失业工人及其家庭的补贴与从工作中得到的净收入相比稍高。这可能会阻碍失业者找工作，并对工资施加压力(见第 11 章失业补贴)。这种不工作陷阱与失业陷阱相似，但是与那些不接受失业补贴的劳动年龄个人有关。通常，一旦接受有偿工作就会失去与收入相关的补贴，结果是从工作中获得的净收入降低了。贫困陷阱也被称作低收入陷阱，因为它阻碍了那些低收入者延长工作时间或者找到高收入的工作。由于收入相关补助的取消，总收入的增长不能转化成净收入的增长。拥有相对慷慨的失业补贴制度的国家也会在积极的劳动力市场政策上花费很多。后者使得那些自愿失业的人比起其他情况下更快地找到工作。然而，即使没有失业补贴，积极的劳动力市场政策也能够提高劳动力市场的效率。失业时间过长的失业工人可能会丧失掉部分或者全部技能。那些寄希望于投资学习必要技能去找工作的非自愿失业工人可能不一定能够负担起这样的投资。资本市场缺陷为失业成人的公共培训和创业贷款提供了一个理由。在所有这些个案中，政府可能介入并提供财政支持。

延伸阅读建议

Calmfors(1994)提出了一个理解积极的劳动力市场政策如何运作的理论框架。Heckman 等人(1999)提出了测量积极的劳动力市场政策效果的详细探索。Kluve 和 Schmidt(2002)对许多探索积极的劳动力市场政策有效性的研究进行了概述。不同年份的 OECD《就业展望》(*Employment Outlook*)中都包含了对积极的劳动力市场政策的概述和讨论。最后，Card 等人(2010)对积极的劳动力市场政策进行元分析，比较并综合了 1995—2007 年所进行的研究的结果。

复习题与练习

1. 为什么有人批评把就业补助作为使失业者重返工作的政策工具?
2. 为什么培训比起就业补助或者公共就业服务能够更有效地减少失业?
3. 通过什么机制可以使补贴处罚影响失业人口?
4. 积极的劳动力市场政策怎样影响贝弗里奇曲线?
5. 劳动合成谬误以什么方式影响对积极的劳动力市场政策效果的讨论?
6. 有就业顾问参与的集中面试怎样影响失业工人的行为?
7. “个人背景分析”的意思是什么? 它在缩短失业持续时间上效果如何?
8. 失业陷阱和工资水平的上行压力之间是什么关系?
9. 为什么失业补贴高的国家培训更有效果?
10. 补贴惩罚制度的主要因素是集中监督和处罚规模。解释这两种因素在影响失业工人行为方面的不同方式。在解释中使用事前和事后措施影响的概念。
11. 匹配函数规定为 $M=AU^{\alpha}V^{1-\alpha}$，其中 M 是每个时间段的匹配数量，U 是失业工人数，V 是空缺职位数，A 代表匹配过程的效率。离职率是 δ，为方便起见，将劳动力标准化为常数 1。

(a) 说明如果 δ 增长,贝弗里奇曲线向外移动。

(b) 说明如果政府投资于匹配效率的提高,贝弗里奇曲线向内移动。

12. (进阶题)假设下面的方程组是在某种情况下失业工人可能面对的补贴惩罚。

$$\rho V_u = \max_{0 \leqslant s \leqslant 1}[b - \gamma(s) + \mu s(V_e - V_u) + \phi(1-s)(V_s - V_u)] \tag{12.5}$$

$$\rho V_s = \max_{0 \leqslant s \leqslant 1}[(1 - p_s)b - \gamma(s) + \mu s(V_e - V_s)] \tag{12.6}$$

ρ 是贴现率,V_u 是失业价值,b 是补贴水平,s 是求职强度,$\gamma(s) = \frac{1}{2}s^2$ 代表求职成本函数,μs 是求职率,V_e 是就业价值,V_s 是接受补贴惩罚后的失业价值,$\phi(1-s)$是监督强度,p_s 是处罚,s_u 是补贴惩罚执行前的求职强度,s_s 是补贴惩罚执行后的求职强度。假定工作是永久性的。

(a) 解释这两个方程式。

(b) 补贴惩罚的事前措施影响有多大?

(c) 补贴惩罚的事后措施影响有多大?

(d) 什么情况下 $s_u > s_s$?

(e) 为这些结果提供一个直观的理解。

13. (进阶题)使用上一个问题的方程组说明下列情况:

(a) s_u 随 p_s 增长。

(b) s_s 随 p_s 增长。

(c) s_u 随 ϕ 增长。

(d) s_s 随 ϕ 增长。

附录:积极的劳动力市场政策

1. 匹配函数的统计基础

工人与给定的一组空缺职位的申请过程被认为是不对等的。缺乏对等性意味着即使当申请者数量等于空缺职位数量时——正如一个标准随机的使球入瓮(Petrongolo and Pissarides, 2001)——一些空缺职位可能接收到更多的申请,而其他的职位可能一个申请都没有。如果一个空缺职位吸引一个以上的申请者,那么它会随机匹配给其中一个申请者。那么,每个空缺职位收到一个申请的概率为$(1/V)$,相反,这个空缺职位收到那个申请者申请的概率则为$(1-1/V)$。一个空缺职位没有收到任何一个申请的概率则为$(1-1/V)^U$,收到至少一个申请的概率是 $1-(1-1/V)^U$。在任何一轮申请中全部匹配发生的概率则为$V[1-(1-1/V)^U]$。对于大的 V 和 U 来说,$(1-1/V)^U$ 的一个充分逼近就是指数 $e^{-U/V}$。因此,总雇佣 M_1 由下式可得:

$$M_1 = M(V, U) = V[1-(1-1/V)^U] \simeq V(1-e^{-U/V}) \tag{12.7}$$

很容易证明这个函数有专栏 12.1 所讨论的匹配函数的期望性质,即:

(1) $m(0, V) = 0$,且 $m(U, 0) = 0$;

(2) $\frac{\partial M}{\partial U} > 0$, $\frac{\partial M}{\partial V} > 0$；且

(3) $m(\lambda U, \lambda V) = \lambda M$。

通过固定 M_1，允许 V 和 U 变化，可以获得一条贝弗里奇曲线。

考虑只有一部分的空缺职位(假定为 γ)登广告招聘，求职者只申请所有空缺职位的一小部分。匹配函数则为

$$M_2 \simeq \gamma V \left[1 - e^{-\gamma U/V}\right] \tag{12.8}$$

现在将需要更多的空缺职位(和失业工人)来得出一个关于 M_1 的给定雇佣水平。换句话说，贝弗里奇曲线向外移动。

如公共就业服务这样的积极的劳动力市场政策使劳动力市场更加透明，γ 增大。积极的政策可能也增强了失业者的求职强度，在这种情况下，这些政策提高了每组给定失业量的下限。在这两种情况下，积极的劳动力市场政策增加了每个给定 V/U(或者市场紧度)比率的匹配数量，导致贝弗里奇曲线向内移动。

2. 激励失业工人

本附录表明了以激励失业工人为目的的补贴处罚制度如何通过影响失业求职者的求职行为来影响求职率(参见如 Boone and van Ours，2009；Boone et al.，2007)。假设失业工人接受失业补贴 b，通常，$b<w$，w 是工资水平。求职者的求职成本为 $\gamma(s)$，$\gamma(s)$ 在求职强度中增长。在没有补贴惩罚的模型中，失业的流动价值等于失业补贴和求职成本的差，加上找到工作得到的预期收益：

$$\rho V_u = \max_{0 \leqslant s \leqslant 1}\left[b - \gamma(s) + \mu s(V_e - V_u)\right] \tag{12.9}$$

其中 μs 为求职率。

激励措施的目的是克服慷慨的失业补贴和福利计划中产生的市场失灵。激励可以通过补贴惩罚 p_s 实现，监督率等于 ϕ。因为监督并非完善，以受监督为条件，受惩罚的可能性为$(1-s)$。那么，假设每个失业个人只能接受一次惩罚，则有：

$$\rho V_u = \max_{0 \leqslant s \leqslant 1}\left[b - \gamma(s) + \mu s(V_e - V_u) + \phi(1-s)(V_s - V_u)\right] \tag{12.10}$$

$$\rho V_s = \max_{0 \leqslant s \leqslant 1}\left[(1-p_s)b - \gamma(s) + \mu s(V_e - V_s)\right] \tag{12.11}$$

其中 V_u 和 V_s 分别是未受处罚者的失业价值和被处罚者的失业价值。因此，处罚降低了失业价值，增强了求职强度。现在，最优求职强度(标注为 $*$)

$$\gamma'(s_u^*) = \mu(V_e - V_u) - \phi(V_s - V_u) \tag{12.12}$$

$$\gamma'(s_s^*) = \mu(V_e - V_s) \tag{12.13}$$

γ 随 s 增长，$V_s<V_u$，式(12.12)告诉我们：积极的监督率使那些未受到惩罚的失业工人的求职强度增强。这是采取事前措施的效果。惩罚也增加了受到惩罚的失业工人的求职强度，因为惩罚增加了差异 $(V_e - V_u)$。这是采取事后措施的效果。

总的来说，采取事前措施效果涉及工人的最优求职强度，这一强度要高于工人们没有面对被惩罚的可能性时的强度。采取事后措施的效果涉及强制执行惩罚之后得到较低的

补贴时对求职的影响。对于一些补贴惩罚制度来说,采取事前措施的效果往往比采取事后措施的效果更重要,而对于其他制度来说,却是相反的。这两种效果间的比较取决于工人的求职成功率和监督强度之间的差异。监督强度低,受到惩罚的可能性小,可能不会对求职行为有多少影响。主要效果是实施惩罚之后的效果。在这种情况下,采取事后措施的效果占主导地位。监督水平高,失业工人就会尝试通过提高求职强度来降低处罚率。那么,采取事前措施效果占主导地位。采取事后措施的影响可能很小,微观研究可能会导致实施惩罚没有效果这样错误的结论。处罚是有效的,但是它的主要影响在于其产生的威慑力,而不是处罚的强制实施。

▶13

工资税

历史上税收出现于封建领主的安排，通过税收国王可以获得非凡的收入以满足不寻常的临时状态，如战争。中世纪的税收制度产生于这种非凡的收入，最终成为政府开支的财政基础(Ames and Rapp, 1977)。从那时起，税收的历史就是为了应对各种特殊事件而进行各种征收之一的历史，尽管这些特殊事件早已不存在，但税收却长期生存了下来。在多数情形下，著名的 1783 年本杰明·富兰克林的语录是无可争议的："在这个世界上，没有什么可以说是确定的，除了死亡和税收。"

工资税是针对工资的征税，包括所得税和社会保障税。所得税也对非劳动收入征税，但劳动收入是家庭所得的主要来源。社会保障税的税基是工资单。工资税在企业劳动成本和工人净工资之间加入了一个楔子，因而降低了劳动力市场的规模。如果存在这种税收，工人就会提供比他们拥有较低税收的情形下更少的工作时间，而雇主也会创造比他们拥有较低税收情形下更少的工作机会。然而，工资税并不一定减少工人感知的收入。社会保障税也被认为是一种延期的消费。例如，在第 6 章中描述的公共养老金计划的缴费，人们放弃了当前的消费以换取将来更高的收入。社会保障税还提供防止收入波动的保险(例如，失业补贴制度)。

税收的影响与工资税对劳动力市场行为影响的评估有关，税收对行为的影响并不一定与市场税负承担方(需求或供给方)一致。有可能向雇主的征税实际上主要影响的是工人的行为，因为税负可以以低工资的方式转嫁给工人。

工资税是本书讨论的最后一种制度，因为税收对工人和企业行为的影响与税收收益的使用有关。本书所呈现的许多劳动力市场制度(例如，短时工作补贴、退休计划、教育、失业补贴、积极的劳动力市场政策)都需要工资税来提供资金。而且，减税常与失业补贴、最低工资和其他转移支付制度一起使用以降低对工作的不利因素。所以，本章还将讨论对家庭的社会转移和对工人和企业的税收抵免，以及工资税和社会转移支付是如何一起影响工作激励的。

13.1 度量与跨国比较

雇主被要求从其雇员的工资中扣留工资税。通常这些税收是按工资总额的百分比征收的,这被称为税率。平均税率是支付的总税额除以征税总量;边际税率是根据下一数额货币收入支付的税收百分比;在累进税制下平均税率随收入的增加而增加,即边际税率高于平均税率。边际实际税率可以不同于边际税率,因为纳税人可能在其收入范围内有部分是属于因免除、扣除或社会转移而免于纳税的,因此收入增加的征税事实上是对扣除这些转移后的征税。一些社会项目的资格事实上是以通过收入和资产测试(家计调查)为条件的。正如前面注意到的,工资税包含两个组成部分:税收和社会保障税。社会保险税还进一步区分为雇员支付和雇主支付两部分,但这种区分从经济学的观点看在中期上是无关联的,因为这种税负部分(或全部)被转嫁至第三方。税收制度是复杂的,以某一特定的数目来总结是不可能的。因此,税收水平经常依据不同状况进行计算。

表 13.1　2011 年工资税和增值税(VAT)税率

国　家	平均税收楔子				边际税收楔子(%)	VAT(%)
	所得税	雇员 SSC	雇主 SSC	总　计		
澳大利亚	22.3	0.0	6.0	26.7	35.4	10
奥地利	15.3	18.1	29.1	48.4	60.6	20
比利时	28.2	14.0	30.0	55.5	66.3	21
加拿大	15.5	7.3	11.7	30.8	40.8	5
捷　克	12.0	11.0	34.0	42.5	48.6	20
丹　麦	28.0	10.7	0.0	38.7	42.3	25
爱沙尼亚	16.8	2.8	34.4	40.1	42.9	20
芬　兰	22.7	7.2	22.5	42.7	57.2	23
法　国	14.3	13.7	42.3	49.4	51.3	20
德　国	19.0	20.9	19.7	59.8	60.4	19
匈牙利	17.5	17.5	28.5	49.4	63.5	27
冰　岛	27.8	0.5	8.7	34.0	43.5	26
爱尔兰	14.9	4.0	10.8	26.8	56.7	23
意大利	21.3	9.5	32.1	47.6	54.1	21
日　本	7.6	13.4	14.2	30.8	35.8	5
韩　国	4.3	8.1	10.1	20.3	28.8	10
卢森堡	15.0	13.1	12.3	36.0	54.9	15
墨西哥	4.9	1.4	11.8	16.2	18.7	16
荷　兰	16.0	15.4	10.2	37.8	47.0	19
新西兰	15.9	0.0	0.0	15.9	30.0	15
挪　威	21.5	7.9	13.1	37.5	51.2	25
波　兰	6.8	17.8	14.8	34.3	36.1	23
葡萄牙	13.5	11.0	23.8	39.0	50.7	23
斯洛伐克	9.5	13.4	26.2	38.9	44.4	20

（续表）

国家	平均税收楔子				边际税收楔子（%）	VAT（%）
	所得税	雇员 SSC	雇主 SSC	总计		
斯洛文尼亚	11.3	22.1	16.1	42.6	51.0	20
西班牙	15.6	6.4	29.9	39.9	48.1	18
瑞典	17.8	7.0	31.4	42.8	47.9	25
瑞士	10.0	6.2	6.2	21.0	27.7	8
土耳其	12.4	15.0	16.5	37.7	42.2	18
英国	15.6	9.5	11.0	32.5	40.2	20
美国	17.2	5.7	9.5	29.5	41.8	—

资料来源：OECD tax database，2012.

注：平均税率和边际税率两者考虑的都是能够挣得100%平均工资且没有家属的单身人士。总的平均税收楔子结合了中央和次中央政府所得税加上雇员和雇主作为劳动成本的百分比缴纳的社会保障税，劳动成本被定义为工资总额加上雇主的社会保障税。这里的税收楔子包括现金转移。值得注意的是，在澳大利亚、加拿大和新西兰，增值税被称为GST（商品和服务税）；在美国没有增值税，但有销售税。总税收楔子是按照所得税加上雇主和雇员的社会保障税来计算的，以劳动成本的百分比表示（劳动力成本被定义为总工资加上雇主的社会保障税）：

$$总税收楔子 = 100 \times \frac{所得税 + 雇员\ SSC + 雇主\ SSC}{100 + 雇主\ SSC}$$

SSC＝社会保障税；—＝无法获得相关数据。

表13.1展示了单个工人赚取平均工资的税收和社会保障税的跨国概述。①不同国家的总税负及其构成差异很大。平均工资税范围从新西兰最低的15.9%到德国最高的59.8%。大多数国家的社会保障税都相对较大；而在澳大利亚、丹麦、冰岛和新西兰所得税主导社会保障税。私人养老金安排的相对重要性在各个国家社会保障税的差异上起着重要的作用。表13.1的倒数第二列显示了边际税收楔子，这在不同国家差异也相当大。边际税率最低的是墨西哥(18.7%)，最高的是比利时(66.3%)。几乎每一个国家的边际税率都大幅度地高于平均税率。然而，在诸如德国和波兰等国家这个差异很小，这表明税收几乎成比例。增值税（Value-added taxes，VAT）有时被包含在总税负的计算中。②表13.1显示增值税也有很大差异，从加拿大和日本最低的5%到丹麦、匈牙利、冰岛、挪威和瑞典最高的25%及以上。

表13.2提供了关于税收福利制度影响不同类型家庭工人的净收入地位的方式的信息。这些数字表示一个普通工人的净收入占平均工资的百分比。③取100与第一列报告的数字之差，我们可以看到，税收楔子从最小的新西兰16%到最大的比利时56%。由于特定福利或税收的优惠，单身父母或带着孩子且仅有一个人工作的家庭的税收楔子要低于那

① 平均工资等于私人部门成年全时体力和非体力工人年工资总额的平均数（私人部门指：采矿业；制造业；电、燃气、供水；建筑；批发和零售业；汽车、摩托车、个人和家庭用品修理；酒店和餐馆；运输，存储和通信；金融中介；房地产、租赁和商业活动）。

② 例如，Nickell和Layard (1999)提倡总税收楔子也应该包括消费税（VATs），因为正是产品与消费工资之间的差异影响了劳动力市场的行为。

③ 计算包括劳动所得、社会援助、家庭福利、住房福利、所得税、本人的社会保障税和在职福利。

些工作的单身人士:比如,在新西兰,这些家庭的净收入甚至高于总收入(净收入大于100意味着负的税收楔子,见第二列)。与之对照,有孩子并有两个劳动力(第三列)的家庭与没有孩子的单身个人相比通常会受益于较小的税收优惠,虽然这些优惠低于那些单个劳动者的家庭。

表13.2 第一和第二收入者的净收入总额和边际有效税率

国家	净收入(%)			边际有效税率(%)		
	T1	T2	T3	H1	H2	H3
澳大利亚	73	85	76	69	63	66
奥地利	52	63	60	99	21	41
比利时	44	60	52	71	44	51
加拿大	69	81	73	54	53	65
捷克	57	78	65	99	31	37
丹麦	62	73	66	94	89	61
爱沙尼亚	60	69	64	—	—	—
芬兰	57	62	62	94	50	77
法国	51	58	55	89	36	43
德国	50	66	58	76	54	54
希腊	—	—	—	16	16	17
匈牙利	51	67	62	38	18	37
冰岛	66	79	69	89	45	45
爱尔兰	73	93	81	88	34	42
意大利	52	61	57	−8	38	52
日本	69	77	74	86	53	52
韩国	80	82	82	75	7	11
卢森堡	64	87	77	84	62	62
墨西哥	84	84	85	—	—	—
荷兰	62	69	69	88	42	41
新西兰	84	101	87	77	56	62
挪威	63	69	66	87	27	36
波兰	66	72	69	87	65	68
葡萄牙	61	71	64	55	51	52
斯洛伐克	61	75	67	125	83	89
斯洛文尼亚	57	77	66	—	—	—
西班牙	60	66	63	62	16	19
瑞典	57	63	61	100	34	47
瑞士	79	92	86	99	14	22
土耳其	62	64	62	—	—	—
英国	67	74	72	72	67	77
美国	70	82	75	46	52	52

资料来源:OECD (2005b); OECD Online Statistics, 2012.

注:家庭类型(2011):T1=赚平均工资的单身人士;T2=单一收入者(赚取100%的平均工资),已婚且有两个孩子(100%平均工资);T3=双职工(赚取100%和67%的平均工资,已婚且有两个孩子)。其中税收楔子和税率包含社会保障税,并扣除现金收益。变化类型(2005):H1=单一收入者从非经济活动到能获得67%的工资;H2=第一收入者获得67%的平均工资,第二收入者从不工作到获得33%的平均工资;H3=单一收入者从获得67%到获得100%的平均工资。

对于有两个孩子的双职工家庭，万一没有工作时的净收入在最初阶段从比利时最低的52%到瑞士最高的86%范围内变动。对于单个劳动者从非经济活动转移到赚取67%的平均工资(表13.2的H1列)，其边际税率在斯洛伐克共和国高于100%，而在奥地利、捷克共和国、瑞典和瑞士，其边际实际税率大约在100%。在这些国家，对于非就业人员，如果预期工资是平均工资的三分之二就没有动力去寻找工作。这与意大利形成强烈的反差，由于缺乏普遍的失业补贴制度和社会援助，他们的边际实际税率是低于0的。在存在按家庭层面界定的收入门槛时，实际税率在同一个家庭的不同成员之间具有相关性。表13.2展示了一个家庭一方挣得平均工资的67%，另一方从非经济活动到挣取平均工资的33%(H2列)时的边际实际税率。最高的边际实际税率是89%(丹麦)，而最低的边际实际税率是7%(韩国)。除了意大利和美国，对于每个国家，边际实际税率在第一种情况时都要比第二种情况中高。税收福利制度的这些特征导致了工作丰富和工作贫困家庭的两极分化。如果一个家庭中两个人都不工作，那么其中一个人接受一份工作的不利因素将非常大，但是如果其中一个人已经有了工作，那另一个人也找一份工作的不利因素就会少得多。

最后，表13.2(H3列)表明，当单个劳动力的工资从占平均工资的67%到100%时，其边际实际税率从最低的韩国11%变化到最高的斯洛伐克共和国89%。很明显，在很多国家，如果家庭中一方已经在工作，那么另一方不工作的人参加就业要比已经有工作的人多工作带来更多财务上的益处。唯一的例外是丹麦、日本和荷兰。

13.2 理论

经济理论表明，在影响劳动力市场结果方面，税收结构通常要比税收水平更重要。首先，我们说明税收结构是如何影响竞争市场对消费和闲暇个体劳动供给激励的。接下来，我们考虑不完全劳动力市场中税收与其他制度之间的相互作用。

13.2.1 完全竞争的劳动力市场

表13.1和表13.2描述了税收、社会保障税、转移和取款之间的相互作用，隐含着个人的预算约束是非线性的；即，由不同的线段组成(不像本书其他部分为了简单起见而考虑的那样)。因此，税收可能不仅深深影响着广延边际的选择，也会影响劳动者对于提供多少工作时间的决策。税收和社会保障税需要为本书讨论过的许多制度来筹资，因此同时考虑这些政策对集约边际的潜在附加影响也是非常重要的。

图13.1(a)描述了一个典型的所得税制度，个人收入在一定水平之下是不征税的(这就是所谓的不征税区域，也被认为是弥补与收入产生相应的成本)，譬如y_0。当高于y_0、低于y_1时征收的税率为τ_0；当$y>y_1$时，税率为$\tau_1>\tau_0$。税收制度的这些特点产生了一条与纵轴相交于F点的凸的分段预算约束线。这条预算约束线可以被分析性地描述为：

$$C=\begin{cases} wh & 若 h \leqslant h_0 \\ wh_0+w(1-\tau_0)(h-h_0) & 若 h_0<h\leqslant h_1 \\ wh_0+w(1-\tau_0)(h_1-h_0)+w(1-\tau_1)(h-h_1) & 若 h>h_1 \end{cases}$$

其中$h_0=\dfrac{y_0}{w}$，$h_1=\dfrac{y_1-y_0}{w(1-\tau_0)}-h_0$。

如果没有税收,预算约束线将在 h_0 左侧,由与纵轴交于点 c_{notax} 的虚线给出[图 13.1(b)]。当实行严格的比例税收制度(税率为 τ_0)时,预算约束线就会由那条与纵轴交于点 c_{prop} 的虚线给出。对于任何给定偏好的个人,税收的存在及其结构必然会影响工作时间的选择。在这个例子中,当没有税收的时候个体会选择 A 点,当实行累进税制时会选择 B 点,当实行比例税制时会选择 C 点。因此,税收的存在及其结构都会影响劳动力的供给决策。值得注意的是,相比于累进税制,一个纯粹的比例税制可能会引起个人对闲暇有更强烈的偏好,从而减少工作时间[如图 13.1(b)所示]。这是因为比例税制没有不征税区域。然而,一般来说,累进税制相比于广延边际会更多地影响集约边际,因为工作时间的减少会显著地减少税收。

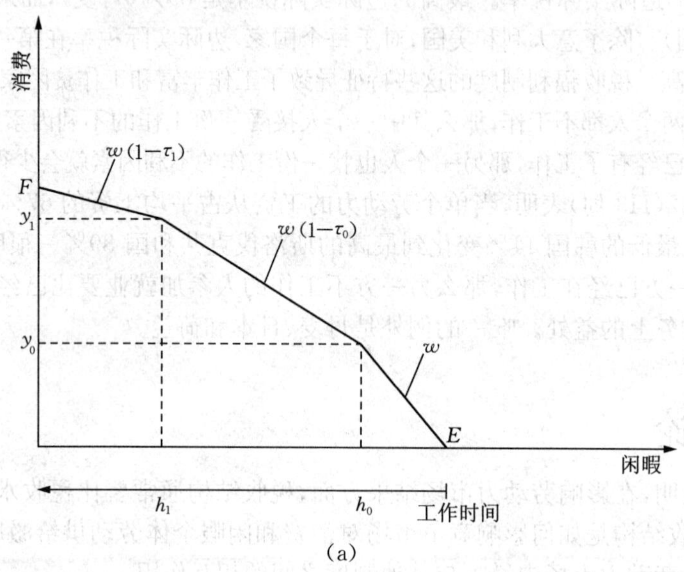

(a)

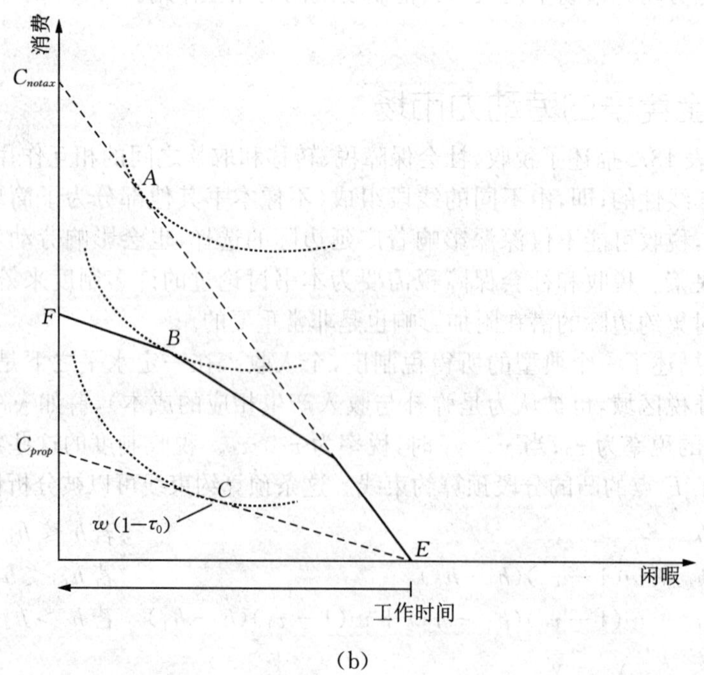

(b)

图 13.1　(a)累进税制;(b)在不同税制下闲暇与劳动的选择

由于预算约束线存在相对平坦的一段,这诱发了工作时间的减少,使得如果增加额外的工作时间,获得的工资是很低的。图 13.2 描述了预算约束线完全水平的情形。这种情况出现在存在最低保障收入机制(minimum guaranteed income, MGI)的情况下,这是一种社会援助计划,保障人们的收入至少达到一定的生存收入水平 $y_{\min}$。由于最低保障收入的存在,消费不会低于 $y_{\min}$;因此,在没有这个计划时工作少于获得这种生存水平所要求的工作量的个人就会选择根本不工作,从 A 点移动到 B 点。正是这些不利于工作的因素,导致最低保障收入通常和无视收入或者以就业为条件的激励(ECI)(如第 13.4 节讨论的那些)结合,使预算约束线形成从左侧到不工作点处向下倾斜的轨迹。

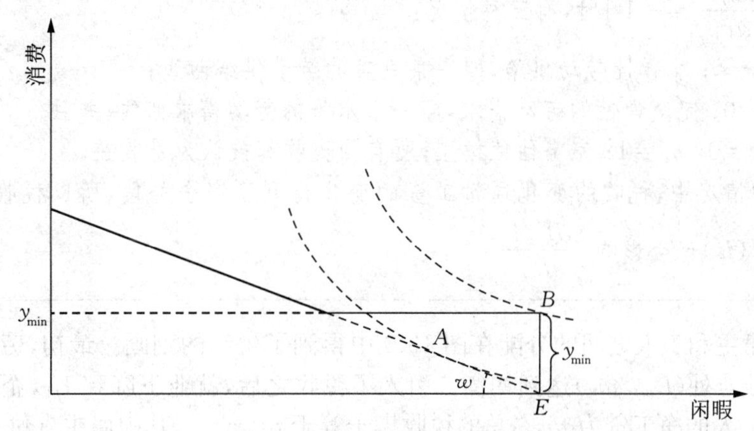

图 13.2 最低保障收入

总之,当税收沿着广延边际影响劳动供给时,通常会降低劳动参与率,无论税收结构如何都会诱使人们不去参加工作,因为这时只有替代效应在起作用。而相反当税收影响劳动供给时间时,它们的影响通常取决于税制结构和替代效应与收入效应的相对大小。如果替代效应大于收入效应(通常认为是这种情况),累进税制将比比例税制更能减少劳动力的供给。当收入效应相对较大时,就会出现相反的情形。

除了影响劳动供给,工资税也可能影响影响劳动需求或者增加劳动力成本。究竟是谁负担工资税,这主要取决于劳动供给和劳动需求的弹性(见专栏 13.1)。

专栏 13.1 劳动力供给和工资税的评估

在纯税收模型里,工人不能从税收中得到收益。但是在现实中,工资税(如社会保障税)可能会被用来为一些有益于工人的项目筹资。如果是这样的话,增加税收为工人带来某些福利。在静态模型中,工资税通过以下途径影响劳动供给(L^s)和劳动需求(L^d):

$$L^d = L^d(w(1+t_f)) \tag{13.1}$$

$$L^s = L^s(w(1-\rho_w t_e) + \rho_e w t_f) \tag{13.2}$$

其中 w 是税前工资,t_f 是由雇主支付的那部分工资税,t_e 是由工人自己支付的那部分工资税,ρ_w 是工人自己支付雇员税收的折扣,ρ_e 是相对于现金收入工人对雇主税的估计率。我们可以区分两个极端情况。首先,在纯税收模型中,$\rho_w=1$, $\rho_e=0$;工人从税收中得不到任何好处。接下来,在充分估价模型中,$\rho_w=0$, $\rho_e=1$;此时税收全部成为工人福利,这相当于现金收入。通过引入均衡条件 $L^d=L^s$,利用隐函数规则,当雇主支付的工资税从 $t_f=0$ 有一个很小的增加时,它对劳动力的供给有以下的影响:

$$\frac{dw/w}{dt_f}=-\frac{\varepsilon-\eta\rho_e}{\varepsilon-\eta(1-\rho_w t_e)} \tag{13.3}$$

其中 ε 代表劳动供给弹性的倒数,η 代表劳动需求弹性的倒数。工资税的变化完全转移到工资$\left(\frac{d\omega/\omega}{dt_f}=-1\right)$时,有三种情况:

(1) $\varepsilon=\infty$;非弹性劳动供给,即一条垂直的劳动供给曲线;

(2) $\eta=0$;完全弹性的劳动需求,即一条水平的劳动需求曲线;并且

(3) $\rho_w=0$, $\rho_e=1$;完全估值模型;所有的税收都被认为是收益。

在上述三种情况中,税收的变化通过工资的变化得到了完全补偿,所以税收的变化不应该对就业(L)产生影响:$\frac{dL/L}{dt_f}=0$。

税收在雇主和工人之间的分配在图 13.3 中得到了生动的刻画。最初,劳动力市场在工资和就业结合处(L_0, w_0)达到均衡。引入了税收之后,就业下降到 L_1,企业的工资成本等于 w_d,工人的净工资为 w_s。总的税收楔子等于 w_d-w_s,其中雇主支付 w_d-w_0,工人支付 w_0-w_s。供给曲线越陡峭,工人支付的税收比例就越高;需求曲线越陡峭,企业支付的税收比例就越高。正如本章附录第 1 部分中将更详细说明的,税收负担被转移到劳动力市场中弹性较小的一方。如果劳动供给对工资变化反应不大(如主要工作年龄的男性的情形),雇员就要负担工资税中较高的比例。由于税收增加了雇主的工资成本并且降低了工人的净工资,税收将会减少就业。税后的均衡将是无效率的,因为就业并不在劳务交易总收益最大化的水平上,并产生了三角形 ABC 的无谓损失。

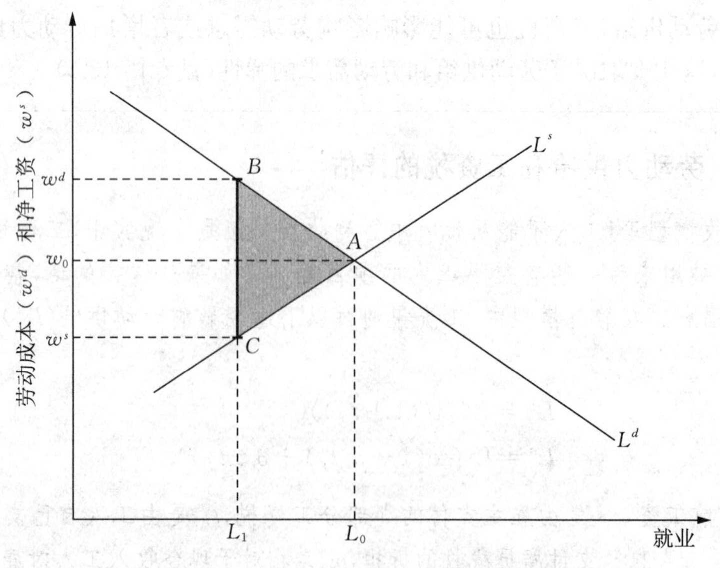

图 13.3　竞争性劳动力市场的工资税

13.2.2 不完全竞争的劳动力市场

在不完全竞争的劳动力市场中,税收对就业和工资的影响可以得到更好的研究,因为均衡时也存在某种失业。在完全竞争的劳动力市场中,税收仅仅涉及劳动参与率的调整和就业的减少,并不涉及失业问题。

特别是,我们考虑在第 11 章和第 12 章描述的存在摩擦的劳动力市场,这里工人能够匹配空缺的职位,然后与雇主谈判如何分配因摩擦而产生的租金。①在这种情况下,税收的影响取决于失业补贴和工资之间的关系。假定最初失业补贴引用的是(净)工资,即工人的购买力 w_s。就像本章附录第 2 部分中表示的那样,这种情形下较高比例的工资税意味着求职者的保留工资 w^r(求职者愿意接受的最低工资)和实际工资 w_s 相应地下降。由于提供的工资和工人期望的工资以相同的量下降,劳动的供给不受影响。图形上,劳动供给曲线是垂直的,税收完全由工人实际工资的下降来负担,对劳动力成本没有任何影响。因此,这种情况对就业和失业没有任何影响。

相反,税制结构的变化影响着失业。在累进税制中税收中性的增长会增加就业和减少失业,因为这将使劳动者在工作和闲暇的权衡中更倾向于选择工作。劳动供给的增加降低了工资水平,并且反过来增加了劳动的需求和均衡的就业水平。我们的直觉是,当失业补贴以工资作为参照时,比例税只是影响总税金在工人和雇主之间的分配,而累进税则影响分配规则本身,使其更不利于工人。

分析可以通过允许调整工作时间来充实,而不仅仅考虑劳动力的人数(Cahuc and Zylberberg, 2004)。在这种情形下,累进税在广延边际(税收较低)上增加了就业,并减少那些最初工作很长时间并且挣较多钱的工人的工作时间。

当失业补贴不参照净工资(即,被定义为税前总工资的一部分)时,税收会影响失业,甚至当它们是比例税时也一样。这是因为外部选择的变化将影响税收分配规则,而不再仅影响剩余。换言之,当失业补贴与总工资挂钩(而不是净工资)时,劳动供给曲线是向上倾斜的,因此征税时,雇主将面临更高的劳动力成本。

总的来说,税收对就业和工资的影响取决于工资函数的斜率。如果这个函数曲线相对平坦,加税将会导致就业大幅度减少。如果这条函数曲线相对陡峭,就像主要工作年龄的劳动供给那样,加税将会被工资吸收,就业不会有太大的变化。图 13.4 描述了这两种情况。我们模拟增加雇主的社会保障税带来的影响,任何给予工人的给定工资都会增加劳动力成本:税收的增加导致劳动需求曲线从 L_0^d 移动到 L_1^d。图 13.4(a)描述了就业大幅降低(从 L_0 变动到 L_1)和工资小幅减少的情形。图 13.4(b)描述的是就业小幅下降、净工资大幅下降(从 w_0 变动到 w_1)的情形。

上述结论在工资谈判不在个人层面,而是在工会有组织地进行的情况下同样成立。如果工资是由企业和工会谈判决定的,失业将会限制工会的工资要求。税收影响工会的工资平台(工会工资曲线;参见第 3 章),因为工会和企业意识到税收的支付取决于均衡的

① 这种分析框架的一个问题是没有考虑参与率的变化。然而,税收对劳动参与率的影响在不完全竞争市场与完全竞争市场的方向相同,读者可以参照此例。

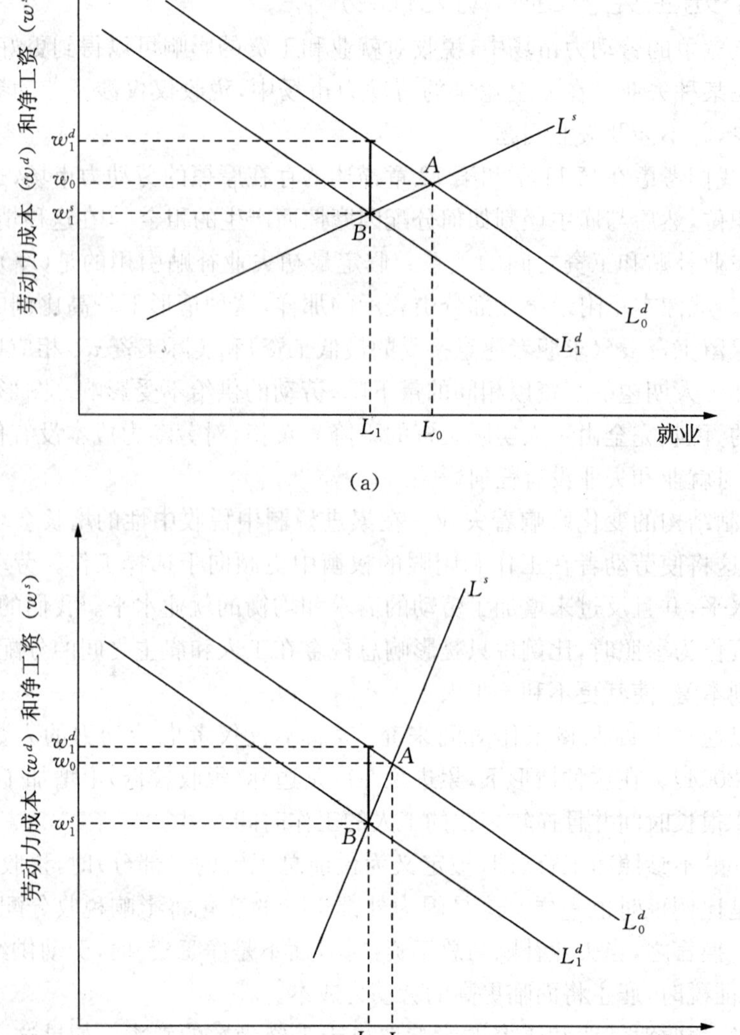

图 13.4 雇主社会保障税的增加:(a)相对有弹性的劳动供给(平坦的工资设定函数);(b)相对刚性的劳动供给(陡峭的工资设定函数)

工资水平。因为企业和工会都会考虑税收,累进税意味着较低的失业率,而累退税则意味着更高的失业率。当税收是比例税且失业补贴基于净工资时,征税会引起劳动需求和工资曲线下降相同的幅度,这时税收全部被工资吸收,并不会造成失业,就像个人设定工资的情况一样。

Pissarides(1998)在效率工资模型中也考虑了税收的影响。在这种情况下,失业的作用就是惩罚工人,防止工人工作偷懒。在给定失业金的情况下,税收不会影响工资报价。此外,在竞争性模型中,起作用的是税收数量,而不是税收的结构。我们直觉认为税收结构的影响来自谈判规则,而效率工资环境中不存在谈判——雇主单方面设定工资。

因此，税收结构的变化（即，或多或少的累进税）是否影响就业，取决于劳动力市场的性质。如果工资是在竞争性市场中决定或者是在效率工资模型中设定，那么税制结构是不相关的。唯一起作用的就是税收水平。然而，如果劳动力市场中存在摩擦，并且就这些摩擦产生的租金而进行谈判（无论是个人还是集体）时，税收的结构就会变得非常重要。

13.3 经验证据

正如在第 13.2 节讨论的那样，当评估工资税的效率成本时，劳动供给对工资和税收变化的反应是至关重要的。大量的实证文献对劳动供给、对税收和转移支付的行为反应进行了研究（有关概述参见 Blundell and MaCurdy，1999；Keane，2011）。我们可以发现男性劳动供给受税率变动的影响不大，而如果净工资增加，女性劳动供给将会显著增加。

Eissa（1995）利用美国 1986 年颁布《税收改革法》作为自然实验来确定已婚女性的劳动供给对税率变动所做出的反应。《税收改革法》将最高边际税率降低了 44%（从 50%降到 28%），但对收入分布的下游边际税率的改变有所减弱。Eissa 分析了达到和超过分布的第 99 百分位的已婚女性的反应，使用分布在第 75 百分位的女性的反应作为对照组。税收的影响被认为是，获得大幅税率降低的女性和小幅税率降低的女性在劳动供给变化方面的差异。Eissa 发现由于税收改革，高收入已婚女性的劳动供给得到了增加，这意味着有关税后工资的弹性大约为 0.8。该弹性至少一半是由于劳动供给沿广延边际的反应，也就是劳动参与率带来的。

多项研究发现，税收的减少对单身父母的劳动参与有着相对强劲的影响（Eissa and Liebman，1996）。如果税收不能以低工资的形式转嫁到工人身上，工资税将只会降低就业。如果税收有完全的补偿，那么雇主就不会面对更高的劳动力成本，较高的税收不会导致较低的就业率。伴随而来的问题是税收是否完全影响那些有义务的纳税人。

Gruber（1997）利用智利社会保障筹资的变化来评估工资税的影响范围。企业工资税成本的下降看来完全以较高工资的形式转嫁给了工人，所以对就业水平影响很小。

Disney（2000）在其税收对劳动力市场影响的综述中得出结论：常规的全职工人的劳动供给对税收变化的反应可能是缺乏弹性的。他鉴别了行为可能会受高税率影响的四组工人：有高收入的工人；低收入但有资格享受在职福利的工人；接近退休的工人；正在考虑进入劳动力市场的工人。在工资分布的上端，高边际税收率可能会减少劳动供给和工作投入。[①]在收入分布的末端，根据家计调查获得的收益阻止了工人参与劳动力市场。由于这

① 然而，根据 Disney，其影响并不足以产生拉弗曲线型的效果，即降低税收可能增加财政收入的条件。所谓的拉弗曲线表明，税率与税收收入之间存在钟形的关系。虽然亚瑟·拉弗没有声称发明了这一概念，但在政策制定者中广泛传说在一个下午他与美国第 46 届副总统迪克·切尼会面时，拉弗在餐巾纸上草拟了该曲线以阐明他的理论。

个原因,大多数 OECD 国家都引入了在职福利(在第 13.4 节讨论)。

在劳动力年龄分布的顶部,高税率会诱使工人们提早退休(也可以参见第 6 章退休计划)。对于年轻的潜在工人来讲,他们进入劳动力市场会受到高边际实际税率的阻挠。这个问题同样能够用在职福利来解决。多项研究试图通过劳动供给弹性来找到能够减少失真的最佳的工资税结构。对 Mirrlees(1971)首创的最优税制理论的主要贡献是由 Saez 等人(2009)、Brewer 等人(2010)和 Atkinson 等人(2011)做出的。

13.4 政策问题

税收福利制度的结构通常没有对那些低收入失业工人寻找工作产生强烈的激励。旨在"让工作值得"的政策对就业引入了财政激励。这些计划特定的设计特征也非常重要。在此我们将解释 MGI 和 ECI 之间的关系以及其他的税收抵免和工资补贴还有针对家庭个人收入的政策之间的关系。

13.4.1 如何使工作值得?

在以家计调查为基础的福利制度中,没有收入的人们能够获得一份福利补贴,即 MGI,当个体开始工作挣钱,这项福利补贴会相应地扣减。这是因为 MGI 要提高他们的收入,使之达到给定的贫困线水平。在这种制度下,人们只有当至少能够挣得和福利补贴量一样的工资时,才会试图进入劳动力市场。这就产生了如图 13.2 所描绘的一段比较平坦的预算约束线。

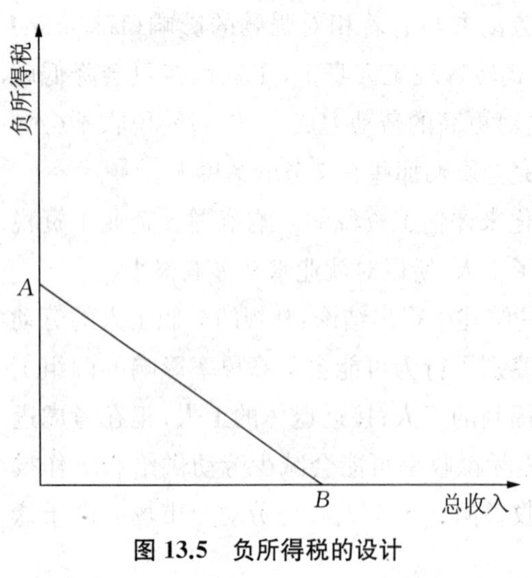

图 13.5 负所得税的设计

为了降低 MGI 的抑制效应,①豁免计算收入往往是被允许的。换句话说,收益被抽出的部分仅仅是所增加收入的一定比例,以此来保障对工作的财政激励。实际上,在计算补充转移支付时,工人的报酬部分是不被计算在内的。带有豁免计算收入的 MGI 运作起来像是一个"负面"的收入税(见图 13.5),也就是说,当个人收入不断增加的时候,这种转移也在逐渐下降。在图 13.5 中,A 代表的是"保障"水平,即给那些没有收入的个人(或家庭)的福利补贴,线段 AB 的斜率给出了福利随收入的增加而

① 美国 20 世纪 60 年代后期的 MGI 实验表明,男性沿劳动供给两个边际的劳动供给反应是相当小的。而对女性,尤其是家庭主要的单身女性和年轻工人,其行为反应较强而且集中在广延边际。参与弹性在 0.5 与 1 之间。

减少的比率。

和负所得税不同的是，在职福利仅仅给予那些正在工作的人。它致力于降低工作的人的贫困水平。图13.6(a)呈现了一种在职福利的设计。只有工作的人才能得到这种福利。提供的福利量取决于该工人的总收入。在总收入 OA 区域，福利从最初一直增加到最大点 D。这是一个逐渐上升的区域，接着是 AB 平坦区域，这时工作福利是固定不变的。最后，在总收入 BC 段在职福利慢慢减少，这是逐渐下降的区域，效果和负所得税一样。图13.6(b)提供了另外一种在职福利的表现形式，它涉及个人总的预算约束。

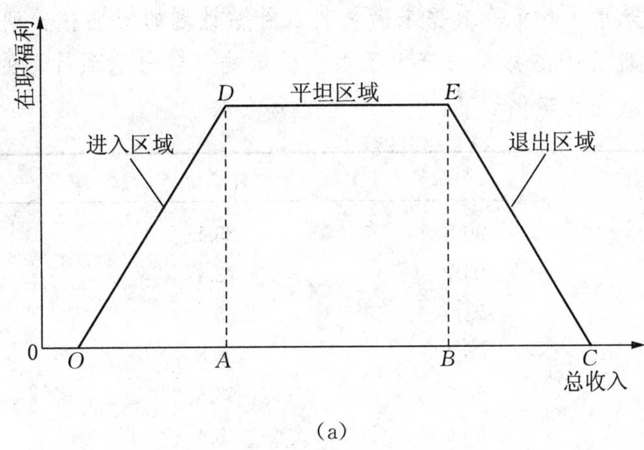

(a)

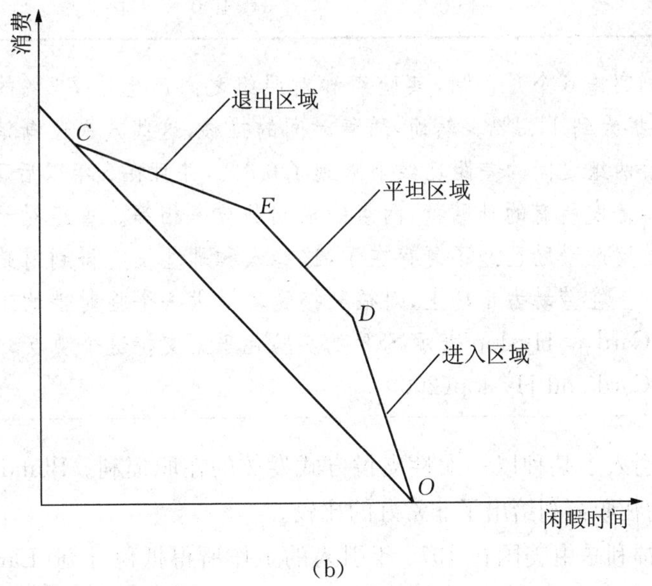

(b)

图13.6 在职福利：(a)设计；(b)与预算线的关系

在职福利的存在增加了对工作的财政激励。Card 和 Hyslop(2005)表明即使是对于长期享受福利的人，收入补贴对就业率也有一个积极的影响。然而，临时的工资补贴不会有长久的影响(见专栏13.2)。

专栏 13.2　在职福利的施行

加拿大在 20 世纪 90 年代初期,针对长期接受福利者引入了一种有时间限制的收入补贴制度。这个制度被称为自给自足的项目(Self-Sufficiency Project, SSP),主要是为了帮助那些接受福利救济的人能够永久地从对福利救济的依赖中脱离出来。这项收入补贴计划仅仅适用于那些拥有全职工作并且可以持续 3 年以上的工人,并且一旦这些工人们接受了这项计划,他们必须在一年内开始工作。SSP 的评估采用了一个随机的设计。一半长期接受福利者参与了 SSP,而另一半接受福利者依然采用常规的福利体系。他们采集了 6 年的数据来衡量收入补贴计划的短期和长期影响。Card 和 Hyslop(2005)发现 SSP 在短期内产生了很大的影响。参与这项计划的人数比例从随机接受这项任务以来的变化如下:

计划开始后的月	控制组	计划组	计划效果
6	90.8	83.1	7.7
12	83.7	72.4	11.3
24	73.0	63.3	9.7
36	65.4	58.8	6.6
48	56.7	53.5	3.2
60	50.6	48.4	2.2
69	45.0	45.0	0.0

在这项计划实施 6 个月以后,实验组和对照组之间产生了 7.7%的差距。一年以后,这个差距被扩大到 11.3%。然而,随着时间的推移,这些效果逐渐消失。在这项计划实施 3 年以后两组之间的差距已经下降到了 6.6%,并且在 5 年以后下降到了 2.2%。在 69 个月以后,停发所有的补贴款,两组的福利参与率相等。曾经对于那些想找一份全职工作的人的财政激励已经不复存在了,这些人和那些没有得到财政激励的人的表现没有什么差异。在劳动力市场上,对福利接受者提供一个临时性的工资补贴能够产生长远的影响,Card 和 Hyslop 表示 SSP 的实验几乎不支持这个观点。

资料来源:Card and Hyslop(2005).

许多国家都引入了某种以一次性支付方式发放的在职福利。Blundell(2011)对加拿大、英国和美国的在职福利给出了非常好的比较。

最早的在职福利是由美国在 1975 年引入的工作所得抵税计划(Earned Income Tax Credit, EITC)。这项适度计划的慷慨度在 1986 年、1990 年和 1993 年都得到提升。ETIC 方案通过税收制度而非福利制度来提供。符合 ETIC 资格的是所有有孩子的低收入家庭,不论其婚姻状况如何。

各个国家在福利水平、提款率、期限、时限和项目目标等方面有很大差异。各国的权利标准都不一样。在澳大利亚、比利时和爱尔兰,福利严格针对那些长期失业的人群。在加拿大、荷兰和新西兰，所有找到工作的福利接受者都享有以就业为条件的福利。除了加拿大，工作时间的要求和给予的补贴额度挂钩：澳大利亚和爱尔兰的全职工作者，以及所有其他国家的兼职工作者都有权享受。福利水平在不同的福利计划之间差别很大，如英国的工作家庭所得税抵免（WFTC，针对有孩子的低收入家庭的补贴能够达到平均工资的30%—35%），爱尔兰的家庭收入补贴是最慷慨的（给予那些有孩子的工作家庭的补贴能够达到平均工资的32.5%）。美国的福利制度就没有那么慷慨了，给予那些有两个孩子的家庭的补贴最多不超过平均工资水平的13%。然而，在英国福利提取（以55%的速率）要比在美国（20%的速率）快得多。

在职福利，就像MGI计划，可能会在逐步淡出区域减少工作激励。引入在职福利是通过对就业提供相关的福利来鼓励那些没有劳动收入的人去找工作。在职福利的实施一方面迫使人们去找工作，而另一方面，它们通常又降低了工人长时间工作的热情（或者挣更多工资的热情）。这是因为在职福利在收入分布的某一点以上必须缴税，因而对处于淡出区域的工人沿着集约边际施加了劳动供给的不利因素。因此，在职福利在广延边际上刺激劳动供给，而在集约边际上降低激励作用。此外，在职福利计划对那些没有任何收入的人并不提供收入支持，而MGI计划为那些最低收入者（这大概是最需要提供援助的人）提供了最大的转移支付。相对于MGI计划，在职福利项目使得工人进入劳动力市场的激励得到增强。这是以那些没有任何收入并最需要援助的人却没有得到任何补贴为代价的。

Saez(2002)表明当人们是在集约边际对劳动供给作出行为反应时，MGI计划是最优的福利项目，在高的保证收入水平下税率也高。如果人们的行为反应集中于劳动供给的广延边际，那么最优的选择就是在职福利，它伴随的是一个较低的保证收入水平和收入转移，但是能增加低收入水平者的收入。

应该强调的是，这两个方案并不是相互排斥的，如果有足够的资源来支持它们，把它们联合起来的效果将非常好。根据财政预算对扶贫计划进行的分配，一个国家可以在MGI计划设定的贫困线以上，同时实施MGI计划和在职福利计划。

13.4.2 如何支付和确定目标受益者

1. 税收抵免与工资补贴

企业的雇佣决策可能会受到支付给雇主的补贴的影响。这些支付可能以一个直接的方式转移给雇主（工资补贴）或者是以税收抵免的方式进行。提供工资补贴可能会激励企业扩大就业（边际工资补贴）。税收抵免有时被提供给那些为了雇用特定类别的工人的企业。税收抵免和工资补贴之间的权衡受到支付成本的影响。税收抵免不会增加公共支出，并且由税收系统进行管理，因此它不需要一个专门的管理机构，而工资补贴则需要一个专门的机构来管理。[①]特定类型工人劳动力成本的降低会诱使雇主更多地去雇用这类工人。

在美国，特定工作税收抵免计划始于1979年，目标人群是那些弱势青年、残障人士和

① 注意到税收不遵从程度较高时税收抵免可能无效。

接受福利的人,这个方案给予雇主为期一年的税收抵免。该计划于 1995 年中断。有证据表明这种类型的税收抵免可能会对潜在的参与者有不好的影响。Burtless(1985)发现如果对弱势的福利接受者提供这种税收抵免,那么这些工人被雇用的概率实际上要比不提供这类税收抵免时低。工资补贴的目标人群一般是那些低工资的雇员,并作为雇主的就业补贴或者降低雇主的社会保障税来提供。因为工资水平通常是唯一的资格条件,这就会激励有着高时薪的工人去找兼职工作。荷兰的具体汇兑优惠(SPAK)就是这种工资补贴的一个例子,它于 1996 年引入作为减少雇主对低工资工人的缴税,由于节省成本的原因在实行了 4 年以后于 2003 年淡出。评估表明工资补贴使得低技能工人的就业率提高了 1%—5%。

类似的项目在法国和比利时也有显著的就业影响(具体细节参见 Boeri, 2005)。如果对现有的工作进行补贴(无论如何都会存在的工作),那么给予企业的税收抵免和转移会产生很大的无谓损失。为了减少无谓损失,政府可以只对新增的工作进行补贴。但是无论怎样都会新增加一些工作。因此,至少相对而言,无谓损失仍然是非常大的。一个更好地避免无谓损失的方法就是,把那些发放补贴的工作都选为没有补贴就会消失的工作,即那些补贴不大可能被转移到工资当中的工作。但是这种理论性的解决方法不容易实行。

2. 针对个人与针对家庭

另一个关键问题主要涉及税收和福利的目标设计到底是针对个人还是针对家庭。一个建立在个人收入基础上的税收和福利体制会产生关于那些接受税收抵免的家庭的收入分配问题。例如,这项制度可能会奖励那些富人中从事兼职工作的配偶。然而,这会更有效地增加女性劳动力的供给,因为它普遍提高已婚女性劳动者的工资。以家庭收入调查为基础的税收抵免制度能够更好地瞄准有需要的人群,但是这可能会阻挠第二个家庭成员去工作,因为额外的收入可能会将家庭的补贴部分地转移或者全部退出补贴。

为了管理方便,通常每个国家税收抵免的目标是税收使用单位。例如,在法国是针对家庭,在意大利是针对个人的。然而在英国,决定满足 WFTC 资格需要同时考察个人的纳税申报表和评估家庭总收入。因此,在选择收入评估水平的资格审查条件时,应该主要考虑政府扶贫策略和增加对劳动参与的奖励这两方面的相对重要性。扶贫的主要对象是家庭,增加劳动参与奖励的对象是个人。如果资格条件针对家庭收入,福利将给予最需要的家庭,但是这可能会对家庭中第二个人参加工作的热情产生负面影响。如果资格审查针对个人的收入,这个消极影响就不会发生,但是一部分福利可能会被给予那些有着高收入的家庭。

13.5 与其他制度的相互作用

工资税和大多数(如果不是全部)劳动力市场制度以及其他形式的税收之间存在着相互作用。的确,工资税与所有由公共税收收入提供资金的制度之间都存在相互作用,如教育、退休项目和失业补贴。同样的,工资税与其他形式的税收之间也存在相互作用(比如增值税和资本利得税)。为了支持创造就业机会,通常建议通过减少工资税和提高增值税税率的方式,使税收从劳动转向消费,但是在这方面宏观经济证据很弱(Lee and Gordon,

2005)。

除了这些会计方面的影响，工资税也改变激励，因而调整其他制度的影响。举个例子，工资税抵免(如 ECI)通常和最低工资(参见第 2 章)结合来防止解雇工人。与此同时，最低工资也阻止税收抵免完全转嫁到雇主身上。

工会(参见第 3 章)也是非常重要的，因为工会谈判会影响税收、税收结构和工资税归属之间的关系。

提前退休计划(参见第 6 章)也受到工资税的影响，因为高税率可能会诱使工人提前退休，尤其是在收入分布的顶端。在某种程度上说，工资税是被用来支付退休计划或失业补贴(参见第 11 章)，当它们能作为一种延迟消费或者保险的形式被工人们感知时，其扭曲较小。在这种情况下，工人们可能更热衷于接受削减他们当前的净工资，因为他们知道，这些削减将会提高自己晚年的生活水平。这削弱了劳动供给对社会保险税的反应(参见专栏 13.1)。

各国在劳动力的总税收楔子和失业补贴的覆盖范围之间存在着正相关关系(参见图 13.7)。这种相关性可以被归因为核算方式(更高的税收被用来支付更多的失业补贴)，但是当许多工人认为工资税是一种保险的时候它也可能减轻税收的扭曲效应。

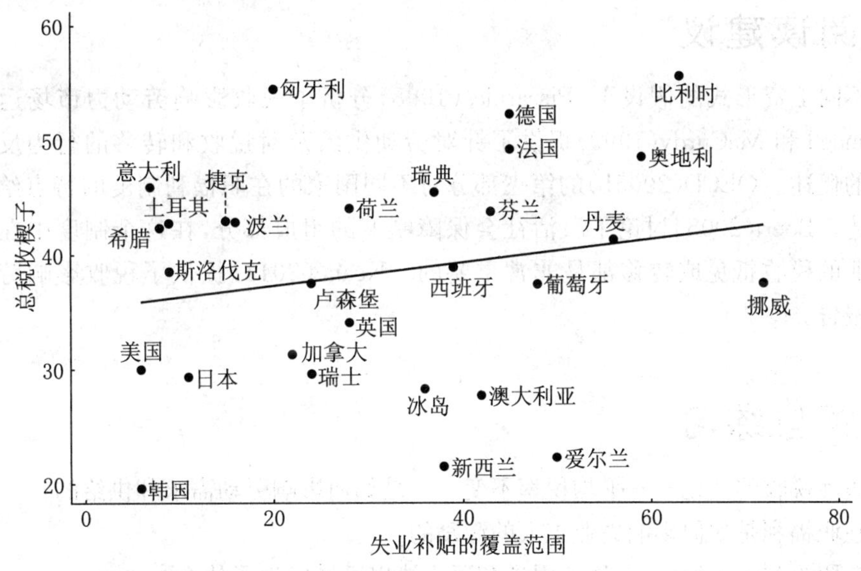

图 13.7 税收和失业补贴

资料来源：OECD(2007).

注：纵轴显示本章所讨论的总税收楔子度量；横轴显示在第 8 章中讨论的 OECD 国家失业补贴慷慨度的综合指标。实线是数据拟合线。

最后，在工资税和积极的劳动力市场政策之间存在重要的相互作用(参见第 12 章)，激励在一定程度上影响着失业人群寻找工作的行为，工资补贴为 ECI(参见第 13.4.2 部分)提供了另一种选择。

13.6 为什么存在工资税?

工资税的存在是为政府开支筹资。社会保障税的税收楔子直接关系到劳动力市场的功能,例如,这为工人防止失业提供了一种保险。工资税结构对确保工人有足够的激励全身心地投入工作或者一旦他们失业有足够的动力去寻找新的工作是非常重要的。

虽然针对公共养老金计划的出资被认为是税收楔子的一部分,但是事先也并不明确到底这部分出资是作为税收、储蓄还是作为一种保险费。Disney(2004)的研究表明,针对公共养老金计划的出资在税收和储蓄之间的分配情况对女性尤为重要。较高的税收构成会降低女性的就业率,而较高的退休储蓄构成会有相反的作用。男性的就业率一般对税率不敏感。

然而,工资税不可避免地会产生扭曲。它们无论是沿广延边际还是沿集约边际都会减少就业。在解释不同国家的劳动年龄人口参加工作的数量差异时,税率确实是一个非常重要的因素。但是,税收差异只能解释劳动力市场差异的小部分,主要的差异需要其他相关劳动力市场制度来解释(Nickell, 2006)。

延伸阅读建议

在不同工资形式的假设下,Pissarides(1998)分析了税收影响劳动力市场运作的方式。Blundell 和 MaCurdy(1999)提供了针对劳动供给及对税收和转移的行为反应的实证文献的概述。OECD(2005b)的第三部分对不同国家的在职福利制度的特点给出了详尽的描述。Boeri(2005)讨论了激活社会保障制度的组成部分,在这个制度中在职福利和对企业的税收抵免或转移都是非常重要的。Keane(2011)提供了税收影响劳动供给的调查报告。

复习题与练习

1. 边际税收的变化——平均税率不变——是如何影响劳动需求和供给的?
2. 在职福利是如何影响失业工人的激励的?
3. 在职福利的图形中,在逐步引进和逐步淡出区域发生了什么?
4. 供给弹性和需求弹性如何影响税收楔子在工人和企业之间的分配?
5. 工资税的结构如何影响劳动力市场的功能?
6. 为什么说税收的影响依赖于劳动力市场的性质?
7. 施行 MGI 和在职福利的主要目的是什么? 两个制度之间的本质区别是什么?
8. 在工资补贴和税收抵免之间如何权衡?
9. 对公共养老金计划的出资应该被认为是税收楔子的一部分吗?

10. 个人的效用函数是 $U(c, l)=\sqrt{cl}$。消费商品的价格为 p,工资率为 w,非劳动收入是 m。个人有 T 小时用来工作(h)或者享受闲暇(l)。

(a) 写下效用最大化问题。给定参数 $p=1$, $w=5$, $m=20$, $T=16$, 最优的劳动供给是多少? 最优的消费水平是什么?

(b) 假设 m 的值增加到 30,那么新的劳动供给和消费是多少?

(c) 引入了一项 ECI 计划,它为每小时的工作给予 1 美元的税收抵免。那么现在的有效工资就是 $w=5+1=6$。计算在这个计划下最优的劳动供给和最优的消费水平,并对结果进行解释。

11. 假定在蓝领工人的劳动力市场中,劳动供给 $w=20+8L$,而给出的劳动需求是 $w=80-12L$。

(a) 描述一下没有税收状态下的劳动力市场均衡(工资 w,就业人数 L,失业人数 U)。

(b) 当引入工资税以后,实发工资仅有原工资的 50%,这些工资税全都由雇主支付,那么这些均衡水平会发生怎样的变化?

(c) 假定现在劳动供给是刚性的,那么一个由雇主支付的工资税对工资的影响或强或弱? 对就业的影响又是怎么样的呢?

(d) 如果劳动供给是不变,劳动需求变成刚性的,这时会发生什么?

12. 假定给定的快餐店员工的劳动供给曲线是 $w=10+5L$,而给定的劳动需求曲线是 $w=50-3L$。

(a) 计算均衡水平下的工资 w、就业人数 L 和失业人数 U。

(b) 如果引入税率为 25%的工资税,并且这部分工资税由雇主支付,那么这些均衡水平将发生怎样的变化?

(c) 如果同样的工资税率但由工人支付这部分工资税,那么这些均衡水平将发生怎样的变化? 对工资有什么影响?

13. (进阶题)考虑在本章附录第 2 部分中给出的劳动力市场的一般均衡模型,评估以下制度之间的相互作用所带来的影响。

(a) 一个灵活安全性改革方案 1,当增加 UB 的慷慨程度时,减少就业保护。

(b) 一个灵活安全性改革方案 2,当增加 ECI 时,减少就业保护。

(c) 一个灵活安全性改革方案 3,当增加就业补助时,减少就业保护。

(d) 在累进税联合一个 ECI 的增加的情况下,税收中性增加。

附录:工资税

1. 税收、福利和税收结构

这个附录是为了说明在一个竞争性的市场中,当 UB 完全以工资为参照时,税收结构不会影响均衡工资和就业水平。我们分三个步骤进行说明。首先,我们需要描述一下税收负担在雇主和工人之间是如何分配的。其次,我们考虑非就业收入税收的指数化在劳动供给弹性方面扮演的角色。最后,我们再考察累进税。

(1) 税收归属

正如专栏 13.1 所示,税收负担在雇主和工人之间的分配方式取决于劳动供给弹性和劳动需求弹性的相对大小。运用贯穿本书的简单的统计模型(主要是在第 1—3 章的附录中),考虑向工人征收以名义工资 w 为对象的简单的比例税,那么 w 就是总的劳动力成本,$w^s=w(1-t)$ 就是工人的净实得工资。在一个竞争性的均衡中,不存在失业,因此有 $L^s=L^d$。接着我们能够得到

$$L^s=[w(1-t)]^{\frac{-1}{\eta}}\equiv L^d \tag{13.4}$$

接下来均衡工资将是

$$w=A^{\frac{\varepsilon}{\varepsilon+\eta}}(1-t)^{\frac{-\eta}{\varepsilon+\eta}} \tag{13.5}$$

工人的净实得工资是

$$w^s=w(1-t)=[A(1-t)]^{\frac{\varepsilon}{\varepsilon+\eta}} \tag{13.6}$$

而均衡的就业水平是

$$L=[A(1-t)]^{\frac{1}{\varepsilon+\eta}} \tag{13.7}$$

如专栏 13.1 展示过的,税收负担究竟是落在雇主身上还是工人身上取决于劳动供给弹性和劳动需求弹性的相对大小。特别地,t 从 $t=0$ 上有一个很小的增加意味着

$$\frac{\partial\ln(w)}{\partial t}=\frac{\eta}{\varepsilon+\eta} \tag{13.8}$$

$$\frac{\partial\ln(w^s)}{\partial t}=-\frac{\varepsilon}{\varepsilon+\eta} \tag{13.9}$$

当劳动需求是无限弹性的时候(即 $\eta=0$),税收就会被完全转移到工人身上 $\left(\frac{\partial\ln(w^s)}{\partial t}=-1\right)$;但是当劳动供给是无限弹性的时候($\varepsilon=0$),结论相反 $\left(\frac{\partial\ln(w)}{\partial t}=1,\ \frac{\partial\ln(w^s)}{\partial t}=0\right)$。最后,当劳动供给是刚性的($\varepsilon=\infty$),那么税收负担全部加到工人身上 $\left(\frac{\partial\ln(w)}{\partial t}=0,\ \frac{\partial\ln(w^s)}{\partial t}=-1\right)$。在这种情况下,我们也能得到 $\frac{\partial\ln(L)}{\partial t}=0$;也就是说,在就业方面没有任何变化。

总之,我们有两种情况,在这两种情况下税收负担完全由工人负担,税收对就业没有影响:

情况	ε	η	w	w^s	L
1	$\varepsilon=\infty$	$0\leqslant\eta<1$	A	$A(1-t)$	1
2	$0\leqslant\varepsilon<\infty$	$\eta=0$	A	$A(1-t)$	$[A(1-t)]^{\frac{1}{\varepsilon}}$

(2) 供给弹性和福利指数化

劳动供给的弹性取决于非就业收入(包括任何给予不工作个人的转移支付)是否与工资或价格挂钩。假定非劳动时间工作获得非就业收益 b。当我们处于完全竞争市场,就不

存在失业。在不完全竞争市场中，b 就是UB。使总时间禀赋（l_0）和潜在的劳动供给正规化和统一化。实际的劳动供给取决于工人的偏好，假定用柯布—道格拉斯型的效用函数来表示

$$U(c, l)=c^{\alpha}(1-h)^{1-\alpha} \tag{13.10}$$

其中 U 代表效用；c 代表消费；$h=l_0-l=1-l$ 是工作时间，即劳动供给；α 是一个 $0<\alpha<1$ 的正参数。一个人的预算约束可以被表示为 $c=hw(1-t)+(1-h)b$，其中 $b<w(1-t)$。因此，来源于闲暇和劳动供给的效用就变成

$$U=[hw(1-t)+(1-h)b]^{\alpha}(1-h)^{1-\alpha} \tag{13.11}$$

在一个竞争性的劳动力市场中，工人们通过选择工作时间来使得自身效用最大化，这就引出了下面的一阶条件：

$$\begin{aligned}&\alpha[hw(1-t)+(1-h)b]^{\alpha-1}[w(1-t)-b](1-h)^{1-\alpha}\\&-[hw(1-t)+(1-h)b]^{\alpha}(1-\alpha)(1-h)^{-\alpha}=0\end{aligned} \tag{13.12}$$

然后，经过重新整理，我们得到劳动供给方程：

$$h=\frac{\alpha w-b}{w-b}=\frac{\alpha w(1-t)-b}{w(1-t)-b} \tag{13.13}$$

现在我们考虑非就业收入对税收变化的反应方式所起的作用。首先考虑这种收益与价格挂钩的情况，即，真正的非就业收入是常数 b。在这种情况下，如式(13.3)所示，劳动供给曲线总是向上倾斜的 $\left(\frac{\partial h}{\partial w(1-t)}=\frac{b(1-\alpha)}{[w(1-t)-b]^2}\right)$，所以税收减少了劳动供给。假设现在非就业收入与工资挂钩，那么这种收益与工资的比率（或者说替代率）恒为 $\frac{b}{w(1-t)}=b^w$。式(13.13)中的分子和分母都除以 w，我们就能得到

$$h=\frac{\alpha-b^w}{1-b^w} \tag{13.14}$$

如果替代率是恒定不变的，劳动供给就不依赖于工资；即，劳动供给曲线是垂直的，就像上面描述的 $\varepsilon=\infty$ 的情况。税率的所有变化都被(净)工资吸收，对就业没有影响。这是一种极端情况，这与柯布—道格拉斯效用函数的技术设定有关。对于更一般的设定，当UB与工资挂钩时，对应的劳动供给曲线将会向上倾斜。但是此时的供给曲线要比收益与价格挂钩时更加陡峭。

(3) 累进税

工资税 T 的一般结构是线性税，

$$T=tw+a \tag{13.15}$$

其中 w 代表工人得到的工资，t 代表工资的边际税率，a 表示每个工人支付的一次性税收或就业补贴。平均税率 $\frac{T}{w}$ 等于 $t+\frac{a}{w}$；边际税率 $\frac{\partial T}{\partial w}$ 等于 t。a 和 t 都是税收工具，假定 t 是大于或等于0的，a 的值可以是正、负或0。这种线性的税收包含各种税收体系。如果不考虑工资水平的差异，对每一个工人以同样的税率征税，换句话说，如果平均税率等于边际税率，此时 $a=0$，那么税收就是成比例税。如果边际税率高于平均税率，此时 $a<0$，

那么税收就是累进税。最后,如果边际税率低于平均税率,此时 $a>0$,税收系统采用的就是累退税。

接下来我们考虑一个非就业收入与(净)工资挂钩的劳动力市场。我们从以上分析得知,在这种情况下劳动供给是刚性的,就业不受税收的影响,并且工资由劳动需求决定。现在,当边际价值等于边际工资成本,即企业增加一个工人的成本,这个成本包含工资税,此时利润达到最大化:

$$AL^{-\eta}=(1+t)w+a \tag{13.16}$$

从上述公式我们能够得到工人人数的最优选择:

$$L^{*}=\left[\frac{A}{(1+t)w+a}\right]^{\frac{1}{\eta}} \tag{13.17}$$

通过这个方程我们能够得到,不论是通过 t 还是 a 进行加税都会减少劳动需求。如果,T 是一样的,税收结构就不重要。在一个竞争性的市场中,企业都是价格的接受者。因此劳动需求仅仅受到总税收水平的影响,不会受到税收结构的影响。

2. 税收的一般均衡效应

考虑一个双边的工作搜寻模型,就像 Mortensen 和 Pissarides(1999)建立的框架一样,这在第 11 章的附录中提到过。这里我们考虑一个规模报酬不变的匹配函数,那么职位空缺与失业的比率或劳动力市场趋紧 θ 就是一个充分统计量。令 $m(\theta)$ 代表空缺填充率,其中 $m'<0$。考虑一个线性的劳动税 $T=tw+a$,a 表示累进税参数,名义上向工人征税,因此工人们的实得工资是 $w(1-t)-a$。我们也可以通过考虑技能差异和内生化工作的消失来更好地描述实施税收制度带来的再分配效应来扩展该模型。

假定一个与 s 挂钩的连续劳动力市场,$s\in(0,1]$,s 代表受教育年限。工人的劳动供给是无弹性的,并且不能改变他们的技术水平;他们要么失业(获得收入 b),要么工作的工资水平为 $w(s)$。企业或者在一个工人时进行生产,或者在产生职位空缺时去寻找一个工人进行生产。他们可以自由地进入劳动力市场,并以零成本在任何劳动力市场寻找工人,但是他们必须在每个固定的时间段定期支付招聘成本 $s\kappa$。为了生产的顺利进行,一个工人必须与一份工作匹配。当匹配成功以后,一个企业和一个工人就能产生周期性的生产力 sy,这里 y 是一个特定匹配因子,$y\in(0,1]$。所有新形成的匹配(即工作都有人做)都以 y 的一个最高可能值($y=1$)开始。紧接着,匹配生产率会以一个泊松频率 λ 变化,在这种情况下,它是在一个固定已知的累积分布 $F(y)$ 下的随机变量。

我们现在能够在任意的技能水平下写出状态估值的均衡模型,如下所示:

失业的流值:

$$\rho V_u=b+\theta m(\theta)[V_e(1)-V_u] \tag{13.18}$$

空缺职位的流值:

$$\rho V=-s\kappa+m(\theta)[\Pi_e(1)-\Pi_v] \tag{13.19}$$

就业的流值:

$$\rho V_e(y) = w(y)(1-t) - a + \lambda\int_R^1 (V_e(z) - V_e(y))\,dF(z) + \lambda F(R)(V_u - V_e(y)) \tag{13.20}$$

一份工作的流值：

$$\rho\Pi_e(y) = sy - w(y) + \lambda\int_R^1 (\Pi_e(z) - \Pi_e(y))\,dF(z) + \lambda F(R)(\Pi_v - \Pi_e(y)) \tag{13.21}$$

定积分的下限 R，是匹配生产率的阀值或临界值，它是由模型内生决定的。如果特征生产率 y 低于 R，那么这个匹配就是没有效益的，工作和工人的配对就会被破坏。因此 $\lambda F(R)$ 的积反映了一项工作受到生产率冲击而变得毫无价值的概率(即，失业的概率)。

(1) 部分均衡效应

工资总额是由(纳什)谈判过程决定的

$$w(y) = \arg\max (V_e(y) - V_u)^{\beta}(\Pi_e(y) - \Pi_v)^{1-\beta} \tag{13.22}$$

生成一阶条件：

$$(1-\beta)[V_e(y) - V_u] = \beta(\Pi_e(y) - \Pi_v)(1-t) \tag{13.23}$$

加入自由进入的条件 $\Pi_v = 0$，并重写两个资产价值条件得到：

$$\Pi_e(y) = \frac{y - w(y) + \lambda\int_R^1 \Pi_e(z)\,dF(z)}{r+\lambda} \tag{13.24}$$

$$V_e(y) = \frac{(w(y)(1-t) - a) + \lambda\int_R^1 V_e(z)\,dF(z) + \lambda F(R) V_u}{r+\lambda} \tag{13.25}$$

进行适当的替换

$$w(y) = \frac{(1-\beta)(rV_u + a)}{1-t} + \beta y \tag{13.26}$$

为了得到 rV_u 的封闭解的表达式，我们可以利用自由进入条件

$$\Pi_e(1) = \frac{s\kappa}{m(\theta)} \tag{13.27}$$

进而得到

$$\rho V_u = b + \frac{\beta(s\kappa)\theta}{1-\beta} \tag{13.28}$$

将其代入，我们最终能够得到

$$w(y) = \beta y + \frac{\beta s\kappa\theta + (1-\beta)(b+a)}{1-t} \tag{13.29}$$

正如以上所显示的，边际税率 t 无疑增加了企业作为税收部分通过工资谈判扣减而追加给雇主的劳动力成本。这种影响会随着工人谈判能力和市场趋紧的增加而增加。参数 a 反过来成比例地影响雇主的谈判能力。这是因为 a 增加了工人的保留工资，迫使雇主向他们的员工支付至少 $b + a$ 的工资。值得注意的是，当福利完全与工资挂钩时，这时有

$da=-db$，累进税的增加对均衡工资没有任何影响。然而，a 的变化由 t 的变异来补偿(例如，通过增加 t 来为 a 的下降“筹资”)，因此：

$$dt=-\frac{da}{w} \tag{13.30}$$

将会增加劳动力成本。相应地，累进税的增加导致边际税率 t 的减少将最终带来工资总额的减少。

(2) 一般均衡效应

为了描述劳动力市场中劳动税收对一般均衡的影响，我们必须推导该模型的均衡工作创造和工作消失的条件，并考虑税收是否影响劳动力市场适度运作时(这个市场中存在职位空缺和求职者)技能水平的范围。就业创造条件可以利用式(13.23)与以进入生产率水平评估工作的资产价值条件(完整的推导参见 Boeri，2011)一起推导获得：

$$(\rho+\lambda)\frac{s\kappa}{m(\theta)}=(1-\beta)(y-R) \tag{13.31}$$

因此税收并不能直接影响均衡就业创造条件。然而，它们通过增加保留生产力阀值 R 间接地影响工作创造。为了更好地理解，我们必须推导该模型的工作消失条件。后者(完整的推导再次参见 Boeri，2011)读作：

$$sR(1-\beta)+s\lambda\int_R^1(z-R)dF(z)=\frac{\beta s\kappa\theta+(1-\beta)(b+a)}{1-t} \tag{13.32}$$

这两个均衡条件内生性地决定均衡市场趋紧 θ^* 和保留的生产力水平 R^*。将这些插入稳态失业条件，我们就能得到均衡的失业水平：

$$u^*=\frac{\lambda F(R^*)}{\lambda F(R^*)+\theta^* m(\theta^*)} \tag{13.33}$$

对工作消失条件进行隐函数微分表明 R^* 是随 a 和 t 增加的。根据工作创造条件，增加 R(记住空缺职位填充率是随着 θ 减少的)意味着均衡求职率的下降。因此，当税收高时，失业无疑会增加。然而，当 UB 完全与净工资挂钩时，a 增加对均衡工作破坏和失业条件都没有影响。直观地，在这种情况下工人的保留工资没有变化。在这个背景下，收入中性的累进税增加(a 增加的同时伴随 t 的减少)会造成均衡失业水平的下降。对于合理的参数值，当 UB 不完全挂钩时，收入中性的累进税增加仍然将减少失业。然而，这也将增加劳动力市场不运作情形下技能水平的范围。这种情形可以通过当 R 趋于一致时对工作消失条件取极限看到，即不存在可行的工作技能生产率水平 sy，或者相当于，当 θ 趋于 0 时对工作创造条件取极限，同时不存在拥有这种技能的工人适合的工作空缺(Boeri and Burda，2009)。这时产生了一个关键的技能水平 $\hat{s}$，如果低于这个水平，市场就不会运作，同时，后者是随 a 的增加而增加的。

(3) 可能的拓展

征收工资税是为许多劳动力市场政策筹资。因此，税收的影响可以通过将税收与其他影响工作创造和工作消失边际的劳动力市场制度一起考虑来更好地评价。

上述分析框架可以很容易地拓展来评估以下制度的一般均衡影响：

- UB $b=b^w\bar{w}$，其中 $\bar{w}$ 代表平均工资，b^w 代表替代率；

- ECI(以统一比率 α 支付给雇员以提高低技能工人的求职率)；
- 雇佣补贴 h，或者更高效的公共就业服务，降低雇主的招聘成本 c；
- 解雇税 F，如同在第 10 章中讨论的就业保护(纯)税一样。

如 Boeri(2011)显示，我们有如下定性结论：

增加所影响的参数	以下参数变化的影响			
	b^w	F	α	h
R^*	+	−	−	+
θ	−	−	+	+
u^*	+	?	−	?
失业的概率	+	−	−	+
求职率	−	−	+	+
平均工作	+	?	−	?

隐藏在这些结论背后的经济学理论如下。

- 由 UB 提供的替代收入 b^w 增加。总的工作消失增加，失业无疑会增加，并且也会导致市场趋紧均衡水平 θ^* 下降。新的均衡表现为更高的失业概率、更低的求职率 $\theta^* m(\theta^*)$，以及更高的失业和平均工资。

- 解雇税 F 增加对维持较低匹配生产力的工作有相反的影响。这会降低总的职位损失率。如在局部平衡下，解雇税对工资也有积极影响。由于较大的解雇税和工资上升引起的市场趋紧的下降对工资的影响被部分地抵消了，这将减少在均衡状态下可用的空缺职位数量。由于求职率和失业率都下降，对均衡失业的影响是不明确的。新的均衡特征是低失业率和低求职率，然而对失业和平均工资的影响是不明确的。

- ECI α 的增加使得劳动力市场更加紧缩。起步工资降低，因而 θ^* 增加，该参数越大，雇主的谈判地位就越强，招聘补贴就越大。如果连续的工作能够得到补贴，那么生产力的阈值 R^* 也会下降，工作的持续时间将增加。新的均衡表现为更高的求职率和更低的失业率，以及较低的失业量和平均工资。后者会下降是因为在任何生产力实现时工资都会更低，这会产生更多的生产率较低的工作。

- 最后，激活方案 h 的增加会降低招聘成本，具有与其他积极的劳动力市场政策工具对就业创造相似的影响。随着填补空缺职位的成本降低，空缺职位量与失业量的比率就会增加。然而，较低的工作转换成本允许工作在生产率阈值较高时遭到破坏。新的均衡具有高求职率和高失业率的特征，而对失业和平均工资的影响不明确。

分析框架的另一个扩展涉及通过政府预算约束使税收内生化如：

$$(t\bar{w}+a)(1-u)=b^w\bar{w}u+\alpha(1-u) \tag{13.34}$$

然而，引入政府的预算约束可能会产生多重均衡。特别是，我们可能得到一个有着高失业、巨大的 UB 支出、高税收的差的均衡；也可能会得到一个有着低失业、适度的 UB 支出、低税收的好的均衡。直觉是，内生的税收能够缓和由失业引起的通过匹配函数对求职产生的正的外部性，也会产生失业的负的财政外部性。

参考文献

Abbring, J. H., G. J. van den Berg, and J. C. van Ours (2005). The effect of unemployment insurance sanctions on the transition rate from unemployment to employment. *Economic Journal 115,* 602–30.

Abowd, J., F. Kramarz, T. Lemieux, and D. Margolis (1999). Minimum wage and youth employment in France and the United States. In *Youth employment and the labor market,* ed. D. Blanchflower and R. Freeman. Chicago: University of Chicago Press.

Acemoglu, D. (1997). Training and innovation in an imperfect labor market. *Review of Economic Studies 64,* 445–64.

——— (2001). Good jobs versus bad jobs: Theory and some evidence. *Journal of Labor Economics 19,* 1–22.

Acemoglu, D., and D. Autor (2011). Skills, tasks and technologies: Implications for employment and earnings. In *Handbook of labor economics 4B,* ed. D. Card and O. Ashenfelter. Amsterdam: Elsevier.

Acemoglu, D., and J. Pischke (1998). Why do firms train? Theory and evidence. *Quarterly Journal of Economics 113,* 79–119.

——— (1999). Beyond Becker: Training in imperfect labor markets. *Economic Journal 109,* F112–F142.

Acemoglu, D., P. Aghion, and G. Violante (2000). Deunionization, technical change, and inequality. *Carnegie-Rochester Conference Series on Public Policy 44 (1),* 229–64.

Adams, S. J. (2004). Age discrimination legislation and the employment of older workers. *Labour Economics 11,* 219–41.

Addison, J., and M. Blackburn (1999). Minimum wages and poverty. *Industrial and Labor Relations Review 52 (3),* 393–409.

——— (2000). The effects of unemployment insurance on post-unemployment earnings. *Labour Economics 7,* 21–53.

Addison, J., and J.-L. Grosso (1996). Job security provisions and employment: Revised estimates. *Industrial Relations 35 (4),* 585–603.

Agell, J. (1999). On the benefits for rigid labour markets: Norms, market failures and social insurance. *Economic Journal 109,* 143–64.

——— (2000). On the determinants of labor market institutions: Rent-sharing vs. social insurance. Working Paper 16, Uppsala.

——— (2001). On the determinants of labor market institutions: Rent-sharing vs. social insurance. *Research Papers in Economics 1001:12,* Stockholm University, Department of Economics.

Agell, J., and K. E. Lommerud (1992). Union egalitarianism as income insurance. *Economica 59,* 295–310.

Ahmed, A., L. Andersson, and M. Hammarstedt (2011). Are homosexuals discriminated against in the hiring process? IFAU Discussion Paper 2011: 21.

Aigner, D. J., and G. G. Cain (1977). Statistical theories of discrimination in labor markets. *Industrial and Labor Relations Review 30,* 175–87.

Akerlof, G. A. (1980). A theory of social customs, of which unemployment may be one consequence. *Quarterly Journal of Economics 94 (4),* 749–75.

Alderman, H., L. Haddad, and J. Hoddinott (1994). Intrahousehold resource allocation: An overview. Policy Research Working Paper Series 1255, World Bank, Washington, DC.

Alesina, A., and R. Perotti (1997). The welfare state and competitiveness. *American Economic Review 87*, 921–39.

Algan, Y., and P. Cahuc (2005). Theory roots of low European employment: Family culture? In *NBER macroeconomics annual*, ed. C. Pissarides and J. Frankel. Cambridge, MA: MIT Press.

——— (2009). Civic virtue and labor market institutions. *American Economic Journal: Macroeconomics 1*, 111–45.

Alogoskoufis, G., C. R. Bean, G. Bertola, D. Cohen, J. J. Dolado, and G. Saint-Paul (1995). Unemployment: Choices for Europe. CEPR Report. London: Centre for Economic Policy Research.

Altonji, J., and R. Blank (1999). Race and gender in the labor market. In *Handbook of labor economics*, ed. O. Ashenfelter and D. Card. Amsterdam: Elsevier.

Ames, E., and R. T. Rapp (1977). The birth and death of taxes: A hypothesis. *Journal of Economic History 37*, 161–78.

Andersen, T. M., and M. Svarer (2010). State dependent unemployment benefits. *Journal of Risk and Insurance 78*, 325–44.

Andrews, M. J., T. Schank, and R. Simmons (2005). Does worksharing work? Some empirical evidence from the IAB-establishment panel. *Scottish Journal of Political Economy 52*, 141–76.

Angrist, J. D. (1990). Lifetime earnings and the Vietnam era draft lottery: Evidence from social security administrative records. *American Economic Review 80*, 313–36.

——— (1991). Instrumental variables estimation of average treatment effects in econometrics and epidemiology. Technical Working Paper 0115. Cambridge, MA: National Bureau of Economic Research.

Angrist, J. D., and A. B. Krueger (1991). Does compulsory school attendance affect schooling and earnings? *Quarterly Journal of Economics 106 (4)*, 979–1014.

——— (1999). Empirical strategies in labor economics. In *Handbook of labor economics*, ed. O. Ashenfelter and D. Card. Amsterdam: Elsevier.

Antecol, H., D. Cobb-Clark, and S. Trejo (2003). Immigration policy and the skills of immigrants to Australia, Canada and the United States. *Journal of Human Resources 38 (1)*, 192–218.

Antón, J., and R. Muñoz de Bustillo (2011). The impact of the minimum wage on Spanish youth: Evidence from a natural experiment. Munich Personal RePEc Archive Paper 33488.

Arni, P., R. Lalive, and J. van Ours (2013). How effective are unemployment benefit sanctions? Looking beyond unemployment exit. *Journal of Applied Econometrics*, doi: 10.1002/jae.2289.

Arrow, K. (1973). The theory of discrimination. In *Discrimination in labor markets*, ed. O. Ashenfelter and A. Rees. Princeton: Princeton University Press.

Ashenfelter, O. C., and J. N. Brown (1986). Testing the efficiency of employment contracts. *Journal of Political Economy 94 (3)*, 541–87.

Ashenfelter, O. C., and D. Card (2002). Did the elimination of mandatory retirement affect faculty retirement flows? *American Economic Review 92*, 957–80.

Ashenfelter, O. C., and G. E. Johnson (1969). Bargaining theory, trade unions, and industrial strike activity. *American Economic Review 74*, 35–49.

Ashenfelter, O. C., and C. Rouse (1998). Income, schooling, and ability: Evidence from a new sample of identical twins. *Quarterly Journal of Economics 113*, 253–84.

Ashenfelter, O. C., H. Farber, and M. R. Ransom (2010). Labor market monopsony. *Journal of Labor Economics 28*, 203–10.

Atkinson, A., and J. Micklewright (1991). Unemployment compensation and labor market transitions: A critical review. *Journal of Economic Literature 29*, 1679–1727.

Atkinson, A., T. Piketty, and E. Saez (2011). Top incomes in the long run of history. *Journal of Economic Literature 49 (1)*, 3–71.

Aubert, P. (2003). Productivity, wage and demand for elder workers: An examination of French matched employer-employee data. Paris: Institut National de la Statistique et d'Études Economiques.

Autor, D. (2001). Why do temporary help firms provide free general skills training? *Quarterly Journal of Economics 116 (4)*, 1409–48.

Autor, D., J. Donohue, and S. Schwab (2006). The costs of wrongful discharge laws. *Review of Economics and Statistics 88 (2)*, 211–31.

Avolio, B. J., D. A. Waldman, and M. A. McDaniel (1990). Age and work performance in nonmanagerial jobs: The effects of experience and occupational type. *Academy of Management Journal 33 (2)*, 407–22.

Bacache-Beauvallet, M., and E. Lehmann (2008). Minimum wage or negative income tax: Why skilled workers may favor wage rigidities. *Spanish Economic Review 10 (1)*, 63–81.

Baker, M., and K. Milligan (2010). Evidence from maternity leave expansions of the impact of maternal care on early child development. *Journal of Human Resources 45 (1)*, 1–32.

Banks, J., and S. Smith (2006). Retirement in the UK. *Oxford Review of Economic Policy (Spring)*, 40–56.

Barth, M. C., W. McNaught, and P. Rizzi (1993). Corporations and the aging workforce. In *Building the competitive workforce: Investing in human capital for corporate success*, ed. P. H. Mirvis. New York: John Wiley and Sons.

Bassanini, A. (2006). Training, wages and employment security: An empirical analysis on European data. *Applied Economics Letters, 13 (8)*, 523–27.

Bauer, T. K., R. Flake, and M. G. Sinning (2011). Labor market effects of immigration: Evidence from neighborhood data. IZA Discussion Paper 5707. Bonn: Institute for the Study of Labor.

Baum, C. L. (2003). Does early maternal employment harm child development? An analysis of the potential benefits of leave taking. *Journal of Labor Economics 21*, 409–48.

Bean, C. (1994). European unemployment: A survey. *Journal of Economic Literature 32 (2)*, 573–619.

Becker, G. (1968). Crime and punishment: An economic approach. *Journal of Political Economy 76 (2)*, 169–217.

——— (1971). *The economics of discrimination* (2nd ed.). Chicago: University of Chicago Press.

Becker, G. S. (1964). *Human capital: A theoretical and empirical analysis, with special reference to education.* New York: Columbia University Press.

Behaghel, L., B. Crépon, and B. Sédillot (2004). Contribution Delalande et transitions sur le marché du travail. *Economie et Statistique 372*, 61–88.

——— (2008). The perverse effects of partial employment protection reform: The case of French older workers. *Journal of Public Economics 92*, 696–721.

Bell, L. A. (1997). The impact of minimum wages in Mexico and Columbia. *Journal of Labor Economics 15*, S102–S135.

Belot, M., and J. C. van Ours (2001). Unemployment and labor market institutions: An empirical analysis. *Journal of the Japanese and International Economies 15*, 403–18.

——— (2004). Does the recent success of some OECD countries in lowering their unemployment rates lie in the clever design of their labor market reforms? *Oxford Economic Papers 56*, 621–42.

Belzil, C. (2001). Unemployment insurance and subsequent job duration: Job matching versus unobserved heterogeneity. *Journal of Applied Econometrics 16*, 619–36.

Ben-Porath, Y. (1967). The production of human capital and the life cycle of earnings. *Journal of Political Economy 75 (4)*, 352–65.

Bentolila, S., and G. Bertola (1990). Firing costs and labour demand: How bad is eurosclerosis? *Review of Economic Studies 57*, 381–402.

Bentolila, S., and J. Dolado (1994). Labor flexibility and wages: Lessons from Spain. *Economic Policy 18*, 55–99.

Bentolila, S., J. Dolado, P. Cahuc, and L. Barbanchon (2012). Two-tier labor markets in the Great Recession: France versus Spain. *Economic Journal 122*, F155–F187.

Bertola, G. (1990). Job security, employment, and wages. *European Economic Review 34 (4)*, 851–79.

Bertola, G., and T. Boeri (2002). EMU labour markets two years on: Microeconomic tensions and institutional evolutions. In *EMU and economic policy in Europe*, ed. M. Buti and A. Sapir. Cheltenham, UK, and Northampton, MA: Edward Elgar.

Bertola, G., and R. Rogerson (1997). Institutions and labour reallocation. *European Economic Review 41*, 1147–71.

Bertola, G., T. Boeri, and S. Cazes (2000). Employment protection in industrialized countries: The case for new indicators. *International Labor Review 139 (1)*, 57–72.

Bertola, G., J. F. Jimeno, R. Marimon, and C. Pissarides (1999). EU welfare systems and labor markets: Diverse in the past, integrated in the future? In *Welfare and employment in Europe,* ed. G. Bertola, T. Boeri, and G. Nicoletti. Cambridge, MA: MIT Press.

Bertrand, M. (2010). New perspectives on gender. In *Handbook of labor economics 4B,* ed. D. Card and O. Ashenfelter. Amsterdam: Elsevier.

Bertrand, M., and S. Mullainathan (2004). Are Emily and Greg more employable than Lakisha and Jamal? A field experiment on labor market discrimination. *American Economic Review 94,* 991–1013.

Biddle, J., and D. S. Hamermesh (1994). Beauty and the labor market. *American Economic Review 84,* 174–94.

Bils, M., and P. Klenow (2000). Does schooling cause growth? *American Economic Review 90,* 1160–83.

Binmore, K., A. Rubinstein, and A. Wolinsky (1986). The Nash solution in economic modelling. *Rand Journal of Economics 17 (2),* 176–88.

Björklund, A., and B. Holmlund (1991). The economics of unemployment insurance: The case of Sweden. *Labour market policy and unemployment insurance,* ed. A. Bjorklund, R. Haveman, R. Hollister, and B. Holmlund. Oxford: Clarendon Press.

Black, D. A. (1995). Discrimination in an equilibrium search model. *Journal of Labor Economics 13,* 309–34.

Black, D. A., J. Smith, M. C. Berger, and B. L. Noel (2003). Is the threat of training more effective than training itself? Evidence from random assignments in the UI system. *American Economic Review 93,* 1313–27.

Blanchard, O. J. (2004). The economic future of Europe. *Journal of Economic Perspectives 18,* 3–26.

——— (2006). European unemployment: The evolution of facts and ideas. *Economic Policy 22,* 5–59.

Blanchard, O. J., and P. A. Diamond (1994). Ranking, unemployment duration, and wages. *Review of Economic Studies 61 (3),* 417–34.

Blanchard, O. J., and L. H. Katz (1992). Regional evolutions. Brookings Papers on Economic Activity. Washington, DC: Brookings Institution.

Blanchard, O. J., and J. Tirole (2003). Redesigning the employment protection system. *De Economist 152,* 1–20.

Blanchard, O. J., and J. Wolfers (2000). The role of shocks and institutions in the rise of European unemployment: The aggregate evidence. *Economic Journal 110,* 1–33.

Blanchflower, D. (2007). A cross-country study of union membership. *British Journal of Industrial Relations 45 (1),* 1–28.

Blau, D. (2000). Child care subsidy programs. Working Paper 7806. Cambridge, MA: National Bureau of Economic Research.

——— (2001). *The child care problem: An economic analysis.* New York: Russell Sage Foundation.

Blau, D. M., and P. K. Robins (1986). Job search, wage offers, and unemployment insurance. *Journal of Public Economics 29,* 173–97.

Blau, F., M. A. Ferber, and A. E. Winkler (2010). *The economics of women, men and work* (6th ed.). Boston: Pearson.

Blau, F. D., and R. G. Ehrenberg (1997). *Gender and family issues in the workplace.* New York: Russell Sage Foundation.

Blau, F. D., and A. Grossberg (1992). Maternal labor supply and children's cognitive development. *The Review of Economics and Statistics 74 (3),* 474–81.

Blau, F. D., and L. M. Kahn (1996). The gender earnings gap: Some international evidence. Working Paper 4224. Cambridge, MA: National Bureau of Economic Research.

Blinder, A. S. (1973). Wage discimination: Reduced form and structural estimates. *Journal of Human Resources 8,* 436–55.

Blundell, R. (2001). Welfare reform for low income workers. *Oxford Economic Papers 53,* 189–214.

Blundell, R., and M. Dias (2000). Evaluation methods for non-experimental data. *Fiscal Studies 21,* 427–68.

Blundell, R., and T. MaCurdy (1999). Labor supply: A review of alternative approaches. *Handbook of labor economics,* ed. O. Ashenfelter and D. Card. Amsterdam: Elsevier.

Blundell, R., A. Bozio, and G. Laroque (2011). Extensive and intensive margins of labour supply: Working hours in the US, UK and France. IZA Discussion Paper 6051. Bonn: Institute for the Study of Labor.

Böckerman, P., and R. Uusitalo (2006). Erosion of the Ghent system and union membership decline: Lessons from Finland. *British Journal of Industrial Relations 44 (2)*, 283–303.

Bodvarsson, Ö. B., H. F. van den Berg, and J. J. Lewer (2008). Measuring immigration's effect on labor demand: A reexamination of the Mariel Boatlift. *Labour Economics 15*, 560–74.

Boeri, T. (1996). Is job turnover countercyclical? *Journal of Labor Economics 14 (4)*, 603–25.

——— (1999). Enforcement of employment security regulations, on-the-job search and unemployment duration. *European Economic Review 43*, 65–89.

——— (2005). An activating social security system. *De Economist 153 (4)*, 375–97.

——— (2010). Immigration to the land of redistribution. *Economica 77*, 651–87.

——— (2011). Institutional reform and dualism. In *Handbook of labor economics 4B*, ed. D. Card and O. Ashenfelter. Elsevier.

——— (2012). Setting the minimum wage. *Labour Economics 19*, 281–90.

Boeri, T., and H. Bruecker (2005). Why are Europeans so tough on migrants? *Economic Policy 44*, 629–704.

——— (2011). Short-time work benefits revisited: Some lessons from the Great Recession. *Economic Policy 26 (68)*, 697–765.

Boeri, T., and A. Brugiavini (2008). Pension reform and women's retirement plans. *Journal of Population Ageing 1*, 7–30.

Boeri, T., and M. C. Burda (1996). Active labour market policies, job matching and the Czech miracle. *European Economic Review 40*, 805–17.

——— (2009). Preferences for collective versus individualized wage setting. *Economic Journal 119*, 1440–63.

Boeri, T., and P. Garibaldi (2006). Two tier reforms of employment protection: A honeymoon effect? *Economic Journal 17*, 357–85.

Boeri, T., and J. Jimeno (2005). The effects of employment protection: Learning from variable enforcement. *European Economic Review 49*, 2057–77.

Boeri, T., and M. Macis (2010). Do unemployment benefits promote or hinder structural change? *Journal of Development Economics 93 (1)*, 109–25.

Boeri, T., and K. Terrell (2002). Institutional determinants of labor reallocation in transition. *Journal of Economic Perspectives 16 (1)*, 51–76.

Boeri, T., G. Hanson, and B. McGormick, eds. (2002). *Immigration policy and the welfare system*. Oxford: Oxford University Press.

Boeri, T., D. Del Boca, and C. Pissarides (2005). *Women at work: An economic perspective*. Oxford: Oxford University Press.

Boeri, T., M. Burda, and F. Kramarz, eds. (2008). *Working hours and job sharing in the EU and USA: Are Europeans lazy? Or Americans crazy?* Oxford: Oxford University Press.

Boeri, T., P. Garibaldi, and M. Ribeiro (2011). The lighthouse effect and beyond. *Review of Income and Wealth 57*, 54–78.

Boeri, T., J. I. Conde-Ruiz, and V. Galasso (2012). The political economy of flexicurity. *Journal of the European Economic Association 10*, 684–715.

Boeri, T., P. Garibaldi, and E. Moen (2013). The economics of severance pay. IZA Discussion Paper 7455. Bonn: Institute for the Study of Labor.

Boldrin, M., J. J. Dolado, J. F. Jimeno, and F. Peracchi (1999). The future of pension systems in Europe: A reappraisal. *Economic Policy 29*, 289–323.

Boockmann, B., T. Zwick, A. Ammermüller, and M. Maier (2012). Do hiring subsidies reduce unemployment among older workers? Evidence from natural experiments. *Journal of the European Economic Association 10*, 735–64.

Boone, J., and J. C. van Ours (2006). Modelling financial incentives to get unemployed back to work. *Journal of Institutional and Theoretical Economics 162 (2)*, 227–52.

——— (2009). Bringing unemployed back to work: effective active labor market policies. *De Economist 157 (04-87)*, 293–313.

——— (2012). Why is there a spike in the job finding rate at benefit exhaustion? *De Economist 160*, 413–38.

Boone, J., P. Fredriksson, B. Holmlund, and J. C. van Ours (2007). Optimal unemployment insurance with monitoring and sanctions. *Economic Journal 117*, 399–421.

Booth, A. (1995). *The economics of the trade union*. Cambridge: Cambridge University Press.

Booth, A., and J. C. van Ours (2008). Job satisfaction and family happiness: The part-time work puzzle. *Economic Journal 118*, F77–F99.

Booth, A., and J. C. van Ours (2009). Hours of work and gender identity: Does part-time work make the family happier? *Economica 76*, 176–96.

——— (2013). Part-time jobs: What women want? *Journal of Population Economics 26*, 263–83.

Booth, A. L., and L. Bryan (2005). Testing some predictions of human capital theory: New training evidence from Britain. *Review of Economics and Statistics 87*, 391–94.

Booth, A. L., and A. Leigh (2010). Do employers discriminate by gender? A field experiment in female-dominated occupations. *Economics Letters 107*, 236–38.

Booth, A. L., and M. Ravallion (1993). Employment and length of the working week in a unionized economy in which hours of work influence productivity. *Economic Record, Economic Society of Australia 69 (207)*, 428–36.

Borghans, L., B.H.H. Golsteyn, J. J. Heckman, and J. E. Humphries (2009). Identification problems in personality psychology. NBER Working Paper 16917. Cambridge, MA. National Bureau of Economic Research.

Borjas, G. J. (1999). The economic analysis of immigration. In *Handbook of labor economics*, ed. O. Ashenfelter and D. Card. Amsterdam: Elsevier.

——— (2001). Does immigration grease the wheels of the labor market? *Brookings Papers on Economic Activity 1*, 69–133.

——— (2003). The labor demand curve is downward-sloping: Reexamining the impact of immigration on the labor market. *Quarterly Journal of Economics 18 (November)*, 1335–74.

——— (2009). *Labor economics (5th ed.)* Cambridge: McGraw-Hill.

Börsch-Supan, A., and H. K. Jürges (2006). Early retirement, social security and well-being in Germany. NBER Working Paper 12303. Cambridge, MA: National Bureau of Economic Research.

Bratberg, E., T. H. Holmås, and Ø. Thøgerson (2004). Assessing the effects of an early retirement program. *Journal of Population Economics 17*, 387–408.

Brewer, M., E. Saez, and A. Shephard (2010). Means-testing and tax rates on earnings. In *Dimensions of tax design, the Mirrlees review*, ed. Institute for Fiscal Studies. Oxford: Oxford University Press.

Brown, C. (1999). Minimum wages, employment, and the distribution of income. In *Handbook of labor economics*, ed. O. Ashenfelter and D. Card. Amsterdam: Elsevier.

Browning, M., F. Bourguignon, P. Chiappori, and V. Lechene (1994). Income and outcomes: A structural model of intrahousehold allocation. *Journal of Political Economy 102*, 1067–96.

Brugiavini, A., M. C. Burda, L. Calmfors, D. Checchi, R. Naylor, and J. Visser (2001). The future of collective bargaining in Europe. In *The role of unions in the twenty-first century*, ed. T. Boeri, A. Brugiavini, and L. Calmfors. Oxford: Oxford University Press.

Brunello, G., P. Garibaldi, and E. Wasmer (2007). *Education and training in Europe*. Oxford: Oxford University Press.

Brusentsev, V., and W. Vroman (2012). *Stabilizing employment: The role of short-time compensation*. Kalamazoo, MI: Upjohn Institute Press.

Buddelmeyer, H., G. Mourre, and M. Ward (2005). Part-time work in EU countries: Labour market mobility, entry and exit. IZA Discussion Paper 1550. Bonn: Institute for the Study of Labor.

Burda, M. (1995). Migration and the option value of waiting. *Economic and Social Review 27*, 1–19.

Burda, M., and J. Hunt (2001). From reunification to economic integration: Productivity and the labor market in Eastern Germany. *Brooking Papers on Economic Activity 2*, 1–92.

Burda, M. C., and P. Weil (2008). Blue laws. *Working hours and job sharing in the EU and USA: Are Europeans lazy? Or Americans crazy?*, ed. T. Boeri, M. Burda, and F. Kramara. Oxford: Oxford University Press.

Burda, M., D. Hamermesh, and P. Weil (2008). *Understanding transatlantic differences in working hours*. Oxford: Oxford University Press.

Burdett, K., and R. Wright (1989). Unemployment insurance and short-time compensation: The effects on layoffs, hours per worker and wages. *Journal of Political Economy 97*, 1479–96.

Burgess, P. L., and J. L. Kingston (1976). The impact of unemployment insurance benefits on reemployment success. *Industrial and Labor Relations Review 30*, 25–31.

Burtless, G. (1985). Are targeted wage subsidies harmful? Evidence from a wage voucher experiment. *Industrial and Labor Relations Review 39*, 105–14.

Cahuc, P., and S. Carcillo (2011). Is short-time work a good method to keep unemployment down? CEPR Discussion Paper 8214. London: Centre for Economic Policy Research.

Cahuc, P., and J. Michel (1996). Minimum wage, unemployment and growth. *European Economic Review 40*, 1463–82.

Cahuc, P., and A. Zylberberg (2004). *Labor economics*. Cambridge, MA: MIT Press.

Caliendo, M., K. Tatsiramos, and A. Uhlendorff (2013). Benefit duration, unemployment duration and job match quality: A regression discontinuity approach. *Journal of Applied Econometrics 28 (4)*, 604–27.

Calmfors, L. (1994). Active labor market policy and unemployment—A framework for the analysis of crucial design features. *OECD Economic Studies 22 (1)*, 7–47.

——— (1995). What can we expect from active labor market policy? *Konjunkturpolitik 43*, 11–30.

——— (2001). The Future of Collective Bargaining in Europe. In *The role of unions in the twenty-first century*, ed. T. Boeri, A. Brugiavini, and L. Calmfors. Oxford: Oxford University Press.

Calmfors, L., and J. Driffil (1988). Bargaining structure, corporatism, and macroeconomic performance. *Economic Policy 6*, 12–61.

Calmfors, L., and M. Hoel (1989). Work sharing, employment and shiftwork. *Oxford Economic Papers 41*, 758–73.

Calmfors, L., A. Forslund, and M. Hemström (2001). Does active labor market policy work? Lessons from the Swedish experiences. *Swedish Economic Policy Review 85*, 61–124.

Cameron, A. C., and P. K. Trivedi (2005). *Microeconometrics: Methods and Applications*. Cambridge: Cambridge University Press.

Card, D. (1990). The impact of the Mariel Boatlift on the Miami labor market. *Industrial Labor Relations Review 43*, 245–57.

——— (1992). The effects of unions on the distribution of wages: Redistribution or relabelling. NBER Working Paper 4195. Cambridge, MA: National Bureau of Economic Research.

——— (1995). Using geographic variation in college proximity to estimate the return to schooling. In *Aspects of labour market behaviour: Essays in honour of John Vanderkamp*, ed. L. N. Christofides, E. K. Grant, and R. Swidinsky. Toronto: University of Toronto Press.

——— (1999). The causal effect of education on earnings. In *Handbook of labor economics*, ed. O. Ashenfelter and D. Card. Amsterdam: Elsevier.

——— (2001). The effects of unions on wage inequality in the U.S. labor market. *Industrial and Labor Relations Review 54*, 296–315.

——— (2005). Is the new immigration really so bad? *Economic Journal 115*, 300–24.

——— (2012). Comment: The elusive search for negative wage impacts from immigration. *Journal of the European Economic Association 10*, 211–15.

Card, D., and D. R. Hyslop (2005). Estimating the effects of a time-limited earnings subsidy for welfare-leavers. *Econometrica 73*, 1723–70.

Card, D., and A. Krueger (1994). Minimum wage and employment: A case study of the fast food industry in New Jersey and Pennsylvania. *American Economic Review 84*, 772–93.

——— (1995a). *Myth and measurement: The new economics of the minimum wage*. Princeton, NJ: Princeton University Press.

——— (1995b). Time-series minimum-wage studies: A meta-analysis. *American Economic Review, AEA Papers and Proceedings 85*, 238–43.

——— (2000). Minimum wages: A case study of the fast food industry in New Jersey and Pennsylvania: Reply. *American Economic Review 90*, 1397–1420.

Card, D., and P. Levine (2000). Extended benefits and the duration of UI spells: Evidence from the New Jersey Extended Benefit Program. *Journal of Public Economics 78*, 107–38.

Card, D., R. Chetty, and A. Weber (2007a). Cash-on-hand and competing models of intertemporal behavior: New evidence from the labor market. *Quarterly Journal of Economics 122*, 1511–60.

——— (2007b). The spike at benefit exhaustion: Leaving the unemployment system or starting a new job? *American Economic Review 97*, 113–18.

Card, D., J. Kluve, and A. Weber (2010). Active labor market policy evaluations: A meta-analysis. *Economic Journal 120,* 452–77.

Card, D., C. Dustmann, and I. Preston (2012). Immigration, wages, and compositional amenities. *Journal of the European Economic Association 10,* 78–119.

Carling, K., P. Edin, A. Harkman, and B. Holmlund (1996). Unemployment duration, unemployment benefits, and labor market programs in Sweden. *Journal of Public Economics 59,* 313–34.

Carling, K., B. Holmlund, and A. Vejsiu (2001). Do benefit cuts boost job findings? Swedish evidence from the 1990s. *Economic Journal 111,* 766–90.

Carlsson, M., and D. Rooth (2007). Evidence of ethnic discrimination in the Swedish labor market using experimental data. *Labour Economics 14,* 716–29.

Carrington, W., and P. de Lima (1996). The impact of the 1970s repatriates from Africa on the Portuguese labor market. *Industrial and Labor Relations Review 49 (January),* 330–47.

Centeno, M. (2004). The match quality gains from unemployment insurance. *Journal of Human Resources 34,* 839–63.

Centeno, M., and A. Novo (2007). *Unemployment insurance generosity and post-unemployment wages: Quantile treatment effects.* Lisbon: Bank of Portugal.

Chan, S., and A. H. Stevens (1999). Employment and retirement following a late-career job loss. *American Economic Review 89,* 211–16.

——— (2001). Job loss and employment patterns of older workers. *Journal of Labor Economics 19,* 484–521.

Chetty, R. (2008). Moral hazard vs. liquidity and optimal unemployment insurance. *Journal of Political Economy 116,* 173–234.

Chiappori, P.-A., and F. Bourguignon (1992). Collective models of household behavior: An introduction. *European Economic Review 36,* 355–65.

Clark, X., T. J. Hatton, and J. G. Williamson (2007). Explaining U.S. immigration, 1971–1998. *Review of Economics and Statistics 89,* 359–73.

Classen, K. (1977). The effect of unemployment insurance on the duration of unemployment and subsequent earnings. *Industrial and Labor Relations Review 30,* 438–44.

Contensou, F., and R. Vranceanu (2000). *Working time: Theory and policy implications.* Cheltenham, UK: Edward Elgar.

Corneo, G. (1997). The theory of the open shop trade union reconsidered. *Labour Economics 4,* 71–84.

Crépon, B., and F. Kramarz (2002). Employed 40 hours or not employed 39: Lessons from the 1982 mandatory reduction of the workweek. *Journal of Political Economy 110,* 1355–89.

Crépon, B., N. Deniau, and S. Pérez-Duarte (2003). Wages, productivity, and worker characteristics: A French perspective. Working paper, CREST-INSEE. Paris: Institut National de la Statistique et d'Études Economiques.

Crépon, B., M. Leclair, and S. Roux (2005). The shorter working week, productivity and employment: New estimates based on business data. *Economie et Statistique, Institut National de la Statistique et des Études Economiques 376,* 55–89.

Damm, A. P. (2009). Ethnic enclaves and immigrant labor market outcomes: Quasi-experimental evidence. *Journal of Labor Economics 27,* 281–314.

D'Amuri, F., G.I.P. Ottaviano, and G. Peri (2010). The labor market impact of immigration in western Germany in the 1990s. *European Economic Review 54,* 550–70.

Daniel, K., and J. S. Heywood (2007). The determinants of hiring older workers. *Labour Economics 14,* 35–51.

Daniels, R. (2002). *Coming to America: A history of immigration and ethnicity in American life* (2nd ed.). New York: Harper Perennial.

De Henau, J., D. Meulders, and S. Padraigin O'Dorchai (2007). Making time for working parents: Comparing public childcare provision. ULB Institutional Repository 2013/7708, Université Libre de Bruxelles, Brussels.

De Silva, D. G., R. P. McComb, Y. Moh, A. R. Schiller, and A. J. Vargas (2010). The effect of migration on wages: Evidence from a natural experiment. *American Economic Review: Papers and Proceedings 100,* 321–26.

Del Boca, D., and C. Wetzels, eds. (2008). *Social policies, labour markets and motherhood.* Cambridge: Cambridge University Press.

Devine, T., and N. Kiefer (1991). *Empirical labor economics: The search approach.* Oxford: Oxford University Press.

Di Nardo, J., N. Fortin, and T. Lemieux (1996). Labor market institutions and the distribution of wages: A semi-parametric approach. *Econometrica 64,* 1001–44.

Di Tella, R., and R. MacCulloch (2005). The consequences of labor market flexibility: Panel evidence based on survey data. *European Economic Review 49,* 1225–59.

Disney, R. (2000). The impact of tax and welfare policies on employment and unemployment in OECD countries. IMF Working Paper 164. Washington, DC: International Monetary Fund.

——— (2004). Are contributions to public pension programs a tax on employment? *Economic Policy 19 (39),* 267–311.

Docquier, F., and H. Rapoport (2012). Quantifying the impact of highly skilled emigration on developing countries. In *Brain Drain and Brain Gain,* ed. T. Boeri, H. Brücker, F. Docquier, and H. Rapoport. Oxford: Oxford University Press.

Dolado, J., F. Kramarz, S. Machin, A. Manning, D. Margolis, and C. Teulings (1996). The economic impact of minimum wages in Europe. *Economic Policy 23,* 317–72.

Dolton, P., and C. R. Bondibene (2011). The international experience of minimum wages in an economic downturn. *Economic Policy 65,* 99–142.

Dolton, P., and D. O'Neill (1996). Unemployment duration and the restart effect: Some experimental evidence. *Economic Journal 106,* 387–400.

——— (2002). The long-run effects of unemployment monitoring and work-search programs: Experimental evidence from the United Kingdom. *Journal of Labor Economics 20,* 381–403.

Dorn, D., and A. Sousa-Poza (2005). Early retirement: Free choice or forced decision? CESifo Working Paper 1542. Munich: Center for Economic Studies, Ifo Institute.

Dostie, B. (2006). Wages, productivity and aging. *De Economist 159 (2),* 139–58.

Doucouliagos, H., and T. D. Stanley (2009). Publication selection bias in minimum-wage research? A meta-regression analysis. *British Journal of Industrial Relations 47,* 406–28.

Draca, M., S. Machin, and J. van Reenen (2011). Minimum wages and firm profitability. *American Economic Journal: Applied Economics 3,* 129–51.

Dunlop, D. M. (1944). The karaits of East Asia. *Bulletin of the School of Oriental and African Studies 11 (2),* 276–89.

Dustmann, C., and A. Glitz (2005). Immigration, jobs and wages: Theory, evidence and opinion. CREAM-CEPR technical report. London: Centre for Economic Policy Research.

Dustmann, C., and U. Schönberg (2011). Expansion in maternity leave coverage and children's long-term outcomes. *American Economic Journal: Applied Economics 4,* 190–224.

Dustmann, C., T. Frattini, and I. P. Preston (2013). The effect of immigration along the distribution of wages. *Review of Economic Studies 80,* 145–73.

Duval, R. (2003). The retirement effects of old-age pension and early retirement schemes in OECD countries. Working Paper 370. Paris: OECD Economics Department.

Dygalo, N. N., and J. M. Abowd (2005). Estimating experience-productivity profiles from earnings over employment spells. Working paper. London, University of Western Ontario.

Edin, P., P. Fredriksson, and O. Åslund (2003). Ethnic enclaves and the economics success of immigrants—Evidence from a natural experiment. *Quarterly Journal of Economics 118,* 329–57.

Ehrenberg, R., and R. L. Oaxaca (1976). Unemployment insurance, duration of unemployment, and subsequent wage gain. *American Economic Review 66,* 754–66.

Ehrenberg, R. G., and R. S. Smith (2006). *Modern labor economics* (9th ed.). New York: Addison Wesley.

Eissa, N. O. (1995). Taxation and labor supply of married women: The tax reform act of 1986 as a natural experiment. NBER Working Paper W5023. Cambridge, MA: National Bureau of Economic Research.

Eissa, N. O., and J. Liebman (1996). Labor supply responses to the Earned Income Tax Credit. *Quarterly Journal of Economics 111,* 605–37.

Elmeskov, J., J. P. Martin, and S. Scarpetta (1998). Key lessons for labor market reforms: Evidence from OECD countries' experience. *Swedish Economic Policy Review 5 (2),* 205–52.

Emerson, M. (1998). Regulation or de-regulation of the labour market: Policy regimes for the recruitment and dismissal of employees in industralised countries. *European Economic Review 32,* 775–817.

Estevão, M., and F. Sá (2008). The 35-hour workweek in France: Straightjacket or welfare improvement? *Economic Policy 23,* 417–63.

Eurostat (2010). Eurostat labor force survey.

——— (2013). Percentage of part-time employment of adults by sex, age groups, number of children and age of youngest child. European Union.

Falch, T. (2010). The elasticity of labor supply at the establishment level. *Journal of Labor Economics 28,* 237–66.

Fallick, B. C. (1991). Unemployment insurance and the rate of re-employment of displaced workers. *Review of Economics and Statistics 2,* 228–35.

Farber, H. S. (1993). The incidence and costs of job loss: 1982–1991. Brookings Papers on Economic Activity: Microeconomics. Washington, DC: Brookings Institution.

Fernandez, R. (2004). Mothers and sons: Preference formation and female labor force dynamics. *Quarterly Journal of Economics 119,* 1249–99.

Flanagan, R. (1999). Macroeconomic performance and collective bargaining: An international perspective. *Journal of Economic Literature 37 (3),* 1150–75.

Flinn, C. (2007). Minimum wage effects on labor market outcomes under search, matching and endogenous contact rates. *Econometrica 74,* 1013–62.

Fogli, A. (2011). Nature or nurture? Learning and the geography of female labor force participation. *Econometrica 79,* 1103–38.

Fortin, B., and G. Lacroix (1997). A test of the unitary and collective models of household labour supply. *Economic Journal 107,* 933–55.

Frazis, H., and M. A. Loewenstein (2005). Reexamining the returns to training: Functional form, magnitude, and interpretation. *Journal of Human Resources 40,* 453–76.

Freeman, R., and R. Schettkat (2005). Marketization of household production and the EU-US gap in work. *Economic Policy 20,* 6–50.

Freeman, R. B. (1999). Demand for education. In *Handbook of labor economics,* ed. O. Ashenfelter and D. Card. Amsterdam: North-Holland.

——— (2005). What do unions do? *Journal of Labor Research 26,* 641–68.

Freeman, R. B., and J. L. Medoff (1984). *What do unions do? The 2004 M-Brane Stringtwister edition.* New York: Basic Books.

Friedberg, R. M., and J. Hunt (1995). The impact of immigrants on host countries' wages, employment, and growth. *Journal of Economic Perspectives 9,* 23–44.

Fryer, R. G. (2010). Racial inequality in the 21st century: The declining significance of discrimination. In *Handbook of labor economics 4B,* ed. D. Card and O. Ashenfelter. Amsterdam: Elsevier.

Fryer, R. G., and G. C. Loury (2005). Affirmative action and its mythology. *Journal of Economic Perspectives 19,* 147–62.

Galasso, V. (2006). *The political future of social security in aging societies.* Cambridge, MA: MIT Press.

García Pérez, J. I., and V. Osuna (2012). The effects of introducing a single open-ended contract in the Spanish labor market. Working paper, Universidad Pablo de Olavide, Sevilla.

Garibaldi, P., and P. Mauro (2002). Anatomy of employment growth. *Economic Policy 17 (34),* 67–114.

Garibaldi, P., and G. Violante (2005). The employment effects of severance payments with wage rigidities. *Economic Journal 115,* 799–832.

Garibaldi, P., J. Konings, and C. Pissarides (1997). Gross job reallocation and labor market policy. In *Unemployment policy: Government options for the labour market,* ed. D. J. Snower and G. de la Dehesa. Cambridge: Cambridge University Press.

Garibaldi, P., A. Borgarello, and L. Pacelli (2003). Employment protection legislation and the size of firms: A close look at the Italian case. *Giornale degli Economisti e Annali di Economia 63 (1),* 33–68.

Garibaldi, P., J. O. Oliveira-Martins, and J. C. van Ours (2008). *Ageing, health, and productivity: The economics of increased life expectancy.* Oxford: Oxford University Press.

Gertler, M., and A. Trigari (2009). Unemployment fluctuations with staggered Nash bargaining contract. *Journal of Political Economy 117,* 38–86.

Gibson, J., and D. McKenzie (2011). The microeconomic determinants of emigration and return migration of the best and brightest: Evidence from the Pacific. *Journal of Development Economics 95,* 18–29.

Gielen, A., and J. C. van Ours (2006). Age-specific cyclical effects in job reallocation and labor mobility. *Labour Economics 13,* 493–504.

Gindling, T. H., and K. Terrell (2004). Minimum wages and the wages of formal and informal sector workers in Costa Rica. Working Paper 04-102. Ann Arbor, MI: University of Michigan.

Godard, J. (2011). What has happened to strikes? *British Journal of Industrial Relations 49,* 282–305.

Goldin, C. (1988). Marriage bars: Discrimination against married women workers, 1920's to 1950's. NBER Working Paper 2747. Cambridge, MA: National Bureau of Economic Research.

Goldin, C., and C. Rouse (2000). Orchestrating impartiality: The impact of "blind" auditions on female musicians. *American Economic Review 90,* 715–41.

González, L., and F. Ortega (2011). How do very open economies adjust to large immigration flows? Evidence from Spanish regions. *Labour Economics 18,* 57–70.

Goos, M., B. M. Fraumeni, A. Manning, and A. Salomons (2009). Job polarization in Europe. *American Economic Review 99,* 58–63.

Gornick, J. C., and M. K. Meyers (2003). Support for working families: Work and care policies across welfare states. *CESifo DICE Report 4,* 13–18.

Gorter, C., and G. Kalb (1996). Estimating the effect of counselling and monitoring the unemployed using a job search model. *Journal of Human Resources 31,* 590–610.

Gramlich, E. (1976). Impact of minimum wages on other wages, employment and family incomes. *Brooking Papers on Economic Activity 2,* 409–51.

Graversen, B. K., and J. C. van Ours (2008). How to help unemployed find jobs quickly: Experimental evidence from a mandatory activation program. *Journal of Public Economics 92,* 2020–35.

Gregg, P. (2000). The use of wage floors as policy tools. *OECD Economic Studies 31,* 133–46.

Gregg, P., and A. Manning (1997). Skill-biased change, unemployment and inequality. *European Economic Review 41,* 1173–1200.

Gregg, P., and J. Waldfogel (2005). Symposium on parental leave, early maternal employment and child outcomes. *Economic Journal 115,* F1–F6.

Grout, P. (1984). Investment and wages in the absence of binding contracts: A Nash bargaining approach. *Econometrica 52,* 449–60.

Grubb, D. (2000). Eligibility criteria for unemployment benefits. In *OECD Employment Outlook.* Paris: Organisation for Economic Co-operation and Development.

Grubb, D., and W. Wells (1997). Employment regulations and patterns of work in EC countries. *OECD Economic Studies* 21: 7–58.

Gruber, J. (1997). The incidence of payroll taxation: Evidence from Chile. *Journal of Labor Economics 15 (3),* S72–S101.

Gruber, J., and D. A. Wise (1997). Social security programs and retirement around the world. NBER Working Paper 6134. Cambridge, MA: National Bureau of Economic Research.

——— (1999). Social security programs and retirement around the world. *Research in Labor Economics 18,* 1–40.

——— (2010). *Social security programs and retirement around the world: The relationship to youth employment*. Cambridge, MA: National Bureau of Economic Research.

Hairault, J., F. Langot, and T. Sopraseuth (2010). Distance to retirement and older workers' employment: The case for delaying the retirement age. *Journal of European Economic Association 8,* 1034–76.

Hall, R. E. (1995). Lost jobs. *Brookings Papers on Economic Activity* 1.

Hall, R. E., and E. Lazear (1984). The excess sensitivity of layoffs and quits to demand. *Journal of Labor Economics 2,* 233–57.

Ham, J., and S. Rea (1987). Unemployment insurance and male unemployment duration in Canada. *Journal of Labor Economics 5,* 325–53.

Hamermesh, D. S. (2011). *Beauty pays: Why attractive people are more successful.* Princeton, NJ: Princeton University Press.

Hanel, B. (2010). Financial incentives to postpone retirement and further effects on employment—

Evidence from a natural experiment. *Labour Economics 17*, 474–86.

Hanushek, E., and L. Woessmann (2011). How much do educational outcomes matter in OECD countries? *Economic Policy 26*, 427–91.

Hanushek, E. A., S. Machin, and L. Woessmann, eds. (2011). *Handbook of the Economics of Education* (vols. 3 and 4). Amsterdam: Elsevier.

Hatton, T. J. (2004). Seeking asylum in Europe. *Economic Policy 19*, 5–32.

Hatton, T. J., and M. Tani (2005). Immigration and inter-regional mobility in the UK, 1982–2000. *Economic Journal 115*, F342–F358.

Hatton, T., and J. Williamson (1998). *The age of mass migration: Causes and economic impact.* New York: Oxford University Press.

Heckman, J. J. (1998). Detecting discrimination. *Journal of Economic Perspectives 12*, 101–16.

Heckman, J. J., R. J. Lalonde, and J. A. Smith (1999). The economics and econometrics of active labor market programs. In *Handbook of labor economics*, ed. O. Ashenfelter and D. Card. Amsterdam: Elsevier.

Hellerstein, J. K., D. Neumark, and K. R. Troske (1999). Wages, productivity and worker characteristics: Evidence from plant-level production function and wage equations. *Journal of Labor Economics 17*, 409–46.

Hicks, J. R. (1932). *The theory of wages*. London: Macmillan.

Hijzen, A., and D. Venn (2011). The role of short-time work schemes during the 2008–09 recession. OECD Social, Employment and Migration Working Paper 115. Paris: OECD.

Hirsch, B. T. (2008). Sluggish institutions in a dynamic world: Can unions and industrial competition coexist? *Journal of Economic Perspectives 22*, 153–76.

Hirsch, B. T., and D. A. Macpherson (2003). Union membership and coverage database from the current population survey: Note. *Industrial and Labor Relations Review 56*, 349–54.

Hirsch, B. T., T. Schank, and C. Schnabel (2010). Differences in labor supply to monopsonistic firms and the gender pay gap: An empirical analysis using linked employer-employee data from Germany. *Journal of Labor Economics 28*, 291–330.

Hirschman, A. O. (1970). *Exit, voice, and loyalty: Responses to decline in firms, organizations, and states*. Cambridge, MA: Harvard University Press.

Hoelen, A. (1977). Effects of unemployment insurance entitlement on duration and job search outcome. *Industrial and Labor Relations Review 30*, 45–50.

Hoffman, S., and S. Averett (2010). *Women and the economy*. Boston: Addison-Wesley.

Holden, S., and O. Raaum (1991). Wage moderation and union structure. *Oxford Economic Papers 43*, 409–23.

Holmlund, B. (1998). Unemployment insurance in theory and practice. *Scandinavian Journal of Economics 100 (1)*, 113–41.

Holzer, H. (1986). Reservation wages and their labor market effects for black and white male youth. *Journal of Human Resources 21*, 157–77.

Holzer, H., and D. Neumark (2000). Assessing affirmative action. *Journal of Economic Literature 38*, 483–568.

Holzmann, R., and E. Palmer (2006). Pension reform: Issues and prospects for non-financial defined contribution (NDC) schemes. Washington, DC: World Bank.

——— (2012). *Nonfinancial defined contribution pension schemes in a changing pension world.* Washington, DC: World Bank.

Hopenhayn, H. A., and J. P. Nicolini (1997). Optimal unemployment insurance. *Journal of Political Economy 105*, 412–38.

Hosios, A. J. (1990). On the efficiency of matching and related models of search and unemployment. *Review of Economic Studies 57*, 279–98.

Hoxby, C. M. (2000). Does competition among public schools benefit students and taxpayers? *American Economic Review 90*, 1209–38.

Hunt, J. (1992). The impact of the 1962 repatriates from Algeria on the French labor market. *Industrial and Labor Relations Review 45*, 556–72.

——— (1995). The effect of unemployment compensation on unemployment duration in Germany. *Journal of Labor Economics 13*, 88–120.

——— (1999). Has work-sharing worked in Germany? *Quarterly Journal of Economics 114*, 117–48.

——— (2006). Staunching emigration from East Germany: Age and the determinants of migration. *Journal of the European Economic Association 4*, 1014–37.

Hutchens, R. (1986). Delayed payment contracts and a firm's propensity to hire older workers. *Journal of Labor Economics 4,* 439–57.

Hyslop, D., and S. Stillman (2007). Youth minimum wage reform and the labour market in New Zealand. *Labour Economics 14,* 201–30.

Ichino, A., and R. T. Riphahn (2005). The effect of employment protection on worker effort: Absenteeism during and after probation. *Journal of the European Economic Association 3,* 120–43.

Ilmakunnas, P., and M. Maliranta (2005). Technology, labor characteristics and wage-productivity gaps. *Oxford Bulletin of Economics and Statistics 67,* 623–45.

Isacsson, G. (1999). Estimates of the return to schooling in Sweden from a large sample of twins. *Labour Economics 6,* 471–89.

ISSPC (2005). International Social Survey Programme, 2005 module, Work Orientations III, no. 4350.

Jackman, R., R. Layard, and S. Nickell (1996). Combating unemployment: Is flexibility enough? CEP Discussion Paper 0293. London: Centre for Economic Performance.

James-Burdumy, S. M. (2005). The effect of maternal labor force participation on child development. *Journal of Labor Economics 23,* 177–211.

Jaumotte, F. (2003). Female labor force participation: Past trends and main determinants in OECD countries. OECD Economics Department Working Paper 376, Paris: Organisation for Economic Co-operation and Development.

Johnson, P. (1993). Ageing and European economic demography. In *Labour markets in an ageing Europe,* ed. P. Johnson and K. F. Zimmermann. Cambridge: Cambridge University Press.

Jones, P. (1997). The impact of the minimum wage legislation in developing countries where coverage is incomplete. WP/98-2. Oxford: Institute of Economics and Statistics.

Jones, S., and C. J. McKenna (1994). A dynamic model of union membership and employment. *Economica 61,* 179–89.

Kahn, L. M. (1998). Collective bargaining and the interindustry wage structure: International evidence. *Economica 65,* 507–34.

——— (2000). Wage inequality, collective bargaining, and relative employment from 1985 to 1994: Evidence from fifteen OECD countries. *Review of Economics and Statistics 82 (4),* 564–79.

Kaitz, H. (1970). *Experience of the past: The national minimum, in youth unemployment and minimum wages.* Bulletin 1657, 30–54, Washington, DC: U.S. Department of Labor, Bureau of Labor Statistics.

Kapteyn, A., A. Kalwij, and A. Zaidi (2004). The myth of work-sharing. *Labour Economics 11,* 293–313.

Katz, L. F., and B. D. Meyer (1990). Unemployment insurance, recall expectations, and unemployment outcomes. *Quarterly Journal of Economics 105,* 973–1002.

Kaufman, B., and J. Hotchkiss (2006). *The economics of the labor market.* Mason, OH: Thomson South-Western.

Kawaguki, D., L. Jungmin, and D. S. Hamermesh (2012). A gift of time. IZA Discussion Paper 6700. Bonn: Institute for the Study of Labor.

Keane, M. P. (2011). Labor supply and taxes: A survey. *Journal of Economic Literature 49,* 961–1075.

Kennan, J. (1986). The economics of strikes. In *Handbook of labor economics 2,* ed. O. C. Ashenfelter and R. Layard. Amsterdam: Elsevier.

——— (1995). The elusive effects of minimum wages. *Journal of Economic Literature 33,* 1950–65.

Kerr, S. P., and W. R. Kerr (2011). Economic impacts of immigration: A survey. *Finnish Economic Papers 24,* 1–32.

Kiefer, N. (1988). Economic duration data and hazard functions. *Journal of Economic Literature 26,* 646–79.

Kiley, M. T. (2003). How should unemployment benefits respond to the business cycle? *Topics in Economic Analysis and Policy 3,* 1–30.

Klepinger, D. H., T. R. Johnson, and J. M. Joesch (2002). Effects of unemployment insurance work-search requirements: The Maryland experiment. *Industrial and Labor Relations Review 56,* 3–22.

Kluve, J. (2010). The effectiveness of European active labor market programs. *Labour Economics 17,* 904–18.

Kluve, J., and C. M. Schmidt (2002). Can training and employment subsidies combat European unemployment? *Economic Policy 35,* 411–48.

Kramarz, F., P. Cahuc, B. Crépon, T. Schank, O. Nordstrom Skans, and G. van Lomwel (2008). Work sharing. In *Working hours and job sharing in the EU and USA*, ed. T. Boeri, M. C. Burda, and F. Kramarz. Oxford: Oxford University Press.

Kroft, K., and M. J. Notowidigdo (2010). Should unemployment insurance vary with the local unemployment rate? Theory and evidence. NBER Working Paper 17173. Cambridge, MA: National Bureau of Economic Research.

Krueger, A. (1993). How computers have changed the wage structure: Evidence from microdata, 1984–89. *Quarterly Journal of Economics 108*, 33–61.

Krueger, A., and B. Meyer (2002). Labor supply effects of social insurance. In *Handbook of public economics*, ed. A. Auerbach and M. Feldstein. Amsterdam: Elsevier.

Kugler, A., and G. Pica (2008). Effects of employment protection on worker and job flows: Evidence from the 1990 Italian reform. *Labour Economics 15*, 78–95.

Kugler, A., and G. Saint-Paul (2000). Hiring and firing costs, adverse selection and long-term unemployment. Working Paper 447. Barcelona: Universitat Pompeu Fabra.

Laing, D. (2011). *Labor Economics*. New York: Norton.

Lalive, R. (2008). How do extended benefits affect unemployment duration? A regression discontinuity approach. *Journal of Econometrics 142*, 785–806.

Lalive, R., and J. Zweimüller (2009). How does parental leave affect fertility and return to work? Evidence from two natural experiments. *Quarterly Journal of Economics 124*, 1363–1402.

Lalive, R., J. C. van Ours, and J. Zweimüller (2005). The effect of benefit sanctions on the duration of unemployment. *Journal of the European Economic Association 3*, 1386–1417.

——— (2006). How changes in financial incentives affect the duration of unemployment. *Review of Economic Studies 73*, 1009–38.

Lalive, R., A. Schlosser, A. Steinhauer, and J. Zweimüller (2011). Parental leave and mothers' careers: The relative importance of job protection and cash benefits. IZA Discussion Paper 5792. Bonn: Institute for the Study of Labor.

Landais, C., P. Michaillat, and E. Saez (2010). Optimal unemployment insurance over the business cycle. NBER Working Paper 16526. Cambridge, MA: National Bureau of Economic Research.

Lang, K., and J.-Y. K. Lehmann (2012). Racial discrimination in the labor market: Theory and empirics. *Journal of Economic Literature 50*, 959–1006.

Layard, R., S. Nickell, and R. Jackman (1991). *Unemployment*. New York: Oxford University Press.

Lazear, E. (1979). Why is there mandatory retirement? *Journal of Political Economy 87*, 1261–84.

——— (1990). Job security provisions and unemployment. *Quarterly Journal of Economics 105 (3)*, 699–726.

Leamer, E., and J. Levinsohn (1995). International trade theory: The evidence. In *Handbook of International Economics*, ed. G. Crossman and K. Rogoff. Amsterdam: Elsevier.

Lechner, M., and J. Smith (2007). What is the value added by caseworkers? *Labour Economics 14*, 135–48.

Lee, Y., and R. Gordon (2005). Tax structure and economic growth. *Journal of Public Economics 89*, 1027–43.

Legros, F. (2006). NDCs: A Comparison of the French and the German Point System. In *Pension reform: Issues and prospects for non-financial defined contribution (NDC) schemes*, ed. R. Holzmann and E. Palmer. Washington, DC: World Bank.

Lemos, S. (2004). Minimum wage policy and employment effects: Evidence from Brazil. *Economia 5*, 219–66.

Lester, R. 1947. Marginalism, minimum wages, and labor markets. *American Economic Review 37*, 135–48.

Leuven, E. (2005). The economics of private sector training: A survey of the literature. *Journal of Economic Surveys 19*, 91–111.

Lewis, E. (2005). Immigration, skill mix, and the choice of technique. Working Paper 05-8. Philadelphia: Federal Reserve Bank of Philadelphia.

Lindbeck, A., and D. J. Snower (1988). Cooperation, harassment, and involuntary unemployment: An insider-outsider approach. *American Economic Review 78*, 167–88.

Lippman, S. A., and J. J. McCall (1979). *Studies in the economics of search*. Amsterdam: North-Holland.

Ljungqvist, L., and T. J. Sargent (2003). European unemployment and turbulence revisited in a matching model. CEPR Discussion Paper 4183. London: Centre for Economic Policy Research.

Lochner, L. (2004). Education, work, and crime: A human capital approach. NBER Working Paper 10478. Cambridge, MA: National Bureau of Economic Research.

Loewenstein, M. A., and J. R. Spletzer (1998). Dividing the costs and returns to general training. *Journal of Labor Economics 16*, 142–71.

——— (1999). General and specific training: Evidence and implications. *Journal of Human Resources 34*, 710–33.

Lundberg, S. J., R. A. Pollak, and T. J. Wales (1997). Do husbands and wives pool their resources? Evidence from the U.K. child benefit. *Journal of Human Resources 32*, 463–80.

Lynch, L. (1983). Job search and youth unemployment. *Oxford Economic Papers 35*, 271–82.

Malcomson, J. M. (1999). Individual employment contracts. In *Handbook of labor economics*, ed. O. Ashenfelter and D. Card. Amsterdam: Elsevier.

Manacorda, M., A. Manning, and J. Wadsworth (2012). The impact of immigration on the structure of wages: Theory and evidence from Britain. *Journal of the European Economic Association 10*, 120–51.

Manning, A. (2003). *Monopsony in motion*. Princeton, NJ: Princeton University Press.

——— (2004). Monopsony and the efficiency of labour market interventions. *Labour Economics 11*, 145–63.

——— (2011). Imperfect competition in the labor market. In *Handbook of labor economics*, ed. O. Ashenfelter and D. Card. Amsterdam: Elsevier.

Manning, A., and B. Petrongolo (2005). The part-time pay penalty. CEP Discussion Paper 679. London: Centre for Performance.

Marimon, R., and F. Zilibotti (1999). Unemployment vs. mismatch of talents: Reconsidering unemployment benefits. *Economic Journal 109*, 266–91.

——— (2000). Employment and distributional effects of restricting working time. *European Economic Review 44*, 1291–1326.

Martin, J. P., and D. Grubb (2001). What works and for whom: A review of OECD countries' experience with active labor market policies. Working Paper 2001 14. Paris: Organisation for Economic Co-operation and Development.

Mayhew, H. (1851). *London labour and the London poor: The condition and earnings of those that will work, cannot work, and will not work*. London: Charles Griffen and Company.

McConnell, C. R., S. L. Brue, and D. Macpherson (2008). *Contemporary labor economics*. Boston: McGraw-Hill Irwin.

McCormick, B.E.A. (2002). Managing migration in the European welfare state. In *Immigration policy and the welfare state*, ed. T. Boeri, G. Hanson, and B.E.A. McCormick. Oxford University Press.

MaCurdy, T. E., and J. Pencavel (1986). Testing between competing models of wage and employment determination in unionized markets. *Journal of Political Economy 94*, S3–S9.

McDonald, I. M., and R. M. Solow (1981). Wage bargaining and employment. *American Economic Review 71*, 896–908.

McIntosh, M. F. (2008). Measuring the labor market impacts of Hurricane Katrina migration: Evidence from Houston, Texas. *American Economic Review, Papers and Proceedings 98*, 54–57.

Metcalf, D. (2004). The impact of the national minimum wage on the pay distribution, employment and training. *Economic Journal 114*, C84–C86.

Meyer, B. D. (1990). Unemployment insurance and unemployment spells. *Econometrica 58*, 757–82.

——— (1995). Lessons from the U.S. unemployment experiments. *Journal of Economic Literature 33*, 91–131.

Miles, T. (2000). Common law exceptions to employment at will and US labor markets. *Journal of Law, Economics and Organization 16*, 74–101.

Mincer, J. (1974). Unemployment effects of minimum wages. *Journal of Political Economy 84*, 87–104.

Mirrlees, J. A. (1971). An exploration in the theory of optimum income taxation. *Review of Economic Studies 38*, 175–208.

Mitman, K., and S. Rabinovich (2011). Pro-cyclical unemployment benefits? Optimal policy in an equilibrium business cycle model. PIER Working Paper 11-01. Philadelphia: Penn Institute for Economic Research.

Moffitt, R., and W. Nicholson (1982). The effect of unemployment insurance on unemployment: The case of federal supplemental benefits. *Review of Economics and Statistics 64*, 1–11.

Montizaan, R., F. Cörvers, and A. De Grip (2010). The effects of pension rights and retirement age on training participation: Evidence from a natural experiment. *Labour Economics 17 (1)*, 240–47.

Mortensen, D. (1977). Unemployment insurance and job search decisions. *Industrial and Labor Relations Review 30*, 505–517.

Mortensen, D., and C. Pissarides (1999). *New developments in models of search in the labor market*. Amsterdam: Elsevier.

Mueller, G., and E. Plug (2006). Estimating the effect of personality on male and female earnings. *Industrial and Labor Relations Review 60*, 3–22.

Myers, R. J. (1964). What can we learn from European experience? In *Unemployment and the American economy*, ed. A. M. Ross. New York: John Wiley and Sons.

Nash, J. (1950). The bargaining problem. *Econometrica 18*, 155–62.

——— (1953). Two-person cooperative games. *Econometrica 21*, 128–40.

Naylor, R., and M. Cripps (1993). An economic theory of the open shop. *European Economic Review 37*, 1599–1620.

Naz, G. (2004). The impact of cash-benefit reform on parents' labor force participation. *Journal of Population Economics 17*, 369–83.

Neumark, D. (2012). Detecting discrimination in audit and correspondence studies. *Journal of Human Resources 47*, 1128–57.

Neumark, D., and W. Stock (1999). Age discrimination law and labor market efficiency. *Journal of Political Economy 107*, 1081–1125.

Neumark, D., and W. Wascher (2000). Minimum wages: A case study of the fast food industry in New Jersey and Pennsylvania—Comment. *American Economic Review 90*, 1362–96.

——— (2007). Minimum wages and employment. IZA Discussion Paper 2570. Bonn: Institute for the Study of Labor.

Neumark, D., M. Schweitzer, and W. Wascher (2004). Minimum wage effects throughout the wage distribution. *Journal of Human Resources 39*, 425–50.

Nickell, S. (1979). The effects of unemployment and related benefits on the duration of unemployment. *Economic Journal 89*, 34–49.

——— (1997). Unemployment and labor market rigidities: Europe versus North America. *Journal of Economic Perspectives 11 (3)*, 55–74.

——— (2006). Work and taxes. In *Tax policy and labor market performance*, ed. J. Agell and P. B. Sørensen. Cambridge, MA: MIT Press.

Nickell, S., and M. Andrews (1983). Unions, real wages and employment in Britain, 1951–79. *Oxford Economic Papers 35 (1)*, 183–206.

Nickell, S., and R. Layard (1999). Labor market institutions and economic performance. In *Handbook of labor economics*, ed. O. Ashenfelter and D. Card. Amsterdam: Elsevier.

Nickell, S., L. Nunziata, and W. Ochel (2005). Unemployment in the OECD since the 1960s: What do we know? *Economic Journal 115*, 1–27.

Oaxaca, R. (1973). Male-female wage differentials in urban labor markets. *International Economic Review 14 (3)*, 693–709.

OECD (Organisation for Economic Co-operation and Development) (1994). *Jobs study*. Paris: OECD.

——— (1998). *Employment outlook*. Paris: OECD.

——— (1999). *Employment outlook*. Paris: OECD.

——— (2001). *Employment outlook*. Paris: OECD.

——— (2002). *Employment outlook*. Paris: OECD.

——— (2003). *Employment outlook*. Paris: OECD.

——— (2004). *Employment outlook*. Paris: OECD.

——— (2005a). *Education at a glance*. Paris: OECD.

——— (2005b). *Employment outlook*. Paris: OECD.

——— (2006a). *Boosting jobs and incomes: Policy lessons from reassessing the OECD jobs strategy*. Paris: OECD.

——— (2006b). *Employment outlook*. Paris: OECD.

——— (2006c). *Live longer, work longer*. Paris: OECD.

——— (2007). *Employment outlook*. Paris: OECD.

——— (2008). *Employment outlook*. Paris: OECD.

——— (2009). *Labor market performance of immigrant children*. Paris: OECD.

——— (2010). *Employment outlook*. Paris: OECD.

——— (2011a). *International migration outlook*. Paris: OECD.

——— (2011b). *Employment outlook*. Paris: OECD.

——— (2012a). *OECD Factbook 2011–2012: Economic, environmental and social statistics.* Paris: OECD.

——— (2012b). OECD family database. Paris: OECD.

——— (2013). *Employment outlook*. Paris: OECD.

Ohanian, L., A. Raffo, and R. Rogerson (2006). Long-term changes in labor supply and taxes: Evidence from OECD countries 1956–2004. NBER Working Paper 12786. Cambridge, MA: National Bureau of Economic Research.

Okkerse, L. (2008). How to measure labor market effects of immigration: A review. *Journal of Economic Surveys 22,* 1–30.

Olsson, M. (2009). Employment protection and sickness absence. *Labour Economics 16,* 208–14.

Oreopoulos, P. (2006). Estimating average and local average treatment effects of education when compulsory schooling laws really matter. *American Economic Review 96,* 152–75.

Osborne, M., and A. Rubinstein (1990). *Bargaining and markets*. San Diego: Academic Press.

Ottaviano, G.I.P., and G. Peri (2012). Rethinking the effect of immigration on wages. *Journal of the European Economic Association 10,* 152–97.

Pacheco, G. (2011). Estimating employment impacts with binding minimum wage constraints. *Economic Record 87,* 587–602.

Pavoni, N. (2007). On optimal unemployment compensation. *Journal of Monetary Economics 54,* 1612–30.

——— (2009). Optimal unemployment insurance, with human capital depreciation, and duration dependence. *International Economic Review 50,* 323–62.

Pavoni, N., and G. Violante (2007). Optimal welfare-to-work programs. *Review of Economic Studies 74 (1),* 283–318.

Pedersen, P., and N. Westergård Nielsen (1993). Unemployment: A review of the evidence from panel data. *OECD Economic Studies 20,* 65–114.

Pellizzari, M. (2010). Do friends and relatives really help in getting a good job? *Industrial and Labor Relations Review 63,* 494–510.

Pencavel, J. (2003). The surprising retreat of union Britain. NBER Working Paper 9564. Cambridge, MA: National Bureau of Economic Research.

Pereira, S. C. (2003). The impact of minimum wages on youth employment in Portugal. *European Economic Review 47,* 229–44.

Persson, T., and G. Tabellini (2000). *Political economics: Explaining economic policy*. Cambridge, MA: MIT Press.

Pestieau, P. (2003). Ageing, retirement and pension reforms. *World Economy 26,* 1447–57.

Petrongolo, B., and C. Pissarides (2001). Looking into the black box: A survey of the matching function. *Journal of Economic Literature 39 (2),* 390–431.

Picchio, M., and J. C. van Ours (2011). Market imperfections and firm-sponsored training. *Labour Economics 18,* 712–22.

——— (2013). Retaining through training; Even for older workers. *Economics of Education Review 32,* 29–48.

Piketty, T. (1998). L'impact des incitations financières au travail sur les comportements individuels: Une estimation pour le cas français. *Economie et Prévision 132–133,* 1–36.

Pissarides, C. (1979). Job matchings with state employment agencies and random search. *Economic Journal 89,* 818–33.

——— (1998). The impact of employment tax cuts on unemployment and wages: The role of unemployment benefits and tax structure. *European Economic Review 42,* 155–83.

Portegijs, W., M. Cloïn, S. Keuzenkamp, A. Merens, and E. Steenvoorden (2008). *Verdeelde tijd; waarom vrouwen in deeltijd werken [Divided time; Why women work part-time]*. The Hague: Sociaal en Cultureel Planbureau.

Portugal, P., and A. R. Cardoso (2001). Disentangling the minimum wage puzzle: An analysis of job accession and separation from a longitudinal matched employer-employee data set. CEPR Discussion Paper 2844. London: Centre for Economic Policy Research.

Postel-Vinay, F., and A. Clark (2006). Job security and job protection. IZA Discussion Paper 1489. Bonn: Institute for the Study of Labor.

Prescott, E. C. (2004). Why do Americans work so much more than Europeans? *Federal Reserve Bank of Minneapolis Quarterly Review 28,* 2–13.

Rangazas, P. (2002). The quantity and quality of schooling and U.S. labor productivity growth (1870–2000). *Review of Economic Dynamics 5,* 932–64.

Ransom, M. R., and D. P. Sims (2010). Estimating the firm's labor supply curve in a "new monopsony" framework: Schoolteachers in Missouri. *Journal of Labor Economics 28*, 331–55.

Rebitzer, J. B., and L. J. Taylor (1995). The consequences of minimum wage laws: Some new theoretical ideas. *Journal of Public Economics 56 (2)*, 245–55.

Reid, F. J. (1985). Reductions in work time: An assessment of employment sharing to reduce unemployment. In *Work and pay: The Canadian labour market*, ed W. C. Riddell. Toronto: University of Toronto Press.

Remery, C., K. Henkens, J. Schippers, and P. Ekamper (2003). Managing an aging workforce and a tight labor market: Views held by Dutch employers. *Population Research and Policy Review 22*, 21–44.

Riach, P. A., and J. Rich (2002). Field experiments of discrimination in the market place. *Economic Journal 112*, F480–F518.

Robinson, C. (1989). The joint determination of union status and union wage effects: Some tests of alternative models. *Journal of Political Economy 97*, 639–67.

Robinson, J. V. (1933). *Economics of Imperfect Competition*. London: Macmillan.

Rodrik, D. (1998). Why do more open economies have bigger governments? *Journal of Political Economy 106*, 997–1032.

Røed, K., and T. Zhang (2003). Does unemployment compensation affect unemployment duration? *Economic Journal 113*, 190–206.

Rogerson, R. (2009). Market work, home work, and taxes: A cross-country analysis. *Review of International Economics 17*, 588–601.

Rønsen, M., and M. Sundström (2002). Family policy and after-birth employment among new mothers—A comparison of Finland, Norway and Sweden. *European Journal of Population 18*, 121–52.

Rothstein, J. (2007). Does competition among public schools benefit students and taxpayers? A comment on Hoxby (2000). *American Economic Review 97*, 2026–37.

——— (2011). Unemployment insurance and job search in the Great Recession. *Brookings Papers on Economic Activity 43*, 143–213.

Roy, A. D. (1951). Some thoughts on the distribution of earnings. *Oxford Economic Papers 3*, 314–17.

Ruffle, B. J., and Z. Shtudiner (2010). Are good-looking people more employable? Working Paper 1006. Beer-Sheva, Israel: Ben-Gurion University of the Negev.

Ruhm, C. J. (1998). The economic consequences of parental leave mandates: Lessons from Europe. *Quarterly Journal of Economics 1*, 285–317.

Saez, E. (2002). Optimal income transfer programs: Intensive versus extensive labor supply responses. *Quarterly Journal of Economics 117*, 1039–73.

Saez, E., J. Slemrod, and S. H. Giertz (2009). The elasticity of taxable income with respect to marginal tax rates: A critical review. NBER Working Paper 15012. Cambridge, MA: National Bureau of Economic Research.

——— (1993). On the political economy of labor market flexibility. CEPR Discussion Paper 803. London: Centre for Economic Policy Research.

——— (1997). *Dual labor market: A macroeconomic perspective*. Cambridge, MA: MIT Press.

——— (2000). *The political economy of labor market institutions*. Oxford: Oxford University Press.

Scarpetta, S. (1996). Assessing the role of labor-market policies and institutional factors on unemployment: A cross-country study. *OECD Economic Studies 26*, 43–98.

Schivardi, F., and R. Torrini (2008). Identifying the effects of firing restrictions through size-contingent differences in regulation. *Labour Economics 15*, 482–511.

Schmieder, J. F., T. von Wachter, and S. Bender (2012a). The effects of extended unemployment insurance over the business cycle: Evidence from regression discontinuity estimates over 20 years. *Quarterly Journal of Economics 127*, 701–52.

——— (2012b). The long-term effects of UI extensions of employment. *American Economic Review: Papers and Proceedings 102*, 514–19.

Schnalzenberger, M., and R. Winter-Ebmer (2009). Layoff tax and employment of the elderly. *Labour Economics 16*, 618–24.

Shannon, M. (2011). The employment effect of lower minimum wage rates for young workers: Canadian evidence. *Industrial Relations 50*, 629–55.

Shapiro, C., and J. Stiglitz (1984). Equilibrium unemployment as a worker discipline device. *American Economic Review 74,* 433–44.

Smith, A. 1776. *An Inquiry into the Nature and Causes of the Wealth of Nations* [*The Wealth of Nations*]. Reprinted in 1998 by Oxford: Oxford University Press.

Smith, J. P., and B. Edmonston (1997). *The new Americans: Demographic and fiscal effects of immigration.* Washington, DC: National Academy Press.

Snower, D., and G. de la Dehesa (eds.) (1996). *Unemployment policy*. Cambridge: Centre for Economic Policy Research and Cambridge University Press.

Sobel, R. S. (1999). Theory and evidence on the political economy of the minimum wage. *Journal of Political Economy 107,* 761–85.

Sociaal en Cultureel Planbureau (1998). *Sociaal and Cultureel Rapport, 1998.* The Hague: Staatsuitgeverij.

Soskice, D., and T. Iversen (2000). The nonneutrality of monetary policy with large price or wage setters. *Quarterly Journal of Economics 115,* 265–84.

Spence, M. (1973). Job market signaling. *Quarterly Journal of Economics 87,* 355–74.

Staiger, D. O., J. Spetz, and C. S. Phibbs (2010). Is there monopsony in the labor market? Evidence from a natural experiment. *Journal of Labor Economics 28,* 211–36.

Stewart, M. (2004). The employment effects of the national minimum wage. *Economic Journal 114,* 110–16.

Stigler, G. (1946). The economics of minimum wage legislation. *American Economic Review* 36: 535–43.

Stock, J. H., and D. A. Wise (1990). Pensions: The option value of work and retirement. *Econometrica 58,* 1151–80.

Swinkels, J. M. (1999). Education signalling with preemptive offers. *Review of Economic Studies 66,* 949–70.

Tanaka, S. (2005). Parental leave and child health across OECD countries. *Economic Journal 115,* F7–F28.

Tatsiramos, K. (2009). Unemployment insurance in Europe: Unemployment duration and subsequent employment stability. *Journal of the European Economic Association 7,* 1225–60.

Tatsiramos, K., and J. C. van Ours (2012). Labor market effects of unemployment insurance design. Discussion paper. Tilburg, Netherlands: CentER, Tilburg University.

——— (2013). Labor market effects of unemployment insurance design. *Journal of Economic Surveys 27,* forthcoming.

Topel, R. H. (1986). Local labor markets. *Journal of Political Economy 54,* 111–43.

US Office of Immigration Statistics (2011). *2011 Yearbook of immigration statistics.* Available at www.dhs.gov/yearbook-immigration-statistics-2011-1.

Uusitalo, R., and J. Verho (2010). The effect of unemployment benefits on re-employment rates: Evidence from the Finnish unemployment insurance reform. *Labour Economics 17,* 643–54.

Van Audendrode, M. A. (1994). Short-time compensation: Job security, and employment contracts: Evidence from selected OECD countries. *Journal of Political Economy 102,* 76–102.

Van den Berg, G. J. (1990a). Nonstationarity in job search theory. *Review of Economic Studies 57,* 255–77.

——— (1990b). Search behavior, transitions to nonparticipation and the duration of unemployment. *Economic Journal 100,* 842–65.

Van den Berg, G. J., B. van der Klaauw, and J. C. van Ours (2004). Punitive sanctions and the transition rate from welfare to work. *Journal of Labor Economics 22,* 211–41.

Van den Berg, G. J., and B. van der Klaauw (2006). Counseling and monitoring of unemployed workers: Theory and evidence from a controlled social experiment. *International Economic Review 47,* 895–936.

Van der Wiel, K. (2010). Better protected, better paid: Evidence on how employment protection affects wages. *Labour Economics 17,* 16–26.

Van Lomwel, A.G.C., and J. C. van Ours (2005). On the employment effects of part-time labor. *De Economist 153,* 451–60.

Van Ours, J. C. (2004). The locking-in effect of subsidized jobs. *Journal of Comparative Economics 32 (1),* 37–52.

Van Ours, J. C., and M. Vodopivec (2006). How shortening the potential duration of unemployment benefits affects the duration of unemployment: Evidence from a natural experiment. *Journal of Labor Economics 24,* 351–78.

Van Ours, J. C., and M. Vodopivec (2008). Does reducing unemployment insurance generosity reduce job match quality? *Journal of Public Economics 3 (4),* 684–95.

Venn, D. (2009). Legislation, collective bargaining and enforcement: Updating the OECD employment protection indicators. OECD Social, Employment and Migration Working Papers 89. Paris: Organisation for Economic Co-operation and Development.

Visser, J. (2011). Data base on institutional characteristics of trade unions, wage setting, state intervention and social pacts, 1960–2010, version 3.0. Amsterdam: Amsterdam Institute for Advance Labor Studies (AIAS), University of Amsterdam.

Von Below, D., and P. S. Thoursie (2010). Last in, first out? Estimating the effect of seniority rules in Sweden. *Labour Economics 17,* 987–97.

Von Wachter, T. (2002). The end of mandatory retirement in the US: Effects on retirement and implicit contracts. Center for Labor Economics Working Paper 49. Berkeley: University of California, Berkeley.

Wacziarg, R., and K. Welch (2003). Trade liberalization and growth: New evidence. NBER Working Paper 10152. Cambridge, MA: National Bureau of Economic Research.

Walker, A. (1998). Adjusting to an aging workforce in Europe—Policy and practice. In *Aging of the Workforce workshop,* Brussels, March 23–24.

Warr, P. (1998). Aging, competence and learning at work. In *Aging of the Workforce workshop,* Brussels, March 23–24.

Wasmer, E. (2006). The economics of Prozac: Do employees really gain from strong employment protection? IZA DP 2460. Bonn: Institute for the Study of Labor.

Weiss, A. M., and A. M. Ching-to (1993). A signaling theory of unemployment. *European Economic Review 37,* 135–57.

Welch, F. (1976). Minimum wage legislation in the United States. In *Evaluating the labor market effects of social programs,* ed. O. Ashenfelter and J. Blum. Princeton, NJ: Princeton University Press.

Whitehouse, R. E. (2011). Decomposing notional defined-contribution pensions. OECD Social, Employment and Migration Working Paper 109. Paris: Organisation for Economic Co-operation and Development.

Williamson, O. E. (1975). *Markets and hierarchies, analysis and antitrust implications: A study in the economics of internal organization.* New York: Free Press.

Winter-Ebmer, R. (1998). Potential unemployment benefit duration and spell length: Lessons from a quasi-experiment in Austria. *Oxford Bulletin of Economics and Statistics 60,* 33–45.

World Bank (2011). Database.

Wright, R. (1986). The redistributive roles of unemployment insurance and the dynamics of voting. *Journal of Public Economics 31,* 377–99.

Zavodny, M. (2000). The effect of the minimum wage on employment and hours. *Labour Economics 7,* 729–50.

Zimmermann, K. F. (2005). *European migration—What do we know?* Oxford: Oxford University Press.

图书在版编目(CIP)数据

劳动经济学:不完全竞争市场的视角/(意)提托·博埃里,(荷)扬·范·乌尔斯著;张德远等译.—上海:格致出版社:上海人民出版社,2018.1

(当代经济学系列丛书.当代经济学教学参考书系)

ISBN 978-7-5432-2783-5

Ⅰ.①劳… Ⅱ.①提… ②扬… ③张… Ⅲ.①劳动力市场-研究 Ⅳ.①F241.2

中国版本图书馆CIP数据核字(2017)第194196号

责任编辑 程筠函
装帧设计 敬人设计工作室
吕敬人

劳动经济学:不完全竞争市场的视角(第二版)

[意]提托·博埃里 [荷]扬·范·乌尔斯 著
张德远 等译

出 版	印 刷 浙江临安曙光印务有限公司
格致出版社·上海三联书店·上海人民出版社	开 本 787×1092 1/16
(200001 上海福建中路193号 www.ewen.co)	印 张 22.75
 编辑部热线 021-63914988	插 页 3
市场部热线 021-63914081	字 数 518,000
www.hibooks.cn	版 次 2018年1月第1版
发 行 上海世纪出版股份有限公司发行中心	印 次 2018年1月第1次印刷

ISBN 978-7-5432-2783-5/F·1052 定价:69.00元

The Economics of Imperfect Labor Markets, Second Edition

By Tito Boeri and Jan van Ours

上海市版权局著作权合同登记号:图字 09-2014-534

当代经济学教学参考书系

劳动经济学:不完全竞争市场的视角/提托·博埃里等著
经济增长导论(第三版)/查尔斯·琼斯等著
衍生证券、金融市场和风险管理/罗伯特·加罗等著
劳动和人力资源经济学——经济体制与公共政策(第二版)/陆铭等著
国际贸易理论与政策讲义/理查德·庞弗雷特著
高级微观经济学教程/戴维·克雷普斯著
金融基础:投资组合决策和证券价格/尤金·法玛著
环境与自然资源经济学(第三版)/张帆等著
集聚经济学:城市、产业区位与全球化(第二版)/藤田昌久等著
经济数学引论/迪安·科尔贝等著
博弈论:经济管理互动策略/阿维亚德·海菲兹著
新制度经济学——一个交易费用分析范式/埃里克·弗鲁博顿等著
产业组织:市场和策略/保罗·贝拉弗雷姆等著
数量金融导论:数学工具箱/罗伯特·R.雷伊塔诺著
微观经济学:现代观点(第九版)/H.范里安著
《微观经济学:现代观点》练习册(第九版)/H.范里安等著
现代宏观经济学高级教程:分析与应用/马克斯·吉尔曼著
政府采购与规制中的激励理论/让-雅克·拉丰、让·梯若尔著
集体选择经济学/乔·B.史蒂文斯著
市场、博弈和策略行为/查尔斯·A.霍尔特著
公共政策导论/查尔斯·韦兰著
宏观经济学:现代原理/泰勒·考恩等著
微观经济学:现代原理/泰勒·考恩等著
微观经济理论与应用:数理分析(第二版)/杰弗里·M.佩洛夫著
国际经济学(第七版)/西奥·S.艾彻等著
金融学原理(第五版)/彭兴韵著
新动态财政学/纳拉亚纳·R.科彻拉科塔著
货币理论与政策(第三版)/卡尔·瓦什著
全球视角的宏观经济学/杰弗里·萨克斯著
《微观经济学》学习指南(第三版)/周惠中著
《宏观经济学》学习指南/大卫·吉立特著
法和经济学(第六版)/罗伯特·考特等著
宏观经济理论/让-帕斯卡·贝纳西著
国际经济学(第五版)/詹姆斯·吉尔伯著
博弈论与信息经济学/张维迎著
计量经济学(第三版)/詹姆斯·H.斯托克等著
微观经济学(第三版)/周惠中著
基本无害的计量经济学:实证研究者指南/乔舒亚·安格里斯特等著
中级公共经济学/吉恩·希瑞克斯等著
应用微观经济学读本/克莱格·M.纽马克编
理性的边界/赫伯特·金迪斯著
合作的微观经济学/何维·莫林著
宏观经济学数理模型基础/王弟海著
策略:博弈论导论/乔尔·沃森著
博弈论教程/肯·宾默尔著
经济增长(第二版)/罗伯特·J.巴罗著
宏观经济学/查尔斯·琼斯著
经济社会的起源(第十三版)/罗伯特·L.海尔布罗纳著
信息与激励经济学(第二版)/陈钊编著
政治博弈论/诺兰·麦卡蒂等著
发展经济学/斯图亚特·R.林恩著
宏观经济学:现代观点/罗伯特·J.巴罗著
合同理论/帕特里克·博尔顿等著
高级微观经济学/黄有光等著
货币、银行与经济(第六版)/托马斯·梅耶等著
鲁宾斯坦微观经济学讲义/阿里尔·鲁宾斯坦著
全球市场中的企业与政府(第六版)/默里·L.韦登鲍姆著
经济理论中的最优化方法(第二版)/阿维纳什·K.迪克西特著